地中海的衰落

The Conquest of Civilization

J.H.布雷斯特德 著　马丽娟 译

中国友谊出版公司

图书在版编目（CIP）数据

地中海的衰落 / (美) 布雷斯特德著；马丽娟译
. -- 北京：中国友谊出版公司, 2015.11（2023.12重印）
ISBN 978-7-5057-3614-6

Ⅰ. ①地… Ⅱ. ①布… ②马… Ⅲ. ①文化史 - 欧洲
Ⅳ. ①K500.3

中国版本图书馆CIP数据核字(2015)第246738号

书名 地中海的衰落
作者 ［美］布雷斯特德
译者 马丽娟
出版 中国友谊出版公司
发行 中国友谊出版公司
经销 北京时代华语国际传媒股份有限公司 010-83670231
印刷 唐山富达印务有限公司
规格 690 毫米 ×980 毫米 16 开
37 印张 400 千字
版次 2015 年 11 月第 1 版
印次 2023 年 12 月第 9 次印刷
书号 ISBN 978-7-5057-3614-6
定价 89.00 元
地址 北京市朝阳区西坝河南里 17 号楼
邮编 100028
电话 （010）64678009

目　录

第二十章　希腊化时期的文明

第二十一章　罗马征服意大利

第二十二章　罗马共和国的统治与征服

第二十三章　地中海帝国的建立和衰落

第二十四章　百年动荡与共和国的灭亡

开篇　欧洲的古人类

一、古代欧洲先民

人类是在与哺乳类动物的长期争斗中渐渐地变得强大起来，以至于在自然界中找不到对手。

在几世纪前北欧的一些村庄之中，依旧可以看见森林狼在街道上捕食儿童，或是在密林深处穿行。即便是在现在的印度，依然时常会发生人类被老虎袭击的事件；现在的非洲，人类依旧是狮子口中的食物。但是，远古时代的一些哺乳动物尽管有着强大的力量却并没有得到幸运之神的眷顾，没有逃脱掉被灭绝的命运。它们因为没能适应自然界的变化而最终消失了。人类却在面临同样残酷的自然变化的时候存活下来并不断壮大。在与自然界中其他哺乳动物争夺生存领地的过程中，人类的生存力得到了不断的提升。人类的不断进化使人类逐渐获得强大的力量，甚至在自然界中已经难遇敌手，而人类之所以难遇敌手的原因就在于人类学会了使用武器，即便是那些看起来很简单的工具，也让尼罗河下游的长颈鹿和大象灭绝了。千年之前的幼发拉底河上游平原，古代的亚洲狩猎者几乎让这里的亚洲象灭绝。存在至今的大猩猩很快也会从非洲的土地上消亡。之所以会产生上述的结果就在于人类使用的工具。随着使用的工具不断改良，动物种类的灭绝速度也在不断地加快。不少自然科学家认为，现在我们所处的时代已经是哺乳动物时代的末尾阶段。

这个阶段是人类取得优胜地位相对比较显著的一个时期。人类获得这种优胜地位是一个渐进的过程，人类的整个进化过程是较为缓慢的。现在的科学发现表明，大概在50万年前人类才开始逐渐进化。人类的生存能力是在漫长的时间里不断地与残酷的生存环境斗争中慢慢地提升起来的。这也使得人类成为自然界中第一也是唯一学会制作工具的物种。众所周知，不少动物是会使用自然提供的一些工具的——如木棍或者是石头，原始的人类也曾经是这样的。然而，早期人类并未满足于此，而是在此基础上学会了制造工具，迈出了这更为重要的一步。人类也由此得以与其他动物区分开，这源于早期人类发觉自然界提供给他们的工具诸如石头并不能满足他们实际的需求，难以完全符合他们实现目的的要求，因此，他们感到“不满足”——对于进步而言是至关重要的一个要素，那些具有创新精神的早期人类逐渐学会了改造这些工具，用石头对石头加以改造，加工那些石头使它们符合他们的实际需求。他们不再仅仅靠自然提供的食物维持生存，而是通过改造的工具主宰他们周围的世界。而这些工具也使得他们变得异常强大起来，凭借这些工具，无论是面对自然界那些有生命还是无生命的对象他们都能应付得了。对人类而言，这种制造工具的实践活动具有极为重要的意义，它对人类整个发展进程持续产生着深刻的影响，它还改变了人类的生存环境。我们可以在此观察一下现在我们生活的世界，再与之前的历史作对比，我们就能够发现，曾祖父母听说过收音机、飞机但却没见到过。他们那一辈也很少有人乘坐过机动车。对他们而言在自己家中安装电灯或是电话是不可想象的。但他们的祖辈中大部分人一生难见一次机动车，旅行只能乘坐马车。然而，各类的工具被人一个个地发明出来了，并慢慢地改变着我们生活的世界。

我们不难想象，每一个新的创造发明都是在原有的发明基础之上创造出来的，就像马车与货车的出现少不了训练野马和发明车轮，船只的发明是海上旅行、贸易得以实现的条件；学会制造铁工具是因为发现了铁矿，而铁工具的出现成为切割石料的前提条件，那些壮美的高楼以及其他石料建筑都源于能够切割石头；再比如知识的传播离不开写作，而写作的基础是文字的发明。

若是继续追溯人类的历史，就能够发现早期人类只是一些比他们那个时代的动物稍强一些的野人。在那个时代中，早期人类也只能凭借自己的身体保护自身，需要找食物或是做一些其他事情。那个时代没有谁会教会他们技能，他们还不会取火，也没有语言。一切的事情，每一件工具都需要他们自己独立地、坚持不懈地学习、创造发明出来——不管是多么简单的工具。我们能够由此推断出，在人类原始心智产生的黎明之前还存在着一个原始人类并未产生制作工具的时期。人们可以这样认为，我们通过专业化的工具、设备以及机械等去开发自然的过程就是人类社会职业发展史。人类文明中社会、政治、艺术以及宗教等各个方面的发展都离不开不同工具的发明。现代文明象征物的代表是蒸汽机和内燃机，而几万年前旧石器时代的文明象征物就是石杵和石斧，“我们创造了历史”，这是亨利·福特说过的一句名言。的确，我们现在已经找不到没有掌握任何一种工具的人了——就像早期人类那样。然而，我们如今依旧能够找到一部分仍旧过着原始生活的群落。他们仍然依靠着早期人类的生活方式生活。通过对他们生活环境的研究，我们能够了解到一些早期人类的生活状态，就像英国人在大约一个世纪以前在塔斯马尼亚岛上发现的塔斯马尼亚人，他们几乎不会任何技能，浑身赤裸，不会制造弓箭之类的武器，也不会捕鱼，更不用说建造房子，他们没有驯养山羊、绵羊、母牛、马匹、狗等家畜，也不会种植任何农作物，他们不知道用黏土可以烧制瓷器，因而也没有装食物的罐子、盘子、壶等瓷质器皿。

塔斯马尼亚人的生活要求很低，既没有衣物遮体，也没有房屋容身，他们只是凭借着一些最为基本的生活本领就度过了漫长历史，迈出了前文明时期。他们仅仅学会了用火来取暖和制作食物。他们最好的武器就是那种在木棍顶部固定上石尖的长矛。他们还无法制作铁质的武器，因为他们还不知道铁的存在。他们通过石质长矛来狩猎、自卫。当然他们还有其他的一些生活技能，就像把石板边缘磨薄做成简单的石刀，用石刀来处理猎物的皮肉，还可以制作一些杯子、器皿和篮子——材料是树皮的纤维。然而最为重要的一点是他们已经学会使用简单的语言，并且可以用这些简单的语言来讲述他们的生活状态。

我们依据塔斯马尼亚人的生活状态可以大体了解到早期人类的生活状态——人是如何通过与自然斗争而生存下来的，毋庸置疑，将我们人带入文明之中的就是生存斗争，就像我们前面所说到的那样。我们所能了解到的早期人类是如何进化的信息很少，然而，通过现在所发现的早期人类所使用的工具可以推断出，他们是生活在一个怎样的地理环境和原始状态中，我们几乎可以肯定，史前的欧洲人类是经历了数十万年之久的进化才进入到了塔斯马尼亚人那样的原始阶段。

欧洲史前人生活的环境与现在欧洲的环境是毫不相像的，那是一种原始风貌。茂密的原始森林在平原上生长，那里有潺潺的溪流，绿茵密布的河边，河马在到处游荡，热带植物丛中独角犀牛蛮横地到处冲撞，巨象身披近两英尺厚的毛在丛林中散步，高地上有数不清的野马在品味地上的草料，在林中栖息着成群的野鹿，温润的气候使得鸟类众多，处在史前的欧洲就在这种氛围中静静地沉睡着。

早期的原始人在欧洲的这片原始森林里不断努力着——为了生存下去，原始人不断地去寻找树根、种子等那些可以作为食物的东西，同时他们也非常警觉，静听他们身边的响动，时刻准备将那些进入他们攻击范围的猎物用简单制作的棍棒打倒在地——毋庸置疑，原始人类是使用树枝制作的木棒来狩猎的。原始人类在史前文明的某一个时期发明了简单的语言，这种语言是由用来表达恐惧、紧张、干渴或者是饥寒的某种声音逐渐发展演变而成的。当他们面临恐怖的景象——例如听到巨大野兽发出的声音或者是看到丛林深处有巨象出现时，在逃跑的同时还需要警告自己的同类有危险。原始人没有固定的住所，往往是追逐着猎物前行，当夜晚来临的时候就会停下脚步。他们会在睡觉之前将获得的猎物用木质的小刀分割，狼吞虎咽地吃掉。但因为还不会取火，所以无法用火来抵御野兽，只能在野兽的叫声中战战兢兢地休息。

最终原始人还是认识到了火的重要性。我们可以这样来想象一下原始人类是如何认识火的，他们也许是看到了闪电在森林中引发的火灾，或者是看到过地中海周边的火山爆发。总而言之，他们意识到了火的存在，与此同时还感受到了火所具有的温暖和力量，最为重要的是最后他们还学会了取火的技能——钻木取火（图1）。最开始，火对于那些原始人而言是为了驱赶对他们有威胁的野兽，但之后他们又发现食物经过火的烧制后味道会变得更好，他们于是开始用火来制作食物。随后他们又察觉到矛头在经过火的烧制后变得更加坚固，于是又学会了用火来制作矛头。但他们依旧无法让木刀变得更加耐用，更加锋利，这时他们会用一些石片来代替木刀，渐渐地，原始人类学会了制作石器——根据自身的实际需求打造合适的石器。这是发生在几十万年前的事情了，那个时期我们可以称之为石器时代。

图1　钻木取火的澳大利亚土著

这是一种极为简洁的取火装置，只有一根圆木棍和一块干燥的树干。只需要用双手不停地转动垂直放在树干上的木棍即可。只要摩擦产生出足够的热能就能够取火。

人类得以繁衍生存下来的一个极为重要的原因就在于人类可以通过制作的石质工具来应对野兽对他们的威胁。我们可以通过对那时的石器以及地质层上的原始人的遗骨的研究来判定人类早在非常久远的年代就已经出现在了地球上。但是，即便是在不久之前，不少人还简单地认为早期人类并没有留下什么遗迹，人类出现的时间是比较晚的。但在1714年的伦敦发生了一件趣事，当时的人在一封旧书信中知道了有一位药剂师就在伦敦附近的一片砾石堆中发现了一具大象的头骨以及一件燧石质作的武器。那头大象被认为是从罗马帝国运来用以打仗的战象，没过多久，这封信连同那件武器的草图发表出来了。但令人感到遗憾的是当时这一发现并没有引起人们足够的重视，一直到六十多年前，也就是在那次发现之后的一个半世纪后，人类在地球上存在很久这一事实才被科学家们所关注。但那个时候美国处在内战时期，就像许多人在证据面前依旧不承认地球是圆的一样，许多美国人依然不愿意承认人类已经在地球上存在很久这一事实。

图2　正在制作石质武器的美洲印第安人

近处的印第安人正在拾起一块碎石，左手握紧，右手不断地在用石头敲击，加工燧石。中间那个印第安人正在举起一块燧石猛击岩石，将之击成碎片。最远处的那个印第安人正在撬一块大燧石。他们制作石器工具的技法很高超，制作的方式原始而简单。之后的千年间又发明了另外两种制作石器的方法，一种是通过挤压石片制作石刃，另外一种方式是通过打磨来制作石刃。

早期人类在制作石器方面的技能是不断进步的，从大约50万年之前遗留下来的石器我们能够推断出他们在不停的生存竞争之中都经历了哪些阶段。现在我们可以通过这些发现的石器推测出早期人类所经历的几个重要时期，主要有三个：早石器时代、中石器时代以及晚石器时代。早石器时代主要以打制石刃为石质器具的标志。中石器时代里，人类开始使用削制石刃为主的石质工具，一开始人们制造的是单刃的石质工具，随着工具的广泛使用，双刃石器也开始出现，这个时期还出现了历史上最早的长矛。考古学家们把早石器时代和中石器时代，统称为旧石器时代，而考古学家们定义的新石器时代则是以磨制石刃为标志的晚石器时代。在晚石器时代里，石质工具的制作更为精良。同样是先出现单刃磨制工具，再出现双刃磨制工具，而这一时期带柄的工具也开始普及，考古学家也发现了最早的钻孔石斧。

二、早石器时代

史前的砾碛线河谷曾经有许多河流流经。如今，通过不懈地考古挖掘，史前在这里残留下来的物品向我们诉说着早期人类的一个神奇故事——他们对周围世界改造的故事。

我们通过考古挖掘出了许多石质工具（法国的考古挖掘活动最多）。挖掘出来的那些石器表明石器时代的猎人们在学会制作石器之后的几十万年是如何继续进化的。我们通过研究收藏在欧美博物馆中的石器，能够发现早期人类是怎样从削制粗陋的石器逐渐进化到制作非常完善的石头工具的（图3）。最具代表性的石器就是“拳斧”，它被用于当时的一切活动中。“拳斧”长8英寸至10英寸，下面宽上面窄，刀刃锐利，能够很简单地切割断枝，还能制作钻木取火的装置，同时还能制作棍棒。它之所以被称作“拳斧”，主要是因为在当时猎人们常常握着它窄细的一头，那时他们还不会安装把手。在欧洲以及欧洲之外的其他地方都发现过这种“拳斧”。可以说，这是我们迄今所发现的最早的人类制作的石器工具。

欧洲史前的原始人生活极为不稳定，生活中处处充满着危机，过着朝不

图3 石质拳斧（早石器时代）

人类最早的较为完善的石质工具——拳斧。拳斧的两端都可用作锋刃，但通常用手握住较窄的一端。最早出现的拳斧还没手柄，木柄和角柄是在更晚的时候才开始出现。有的拳斧上还可以发现佩带和使用过的痕迹。

保夕的生活，一些人因此而死去，另外那些人则继续生生不息。他们在生活和劳动中不断总结经验，改良拳斧，使拳斧变得更加好用。我们能够肯定，他们还用过一些木质的工具，但木质的工具易朽烂，所以我们对此无法确切地知晓。他们从未有过后世人类所拥有的东西，现在，我们能够对未来做出预测，但那时的人类却无法做到这一点。他们与城市繁荣、农田辽阔的欧洲相隔数万年。几乎所有的野兽都是原始人的敌对方，原始人逐渐从赤手与这些野兽搏击发展到运用石器与野兽战斗。那个时期没有羊和家禽，也没有可供抚摸的狗。驯养技术出现的时期要比那个时代更晚。原始森林中的豺狼也许就是如今家犬的祖先。也许，现代家禽的祖先们早已在欧洲及其他地区绝迹，或仍然像野马那样，永远以野生的形式在森林中出没。

人们注意到在石器时代后期，人们赖以生存栖息的森林开始失去温暖的热带气候的保护，即便是现在的科学家也无法解释使热带气候渐渐变冷的原因。冰川正在不断地向南移动。阿尔卑斯山的山顶以及北极地区现在还是常年积雪。在那个时代，南下的北极冰川渐渐地覆盖了英格兰，甚至还覆盖到了泰晤士河南部。阿尔卑斯山的冰川则顺着罗纳河谷一路向南，一直到了如今的法国里昂地区。北美南部的冰川则以漂砾线为基准，“漂砾”就是我们

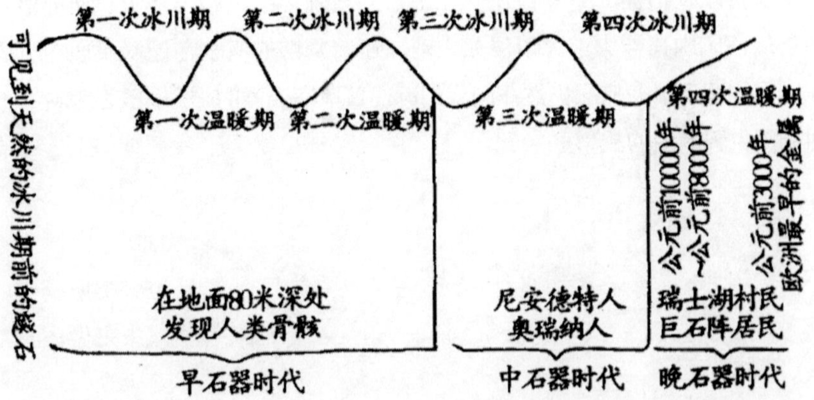

冰川在历史上有四次向南移动又有四次向北移动，即有四个酷寒时期。每个酷寒期后紧接着会是一个较长的温暖时期。但冰川每次出现的时间和强度都大不一样。图中波浪线表现出来的是周期性的寒暖交替特性。现在我们所处的温暖期是第四次。不久之前，一些非常粗糙的石器在英格兰被发现，制造这些石器的人很可能是处在冰川期之前。这说明，人类在冰川期之前——至少50万年之前，就已经出现了。同时我们也可以了解到，石器的完善是逐步实现的。最具代表性的就是被称为“始石器”的燧石，但是，始石器能否被称作人类的手工制品在考古界还存在着不同的观点。但显而易见的是，拳斧的出现时期是在一个温暖期，一些人认为是在距今至少20万年前的第二次温暖期，同时也有不少考古学家认为出现的时间是在距今约12.5万年至公元前5万年前的第三次温暖期，但无论如何人类手工业的发展史可以从拳斧的发现来追溯了。

如今所熟悉的砾碛或砾石堆。在冰川推动下砾碛开始向南移动，形成了我们现在所看到的砾碛线。在南部长岛可以看见这样的，西部的砾碛可以在俄亥俄州和密苏里州的河谷中看到。

那个时代的猎人们亲眼见证了冰川南移的壮观景象。他们所居住的茫茫原始森林被积雪和冰川所穿过，河谷和地面上的参天大树被无情地冲倒，大多数的动物逃亡南部温暖的地方。但石器时代的猎人们却没有离开这片土地，严寒的气候也渐渐地适应了。毫无疑问，他们经受住了冰川一次又一次的考验，早期石器时代的末期是在第三次冰川期来临的时候。被猎人杀死的野兽骸骨以及粗糙的拳斧被遗弃在山谷的石砾之中，如今法国、南英格兰的河谷的河床内在被史前冰川侵蚀之前，还有潺潺的河水在流淌。现在，史前在这里残留下来的物品仍然在向我们诉说着早期人类的一个神奇故事——他们对周围世界改造的故事。

三、中石器时代

欧洲人在中石器时代就已经具有了非常了不起的技艺。在那个时代就已经有了“画家”和“雕刻家”。这些人类先民们在石器时代就已经开始渐渐产生关于灵魂的简单概念，并已经形成神灵的观念。

穴居生活一直持续了几千年，那个时候的人们仍然不会建造房屋，只好在岩石洞穴中居住（图4）。在那个时期，粗制的拳斧已经被更为精巧的石刃所取代，因为当时的人们已经学会了用一片坚硬的骨头顺着燧石边缘切削掉一层薄片，相比于敲打出来的石刃，这种切削掉的石刃要更为锋利，我们能够想象得出当时的人们在洞穴口制作燧石工具的生活景象，这对于人类而言又是一个巨大的进步。在这个时期，人类还学会了如何抵御严寒——利用兽皮裹住身体，人们也由此开始穿上了衣服。

通过研究已发现的那个时代留存下来的洞穴人的遗骸发现，不管是在智力还是体形上，洞穴人与现代人都无法相比。洞穴人的体形很矮小，身高在4.8英尺到5.3英尺之间，眉骨向外突出，头颅向前倾，腰背弯曲，这可以说是早期猿人所具有的基本特征。这种原始人的骸骨是在1856年的德国发现的，发现的区域是在尼安德特地区，所以又被叫作尼安德特人。发现的这具遗骸已经经历了4

图4 中石器时代的人就曾经居住在悬崖的洞穴之中，这个洞穴位于法国南部

这幅图中的那个深色的洞口就是一个当时人类居住的洞穴的出口。在这个洞穴之中有属于中石器的精美壁画，能与这些壁画相媲美的也就只有西班牙阿尔塔米拉洞中的壁画了。洞穴的底部是废物层。

万年左右的岁月。但是慢慢地尼安德特人被后来更为聪明的猿人奥瑞纳人所取代了——之所以称他们为奥瑞纳人是因为他们是在法国的奥瑞纳地区的洞穴中被发现的，当时一共出土了17具这类猿人的遗骸。奥瑞纳人包含了几类不同的人种——这几类人在体格上具有不同的特征。奥瑞纳人总体而言相较于尼安德特人体形要更为高大，脑容量也更大。但是，奥瑞纳人中的其中一支体形也较小，他们之中体格最为高大的也不过5.6英尺高，这一支奥瑞纳人的绝大多数身高都低于这一高度。奥瑞纳人中的另外一支“克罗-马戈农人”——他们也是在法国的洞穴之中被发现的，这一支中的人身高可以达到6.45英尺，可以说是这类人种中的巨人了。从某种意义上来说奥瑞纳人与现代人更为接近，他们早在2.5万年前就已经出现在了西欧。依照血缘或是谱系学来推演，我们会发现他们与当代的欧洲人有着直接的关联。现在，在爱尔兰、威尔士、法国、西班牙及北非还有这类人的后代，我们可以通过他们的体格来推测。在手工制作方面，

图5　燧石工具和武器（中石器时代）

这些已经相当精细的工具表明在那个时代的猿人已经开始掌握要求很高的石器制作技艺了。这些锋利的石质利刃都是利用切削石片边缘的方法来制作的。表现最为明显的是右边的长条工具。燧石极为易碎，要是只用一片坚硬的石头来挤压燧石，往往会导致燧石断裂，所以必须要通过同时挤压两边的方法来制作，相比于早期通过打制的方法来制作加工石质工具，这种方法是一个巨大的进步。图中的石质器具从右到左依次为刀、标枪头、箭头、削刮器、钻及各种带刃工具。

相比于尼安德特人，奥瑞纳人要更为精通。

相比于尼安德特人只能打制单刃石器，奥瑞纳人已经学会了从两边切削燧石质作工具，并且制作的工具分工也更为精细（图5），已经能够制作凿子、钻子、锤子、抛光器和削刮器等工具。这类两边带刃的新石器十分锋利，可以用来切割制作兽骨和象牙，尤其是可以切削驯鹿的角。象牙是由那个时期的猛犸象来提供的，鹿角[①]是由驯鹿群来提供的。而这些象牙和鹿角又成为他们制作其他工具的材料。这些提供鹿角的驯鹿是在冰川时期被赶到南方来的。或许当时被猎人捕杀的驯鹿正在洞口觅食。

猎人们运用这些锋利的新式武器制作出了带有钩状的象牙标枪头。猎人将这种标枪头安装在长的木柄之上，做成了迄今为止我们所发现的最早的带有木柄的长武器。与此同时，他们还发明了可以随时带在身边的锋利的燧石匕首以及弓箭。为了让标枪的木柄和箭杆更加顺直，他们还发明了一种矫正器，这种矫正器是由鹿角制作而成的。为了投掷标枪的时候

① 鹿在这个时期有很多，所以法国的考古学家们又把这个时代称之为“驯鹿时代”。

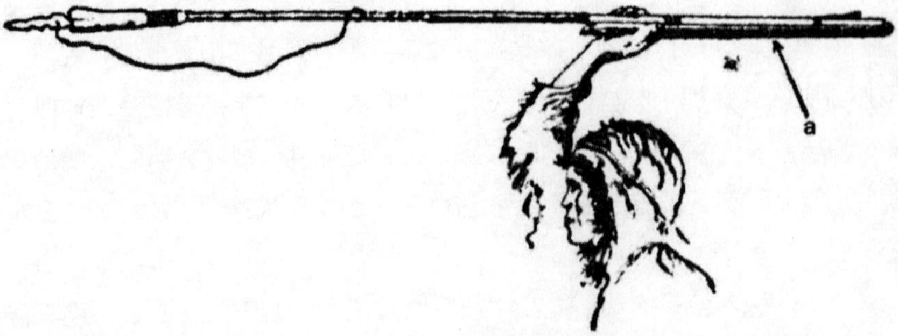

图6 因纽特人正在投掷带投掷器的标枪

图为猎人投掷标枪，猎人把标枪放在投掷器中，手握投掷器的一端，投掷器上有一个小钩，标枪枪柄抵在投掷器的小钩上。猎人将标枪投出，将投掷器留在手里。投掷时，投掷器相当于增加了臂长，使投掷的标枪更为有力。

图7 猎人投掷器（中石器时代）

图中的投掷器是由鹿角制作的，这是投掷器的两个不同侧面，形状像一个羊形，上面像一个羊的头部，下面像羊的蹄子。图B中的倒钩是用来固定标枪枪柄的，形状类似于图6的投掷器。弓和投掷器可以说是人类武器中出现最早的发射装置。

更加省力，他们还发明了一种更加精巧的器具——投掷器（图7），这些投掷器是由鹿角和象牙制作的，凭借这种投掷器，猎人们能够用更少的力气把标枪投掷得更远。在那个时代他们还学会了制作衣服来抵御严寒以及保护自己不被树林之中的荆棘伤害，他们的衣服是由兽皮缝制而成的，缝制这些兽皮所用到的是一种极为精致的象牙针（图8）——那个时代的猿人就已经学会制作针了。

这些新的武器使得奥瑞纳人在中石器时代成为一方霸主，那个时代罕有能与之匹敌的野生动物。中石器时代的猿人要比早石器时代的猿人更具危险性——对于那些野生动物来说。考古学家们在西西里的一个洞穴之中发现了至少有2000具河马的遗骸，毋庸置疑，这些河马都是被那个时代的猎人们所捕杀的。在法国的考古发现更是令人震惊，考古学家们发现奥瑞纳人捕杀了大量的野马，这些野马的骨头被丢弃在营火的周围，堆积起来的骨头形成了高达6英尺厚的骨层。如果把这些骨头铺到现在城市的空地上，就能够铺满四块50英尺宽、200英尺长的区域。在这些骨层之中，考古学家们还发现了骨哨。我们能够想象得到，当一天的奔波劳累结束的时候，猎人们满载而归，他们将骨哨吹响，向还在洞穴之中等待他们胜利归来的家族成员们发出胜利归来的信号。让人恶心的废弃物就堆积在洞穴周围。就在这些空气浑浊的洞穴之中他们度过了一个又一个的长夜，然而他们也许永远都不会知道，就在他们居住的洞穴之下几英尺的地方，一层又一层地静静地躺着已经超过几千年的他们祖先的骸骨（图9）。

让我们感到更加吃惊的是，奥瑞纳人在中石器那个荒蛮的时代就已经具备了雕刻和绘画这些极为精湛的艺术技艺。在北西班牙的一个庄园的洞穴之中，庄园的主人——一位西班牙贵族曾进去考察过，他在洞穴的堆积物之中发现了一些燧石和骨质工具。就在他被自己的发现所深深吸引的时候，突然间，正在这个采光并不好的洞穴中玩耍的女儿大叫起来，他的女儿指着洞穴的顶端对着他喊道“公牛！公牛”，这位西班牙贵族被女儿的举动吓了一跳，他顺着女儿所指的方向看去，一幅令人感到震惊的奇特景象展现在了他

图8　象牙针（中石器时代）

考古学家在法国的史前洞穴的废弃物中找到了图中的象牙针，由此我们可以推断出，这些象牙针是被那时的猎人妻子所丢弃的，如果是在两万年前，这样的象牙针就没有被找到过。这些象牙针的出现可以说明，在那个时代人们就已经学会了通过将兽皮缝在一起的方法制作衣服。

的面前，这位西班牙贵族激动不已，他开始细细地观察起这个洞穴的顶部岩画——这幅岩画所描绘的是列着队的公牛。虽然经过了一万多年的岁月侵蚀，但岩画上的色彩却依然艳丽。让人觉得有趣的是，虽然这幅岩画一直在这里上万年之久了，但似乎人们从来没向这个史前猿人所画的岩画投来过一次目光，谁会想得到发现这幅岩画的居然会是一个小孩呢。

我们如今已经难以找到足够的证据来证明那些早期的人类是否有着更为高级的生活状态。然而我们能够根据考古法学得到“中石器时代的人们就已经接受了神灵存在”的结论，在这个时期，原始人类就已经形成了并不完善的关于灵魂的概念，也可以说是他们逐渐形成了灵魂不朽的意识。考古发现，在一些洞穴的堆积物中能够找到一些尸骨上有饰品和石器，这也许就是在猎人死后，他们的亲友给他的陪葬品，这些饰品和石器也许就是死者生前经常使用或者是极为喜爱的东西。

为了使尸体免受其他的伤害，他们还用石头将尸体圈起来。令人感到惊奇的是那个时代的人们安葬尸体的地方即猿人遗骸被发现的地方是在他们分享猎物和居住的地方。历经岁月的变换，遗骨从洞底一层一层地堆积起来，一层遗骨压在另一层之上，从这种埋葬的方式我们能够体会得出当时的生者对于亡者的深深缅怀之情——一种精神的寄托。

现在冰川对自然留下的痕迹在欧洲依然能够辨别得出来。依据这些残存的痕迹我们能够推测出，冰川的回撤方向是向北，冰川回撤到现在的地方是经历了一个极为漫长的岁月，即便是冰川最后一次回撤离现在也有最少一万

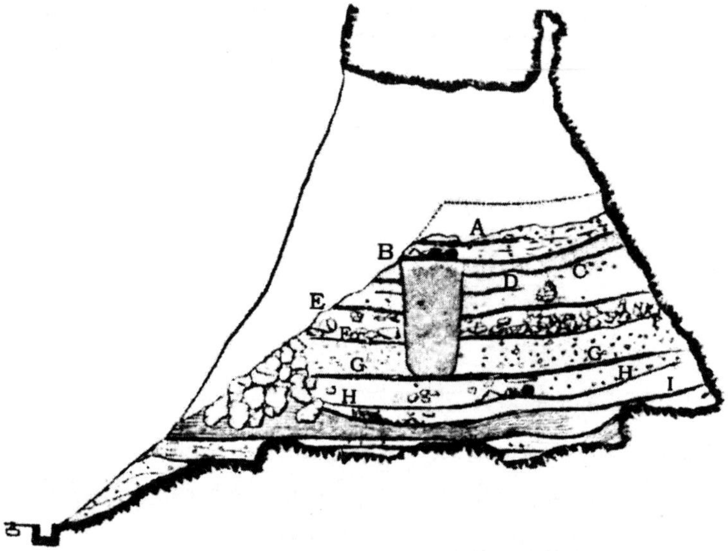

图9　山洞中的丢弃的废物以及人类遗物的剖面图（中石器时代）

这个山洞在地中海边意大利海岸上的吉马蒂，在法国地界外。洞穴入口在左边，右边是后墙。我们可以看到洞中原来的岩石洞底，其上是30英尺厚的堆积物层。图中由A到I的黑线表示灰烬层。共有九层。每一层都由原始人保持许多年（虚影部分）。较厚的各层由兽骨、垃圾以及洞顶塌下的岩石组成。在（I层下）最低的几层中有犀牛骨（代表气候温暖时期），最上面几层中则有驯鹿骨头（代表气候寒冷时期）。这表明洞中遗物分属早石器时代和中石器时代两个不同时期。早石器时代在下，中石器时代（或驯鹿时代）在上。挖掘者在B、C、H和I层发现了五具尸骨，其中在C层发现了两具儿童的尸骨。最低层（I）埋葬的尸体距堆积层表面25英尺。自这幅草图绘好后，探掘者们纷纷光顾并不断向堆积物纵深挖掘，现已挖到距原堆积物表面60英尺深的层面。在此过程中，燧石工具和其他人类居住过的证据被不断发现。

年了，甚至要更早。而造成冰川回撤的最为重要的原因就是欧洲大陆气候的变化，欧洲大陆的气候逐渐变得暖和起来，一直变到和现在的欧洲一样。我们由此可以推断出，那个在法国发现的中石器时代的猿人，是经历了一个长久的气候变迁过程，渐渐地适应了现在欧洲的自然气候和自然环境。工具制作的技艺在稳步地向前发展。虽然由于自然变换的原因导致这一时期的发展在某种程度上缓慢下来，但即便是这样，这一时期的发展还是为推动人类进入第三个发展时期起到了极为重大的作用。这第三个发展时期我们可以称之为晚石器时代。

四、晚石器时代

当人们进入晚石器时代后，就已经开始居住在临水的木屋之中了。那个时代的人不仅是猎人还是渔夫。我们能够通过考古发现的营火痕迹推断出那个时代人们生活的场景，那是一种充满了生趣的渔火野趣图。这个时期出现了最早的家养狗，这些被人类畜养的狗是由豺狼驯化而来的。

晚石器时代人类居住的遗迹在欧洲的许多地区都能够找得到。当我们去研究这些晚石器时代的遗迹时，就不能单单考察法国及其邻边的地区，而是要把欧洲作为一个整体来加以考察。欧洲早期的人类部落是近水而居的，他们会把居住的地方集中在河流、湖泊的周围，也有把居住地安排在入海口位置的。所以当我们再去考察这一时期的时候，要把河流、湖泊和入海口作为重点地区加以关注。虽然我们很难精准地对这些栖居者的种族或民族加以辨别。

最早被我们发现的晚石器时代的人类居住地是在丹麦的海岸线上，在那里的海岸线上，形成了一条极长的木屋带，那是古代的斯堪的纳维亚人沿海建造的篱笆木屋（图11）。但是已经没有人知道这些早期的斯堪的纳维亚人到底是属于哪个种族了。但是借由对木屋遗迹的考察，我们可以推断出这样一个结论，那就是在那个时期他们有着两种身份，他们不仅是猎人同时也是渔

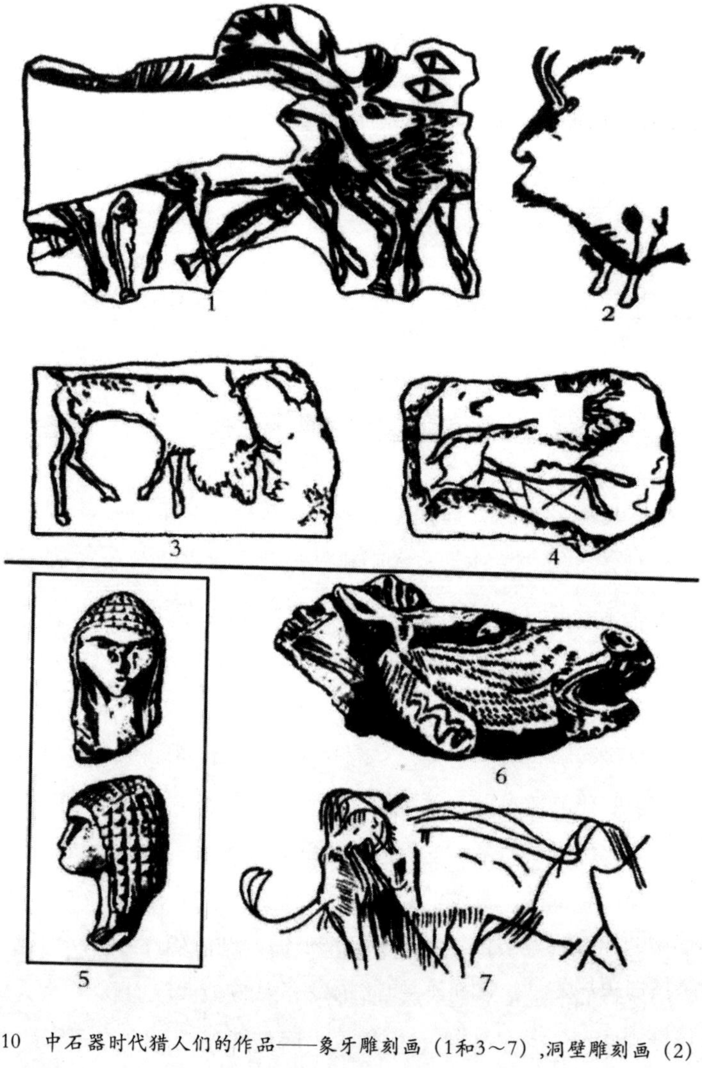

图10　中石器时代猎人们的作品——象牙雕刻画（1和3～7），洞壁雕刻画（2）

图中的工艺品约有一万至一万五千年的历史。1.猎人和渔夫的护身符——驯鹿和鲑鱼；2.凶悍的公牛；3.觅食的驯鹿；4.狂奔的驯鹿；5.人类妇女的正面和侧面肖像；6.嘶鸣的野马头；7.现在已经绝迹的猛犸象，从图中我们能够看出它的长毛和巨大的象牙。

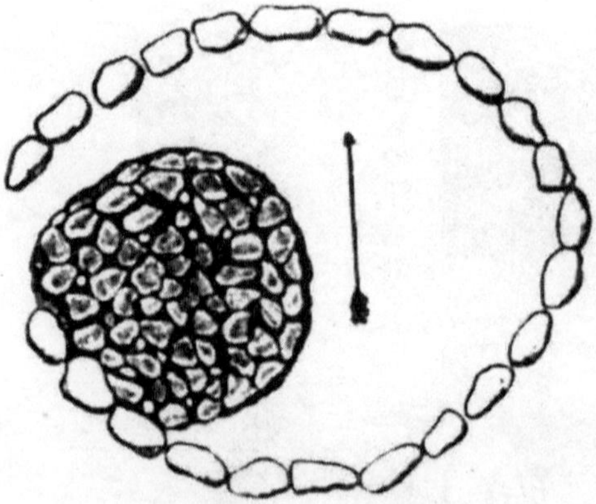

图11　木屋遗迹平面图（晚石器时代）

图中的墙基是石头圈。一个粗陋的石炉放在左侧门旁，之所以将其修在屋门边为的是能够通风排烟。一圈篱笆组成了墙壁，为了使篱笆墙更为牢固，当时的人在篱笆上涂抹了泥土。烧制的陶土碎片就隐藏在这些石头圈周围的废物中。在这些已经出土的陶片上我们发现它的一面印有人的手指印，而另一面则印有篱笆的痕迹，几千年前的人类手印就印在这些陶片之上。这些陶片的形成是因为木屋发生的大火，大火在烧毁房屋的同时也将黏土烧成了这些陶片。

夫。在这里我们发现了一种十分简陋的船，这可以说是欧洲最早的船。晚石器时代的人们乘船出水，在水岸边的浅水区域能够捕获数量巨大的牡蛎，也能够极为小心地从深水之中捕捉贝壳类。在水岸附近的森林之中，猎人们在那里追逐野牛和野猪等野兽，去沼泽之中捕捉栖息在那里的鸟类。借此，我们又能够还原出一幅满富生气的生活场景：黄昏来临，寒气弥漫大地，渔夫和猎人们满载而归，回到了营地，他们围坐在篝火旁，将一天得来的猎物放到火中烧烤，烧烤后的野味香气四溢，他们则围坐着品味着这些野味，顺手将野猪和麋鹿的骨头以及牡蛎的贝壳丢弃在一边，生活废弃物的恶臭在篝火旁弥散。

一条几百英尺长的废物带就这样在这些晚石器时代的猎人渔夫丢弃生活废弃物的过程中逐渐形成了，而这条废物带也为我们记录下了那幅远古的营火生活图景。我们可以通过这条废物带还原出当时的一幅幅充满生趣的生活场景。这里发现的每一堆贝壳之中都隐藏着那些古代的斯堪的纳维亚人的生活景象。我们可以借由这些被发掘出的贝壳和动物遗骨判断出那个时期的人类对于生活在他们周边的野生动物的控制程度。在我们已经发现的动物遗骨上有许多都

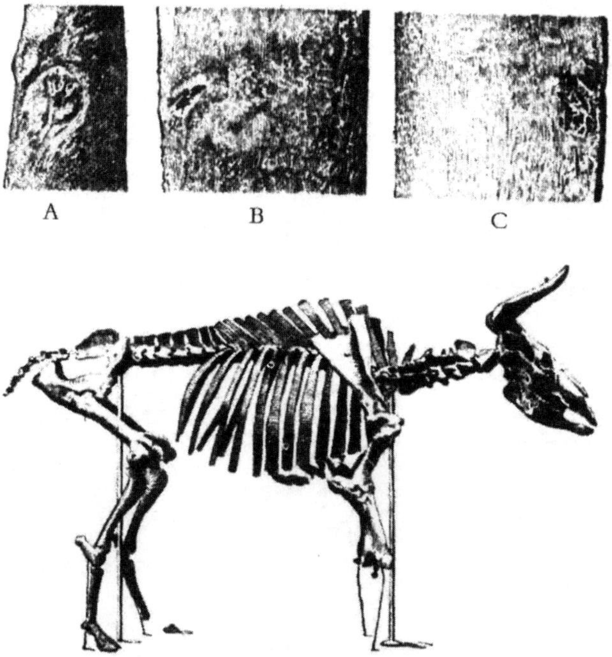

图12　野牛的骨骼，在这些骨骼上留有箭头的痕迹，这是晚石器时代的猎人捕猎时留下的

这头野牛大约是在一万年前在丹麦的森林之中被猎人所猎杀的。这头野牛被晚石器时代的猎人射中了脊椎，我们能够看得出留在骨头上的白色痕迹。这头野牛曾遭受两次射杀，第一次没有对它造成致命伤，但是在它的肋骨上留下了伤痕（图A）。第二次它被猎人的几支箭射中了要害部位，其中一箭射断了它的一根肋骨（见下方的白色环痕）。这一处伤口尚未愈合，两侧还留着燧石箭镞。从上图B、C可以看到受伤情况。受伤的野牛在企图游过附近的小湖时死去，尸体最后沉入了湖底。追踪的猎人追到湖边，却没有发现野牛的踪迹。之后度过了几千年的岁月，野牛被深深地埋在了湖中淤积而成的10英尺厚的泥煤层中。直到1905年，野牛的骨骼才被挖掘了出来，在野牛的骨骼之上还留存着当时射杀它的石箭头。后来这具野牛遗骨被运送到了哥本哈根，在哥本哈根博物馆展示，图A、B、C所示箭头的痕迹仍清晰可见。

留有豺狼牙的印记，从这一点上我们能够推断出，那个时期的豺狼可能与人类比邻而居，猎人们丢弃的骨头会成为这些豺狼的食物。随着这种生活境况的持续，豺狼与人类的关系变得越来越熟悉，越来越亲近，直到最后豺狼被人类所驯化，与人类如同一家人般地相处在一起，豺狼最终成为人类的一个忠诚的伴侣，我们将之称之为狗——它也成了人类最早的家畜。

不少破碎的中石器时代的陶罐残片也在晚石器时代渔夫废弃的贝壳堆中被找到。通过这些破碎的陶罐残片我们能够推断出，在那个时代生活的古代斯堪的纳维亚人就已经学会了烧制陶器，当然也不排除这种技艺是他们从南方人那里学习到的。他们也是最早学会利用陶土制作简陋陶壶的族群。可以说，在晚石器时代最为重要的发明就是制作陶器。在中石器末期，古代的猎人们学会了利用磨石来磨制石器的方法，这种磨制石器的方法类似于现在利用磨石来磨制铁器。最早的磨制石斧是在那些贝壳堆中被我们发现的，通过这一发现，我们能够推断出，那个时期的人们对于自然有着更为强大的控制力。

燧石工具是晚石器时代最多的石质工具，同时这一时期还出现了用更为坚硬的石头制作的工具，包括斧子、凿子、刀、钻、锯以及磨石。现在的木匠们所使用的工具与那个时代的工具相差无几。将斧头捆绑到木柄上的方法已经为古代的工匠们所学会，他们甚至还学会了如何在石斧上钻孔以固定石斧与木柄（见图16-5）。如今我们所找到的那些石器的表面都极为光滑，但使石器变光滑的原因并非是因为当时制作的精细，而是使用者在使用的过程中将这些石器磨光了。

然而，绝对不要就此认为那个时代的石器制作以及运用简陋而低效。在丹麦最近的一次实验之中发现，一个现代的机械工——他对于这些石器的使用方法并不熟悉，用石斧砍倒26棵有8英尺粗的松树并将其削成圆木只需要10个工时。而另外一个机械工只用了81天就用石器伐木建造成了一座房子。因此，我们有理由认为，晚石器时代的人类文明程度要远超野蛮人时代，晚石器时代的人已经居住在他们自己建造的极为舒服的房屋之中了。

我们停留在丹麦贝壳堆里的时间已经太久了，是该继续探寻人类文明的历程了。那么就让我们将目光投向美丽的瑞士，去那里看一看我们能够发现什么呢？许多早期木质房屋的遗迹就分布在瑞士。通过这些房屋的遗迹，我们能够推断出，瑞士的湖泊曾经是晚石器时代的人类村落的建造地。为了能够使自身的居住地更加安全，特殊的湖上村落被建成了，这种湖上村落可以有效地防御其他部落的袭击以及避免野兽对他们的骚扰。建造这种湖上村落首先需要做的是在湖底打上一些木桩，之后在这些木桩的支撑之下建起平台，最后再将房屋建造在这些平台之上，根据这些村落建成的特点，他们被称作“湖上桩屋”群落。瑞士的湖滨就这样被这些由众多桩屋组成的一排排长队点缀着。这些湖上桩屋村落大小不一，有不少地方的桩屋规模极为壮观。有至少5万根的木桩立在瓦艮地区的湖中，这些木桩能够建造起一个规模极大的桩屋村落（见图15）。

依据现在我们所掌握的资料，我们能够推断出这些湖上的居民在晚石器时代的湖上村落中过的生活极为繁华。这些建造在湖上的桩屋能够遮蔽风雨，住起来极为舒适，有大量的木质家具和工具供他们在房子中使用，在这些房屋中除了有木质的大个水壶和木勺外，还有不少的陶质盘子、陶质碗和陶质罐子供他们使用。虽然这些陶质的工具不是使用陶工的转轮制作的，同时也没有使用烧炉烧制，而显得凹凸不平，有些简陋，但给这些人带来的便利还是不言而喻的。

在湖上居住的居民长久以来以捕鱼和狩猎来获取鱼兽作为食物，与此同时，他们除了通过捕鱼狩猎获得食物之外还学会了获取其他食物的方法。晚石器时代的女人们在几千年前就已经学会了采摘野生植物的种子，学会了将一些种子通过晒干的方法储存起来，她们还发明了最为原始的研磨种子的器具——将种子放到两块较为平滑的石头之间碾压碾碎。虽然通过这种碾压方式得到的面粉很粗糙，做成的面饼也并不可口，但食物的种类毕竟还是因此增加了。人们还在采集野生植物的过程中逐渐意识到，经过人工培育的野草会生长得更茂盛。现如今我们已经了解了，这种通过养护的方式得到更多的植

图13　人废弃在丹麦海岸的垃圾堆（晚石器时代）

图的右边那片连绵起伏的山脊曾经是一片海边浅滩，但现在这片浅滩已淤积成草地。在山脊左侧有一块凹陷地。组成这条足有半英里多长、三十多步宽山脉的主要是牡蛎贝壳。上万件石质工具、武器和陶片在这条山脉之中埋藏着。

物果实和种子的方式是从东方传到欧洲的。

护养野草与在适当的季节播种、耕作和收割之间，只有一步之遥。居住在湖上的妇女们在学会种植粮食作物的时候就已经成了农业生产者。那个时期她们主要种植的粮食作物是大麦、小麦和谷子，农作物的种植使他们的食物来源得到了极大的丰富。考古挖掘工作还有许多另外的发现，超过100蒲式耳的粮食在已经消失的瓦艮湖村的湖底被发现。湖上的居民们除了在小山丘种植粮食作物之外，还种植了一些小块的亚麻地。我们由此能够想到这样的一幅生活图景：妇女们在自家的门前用亚麻编制衣物，那些祖先们穿的粗制的兽皮衣服被放在了一旁。他们也由此进入了穿着纺织衣物的时代。

湖上房屋之所以能够存在那么长时间的原因就在于他们对土地的开发。由于他们已经学会了如何种植农作物，所以他们就需要不断去开垦土地来发展种植园。小块的种植园周围居住着猎人的家庭，妇女们在种植园里勤劳地耕种着农作物，并在农作物成熟之后收获劳动成果。对于他们而言，生活中极为必要的一项工作就是在土地上劳作。土地所有权也是在这个时期逐渐形成的，当每家每户在某一块土地上长久地耕作劳动时，他们会渐渐产生一种获得对这块土地的习惯权利。当这种权利意识形成并被其他人所承认的时

图14　桩屋村落遗址（瑞士一湖边）

木桩长约20英尺，湖民们用石斧砍伐树木，然后将一端削尖，湖水深一般在8英尺到10英尺左右，这些木桩被牢牢地夯进湖底几英尺深。木桩夯实好了之后他们就在这些木桩上搭建起平台，再在平台上建造房屋。我们可以从图的右侧看出，他们还会建造一座木桥，将平台与湖岸连起来。并且这座桥的一头可以随意断开，这座桥同时起到了保卫村落的作用。在这幅图中我们还能够看到渔网被挂在栏杆上。湖民们就是通过这种方式在栏杆上晒网的。就在不久之前，一只独木舟被人们从湖底挖掘出来了，独木舟中装着鹿及许多别的东西。显然，这是一艘猎人们满载而归的独木舟。房屋建在水上，房下面就是湖，湖中盛产鱼类。在房屋的地板上，湖上的居民开了一个可以活动的门，通过这个门他们可以将亚麻编织的渔网或者是骨头制作的鱼钩放到水中，也就是通过这种特殊的房屋构造，湖上的居民足不出户就能捕获大量的鱼类，而他们之所以有了渔网是与他们已经学会种植亚麻密不可分的。

候，他们便声称自己对这片土地拥有所有权。这种所有权又逐渐地被人们公认。而土地所有权的出现也正是人类在之后的发展历程中频繁出现纷争的一个最为主要缘由。由此，富人和贫民之间的斗争也开始了。然而当还处在土地为大家所共有的时期，这种纷争还未发生。

在北非的北海沿岸，这个时候已经开始出现了畜养牛、绵羊和山羊等家

图15　湖村的残迹（瑞士）

1854年瑞士曾经大旱，旱灾导致了瑞士湖水的水位大幅度下降。而一根根残留在湖底的木桩也因此出现在世人的面前。我们能够想象得出在那遥远的古时候，一个个的湖上村庄就是由这些木桩撑起来的。在这个古老的湖底的木桩之间，数量巨大的器皿、工具和家具（见图16）被人们发现。这其中不仅有独木舟和渔网，同时还有小麦、大麦、家畜骨头和亚麻布等。在长达5000年的岁月里，这些物品一直被埋藏在湖底之中。甚至于青铜工具也在不同的底层被发现。这些被发掘出来的青铜器应该是在比晚石器时代稍晚时期在湖村出现的。我们借此可以推断出，在这些青铜器掉进水中陷入湖底泥层之前，湖底早已有了一层埋有石器的淤泥层了。

畜的现象了。这些被畜养的动物主要来自于尼罗河的河谷。在畜养这些动物之前，人类与这里的野生动物已经建立起了一种极为友好的关系了。其中不少已经成为人类忠实的伙伴。在那个时期，非洲与意大利通过西西里连接在一起。也由于这个原因，这些动物极易向意大利扩散，再通过意大利扩散到瑞士进入湖上村落居住的区域。因此，生活在瑞士高地上的人们就开始畜养牛、绵羊、山羊等原本属于东方的动物品种。这些动物都是被东方人所驯化的，这些被驯化的动物与那些生活在欧洲中部的野生动物存在着本质性的差别。其实早期人类驯化畜养动物主要目的是为了用作食物，为了能够满足基本的生存需求，将驯化的动物作为运输工具起到驮运作用的意识还没有在晚石器时代人们的头脑中形成。因为作为他们祖先的中石器时代的人们，几千

图16 湖民生活用具的一部分（晚石器时代）

有三种极为重要的发明就包含在这些用具之中。在这些发明之中，有从遥远的东方传过来的，也有他们自己发明出来的。这些工具是那个时代的湖上居民在平时的生活劳作中必不可少的器具。这三种发明分别是：一、陶罐（图中2、3），这可说是欧洲最为古老的陶质品，在这些陶质品上面装饰着粗陋的花纹。图中还有一口大锅，湖民们利用这种大锅来烧煮食物。二、磨制的带刃石器（中石器时代结束前就已出现），图中4是一把磨制的石凿，石凿的凿头被安装在了鹿角上，石凿的形状类似于一把斧子；图中5是一把石斧，石斧的一端是磨制出来的斧刃，在石斧的中央部分有一个钻出来的小孔，这个小孔是用来安装石柄。三、纺织工具，图中6是一个用于纺织的锭盘，在瑞士湖底，人们发现了一个最早的纺轮，上面缠着麻线。这可以说是最早的纺轮，纺轮的锭盘是用泥土烧制而成的。将锭盘用粗糙的亚麻线吊起来，线18英寸至20英寸。旋转锭盘，麻线就会随旋转的锭盘拧起来。麻线拧好后，缠在锭盘之上，然后再从亚麻团中抽出18英寸至20英寸的麻线，继续重复这个程序。

年来都是将野马作为捕猎的对象，作为食物来看待的①。他们从未想过要去通过畜养这些动物的方法来获得食物，所以，相比于这些祖先们，已经开始驯

① 我们发现，马是在更晚的一些时候，被欧洲人从东方引进。在人类发展的文明史上，马起到了极为重大的作用。

养动物发展畜牧业的晚石器时代的人们无疑为人类的文明做出了极为重要的贡献。

种植业的出现，让人类的生活习惯发生了变化，人们开始习惯于在土地上耕种，而种植农作物最为关键的一个环节就是挖土翻地。晚石器时代的人类在这一生产环节开始由“锄文化”[①]向“犁文化”发展。有着强健肋骨的野牛在人们看来非常适合于拉犁这项工作。犁是晚石器时代的欧洲人从东方引进的器具，而欧洲最早用来拉犁的动物也是由东方人所驯养的牛。人们在牛拉犁这种农业形式出现之前是靠自己握着锄头锄地的，而那个时期的妇女则是这种“锄文化”的主体。当牛拉犁这种新的农耕方式出现以后，以牛为主体的“犁文化”逐渐取代了原来简单的、效率极为低下的“锄文化”。早期欧洲人在这一点上要远超居住在北美洲的印第安人。印第安人在北美大陆发现以前还没有用来耕种土地的家畜，他们仍然处在“锄文化”时期。

欧洲的原始农业在欧洲人学会驱使和控制那些大型拉载动物之后，得到了极快的发展。原始农业时期，妇女的劳动能力与这些畜力在力气上是无法比较的。与此同时，农业的迅速发展也使得人们通过在土地上耕种获得的收益远远大于通过狩猎获得的收益。那个时代的男人们在意识到这一点之后就开始逐渐转向从事农业生产，逐渐放弃了原来的狩猎生活。从事了几千年狩猎生活的猎人们在这个时期逐渐变成了从事农业生产的农民。定居的生活方式也在这个时期得到了广泛的采用，这是由生产方式的转变所引起的，因为要从事农业生产需要一种定居的生活方式。从一种游猎的生活走向一种定居的生活，从猎人变成农民，欧洲人生活方式的这种根本性的转变与从东方引进农业和畜牧业是密不可分的。这种生活方式的改变可以说使得欧洲人开始从一种野蛮状态走向了一种文明状态，而这也是欧洲生活的三大进步之一。

---

① “锄文化”又被称之为手工农业，它是一种以手握锄头为特征的农业，出现在畜力耕作前。这种农耕形式与驱牛拉犁耕作的农业形式有很大不同。

图17 晚石器时代的墓穴（法国）

安葬在类似这样墓穴之中的人大多数是晚石器时代部落的首领。这些从几英里之外的采石场开采而来的巨大石块重40多吨，有些石块甚至要更重。这些被拖来的石块没有经过精细的加工，所以显得有些粗陋。

对食草动物的驯养在开辟了一种新型行业的同时，还使得欧洲人的生活发生了翻天覆地的变化。但是，游牧生活方式并没有因此而消亡。过着定居生活的以农业为主的人属于一类；而另外一类人则继续选择过一种游牧的生活，他们以畜牧业为主。现在我们将选择畜牧业生活的这类人称之为游牧者，即便是现在这种人仍然存在着。当草原贫瘠、难以耕种的时候，这些人带着他们的畜群，在草原上放牧。他们居无定所，带着自己的家人和牧群，从一片水草丰茂的牧区到另外一片牧区，他们的生活处在一种游荡之中。游牧者生活的主要地区集中在东部辽阔的草原上，他们从多瑙河沿黑海北侧向东一直到亚洲大陆，这里的草原绵延千里。与那些农民及市镇居民相比，这些游牧部落的人所处的生活状态还存在着许多不文明和粗野的地方。

这两种生活方式在晚石器时代并存。一种是农业生活方式，它的特征是定居，另外一种是游牧生活，特征是不定居。要想了解这两种生活状态的不同意义，通过他们选择的生活环境就能够极为容易地把握到。不定居的游牧民族选择的是草原，这是一种顺其自然，逐草而居，随意游荡的生活方式。但是他们也会去“光顾”一下城镇和农村，这是因为他们虽然不愿意放弃长久以来形成的生活方式，但对于定居生活也心生向往，所以他们想让城市和农村的居民臣服在他们的面前，于是会周期性地“光顾”这些城镇。而这种发生在游牧部落和定居农民之间的冲突，到后来就发展成为了为我们所知的发生在欧洲的一次次来自东部草原游牧部落的侵略。而想要理解发生在人类历史上的许多问题就需要了解这些事实。

这些生活在晚石器时代的定居者们也终于开始留下相比于陶器和石器更引人注目的作品了。在晚石器时代即将结束之前，欧洲的建筑主要还是木质房屋，这些木质房屋非常容易损坏。但在晚石器时代行将结束的时候，在一些有着大量人口的居住地上，一些强大的部落首领在建造自己的陵墓时开始使用石头。我们现在发现的那些陵墓的遗迹从西班牙一直点缀到南斯堪的纳维亚海滨的欧洲西海岸。仅仅是在丹麦岛上，我们就已经发掘出了三千四百多个那个时代建造的陵墓。像这种大型的陵墓在法国也有不少，还有英格兰。在建造这种陵墓的时候，当时的人们会先用凿子把天然粗石打制成块，然后再用打制成块的石头和粗石来修建陵墓。这些陵墓仅仅是用切割磨光的石头堆砌而成的，并不使用木质材料。但是我们还不能将这些陵墓称之为建筑物，这是因为那个时代的欧洲建筑物尚未出现。我们所见到的第一座石质建筑物是在东方。

由这些晚石器时代留存下来的建筑我们可以推断出，城镇出现在欧洲的时间很早。由于石质的陵墓是由那些居住在城镇中的居民建造的，所以几乎在每一个石质的陵墓群周围都能找到一座城镇。我们通过已发掘出的城镇遗

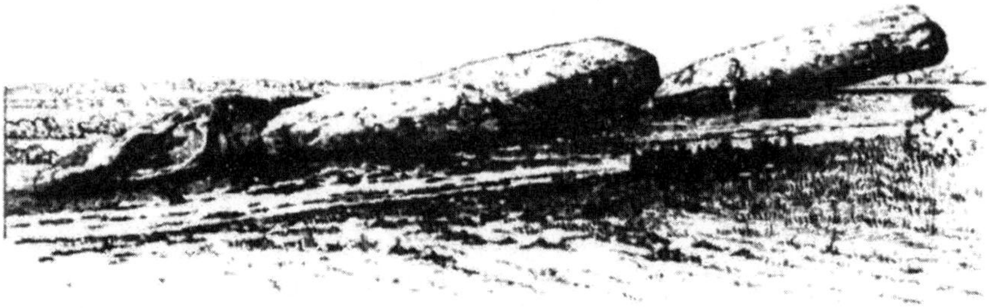

图18 垮塌了的纪念石（法国晚石器时代）

这是一块晚石器时代人的墓碑石，这块巨石约65英尺长、300吨重，该石曾经立在地上，倒下来后断裂成了三块。

址可以基本上还原出当时的城镇状况：城镇被一圈土墙环绕着，土墙上极有可能还围有栅栏，在土墙之外有水沟环绕。通过这一发现我们能够推断出那时的人们已经不再过着四处狩猎、到处游荡的生活了，他们通过种植农作物和畜养家畜来维持生计。他们开始过上了规模巨大的群居生活，他们开始学会协作劳动。城镇的建立自然需要“领袖”来协调管理，无论是在瓦艮湖中夯进去5万根木桩建造湖上村落还是建造那些由巨石堆砌成的大型陵墓，都需要进行有效的管理，而这些村落以及陵墓的建成也表明了在那个时代就已经开始出现领袖组织下的管理活动了。在晚石器时代欧洲出现的小型城镇有很多。出现的这些小型城镇可以说就是一个个小型的城邦，这些城邦都会有一位首领管理着城邦中的各类事务，这些小型城邦都有着属于他们自己的农田区以及极为严密的防御设施。而这些城邦正是国家的雏形。

除此之外，这些石头建筑还将一些更为有趣的信息透露给了我们。根据它们透露给我们的信息，我们可以知道一些晚石器时代人们的生活图景，这是一幅极为有趣极为生动的生活图景。在英国南部的巨石阵埋葬着一位部落酋长，而这座巨石阵似乎在向我们诉说着当年那里所举行的盛大聚会。聚会中也会有诸如马车比赛等具有纪念意义的赛事，除此之外或许还会举行其他赛事。而这些赛事的举办则是为了纪念那位已故的葬在巨石圈中的部落酋长。驯养的马匹在这个时候已经出现在了西欧。那条在巨石阵外约两英里长的笔直的大路，极有可能是走马车的道路，现在这条道路还能依稀辨别出来。在那个时代这条马路上可能会是车轮滚滚，人声鼎沸，混杂着马匹的嘶鸣声，极为热闹。一些巨石标志出的大道现在还能在法国西北部找到，在那个时代，这些大道一定是热闹非凡，在欢庆的节日里活跃着游行的队伍。在那个时代，在几个世纪中，这些石林道上一定挤满了放歌狂欢的人群（图20）——每当节庆大典到来的时候。但是如今，只有安静和孤寂在陪伴着它们。在法国的农田之中像这种古老的用于游行的大道有几英里长。如今那些欢腾雀跃的盛景虽然已经不复存在，那些古老的信仰和风俗也不再被人们所提起，但是对于当时的欧洲人来说这却是极其重要的。这些风俗他们曾经长期保持过，那些信仰他们也曾虔敬地信守过。

在这些宏伟壮观的遗迹之中我们不仅能够看到那个时代的人们在闲暇时候娱乐的一面，同时还能看到他们辛勤工作的另一面。一旦人们选择了一种定居的生活，就会产生分工，因为在这里定居了的居民不可能什么都会做，人们生活中的许多必需品，以及生产劳作中需要的工具，都需要居住在城镇中的居民分工合作完成，由此产生了木工、陶工以及从事采掘业的人。人类的贸易活动也由此展开，通过贸易活动获得自己能够生产出的其他物品。为了能够制作出上乘的石器，早期的矿工们开始去挖掘地洞，以此来探寻优质燧石层找到上等燧石。这些石器在那个时期主要是供应家庭使用。就在不久之前，地处布兰顿和英格兰的一个古代燧石矿的地下坑道里，有80件破损的鹿角凿被发现。在这个古代的燧石矿坑中，一些地方的坑道顶坍塌了下来，坍塌的坑道露出一个古代石矿的长廊。在这个长廊之中，另外两件鹿角凿被考古学家发现。在这个鹿角凿上有一层白垩灰覆盖在上面，上面留有人的手印。毋庸置疑，这些手印正是处在几千年前的晚石器时代的矿工留下的。人们还在比利时发现了一具古代矿工的遗骸（图21）。这个矿工手边有一把鹿角

图19　这是晚石器时代在英国南部，埋葬着部落酋长的陵墓，陵墓周围有环绕的巨石阵

晚石器时代的城邦通过一条长长的大道与周长约100英尺的巨石环连起来。这条路至今依然可以被人们辨别出来。离这不远的地方有一条约两英里的跑道，这是一条竞赛跑道。除了这些由粗陋的石头堆建而成的建筑物之外，一直到罗马帝国时代来临之前，西欧人还没能建造出更加令人感叹的建筑物来。

凿，他的死因是被塌下来的岩石砸中。

在那个时期，随着不同地区之间沟通联系的日益紧密，贸易在这些地区之间也日益频繁起来。种类繁多的燧石工具是这种较为久远的商业贸易最为主要的交易品。即便是到了现在我们依旧能看得出这些燧石当年的风采，这些燧石都极为精致，燧石上的色彩也依稀可辨。琥珀在波罗的海海岸上聚积起来，通过贸易自北向南流通，几番易主，由此我们也能看出当时贸易活动已经是相当频繁了。石器在欧洲周边海域的一些海岛上被发现，这说明在那个时期这些岛上就已经有人类居住了，而我们也由此可以做出这样的假设，那就是要想到达这些海岛就必须要有足够结实的船只，由此也可以得知，造船技术在当时就已经具有极高的水准了。但是，人们虽然在湖底木桩的周围发现了居住在湖上的村落的几条独木舟，可是帆船在那个时代的欧洲还并未被制造出来。

图20　法国北部的石林道（晚石器时代）

这条石林道是由3000多块高耸的石头构成的，约有2.5英里长，从用途上来讲这些石林道与巨石阵的大道极为相像，当时的人们会在节日的时候在这里举行游行和比赛，也是处在晚石器时代的城镇举行宗教庆典经常选择的地方。

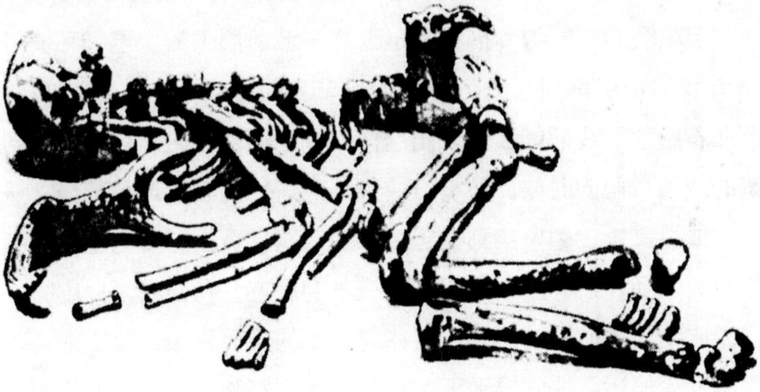

图21　矿工遗骸（晚石器时代）

人们在比利时的一个燧石矿井之中发现了一具古代矿工的遗骸。矿工是横躺在矿井之中的，死因则是被坍塌下来的石头击中。有一个鹿角凿在他的前面，这种鹿角凿有一个手柄且两头带尖，这种鹿角凿主要是一种用来在白垩层中寻找挖掘燧石的工具。

图22 燧石箭头在晚石器时代人类脊椎骨留下的痕迹

箭头射穿了遇害者的腹部凹陷处。射出这个箭头的弓箭一定十分有力，它穿过受害者的胃部直接插进了脊椎。

那个时期商业贸易还处在一种以物易物的极为原始的贸易形式。在那个时代，金属还没有出现，当然也就没有金属货币。由于文字在那个时期的欧洲还没有出现，所以只能通过在篱笆墙上刻痕的方式来记录赊账的事儿。通过这种方式交易双方记录下以后需要偿还债务的鱼或者是粮食的数量。

那个时期城镇的主要防御措施就是围绕在城镇周围的土围墙和栅栏，这一点也告诉我们在史前时代人们的交流并非都是相安无事，你好我好大家好，也存在着纷争。我们能够想象出这样一幅画面：社区居民们在听到社区首领吹响的战争号角的时候，便纷纷结束还在进行的宴会或是劳作，从宴会厅或是农田或是矿场之中聚集到一起，拿起武器，登上防御的围墙，抵御外来入侵的敌人。现在还存留着早期欧洲战争的痕迹。在瑞典发掘出的一个晚石器时代墓穴中一支燧石箭头还深嵌在墓主人的头盖骨中，这支箭头正穿过死者的眼睛。人们还在法国发现了不止一具被燧石箭头射中脊椎的遗骸（图22）。在苏格兰的石堆墓中，人们发掘出了一具石质的棺材，棺材中的人身材很高，他的一只胳膊被石斧从肩膀处劈开了，在这只严重受伤的手臂的骨头上还残存着斧刃的碎屑。这也让我们从另一个侧面感受到了那个时代的战争是多么残酷。

欧洲早期文明的进化缓慢而漫长，这一过程历经了数万年。在这个进化过程中，东方农耕文明和畜牧文明的传入在各自的自然和文化环境中起到了极其重要的作用。晚石器时代的欧洲（约公元前3000年）文字还没有出现，商业活动、组织管理和保存传统等人类社会活动还存在很大的不便。那时没有金属[①]，工具制造和工业水平十分低下。由于早期欧洲人还没有办法制造帆船，海上贸易的发展也极其迟缓。欧洲人的文明，是近东[②]文明或地中海东岸文明传播的结果。东方文明的传入促进了整个欧洲大陆的发展。

当我们把视线转向东方时，应该记住，我们已沿着史前人类的发展历程探索了数万年历史。我们已经清楚，他们开始制作石器时，是这段历史的开端。在从公元前4000年到公元前3000年，东方就已创造出了较高的文明，开创了新的历史纪元[③]，从这个角度上我们完全可以说，整个欧洲古代文明的发源地在东方。东方文明距今已有大约5000到6000年的历史，在东方早期的历史上很早就出现了强大繁荣的国家，而当时的欧洲人还过着没有金属、没有文字的生活。但是，自从欧洲人在从东方获得了文明和财富后，战争与和平的主导权就转到了欧洲。当我们转而审视以金属物品、发达的管理组织、文字、大型船舶及许多其他重要发明为标志的东方文明的时候，我们应有这样的认识：在这条人类文明的发展之路的上半程中，文明的脚步正在一步步地从东向西，从东方走向欧洲。

① 约公元前3000年，金属传到了东南欧洲，然后就像波浪一样，慢慢地向欧洲西部和北部扩散。也许直到公元前2000年仍未传到不列颠。因此，我们将西欧的巨石纪念物也列入欧洲石器时代的考察对象。金属在欧洲出现之前和金属传进东南欧洲很久之后，是这些巨型的石头纪念物的盛行期。

② “东方”一词现在指日本、中国和印度。但还有不同于该地区的离欧洲较近的东方地区，这就是人们通常所说的“近东”，它包括地中海东岸各国，埃及、西亚、小亚细亚等。本书所说的“东方”指近东地区。

③ 我们可以将历史纪元解释为人类开始创造文字并积累文字资料的开始。这些文字资料记录了人类生活生产的各种情况。对于文字出现之前的人类的生活，我们是通过已发现的各种古代的武器、工具、用品、建筑物等来了解的。我们已介绍了一些可以从中了解史前欧洲人生活的东西。由史前向历史新纪元的过渡是一个极为缓慢的过程。在东方，这个过程约发生于公元前4000年到公元前3000年之间。

第一章　金字塔时代的埃及

一、最早的埃及人

伟大的尼罗河流经了数千年的历史，宛如一部浩瀚史卷，记载着古埃及人的神奇故事，记载着数千年前他们发明的文字与发现的金属，也记载着他们之后取得的种种伟大成就。

我们对早期东方的探索之旅就从埃及开始。今天，去往埃及旅行的游客们要从亚历山大港登陆，这是一个现代气息颇浓的港口。现在，我们跟着一位旅行者，坐在飞驰的列车中，车厢里舒适安逸。从窗户中向外远眺，我们会看到，这个国家地势低平，沿途是一望无垠的开阔平原，远远地延伸至阳光降临的地平线；在宽广无边的大地上，深色的泥筑小屋零零散散地错落着，小屋包围在一片椰枣树中。在这一片葱葱郁郁、苍翠欲滴的鲜亮颜色中，排列着许多网状的灌溉渠。而在灌溉渠的两岸，时不时会出现劳作的农民。他们身材修长，有着棕褐色的皮肤与深黑的头发。这些农民们按照一定的节奏提起皮桶，上下穿梭着取水，灌溉农田。他们的皮桶与一根长吊杆（图23）相连，操作方式与我们的祖辈们在新英格兰使用的杠杆井颇为相似。我们不难想到，这些灌溉渠中的活水源源不断，直到田中的作物成熟。这也使我们了解了这里的人们是如何成功度过旱季的。

列车继续飞驰，我们临窗眺望，映入眼帘的是大片肥沃的黑土地——这里特有的土壤。每年夏天，雨季来临之际，尼罗河水位上涨，甚至泛滥，将两岸的平川淹没。在无数次的水涨水落中，这种肥沃的土壤（图24）就淤积而

图23　用于灌溉取水的埃及长吊杆

最下面的人提着皮桶（A）站在水边，他的上面是长吊杆（B），吊杆的下面是用尼罗河河泥做成的泥球（C），这个泥球是用来平衡吊杆，协助升降的。在吊杆的支撑物（D）后面，第一个人把皮桶里的水倒进第一个盆里（E），第二个人（中间的那个人）把水从第一个盆（E）倒进第二个盆中（F），于是第一个人提着的皮桶就空了；这时，第三个人（G）把中间的盆（F）中的水倒进最上面的岸上的盆中（H），然后，那里的水就能够沿着左边的水渠流进农田。这样的灌溉必须要将水从E到F再到H连续提升三次才能完成。在旱季，这样的灌溉大概要持续100天时间，昼夜不停。

成了。现在，我们正在穿越的这片沃土，就是著名的尼罗河三角洲。这片三角洲自第一大瀑布洪水泛滥时就开始沉积，现在已经绵延了一万平方英里，比整个佛蒙特州还要大。这是一片膏腴之地，非常适宜耕种。

列车继续向南，我们已经到达了三角洲的南端。尼罗河谷两端的高地出现了，三角洲在这一带谷地逐渐消失，我们进入了撒哈拉沙漠高原。尼罗河从非洲内陆出发，一路向北，绵延曲折，沿幽邃的河谷奔流，在广袤的撒哈拉沙漠中穿行。与沙漠地带一步之遥的两岸土地的外缘是绿色的农田。河谷的两侧不断有积叠的沙土，形成了如雕塑一般的河壁。如果我们爬到悬崖上远眺，满眼尽是荒凉的岩山，那一片蜿蜒起伏的沙漠仿佛在阳光的炙烤下焦灼地战栗着。

当我们看着西部的撒哈拉高地时，很难想象，这一片荒芜的土地上也曾雨水充沛，遍布森林。北非的这片土地上曾经流浪着与欧洲早石器时代的猎人同宗的猿人。这些史前北非人可以通过西西里路桥轻易地进入欧洲。在现代的撒哈拉，尤其

图24 在通往吉萨金字塔的大道上看到的洪水

这幅图的右边是通往金字塔的道路，左边是尼罗河谷，远处还有坐落着金字塔的干燥高地。金字塔前面的树木和现代村落所在的地方是金字塔的建造者们曾经居住的皇城。

是卢克索对面的地区，我们还可以发现他们的石质工具和武器。也是在这片地区，考古发掘者发现了图坦卡蒙的坟墓。暴涨的河水将高原猎人们的石器从沙漠高地冲到了尼罗河谷，最后埋在50英尺高的岩石层底部。因此，在河谷两侧的崖壁上，我们还能发现这些高原猎人的石器。其中，最古老的石器比欧洲至今发现的任何石器都要早上许多年。

后来，高原猎人们逐渐移居到尼罗河谷。前不久，人们在三十多英尺深的黑土沉积层底部发现了他们的遗迹。这一沉积层形成于距今15000年到18000年之间。在沉积层只有几英尺厚的地方出现了高原猎人的遗迹，由此我们可以断定：早在几千年前，居住在尼罗河谷的北非猎人就已经经历了由狩猎到畜牧再到农业的生活轨迹。这些遗迹向我们展示了这一漫长进化的过程，同时也让我们能够想象他们在尼罗河谷的丛林中开荒垦田，修筑古老的灌溉渠网的场面。现在，这里深深的黑土之下还埋着那时的农田水利系统。

那时的农人更像是远古的农学家，他们不断把死去的同胞埋葬在冲积层外开阔的公共墓地里。随着时间的推移，冲积层不断变厚，渐渐地覆盖了墓地。但最新最高的墓地还没有被黑土覆盖。自1895年以来，这里已经有许多墓穴被发现和挖掘出来。我们今天看到的，位于沙漠边缘，呈波浪式的低矮山丘的下面，就埋葬着那些在尼罗河三角洲辛勤劳作的棕色人的祖先们，他们是史前尼罗河畔的农夫，如今安静地躺在墓底。有一项分析了几千具这样

图25　晚石器时代的埃及人坟墓

图中是一个呈椭圆形，大约四到五英尺深的坑。尸体被陶罐围绕着，陶罐是主人生前用来盛放食物、小麦和大麦的。在这些埃及人的坟墓中，人们还发现了一些最早的铜制品，因此他们推断这些坟墓属于晚石器时代。

的尸骨的研究表明，在体形上，这些尼罗河农夫和地中海周围的同宗民族是相似的，因此他们被称为“地中海族”。这些原始埃及人的尸体围绕在陶罐和石质工具（图25）之中，他们已经在这里安静地躺了六千多年。人们在他们的墓穴中发掘出了许多他们曾经使用的石器，这些石器表明，那时的尼罗河居民就像晚石器时代的欧洲人一样，还未使用过铁器。尸骨周围的陶罐里盛放着一些大麦和小麦，这是人们为死者准备的食物。于是我们可以推断，如果尸体保存完好，还能够进行解剖的话，我们应该能在他们的胃里发现大麦皮或是麦粒，这是迄今为止发现的人类最早的粮食作物。人们还在墓穴中发现了亚麻残片，这些发现都表明，最早的谷物和亚麻都是从这里传入欧洲的。总体而言，从尼罗河谷的坟墓遗迹中，我们可以知道，早在六千多年前甚至更早的时候，古埃及的农民就已经开始开荒垦田，引水灌溉并种植谷物和亚麻了。然而今天，我们在车窗外看到的那些棕色农夫们，还与他们几千年前的祖先们做着一样的农活。

列车继续向前疾驰，车窗外不断闪过由低矮的土屋聚集而成的村落，我们的眼前出现了一幅本来已经消失的史前村落的生动画卷，这幅画卷中曾经生活着早期的尼罗河居民。现在，沙漠的边缘还存在着他们的坟墓。在6000到7000年之前，每一个这样的村庄里都有一位当地的族长，他掌握着当地最高的权力，控制着水利灌溉系统。农民们在每个季节都必须向他进贡粮食和亚麻，否则就会被他切断水源，无法耕种。如果农民拖欠贡品，族长还会亲自上门，直接收缴农民拖欠的贡品，这大概就是人类历史上最早的税收了。

那时，精确的计量方法还没有出现，人们只能通过画粗拙的粮篓图或是在农屋的泥墙上刻上印痕来标记应该偿付粮食的数量，这就是人类最早的记录交易的方式。用图标来记事也是人类文字的最早阶段。现在，仍然有一些尚未开化的民族在使用这样的图形文字。阿拉斯加土著人传递信息的方式就是在木头上刻画图形的符号（图26）。

图26 阿拉斯加的印第安人在木头上刻画的图形信息

一个人两手空空，手掌向下，垂在两侧，一副手足无措的样子。这在印第安人的姿势中表示的是不确定、不了解、空的或是什么都没有的意思，简而言之就是“不、无、没有”的意思。另一个人一只手放在嘴上表示“吃”或者“食物”，另一只手指着帐篷表示“帐篷里”。所以，这幅图传达的信息是，帐篷里没有食物。

这种“文字”表达的意思比较含糊，例如图26表达的信息既可以理解为“帐篷里没有食物”，也可以解读成“棚屋里没有肉食”。由此可见，象形符号是很难传达确切的含义的。我们再来看一幅印第安人的图像。这幅图像记录的是一位英勇的印第安英雄与他的功绩，这位英雄名叫“奔驰的羚羊”

（图27）。我们需要注意的是，这种用图像符号记录的方式不代表出现了真正的文字。用不同的文字通过不同的方式可以表达出相同的意思，6000年前的埃及国王们使用的图形记录也是如此。

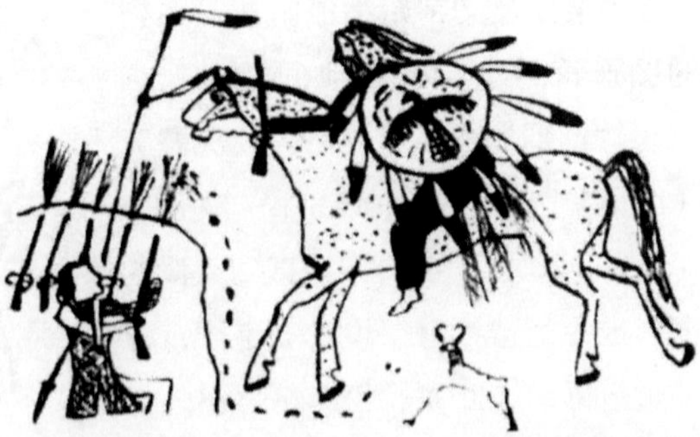

图27　一位名叫“奔驰的羚羊”的达科他首领战胜敌人的图形记录

一个名叫“奔驰的羚羊”的达科他印第安人为自己画了十一幅自画像，这是其中的一幅。这幅图记录的是他在一天内杀死五个敌兵的功绩。这位印第安英雄骑在一匹战马上，一手持枪一手挽盾，盾牌上刻着他的家族的象征物——猎鹰。在马的下方有一只奔跑的羚羊，这代表着这位英雄的名字。马蹄的印记一直延续到了左边的低矮树林，他就是在那里杀死了五个躲起来的敌兵。图中手握长枪的人是敌兵，长枪的数量表示躲在树林里的敌人的数量。

图像符号并不属于真正的语音文字。至今，美洲土著人仍然处于图形记录的阶段。要想变成真正的文字，图形记录需要经过两个阶段。首先，每一种物体的图像要成为一种固定的形式，即固化物体的特别符号。特定的对象用特定的符号来表示，让人们在看到符号的一瞬间就知道它所代表的特定对象。例如，人们看到代表“一条面包”（loaf）的符号时，会自然地联想到“一条面包”，而不是整个“面包”（bread）或是“食物”（food）；代表一片叶子的符号也会被人们认作“叶子”，而不是“叶簇”。其次，当叶子的符号出现时，无论是在什么样的情况下，它总是代表“叶子”（leaf）的意思。同样，无论在任何场景下，都是“蜜蜂”（bee）的象征性符号。当“叶子”和“蜜蜂”各自的符号意义确定下来后，就可以把两者联合起来：它代表的是“信仰”（belief）的意思。但是值得注意的一点是，在文字“信仰”（belief）中，不再代表昆虫，而是专指“be”这一符号，即一种语音符号。

如果埃及文字始终停留在一系列的图形符号上，那么他们根本无法书写“信仰”（belief）、“厌恶”（hate）、“爱”（love）和“美丽”（beauty）这一类文字。直到大量的图形成为语音符号，埃及文字才有可能进行书写。此外，语音符号出现之后，一个词语所代表的意义无论能不能通过图形表达，都可以用语音符号书写出来。伴随着语音符号的出现，真正的可以书写的文字也出现了。在遥远的古代，最初的文字是由尼罗河畔的居民们发明的。

图28　埃及象征文字的举例

一只猎鹰用绳子吊着一颗人头。猎鹰象征着国王；人头下面的六根草茎代表着尼罗河下游的沼泽地区；草是从人头旁边的地上长出来的；图像下面是一个有单侧倒钩的鱼叉的头部和一个长方形，这表示的是湖泊。这幅图像记录的是猎鹰国王在尼罗河下游湖泊地区虏获敌人的事情。

古老的埃及文字中包含了600多个符号。其中，许多特定的符号代表了一个完整的音节，如。埃及的抄写员们慢慢地学会了将这样的音节组合起来，用一组音节来表示一个词语，如。每一组这样的符号代表一个单词，而一个句子就是由一系列这样的符号组构成的。

但是埃及人并没有止步于此，他们继续探索，直到用一个符号来代表一个字母，并将这种一对一的符号系列化，形成了我们所说的真正的字母符号。图29中的字母表出现于3000年前的埃及，是迄今为止发现的世界上最早的字母表。表中有24个字母。我们不难想象，当时埃及的书写员们觉得用符号组书写非常不方便，于是他们开始用24个字母（图29）来书写他们的语言。这个转变肯定需要一个适应的过程，就像我们在习惯了字母组合的书写

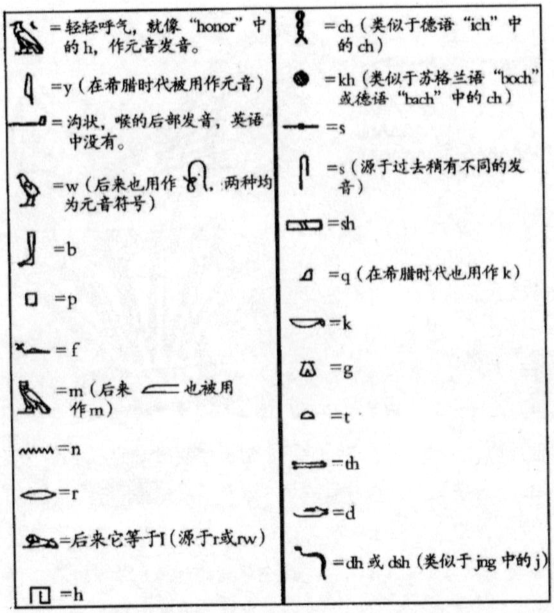

图29　埃及文字的字母

这张表格中的每一个字母代表一个辅音。埃及文字用元音发音，但不写出来，这一点我们会在了解了图30之后更加清晰。在英语中，辅音字母w和y经常被用作元音，希腊时代的埃及文字也有这样的情况。那时，埃及文字中有三个辅音字母也经常被借用为元音。第一个字母是轻音，它常被用作a或e；第二个字母y被用作i；第三个字母w则被用作u或o。

过后，就很难接受英语的拼音文字的简化语音系统一样。如果我们现在嘲笑古埃及人烦琐愚笨的符号，那么将来的人们肯定也会觉得我们今天使用的字母是那么可笑。

后来，埃及人还发明了一种便捷的书写工具。他们在水中溶入植物的汁液，加工让它变得更加黏稠，然后再加入锅底灰，方便好用的颜料或墨水就制成了。在当时，这样制造的墨水堪称佳品。人们只需要把芦苇削尖，然后蘸上墨水，就可以进行流畅的书写了。

埃及人还发现了一种叫纸莎草的苇草，他们将这种苇草削成薄薄的条状，然后在上面书写。他们发现在这上面书写比在陶片、石子和木块上书写更加便利。但是书写需要比较宽的页面，苇草片太过狭窄。于是他们群策群力，找到了解决这一问题的办法——把苇草片的边缘用糨糊粘在一起。几番实验之后，他们终于加工出了非常薄的成幅苇草片，然后他们把两片薄片粘在一起，让苇草的纹理直角相交，于是，平滑、柔韧、呈现淡黄色的莎草纸

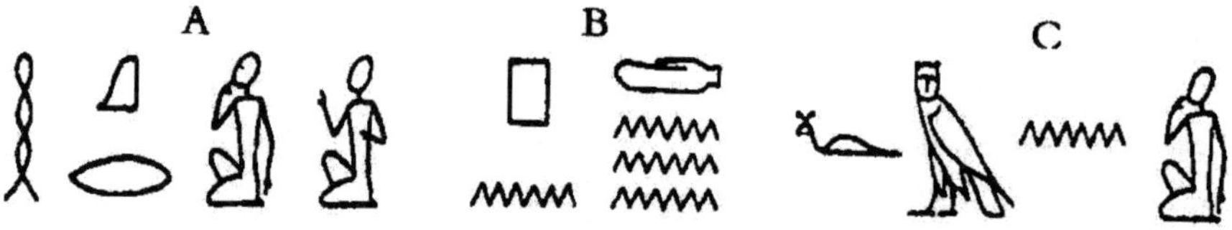

图30 一个埃及单词（A），两个英语单词（B）（C）以及他们在象形文字中的表达

在埃及单词（A）中，前三个符号代表的是ch-q-r，我们还不知道这个单词中的元音是哪个。严格而言，这个单词的含义是“饥饿”，也可以引申为“贫穷”或是“穷人”。当它用来形容人时，单词后面会加上一个跪着的人，这种放在单词后面，没有语音的符号叫作限定词；这个人的前面还有一个用手捂着嘴的人，这用来表示“饥饿”“口渴”或者“说话”。这两个符号都是从古老的图形阶段符号中借用的。英语单词（B）是用象形文字拼出来的，在这个单词中，前三个符号代表的是字母p-n-d，三条波浪形的曲线是表示“水”的限定词，于是，p-n-d就可以拼为“pond”（池塘）。C也是用象形文字拼出来的英语单词，前三个符号代表着字母f-m-n，最后一个符号是“饥饿”的限定词（与单词A相同），这个单词的意思是“女性”，拼作“famine”。通过图29中的字母表和上面提到的限定词，我们可以把一些英语单词用象形文字表达出来，例如“man”（男人）可以变为m-n和A中跪着的男人那个限定词；“drink”（饮用）可以变为d-r-n-k和C中用手捂嘴的人那个限定词；“speak”（说）也可以变为s-p-k和A中那个用手捂嘴的人的那个限定词；“brook”（溪流）可以变为b-r-k和B中表示水的波浪形曲线的限定词。

就制成了。埃及人是最先也是唯一将植物薄膜制成书写材料的人。我们如今使用的钢笔、墨水和纸就是这样发明的，是从埃及人那里流传下来的。纸（paper）至今仍然沿用着古代的名称（papyros），只在原来的基础上稍微有些变化。

文字与纸张的发明对人类的影响是巨大的。在人类漫长的生存斗争中，再没有任何智力成果能够与它们媲美，即使是以往所有战争和所有发明的总和也无法超过文字及其记载系统带给人类的影响。

埃及人还认识到了计算时间的重要性，他们与其他民族一样，也是根据月亮的圆缺来计算时间。从新月到满月，从月圆到月缺，月亮及其稳定的变

图31　埃及象形文字（第一行），用苇秆笔和墨水在莎草纸上快速书写的与之对应的一种古埃及书写文字（第二行）

埃及社会的日常事务中有大量的书写和记录需求，这就对书写的速度有比较高的要求。用笔和墨水在莎草纸上书写可以大大地提高书写的速度，而快速的书写体又大大地简化了象形文字的符号。象形文字相当于现在的印刷体，这种快速的手写体就相当于现在的手写体，它远比印刷体要简单。很显然，图中上面一排是象形文字符号，而下面一排是快速的书写体。但我们要注意的是，埃及文字是从右往左书写的，因此也要从右往左读；也有埃及文字是从上往下书写和读的。到了公元前8世纪，有三分之一的符号成为更方便简洁的手写体。从某种程度上来说，这类似于我们今天的速记。这种手写体也被称为通俗体，在罗塞塔的石头上就有一段用这种通俗体写下的叙述文字。

化周期成为一种粗略但十分便利的计时方式。如果一个人承诺在第九个月圆的末尾偿还欠下的粮食，那么当八个圆月过去之后他就知道再过一个月就是偿还的期限了。但是这样的话，每个月的天数是不一样的，有的是29天，有的是30天，因此，他们不能简单地把一年平均分成不同的月份，这给计时带来了困难。对此，埃及人采取了更加先进有效的计时方式。

埃及人不再用月份来划分一年的阶段，而是将一年规定为12个月，每月定为30天，每年年终还规定了5天的庆祝节日，于是，一年就变成了365天。那时的埃及人还不十分了解天文学，他们不知道每四年就有一个366天的闰月年，但是他们后来还是发现了这个规律。公元前4241年，埃及人发明了这种便利的日历，这是人类历史上最早记录了日期的事件。这种历法一直沿用至今，只是在历经六千多年后，每个月的日数发生了一些荒谬的变化，当然这已经与埃及人无关了。随着时间的推移，记录了日期的文件越来越多，如果

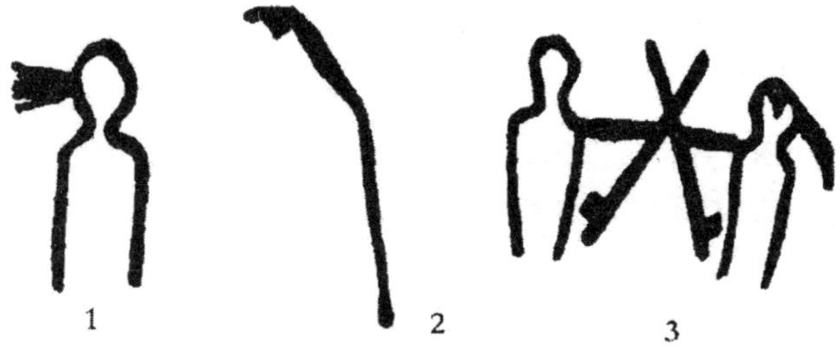

图32　一个达科他首领的年表，其中有71个被命名的年份

达科他族的首领朗·多哥有一件水牛皮的袍子，这件袍子上记录了71个被命名的年份。公元前1800年，在朗·多哥四岁的时候，他开始了这些记录。图中的1表示一个咳嗽很严重的人，如果某一年，哮喘病频发，那么这一年就被命名为“哮喘咳嗽年”；2是一颗正在坠落的流星，如果某一年出现了许多流星，这一年就会被命名为“流星年”；3中有两个发式不同的印第安人，他们来自不同部落，正在交换象征着和平的烟斗，这表示的是达科他族和克罗族达成和平协议的那一年。通过他的年表，如果某件事情发生在1813年，人们会说它发生在哮喘年，朗·多哥还能根据自己的年历讲出那是发生在多少年前的事情。

只记录月份的话难免会出现重复等麻烦，这就产生了记录年份的需要。就像我们用基督诞生的年份为起点开始纪年一样，古埃及人也是用重大事件发生的时间作为标志，从而建立纪年系统的。如果有人回忆过去了很长时间的一个年份，他会通过那一年中发生的重大事件来确定年份。这种方式现在仍然盛行于北美印第安人中（图32）。实际上，这种情况在我们现代人中也不陌生。例如在芝加哥，人们说的“大火年”就是专指发生了大火的那一年。最早的埃及书面记载就是通过这种方式来记载年份的（图33）。

于是，一系列年代名就通过该年的重大事件被记录下来了。就像历史年谱一样，年名表将一个重大事件的序列展现在人们眼前。在人类历史上，最早的年代表是从公元前3400年开始，一直记录到公元前2700年。在这700年中，年代表依次记录了每一年最为重大的事件的名称。这份年代表留存至今，现保存于意大利西西里的巴勒莫博物馆，被称为巴勒莫界碑。后来，埃及人发现用国王登基这一事件来纪年更加方便，于是，他们开始用某某国王

图33 早期埃及人的年份名称

这个硕大的白色陶罐是很久以前的一个埃及国王献给太阳神庙的，现保存于费城博物馆中。这个陶罐上刻着一句话：反抗并击溃北方之年。这是埃及国王将这个陶罐献给神庙那一年的名称。在那一年，他取得了对北方但尔他的战争的胜利。由此可见，我们可以从这些年代名称中了解许多有价值的历史事件。

元年或某某国王某年来记录事件与年份。几百年后，他们的历史年代简表就成为过去国王的名单。

同时，埃及人还在其他的许多方面取得了长足的进步。公元前4000年之前，他们就发现了金属。据说是在西奈半岛上，一群埃及人围拢营火时带上了铜矿石。木炭和矿屑混合在一起，高温加热后，金属铜就从矿石中释放出来了。用矿工的说法就是，这些矿石被还原了，凝固成了金属球粒。于是，在第二天早上清理灰烬时，这些埃及人在火堆里看到了几颗光彩夺目的小球。他们摆弄着这些小球，充满了好奇与喜爱。当这样的情况出现了几次之后，他们就知道了这些奇妙的金属小球形成的原因。于是，他们总结了一套生产更多金属珠粒的方式。一开始，这些金属只是给妇女们的装饰品，后来，人们将金属用来制造兵刃，从此，金属刀就取代了他们佩戴在腰间的燧石刀。

对于当时的埃及人来说，他们并不知道自己已经随着这些金属小球的发现进入了一个新的时代——金属时代。如果他们意识到了这个新时代的到来，那他们就能够想象将来会出现的壮观景象：高大的钢架建筑、布鲁克林大桥、成千上万台金属机械同时运转的大型工厂以及一列列火车飞驰而过的巨长钢轨。如果不是埃及人发现了这些金属小球，那么后来的一切，现代社会所取得的所有成就，以及人类的一切发明都不会发生。除了几万年前人类发现了火之外，再没有任何发现比金属的发现更加重要。

这时，我们需要回顾一下石器时代埃及人的情况。那时的埃及人是众多石器时代人种的一支，生活在地中海一带，融入西欧石器时代的生活中。这个时代的特征在法国和瑞士体现得最为明显，但是埃及人也有自己的优势。他们生活在肥沃的尼罗河谷地区，两侧是沙漠，可以作为防御屏障；北边有地中海，能够阻挡欧洲的寒冷冰雪；自然环境远比欧洲更胜。正是因为优越的地理位置，当冰川时代遏止了欧洲的文明进程时，埃及人已经开始饲养家畜，灌溉农田，进行大规模的管理，并且还发明了文字，发现了金属。因此，当地中海沿岸的居民们还过着原始的狩猎生活时，尼罗河谷中已经出现了这样一支堪称文明人的部落。在人类历史上，文明的出现是最重要的事件，因为它代表着人类在复杂的生活中取得了比身体素质的进化意义更大的进展。人类的能力也更强了，这种能力对此后的历史进程产生了相当深远的影响。埃及干旱少雨的气候为保存遗迹提供了先天的条件，于是我们现在才能不断地发掘出古代埃及人的遗址。尼罗河谷中保存了大量早期人类的遗物，于是整个尼罗河谷就像是一个巨大的保存着古代器物和历史记录的博物馆。这些遗物是将史前人类和有文字记载的历史联系起来的唯一纽带。伟大的尼罗河流经了数千年的历史，沿岸的古代埃及人遗物是如今我们研究人类进程的珍贵资料，它就像一部浩瀚的史卷，每一页都记载了古代埃及人的神奇故事，记载着他们发明的文字与发现的金属，也记载着他们此后取得的种种伟大成就。

当列车穿过尼罗河三角洲向南行驶时，那位坐在列车里的见多识广的旅行者一定也在放飞着自己的思绪。也许他正在沉思，或正在想象，当那些埃及人用铜凿取代了石凿时，他们将会创造怎样的历史奇迹。火车拐了一个弯，穿过了棕榈林中的一片空地。西边沙漠上的耀眼阳光晃得他睁不开眼，恍然间，他在沙漠里看见了一群方锥形的建筑物，金碧辉煌，美轮美奂。他人生中第一次见到了吉萨金字塔，他无比激动，因为金字塔比任何其他的资料都更能让他理解铜凿出现的意义。短短几分钟后，列车就驶入了开罗，穿梭在现代的建筑群之中了。第二天，他驱车从开罗驶向吉萨，这是一段只有七英里的路。

二、金字塔的主人

当我们去仰望斯芬克斯背后的巨大金字塔的时候，我们会由衷地惊叹。同那些在沙漠边缘挖成的小坑中以石刀殉葬的先辈相比，此时的埃及人已经在文明之路上取得了非凡的成就。而埃及文明之所以能有如此的成就，根本原因就在于金属用具的发明和使用。

埃及人在这里已经向前走出了一大步——相比于用石刀陪葬，埋葬在沙漠边缘的坑中。而金属的发明使用正是这种进步出现的原因。驾车从开罗去吉萨的历程恐怕是每一位旅行者都难以忘记的经历。在西部沙漠上矗立的石砌的巍峨而巨大的建筑物总是令人难以忘怀。当旅者们的面前呈现出这样的景象时，心中难免会有成百上千个问题想要提出。现在我们所了解到的是，这些巨大的锥形建筑物是古埃及过往的坟墓，古埃及的历代国王都会被葬在这些锥形建筑物中。“金字塔”是这些建筑物的称谓。这些金字塔能够将许多建造者的故事向我们诉说。通过这些坟墓的形式，第一点我们可以了解到的是，埃及人相信还有另外一个世界的存在，那是人死后生活的世界。要想到另外一个世界继续生活，就要保证尸体不被破坏。为了能够让死后的人继续

图34 太阳神的象征——带翅膀的太阳盘

翱翔于天空的猎鹰是埃及人描绘太阳神所经常采用的图形。在亚洲东方的许多民族中也时常能够发现这种符号。

舒适地生活，他们就建造了这种特别的坟墓。木乃伊也是在这种情况下产生的，木乃伊正是通过这一方式在坟墓中保存的。在这些巨石砌成的金字塔下面有一些小屋，这些小屋正是存放木乃伊的地方。还有一些围绕在金字塔周围的砖石砌成的墓穴，其穴位都比较小，这些墓穴是国王亲戚以及宫廷中辅佐国王管理国家的要臣安葬的地方。

虽然埃及人是多神信仰，但是他们最为崇敬的神有两个：一个是散发着万丈光芒的太阳神，它每天都用他的光芒为人类带来光明，可以说在埃及人的心目中它是最伟大的神。也正因如此，太阳神成为埃及那些金碧辉煌的庙宇的主神。在某种程度上可以说，太阳神崇拜最为明显的象征就是金字塔①。Re（读作 ray）是埃及人称呼太阳神的方式。尼罗河的河神是他们极为崇拜的另外一个神，在他们看来，尼罗河的土壤之所以如此肥沃正是因为尼罗河河神，他们能够过上绿色的生活也是因为尼罗河的河神。他们将这一切加以联系，创造出了另外一个神明——俄赛里斯——地狱的判官，是地球上不朽的生命的象征，枯荣在季节的不停变换中不断地发生着（图35）。埃及人的这个想法在我们看来是极为奇妙的，在他们的观念里，在这个世界他们既然被赋予了生命和食物，那么同样的待遇他们在进入另外一个世界中也会受到。

① 动物是许多埃及神形象。埃及人在早期崇拜动物是现在人们的一个共识。但动物崇拜其实是直到近晚期才出现的。动物本身在早期的埃及并不能与神等而划之，它们只是一种象征，象征着那些神圣的存在物，如同太阳神的象征是带翼的太阳盘一样。

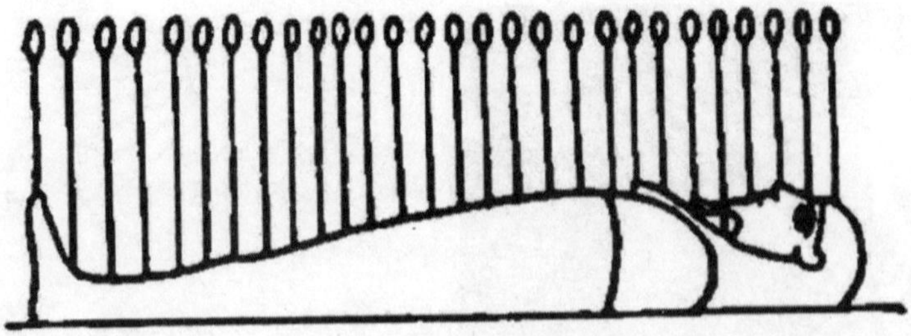

图35 不朽的俄赛里斯

谷物从俄赛里斯神的身体上长出——这是神永恒生命的象征。

图36 保存至今的最古老的石头建筑物（公元前3000年后不久）

这是国王左赛尔（公元前31世纪早期）的坟墓，这个通常被称作阶梯金字塔，金字塔呈现梯形。金字塔的高度约有200英尺，是由图44那样的建筑物层叠起来组成的——一个建在另一个的上面，最后形成了一个高大建筑物，呈尖塔状。金字塔群是在大约公元前30世纪左右以它为中心形成的。

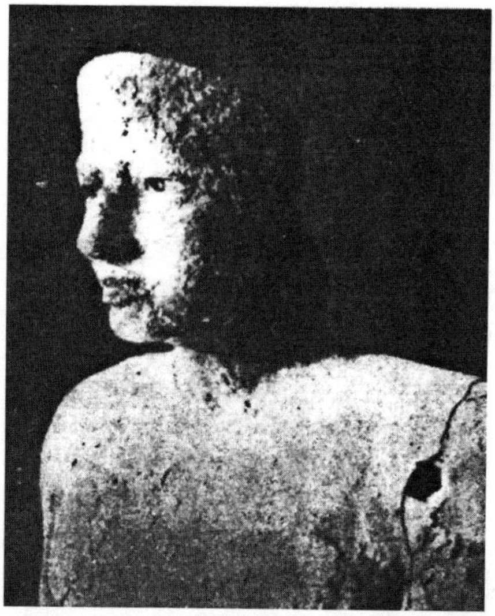

图37A　哈夫拉国王的雕像——吉萨金字塔的第二个建造者

哈夫拉国王的庙宇在低谷之中，是这尊雕像存放的地方。坚硬的闪长岩是雕刻这尊雕像的材料。伟大的阿瑞斯神的象征——展开护翼的猎鹰（公元前29世纪）。

图37B　青铜头像（金字塔时代）

青铜像——国王佩皮一世（大约公元前2600年）。制作这尊雕像首要先用木头制成模子，之后再将青铜溶液注入后而铸成。雕像的金属身体上已经出现了锈迹，然而那双用水晶做成的眼睛让他充满了生机。

而要想在另外一个世界中享受这一切，就需要在我们现在正向它走去的远处的大型吉萨坟墓之中保存好他们的尸体。

图38　吉萨巨大的狮身人面像和哈夫拉金字塔

哈夫拉国王的头像和一个狮身像共同组合而成了狮身人面像。狮身人面像像一个士兵一样在哈夫拉国王的金字塔前矗立着，它在守护着这座巨大的吉萨金字塔。

然而，古代埃及人的宗教信仰并不是吉萨墓向我们诉说的唯一事情。我们会由衷地惊叹，当我们去仰看斯芬克斯背后的巨大金字塔的时候，埃及人在这里已经向前走出了一大步——相比于他们先辈用石刀陪葬埋葬在沙漠边缘的坑中。而金属的发明使用正是这种进步出现的原因。西奈埃及人最初发现这些金属粒的时间是在这些金字塔出现的一千多年之前。他们埋葬的方式与同一时期的农民没有什么太大的不同。

建成大型石头建筑需要使用金属制作的工具才可以，而金属的发现为金属工具的发明和使用提供了契机。当然，人类在金属被发现之前就已经走过了一个漫长的历程。要说人间的奇迹，吉萨大金字塔就是其中之一。在最开始，大约是在金字塔建成之前约150年，埃及人为他们的国王建造墓穴的时候使用的是晒制的土坯，而这种土坯制作的皇家墓穴看起来就像是在地面上搭建的房屋一样，墓顶是用木头搭建而成的，搭建好墓顶之后再将砂土砾石堆积在上面（图40-2）。

虽然这是一些极为简陋的墓穴，但是那些头脑灵活手脚灵巧的工匠就隐藏在其中。他们发现，石灰石可以用铜质工具切割成方块。相比于那些松软的土坯，用这种石块垒筑的墓墙要更加坚固。以我们现在所了解的来看，这些石头建筑是最早的（图40-3）。虽然，从严格的意义上来说，并不能将它们归为建筑物，原因就在于虽然这种砖石砌的建筑主体的地下部分像地窖墙一样，但我们所见到的建筑物的地上部分仍然由土坯建成（图 40-4）。

图39 智者埃姆豪特（约公元前3000年前后）——最早的石质建筑物建筑师

埃姆豪特是左赛尔国王最重要的大臣，也是现在我们所知晓的最早的石头建筑物（图36）建筑师。与此同时他还是一位伟大的医生和思想家，后来人们甚至将他尊奉为神。到了希腊人和罗马人那里，他被尊为药神阿斯克勒庇俄斯。这尊较小的塑像现存于柏林博物馆，是用青铜铸成的。图中，他正聚精会神地读一本纸草书。

之后没过多长时间，现今保存时间最久的石砌阶梯形结构的国王墓穴出现了。这种阶梯形墓穴的建造者是一个叫作埃姆豪特的人（图39），他是那个时代的一位皇家建筑师。他建筑创作的鼎盛时期是在公元前3000年前后。而他也享受到了远超于早期的皇帝或征服者所享有的盛誉和尊重。

这种由埃姆豪特所建造的阶梯式建筑与金字塔的构造已非常接近了。没过多久，建筑技术得到了迅猛的发展，在这个时代就出现了吉萨的大金字塔（公元前2900年）。人们只用了不到一个半世纪的时间就从最早的石块垒筑的墓穴（图40-3）时代发展到了大金字塔（图40-8）时代。公元前30世纪前后是这些成就大量涌现的时期。这就表明，建造这些建筑物的时间是在公元前3000年至公元前2900年间（图40）。我们借此也能够知道，在那个时期，在机械力控制力方面人类也达到了令人赞叹的地步。而人类技术大发展是直到公元19世纪才出现的。

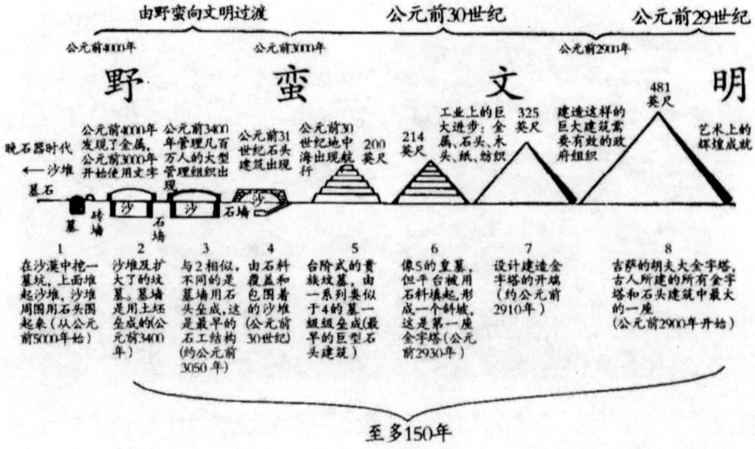

图40　由最早的石头建筑到大金字塔

在图25中，墓坑的底部是埃及农夫尸体存放的地方，之后会在上面堆起沙堆，有时也会用石块在沙堆周围围上一圈，这是为了保护堆砌的沙土。在图中1就是这种坟墓。从这种坟墓的纵切面，我们能够清晰地了解坟墓内部结构状况。2、3和4是之后出现的坟墓。我们也将它们做一个纵切面，来清晰地了解坟墓内部结构状况。从图中我们能够发现，石墙是由最初拦沙的圈石逐步演变发展而成的。土坯墙最先出现（2），之后石头墙出现了（3）。石墙的作用是用来保护墓堆上的沙子不被风吹跑。5这样的阶梯式坟墓的建成是在4基础之上的，是4堆叠而成的结果。之后进一步发展，就出现了6这种形式，可以说这就是金字塔最初的样式。由这种沙堆和围着沙堆的石头演变为规模巨大的金字塔经过了约15到20个世纪。建筑艺术的发展是人类文明发展的一个重要标志，由这种晚石器时期的沙堆开始经过了一千年的发展（公元前4000年到公元前3000年），让我们由荒蛮走向了文明之途。然而，文明的全部特征并不能仅仅依靠建筑艺术的进步而得以体现。通过这些图片，我们能够了解到那些在文明进程中所取得的伟大成就，譬如文字和金属的发现，以及之后所出现的多人口管理、早期船舶业和工业的发展进步，以及在艺术上所取得的那些成就，这些成就也是文明向更高层次迈进的重要条件。那些坟墓——金字塔及其之前人们所建造的，就像一个个路标，象征着人们从野蛮走向文明的路标。我们在此已经了解到了许多有形的事物——那些构成我们文明基石的事物，而人们在其他许多的无形事物方面也取得了令人惊叹的成就。在那个时代，人们已经开始意识到要过一种公正的生活，仁爱也是人们所希望得到的，人们也相信来世幸福的根源就是今生能够好好地生活。这些都是人类所取得的精神文明成就。

图41 大金字塔和在埃及吉萨的其他陵墓遗迹俯视图

右边是国王胡夫的大金字塔，在左边出现的规模和它差不多的那个金字塔属于国王哈夫拉。这些金字塔出现的时代是金字塔时代（公元前3000年至公元前2500年）早期（公元前2900年至公元前2750年）埃及的第四代王朝。庙宇建在了每个金字塔东侧（前方），这些庙宇的作用是为死去的国王供奉食物、饮料和衣服。干燥的高地上是这些庙宇所选择的区域——就像那些金字塔一样，在低谷里建造的是皇城。为了方便将皇城和庙宇连接起来，人们铺设了一条由石头铺成的走廊。从图中我们能够发现一个巨型的外形呈长方形的石头建筑，那就是哈夫拉国王的庙宇，从庙宇向下到终点有条直线，狮身人面像就在它的旁边。这座庙宇是一座由花岗岩建成的金碧辉煌的建筑，同时这也是一个入口，可以从皇城走进大走廊，国王的皇后和一些身份显赫的大臣的坟墓围绕在金字塔周围。有一座未完成的金字塔出现在图中的左边，在斜坡上还留有一些痕迹，就是那些巨大石块被拖拽的痕迹。铺设这种斜坡的砖是晒制的土砖，这些坡道在金字塔修好之后就会被拆除。

我们可以把金字塔称为一个巨大的石堆，它占地约有13英亩，是由石灰石块堆叠而成的，建造它需要230万块大小不等的石灰石块，建造这些金字塔的巨石平均起来每块约有两吨半重，就如同一大矿车煤的重量。金字塔塔基周长相当于一又四分之三个街区的长度（按 12个城市街区为1英里长计），约有755英尺，高度约有500英尺。我们可以从一个古老的故事中知道建造这种恢宏建筑是多么不易，它是希罗多德传下来的：要建造这一座皇家墓穴需要一万名劳动者用20年的时间才能最终完成。当我们亲眼见到如此巨大的工程时，我们对此没有一丝的怀疑。借助埃及人这一伟大的创造，我们也能更为深刻地了解到在那个时代他们所取得的伟大成就。

借此我们能够了解到，英明的领导人以及一支庞大的管理队伍是建造这样宏伟工程所必需的，这是因为，像这样巨大的工程要是没有良好的管理就会陷入混乱之中，要维持上万名劳工的日常生活就需要有良好的后勤保障系统。与之前的那些部落首领相比，埃及的统治者已经是一个统一的王国的首领，所以才有能力建造这样巨大的工程。当时的埃及已经是一个拥有着几百万人口的巨大的统一王国。同时，在那个时期的人民是极其崇敬国王的，他们在称呼国王的时候不会直接叫国王的名字，而是代之以国王所居住的宫殿，埃及语中“法老”就有“大宫”的意思。具体负责埃及赋税征收和法律事务的是国王手下的地方官员们。那个时期的埃及已经有成文的法典了，当时的法官人手一份，在处理具体案件的时候就可以按照法典秉公处理。然而这部古埃及法典最终没有留下来，这多少会令人感到遗憾。

宫廷职员们办公的地方是一个低矮的土坯建筑群，这是国王的中央办公

图42　财政官员收税的情况（埃及金字塔时期）

右边盘腿坐着的两排人是职员和书吏，在桌子上书写的有两人，其他人都是用右膝撑着写字板写字。他们右手持笔左手拿纸。图中腋下夹了板子的是代理宣判的人（左边），纳税人是犯了法的乡村官员，在板子上写的是“依乡村之法结账”。职员们会记下纳税者需要缴纳的债务数目以及纳税人的名字，他们会给纳完税的人开具纳完税后的收据，这类似于一种契约行为。这种契约行为在欧洲直到罗马时代才真正出现。

厅，十分巨大。国王的口谕以及账目来往就是在这里用芦秆笔在莎草纸上写就的（图42）。那个时代缴纳赋税是用实物的，这是由于那个时代还没有出现成形的货币。缴纳赋税的物品包括谷物、家畜、葡萄酒、蜂蜜、亚麻等等。农产品中除了牲畜之外，其他的都需保存在谷仓之中。国王通过赋税的征缴，积累了大量的财产。

帮助国王处理日常事务的官员也会为自身积累不少财物。在皇城的一些重要地方，这些官员们会为自己建造花园和别墅居住。国王在皇城之中占据了多于四分之一的土地。这些地方被国王用来建造皇宫以及一些漂亮的公园和花园。也由于这个原因，行政人员居住的别墅以及办公地就与皇宫以及那些漂亮的花园和公园接连在一起了，它们一同组成了埃及首都的建筑群。皇城从金字塔脚下延伸开去，一直延伸到低处的平原。假如想浏览皇城的景观，只需要登上金字塔即可。但令人遗憾的是，皇城的土木工程由于时间的洗礼已全部消失了。后人将由皇城向吉萨南伸展的地区称之为孟斐斯。

“死者之城”是金字塔及周围环绕的贵族墓群的统称。建造死者之城的材料是石块，石料能够耐住风雨的侵蚀，也正因如此，才得以在历史的长河之后为我们保留下这座石城。也由于这个缘故，如今的我们才得以看到地平线上那条略显散漫但却依旧宏伟庄严的金字塔带，这是一条60多英里长的金字塔带。这些金字塔都是皇家的陵寝，而这些金字塔也似乎在向我们诉说着陵寝主人的一生，这块大陆为一个国王统一后所出现的第一个文明时代的象征物正是那些金字塔中最为古老的金字塔。也正是这个原因，那个时代被我们称之为金字塔时代，金字塔时代历时500年，大约是在公元前3000年到公元前2500年之间。

埃及在进入金字塔时代之后就处于一个非常强大的时代了，那些法老王们因为贪婪，开始将自己的手伸向其他国家，他们越过埃及边界去抢夺邻邦的财富。我们在一些一直保存到现在的浮雕上能够了解到，法老王早在公元前28世纪中叶就已经开始进行横跨地中海的商贸活动了，他们派遣船只经由尼罗河进入地中海，最后到达了腓尼基海滨。我们在图43的浮雕中能够看得

图43 最早的海船（公元前28世纪）

这个雕刻是在一座庙宇的墙壁上发现的。图中的国王（图形已缺失）是站在岸上（左边），而图中船上的人们正在一齐向国王鞠躬。而雕刻上的象形文字则是人们的祝福之语，这些祝福之语的意思就是：高大而完美的沙胡国王，愿您能像神一样长寿！这艘船和另外七艘船带来的是腓尼基囚犯——图中那些留胡子的人。这支由八艘船组成的船队已经顺利地从地中海返回了埃及，三只船桨组成了一个支撑架，船的两个巨大的桅杆已经被拆卸下，靠在了由船桨组成的支撑架上。之后，许多这种早期的航船模型及装饰物在印度以及意大利的水域之中也被发现过。

出来当时的航船是什么样子的。

与此同时，埃及国王还派自己的商队从尼罗河出发，顺流而上到达苏丹地区，与那里的南方黑人进行商贸活动，在那个时代埃及国王在西奈就已经拥有毛驴商队和铜矿了。商队从南方的黑人那里换回了不少物品，包括乌檀、象牙、鸵鸟毛和优质橡胶。斯坦利人和利文斯通人是这些早期商队的管理官员，他们同时也是非洲内陆上最早的探险者。一些南部野蛮部落中的有趣记录在这些探险者的坟墓之中被发现了。毋庸置疑，一定会有人在这些探险活动中丧生。一个在红海南端的叫作蓬特的地方也引起了法老的注意，他派遣船队到那里去探险，因而许多土特产也被探险者们装船带回到了埃及法老的面前。

当我们漫步在以吉萨金字塔为中心的墓群之间的时候，就如同在古埃及

图44　王公贵族陵墓群原型（金字塔时代）

金字塔的周围是这些王公贵族的坟墓所在地。这些坟墓顶部有方形开口，坟墓体积极其巨大，通过开口可进入下面的尸体埋葬处。建造这些建筑物的材料是石头，外面堆着沙子，里面则填着碎石。东边是祭祀室，入口可以在每个坟墓前面看见。

那些热闹的社区中徜徉。尼罗河河谷[①]在金字塔时代人口就已经非常密集了，呈现出一片繁荣的景象，能够从一个侧面来展示这种繁荣的就是那繁多的坟墓。每座金字塔的大门都打开着，人们能够很方便地去参观这些巨型坟墓（图44）。人们在穿过墓门厅后就可以看到一所用石头砌成的长方形屋子，这些长方形的房子可以说是墓室中的小教堂。在埃及人看来，这间屋子是供死人活动的地方，死去的人会在这里享用亲人们供奉给他们的贡品。许多美丽的彩画就刻画在这间屋子的墙壁上。彩画的内容就是当时大庄园中人们的日常和劳作的情景。而如今，这里变得荒芜而寂静。或许偶尔会有儿童们的谈话声传入你的耳中，但这些人所讲的话已经不是古埃及语了，而是阿拉伯语，那些古埃及语已经随着建造坟墓的人一起消失在历史的长河之中了。除了墙上那些美丽的壁画还在向我们诉说着那将近5000年前的埃及人的生活图

① 尼罗河河谷在这之前的一段较长时间中还有许多小王国散布在这里。之后，这些小王国逐渐合并，形成了南北两大王国。其中一个王国占据河谷三角洲位置，另一个王国则在南部河谷地区。经过长时间的战争，两个王国最后统一。美尼斯国王最终建立起了第一个统一的王国。他统一埃及的时间是在公元前3400年。但这个国家真正强大起来是在埃及统一之后又过了400年甚至是更长的时间，直到这个时候埃及才真正具备了修建金字塔的能力。而一个伟大的文明时代也就此在埃及出现了。

图45 贵族坟墓祭祀室墙壁的浮雕

在右边站着的是一个高个子贵族，他正在做的事情是检查他自家的三排牛和一排家禽。走在中间两排前面的书吏在莎草纸上写字，每人的耳朵上别着两支笔。画制这种浮雕的是一些颜色明亮的色彩材料。

图46 农民挤奶图（金字塔时代）

图中一个农民用牛绳拴住牛的后腿是为了不让牛往后退，一个人抓住牛犊防止它去吃母牛的奶。

景外，其他的一切都变作了历史的尘埃。

我们再去仔细观赏那些壁画就能看到，壁画中的显要位置被一个大个子贵族占据着（图45），很明显他是这个庄园的主人。他直挺挺地站在那儿，在查看他远处的农田以及农夫的劳作情景。图46为我们展现出的是我们已知的最古老的农业生产景象。在图45、图47中我们还能看到那时的牧群以及草地上吃草的健壮的畜牧群，还有被牵着拴在桩上挤奶的母牛，当然还有正在拉犁耕地的公牛。这些家畜的一个重要作用就是用来驮运物品。我们没有在金字塔时代的墓穴中发现马的图像，原因就是处在金字塔时代的埃及人还没有驯养过马。能够时常见到的主要是毛驴，我们可以这样设想一下：如果那个时代没有驯养驴的话，人们在收获庄稼的时候就会感到困难重重。

我们前面见到的那位身材魁伟的贵族在转过一堵墙后，又出现在了我们的面前。现在他所做的事情是视察庄园工匠们的作坊和院落。在画面的远处有一个人在制作各种各样的铜质工具，他是一位锻造工。他已学会了极为高

图47　耕种图（金字塔时代的埃及人）

在图中耕地是由两个人完成的，一个人负责赶牛，另外一个人则负责扶犁。当时的木犁是从木锄演变过来的。所以我们会发现使用木犁的人就像反着拿有柄的锄头，为了方便将轭和牛相连接，他们增长了木柄。犁的横梁类似于锄头原来的柄。为了方便人扶犁，当时的人在犁上连上了两个短柄。埃及人发明的这种样式的犁就是现在我们仍在使用的犁的原型。人们用锄将犁起来的土块敲碎，一个人在播撒种子，种子就放在他身上那个奇怪的口袋之中。一个书吏在左边。象形文字是对图中的景象做出的解释。

明的锻造技术了，他能够用五六英尺长的宽铜板锻造出极为好用的粗齿锯。也许他已经不会知晓，他之所以能够拥有现在的技术，人类之所以能够取得这样的进步就是由于他在一千多年前的祖先，在火堆之中捡起的那颗铜珠。那切割建造金字塔石块的锯子也是在那个时期被工匠们锻造出来的，根据需求的不同，他们还能量身定造出尺寸较大的器具。就以现在人们所发现的来看，金字塔庙上所配的长约1300英尺的铜质排水管（约1/4英里）也是当时的工匠们制作出来的。无疑，这些铜质排水管道是我们现今发现的最为

图48　驮着一捆谷物的毛驴（金字塔时代）

图49 一个花瓶——埃及金字塔时代

这些花瓶是金质的，呈现黄色，瓶子上镶嵌着青金石，呈现出蓝色，这些都是由埃及金匠制造出来的。

图50 金字塔时代埃及人加工珠宝的过程

金字塔时代埃及人加工珠宝的过程在图50中能够看到。在图中的上排左边的是金匠首领，他正在称量金属材料，在旁边作记录的是一位书吏；图的中间六个人在用吹火管朝着一个小泥熔炉中吹风；在这些人的右边，一个人正在将熔化的金属或其他混合液倒出来；图的右边四个人正在进行的工作是制作金箔。图的中排是一些已做好的珠宝首饰和首饰盒。图下排的工匠正坐在矮凳上雕刻珠宝，这里面不少人是画匠。

古老的管道系统。

我们继续在这面墙上探索，就会发现一些光彩夺目的岩石碗，这些岩石碗是宝石工匠献给贵族的。在那个时代，宝石工匠可以把像铜一样坚硬的岩石打磨得极薄，在日光下能够照透这些深灰色岩石碗的碗壁。我们还能够找到一些工匠在制作蓝松石的景象，他们通过切割磨制的方法来处理这些宝石。这些磨制的蓝松石片是为了装在刚刚制好的金瓶表面的凹陷处的，这需要极为精确的技术。许多工匠和学徒在金匠铺中劳作（图50）。他们通过敲打的方式，把那些制作完成的钻石镶嵌在一起。那个时代的钻石质作技术已经很成熟了，制作出来的钻石可以达到极为精美的程度，与那个时代的工匠们相比，即便是现在最好的金匠和钻石匠也很难超越他们。

这面墙上还描绘了制陶工匠劳动的景象。我们能够看得出来，与石器时代相比，此时的陶工已经拥有了极为成熟的技艺。石器时代的制陶工匠在制作罐子和碗的时候只是用手指，而画中的工匠则是在自己面前放着一个小轮子，陶泥就放在小轮子上。他们可以通过轮子的旋转极为方便地设计制作出陶坯的形状。当完成那些松软的陶坯之后，与之前石器时代居住

图51　转盘及熔炉是制作陶器用的

一个水平转盘前面坐着一个制陶工，转盘类似一个扁圆的盘子。必须经过转盘加工后这些陶罐才能成型。制陶工用一只手旋转转盘，另一只手使旋转中的软泥变成罐。现在的车床的原型就是这种转盘。图的右边有两个人将碗和罐子装进炉中，我们能够感觉到图左边的那个窑炉已经很热了，这是因为图中在拨火的人正用他的手护着他的面部。

在瑞士湖上的居民在没有遮蔽的火堆上烧制陶器不同，当时的陶工们已经开始使用陶炉来烧制陶器，那些陶炉有一人高，一排排地建造出来。由于当时的陶炉已经是封闭的，所以炉火不会再受到风吹的干扰（图51），也由于这个原因，被烧制的陶器表面由于受火均匀而变得平整。在这些墓穴的壁画中，我们还能找到埃及人制作玻璃制品的景象，当时的埃及手艺人已掌握制造玻璃的方法了。这项技艺埃及人早在几个世纪之前就已经掌握了。这项技术他们用以装饰房屋和宫墙，他们将这些色彩华丽的釉料涂在瓦片上，同时他们也会制作各种各样的玻璃瓶和花瓶，并将这种花瓶销往全世界。

远处我们看的情景是纺织女工正从纺织机上抽出一丝纤细的亚麻纤维。仅仅凭借这个情景，我们对当时纺织品的精细程度无法做出判断。但值得庆幸的是，几块残存的亚麻布在当时一座陵墓中的木乃伊上被人们发现了。我们不禁惊讶这些皇家亚麻布的精细程度，这些亚麻布精细到要用放大镜才能将它们与丝绸区分开。我们现在用机动纺织机纺制的最好的布匹，与这些古埃及人用手工纺车纺出的织品相比，也显得极为粗糙。纺织工们正在一架织机上编织一条精美的挂毯。这些挂毯的主要作用是装饰法老的宫殿墙壁或者是用于贵族别墅屋顶花园遮阴。就是这些纺织者用他们的双手编织出上面提到的精细的纺织品。大量莎草苇在墙的另一处被我们发现了。尼罗河边的沼泽地是这些草苇的产地。造纸的原料就是这些草苇，以它们为原料制成的纸形状长而窄，且呈淡黄色。这种尼罗河纸草会被打成捆，通过我们在地中海上所见的船队，远销欧洲国家。

继续朝着墙壁再往前移动，映入我们眼帘的就是造船工和家具木工的劳作场面，我们仿佛可以通过观察这些生动的画面，听到工匠们拉锯推板锤起锤落的声响。一大排弯曲的船壳出现在了画中，在这些船壳的旁边聚集了大量的船工，他们正在组装这些最早的海上运输船。继续往下看，我们会看到木工正在繁忙地制作舒适的家具，这是为贵族的别墅准备的。镀上金银，镶上乌檀象牙，装上柔软的皮垫是制作这些国王或富人用的座椅和睡椅必不可少的程序，这是极其舒适的家具。

墓中祭祀室的彩色壁画很值得我们回顾一下。许多有关早期埃及人学习制作生活和生产用品的生动故事就显现在这些吉萨的墓穴绘画之中。这些壁画告诉我们，相比于石器时代的人类，尼罗河人会制作的物品要更多。欧洲城邦或湖村居民在这些墓中教堂兴建的时候，还在经历着石器时代的生活。

我们可以从墓穴壁画中得知，在那个时代，船只往来穿梭于尼罗河波光粼粼的河面上，一片十分繁忙的景象。手工制品载满了这些船只，装载在这些船上的手工制品是用来向法老进贡赋税，或是运到城中在集市上进行交易的。我们可以在壁画中找到正在贸易市场上交换的场景：一个鞋匠正在用一双便鞋换取面包师的一块糕点，一位木匠的妻子正用一只木箱向渔夫换一条鱼；制陶匠的妻子则是用两只刚出炉的碗和药剂师交换一罐药品。那时市场交易都是以物易物，因为在那个时代没有出现货币。这就是当时商业活动进行的情形。但是，宫廷里的情况则与这些有着区别。特制的金环是宫廷里用作交易物的东西。这种金环很像环状硬币，很重。除此之外，用作交易媒介的还有一种铜圈。硬币的雏形也许就是这些了。

三、金字塔时代的繁荣

有一个问题是我们无法完全弄清楚的，那就是人类的文明为什么能够由残暴野蛮走向善良文明，而这个极富人情味的结果之所以会出现，我们在那些埃及遗迹之中似乎能够找到蛛丝马迹。

吉萨墓穴祭祀室的壁画的集贸市场出现的大都是一些金字塔时代的普通

百姓，这些百姓中有不少是自由人，这些自由人大都拥有自己的商业或手工业。壁画中的人中还有不少是奴隶，他们负责庄园主田里的农活。总而言之，上面提到的两种人出身很低，没有属于自己的土地。比他们地位高的是地主、法老以及法老的官吏和大臣们，坟墓就是为这些地位较高的人修建的。许多富人的名字能够在这些墓地之中被发现，只需在这块墓地中找一找，就能把皇城中国王手下那些高官显贵们的名单列出来。那些辅佐国王的大臣、财务主管、大法官的姓名能够被我们列出来，宫廷中的建筑师、内侍及卫士的名字也能够知晓。吉萨的大金字塔中安葬着国王们。建筑师们在费尽心机地建造国王的墓穴的时候，也替他们自己建造了坟墓。为胡夫设计和建造吉萨大金字塔的建筑师的坟墓就已经被我们找到了。

金字塔时代的尼罗河谷被贵族和官吏们主宰着，他们控制着整个尼罗河谷的经济命脉和社会生活。一些庄园主们坐在四人抬着的轿子上尽兴检查庄园的画面能够在墓中的壁画上被找到。奴隶抬着轿子，庄园主舒适安闲地坐在上面。奴隶将轿子放在了庄园主房屋前面绿树掩映的花园里。我们能够想象得到，轿夫们是在唱着号子的，而这个时候，动听的号子声也伴随着轿子停下来了。轿子一停下庄园主的妻子就马上前去迎接她的丈夫。

妻子总是不失时机地出现在丈夫左右，正所谓夫贵妻荣。属于丈夫的一切权利作为唯一的妻子同样能够享受。她和丈夫的乐园就是这座花园。庄园主每天都会在这里简短休憩一下，他们休息的方式包括和家人、朋友们躺一会儿，下会儿跳棋，听会儿竖琴、管乐器及笛子奏出的音乐，或者欣赏妇人们舒缓高雅而又时尚的舞姿。花园的树丛是孩子们追逐嬉戏的地方，他们在池塘中摸鱼玩水，也会玩球、摆弄玩具，抑或逗弄驯猴，这些驯猴伏在父亲的象牙腿凳下。人类为什么会从野蛮残暴进化得温文尔雅是我们无法彻底搞清楚的一个问题，但是，一些答案我们还是可以从埃及遗迹所反映的早期家庭生活中找出来。我们能够完全了解到的一点就是，柔弱的儿童长期依赖父母的关爱和保护，这就是促使早期人类从野蛮向文明进化的一个极为重要的因素。对妇女、儿童的体恤关心表现的正是人类由粗野无情到多情善感的变化，这与人类文明的进化有密切的关系。我们可以确信，那些动人的家庭生活——埃及遗迹所反映的，正向我们揭示出人类在长期进化过程中的一个极富人性的结果。这可以说是整个人类文明进化过程中最为重要的一个变化。

还有一个画面值得我们注意，那就是：一位贵族一只手不经意地放在他的爱犬头上，另一只手正在向花园主管招手，他正在看着新鲜的莴苣向主管发布指令：莴苣是要用来准备晚餐的。庄园的餐厅为土木构造，这种结构宽敞明亮，通风良好，四面装有疏棂窗户。起居室的墙壁上悬挂着一面彩色帷帘的框子。如果要想把风沙挡在外面，只需要把帷帘放下即可。居住者在这种结构中生活会感到十分舒服，房屋本身对于他们而言就是一件艺术品，住在这些房中就犹如在享受艺术。通过房屋的建筑和装饰，我们发现：自然审美需求是埃及人的一种审美特征。这种审美特征具体到他们在制作生活用品和建造房屋的时候，会将实用与美观结合起来。

美的气息洋溢在贵族的餐厅之中，这些餐厅给人以美的享受。绽放的荷花刻在勺柄上，雕刻得极为精细，葡萄酒盛在深蓝色的荷花萼状的酒杯中。用象牙雕刻得栩栩如生的公牛或巨狮是座椅或靠椅腿上的装饰物。我们仰望天花板就能看到蓝色的苍穹，它们被繁星点缀着，支柱是用棕榈树做的，这些支柱支撑着天花板（图56）。一簇簇雅致的垂叶刻在了每根支柱顶端，它们是作为柱冠装饰的，支柱上的垂叶被染成黛绿，使这些支柱显得分外美丽。地板上竖立着似荷茎式样的厅柱，这些厅柱似乎是用它那摇曳的花朵托起那蔚蓝色的天花板。野鸽和蝴蝶也绘制得十分精妙，让人觉得好像就在天空中飞舞一样。继续往下看，一条地毯小径出现在了餐厅之中。深绿色的沼泽草地是这些地毯的底画，有一水潭在这些草地间，潭水极为清澈；我们在水里还能找到鱼儿游来游去——在那些随风摇曳的芦苇丛中；地毯边上也绘制了图画：奔突的野牛在灌木丛中，树梢上仿佛可以听到鸟儿在鸣叫，野牛猛地抬起头来好像有些吃惊；鬼鬼祟祟的鼬鼠正向鸟巢爬去，企图偷取鸟卵，主人正在大声恐吓这些鼬鼠，却没有把它们吓跑。

这些精美的彩色浮雕假若没有那些技艺高超的艺术家，就不可能出现在

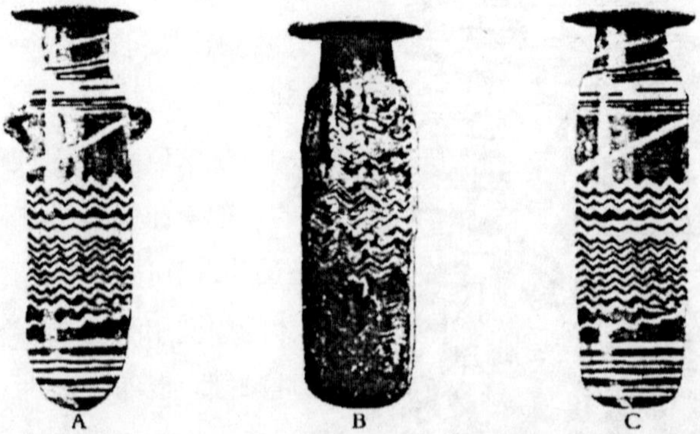

图52 埃及的玻璃瓶及在巴比伦尼亚和古意大利发现的埃及的玻璃瓶分布状况

A.在古埃及发现的；B.在古巴比伦尼亚发现的；C.在古意大利发现的。玻璃瓶的外形是仿的埃及人的雪花石膏香水瓶。之后在地中海地区发现的香水瓶和化妆瓶大多数都是这种形制。

图53 木工——金字塔时期

图中左边的人正在用凿子凿洞，在他前面，有个人正用铜锯锯一块木板，还有两个人正在用油漆刷一把椅子，图的右边是一个人在钻孔，用的是弓钻。

图54 一个别墅，主人是埃及的一个贵族

高墙环绕着花园。池塘在园中的两边各有一个，一片树林在园子中央。花园深处是房屋，房子被树木三面环绕，屋顶是一片阴凉，阴凉是由锦缎搭起的遮阳篷。

我们参观的墓穴祭祀室中。这并不是一种假想，我们在一个墓室的墙角中发现了一幅画家的画像，祭祀室中的壁画就是这位画家留下的。他和庄园中的其他人在这里共同享受着丰盛的厅筵。我们可以从他的画中了解到，物体的厚度和圆度的技巧他还不能很好地掌握。但即便如此，他画的动物还是极为生动的。但是，由于那时的人们还不懂透视原理，所以他们在绘画中遇到的一个问题就是无法完美地画出某一背景中的物体或表现较远的对象。在当时的绘画中普遍出现的问题就是会将远处的物体画得和近处的物体一样大。

金字塔时代最伟大的艺术家就是那些肖像雕塑家，雕像的基本材料就是石头和木头，具有浓厚生活气息的肖像就是在这些材料上被塑造出来的。宝石质成了这些塑像的眼睛，直到今天它们仍散发着生命的光芒。恐怕任何后来者在生动性方面都无法与这些艺术史上最早的塑像争高低。大型的塑像一般是国王的，金字塔大殿上就摆放着这些法老的雕像（图55，图56）。斯芬克斯是最大的一座雕塑，现在它还矗立在吉萨墓地之中。雕塑的头像是哈夫拉，吉萨的第二座金字塔就是这位国王建造的，岬岩石是这座金字塔建造的原料。整个皇城在这里一览无余。这可以说是人类历史上最大的雕像了。

哈夫拉河谷圣殿就在斯芬克斯旁边，花岗岩是殿墙和窗间墙壁建造的原料。金字塔时代的埃及人在建筑方面的才能在这里可见一斑。殿堂的采光是通过大厅殿顶的一排排斜缝实现的，就像现在房屋中的窗户一样。中央走廊两侧的殿顶较低而上方的殿顶较高，中间高两侧低而形成的斜顶上分布着顶窗。基督教长方形教堂的中殿建筑形式就是由这种被叫作天窗的采光设计历经希腊和罗马时代最终演化成的。我们由此可以认为，3500年后欧洲基督教建筑的前身就是金字塔时代的哈夫拉圣殿。

图55 带天窗的大厅原型——哈夫拉低谷神庙

两排巨大的石墩支撑着大厅的屋顶，石墩是磨光的花岗石，每一块都是22吨重。在这幅图中我们能看到的只有一排石墩。阳光从左上方低处的天窗斜射进来。大约在60年前，我们在一口离大厅不远的井里找到了几尊塑像，它们是被一些不知名的敌人扔进去的。

哈夫拉殿中见到的那种巨型建筑在过了不到一个世纪后就发生了很大的变化，产生这种变化的原因就是埃及人的审美观在那个时期产生了变化。窗间壁和梁柱在一开始的时候显得很粗陋。但如今，建筑师们用那些轻且美观的圆柱替代了原来的梁柱，并将漂亮的装饰雕刻在柱头上，这些梁柱由此也变得优雅起来。公元前28世纪最早的廊柱就是这些圆柱一排排地排列开来而形成的。这种廊柱对埃及来说具有极为重要的意义。在之后的旅程中我们就会发现，早期的亚洲在很长一个时期内都不知道什么是廊柱。由此可以说，埃及建筑史上独特发明中的一项就是这些廊柱。

金字塔时代埃及人所取得的辉煌的文明成就通过这些金字塔及其附属建筑向我们展现出来了。假如可以的话，我们还会找到其他一些历史遗迹来进

图56　公元前28世纪金字塔中庙宇和院中的柱子

巍峨的金字塔就矗立在图中神庙的后面。直通圣堂的路是中间的一条门廊，圣堂修建在金字塔一侧。有一道假门出现在金字塔与圣堂的连接处。这条通道是国王复活后走出金字塔进入圣堂的路。圣堂就是他复活后品尝盛在精美容器中的美味佳肴的地方，庆祝盛宴也是在这里举行的。整个庙宇的中央是一个巨大的露天庭院，圆形廊柱支撑着四面的廊顶。建筑史上最早的圆柱式建筑就是这种圣堂。哈夫拉的神庙在此前的一千多年中还在使用方形柱，并且那种方形柱柱头上也没有装饰物（图55）。这些圆柱外形如同一棵棕榈树，树冠就是柱顶。明丽的色彩就涂在整个庙堂上，庙堂柱后的壁画极为漂亮。一条1300英尺的铜管出现在这座建筑中，这些铜管可以说是已发现的最早的建筑物管道。

一步展现出这些埃及人所取得的文明成就。就如同我们通过那些遗迹壁画还原出的庄园主的生活一样，贵族的权力在金字塔时代越来越大，到了后期法老已无法严格约束他们的行为。法老的管理机构就在贵族间的不断斗争中被摧毁了。金字塔时代的最后一代王朝在公元前2500年后终于崩塌了。人类在经历了金字塔时代的五个世纪后终于走出了蒙昧走向文明。人类历史上第一个伟大的文明时期就是这个时期。尼罗河文明并没有随着金字塔时代的结束而结束。许多古代遗迹在尼罗河上游还留存着，人类文明史在金字塔时代以后发生的情景就是被它们记录下来的。溯历史长河而上，追寻古人的踪迹，追述古人的故事是详细了解这段历史所必须要做的一件事情。

第二章 帝国时代的埃及

四、尼罗河上追溯埃及封建时代

金字塔的建造者为我们展示出的是人类在力量、建筑和艺术方面所取得的重大成就。当人类历史进入封建时代之后，进步所涉及的领域就进入到了道德和品格，宗教的产生是建立在这些领域的长足进步之上的。

我们从开罗码头朝着尼罗河溯流而上。朝着远方望去，出现在河西岸的地平线上的是一长排巨大的金字塔，金字塔时代的辉煌文明就是以它们为代表的。金字塔随着航船的不断驶向南方在慢慢地向后退去，在一大片棕榈树丛之后消失不见了。而没过多久另一些古代埃及遗迹又在我们面前展现出来了。继续沿着长满棕榈树的河岸往南前进，我们还将在那很远的地方看到一些建筑，这些建筑物是一些坟墓和纪念碑。封建时代和帝国时代就是这些遗迹向我们诉说的尼罗河的两个更伟大的时代。我们继续坐着轮船向南平稳前进。尼罗河此时已变得曲曲折折，轮船不时拐向河谷纵深的地方，靠近风雨剥蚀、疮痍满目的河边悬崖。许许多多墓门就凿在这些崖面上，岩壁中凿出的墓室就隐藏在那些墓门后面（图57）。

埃及封建时代是这些俯瞰尼罗河的崖墓最主要的建造时期。这些崖墓的主人是生活在距今五个世纪之前的时期，他们的祖先早在金字塔时代就开始在这里生息繁衍。经过漫长的岁月，相比于他们的祖先，修筑这些崖墓的贵族们拥有了更大的权力。他们能够根据当时的制度得到国王赏赐给他们的土地，他们在自己的庄园里拥有绝对的权力。贵族所拥有的庄园很大，庄园的

图57 埃及贵族的崖墓——封建时代

金字塔时代的石砌坟墓不同于这些在悬崖上挖成的崖墓。想进入祭祀室可以通过门廊，许多记录和一些彩绘浮雕也出现在那里。与金字塔时代的浮雕相比这些浮雕极其相像。贵族将他对待人民的态度也记录在这个祭祀室里。他说："我不会欺负任何公民的女儿；我也不会欺凌任何一个寡妇；我不会驱逐任何一位农夫；我也不会赶走任何一个牧人……在我的辖地内，绝不允许看到悲惨的生活；在我统治下，绝不允许出现饥饿现象。假如出现饥荒，我会把奥瑞克斯庄园的所有田地都开垦出来，以维持人民的生活，为他们提供食物，消除饥馑。无论是对寡妇还是有夫之妇，我都一视同仁；我不会因为给了下等人好处而得意。"许多这样的铭文出现在这些墓中。

土地也极为肥沃，阡陌纵横，庄园中的一切情况都在这些居高临下的崖墓的俯视之下。封建制度是这种以土地分封贵族的制度的代名词。封建制度在埃及经历了几个世纪的时间，埃及封建制度的鼎盛时期是在公元前2000年。

我们发现了一些在金字塔时代刻在石头上的铭文。除了这些大型石碑的碑文外，在那个时代，我们很难找到其他可据以了解过去历史的文字，这是由于那个时代的所有莎草纸卷都没有完好地保存下来。封建时代就不会再遇到这种情形了，这是因为封建时期已经出现了世界上最早的图书室——贵族图书馆，在这里我们能够找到一些书的残片。图书室建造在墓之中，莎草纸是里边幸存书卷制作的材料。这些纸卷被绑好后放在了罐子中，之后会根据门类分别贴上标志，在书房的书架上整齐地摆放，这可以说是到迄今为止我们找到的最古老的图书。从书架上取下几卷书，人类历史上最古老的故事就记录在这些书卷之中。这其中有讲述埃及人在亚洲探索冒险的经历，有的诉说远航船只在幽灵岛上失事的故事。在红海与一个不知名的大洋的连接处有一座幽灵岛。最早的“船员辛巴达传”（图58）恐怕就是这个故事了。古代智者和术士创造奇迹的故事也被他们记载在这些书卷之中了。摩西在法老的宫廷中创造奇迹的故事比这则故事发生的时间还要晚一千七八百年。

通过这些埃及古老图书所记载的故事我们能够发现，一些社会问题已经是那时期作者所关注的问题。明辨社会善恶是这些作品的主题之一，他们想通过这种方式疗治社会流弊；作家们还讲述了穷人和卑微者的生活中经历的苦难；他们还通过形式多样的方法向统治者进言，劝诫统治者对待贫弱阶级要拥有公正、善良之心。人性的邪恶和人类前景的暗淡也是一些作家在作品中所要展示的主题，甚至还有一些作家做出了预言，预言圣明正直的统治者就要降临，“好牧人”是他们对这些统治者的称呼。“希望”是这类作家在作品中所要传递给人们的，他向人们诉说即将出现一个英明的统治者，正义和幸福是这位统治者所要给予人们的。社会理想主义思潮——一种我们称作“救世主义”的思想便由此兴起。这种思潮普遍出现在了希伯来人那里。关注社会问题的先驱者就是这些封建时代的埃及作家。我们通过他们的故事认识到，与金字塔时代相比，封建时代在很多地方已发生了翻天覆地的变化。人类在力量、建筑和艺术方面取得的巨大进步是我们在金字塔的建造者那里所看到的，但当人们进入封建时代之后，人类的进步所涉及的领域已经包含了道德和品格方面，宗教就是产生于这些领域的长足进步基础之上的。

在人们的思想中，到了封建时代，神已不再只是自然界的主宰，不但能够控制太阳、月亮、陆地和海洋，而且能主宰人的灵魂。埃及人在这个时期已相信，是非领域也是神所管辖的。任何人都需要在上帝面前对自己的行为

图58 埃及的男孩女孩们在4000多年前就已经阅读失事船员辛巴达的故事了，辛巴达书面故事最早就出现在这里。一张纸草书页的三分之一——这是这个故事的一部分。

草纸上描写道："船失事后，除了我，其他人都遇难了，无一幸免。我一个人孤独地在那个由巨大的海浪把我抛上去的岛上生活了三天，伴随着我的只有跳动的心脏。树林是我睡觉的地方，直到阳光将我唤醒。之后，我便起身到处搜寻能吃的东西。无花果、葡萄和鲜美的蔬菜是我找到的食物，等等。"紧接着，一个长须魔怪抓住了辛巴达。这个魔怪的身份是印度洋入口处红海上的幽灵岛的君主。魔怪对辛巴达很友善，留他在岛上生活了三个月，之后还送给他不少财宝，并把他送回到了埃及，后来消失不见了。这些内容就书写在整幅的莎草纸上。莎草纸宽五六英寸到十或十二英寸，长约十五英尺到三四十英尺。保存的时候就将这些草纸卷起来。这可以说是最早的纸卷书，小的有大学文凭那么大，大的则像一卷糊墙纸。

负起责任，每一个灵魂都得以现世的品格向来世做出交代。由于这种观念的出现，精神上的对抗也成为人类除了物质上的争夺之外最为重要的斗争，物质生产逐渐向精神追求的方面扩展。伦理价值等精神追求开始让人类注重心灵方面的关怀。人类的整体发展史上，最根本最有价值的重大进步就是由物质层面转向精神层面。人类在这方面的变化，是火的获取和金属的发现所无法相比的。

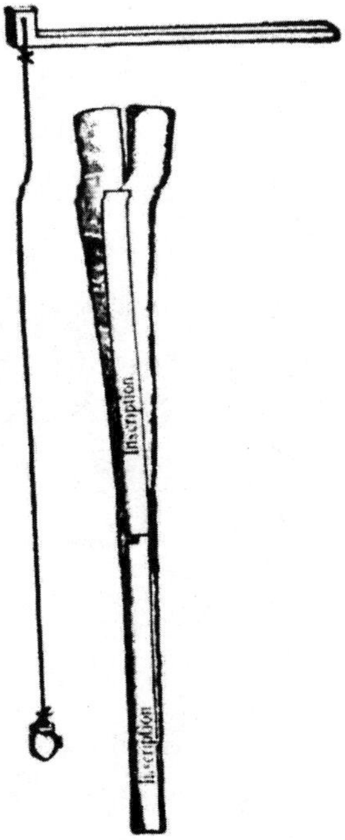

图59 天文仪器——古埃及

这是迄今为止所发现的最古老的天文仪器，现收藏于柏林博物馆。这个天文仪由两部分组成，一部分是顶端连有把手的简易铅垂线。观察者可手执另一部分，直接在某一给定位置透过顶端的长缝，观察诸如北极星之类的星星。在观察者和北极星之间放一长竿，当长竿和北极星对齐时，天文员即可测出它的经线，也可以观测每一个经过经线的恒星，测算时间，有价值的资料就是通过这种方式被记录下来。

也许，在这大量的莎草纸卷中就有关于俄赛里斯神的剧本。俄赛里斯从生到死、从安葬到复活的动人故事是这个剧本所主要描写的。盛大的宗教活动在那时每年都举行一次，是当时最受欢迎的节日。节日的主角就是俄赛里斯神，他的一生就是剧本通过这样的节日活动描绘出来的。我们目前所知道的最早的戏剧可以说就是俄赛里斯剧了，它类似于耶稣受难剧，流传了很多年。令人感到遗憾的是，记载该剧的草纸卷已找不到了。许多诗歌也出现在这些幸存的纸卷中。那个时代，宫廷中的文武大臣在国王每天早朝的时候都必须一起高唱赞美歌，以此来表达他们对君主的崇敬之情。除此之外，还有一首为法老专门准备的节日赞歌。当宫廷中举办大型节日活动的时候，两队歌手同声歌唱。这些赞歌由并列的诗节或诗行构成，与希伯来《诗篇》中的诗行很相像。这种诗歌形式是流传下来的最古老的诗歌形式。

封建时代的科学发展情况也被记录在这些书卷之中。最有价值的著作是一部公元前 17 世纪的古老医学著作——《埃德温·史密斯文稿》。这本书的编著时间是在希克索斯时代晚期。这是一部真正意义上的科学著作。我们在这部著作中能够看到，人类已开始致力于观察、辨析和记录事实，并由此得出了结论。这是一篇论文，论述的是关于内外科医术的，人

图60　公元前17世纪的埃及医学著作，是最古老的科学论文。选自埃德温·史密斯的纸草书。

体的某些部位在其中都有所涉及。但令人感到遗憾的是，不知道出于什么原因论文只论述到胸腔和上脊椎骨部位。这篇论文还记载了人类最早对人脑的观察。在这篇论文中第一次提到“大脑”这个词，使用该词最早的文章就是在这篇古文献中。那个时代的外科专家已经发现下肢的控制中枢是大脑，并且对此已经做了很多研究。换句话说，很久远的古代就已开始了现在所谓新兴的有关大脑的医学研究。外科缝合手术在这篇医学论文中也是首次提到。当时的内科医生已发现人体内部动力系统的中心是心脏，只是对于血液循环系统还缺乏认识。还有一些论文认为恶魔与人体疾病的产生有联系，使人患病的是恶魔，特别是那些精神不安现象，更是由于恶魔的作祟。除此之外，一些简单的十进制算术规则也被一些书卷记录下来。我们已经了解到，古埃及人早已开始运用十进制。基础代数和初级几何等内容也被记录在一些书稿中，甚至连圆柱体或半球体的体积计算等问题都有记载。无论是什么样的问题，埃及人都能运用合理的近似法计算得到较为准确的答案。还有一点值得我们关注，就是那个时期的埃及人已经能够通过一些简单的仪器来对天体进行观察了（图59）。天体记录和地理学方面的文献一样都已丢失了。我们能够知道的就是，行星和恒星在当时已被埃及人分辨出，当然完整的天体系统概念在当时还没有形成。黄道十二宫的划分也不是出自于他们的观察。

当人们在这些领域中取得长足进步时，法老们在封建时代的管理水平也得到了极大的提高。为了征收赋税方便，人口普查每隔几年就要进行一次。

图61　古要塞哈米吉多顿废墟

这里曾经是埃及和亚洲长期征战的战场。埃及征服者图特摩斯三世在公元前15世纪成了这里的主人。公元1918年英国和土耳其之间的决战是发生在城墙下的最近一次战争。芝加哥大学东方研究所正在这里进行考古。探险队总部在图中左上方可看到。

世界上仅有少数国家保存下来类似的统计材料。大型的土堤在那个时候就已经出现了，埃及人筑起土堤是为了灌溉农田，尼罗河水通过他们围成的土堤——这种围堵起来的土堤就像一块巨大的盆地——蓄存起来，当出现干旱的时候就会开堤放水，使农田能够旱涝保收，粮食产量不断增加。直到今天还留存的水位刻痕是他们当时连续多年观测尼罗河水位的证据。在河谷的岩石上面，现在仍留存着第二大瀑布处刻下的水位标记。我们的政府在修建大规模水利工程方面刚刚开始，而4000年前埃及人早已修建了大规模的水利工程。

与此同时，封建时代的埃及统治者还通过水路掠夺别国的财富而向外扩张。他们的舰队在周围的岛屿上极为活跃，他们在爱琴海上往来穿行。克里特岛在当时极有可能处在埃及的统治之下。他们在红海北端向西开凿运河，直通东部三角洲上最近的一条尼罗河支流。尼罗河的许多支流就分布在三角洲上，河水通过许多河口流进地中海。法老的红海船队可以通过运河在这种地理形势的帮助下进入尼罗河的近东支流，然后顺流而下直抵地中海。红海与地中海在4000年前就已经通过苏伊士运河第一次连在一起了。这一创举与巴拿马运河对于我们的意义一样重大。尼罗河上的船只随着运河的开通还可以从东部三角洲出发，前往非洲的索马里海岸以及印度洋海峡。当时，蓬特统治着索马里。这片水域对封建时代的埃及船员们来说就是世界的尽头，他们所经历的那些惊心动魄的故事，为沿途封建庄园的村民们带来了不少的欢乐。

法老在那个时代还组建了一支舰队，舰队规模不大。法老的强大威力无论是在南部还是在北部，无论是在巴勒斯坦还是在努比亚都有所展示。他向南征服了努比亚，第二大瀑布的大部分地区都被他征服了，埃及境内的河段也因此增长了200英里。为抵御努比亚部落的袭扰，他还在边境修筑了坚固的防御工事，直到今天这些工事还留存着。法老在封建时代创立的统治制度对后世有着巨大的影响力，早期的埃及统治者的管理方式就是以此为基础建立起来的。"西斯特利斯"是一个伟大而光荣的称号，他被记载在埃及的史册之中，有三位国王都曾用过这个名号。法老的权力在公元前1800年以后突然崩塌了，随之消失的还有他们的统治方式。

五、帝国的开创

卡纳克神庙像一部巨大的史书，它矗立在曾经辉煌一时的底比斯城中，在这所神庙之中记述着埃及帝国的许多故事。

伟大的尼罗河人民经历的两个时代的故事①正是通过尼罗河岸边的遗迹向我们诉说的。我们继续南行离开了埃及封建时代的墓穴，前行四百英里后，一堆堆巨大的石头建筑废墟和一根根高大的石柱出现在了我们的眼前。尼罗河东侧的棕榈树丛中散布着这些遗迹。它们是底比斯城废墟的其中一部分。底比斯城曾经繁盛一时，而这座古城遗址将会对我们诉说的故事是埃及古代第三个时代——帝国时代——的故事。

大型墓穴以及大型庙宇在这里都能看得见。底比斯古城的卡纳克神庙是我们了解帝国时代的埃及重要一站。就如同吉萨坟墓对我们研究金字塔时代的作用一样，这座神庙对我们研究埃及帝国时代的作用极为重要。我们发现，在这座巨大的庙宇中我们能看到那些雕梁画栋，气势极为宏大。埃及人在亚洲征战的场面是庙宇墙壁上的大型浮雕所表现的内容。敌人看到法老像巨人一样站在他的战车上，向前冲杀，变得溃不成军。马这种动物是金字塔时代的法老从未见过的，即便到了封建时代，法老们依旧未见过马。我们第一次看到马的形象是在帝国时代的遗迹上。亚洲人在埃及封建时代的末期侵入了埃及。这支来自亚洲的入侵者的情况我们还不是很了解，希克索斯人是对他们的称呼。在长达一个世纪的时间里他们统治了埃及及周边的亚洲地区。西亚出现驯马的时间是在公元前21世纪的时候，希克索斯入侵者为尼罗河谷带来了第一匹驯马。战车在埃及的出现是随着驯马进入埃及之后。埃及人通过连绵不断的战争，吸收了当时先进的文化，一个军事帝国逐渐诞生了。

进入帝国时代的埃及法老成为皇帝。帝国拥有强大军队，这些军队是由弓箭和重型战车组成的。他们带领着这支有着良好素质和管理素质的军队南征北战，东拼西杀，从亚洲幼发拉底河到尼罗河第四大瀑布的非洲地区大片领土就是由这支军队征服的。于是，埃及被帝国色彩涂抹得更加绚丽多彩。我们这里所提到的帝国，是指一个国家群，它是由一个最强大的国家统治和

① 古埃及经历了三个时代：（1）约公元前3000年到公元前2500年是金字塔时代；（2）兴盛于约公元前2000年的是封建时代；（3）约公元前1580年到公元前1150年属于帝国时代。

图62 帝国法老在驱车冲杀

敌人在法老战车面前溃不成军。敌兵在高大的法老及其健壮的战马面前显得不堪一击。这是卡纳克神庙大厅外墙上的一幅浮雕的其中一部分。整个浮雕有170英尺长，刻画的是法老征战的情景。这些雕刻原来都有着鲜艳的色彩，彩绘浮雕使得表达效果得以增强，这也让法老的英雄形象在人们心中留下深刻的印象。浮雕的色彩如今已经都褪掉了，浮雕本身也因风雨剥蚀而风采不再，本图因此也显得不是特别清晰。

支配的。许多国家共同组成了埃及帝国，早期东方世界的大部分地区都囊括其中。小城邦是各个国家的组成形式。在国家管理方面，小城邦已经设立了行政管理机构，而人员组织则扩展到帝国一级。在帝国中法老拥有绝对的权力。法老的权力历经四百多年，从公元前21世纪早期一直持续到公元前16世纪。

卡纳克神庙像一部巨大的史书坐落在那座曾辉煌一时的底比斯城中，它在向我们诉说着埃及帝国的那些故事。一座高大的方尖碑矗立在神庙大厅后面。该碑是埃及帝国早期的杰作，近100英尺高，是由花岗岩制成的。哈特谢普苏特女王是这座丰碑的制作者，她是埃及历史上第一位伟大女性。这样

图63 在尼罗河上运送哈特谢普苏特女王的方尖碑（公元前15世纪）

尼罗河大驳船上装着两块方尖碑，这艘船有300英尺长。方尖碑长97. 5英尺，每块重达350吨。也就是说驳船承载的重量是 700吨。为了拖动它而使用了30条拖船，分成了三列，每列有10条船。总共有960个划桨手分布在这些船上。工程师们乘在其他小船上，在他们的指挥下，这些人从第一大瀑布的采石场顺尼罗河而下行驶150英里，将方尖碑运到底比斯。碑是通过方尖碑下面的一个拖撬被拖到岸上的，之后被拖到卡纳克神庙，在那里竖起来。本图是根据底比斯王后的神庙墙上的浮雕制作的复制品。

的石碑曾有过两座。女王的工匠们居然能从第一大瀑布处的花岗岩采石场中采出两块巨大的石碑来，可见他们的手艺是多么精湛。他们将采出的石碑装上大船，沿着尼罗河而下，运送到卡纳克神庙，在神庙院内再将它竖立起来（图63）。女王有着远大的志向，她曾派出由五艘船（图64）组成的探险队穿过红海进入蓬特，将那里的热带非洲的名贵物品运回来供她享用，她在底比斯城西悬崖兴建的雄伟庙宇就是用这些物品来装点的。她是一位卓越而伟大的女性，通过她所取得的伟大成就就能够看出来。在碑基周围看到一些石块，这在我们参观哈特谢普苏特方尖碑的时候也会看到，这说明了方尖碑曾被人用石墙从顶到底围了起来。这件事是图特摩斯三世做的，他不是女王的亲生儿子。图特摩斯三世这样做是为了将女王连同其助手们的名字抹去，让人们忘记女王的统治。当然那些建庙竖碑的能工巧匠们的名字也少不了。但

图64　部分舰队正在蓬特地区装载货物，他们属于哈特谢普苏特女王

五艘船组成了哈特谢普苏特的舰队，本图中我们可以看到其中两艘船。船已经停靠在岸边，船桅杆上的帆已被卷起来。船上的货物正被船员们通过跳板向下搬运。船舱顶上有一只大猩猩，一位船员正在逗弄它。船上载有的蓬特国的宝物就写在上方的铭文之中，这些宝物包括东方（天国）美丽的香木，贵重的没药树脂，新鲜的没药树、乌檀木和象牙，还有绿色的伊姆金、肉桂木以及两种带香味的化妆品及许多的动物，这些动物包括大猩猩、猿猴和狗。除此之外还有南方豹皮、土著人及其子女。“没有任何一位国王曾拥有过如此多的美妙东西。”底比斯的王后庙墙上所刻的就是这幅画。

是，盖尖碑的砖石后来坍塌了，哈特谢普苏特的英名依然闪耀在方尖碑上，图特摩斯三世此举劳而无功。

埃及历史上第一位大将军就是图特摩斯三世（图65），他是埃及历史上最厉害的征服者，“埃及的拿破仑”是后世送给他的赞誉。他从公元前1500年到公元前 1447年的五十多年间一直统治埃及。他的长达二十多年的战争故事在卡纳克神庙的墙上可以读到。图特摩斯在这二十多年里征服了西亚各国，将它们纳入埃及巨大的帝国版图之中。他的战船在此时还驶向了爱琴海，将自己的势力扩张到了海岸对面，并在爱琴海岛屿委任了一位将军作为总督管理着这片区域。

A

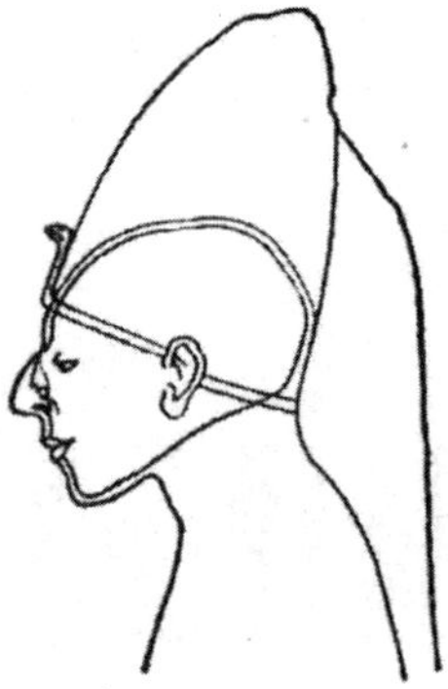

B

图65　A图特摩斯三世的肖像，他是古埃及的拿破仑，B图是他的木乃伊

花岗石上雕刻着图特摩斯三世的肖像（A）。我们可以将这位厉害的征服者木乃伊的真实的脸与他的肖像做一个比较。从B图中可以看出，同木乃伊的轮廓（内线）相比花岗石上的肖像轮廓（外线）与之平行，两者极为相近。这表明了此时的肖像造型技艺在当时已经达到了极高的水平。

六、埃及帝国的鼎盛时期

人类首次相信统治大地的是一位世界之神，他是世界唯一的主宰。这种一神教思想可以说是世界上最早出现的，古代的东方是宗教中的帝国主义的渊源所在。

法老在远征亚洲和努比亚的历程中，获得了巨大的财富，也宣示了自己的武威。帝国也由此变得更加强大而繁荣。帝国强盛的最好见证就是那些辉煌的大型建筑。古老的埃及艺术与建筑史也由此翻开了崭新一页。人类建筑

图66　卡纳克大厅复原图——埃及帝国最大的建筑

埃及帝国的统治者们拥有了建造最大的廊柱式大厅的实力是源于从亚洲掠夺来大量的财富。卡纳克神庙唯一一个大厅就是这座大厅。大厅有338英尺宽，170英尺高。厅内地面的面积与巴黎圣母院相当。有16排廊柱立在大厅中，一共是136根柱子。中央正厅（三个中央走廊）高约79英尺，有两排廊柱，共12根。为了在两侧安装高大的天窗，建筑师们使中央正厅高过其他部分。与最早的低矮天窗比较，之后的欧洲长方形教堂的发展来源就是这种天窗。

史上最宏伟的大厅就是我们造访过的卡纳克神庙的廊柱大厅。柱身高达69英尺，立柱立在了中央过道（图66）上。廊柱的柱顶极大，能够容下一百多人。廊柱的侧翼顶窗已不像金字塔时代的窗口那样低矮，而是变得更加高大明亮，由此发展而成的就是后来的长方形教堂建筑。

类似于底比斯神庙，在穿过一簇簇深绿色棕榈丛后看到的那些林立的方尖碑和法老巨像之间随处可见。金银装饰着这些庙堂，显得光彩熠熠。波光潋滟的湖面上倒映着庙宇的[1]身姿，呈现出一派诗情画意的景象。远古世界

① 卡纳克神庙后面（东面）是这一景点的所在地。我们会看到与神庙隔尼罗河相对的西部悬崖。从神庙右下角的后门出发经过约 1/4 英里就能到达离河最近的高大前墙的前面。神庙历时两千多年建成。封建时代的国王们建造了神庙中最古老的部分。希腊国王（托勒密）建造了前墙——这是最晚建成的部分。矗立在神庙中央的是女王哈特谢普苏特建造的方尖碑。巨大的圆形廊柱建筑卡纳克大厅（图 66）建造在方尖碑的另一边。一幅巨大的战争浮雕（图 62）在大厅的外墙上。高大的前墙左侧是一个池塘，前墙外面是斯芬克斯大道。圣湖的余水就储藏在池塘中。

图67 底比斯的卡纳克神庙和尼罗河谷鸟瞰图

有两条虚线划分开的地区在底比斯的地图上，也就是我们在这幅图中所看到的地方。我们能在这幅图中看到古城的部分地区，其他部分的古城沿河两岸延伸。

从未出现过这一景象。游客走进庙堂，就置身于宽敞明亮的庭院之中了。庭院显得格外壮观，这是因为环绕着的廊柱十分高大。你只要站在庭院后面的大厅中向林立的廊柱望上一眼，就会觉得仿佛置身于一个神秘莫测的世界。这里很像是一座雄伟的“纪念碑城”，庄严的斯芬克斯大道与各个庙宇相连，庙与庙直接相通，可以说整个城就是一座巨大的纪念馆。

雕刻家和画家们也为埃及宏伟的建筑贡献了一份力。石头花饰雕刻在了神庙的廊柱顶端。廊柱是着色的，廊柱上的那些植物雕刻由于涂上了五颜六色的涂料而显得更加生动。大型的战争场面被雕刻在了庙墙上。墙上的画面也是上过彩的，这些色彩极为艳丽。巨型的法老雕像在庙前矗立着，这些雕像都非常高大，比庙前的高塔还要高。人们在方圆几英里内都能看到这座有八九十英尺高、1000吨重的雕像的雄姿。一列现代火车的载重量也就相当于这座雕像的重量。但是，与作为一个整体的雕像相比，火车所载货物是零散的，所以搬运难度并不大，但作为整体的雕像由于不能进行切割，帝国时代的工程师们是运用运输方尖碑那样的方式来运输这些雕像，长达几百英里的搬运路程其难度是极其巨大的。即便这样，一块由巨石刻成的伟大雕像还是被艺术家们完成了。埃及艺

图68 竖在卡纳克的方尖碑——哈特谢普苏特及其父图特摩斯一世

哈特谢普苏特女王的方尖碑是较远的那个。这是从尼罗河第一大瀑布的采石场运来的两块方尖碑中的一块。另一块方尖碑已成了碎片。碑体底部有8.5英尺厚。

术正是在这些巨型石像的创作过程中取得巨大的进步。

阿蒙霍特普三世的两尊巨像在我们从卡纳克越过尼罗河到达的底比斯西面的平原就能看到，到现在还矗立在这里，埃及皇帝雕像中最豪华和气派的一个就是这座。靠近这两尊雕像，我们能够看到，在他们身后拔地而起的西部绝壁衬托出了雕像的雄伟壮美。帝国显贵是这些崖壁上凿的几百个墓室的主人。随法老征战于亚洲和努比亚疆场的功勋卓著者也葬在这些墓室中，还有那些伟大的天才艺术家和建筑师也埋葬在这里。他们创造了这些辉煌建筑，底比斯成为古代第一座伟大的"纪念城"正是由于他们所做出的努力。他们的名字在这些墓室中也出现了，他们生活的长篇记述也能够在这里找到。很多感人的故事也被记载在墓穴之中，其中一个故事是这样的：一头狂怒的大象在一次皇家猎象活动中猛追图特摩斯三世。一位将官在紧要关头挺身而出保护了国王，挥剑将象鼻斩为两段。而在另外一座墓穴中，则记载着一个军官的故事。后世流传甚广的"阿里巴巴和四十大盗"的故事原型就是这个故事，这位军官在攻打巴勒斯坦的遮帕城时，把他的战士藏在背篓里，驮在驴背上蒙混进城，然后突然袭击，一举占领了该城。现代人还未将这些废墟覆盖的墓穴完全发掘出来，陈列于巴黎卢浮宫

图69　卡纳克大厅中央厅的高大廊柱

每个柱顶可容纳100人，它们就在两大方尖碑的左侧。

的一只金盘就是在那里被发现的。

古埃及家庭生活的缩影就在这些墓穴之中，死者的墓穴中有家人们为他们准备的家具、衣服和食物作为随葬品，希望死者可以在另一世界中享受欢乐和幸福。当时极为罕见的计时器也在这些墓穴中被发现了（图71）。作为法老们当然是更加不甘落后，选择的殉葬品都是经过精心设计的更加精美的，这些随葬品使得这些墓穴更为奢华堂皇，彰显出王者风范。许多惊人的殉葬物在图坦卡蒙的墓穴中被发现，我将在后面对这位国王进行详细的介绍。当时贵族生活的奢华反映在了这些墓葬之中。这些墓葬物作为历史研究的材料向我们展示出的是当时的人们在日常物质生活方面的巨大成就，与此同时，更为重要的是，还向我们展示出了他们在精神生活方面发生的巨大变化。有许多图画和铭文被刻在了底比斯墓室的墙壁上。我们通过对这些图文的研究发现，同吉萨金字塔时代相比，帝国时期的埃及人在宗教方面已向前迈进了一大步。来自另一个世界的判决是葬于底比斯墓穴的要员们所期望的。那个世界的大判官就是俄赛里斯，拥有绝对的权力。那时真理和正义的象征是羽毛。像俄赛里斯那样，灵魂会在好人死后从尸体中出来。但是，俄赛里斯必须要对他们进行检验，他们的灵魂要通过天平来

图70 从卡纳克神庙走向尼罗河的拉美西斯的大道

我们在卡纳克神庙的身后，尼罗河在前面。画面上看不到，这是因为尼罗河地势过低。西部沙漠在远处的高地上，葬在那里的是帝国时代的王公贵族。那些低矮建筑是现代村庄，处在右边的一角。卡纳克神庙与尼罗河之间是这个小村庄坐落的位置。

图71 埃及影子钟——这是最古老的钟

影子钟是阳光普照的埃及一种极为实用的计时器材。当把横板（AA）在早晨的时候立在东边，影子就会落到长臂（BB）上。我们在这里看到了影子在第一个钟点的位置上。影子随着太阳的不断升高而逐渐缩短，影子在长臂上移动，长臂上刻着时间标度。标示到了中午的时间为6点。随后，影子钟的横板（AA）被向西转动，影子在下午在长臂（BB）上的长度将逐步增加。下午的时间同样可以按照影子的位移测出来。欧洲白天12小时的计时方式，就是从埃及流传过来的。图特摩斯三世的名字被刻在了这座影子钟上，这座影子钟已经有3400年的历史了。希腊人大约在1000年之后才采用类似的钟。这座钟现在被收藏于柏林博物馆。波查德修复了横板（AA）。

图72　大型雕像——底比斯阿蒙霍特普三世（公元前1400年）

这些雕像高达70英尺。巨大的底比斯崖墓就在塑像后面的悬崖上。

称量。灵魂放在天平的一端，象征真理和正义的羽毛则放在另一端。一卷莎草纸会被死者的亲友放在他的棺材中，祈祷辞和咒语写满了莎草纸，这些咒语将保佑他在另一个世界里享受平安和快乐。还有一幅审判图也被放入棺材中，“死者之书”是我们现在对这种纸卷的称呼。

阿蒙霍特普三世的儿子阿蒙霍特普四世在帝国建立200年时取代了他父亲的位置，成为帝国的皇帝。200年来，苏伊士运河两岸的大陆被帝国统治着，埃及变成了一个国际化的大舞台，控制的领域远远超出了尼罗河低谷。法老在帝国形成以后，登上了这个比以往更大的舞台。在宗教引导下，埃及的古老神祇在这个舞台上发挥着影响。本国本土的神很早就被埃及人看成是永恒的统治者，这是受到地域限制的原因。埃及的古老神祇在这个大舞台上继续引导着法老前行。法老的军队越来越强大，埃及人在不断的争战中逐步熟悉了这个“世界竞技场”。随着埃及的不断壮大，埃及人开始意识到太阳神的权力已不是仅仅局限于尼罗河的河谷地带，而是在更大的帝国领域中控

图73　安葬帝国法老的底比斯谷地

帝国时期（公元前1600年后）的法老们已不再建金字塔了。他们在河谷的崖壁上开凿墓穴。墓穴深入岩壁几百英尺，形成一个长廊。图坦卡蒙的墓穴位于图中央最显眼的墓门（拉美西斯六世）的右下方。

制着人间诸种事物。太阳神此时变成了国际神。没有人在那久远的年代会去想是不是还有其他的世界之神——除了太阳神外。人类进步的过程是在打破了一个又一个局限中得以实现的。要想清楚地了解古埃及人的思想的过程，只需要回顾一下我们对如下事实的认识过程。我们的军队在第一次世界大战期间首次越过海洋，到达了另一块大陆作战，借此把自己置于一个国际竞技场之中，国际意识是我们渐渐形成的。而与此相同，埃及人也是公元前1400年的时候渐渐地形成国际观念的。世界观念这一新的观念也随之产生了。人类第一次认识到统治着大地的是一个世界之神，他主宰着这世界的一切。世界上最早的一神教思想就是这样出现的。古代的东方是这种宗教中的帝国主义的起源地。

一个全新的时代就这样降临了。埃及帝国在许多地方尚未有一神教萌芽的时候，就出现了一种宇宙神教。作为一神教，相比于其他的地方它的出现要早几个世纪。我们能够感受到，宗教转型是一件极为特殊、极为困难的事情。阿蒙霍特普四世年轻气盛，身体强健，有着远大的目光、过人的胆识，相比于他的父亲，他的思想更加激进，公元前1375年左右他还是有些不太明智地将新的国际主义思想强加在他的臣民身上。他宣布太阳神为唯一的信仰，横扫了古埃及诸神，也就此开始了人类历史上的一场前无古人的崇拜太

图74　位于埃及努比亚的阿布·西姆布尔屹立着拉美西斯二世的巨大雕像

四尊75英尺高的人物雕像在神庙前面。神庙和雕像都是依悬崖就地取材而建的。相比于伟大的斯芬克斯和阿蒙霍特普三世的面部，这些雕像的脸依然保存完好。从图中我们可以看出它是人物肖像。拉美西斯二世的脸与其木乃伊的脸非常相似。

阳神运动。依照他的旨意，从非洲到亚洲所有的人都只能崇拜太阳神。阿托恩是他对太阳神的称谓。他将除了太阳神庙以外的所有寺庙都关闭了，还驱散了这些寺庙中的所有僧侣，就是为了让人们将之前各自所崇奉的诸神彻底忘掉。诸神的名字被他消除得极为干净，特别是那些刻在庙墙上的诸神的名字。他甚至取消了“神”的普通名词复数形式。阿蒙神是他最为憎恶的，我们曾访问过的卡纳克是阿蒙神庙的所在地，它曾经是帝国伟大的底比斯神。由于阿蒙霍特普四世的皇族名字有“阿蒙很惬意”之意，名字中含有阿蒙神的字眼，这让他感到很不满意，于是他将自己的名字改为阿克那顿，名字的意思是“有益于阿托恩（太阳神）”。

我们之后在称呼阿蒙霍特普四世的时候要称之为阿克那顿。阿克那顿在尼罗河下游很远的地方建立了一座新型城市，离开了底比斯城。这座城市被他命名为“阿托恩地平线”。阿玛纳是现在这座城的名字。阿克那顿抛弃了包括底比斯城在内的许多神庙。然而，他所兴建的“阿托恩地平线”新城在他死后几年同样遭到了被抛弃的命运。现如今，昔日宫殿屋宇的断壁残垣就埋葬在这座城市的废墟之下。现在人们只能凭借想象去恢复城市原来的美丽风光。一支德国探险队在第一次世界大战之前发掘了一位雕刻家的工作室废墟，发现了一组精美的艺术品，那个时代的雕刻艺术也因为这些文物的出土使我们有了进一步的认识。追随者的墓穴留在城市背后的悬崖上。这些人被年轻的国王迫使皈依了新教。许多雕刻精美的图画可以在他们墓穴中的墙壁上看到，现已被遗忘的古城风貌通过这些图画表现出来了。

阿克那顿亲手写成的歌颂太阳神的赞美诗在阿玛纳墓内祠堂的墙壁上可以看到。这位年轻国王对唯一的上帝的敬仰之情就在这些赞美诗中被表达出来了，他对上帝的信仰是质朴、纯洁的。他坚信，所有的低级动物包括人类——人和所有外国人都是被这唯一的神创造出来的。国王将他的神视作慈父，维护着动物生存的是神的善心，所有的动物都需要对神心存感激，神的仁慈和善良即便是连沼泽地里的飞禽也能够被深深地理解。鸟儿振翅飞翔，那就是在表达自己对神的赞美。我们在墙壁上的一行赞美诗中读到了这些内容。如此深的圣父观念在人类漫长的进化过程中还未曾出现过。

七、帝国的衰落

历史并没有随着埃及帝国这三个文明阶段的衰落而终结。基督教时代还延续着埃及的制度和文化，欧洲的历史受到了它的巨大影响。

这样的一种信仰对公元前14世纪的普通人来说是令人难以理解的，更不必说要去接受它了。很多心怀不满的多神教僧侣和受到冷落的军队士兵在全国上下出现了。渐渐地，僧侣和军队通过串通、密谋来反抗霸道的国王。反叛的策划者是僧侣，他们发现被冷落的无所事事的军人，更容易受到煽动和蛊惑。埃及帝国在这种情况下开始出现混乱和骚动，同时蠢蠢欲动的还有那些被征服的亚洲国家。

一批距今三千多年的皇家信件在几年前被一位当地发掘者发现。人们称之为“阿玛纳信件”的这批信件共有三百多封，这些信件是阿克那顿国王在阿玛纳的政府办公室里的皇家档案的一部分。埃及帝国在亚洲的最后结局的信息就隐藏在这些信中。“信纸”为泥土书板，用巴比伦文字写成。现在我们已经知道了，这些信件是西亚的国王写给法老的。这可以说是世界上最古老的国际通信方式。通过这些信件我们了解到，埃及法老的统治是如何被这些西亚国王们一步步动摇，并最终彻底瓦解了埃及帝国在亚洲的统治。

来自小亚细亚的赫梯人入侵了法老的叙利亚北部边疆，来自沙漠地区的希伯来人占领了巴勒斯坦的南部领土。阿克那顿在这内忧外患频发的时候死掉了，这位法老死后没有儿子，所以他的事业没有人继承。尽管阿克那顿是一位空想家和理想主义者，但他仍然可以说是在希伯来人之前的东方世界伟大的天才统治者。

虽然阿克那顿没有儿子，但他生有几个女儿，儿子的位置被这些女婿自然而然地填上。大女儿的丈夫是宫廷中的一位贵族，他让大女婿与他一起管理政权。这个年轻人后来去世，他又把三女儿嫁给一个名为图坦阿托恩（意为“阿托恩活现”）的贵族。他的二女儿这时已经去世。他就让三女婿同自己一起执政。在他死后，王权就落在三女婿一人手里。阿蒙

图75A 最早的一神论者——阿克那顿的石灰石雕像

1914年在阿玛纳被波查德发现。雕成这尊雕像的是石灰石。梦幻般的神情出现在这位非凡的年轻国王的英俊脸庞上。

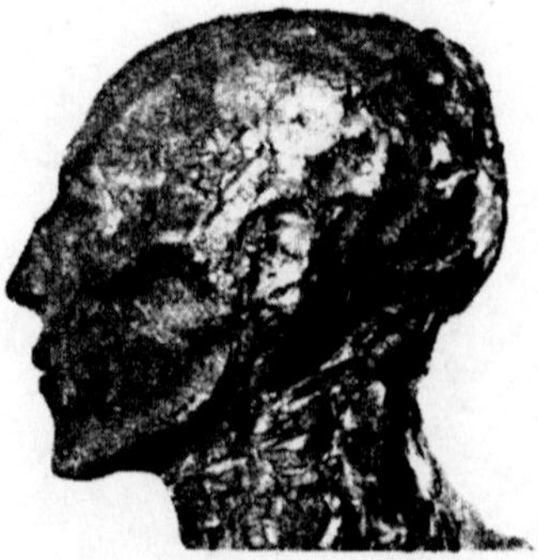

图75B　塞提一世的木乃伊头，现存于开罗博物馆。

塞提一世是拉美西斯二世的父亲，他是在底比斯发现的贵族尸体之一。塞提的头是所有尸体中保存得最好的。那里的所有皇家木乃伊都已腐化。

神崇拜又占了上风，这使得新国王放弃阿克那顿在阿玛纳建起的新首都并移都到了底比斯。他将名字中的尾音由阿托恩改为了卡蒙。这位年轻国王就这样成了图坦卡蒙（国王名字的意思为“阿蒙活现”）。阿蒙神崇拜此时完全恢复了，其他崇拜在埃及也随之恢复。最早的一神教信仰阿托恩神崇拜——阿克那顿所钟爱的，也随之消失了。那些过去慑于国王之威而表面上信奉一神教的人原形毕露，年轻的图坦卡蒙受到他们的群起反对。

老谋深算的奸佞们将新国王当成了手中的玩偶。这些人设下了一个又一个阴谋陷阱，惨死的下场是这位孤立无援国王的最终结局。而他的妻子也随之变成了年轻的寡妇。这位阿克那顿的女儿曾经煞费苦心维护王位，因为她不忍看着盛极一时的家族从此垮掉。她曾写信希望与小亚细亚的赫梯皇帝联姻，并答应将帝国的王位让给赫梯王子。楔形文字是这封与阿克那顿王国命运相关的信所使用的文字，信是写在一块泥土书板上，赫梯首都的档案馆里存放着这封信。现代发掘者发现了这封信。一个叫艾的年迈的马夫在阿克那顿女儿的这个计划还没来得及付诸实施的时候就篡夺了王位。这个一度令人无限敬畏的王族最终就这样寿终正寝（约公元前1350年）。这支王族曾赶走希克索斯人，曾建立起早期东方第一个最伟大的帝国，曾维持了230年的统治，然而，随着王室的衰落，这一切辉煌都随之而失去了。

在历史上图坦卡蒙的政治生涯显得有些灰暗也极为短暂，他的政治业绩平平，他作为一个帝王本身是没有什么可说的，但他所处的是一场精神革命的鼎盛时期。许多精神领域在这场革命中都发生了深刻的变革，其囊括了宗

图76 图坦卡蒙的墓室：前堂的北端

图中有家具和葬花（右边）。封死的墓室门口立着国王的卫兵雕像。

图77 系在一条贵族围巾上的八只金戒指，曾被古代图坦卡蒙墓的盗墓贼盗出

教、思想和艺术。年轻的国王在精神革命如火如荼、达到顶峰的时候失去了他的统治宝座。也由于这个原因，了解这段历史至为重要的遗迹就是他的坟墓。底比斯的尼罗河谷西侧荒凉的崖壁上建造着图坦卡蒙的坟墓，可能当时是匆忙开凿而成的，因此墓穴很小。他的妻子和马夫艾把他安葬在这里，华美的家具和精美的工艺品是他的随葬物品。有一些随葬品甚至可以说是传家之宝，都是阿克那顿辉煌时期制作的。它们被从阿玛纳运到底比斯，最后随葬于这位国王的崖墓中。曾有人在这位国王被埋葬后的政治混乱中盗掘他的坟墓。盗墓贼在盗墓时被抓获，但墓穴已遭到破坏，后来极为潦草地被修复，遭到破坏的坟墓并未完全修好。两百年后，在埃及帝国崩溃的时候，废土废石被拉美西斯六世的挖墓工们堆到了图坦卡蒙的墓穴口上。在那时，人们已经把这个墓穴遗忘了，这些劳工们简陋的工棚甚至就是在墓穴上搭起来

图78　图坦卡蒙与皇后在宫殿内室

坐在那里的是年轻的国王，他一只手臂搭在椅背上，一只脚往前伸过脚凳，坐得很随意。这种随便的姿势打破了以往皇族肖像的制作传统，这正是阿托恩革命在艺术上的表现。皇后（阿克那顿的三女儿）略向前倾，一只手拿着香水，另一只手为丈夫整理衣领，身姿优美。国王对娇妻的依恋在这幅图的流畅线条和美妙迷人的人体轮廓中得到了直观的反映，可以说是当时的艺术匠人的上乘之作。阿克那顿神的象征——太阳神盘在画面的上方。人的手上落满了太阳神的光辉，这是一种新的象征，它反映了宗教领域阿托恩革命的开始。厚重的金帘、银衣和红色的玻璃罩是背景。这些精美装饰都是用一种类似于红宝石的艳丽宝石或晶莹的玻璃镶嵌而成的。画面由于年代久远已经失去了它当初的绚丽身姿。

的。令人庆幸的是，这座墓穴正因已被遗忘，所以在帝国崩溃后，才没有被破坏。1922年晚秋，霍华德·卡特尔发现了这个墓穴。这是在埃及发现的留存至今的唯一完好无损的皇家墓穴。

我有幸在图坦阿托恩墓穴被发现后没几天，墓中的所有遗存物尚未被搬动时进入墓穴进行考察。一种莫名的情感在我走进前室且在一把精美的宫廷椅子上读到图坦阿托恩的名字的时候油然而生。我将今生难忘这种感情。要明白年轻国王在阿克那顿时期的名字就是图坦阿托恩，而这把椅子上就刻着这样的名字，这说明阿克那顿时期的工匠制作了这件雅致的工艺品。这把椅子出现在阿玛纳宫殿中的时间是在图坦阿托恩迫不得已改名为图坦卡蒙之前。我们已经了解到，阿克那顿革命从根本上来说是一次精神解放运动。埃及人正是在他的大力倡导和推动下，从旧传统的精神樊篱中解放出来。也正是由于这个原因，这场革命的影响在波及了

图79 图坦卡蒙墓穴一角：从前室穿过曾经封着的门向里看

只剩下国王的门卫雕像还立在墓穴的前室。现代发掘者移开了封门的石料，这主要是为了方便那些参观者进入存放尸体的墓室。只有室门左下角还残留着一部分石料。

宗教界的同时，也在艺术领域产生了影响，这个时期的艺术品也因此具有了极其独特的风格。所以，第一个伟大的精神解放时代的艺术珍宝库是图坦卡蒙之墓的重要意义所在。

政府因为这场精神解放运动而陷入了危机。经过艰苦卓绝的努力，新的家族的国王重振旗鼓，埃及帝国的威严在一定程度上恢复了。其中，两位最杰出的国王是塞提一世及其子拉美西斯二世。然而，即便是他们能重振埃及帝国的雄威，但却无力从叙利亚把赫梯人赶出去。造成这个结果的主要原因就在于这些来自小亚细亚的赫梯人十分善战，他们以入侵别国为能事。他们有很强的战斗力，因为他们当时拥有铁质武器。衰落的埃及帝国那时还处于青铜器时代，青铜器时代的最后一支强大力量就是埃及帝国，但在入侵者使用铁质武器的时候就只能是处于下风。

帝国即将崩溃的迹象即使在今天的底比斯也能清楚地看到。如果我们留心观察底比斯庙中描绘在帝国晚期的战役中的大型战争场面的图画时就会发现，许多外国人夹杂在埃及军队中。这表明埃及人对战争的兴趣已不再像从前一样——无论什么人都不会对此长久保有浓厚的兴趣，因此他们的必然选择就是招募外国人替他们打仗。有一些人来自北部的地中海地区，他们就在这些外国雇佣兵中。此前在石器时代晚期我们曾见过他们。现在，埃及的遗迹中居然又出现了他们的身影。地中海人不断强大起来是因为他们从东方人那里学会了使用金属。画中的地中海人是埃及人的雇佣军，他们在为埃及人手挥青铜剑。埃及最终被善战的地中海人征服了，埃及帝国已是摇摇欲坠，最终崩溃是在公元前21世纪中叶。

底比斯是那些以皇帝的身份维持了四百多年统治的法老们下葬的地方。人们在图坦卡蒙的坟墓被发现之后就知道了有一条由西部沙漠中很深的凹陷地构成的荒凉的河谷。阿蒙霍特普三世巨大的塑像背后的悬崖的另一端就是这条河谷。约有四十多个巨大的岩洞长廊在这里。长廊深入到了山内几百英尺，有一些工匠凿成的洞室，葬在里面的就是埃及皇帝。后来，这些洞穴在帝国崩溃后遭到洗劫。幸免于难的只有图坦卡蒙的墓穴。势单力薄，软弱无能是这些皇帝的后继者们的特点，他们只能在底比斯苟延残喘，他们东躲西藏是为了保全皇帝尸体。为了使墓穴隐蔽，他们只能在西部的崖壁上开凿洞穴，将这些尸体藏于其中，以免被发现。就这样一直保存了三千多年。这些尸体直到1881年才被发现，至今收藏于开罗国家博物馆。正因如此，这些埃及和西亚王公贵族的真实面目才有可能被我们看到。他们历时四百多年，从3500年前登上历史舞台直到3100年前“谢幕”。约公元前1150年，最后一位君王离世了。

吉萨金字塔及其邻近的孟斐斯墓地所代表的金字塔时代、沿尼罗河航行时所见到的崖壁墓穴所代表的封建时代、底比斯庙宇和崖墓所代表的帝国时代是尼罗河沿岸的金字塔、坟墓和庙宇向我们展现的早期埃及经历的三个历史阶段。我们在翻开尼罗河这部巨型历史书卷时，能够看到人类一个又一个在由野蛮走向文明的过程中所经历的阶段。我们从中还能得到这样一个启示，那就是：历史并没有随着埃及帝国这三个文明阶段的衰微而终结。欧洲之后的历史深受埃及制度和文化的影响，这种影响一直延续到基督时代。

八、古埃及文明密码的破译者

尼罗河谷中的遗迹因为对埃及文字的破译而获得了新生，它向世界揭示出了人类历史长河中一项被遗漏的成就，人类文明历程中的那段美妙故事就是因为对它的破译而变得更加生动。

古埃及人的生活在我们通过尼罗河上的航程中对那些被探索的遗址遗迹中得到了了解。我们已注意到，要想对远古历史有一个完整看法，只有在了解了这些最早的文字资料时才会实现。假如这些埃及文字记录的是在我们100年前泛舟尼罗河的时候发现的，它对我们就毫无意义。因为早在一千多年前最后一个能读懂埃及象形文字的人就已死去了。从此之后，尼罗河畔遗物上的那些稀奇古怪的文字究竟是什么意思就再也没有人能明白了。

许多学者很长时间以来都被尼罗河的奇怪文字所困扰，对这些文字的解读虽然耗费了大量的精力，但最终却是没有丝毫的进展。一位叫商博良的法国人后来开始研究这个问题 （图80），他经过多年令人沮丧的失败之后终于取得了进展，找到了解决这一问题的头绪。首先是英国伟大的物理学家托马斯·杨博士发现了托勒密和克娄巴特拉这两个用象形文字写成的名字。12个象形符号的发音——后来证实这些符号属于一个字母表，就是商博良通过这两个

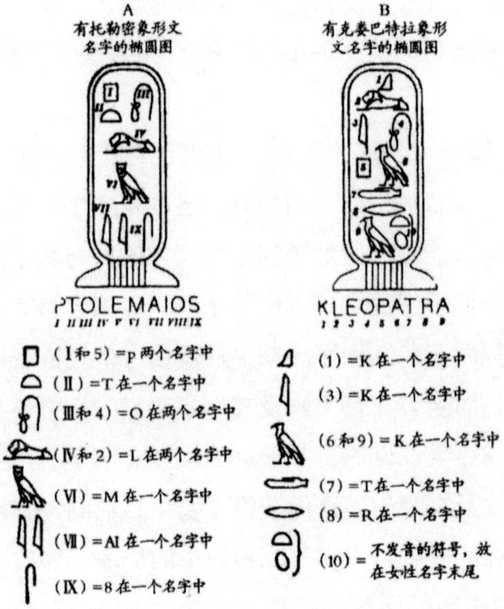

图80　商博良破译埃及象形文字的第一步的图解

一个基座上刻有希腊铭文的方尖碑被商博良发现了。铭文显示，托勒密国王及皇后克娄巴特拉是方尖碑的主人。象形文字的碑文刻在碑柱上。商博良猜想，托勒密和克娄巴特拉的名字肯定在这些象形文字中 。与此同时，另外一些学者也发现，埃及纪念碑上椭圆图也很常见。他们由此推断那肯定也是贵族的名字。经过仔细观察，在这块方尖碑石柱上，商博良发现了两个椭圆图，他由此推断，这两个椭圆中的象形文字所指代的就是托勒密和克娄巴特拉，之后，他将这两个人名的希腊文与其进行比较（其中，托勒密在希腊文中是Ptolemaios）。从图中可以看到，象形文字的拼法与希腊拼法正好相对应。罗马数字标示左边的配对符号，阿拉伯数字标示右边的配对符号。一个长方形是A中的第一个符号（I）。如果它是托勒密名字的第一个字母，那么与它对应的一定是字母P。而克娄巴特拉的第五个字母也是P，那么，椭圆B中的第五个符号也应该是长方形。令商博良极为兴奋的是，椭圆B中的第五个符号确实是一个长方形。他起初被下一对比较困扰了一段时间。在两个椭圆中，n和7并不能证明是字母T。不过，他断定7是T的另一种形式。他的推测是对的。在椭圆A中，接下来的两个符号（DI、IV）与椭圆B中的4和2一样。这就说明他的思路是对的。尽管元音字母给他造成了一些麻烦（如VI和3），但他很快就看出，埃及人对元音字母很不重视，书写时并不准确，有时甚至会忽略。通过对比这两个人名，他推断埃及人有一个字母表，而不只有整体符号或整体单词。他还摸索出了其中12个字母的发音（见名字下的符号表），这为在罗塞塔石头的帮助下完全破译埃及文奠定了基础。他终于知道了如何正确使用罗塞塔石头。其他学者此前在那上面耗费了极大的精力，但却一无所获。1822年他最终完成了这项发现，之后，他在巴黎法国科学院公布了这项发现。

人名确定的。商博良随后还发现，另外几位贵族的名字也被他解读出来了。他在1822年给法国科学院写了那封著名的信，信中他介绍了他取得的成就，并报告了他的发现。

那块著名的罗塞塔石头，商博良直到这个时候才能真正利用。这就是说，释读古埃及文字的关键虽然是罗塞塔石头，但是解读古埃及文字的第一把钥匙在商博良而不是它。他之所以能够迅速地增加象形文字的符号数量是因为罗塞塔石头，罗塞塔石头对于他了解词意、弄清句子结构提供了极大的帮助。商博良于1832年逝世的时候就已总结出了一些语法规则，他还准备编写一本小型的象形文字词典。虽然时至今日有关埃及文字和语言的问题还有许多尚待研究，但商博良所取得的令人惊讶的贡献无疑为埃及文字学奠定了基础。尼罗河谷中的遗迹因为对埃及文字的破译而获得了新生，它向世界揭示出了人类历史长河中一项被遗漏的成就，人类文明历程中的那段美妙故事就是因为对它的破译而变得更加生动。

在底格里斯河与幼发拉底河沿岸发现的历史遗迹也是人们以同样的方式破译的，发生在那里的古老故事也从此被世人所了解。西亚各民族继埃及人之后也都走出了蒙昧时代，他们开始发展工业生产，学会了金属的使用方法，他们还创造出了文字系统，最终在古代世界取得了领导地位。我们在下一章中将讲述那些发生在亚洲的古老东方故事。

第三章　西亚：巴比伦尼亚

九、西方文明的进化图景

在东半球的西北部，欧洲、西南亚和非洲北部就构成了四分之一个地球表面，正是这四分之一部分孕育出了人类的高级文明。

现在，我们要更广泛地探索人类文明的发展历程，并在地理位置上锁定我们所继承的文化的发源地。它位于乌拉尔山西边广博的亚洲大陆上。我们可以在地图上一眼看到乌拉尔山脉，它是亚洲的西部边界之一，靠近并平行于格林威治东第60条子午线。这条子午线一直向南延伸至印度洋，而人类文明就发源于这条子午线以西与北纬20度以北之间的区域。这两条线通过形成东部边界和南部边界围成了一个巨大的三角地带，在东半球的西北部，整个欧洲、西南亚和北部非洲就构成了四分之一个地球表面。而这四分之一部分孕育出了人类的高级文明。

这片区域西起大西洋，东至亚洲高地，南北是平地，中央是高原带。在高原带以南，位于东部盆地上的地中海恰好将位于北非的南部平地的中间地区与高原带分开。我们在考察古埃及时就了解到，在这样的地理环境下，宽阔的地中海水域阻挡了冰川时期由高地下滑的冰川对南部平地中段的危害。然而，位于地中海以东的南部平地上的亚洲地区却与高原邻接，亚述和巴比伦尼亚就位于这片区域。这里的地理位置非常独特，因而在历史上享有重要地位，但它毗邻北部冰雪皑皑的高原地带，冰川高地对这片区域上的史前文明造成了严重的阻碍。

自冰川时期以来，西北半球的气候逐渐稳定，各地开始形成独特的对比鲜明的气候特征。非洲（撒哈拉地区）南部平地上的大部分地区常年少雨；地中海地区夏季炎热干燥，冬季温和多雨，形成了我们现在所说的“地中海气候”；北部的高原带与平地夏季温暖，冬季寒冷，全年潮湿多雨。于是，这里的气候从南到北越来越湿润，形成了各式各样特征鲜明的气候。

从石器时代开始，在西北半球活跃的一直以白人为主，也正是这些白人的努力推动了文明的进程。在文明的不断发展下，白人的体格特征也在随之变化。蒙古人和黑人是两支差别明显的种族，他们居住在与西半球毗邻的地区。蒙古人居住在西北半球的东部，偏僻的亚洲高原上。他们的头发像金属丝一样又硬又直，头圆肤黄，脸上几乎没有毛须。后来，他们走出了亚洲高地，开始四处游居。但是直到西北半球的文明已经发展到一定的高度之后，他们才到达那里，并且在到达那里很长时间之后，他们自己的文明才取得了可观的进展。在西北半球的南部，撒哈拉沙漠将非洲黑人和白人分隔开来。撒哈拉沙漠占据了一大片南部的平地，在它的阻隔下，同时又因为北部的白种人无法适应热带的气候，于是黑人的世界逐渐封闭起来，与世隔绝。于是，黑人的早期文明因为缺乏外来的刺激而长期停滞不前。

白种人由多个不同的支系组成，他们共同统治着西北半球。北部平地上居住着金发长脸的北欧日耳曼民族；中部高原地带盘踞着圆脸的阿尔卑斯人和亚美尼亚人；南部平地上还有黑发长脸的地中海民族。有着棕褐色肤色的埃及人也属于地中海民族，他们与闪米特人以及希腊、意大利、西班牙的大多数民族是同宗。由于语言不同，他们长期被称为“雅利安人”，但这与种族并无关联。从石器时代一直繁衍至今的欧洲人也是白人的一种。我们刚才所说的三支白种人，在冰川的威胁下，迁徙到了没有冰川的地方。他们定居在西北半球，成了现代欧洲人的祖先。

我们已经发现，亚洲文明起源于西部，准确地说，是西南部的顶端与地中海地区的最东端。许多人认为中国文明发源的时间可以和西亚以及埃及文明相提并论的认识是错误的，中国本土的编年史和对上古时期的划分是缺乏根据的。公元前1200年以前，金属粒和金属屑根本没有在中国发现过，因此，中国文明开化的时间至少要比埃及晚三千余年。在文字方面，中国也没有发现公元前15世纪以前的汉语言文字，这意味着汉字的出现至少比埃及文字晚2500年。任何一位有责任感的中国历史学家都不会赞同华夏文明早于西亚和埃及文明这种说法。当然我们不能否认，从古至今，中国的文明都是辉煌灿烂的。从地理位置上来说，中国对于西北半球而言是遥远的，因此中国文明与西方的主流文明无法进行直接的接触与交流。印度也是如此，印度文明的出现与发展比中国文明更晚。但在另一方面，无论是中国文明还是印度文明，都受到了西方文明的影响。前4世纪，亚历山大大帝的东征给东方文明和希腊文明创造了接触的机会。最终，东方的艺术传入了西方。

东经60度穿过了亚洲的最西端。这里四面环海，北部是里海和黑海，西部是地中海和红海，东南部是波斯湾和印度洋。在冰川期的尾声，这片地区的水域面积比现在要大上许多。与现在相比，那时的波斯湾向北多延伸出约550英里，水域涵盖了后来的整个巴比伦和部分亚述地区。波斯湾的北岸沿着高原带的南端形成了一块高地，与埃及的低平地势形成了鲜明的对比。最初，严寒的冰川期阻碍了这里史前文明的发展，后来，冰川随高原带南部的斜坡推移，直至南部平地，这与埃及明显不同，因为埃及有地中海作为屏障，可阻挡冰川的侵袭。冰川期结束后，冰雪融化带来的洪流又给当地居民带来了更多灾难。我们现在称为美索不达米亚的地区在洪水的冲击下四分五裂，支离破碎。在冰川的影响下，美索不达米亚人在石器时代人类的后冰川期发展过程中并没有重要的地位。那时，巴比伦平原还没有出现。后来，高原带上的冰雪融水挟裹着土壤向下涌，不断地扩展了波斯湾北岸的边缘陆地。后冰川水流从高地上带来的土壤不断在波斯湾的北部淤积，形成了一个冲积平原，这就是我们所说的巴比伦尼亚。埃及人从未受到过冰川的侵袭，而西亚陆地的形成却完全依靠冰川的消融，因此，西亚文明的发展比埃及文明晚许多。

尽管相比埃及文明，西亚文明的发展要晚很多，但巴比伦平原上的西亚文明同样也是在各个大陆间彼此交流、相互影响的过程中发展起来的。苏伊士地峡是连接非洲和欧洲大陆的桥梁，它的两侧就形成了埃及巴比伦文化的核心。在这个文化中心，农业和畜牧业是基础，地球上最早的文明就是在这里孕育和发展起来的。在很长的一段时间内，这都是文明中心，当时的其他地区还处在野蛮愚昧的石器时代。新大陆的情况与这里相似。在整个地球上，这两个地区在没有外物的帮助下自主地从石器时代过渡到了拥有农业、金属及文字的开化时代，它们分别是旧大陆和新大陆。在旧大陆上，埃及—巴比伦的文化中心位于连接着非洲和亚欧大陆的苏伊士地峡两侧，同样，新大陆文明的发源地也位于连接南北美洲的桥梁两端。几个干练的美洲史学家进行了一系列艰苦卓绝的考察与研究，他们认定，在西半球各个大陆的连接处曾经出现过一个文化中心，两边的大陆文化在这里交融并逐渐向南北扩散。即使在新大陆被发现后，殖民时代开始时，这个文化融合的过程还在继续。在对新大陆文化中心进行研究时，我们当然要接受文化融合的观点。显而易见的是，这种文化融合在旧大陆的文化中心地区已经持续了上千年。但是在古希腊和罗马的传统以及人们的习惯性思维的影响下，这个事实并没有被广泛接受。在教育和思想上，尤其是在大众对文明进化的观念中，文化融合论的学说仍未受到应有的重视。

十、肥沃新月的冲突与融合

西亚的历史就是一部无休无止的斗争史。为了争夺绿洲，来自北部的山地人和来自沙漠的游牧民族争斗不休。这种为了生存之地的斗争到现在仍然在继续。

西亚是东经60度经线穿过的亚洲大陆西边突出的部分，这里是西亚人世世代代繁衍生息的地方。西亚是一片自然形成的月牙状的边缘地带，位于南部平地与北部高原带之间，南部是广袤的沙漠，北部是连绵的群山。这里土壤肥沃，适宜耕种。西亚向南而开，中央是北部阿拉伯，西面是地中海的东南角，东部是波斯湾的北端。如果我们将这块大陆看作一支军队，那么这支军队的中央主力背靠着北部山岭，西翼向地中海的东海岸延伸，东翼则延伸至波斯湾。也就是说，这支大军的中央主力军在亚述，西翼在巴勒斯坦，东翼到了巴比伦。我们将这一片半圆地区称为肥沃新月。

肥沃新月还被看作沙漠湾的沙岸。人们从北部山上向下望，可以将沙漠湾尽收眼底。沙漠湾当然不是海湾，而是一大片沙漠荒地。这片地区一直向北延伸到地中海东北部的阿拉伯沙漠的北部地区，横跨了五百多英里。实际上，沙漠湾是石灰石高原，地势非常高。因此底格里斯河与幼发拉底河无法对其形成自然灌溉，但这两条河在这片高原上切出了两条地峡。不过，北部沙漠湾的广大地区在冬天降雨的滋润下会长出一些稀疏的绿草，然后在春天形成绿洲。西亚的历史就是一部无休无止的斗争史。为了争夺绿洲，来自北部的山地人和来自沙漠的游牧民族争斗不休。这种为了生存之地的斗争到现在仍然在继续。

实际上，这片沙漠并不利于人类的繁衍，因为阿拉伯境内没有河流，所谓的雨季也只存在于冬季中期，并只能持续几周。沙漠中的人是白种人中的一支，他们也是从上古时期的白人那里繁衍下来的。他们被称为闪米特人。闪米特人由许多不同的部落组成，但没有出现将各个部落统一起来成为一个国家的情况。我们在对美洲印第安人的考察中发现，他们之中有的叫苏人，有的叫西米诺尔人，还有的叫易洛魁人。同样，闪米特人也是由各种不同的部落和群体组合而成的。其中，我们对阿拉伯人和希伯来人最为熟悉，我们之间仍然存在着他们的后代。他们在体形上与地中海民族更为接近。长时间以来，他们游荡在阿拉伯世界的各个地方，寻找适合放牧的草地。这些人被称为游牧部落。他们的生活方式直到绵羊和山羊的驯养出现后才发生改变。在很长时间以前，这些游牧者过着四处迁徙、动荡不安的日子。当春天的绿草枯萎之后，游牧者就不断向沙海的北部沙岸迁徙。如果他们在那里定居下来，那么他们会逐渐从沙漠中的游牧生活过渡为定居的农民生活。但这种迁徙形成了巨大的移民潮，这些游牧部落占据了肥沃的沙岸，大量人口从沙漠涌进城市，完全超出了城市的负荷能力。这个过程持续了数千年。《圣经》中描写的希伯来人从沙漠涌入巴勒斯坦的情景就是来自那时的移民运动。此外，我们可能还会联想到阿拉伯人在皈依穆罕默德后对这里的侵犯。那是一场规模浩大的入侵，阿拉伯人直逼欧洲，甚至即将包围地中海地区。闪米特人在过上了城镇生活后就开始向外侵略，开辟殖民地。他们的殖民地向西跨越了地中海，进入北非境内，直抵南西班牙和大西洋。但是直到几个世纪后，他们的殖民战线才开始自东向西慢慢建立起来。因此，我们先从沙漠中说起。

沙漠广袤无垠，找不到明确的边界。沙漠边缘的平原就像空气一样，是任何人都可以拥有的资源，谁先找到草地，谁就可以拥有这片草地。在沙漠部落中，没有人拥有属于自己的土地，因而也就不存在富人与穷人的区别。他们没有法律意识，只相信“血亲复仇”，他们经常跋山涉水去劫掠。当他们看到相邻部落的羊群在草地上吃草时，他们的内心被嫉妒与欲望充斥着，眼中是劫掠者一般的狂热目光。他们知道只有杀了这些孤独的牧羊人，才能得到他们的羊群。但是他们也知道，如果真的这样做了，他们的亲人会付出相应的惨痛代价。他们害怕的不是国家，而是为家人报仇的邻人的家庭成员。这就是那时的人们约定俗成的“血亲复仇”。这种习俗的功用与法律类似，影响力非常大。在游牧条件下，国家这种形式不可能出现，同时也不可能产生文字和记录，更不可能出现工业。于是，沙漠的游民们过着自由自在的生活。直到今天，阿拉伯政府仍然无力控制在荒野中游牧的阿拉伯人，就像我们的政府难以控制肆无忌惮的西部牛仔一样。

这些游牧部落带着牧群在肥沃新月上四处飘荡，直到在棕榈丛中发现了一座城市。他们进入了城市，引起了城里人极大的兴趣。城里的居民们好奇地打量着这些牧人，仿佛他们是一群有意思的动物。于是，牧人们开始在城里做搬运工，他们在市场中出入，为城里人运送武器、器皿和服饰等物品。游牧者不需要这些物品，他们很早就学会了怎样将货物从一个地方转移到另一个地方。于是，他们形成了为定居的群落运输货物的运输队，后来，他们开始自己发展商业，他们无所畏惧的精神征服了整个沙漠。他们在叙利亚、巴勒斯坦和巴比伦尼亚之间往来，成为古代社会最伟大的商人。直到今天，他们的后裔希伯来人仍然以经商头脑闻名于世。

游牧者来自荒凉的旷野，那里广袤寂寥的环境造就了他们的孤僻性格。在游牧者的想象中，沙漠里充满了看不见的神秘动物。这些动物无处不在，每一块岩石、每一棵树、每一个山头与每一眼泉水都是他们的蛰伏之处。在游牧者的心中，这些动物就是神。他们相信自己可以用咒语控制这些神，让它们无法伤害自己，也让他们在自己需要的时候伸出援手，于是就出现了最早的祷告。对于游牧者而言，在这个大千世界里，每一个小角落都有一位神灵，这位神灵只负责掌管这一处地方，而没有其他的权力。例如，掌管着某一处泉水的神灵就不能再掌管另一处泉水。同时，神灵掌管的时间也是有限的，如果某个地区被另一个部落占领了，那么这个地区也会被新部落的神灵接管。每一个部落都有一个自己独特的神，他们相信部落神会跟着自己走南闯北，无论是在哪片草地，神灵都与他们同在并分享着他们的收获。

这些沙漠上的游牧民族对于神灵的思想还非常粗陋，他们有着非常残忍的宗教习俗，甚至不惜牺牲自己的孩子来取悦饥饿之神。与此同时，他们也

图81　冬季巴比伦的幼发拉底河

冬季，这里的降雨很少，幼发拉底河的水位急速下降，河床露出。夏季，降水增加，再加上东部山区流入的冰雪融水，幼发拉底河水位暴涨，泛滥成灾，淹没了巴比伦尼亚平原。图中的右边是德国考古探险队居住的地方，他们在巴比伦的挖掘工作一直持续到1917年。

开始形成了正义感和是非观念，他们认为自己有责任和义务善待自己的同伴，当然，这一切在他们眼中也是神的旨意。但最终，这种情感还是演变成为一种崇高的道德观念，于是，闪米特人成为文明世界中的宗教领头人。

公元前3000年，闪米特人就从沙漠迁移至肥沃新月的巴勒斯坦，并在那里定居下来。仅仅五百年后，他们就已经创造出了被围墙环绕的城池。巴勒斯坦希伯来人的先辈们来到了一个叫作迦南的部落；在他们北部遥远的地方有一个叫作亚摩利人的强大部落；而北叙利亚则盘踞着腓尼基人，他们同样在定居前过着四处漂泊迁徙的生活。公元前2000年前，这些闪米特人的定居部落并没有对人类文明的发展做出明显的贡献。在很大程度上，古代文明开始于埃及和巴比伦。但是闪米特人定居在地中海东岸，是连接着埃及和巴比伦的重要通道。得天独厚的地理位置让闪米特人有机会接触到这两个国家，并因此快速发展自己的文明。腓尼基人是地中海民族中的一支，我们会在介绍东部地中海历史时讲述他们的故事。

现在，我们来探索一下肥沃新月东部的游牧人的生活。这一片区域位于底格里斯河与幼发拉底河（以下统称两河）的下游（见图81）。两河发源于北部高地，穿过肥沃新月，一路南下，再穿过沙漠北湾最终入海。亚洲的最早文明就出现在西亚的两河流域。就像我们在尼罗河上看到的那样，两河流域孕育的西亚文明也经历了三个阶段。

我们可以在两河低处河谷的河口附近发现，两河经历了三个历史时期。最早的是巴比伦尼亚时期。在这个时期，两河各自南下，然后在距离波斯湾大约160或170英里处开始向对方靠近[①]，然后在沙漠中汇流，一起流入下游平原——巴比伦平原。巴比伦平原位于肥沃新月的东部，由河水冲击而成，土壤肥沃。一千多年间，这里一直是一个小村庄，它在历史上的作用微不足道，直到巴比伦城的兴起。这片平原在那时被称为希纳尔，巴比伦这个名称是直到公元前2000年才出现的，这就像恺撒大帝时期的高卢被称为法国一样，容易让人们误解。

希纳尔平原并不辽阔，宽不超过40英里，耕地面积不超过8000平方英里，与新泽西州或威尔士的面积[②]相当。希纳尔平原属于地中海气候，夏季炎热干燥，冬季温和多雨。总体而言，这里的降水量非常少，有的年份甚至只有三英寸，因此这里非常需要农田灌溉设施。希纳尔平原保持肥沃的首要条件就是合理的灌溉设施。古希纳尔人的主要收入来源就是农业。我们在前面提到，高地人和游牧人在这块平原上的斗争从未停止，下面，我们就从这里发生的一系列战争出发，去探索直到公元前2000年才结束的持续了一千多年

---

① 这里指的是古巴比伦和亚述时代。从早期巴比伦至今，底格里斯河与幼发拉底河不断在波斯湾淤积，使得如今的波斯湾短了 150 至 160 英里。

② 现在大部分关于巴比伦尼亚耕地面积的地图都忽略了一个事实，那就是古代的巴比伦要远远小于现在的巴比伦。它们也没有注意到，巴比伦尼亚并不包括北面的美索不达米亚，那时的美索不达米亚是一片沙漠，只有它的北部，尤其是巴里克浦和喀布尔河的上游是可以耕种的。而历史类的地图册把沙漠划分在幼发拉底河的右岸，而且还包括美索不达米亚，这使得人们脑海中的巴比伦尼亚的可耕地面积远远超过了它的实际面积。

的古代人的世界。

十一、苏美尔人及其与闪米特人的冲突

今天，我们只能通过古巴比伦城的遗迹与泥板上的古老文字来追述古代的城市生活了。在肥沃新月，苏美尔人和闪米特人之间旷日持久的斗争只不过是游牧人与高地人之间众多斗争中的一种而已。

北部高地人并不是闪米特人，我们至今也没有发现他们与阿拉伯沙漠中的游牧闪米特人之间的联系。但是从外貌上而言，他们属于白人。这些北部高地人有着高原地带人种的常见特征——呈圆形的头部。但是我们现在还没有确定他们的族系。我们可以在一些残存的石刻上看到，他们的脸部很干净，穿着粗毛制成的裙子。我们现在可以确定的是，他们之间有一些苏美尔人。那时的高地人还处于使用石器的阶段，但其中的苏美尔人很早就开始经由东部和北部的山口进入两河流域了。这些苏美尔人中的一部分可能在底格里斯河的河岸定居了下来，一部分甚至到了北边的亚述，还有一部分则抵达了冲积扇平原。让我们感到惊奇的是他们早在公元前3000年以前就开始开垦两河河口的沼泽地了。希纳尔平原的南部地区逐渐被他们占领，这片区域后来被称为苏美尔。

由于底格里斯河河岸太高，不利于饮水灌溉，于是苏美尔人选择了幼发拉底河。他们沿着幼发拉底河的河岸盖起了一间又一间的低矮泥屋。在这里定居的苏美尔人学会了利用堤坝控制洪水，掌握了通过开渠引河水灌溉的方法，还学会了种植和收割成片的作物（图82）。这时，他们已经开始种植大

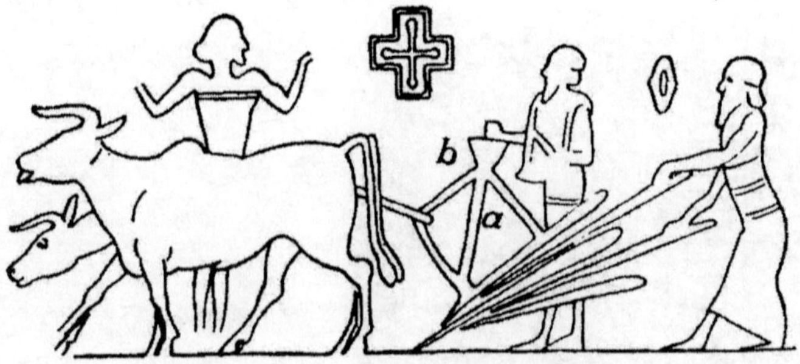

图82　古巴比伦人的播种机[仿克莱]

两头牛拉着播种机，旁边有一个农夫在赶牛并引导方向。在播种机的后面站着的是操作者，他扶着播种机的两个把手，操纵着播种机前行。播种机在移动的时候，会在土地上犁出较浅的垄沟。播种机上面有一根直立的管子（a），管子的上面还有一个漏斗（b），有一个专门的农夫负责在旁边往漏斗里撒种子，种子从管子中漏下，然后就落入了垄沟中。这幅图是在一个小石印上发现的。

麦和小麦并把它们作为主要的粮食作物，这与埃及是完全一致的。有意思的是，他们用埃及的名称来命名破开的麦粒。那时的苏美尔人已经有了家畜，他们生活中的一个重要部分就是饲养牛羊（包括山羊和绵羊）。那时，他们的牛拉着犁，驴拖着车，生活过得充实而滋润。这里还首次出现了运载重物的轮子①，但他们还没有发现可以运输物品的动物——马。通过与上游地区，可能是尼罗河谷的交往，他们拥有了金属。那时的他们还没有掌握将铜和锡熔合，制成更为坚硬的青铜的方式，但是他们的工匠学会了打制黄铜器皿。

出于贸易和行政管理的记录需要，苏美尔人学会了用粗制的草图做记录。一开始，他们用扁平的椭圆形或圆形黏土片和苇尖做成最原始的“纸笔”。这种黏土做的记录在太阳暴晒后会变硬，在经过炉火的充分烘烤后，这种黏土会变成不易磨损的记录泥板（图83）。我们至今还能在泥板上看到一些原始文字（图84）。这一点也与埃及非常相似。他们用芦苇制成的尖

① 可能比西方瑞士湖村的车轮和晚石器时代的双轮车跑道出现得更早。

图83 早期的苏美尔楔形文字泥板（公元前28世纪）

这块泥板是早期苏美尔城邦国家时期，即将进入萨尔贡一世时的作品。泥板上的记录是那时的商业账目，其中的圆圈、半圆以及其他圆弧符号代表着各个数字。这些符号都是通过苇尖笔的上圆端在泥板上印出来的。这时图中的符号已经是由一系列的楔形线组成的了。

笔在泥土上记录图形，他们首先将芦苇斜着切断，形成一个尖尖的形状，然后将苇秆劈开，尖笔就完成了。但是这些图形并不是用芦苇尖刻画在泥土上的，而是印在上面的。他们把苇秆的一端先压在黏土板上，然后把有尖的那一端也压进去，然后泥土上就会出现一条线，并形成一个三角。因为黏土板上的三角形与楔子很相似，于是这里的文字被称为楔形文字。我们会发现，苏美尔人记录的每一幅图形都是由楔形线组成的。例如，在他们的文字中，“星星”用符号表示，而代表“脚”的意思。（见图84，V栏第三图及I栏第三图）。在使用过程中，这些楔形线构成的图形越来越复杂，而随着书写速度的加快，楔形文字就变得越来越潦草而难以辨认。于是，后来的楔形文字与先前图形的相似特征逐渐模糊，甚至慢慢地消失了。

这时，文字由图形阶段逐渐向语音阶段过渡。最后，苏美尔文字一共包括了三百五十多个符号，每个符号代表一个音节或单词①。也就是说，每个符号代表一组音素。苏美尔文字体系中从未出现过字母表，因此，我们可以在

① 后来的元音字母和一些幸存的图像符号除外。这些图像符号的作用是提示符号的含义，类似于埃及文中的限定词。

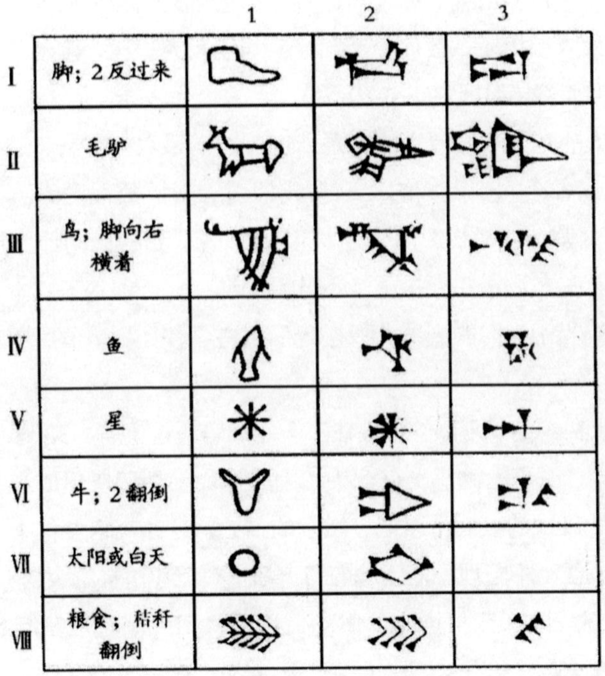

图84　早期的巴比伦符号及其图像原形[主要源于巴吞]

第一列是最早的形式；第二列是开始与原图形分离，出现楔形线的形式；第三列是最晚的完全由楔形线组成的形式，这时已经完全看不到原图形的痕迹了。例如，第一列的原形V、VI和VIII的特征还能在第二列中看到，但已经无法在第三列中看见了。

该体系中找到像kar和ban这样的音节符号，但是找不到k、r、b、n这样的字母符号，而只有这些字母符号才能组成音节。由此，我们不能像讨论埃及文明时那样，为苏美尔文字总结出一个字母表。

我们可以在这些泥板上的记录中发现，苏美尔的抄写员们通过按月记录来计算时间，每当新月出现时，他们就开始一轮新的记录，满12个月即合为一年。我们在前面提到过，这种方式合计的12个月实际上是不满一年的，于是，当发现距离年末还差一个月时，他们会在记录里再额外加上一个月。这种记录方式既不便捷也不精确。后来，这种日历被犹太人和波斯人继承下来，并被东方的犹太人和伊斯兰教徒沿用至今。与埃及人一样，苏美尔人也通过当年的重大事件而不是时间顺序来纪年。

苏美尔人的数字系统使用的不是十进制，而是六十进制。于是，他们的大数字是由许多个六十组成的，这与我们用二十计数很类似。如今，我们对于圆周的分割（六乘以六十度）以及对于时、分、秒的计量也是沿用的六十进制。苏美尔人最主要的重量单位是米纳，一米纳等于六十个谢克尔。我们的磅就相当于当时的米纳，只是我们引进这种计量单位后给它换了一个名字。

巴比伦人在希纳尔平原的中央建了一座高塔。这座塔高300多英尺，底部周长300英尺。由于巴比伦没有石头，因此他们使用砖块建成了这座塔，烧制而成的砖块砌成的表面可以抵御风雨的侵蚀。这座高塔整体上呈现正方体形，塔身由下往上不断地小范围地变窄。塔前有三段阶梯，大约有150英尺，十分高大，三段阶梯在高塔的入口汇合，而入口几乎是建在塔前部的半腰处。塔的顶部是一个方形庙宇，庙宇的前面是一个露天的厅堂，后面是供奉神灵的地方。这种建在塔顶的庙宇被人们称为塔庙。这里的第一座塔庙是尼普尔的塔庙，它是恩利尔神的祭坛。恩利尔是苏美尔至高无上的大气神，因此，对于苏美尔人来说，这座塔庙是神圣不可侵犯的，所有的苏美尔部落都崇敬塔庙。在进入巴比伦尼亚平原之前，苏美尔人是住在山里的，他们对于山里的一切都已经非常熟悉了，因此，他们在进入平原之后，还试图用山的样子来建造圣坛，并以此来表示自己对大气神的虔诚与崇拜。就是在这种想法的支配下，尼普尔的第一座塔庙建起来了。后来，其他城市也接受了这种思想，于是塔庙就开始出现在整个巴比伦尼亚平原上。至今，关于巴比伦塔的神话故事还在希伯来人之间流传。宏伟的巴比伦塔代表了一种新的建筑观念，为建筑艺术做出了重大的贡献。后来的教堂尖塔就是在它的基础上演变而来的。

塔庙的周围有一系列的附属建筑，包括贮藏室和神庙事务的办公室等。

图85　柯底威绘制的通天塔复原图（以最新的发现为蓝本绘制）

巴比伦塔的遗迹现在已经很难寻觅，因此，没有人知道它的原型究竟是什么样子。在古阿舒尔城被发掘出来后，人们认为巴比伦塔很有可能是四面被斜面环绕的方形的梯式建筑。在第一次世界大战期间，巴比伦泥板被发现，人们开始了解了通天塔（至少是巴比伦城塔庙）的确切尺寸。柯底威是巴比伦的发掘者，他还发现了马杜克神庙的正方形地基以及塔庙三段阶梯的底部。柯底威教授在新发现的基础上，结合了乌莱率领的英美探险队在乌尔塔庙前发现的类似的三段台阶，绘制了一幅新的复原图。柯底威教授在1925年去世了，他的代理人同意在本书中发表这幅图。巴比伦城的马杜克神庙侧宽300英尺，高300英尺，体积为92立方米。这可能就是早期塔庙，尤其是尼普尔的塔庙所特有的神圣尺寸。

为了让神庙免受干扰，塔庙及其附属建筑被四周的围墙与城市隔离开来。这座神庙由僧侣管理。这些僧侣们特别富有，他们掌管着塔庙的土地和财产，还有一些抄写员给他们做助手。国王或者城市的统治者也出身于僧侣，他们的地位比僧侣要高，人们称他们为“帕泰西”。帕泰西既要负责神庙事务，又要治理城市社区，因此非常忙碌。

农民们常常来到神庙，在祭坛上奉上自己的供品。这些供品包括山羊和装着几枝棕榈树枝的水罐，这样的水罐是土地繁荣的象征。农民的祈求大多与土地相关，他们祈求河水上涨，润泽土地，也祈求土地肥沃，永葆丰收。后来，这种装着棕榈树枝的罐子演变成为“生命之树”。这种象征符号时常出现在希纳尔地区的遗迹中。朝圣者向土地神、空气神、天空神和海神祭拜，他们祈求神灵保佑他们免受洪水的危害，也祈求风调雨顺，年年丰收。这是因为他们的父辈告诉他们，

图86　巴比伦尼亚的丧葬风俗

这里的人们死后的棺材就是两个开口对接的大陶罐。有时，死者被葬在用土坯垒成的简陋墓室的底部。那时的人们死后不会埋进坟场，而是埋在家里的庭院地下或房间的地板下。所以，我们现在很难找到巴比伦尼亚的坟墓，随葬品更是少见。在少数的墓穴内也有一些陪葬的陶罐或铜罐，有时还能发现一些金银或珍珠母制成的装饰品以及一些武器和工具。

神灵们曾经放任河水泛滥，吞噬他们的土地，让他们遭受了巨大的灾难。于是他们形成了洪水忧患意识，这种意识被后来的希伯来人继承了下来。

在宗教方面，我们还应该注意到一点：苏美尔人的丧葬方式与埃及人非常不同。苏美尔人死后就埋葬在城里，甚至就埋在自己的庭院里，或房间的地板下（图86）。苏美尔的死者没有自己的墓穴，也没有棺材，更不存在大量的能带去另一个世界的陪葬品。对于苏美尔人来说，死后的世界是地下的一个黑暗而肮脏的地方。无论高低贵贱，人们死后，都要去到那个混沌的世界。我们都知道，埃及人非常重视墓葬，坟墓内通常伴有考究的随葬品。因此对于古埃及的历史研究而言，埃及的墓葬意义重大。然而，我们无法在巴比伦找到这样的陪葬品。

塔庙的围墙外面就是市民的房屋，这些民房从塔庙的围墙外往四周延展开去。民房大多为长方形的建筑，建筑材料是晒制的砖块（图87）。每座房子的北边都建有一个庭院，庭院的南侧建有一间主屋，主屋可以通向各个房间。这个城镇最初只有几百英尺宽，后来不断扩张。大部分城镇都建在人工堆成的山包上（图88），了解这一点对我们今天的研究有着重要的作用。

晒制的砖块是整个古代世界的主要建筑材料，而且在今天的东方仍然被

图87 早期的巴比伦房屋的复原图

早期巴比伦城镇的规模很小，城镇中的房屋大多用土坯建成，装饰也比较简单，例如垂直的嵌板和墙顶上的齿状边沿等等。与埃及不同的是，巴比伦房屋使用的是拱形门洞，虽然埃及人也知道拱顶的制作方式，但他们更偏向于平顶的门洞。

图88 古巴比伦尼亚，尼普尔城的房屋废墟形成的山包

前面的空地曾经是一个大庭院或者广场，如今长着一些零落的沙漠灌木。过去人们常常来到这里交易，卸货或者进行其他的公共活动。远处的山包下面是尼普尔神庙的主要建筑，它占据着神庙的南部，最高点以下是以前的神庙峰。只有一些位置较低的部分神庙在山包下幸存了下来。大约在5000年前，这些山包下面的建筑中，官员和书吏们在忙碌地应对城中所有的事务。在图89中的庙峰顶上可以俯瞰整个神庙区。

许多普通民房用来垒墙。但是用这种砖砌成的墙面不能抵挡风雨的侵蚀，大部分会随着时间的推移而倒塌。因此，每次暴雨侵袭，总会有古屋被摧倒。即使是对于现代人来说，房屋坍塌后的应对办法就是把倒掉的房子铲平，然后在原来的地方盖一间同样的房屋。这种方式持续了几千年，耶稣就曾经在寓言中描述过这种房屋坍塌的情景（《马太福音》7：27）。许多年后，坍塌的房屋把村庄垒成了一个大型垃圾堆，而垃圾堆的上面就建着城镇。

至今，这些古代的人造沙包上还保存着许多东方古代城镇的遗迹。在那些古老的国家，这种山包随处可见，它存在于特洛伊、巴勒斯坦境内的耶利哥、哈密吉多顿或美吉多，以及埃及的安利芬坦。同样，它也

图89 对古尼普尔城遗迹的挖掘

在1889年到1990年之间，费城大学探险队先后三次对古尼普尔城进行发掘。这幅图描绘的就是正在进行挖掘工作的情形。曾经用来垒墙的土坯被不断挖出，由当地的民工用箩筐运往远处的土堆。曾经被掩埋的建筑残余逐渐显露出来。在挖掘的过程中，时常会出现一些泥板和陶质或石质的器物。古巴比伦尼亚的记录和古物得以重见天日了。不同的地层埋着不同的古物，最古老的在最底层，年代较近的则埋在相对较浅的地层。这幅图是从图88中最高的山包顶上看到的情景。我们可以在废土被运走的那一部分看到广阔的地平线，由此可以想象，昔日的巴比伦平原是多么平坦。此前，保存在欧洲的巴比伦尼亚与亚述的古代文物只占了一个展柜，面积只有几平方英尺。而1840年以后，考古队挖掘出了大量的古文物，将更为真实的历史展现在我们面前。

遍布于如今的巴比伦尼亚。这些山包早已经被遗弃，只剩下一片荒凉。我们可以在图88中看到它们现在的模样。

在那个时代，泥板随处可见。人们用泥板来记录家务、写信、记账、开具收据、写便条等等。房屋倒塌时，将泥板压在了下面，于是现在的山包中还埋着许多泥板。大部分掩埋在庙宇或公共建筑中的文件记录了政府的重要事务；而发现于统治者的住宅或办公室的泥板大多记录了战争或征服他国的战绩。有时，统治者会将自己建造的建筑物、获得的胜利以及其他辉煌的成就刻在泥板上，然后埋在某处建筑的地基下面，让后来的统治者们去发现。

图90　苏美尔城国王的银质花瓶

这是早期巴比伦尼亚最精美的金属制品。花瓶表面的两条宽雕饰带代表着早期苏美尔的装饰艺术。在花瓶下面那条饰带上，一只狮头鹰抓着两头狮子的背脊，而两头狮子分别咬着一只瓣羊。这是一种对称的动物构图，并且图中是正在掠食的动物，这是公元前3000年前苏美尔艺术的一个独特创造。在这里，鹰和雄狮是苏美尔拉嘎什城邦王国或者武器的象征。后来，这种对称的动物构图传到了欧洲，并一直流传下来。在今天的国王或者国家的纹章和武器上仍然有这样的装饰。在俄国、奥地利、普鲁士和其他欧洲国家，鹰的形象仍然频繁出现在武器上。5000年前的拉嘎什鹰流传到了美国，就成为"美国鹰"。

山包里除了文字记录外还埋着许多家用物品和雕刻艺术品。这些建筑物的废墟已经不能像埃及遗迹一样向我们展现那段古老的历史，但是，这些山包仍然是包含着丰富内容的大型文物仓库，在这个仓库里寄存着古巴比伦的伟大文明。下面就让我们来追溯这一段历史。

掩埋在山包最底层的是苏美尔人的石雕作品。这些作品大约创造于公元前3000年，他们那时刚刚开始进行石雕创作，因此作品还显得比较粗陋。后来，随着个人图章成为日常交往活动中的必要信物印记，石刻艺术也取得了长足的发展。从在石头上雕刻图章（图91）到在石头上绘制小型的图案，雕刻艺术迅速地发展起来。人们将擅长雕刻的工匠称为宝石工，很快，早期苏美尔的宝石工就成为古代东方世界的这一行业内技艺最高超的工匠。这些宝石工的创作在很大程度上影响了我们的装饰艺术，我们至今仍然能够看到这种工艺。苏美尔人不仅创造了石刻艺术，他们还能在金属制品上进行雕刻，他们雕饰了许多精美的金属制品（图90）。

曾经喧闹繁华的古巴比伦城如今沉寂在沙丘之下。我们只能依靠残存的

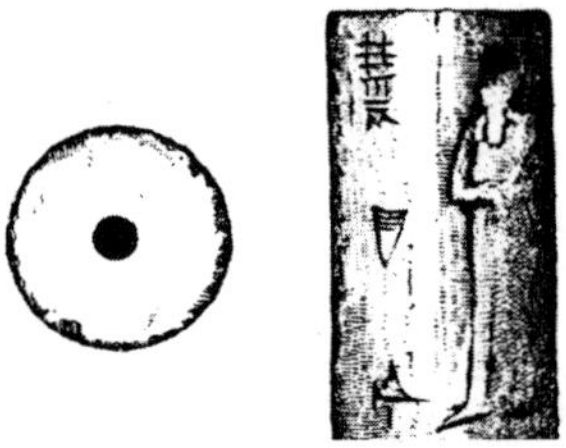

图91　早期苏美尔的圆筒印章

早期的苏美尔人不是直接在泥板文件上签名，而是用小型的石头滚柱和滚筒来签章。滚柱和滚筒上刻有图案和主人的名字，主人只需要把这样的圆柱印章在松软的泥板上滚动，图案和名字就印在泥板文件上了，这与签名的作用是一样的。人们在巴比伦尼亚废墟中发现了许多这样的石滚印章。在对这些印章进行研究之后，我们发现，巴比伦艺术大约经历了从公元前3000年到公元前500年之间共2500年的兴衰历程。这幅图的左边是石滚印的一端，右边是石滚的一面。

遗迹与泥板上的古老文字来追述那遥远时代的城市生活了。在最早的泥板上，我们发现了一个自由民阶级，这个阶级居住在城市里，拥有自己的土地，用大量奴隶来为他们耕种，还与沙漠中的商队和河上的船只进行自由交易。他们就这样过着自由闲适的生活。官吏和僧侣的地位比自由民高，他们是城里的贵族阶级。这些贵族拥有城市周围几英里的土地，当他们聚在一起时，就形成了一个社会，这样的社会被称为城邦。因此，这一地区最早的文明阶段被称为苏美尔城邦时代。由于我们还没有弄清楚所掌握的最早的巴比伦文献的确切日期①，因此这一时代的起始日期也没能得到确认。但是那些巴

① 近期，一份新的朝代表的发现让人们放弃了从前那种天文计算方式。这份朝代表彻底否定了从前盛行的关于早期巴比伦历史年代的考证。有两种用来计算早期巴比伦历史年代的系统，这两种系统之间有120年的时间差。下面是早期的年代系，这些年代都可以减去120年：克伊斯最早的统治与最早的苏美尔君主文献可能出现于公元前32世纪以前（或120年后）。苏美尔早期城邦国家可能结束于公元前2773年（或120年后）。阿卡德的萨尔贡王朝，闪米特人最早的辉煌时代，大约从公元前2772年持续到公元前2576年（或120年后）。萨尔贡一世的在位时间约为公元前2772年到公元前2717年（或120年后）之间的56或55年。苏美尔与阿卡德王国（与第一巴比伦王朝的年代有重合部分），从公元前2418年到公元前2083年（或120年后）。第一巴比伦王朝，闪米特人的第二个辉煌时代，历经了公元前2169年到公元前1870年（或120年后）之间的三个世纪。汉穆拉比执政，早期巴比伦文明的巅峰，持续了从公元前2067年到公元前2025年（或120年后）之间的43年。赫梯人和卡塞特人入侵，巴比伦文明的第一个伟大时代结束，大约在公元前2000年到公元前1900年之间（或120年后）。

比伦早期文献告诉我们，苏美尔城邦时代有可能要追溯到公元前32世纪。我们所有的文献都来自巴比伦尼亚历史上最早的城邦之一——乌尔。乌尔曾经有一个名叫安尼帕达的国王，乌尔城外的一间郊区庙宇中立有一块安尼帕达时代的石碑，这块石碑可以追溯到公元前31世纪，那上面的碑文是迄今发现的亚洲最早的皇家记录。城邦时代一直延续到公元前27或28世纪，持续了几百年的时间。

在当时的众多城邦中，苏美尔城邦处于领先地位。南部的许多城邦联合成了一个城邦群，他们占据了苏美尔地区。这些城邦群沿幼发拉底河分布，因此后来掩埋着城邦废墟的山包形成了一条蜿蜒的曲线。虽然城邦贵族不断地压榨人民，并对其收取重税，实行不平等的政治制度，但是统治者（帕泰西）的历史功绩并不能因此被抹杀。城市中的许多事务，尤其是战争和水利灌溉都要仰仗帕泰西的统一管理。灌渠和堤坝需

图92　率领部队方阵的苏美尔城邦国王（大约在公元前2900年）

这幅图的右边是国王，国王的脸部已经脱落了。在这幅图中，国王走在方阵的最前面，他的身后跟着一队士兵。在古代亚洲战场上，士兵们组成的这种被称为“方阵”的作战单位是战争史上的首创。此前的许多个世纪，古代人的战斗一直是散漫而不规范的，而要将兵力集中起来组成方阵，就必须对士兵进行严格的训练，并制定严明的纪律。这时候的埃及还没有出现这种阵法，也没有严格的训练。图中的苏美尔士兵没有带弓箭，他们手握长矛，头戴盔帽（可能是皮革制成的），一字排开，向前行进。他们的手中还挽着高大的盾牌，几乎能挡住他们的全部身体，这无疑增强了他们的防御能力。图中的士兵们正从敌人的尸体上踏过，这说明他们正在消灭敌人。这幅图是刻在石头上面的，我们可以发现，那时的巴比伦尼亚和苏美尔的雕刻艺术还比较粗糙，而此时的埃及正处于金字塔时代，肖像雕刻已经取得了辉煌的成就。

要不断地维护和修缮，这种护理一旦中断，灌溉系统就会受损，水源因此被切断，农田就无法得到灌溉，因此农民也无法播种，更不可能收获。这种情况下，整个城邦就会面临饥饿的威胁。在战争方面，我们可以在墓穴中的绘画上发现，大部分城市的统治者会亲自率领军队上战场，那个时代的许多城市统治者都相当英勇果敢。战士们在统治者的率领下，斗气昂扬。他们头戴帽盔，身着盔甲，一手持枪，一手挽盾，排着方阵，无比威风地向敌军方位前进（图92）。尼罗河畔孕育了最早的高度发达的和平艺术，而苏美尔人创造了人类历史上最早的高度发达的战争艺术。一旦他们发现邻邦试图侵占他们的土地，哪怕只是蛛丝马迹，他们也会迅速采取行动，自发地聚集在帕泰西旁边，发誓要随他冲锋陷阵，坚决抵抗侵略者，直到把敌人赶出自己的领地。城邦之间的领土争端从未停止，因此，在公元前28世纪前的几百年里，苏美尔的早期历史就是一部城邦斗争史。

虽然苏美尔各城邦之间领土争端不断，但在特殊时期，各个城邦也会联合起来共同对抗外敌。沙漠中的闪米特游牧部落很早就在苏美尔北部一个名叫阿卡德的地区定居了下来。因此，巴比伦尼亚最早的闪米特人被称为阿卡德人。克伊斯是阿卡德最古老的城市，它位于两河最靠近的地方，是古代从两河通往东部山区的重要通道。克伊斯是第一座培育了一系列皇族和王朝的城市，因此在巴比伦尼亚的历史上占有重要地位。最早的阿卡德人是沙漠中的游牧民族，他们既不懂得战术战略，也不会制定作战计划，但是他们面对的苏美尔人却具备十分高超的战争能力。在战争中，阿卡德人运用的主要武器是弓箭，他们因为害怕近距离作战，所以练就了一身高超的射箭本领。一旦敌军靠得太近而不能射箭，他们就会散开队形，与敌方肉搏，但是他们的队形非常散漫薄弱，根本不是苏美尔严密方阵的对手，因此常常战败。在那时的希纳尔平原上，北部是半定居的阿卡德闪米特游牧民族，南面是来自高地的苏美尔人，这两个民族之间水火不容，经常展开斗争。但他们之间的斗争只是发生在肥沃新月上的游牧人和高地人之间的斗争中的一种，这里还存在着大量其他的斗争。

十二、萨尔贡时代——闪米特人的第一次盛世

公元前28世纪的上半叶，闪米特民族历史上的第一位伟大领袖——萨尔贡统治了整个希纳尔平原。他征讨四方，战功赫赫，成了西亚首位建立国家的统治者。

公元前28世纪的上半叶，一位名叫萨尔贡的闪米特首领降临在阿卡德。他骁勇善战且善于组织，能够领导一个战斗力很强的队伍冲散严密的苏美尔长矛方阵。后来，萨尔贡成为希纳尔平原上的主宰。他打败了原来的苏美尔王，占领了两河河口的城镇，把城民们都变成了自己的子民。然后，他带领英勇的阿卡德弓箭手从东部的伊拉姆山向西，溯幼发拉底河而上，直抵地中海海岸。当时的埃及正处于繁盛时期，腓尼基城的港口中还停着埃及法老的舰队。我们有理由相信如果能够找到一些当年的泥板，其中一定有幼发拉底河君主与尼罗河君主之间的通信。这时，尼罗河的统治者正处在伟大的吉萨金字塔时代。作为闪米特民族历史上的第一位杰出领袖，萨尔贡当之无愧。他也是第一个在西亚建立国家的统治者。虽然他从不四处侵犯，胡作非为，肆意扩大自己的领地，但他的威严无时无刻不在震慑着周围的人们。他的影响力从东部的伊拉姆扩展到西部的地中海，还扩展到了北部的两河流域。他讨伐四方，战功赫赫，给两河流域造成了深刻的影响。萨尔贡的后代们继承了他的事业，在征服异邦的历史上续写了新的篇章（大约在公元前2717年到公元前2576年之间）。其中，功勋最为显著的是纳拉姆辛。

在跟随萨尔贡东征西讨的过程中，阿卡德游牧部落的生活也发生了翻天覆地的变化。首先，这些习惯了游牧生活的牧民们不得不放弃从前的游居方式，寻找合适的地方定居，他们抛弃了帐篷，建起了砖房，从此不再过漂泊的生活。其次，他们开始有了自己的文字。一开始，这些游牧部落没有任何文字记录，也没有工业。而这时，他们之中已经开始有人学会了用苏美尔楔形符号书写闪米特语。于是，闪米特语第一次形成了文字。此外，这些游牧

图93　早期的巴比伦尼亚闪米特弓箭手们正以松散的队形进行战斗

游牧部落既没有严密的组织，也没有严格的训练，他们每个人都在战斗中按照自己的方式行动。因此他们之间的战斗只是两队人之间毫无章法的两两搏斗。在人们学会训练队伍，集体作战之前，这种散而乱的搏斗就是人类最早的战斗方式。最早的集团作战方式是苏美尔人发明的，因此在很长一段时间内，这些经过严格训练的苏美尔城里人，在与肥沃新月一带毫无战术可言的沙漠游牧部落的战斗中占据着优势地位。

者从前没有管理定居社区事务和政府事务的经验，现在，他们开始向苏美尔人学习。他们还采用了苏美尔的日历、度量衡、数字系统和行政管理方式。他们在战争之术外，还掌握了和平之道。这些从前的牧民们学会了用皮革和铜制成头盔来在战斗中保护自己。一个头盔约有两磅多重，士兵们戴上头盔之后可以防止作战时头部受伤。金属头盔的制造是战争史上用金属保护身体的首创。后来战争中还出现了装有钢甲的战舰和炮塔，当然，它们的出现已经到了现代了。

除了我们在上文中提到的文明进步之外，阿卡德人还掌握了雕刻艺术，而且很快，他们的成就就超过了他们的苏美尔老师。在他们的雕刻作品中，最出色的当属闪米特人创作的第一件伟大艺术品——纳拉姆辛浮雕。这幅作品完全可以列入早期世界的真正艺术成就之一。正是在聪明能干的阿卡德人的推动下，苏美尔图章艺术才能发展到近乎完美的程度。

与英格兰诺曼人和英格兰人的融合一样，沙漠中的闪米特人与巴比伦平原上的非闪米特人也相互融合，成为一体。此前，幼发拉底河畔的各个城镇

图94　闪米特王子及其苏美尔书吏（公元前27世纪）

图中第三个头戴帽子的男人是乌贝尔·伊什塔尔王子，他是国王的弟弟。他脸上的胡须提示我们他是一个闪米特人，同样，另外三个留着胡须和长发的随从也是闪米特人。而站在王子身后，头发和脸部胡须都刮得十分干净的人是王子的书吏，他是苏美尔人，因此他擅长书写，完全能够胜任书吏的工作。这个苏美尔人名叫“卡尔凯”，这个我们可以在图片右上角的铭文中看出来，铭文中写着：“乌贝尔·伊什塔尔，国王之弟；卡尔凯，书吏、随从。”这则铭文是用当时的闪米特语或者说阿卡德语写成的，闪米特语借用了许多苏美尔人的文字符号。卡尔凯将这幅图刻在自己的私人图章上，这上面的画是他用圆筒印章在泥板上滚过后留下的痕迹。这幅石印是巴比伦石印艺术的典范，现收藏于大英博物馆。

中只有留着短发，脸部刮得干干净净的光着脚的苏美尔市民；而现在，这里随处可见皮肤黝黑，留着胡须长发还穿着鞋的阿卡德闪米特人（图94）。他们的出现给幼发拉底河地区的城镇增加了新的景象。带着弯弓，留着胡须的闪米特人与衣着整洁，持矛挽盾的苏美尔人并肩作战，如果没有聪明的苏美尔人的帮助，闪米特贵族将陷入步履维艰的境地。于是，我们会发现，在国王的兄弟身边通常站着闪米特的随从，而与随从同在的还有衣着整洁的苏美尔书吏（图94）。

图95　最早的闪米特伟大艺术品——阿卡德国王冲向要塞（大约公元前2700年）

图中描绘的是阿卡德国王纳拉姆辛（可能是萨尔贡一世的一个儿子）追击敌人，冲向伊拉姆一个山头堡垒的景象。图中的国王身材魁梧，英姿焕发，而他面前的敌人个子矮小，畏畏缩缩，只能用充满乞求的眼神望着征服者，希望能逃过一死。国王手中垂下的武器表明他完全掌控着被征服者。这个戏剧性的场面被雕刻师生动形象地刻画了出来。如果将这幅阿卡德闪米特作品与两百年前的苏美尔艺术相比较，我们会发现闪米特人在艺术方面取得了巨大的进步。

十三、新月联盟——苏美尔人与闪米特人的融合

公元前2400年前不久，阿卡德闪米特人已经被希纳尔平原所接纳，成为这个统一国家的一部分。希纳尔平原上的第一个国家名为“苏美尔与阿卡德”，这个国家的国王自称为“苏阿国王”。

进入城市之后，阿卡德闪米特人与萨尔贡的军队逐渐衰落，而南部的苏美尔城邦再次奋起，重新掌控了整个国家。公元前2400年前不久，这个地区形成了以古城乌尔为首，三个苏美尔古城轮流执政的局面。自此，阿卡德闪米特人被希纳尔平原接纳了，成为统一国家的一部分。于是，希纳尔平原上

A

B

图96 巴比伦和亚述的动物雕刻

A图是萨尔贡一世时期巴比伦石印作品中的上乘之作。在左图的左边，英雄吉尔伽美什正在杀一头牛，他是赫拉克勒斯的原型。正在帮助他的是半人半牛的英雄英吉杜。在左图的右边，吉尔伽美什正在与一只雄狮搏斗。右图刻画的是一只雄狮与一头野牛搏斗的场面，这幅图采用的是对称构图。

B图是一幅猎狮图，这是迄今为止发现的阿舒尔巴尼帕时期最好的亚述浮雕作品之一。从这幅图中我们可以发现，距当时两千多年的古巴比伦石印动物雕刻艺术对亚述浮雕艺术的影响。

的第一个统一国家“苏美尔与阿卡德”就产生了，这个国家的国王自称“苏阿国王”。国王有时由苏美尔人担任，有时由闪米特人担任。这个新统一的苏美尔与阿卡德联邦并没有留下什么宏伟的建筑或其他辉煌的成就，但是它持续发展了三个多世纪。

文学第一次在亚洲兴盛起来。那时，人们思考得最多的是生死问题，他们一直希望解开生死的谜底。我们可以在一些简单的故事中发现，两河流域的人们已经开始对这种自然问题做出解答。他们创作了牧羊人伊塔纳的历险故事，在这个动人的故事中，伊塔纳的羊群患上了不育症。为了繁衍羊群，他必须去寻找生命之源的草药。于是，他坐在一只老鹰的背上，飞向空中，四下寻觅，就在他快要接近目标时，却突然被摔了下来。这就是历史上最早的关于飞天的故事。

渔夫阿达帕的故事也源自人们对于生死的疑惑。传说中，渔夫阿达帕正在水上泛舟，突然，他的渔船被南风女神掀翻了，他怒不可遏，竟然冲动地把女神的翅膀折断了。于是，他被天神传召。在天神的宝座前，他接受了训斥，天神最终气消了，给他送上了面包和水。如果阿达帕当时接受了这些天神的馈赠，那么他就永远不必再受到死亡的威胁，从此获得永生。但是他太过警惕，怀疑那些食物有问题，于是他拒绝了天神的面包和水。就这样，渔夫阿达帕连累整个人类都失去了永生的机会。

还有一个关于基尔噶米斯大英雄的故事。这位伟大的英雄一生多次立下汗马功劳，还经历了许多冒险和奇遇。他渴望获得永生，但他和阿达帕一样，没能得到永生的机会。在这些故事中，还真的有一位英雄成功地获得了永生。传说在洪水泛滥，生灵涂炭之时，这位英雄和他的妻子因为乘坐在一艘大船上而免受劫难。他们获得了神灵的怜惜，被带到了极乐世界。当然，这只是传说，是当时人们的理想，并不是事实。即使是苏阿国王也不能到达彼岸，进入极乐世界，普通百姓就更不用幻想了。这些故事中还有一些是关于创世纪和大洪水的，他们至今仍然在希伯来人之间广泛流传。

这些故事都来自苏美尔人和闪米特人的日常生活，因此它们以两种语言

图97　伊塔纳飞翔图

图片的右边是坐在飞鹰背上的伊塔纳，他的上方有一轮弯月，下面两只狗一边望着他狂吠，一边紧跟着他前行。图片的左侧是一个羊倌正在赶着三只羊。他的前面有一个拿着类似雨伞之物的男人。山羊等生灵都仰着头惊奇地望着空中的伊塔纳。羊倌的上方是一个制作陶罐的陶工；在陶罐的右边，还有一位面包师蹲在那里烤圆面包。这幅图像是刻在一个滚筒石印上的，这里展示的是简印在泥土上滚过留下的图像。这幅石刻是巴比伦石刻中的佳品。

的形式在民间流传。对于当时的人们而言，苏美尔语更为神圣，于是，苏美尔语就被作为一种神圣的语言在使用，这与罗马加尔文教堂使用拉丁语的情况是类似的。公元前23世纪，古老的苏美尔城迅速衰落之后，苏美尔语也失去了曾经的地位。虽然在之后的几个世纪里，人们不再使用苏美尔的口语，但仍然在使用苏美尔文字书写宗教故事。

总体而言，“苏阿国王”时期有以下几点特征：在乌尔城的统治下（大约从公元前2418年开始），这片地区繁荣昌盛；而在乌尔的敌人占据这里的三百多年间，苏美尔和阿卡德一直处于闪米特国王们的统治之下，局势动荡，矛盾激化，整个社会都呈现衰落的状态。在希纳尔平原的文明史上，苏阿国王时期占有极其重要的地位。正是这一时期的文明发展形成了这一地区最为基本的商业特点。同样，这一时期形成的许多文化特征也一直留存下来。法律、商务形式、习俗、语言、文学以及其他许多文化要素都逐渐走向成熟，并在苏美尔和阿卡德时代被人们广泛接受。

十四、汉穆拉比统治下的巴比伦尼亚

巴比伦尼亚的亚摩利人在争夺了一个世纪后终于迎来了他们的第六位首领——汉穆拉比。在汉穆拉比的治理下，秩序和体制第一次在巴比伦王国建立了起来。

苏美尔和阿卡德的首领们逐渐衰落，另一支闪米特部落开始向幼发拉底河流域进发，就像昔日萨尔贡率领下的阿卡德人从高地进入平川一样。这支部落是来自地中海海岸的叙利亚闪米特亚摩利人。公元前2200年后，这支闪米特新部落在一代人的努力下终于占领了巴比伦，而当时的巴比伦还只是幼发拉底河畔的一个偏僻小镇。随后，巴比伦亚摩利的首领们征讨四方，开始了征服和统治苏美尔与阿卡德的征程。

巴比伦亚摩利人在争夺了一个世纪后终于迎来了他们的第六位首领——汉穆拉比（公元前2067年至公元前2025年）。汉穆拉比带领的大军在即将攻克苏美尔城时，遇上了能征善战的伊拉姆人。这些来自东部山地的伊拉姆人与汉穆拉比展开了苏美尔城的争夺战，这一战就是三十多年。最终，战争以汉穆拉比获胜告终，伊拉姆人被逐出了苏美尔城。回到巴比伦城之后，汉穆拉比第一次将这座城市推向了至高无上的地位，他将在这里统治整个国家。如果从时间上看，巴比伦直到公元前21世纪才最终取得了统治地位。巴比伦在历史上的巨大权力与强大影响力让这一带地区都被命名为巴比伦尼亚。

汉穆拉比的王国维持了12年。与历代国王相比，汉穆拉比无论是在战争时期还是和平年代都称得上是杰出且伟大的首领。如果说第一位伟大的闪米特领袖是萨尔贡的话，那么汉谟拉底就是当之无愧的第二位。剃须是闪米特人的特征，也是沙漠游牧部落的传统，就像萨尔贡的先辈们一样。汉穆拉比的上唇就剃得很干净（图99）。几代之前，汉穆拉比的祖先们还在沙漠里散漫地游荡，而汉穆拉比却创造了他们无法想象的功绩，他的统治扩散到了巴比伦王国的每个城镇。

图98 巴比伦尼亚国王汉穆拉比的书信（大约公元前2067年至公元前2025年）

这是汉穆拉比的大量泥板信件中的一件，已经有四千多年的历史了。这些文字写在当时松软的泥板上。我们可以从图中看出，当时书吏肯定是以相当快的速度在记录。这块泥板被烘烤过，曾经包在外面写着地址的封皮已经剥落了。这封信的内容是一位官吏认为自己没有得到公正的法律处理，于是汉穆拉比命令那位官吏的长官重视他的申诉。

汉穆拉比的统治给这个王国带来了前所未有的秩序与体制。我们可以通过这位伟大国王留存下来的一封书信与一块刻着法律的石碑来了解他的辉煌功绩与独特个性。

通过汉穆拉比的书信，我们第一次侧面了解了他作为一个东方统治者的工作与生活。他常常端坐在巴比伦宫廷里的行政办公室中，埋头处理国家的各种事务，旁边站着一位苏美尔书吏。我们可以想象这样的场景：即使他的统治扩展到了苏美尔的各个城邦，但他仍然经常向各地官员传达指令。他向身边的秘书传达口令，通常是简洁明了的句子；然后那位苏美尔秘书从腰带上的皮带中掏出一支芦苇尖笔，飞快地将国王的口令用楔形线记录在泥板上。写完后，他又取出一层干土粉，洒在湿软的泥板上，以免泥土的信皮粘在信上。然后他在松软的泥土信皮上写上地址，再命人拿去烘烤，泥板信就完成了。那时的人们已经能够熟练地包装信件了。

也不断有信使将这样制成的信件送到宫廷来。这些信件都是官员们的汇报或请示。站在汉穆拉比身边的苏美尔书吏是他的心腹，这位书吏当着国王的面把干硬的泥信皮敲碎，然后将信的内容念给国王听，国王会快速进行口头批复，他则要飞快地记录下来。有一

图99　最古老的法典——汉穆拉比法典（约公元前2050年）

这部法典刻在一个高8英尺的石柱上，共有3600多行。石柱的上端是一幅精美的浮雕，刻画的是汉穆拉比从太阳神手中接过法典的情景。汉穆拉比站在左边，太阳女神坐在右边，汉穆拉比光洁的上唇表示他来自于叙利亚沙漠。但是因为他的脸处于阴影部位，因此上唇有些难以辨认。喷着火焰的肩头显示了太阳神的身份。这幅作品是闪米特艺术的佳作。

次，洪水堵塞了乌尔城和拉尔斯城之间的幼发拉底河道，阻碍了很多船只的通行，于是国王在批复中责令拉尔斯的官员迅速疏通河道，确保航运的畅通。

可能是出于游牧者的本性，汉穆拉比一直对他的羊群存有浓厚的兴趣。到了春天该剃羊毛的时候，他将官员们召集到巴比伦，共同庆祝“剪毛日”的到来，于是，给羊剃毛的日子成了一个盛大的节日。那时，立法和季节会存在冲突，按照年历，有的年份会有一个月的时间差。国王很重视这样的情况，他告诉所有官员“如果年有不足，就把开始的这个月记为第二个月的伊洛尔吧”。

但是，汉穆拉比也警告各地税务官，让他们认真负责，即使插入了一个月也不能延迟下个月应该收纳的赋税，同时还告诫他们不得贪污受贿，一旦发现有人收受贿赂，他会实施严厉的惩罚。我们可以想象，勃然大怒的国王正在下令，逮捕宫廷门口的三名官吏。他们看到国王威严的神情，早已经吓得腿软了。国王经常严厉地警告拉尔斯的官员们，命令他们严于职守，提高办事效率。

那时最早的诉讼程序已经形成了，许多没有受到地方法官公平处理的人们可以到国王面前申诉。他们相信国王会为他们伸张正义，做出公平的处理。他们对此深信不疑，并且国王也没有让他们失望。国王还对宗教性的宴会非常热心，这种热心丝毫不亚于他对主持公道的关注。有一次，神庙的面包师卷入了一场重要的诉讼案中，就在他接受审查时，他突然接到皇家命令，必须即刻前往乌尔城服务即将举行的宗教宴会。于是，国王特意颁发谕旨推迟面包师的诉讼，因为他必须立即离开都城，去乌尔尽一个面包师的义务。通过这件事我们发现，汉穆拉比对宗教宴会非常重视，在他口授的书信中，有很多与神庙的财产和管理有关的内容，这也从侧面展现了他对宗教的热情。

汉穆拉比才能出众，精力旺盛，并且对国家各个角落的大小事务都非常熟悉与了解。他发现国家现行的法律和商务习惯太过冗杂，因此常常相互矛盾。他认为国家的当务之急是将现行的所有法令规定进行归纳与整理，从而成为一部统一的国家法律。于是，他下令将古老的法律文书、商务与社会生活惯例搜集起来，进行系统地归纳和整理，然后根据他的判断进行内容的增加和删减，最终编订成为一部伟大的法典。与一些古老的用苏美尔语写成的法律文本不同，这部法典是用阿卡德和亚摩利的闪米特语言编写而成的。汉穆拉比在法典完成后命人将它刻在一根大石柱上，他还让人在石柱的上端刻上了他从太阳神手中接过法典的情景（图99）。然后，这部新法典被立在巴比伦伟大的马杜克神庙中。刻着汉穆拉比法典的石柱一直保存至今，这也是至今发现的最古老的法典。

在汉穆拉比法典中，寡妇、孤儿和穷人等弱势群体的正当权益得到了维护。当然，这部法典中也存在一些保守和不成熟的条例。汉穆拉比法典一个最为显著的特征是“以眼还眼，以牙还牙”的处罚原则。在这一原则的指导下，对罪犯的惩罚就依照他对别人造成的伤害而定，也就是说，罪犯对别人做了什么，法律就让他获得相同的伤害。这样的方式会不可避免地导致一些非正义的结果。比如说，由于一座房子的建筑工没有确保房子的建筑质量，因此房子倒塌，压死了房主的儿子，这时，根据法律，就必须夺走建筑工儿子的性命。那么，建筑工无辜的儿子就会被处死，这是极其不公平不正义

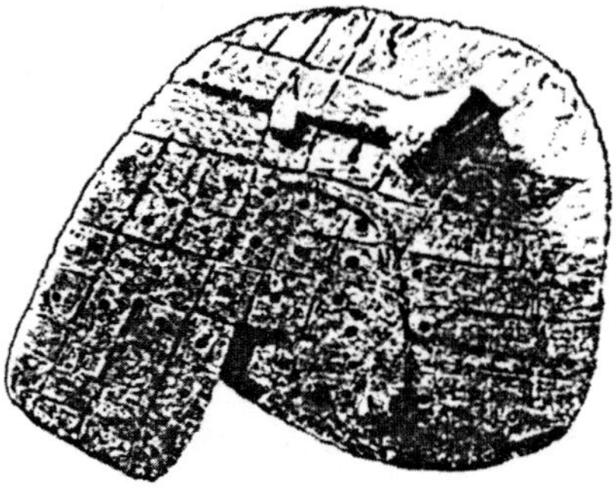

图100　古巴比伦占卜师的泥质羊肝模型（大约公元前2100年）

我们可以看到模型的表面刻有许多线条和小孔，占卜师就是在这个模型上的相应部位寻找神秘符号，从而卜算未来。对于巴比伦人而言，绵羊的羊肝上自然形成的那些变幻无穷的形状和纹理都是神的谕示。因此，他们把羊肝各个部位的情形所代表的意义用楔形文字标明在相应的部位，于是，这个模型就像是一个写满了释文的羊肝示意图。这种占卜术获得了当时大部分人的信任，后来还传到了欧洲。

的。此外，汉穆拉比法典还详细地规定了男女之间的婚姻关系。法典中明文规定，男女的婚姻关系必须办理正式的法律手续，双方在签订婚约后才能有效。与埃及一样，早期巴比伦王国的妇女享有一定的权利，她们可以根据自己的能力选择工作，甚至还可以成为一名职业书记员，但前提是她们要在下面即将介绍到的学校里接受培训（图101）。

统一而规范的法律给巴比伦社会带来了前所未有的繁荣。巴比伦社会生产的主体仍然是农业，主要农作物是谷物和枣类。此外，巴比伦人拥有大量的牛羊，这促使了他们发展羊毛业和皮革业。羊毛制成的服饰在那时的西亚非常普遍，羊毛纺织业因而成为一项重要的工业。那时，青铜已经取代了黄铜，青铜器皿的制造开始迅速发展起来。铁也在一则文献中被提及了，但是当时这种金属还很稀少，没有在工业中占据重要位置。大约在汉穆拉比时代后的1000年，人们才开始广泛使用铁这种金属。

为了确保国家的安全，巴比伦在边疆安排了一支常备军，于是，巴比伦的商人们带着毛驴商队在城镇之间自由缓慢地穿行，安稳地做着生意。他们的商贸活动扩展到了很远的社区。这些商人们时常在幼发拉底河上游一带穿行，随着商贸的发展，这里出现了一个名叫哈拉的城镇。哈拉源自巴比伦词

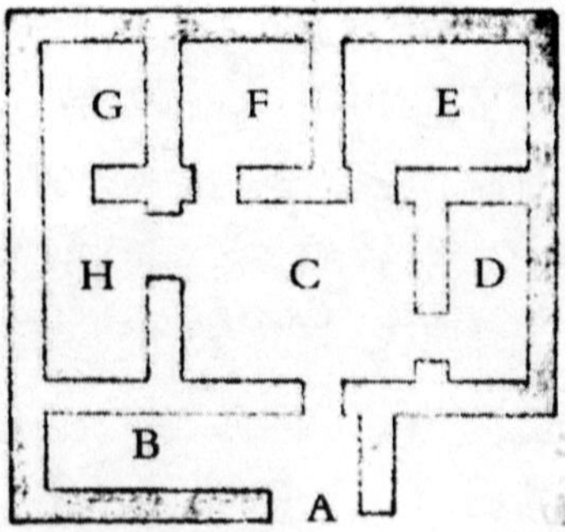

图101　汉穆拉比时代的巴比伦校舍图

右边是巴比伦校舍的平面图。校舍的面积大约为55平方英尺，学生们通过大门（A）进入一个长方形的屋子（B），可能有一个守门人正站在那里用泥板记录迟到学生的名字。学生们穿过长屋后就来到了一个露天的庭院（C）。我们可以想象，学生们在这里分开，依据各自的年龄进入不同的房间学习。在校舍的某个地方，可能是庭院（C）中一定放着一堆软泥，那些会用楔形文字书写的孩子们可以在这里挖出一块来制造新泥板。左边是世界上最古老校舍的一道门，站在门道里的是发掘了这个遗址的阿拉伯民工。这个校舍的土坯墙仍然有八九英尺高。

“kharanu”，原意是旅行。在哈拉，许多人家的庭院里堆着高高的捆绑好的货包，上面还附着印着商人名称的泥章。货包被打开后，这些泥章就会脱落，因此巴比伦城的废物堆中堆积了许多这样的泥章。现代的挖掘者们在废墟中发现了这些泥章，泥章的一面印着商人的名字，另一面还清晰地印着打包时留下的线痕。

叙利亚各个城镇里的本地商人们都能够辨认货包上的图章与泥板上的账单，这是在当时通行的通过信记进行的贸易方式，这种方式适合于山地的商务往来。随着这种商务往来的增加，巴比伦楔形文字在西亚广泛传播，连叙利亚的商人也开始在泥板上签单写信了。汉穆拉比的商业对西方产生了重大的影响，他死后，希伯来时代的叙利亚和巴勒斯坦地区的人们仍然对他称赞不已。虽然巴比伦人已经形成了强大的力量，甚至在某些地方被称为“统治者”，但是在宗教的影响下，商业真正的主导者是神庙。神庙资产雄厚，自然就成了商业中心。神庙像银行一样对外贷款，经销商品，还拥有大片的土地。那时，由金属铸造的货币还没有出现，但是已经出现了分量固定的银块。因此，商品的价值就通过银子的重量来衡量。那时的重量单位是“谢克尔”，当你向商人询问一头公牛的价值时，你应该说，它值多少“谢克尔”的银子。借贷在当时非常普遍，但是利率很高，年利率高达20%，借贷者可以分期偿还，每月还一次。当时金子的使用还比较少，因为金的价值是银的15倍，实在太过昂贵。

在巴比伦的日常生活中，商业占主导地位，连宗教也深受商业利益的影响。我们在前面提到，神庙在商业活动中占有主导地位，但是我们都知道，宗教从来不会维护穷人及下等人的权益，更不会支持穷人反抗富人和强权政治。因此，在神庙举办的各种仪式上，祷告者大多只是一些心怀罪恶和羞愧的人们。而宗教的存在能够让人们从神灵那里获得物质利益，并且能够取悦神，于是宗教吸引了越来越多富有者和掌握强权者的兴趣。

人们仍然信仰着苏美尔神，但巴比伦的政治领袖们却强迫他们接受闪米特神马杜克，并让马杜克取代过去的苏美尔古神恩利尔成为众神之王。后来，马杜克的名字开始在一些神话故事中出现，并且凌驾于众神之上。此时，亚洲的女爱神伊什塔尔成为巴比伦女神之首，后来，伊什塔尔还跨过地中海，变成了希腊的爱神阿佛洛狄忒。

神的存在不仅能够让人们获得物质上的满足，还能让人们预知未来。而这种预言未来的活动就叫作占卜，从事占卜的术士则被称为占卜家。能力杰出的占卜家可以破译用来祭祀的绵羊肝脏上的神秘符号（图100），他们还能辨别恒星与行星的位置，并通过观察星座与行星的运行来推断神的谕旨和人的命运，因此，许多虔诚并且迫切想知道自己未来的人们对占卜家的预言深信不疑。后来，这种占卜术传到了西方。破解羊肝上的符号这类占卜活动在罗马非常普遍。迦勒底人则从巴比伦人解读星体运行轨迹技术的基础上创造出了占星术，这就是天文学的原型。后来，希腊人也开始研究占星术。此后，占星术保持着强大的生命力，一直流传到现在。

占卜家、商务人员与政府行政人员的分工就必须由学校进行专业的培养。大部分巴比伦的学校设在神庙中或与神庙相连。我们可以在一所汉穆拉比时代的学校遗址中看到，4000多年前学生们用来练习的泥板还留在学校的地板上。这些泥板向我们展示了当时学生们漫长而艰辛的学习生涯。他们要掌握三四百个符号的书写，这样的学习任务无疑是繁重而艰苦的。

学生们使用的是松软的泥板，因此在泥板上的书写练习随时都可以用一块扁平的木头或者石块擦去。学生们先从练习简单的楔形线开始，他们用手中的芦苇尖笔在泥板上画着水平的、垂直的和倾斜的楔形线，当单独的楔形线写得够整齐之后，他们就开始练习把楔形线组合起来，书写完整的楔形符号。最后，他们开始学习词汇和短语，并在古文献中摘录句子和段落。在已经被挖掘出来的校舍遗址中，我们发现了一块书板，书板上写着："擅长书写的人，会散发太阳一般的光芒。"可见，古巴比伦人十分重视文字写作，从事文字工作的人很受人敬重。毋庸置疑，这句如同青春格言一般的寄语极大地鼓励了古巴比伦的年轻人，更加坚定了他们的学习意志。识字写作是非常枯燥而孤独的经历，它既需要一丝不苟的态度，又需要长时间的坚持，但那时的学生们在这种精神鼓励下仍然专心致志，乐此不疲。

当时巴比伦的优越生活就体现在伟大的艺术品与建筑物中，但遗憾的是这些作品留存下来的很少。汉穆拉比城彻底地毁灭了，不留一楼一舍，我们如今只能从残存的遗址中探索当时的故事。通过一些从古山包中发掘出来的遗迹，我们发现，当时的西亚还没有出现柱廊建筑，但柱廊建筑在埃及已经非常普遍。巴比伦建筑中有许多拱门建筑，后来欧洲建筑中的拱门就源于巴比伦。在早期的巴比伦，庙塔是最重要的建筑，但是，连神庙也无一幸存下来，更不用说庙塔了。我们至今还没有发掘出一座神庙①。

① 在现在的艺术史与建筑史著作中，那些早期巴比伦神庙的图样都是创作者的想象。德国探险队已经发掘出了晚期巴比伦神庙并画出了它的复原图。

在汉穆拉比时期，油画还没有出现。在刻着汉穆拉比法典的石柱上，还有一幅描绘太阳神将法典授予汉穆拉比的情形的浮雕（图99）。这件杰出作品让人过目难忘。石柱雕刻高贵而肃穆，但巴比伦人习惯用衣服把自己裹起来，这让雕刻家根本无法刻画出人体的曲线，体现人体之美。巴比伦人的这种穿着习惯影响了艺术雕刻的表达，在许多肖像画中，人物之间甚至难以辨认。图章艺术才是巴比伦时代最伟大的艺术，这一艺术在萨尔贡时期涌现出一大批精巧的杰作，但辉煌只是短暂的，萨尔贡时期之后，巴比伦的图章艺术就迅速衰落了。由此可见，虽然巴比伦的商业取得了很大的成功，但艺术却在不断地衰退。

艺术的衰退是巴比伦衰落的一个先兆。汉穆拉比才能出众，精力旺盛，他一手创建了巴比伦王国，并且为王国带来了严密的制度与有效的管理，但是他也逃不出死亡的宿命，摆脱不了生老病死的自然法则。一段时间后，曾被汉穆拉比打跑的高地人又一次下山，他们就像许久以前的苏美尔人一样，闯进了巴比伦平原。这支白人部落被称为卡塞特人，他们的族系无法从语言和体格上来判断。最初，他们的到来没有引起巴比伦的重视，但是他们带来的一种新的动物吸引了人们的注意力。他们牵着这种新的动物在巴比伦的大街小巷走动，巴比伦人从没见过这个物种，一时间不知道它们的名字，于是就称它们为“山上的动物”。其实这种动物就是马，马的出现对整个巴比伦地区产生了重大的影响。大约在4000年前，人工驯养的马就跟着卡塞特人进入了巴比伦这块文明之地。从出现的第一天起，马就开始在战争和工业中扮演重要的角色[①]。

与此同时，赫梯人也从小亚细亚向幼发拉底河进发，入侵了巴比伦王国。战争打响后，巴比伦陷入了卡塞特人和赫梯人的围攻之中。游牧部落与

① 虽然马是由卡塞特人带到巴比伦尼亚的，但有可能不是他们驯养的。他们的马可能是在北方或小亚细亚通过贸易换来的。在那些地方，使用印欧语系语言的部落很早就开始驯养动物了。史前西欧的马车道可能也比这要晚。大约公元前1700年，埃及也出现了马，比巴比伦尼亚大约晚了300年。

图102　古乌尔城塔的复原图

这幅图是以益格鲁-埃及探险队最新的发掘成果为蓝本绘制的。现在，挖掘工作仍在C.L.乌莱先生的指导下继续进行。相对于巴比伦尼亚的其他这类建筑，乌尔城被破坏得还比较轻。根据最新的发掘情况来看，塔的前部台阶中有一半还保存完好，这说明此前带有盘旋斜面的复原图是有误的。在这种建筑结构的基础上出现了一种独立的新的建筑形式——塔。我们的教堂尖顶就是由此演变而来的。

高地人在巴比伦平原上展开了旷日持久的生死之争。汉穆拉比的军队寡不敌众，全军覆没。公元前19世纪，来自高地的卡塞特马倌们赢得了最终的胜利，他们的胜利标志着古老的巴比伦文明走向了终结。卡塞特人的统治非常野蛮，巴比伦从此萎靡不振，并在此后的1000年内都没有恢复过来。直到迦勒底人到来后，这里的文明才再次开始发展。

当我们在考察两河流域文明史上的第一个重要阶段时，我们发现，这段文明开始于公元前3000年城市首领时代的后半期，一直持续了大约1000年的时间。在此期间，苏美尔的高地人在希纳尔平原上打下了文明的根基。苏美尔人一直在与沙漠中的闪米特人做斗争，虽然这两个民族在后来结成了联盟，实现了融合，但闪米特人还是夺得了最终的胜利。在萨尔贡（公元前28

世纪）和汉穆拉比（死于公元前2025年[①]）两位伟大领袖的带领下，闪米特人赢得了两次关键性的胜利。在闪米特强大的势力下，苏美尔语消失了，闪米特语成为巴比伦的通用语言。在汉穆拉比时代，虽然艺术不断走向衰落，但巴比伦文明却达到了顶峰。汉穆拉比时代的终结也标志着一千年的文明历程就此结束，两河流域历史上的第一段伟大篇章画上了句号。我们接下来要像考察尼罗河时一样，溯两河而上，去考察两河流域历史上的第二个重要阶段。

---

① 也有可能是死于120年后。

第四章　亚述与迦勒底

十五、早期的亚述及其敌人

亚述人在萨尔贡之后的一千多年间受到了敌人的多方围攻，他们只能武装起来，誓死保卫边疆。在连绵的战火下，他们变得更加刚强，同时，他们也将马匹和战车运用于战争中，这进一步增强了他们的战斗力。

我们从巴比伦出发，沿幼发拉底河与底格里斯河向上，直到东北角的沙漠湾，在这里，我们将翻开两河历史的第二个篇章。这里的东边是底格里斯河，西部和南部是沙漠边上的一块易守难攻的高地（图103）。当时希纳尔平原上的城里人并不了解这块高地的特别之处，他们只知道那里名叫亚述，后来，他们就称那片地方为亚述国。

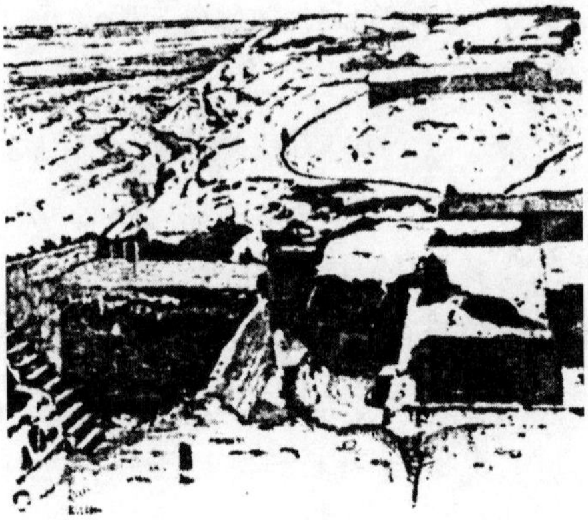

图103　暴风雪过后的底格里斯河与阿舒尔

图片的左边是底格里斯河，右边是一片与东部山区相连的平原。那一片断壁残垣是阿舒尔城的废墟，而最前面的建筑是考古队的临时居所，他们在这里进行考古挖掘。

亚述位于肥沃新月边缘上的高原带南坡，这里的气候比巴比伦平原上的气候要凉爽许多。亚述东部和北部的山中绵延着许多肥沃的山谷，亚述的竞争者们早已经在这里建起了城镇。山里的岩岬还可以开发采石场，这里有石灰石、雪花石膏以及其他坚硬石材；因此，亚述的建筑也与巴比伦建筑千差万别。巴比伦没有石头建筑，绝大部分建筑都是土砖建成的；而亚述石材丰富，因此石头是主要建筑材料。东部河谷的草地上有许多大大小小的麦田，一阵风吹过，那一片绿色便随风形成了波浪；一群群牛羊在绿色的山坡上漫步，多么富饶安逸又生机盎然的画面。起初马还没有出现的时候，这里主要的驮运动物是毛驴，这与巴比伦是一样的。在这片土地上，农业人口占绝对主导地位，从事工业的人员极少，他们也不会像南部近族一样四处奔走进行贸易，这也与巴比伦有很大的不同。

公元前3000年，一支来自沙漠湾的闪米特游牧部落来到了亚述，并像他们的同宗阿卡德人在希纳尔平原定居下来一样，他们在亚述定居了下来。这个部落和巴比伦人一样说闪米特语。亚述方言和巴比伦方言很相似，还没有德国不同地区的方言差别大。亚述人也像南部的苏美尔人一样，建立了一个小城邦。他们与苏美尔城邦保持密切的往来，还从苏美尔人那儿引进了许多他们原来没有的东西，例如雕刻艺术、文字、历法等其他大部分文明成果。甚至还有一部分苏美尔人就居住在亚述人的城镇里。

虽然早期的亚述文明源自南方，但后来，这个小城邦也受到了北部和西部地区的影响。小亚细亚北部的赫梯族一直视亚述为敌人，而他们中的一部分赫梯人已经进入了两河流域。赫梯贵族曾多次统治过亚述，后来，亚述又先后被萨尔贡、汉穆拉比和其他巴比伦贵族统治。在萨尔贡之后的一千多年间，亚述人受到南北夹击，他们只能武装起来，誓死保卫边疆。在连绵不断的战争的锻炼下，他们变得更加刚强，同时也将马匹和战车运用于战争中，这进一步加强了他们的战斗力。之后，亚述国王开始向西扩张，并在公元前1300年赶走了幼发拉底河的赫梯人。同时，他们开始向南部的底格里斯河推进。亚述人的势力非常强大，他们甚至一度征服了巴比伦尼亚，成为那里的统治者。此前，亚述一直不是巴比伦尼亚的对手，但这时巴比伦尼亚的命运掌握在东部的卡塞特人手中。这些半开化的卡塞特人把马带到了巴比伦尼

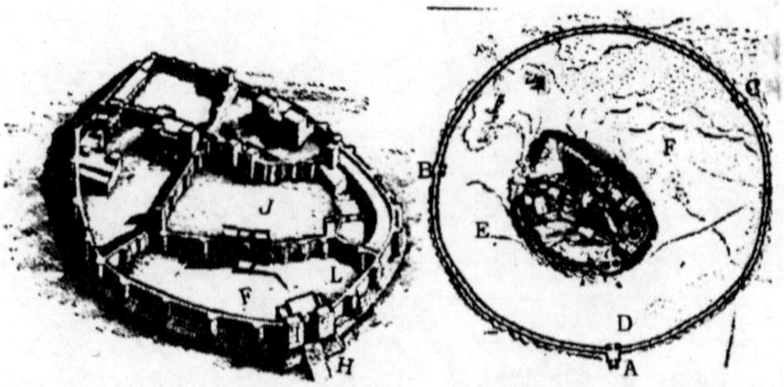

图104　亚述的西部劲敌之一——阿拉米人的萨马拉城

图片的右边是萨马拉城的平面示意图。萨马拉城大约半英里宽，周围的双层砖墙（A、B、C）建在厚厚的石基上，每隔50英尺城墙就会出现一座城塔，一共有100座。萨马拉国王的王国位于城中央的山上（G），而王宫与城墙之间就是市民的住宅（D、E、F）。现在，这些由泥砖建成的民房已经消失不见了，只有王宫残存了下来。图片的左边是王宫的复原图（H、I、J、K、L）。城墙下有很宽的石头地基。位于北叙利亚的萨马拉据守着地中海与幼发拉底河之间的重要通道，因此，它同时受到小亚细亚赫梯人和埃及人的影响，这充分地体现在王宫的建筑风格中。建有廊柱（K、L）的宫殿前门廊体现了赫梯和埃及的建筑风格，门廊上的浮雕也体现了赫梯的艺术风格。

亚，也将巴比伦尼亚推向了堕落的深渊。

当时的亚述有点类似缩小版的俄国，它还只是一个内陆强国。要想统治西亚，亚述必须首先打通通往地中海的道路。但是地中海海岸上出现了新的敌对势力——腓尼基人。腓尼基人的祖先也是闪米特游牧人，如今富饶的腓尼基城邦就是在闪米特人从前在地中海湾建立的城镇基础上发展而来的。这些腓尼基城邦拥有得天独厚的海运条件与高度发达的商业，它们无疑是亚述西进道路上顽固的绊脚石。这时，还有一些闪米特游牧部落冲出了沙漠湾，并在公元前1400年夺取了地中海西岸，占领了巴勒斯坦和叙利亚，就像亚述人当年在亚述做的那样。占领巴勒斯坦的是希伯来人，阿拉米人①（或叙利亚

① 阿拉米人又称叙利亚人，叙利亚是巴勒斯坦的北部地区。

人）在他们的北面占据了叙利亚并迅速占领了肥沃新月的西端，这意味着他们彻底阻断了亚述与地中海的联系。公元前1200年，阿拉米人在西部建立了一系列大小不一的王国，这些王国同时受到赫梯文明和埃及文明的影响，因此非常繁荣兴旺。这些叙利亚王国的国王们都开始建起繁华的都城，并在城里建造金碧辉煌的王宫（图104，H-L）。大马士革是这些王国中最为强大的一个。

精力旺盛的阿拉米商人不断地扩大生意规模，他们的贸易范围向四面八方扩张开来，远远地超过了边界。阿拉米的商队沿着沙漠湾的边缘不断向前，到达了遥远的底格里斯河源头，并最终控制了整个西亚的市场。在尼尼微城的遗迹中，人们发现了许多阿拉米商人遗留下来的青铜秤砣，这说明亚述的市场上曾经活跃着许多阿拉米商人。虽然阿拉米并没有形成一个统一的国家，但是他们就像与自己同宗同族的现代犹太人一样，是那个时代商业的领头人。

阿拉米人已经高度开化，他们在公元前1000年就引进了腓尼基人的字母文字并将其广泛地运用于日常生活。据说这种字母文字是最早使用字母的文字系统。此外，阿拉米人还从埃及引进了字母文字不可或缺的书写工具——纸和笔，只有这两样工具才便于书写新的字母文字。与早期巴比伦商人将楔形泥板传遍西亚一样，阿拉米商人在西亚各地进行商业贸易时，也通过账单和收据等方式将他们的字母文字传播到各个地区。这种字母符号比楔形符号更易书写，因而挑战了楔形符号的地位，楔形符号由此开始不再被人们重视。腓尼基-阿拉米字母沿幼发拉底河而下，传到波斯和亚洲内陆腹地，最后还传到了东印度，几乎传遍了整个西亚。这种东方字母随着阿拉米商人的行动而广泛流传。印度的梵语字母就是在这种字母的基础上演变而来的，而印度以西文明地区的所有字母符号也都是源于这种字母。

与此同时，阿拉米商人还通过商业活动传播了他们的语言，阿拉米语由此逐渐在沙漠湾地区普及开来，最后在各地的亚述人中，讲阿拉米语的人甚至比讲亚述语的人更多。人们在一些亚述建筑的废墟中发现了一种亚述文泥

图105　现代的大马士革城

今天，大马士革仍然是叙利亚最大的城市，拥有30万居民。很久以前，当大马士革成为最强大的阿拉米城邦时，它也和萨马拉城一样，周围耸立着高大的城墙，中央坐落着金碧辉煌的王宫。古代大马士革的废墟被掩埋在现代大马士革的下面，因此已经无法进行挖掘。

板，泥板上记有阿拉米语的便函，这是因为当阿拉米人收到用亚述语记录商务信息的楔形文板时，他们会在读完信息后写个便笺，方便起见，他们就拿出随身携带的笔在阿拉米语的原板上书写。可见，在当时的公共事务中，亚述语和阿拉米语是两种通用的语言。政府中也有一些任职的阿拉米人，于是就出现了一个有趣的场景：在同一个办公室里，亚述帝国的阿拉米官员正在用蘸水笔和莎草纸做记录，而亚述官员却用尖笔在泥板上刻画。

最后，阿拉米语取代了包括巴勒斯坦的希伯来语在内的其他语言，成为整个肥沃新月的通用语言。希伯来语和阿拉米语很相似，称得上是姊妹语言，它在很久以后还被耶稣和其他巴勒斯坦的希伯来人使用。后来，伟大的泽诺比领导阿拉米商人们在帕尔梅建立了一支实力雄厚的沙漠大军，他们不断侵扰罗马帝国，让罗马皇帝大伤脑筋。比起亚述军事帝国对后世的影响，阿拉米商业文明产生的影响更加深远。但令人遗憾的是，现代考古学家只在叙利亚发掘出一个阿拉米城市遗迹（图104），还有许多废墟至今没能被发现，因此我们只能通过仅有的几处遗迹来考察阿拉米的发展历程。

图106　发现于亚述的阿拉米秤砣

这个秤砣由青铜制成，外形类似狮子，上面配有一个把手，下部还刻着阿拉米文。某地曾经有15个这样的秤砣被发现，这说明亚述市场上经常出现阿拉米商人。

图107　萨马拉的阿拉米国王和手拿埃及书写工具的书吏（公元前8世纪）

左边有一个用乌檀木、象牙和黄金雕饰制成的御座，坐在上面的就是萨马拉的阿拉米国王，国王脚下还踏着一个同样精致的凳子。他的前面站着一个书吏，书吏的腋下夹着一个类似书本的东西。但是那时装订成册的书籍还没有出现。书吏左手拿着埃及文具盒，盒里装有笔和墨水。这种全景浮雕源自尼罗河，然后通过萨马拉城等叙利亚属地传到亚述。亚述在很大程度上发展了这种艺术。

大马士革的阿拉米国王是富甲一方的商业之王，他们实力雄厚，建起了坚固的城池，并在抵挡亚述人向地中海推进方面发挥了重大作用。虽然希伯

图108 亚述书吏和阿拉米书吏正在记录从亚洲某城市劫掠而来的物品（公元前8世纪）

图中的妇女和儿童们正在被赶上牛车，他们即将被送往亚述做奴隶。还有一个人在赶着掠夺而来的羊群。左边，拿着泥板的亚述军官正在宣读从某个城市掠夺来的战利品的名目，站在他对面的两个书吏正在做记录。前面的书吏左手拿着一块厚重的泥板，右手握着尖笔，刚刚从泥板上抬起来；另一个书吏左手拿着一卷莎草纸，右手正握着笔在纸上飞快地记录，很显然他是一个阿拉米人，因为他用的是墨水笔。从图中我们可以发现，这个时期的西亚出现了两种不同的书写方式共存的局面，亚述在向外传播泥板文字的同时，也引进了埃及的纸、墨和笔等书写工具。

来王国在当时已经衰落，但在大马士革的庇护下，他们没有受到亚述人的攻击，这充分展现了当时阿拉米国王们的雄厚实力与强大的威力和影响力。亚述人直到公元前1100年才向西部推进到地中海沿岸，在这里，他们受到了强大的阿拉米人、腓尼基人和希伯来人的顽强抵抗，因此他们征服并占领西部地区的计划化为乌有。公元前8世纪，敌军完全包围了亚述军队。

在亚述即将成为帝国时，它的势力似乎已经大不如前了。现在，让我们来回顾一下亚述两千多年的发展历程，即亚述从苏美尔人那里学到了楔形文字等类似文明成果之后的发展历程。北部和西部文明都对亚述造成了深远的影响，其中，影响最大的是赫梯人。赫梯人曾在宗教和艺术方面都做出了非凡的贡献，亚述借鉴并发展了这些文明成果。在引进巴比伦的楔形文字符号后，亚述人还为它增加了二百多个符号。亚述的雕刻家们也在北部叙利亚赫梯艺术的影响下，学会了用精巧的石画来表现国王的功绩（图107）。雪花石膏是当时最常用也最好用的雕刻材料；石青板上的浮雕生动而形象，人物栩栩如生，场景也入木三分。亚述王宫的墙上刻着许多这样的浮雕，而巴比伦是没有这种建筑浮雕的。由于亚述人拥有丰富而优质的石材原料，因此他们的建筑和雕刻艺术都得到了很大的发展，而巴比伦由于缺乏石头而受到了资源的限制。就像赫梯人和叙利亚人早就开始做的那样，亚述人在建筑之前先铺上坚固的石头地基，然后在地基上面再用土坯砖建墙，这与巴比伦是一致的。

亚述人广泛吸收了各种文明成果，包括巴比伦的神秘故事和象征符号在内。他们接受并充满敬畏地研究着这些神奇的故事，但是民族神阿舒尔仍然是他们最为敬仰的。他们的城市名和部落名都是阿舒尔。阿舒尔是一位英勇的战神，他被亚述人视为太阳。对亚述人而言，正是在阿舒尔的领导下，他们的国王才能够凭借他的弓箭讨伐四方，征服敌人，不断地取得胜利。亚述人引进了叙利亚赫梯人的带着双翼的太阳圆盘并把它作为阿舒尔神的象征，这充分体现了亚述人对阿舒尔神的无上敬仰。赫梯人的太阳盘最初是从埃及人那里引进来的。爱

图109　阿舒尔神的象征与古巴比伦尼亚的生命之树

图片的上面是一个埃及双翼太阳盘，他在亚述人眼中象征着太阳神阿舒尔。在太阳盘中，太阳神将弓箭完全拉开，展现了他的威力。图片的下面是象征着生命的棕榈树，它源自古巴比伦尼亚。早期的巴比伦人崇拜插在水罐中的棕榈树枝，后来棕榈树枝在艺术家的手中逐渐演变为装饰性更强的棕榈树。棕榈树的树干笔直，顶部和周围呈现一簇簇的树冠形状。后来，这种形式的棕榈树常常被希腊人用来做装饰图案。

图110 亚述帝国创建前一个世纪，一位国王的石棺

这是2800年前（公元前9世纪），一位亚述国王的石棺。这具石棺被埋在用晒制的泥砖砌成的墓室里，墓室的上面就是阿舒尔王国。在这座宫殿的地板下，德国考古队发现了五个墓室，这也证明了亚述国王与亚述及巴比伦的普通人一样，死后葬在自己的住所下面。这是最早在亚述发现的王墓。两千多年前，这些墓穴曾经受到入侵者的劫掠，国王的尸体被肢解，许多棺材也被破坏了。这些入侵者就是帕提亚人。当发掘者们找到这些墓穴时，里面早已经被洗劫一空了。

神伊什塔尔是亚述人心中最伟大的女神，我们曾在巴比伦接触过这位女神。与巴比伦人一样，亚述人好战且对“因果报应”一说不屑一顾。此外，亚述人的丧葬风俗也与巴比伦人一样，他们也将死者埋在房子的地板下或是庭院中。

不久前，一系列砖砌的拱顶墓室在阿舒尔王宫的人行道下被发现。这些墓室里有许多大石棺的碎片，还有两个没有损坏的石棺（图110），这是迄今为止发现的最古老的亚洲王室墓葬，同时也是第一个被发现的亚述王室墓室。当年不可一世的亚述国王们的尸体就曾躺在这些石棺中。在长达两千年的历史中，他们生活在亚述，统治着亚述，治理着亚述，最终还创建了亚述帝国。在亚述的发展历程中，他们起着不容忽视的重大作用。

十六、亚述帝国（约公元前750年至公元前612年）

亚述以其独特的方式推动着历史的前进。建立了大规模的军事组织后，亚述帝国开始试图称霸天下，迈出了不同以往的一大步。

亚述在公元前8世纪中期重新启动了向西部扩张的计划。虽然亚述的扩张受到了大马士革与西部各城邦的极力抵抗，但它击败了所有的抵抗者。亚述攻克了大马士革（公元前732年）与这些西部国家并将它们变为自己的属地。曾经毫不起眼的阿舒尔小城如今统治了整个西亚，并在征服的各诸侯国基础上建立了亚述帝国。自从，两河流域进入第二个辉煌时代。

当亚述向西部扩张，到达希伯来人的撒玛利亚城时，亚述军队中的一个将领乘机夺取了王位（公元前722年到公元前705年）。这位夺取王位的将领自称萨尔贡。巴比伦在2000年前的第一位伟大的统治者就叫萨尔贡，这位国王给自己取名萨尔贡，可见他野心勃勃。他被称为萨尔贡二世，他将亚述帝国推向了顶峰，他的后继者们也都是出色的亚述皇帝①，显然，他无愧于萨尔贡这个名字。在尼尼微的东北部，萨尔贡二世建立了亚洲最为豪华的王宫，王宫被命名为“都尔沙鲁金”（萨尔贡堡）。这座王宫占地面积一平方英里，其中宫殿面积25英亩，这样豪华宏伟的宫殿，即使是昔日最为强盛时期的巴比伦也无力负担。这座王宫是西亚霸主地位的象征。

辛那克里布（公元前705年至公元前681年）是萨尔贡二世的儿子，他是早期东方一位伟大的政治家。继承王位后，辛那克里布取得的成就比他父亲更加辉煌。公元前700年，底格里斯遭到了辛那克里布军队的洗劫，位于遥远的东部的爱奥尼亚希腊要塞也被他们攻陷，整个小亚细亚陷入了一片恐慌之

① 萨尔贡二世王朝的国王：萨尔贡二世——公元前722年至公元前705年；辛那克里布——公元前705年至公元前681年；伊莎哈顿——公元前681年至公元前668年；阿舒尔巴尼帕（希腊人称沙达那帕鲁斯）——公元前668年至公元前626年。

中。亚述大军的触角还伸向了地中海，他们在地中海以南的地区攻城略地，一路将铁蹄踏向了埃及边界。但是，他的军队在尼罗河三角洲的沼泽地里染上了瘟疫，战斗力大减。辛那克里布因此无力再跨过埃及边境继续征服，但是对于自己的老对手巴比伦，他毫不手软，采取了最为残忍的征服手段。而巴比伦人的奋起抵抗更加激怒了他，让他像一头暴怒的雄狮，咆哮着冲入沙场。无力抵抗的巴比伦城在战火中化为了废墟。辛那克里布还引来运河水冲刷这座古老城市的废墟。

巴比伦就这样灭亡了。亚述人还在不断地侵扰尼罗河流域。在亚述的统治下，苛捐杂税多如牛毛，百姓民不聊生，怨声载道，各个城邦国家越来越难以忍受，这一切给埃及创造了可乘之机。埃及人成功鼓动各个附属国进行反抗，亚述意识到了必须制止埃及人的这种行为。公元前674年，辛那克里布的儿子率领军队进攻尼罗河三角洲的东部要塞。一开始，埃及人打败了亚述部队，但很快，辛那克里布的儿子又重整大军，继续进攻尼罗河，虽然在攻入三角洲之前，他就死去了，但是亚述人最终还是征服了埃及。辛那克里布的孙子最终统治了尼罗河下游。

公元前700年，整个肥沃新月成为亚述帝国的领地。亚述人将环沙漠湾地区和北部山区的许多地方都纳入了帝国的版图。又因为西部的埃及也被亚述征服，因此尼罗河下游的河谷地区也成为帝国的属地。但是，遥远的亚述帝国很难对这里进行有效的统治。在萨尔贡二世及其后两代人的努力下，亚述建起了一支强大的军队。亚述能够统治肥沃新月地区，雄霸天下，成为当时版图最大的帝国的根本原因就在于这支强大的军队。

帝国建立之后，辛那克里布变得越来越贪婪，扩建阿舒尔和萨尔贡堡的皇宫已经无法满足他了，他在阿舒尔北边的尼尼微大兴土木，将这座城市改造成为日后著名的亚述帝都。后来，在底格里斯河畔，一代代的亚述皇帝修建宫殿与庙塔，在此留下了许多富丽堂皇的宫殿与宏伟壮观的庙塔。辛那克里布在尼尼微的皇宫沿着底格里斯河岸延伸2.5英里远，它有着高大而坚固的宫墙，非常雄伟壮丽。就在这样奢华富贵的宫殿中，这位帝国的霸主压榨着

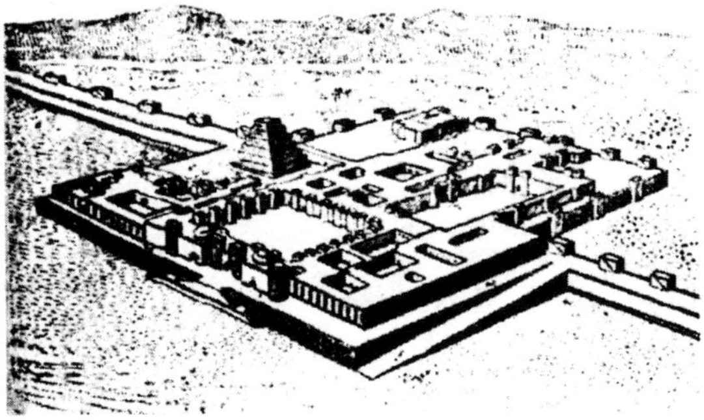

图111 萨尔贡二世（公元前722年至公元前705年）的皇宫与萨尔贡堡一角的复原图

皇宫被城墙分为了墙内和墙外两个部分。这座皇宫建在25英亩大的砖石平台上。为了让国王能够直接坐车从低处的街道到高处的宫中小道上，城墙外面的平台上建了斜道和楼梯。皇宫中有许多露天的庭院，一间间厅堂与房屋就建在庭院的周围。宫殿主要的大门前建有台阶，台阶的下面就是街市。大门上面建有巨塔和拱顶的门廊，颜色鲜艳的琉璃砖装饰着门塔和门廊。一座巨大的人头牛身的雪花石膏雕像就立在大门口。皇宫庭院的后面建有类似巴比伦庙塔的高塔，基督教堂的尖顶就是由此演变而来的。宫殿之外，城墙之内的街道错综复杂，一片片民舍就建在这里，城内一共可居住8万余人。

各个属国的人民，统治着整个西亚。

亚述帝国的一切大权都掌握在国王的手中，整个国家的行政管理中心就是国王的办公室。国王建立了一套皇家通信系统，还修筑了最早的公路。保存至今最为古老的公路就是萨尔贡二世修建的，从尼尼微皇城通往萨尔贡堡的一段公路。专职官员把守在这条公路主道的每一个重要关口上，目的是顺利将皇帝物品转运到皇宫。这条公路可以确保皇家与外界往来的泥板信件、产品和货物的传送，是后来邮政系统的最初形式。这种形式在东方延续了好几百年。60个省区官员们的书信和报告都可以顺利到达亚述皇帝的手中。亚述皇帝统治下的各个附属国的国王们与亚述皇帝之间的通信也是通过这种方式传递的。人们发现了辛那克里布在封为王子时写给他的父亲萨尔贡的书信。那时，国家的首要任务是维持一支强大的军队。在那时的帝国中，军队的权威至高无上，整个国家就是一个庞大的军事机器。想象一下美国国防部在华盛顿占据的中心地位，我们就不难理解当时亚述的情况了。国防部的事务占据了政府的主要精力，国家和军队几乎是等同的概念，从古至今都是这样。

亚述在与西部赫梯人的频繁往来中引进了铁。于是，亚述军队成为第一支拥有铁质武器的强大军队。人们在萨尔贡皇宫的一个武器库里发现了两百吨铁质武器。毫无疑问，铁质武器的运用极大地增强了军队的战斗力，也在很大程度上促进了亚述帝国的建立和壮大。

弓箭手是亚述军队的主力，他们在长矛队和盾牌手的严密掩护下几乎所向披靡。著名的尼尼微马队和战车也威力无穷，在对东方的征服中发挥了重要作用。亚述人也首次将攻城槌等其他攻城器械运用到了战争中。在这些攻击力强大的设备面前，亚洲的土坯墙不堪一击，它们有的被穿破了，有的被撞倒了。没有城邦能够长时间抵挡住亚述的凶猛攻势，被摧毁是它们最终的下场。

亚述军队拥有铁质武器等杀伤力强大的武器，但更让人害怕的是他们与生俱来的凶残本性。亚述的铁蹄踏遍了整个西亚，所过之处疮痍满目。西亚人民在尼尼微大军的践踏下民不聊生。他们摧毁了一座又一座城镇，把起义的领袖们活活剥了皮挂在废墟里的木桩上。亚述兵天性凶残嗜血，但凡他们经过的地方必会水深火热，血流成河。他们把杀害的人们的尸体堆在一起，用来展示皇帝的辉煌战绩与权威，同时也震慑其他起义者，警告他们图谋反叛者都会落得这样的下场。他们把一群群的牛羊、驴、马以及驼着金银珠宝的骆驼等从附属国掠夺而来的财富送往尼尼微。被征服者们失去了一切。在俘虏的队伍中，那些战败的国王首领们走在最前面，他们子孙的头颅就挂在他们的脖子上。凭借着强大的武力，亚述人侵略各地，肆意妄为，还抢夺各国皇族和人民的财产。他们的凶残本性在历史上留下了血腥的一页。

亚述将大部分掠夺而来的财富用来供应军队，还有一部分用来发展建筑艺术等更为高级的文明。那些金碧辉煌的宏伟建筑都建立在掠夺而来的财富基础之上，如果没有雄厚的财力物力支撑，它们根本无法建立起来。巴比伦的拱门结构被亚述的建筑师们继承了下来，拱门首次成为一种雄伟壮观又历时长久的建筑风格。亚述皇宫的大门是三重拱门建筑，颜色绚丽的琉璃砖贴

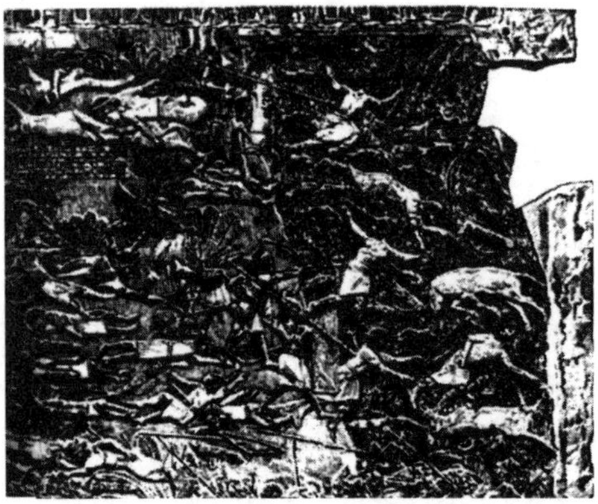

图112　亚述士兵正在追击渡河逃跑的敌人

这是亚述艺术家的作品。图片的右边是河流，我们可以看到其中的旋涡和游鱼。河流中还有顺水漂流的弓弩和装满了箭的箭囊，以及两匹马的尸体，其中一匹四蹄朝上躺在水中。还有两个被射死的士兵也漂在河流中。在亚述士兵的追击下，三个士兵不得不跳水逃命。亚述士兵们持矛挽盾，弓箭手们手拿弓箭，他们完全可以在远处射击，因此不需要什么安全防护。图片的左边是陆地战场，我们可以看到尸体布满了河流的沿岸。上方还有只秃鹫正在啄食战死者的眼睛；中间有一个亚述人正在砍敌兵的手，他旁边的亚述人正踩着战死士兵的头寻找敌人的武器。在遍地的尸体中，那些生长在河岸上的植物还清晰可见。

嵌装饰着拱门的表面。罗马的凯旋门可能就是在这种门的基础上演变而来的。两座用雪花石刻成的巨大的人头公牛像矗立在拱门两侧。拱门之上是用烧制的砖砌成的城墙。城墙高大雄伟，站在上面的人可以将整个皇城尽收眼底。

宫殿的墙面下方镶嵌着几百英尺长的雪花石膏浮雕，与帝国的上一个世纪相比，这些浮雕已经取得了长足的进步。大部分浮雕都描绘了皇帝带兵作战与狩猎的场景，人物构图单调且缺乏个性。在亚述浮雕中，人物普遍呈现刚毅和冷酷的特征，表情呆板机械，没有体现出喜悦和悲伤等人类情感。然而，在亚述雕刻工匠的手中，野生动物却被刻画得栩栩如生，它们的野性与动态都表现得淋漓尽致。亚述雕刻家刻画的人像反映了亚述人的凶残本性，可惜他们的人物雕像还处于粗制的阶段。亚述雕刻艺术的最高成就是对动物的表现，他们对动物表情和动态观察入微，表现精湛。早在2000年前的萨尔贡一世时期，巴比伦就已经创造出了精美的雄狮和野牛等石刻图章，这给亚述艺术家们提供了吸收的素材。

1924年，在柏林博物馆中发现了一首配有音乐符号的诗，这套音符至今还

图113　亚述帝国的士兵（阿舒尔巴尼帕浮雕）

正是这些凶猛强健的弓箭手和长矛手们创造了亚述帝国长达一个半世纪的亚洲霸主地位。

没有被人们破解，但是人们推测，它是用来配器的乐谱。在这种古老的乐谱中，每五个音符为一个音阶，每四个音阶为一行。这种乐谱在当时可能是配合竖琴弹奏的，竖琴有22根弦，音色优美而清透。后来，竖琴在地中海地区，尤其是在埃及普及开来，而这种乐谱可能是亚述人从巴比伦人那儿引进来的。

在很大程度上，亚述的手工业和艺术都借鉴了其他国家的文明成果。亚述从埃及学来了琉璃制作工艺和所有的装饰艺术。腓尼基工匠们制作的乌檀象牙家具也体现了埃及元素，尼尼微的腓尼基工匠们还制作了精美的青铜浅盘。辛那克里布宫殿的正门也是仿照赫梯宫殿建造的。实际上，亚述的祖先们早在很久以前就开始仿照西部赫梯人的设计来制造正门。我们很容易发现，亚述皇帝们最为显著的特征之一，就是利用一切外国资源，借鉴一切外国成就来促进本国发展。

在尼尼微，河流沿岸分布着许多美丽的花园。在辛那克里布的花园中，有许多来自帝国各地的珍奇植物，其中还有一种从印度引进的棉花树。辛那克里布曾经提到这种树时说：“这种树能长出棉毛，把棉毛摘下来再进行加工就可以用来做衣服。”我们可以发现，在古代的亚述第一次出现了现代生活中必不可少的原料——棉花。

随着亚述人逐渐开始培养一些高级的生活情趣，文学开始发展起来。亚述最后一位厉害的皇帝是辛那克里布的孙子阿舒尔巴尼帕，他从他父亲那里

图114 濒临死亡的母狮

利剑射穿了母狮的后半身，亚述雕刻家通过刻画动物临死时的痛苦表情充分展现了他们的艺术才能。

图115 在亚述皇宫里发现的埃及象牙双翼斯芬克斯碎片

这是由腓尼基工匠打造并献给国王的象牙雕饰，它主要用来镶嵌在贵重的家具上面。这些工具借鉴了埃及的造型艺术，并将其与亚述艺术相融合。埃及艺术中最早出现带翼的走兽，后来，这种造型经由叙利亚的腓尼基人和赫梯人传入了亚述，并在亚述发展成为巨大的带翼牛像。矗立在王宫大门两侧的雕塑就是这种牛像。

学会了骑马射箭，还有写泥板字和其他许多知识。阿舒尔巴尼帕对此非常自豪。人们在尼尼微的阿舒尔巴尼帕图书馆的废墟里发现了2.2万件泥板文书，这些文件已经有2500年的历史了，现在收藏于大英博物馆中。在皇帝的旨意下，阿舒尔巴尼帕图书馆系统地收藏了历代宗教、科学和文学等领域的著作（图116）。阿舒尔巴尼帕图书馆堪称是亚洲最为古老的图书馆。亚述人在这些领域远远地超过了巴比伦人，因此，亚述文明并

图116 在尼尼微阿舒尔巴尼帕图书馆废墟中发现的记载着古巴比伦洪水故事的残片

这是一块大型的亚述楔形文字泥板上的一小块，一系列泥板就组成了一部书。英雄乌特·纳庇斯梯姆是这个故事中的主人公，在洪水到来之前，他建造了一艘大船，于是当其他人全部在洪水中死去时，他成为唯一的幸存者。与现代图书馆中的藏书标签类似，阿舒尔巴尼帕图书馆的泥板藏书中的每一册上都有“书签”。为了防止有人把书从图书馆中带走或者在书上写别人的名字，书签上还写有这样的警告：无论是谁，一旦将书带离图书馆或是在作者名字旁边写上别的名字，他将会激怒阿舒尔和贝利特，并被神处死。同时，他的名字与他的子孙后代都会永远地消失。

不仅仅是巴比伦文明的翻版。

在国家的大政方针上，亚述犯下了严重的错误，这与后来的许多统治者一样。亚述不断对外扩张，连绵的战火极大地危害了本土和附属国的人民，无论是工商业者还是劳动者都难逃其害。亚述虽然引进了棉花等纺织材料，但却没有像巴比伦一样建立工商业体系的能力。亚述的农业人口占据了人口的绝大多数，这些农民可能随时被统治者征召入伍或短期从事边防军务。随着帝国的不断扩张，临时征召集合的农民已经无法满足军事需要，于是农民们被迫离开自己的土地，进入常规部队。趁此机会，统治阶级大量购买田地，扩建庄园。据说萨尔贡也曾试图恢复农业生产，也就是说，在那个战火不断的年代，大量田地陷入了荒废的境地。总而言之，随着版图的不断扩张，从前的军队已经远远无法满足帝国的需要了。

尼尼微又一次爆发了人民起义，急火攻心的统治者们只能强行向各个附属国征兵，来充实军队。于是，亚述帝国陷入了这样的境地：在军事上，军队中都是外国人；在经济上，手工业萧条，农业凋敝，商业还完全处于阿拉米商人的掌控之中；在语言上，阿拉米语在包括尼尼微在内的各个城市都更为流行。亚述帝国元气大伤，开始走向了衰落。

在内部实力不断衰弱的同时，亚述帝国还面临着日益增加的外部压力。帝国的边疆经常受到来自肥沃新月两翼的阿拉米游牧部落的侵扰。辛那克里布曾在巴比伦的一场战争中俘虏了20万人，其中大部分是阿拉米人。这时，波斯湾的尽头还迎来了另一支沙漠游牧部落，这个部落被称为迦勒底，他们沿着东部的山脚和海岸定居了下来。他们就是迦勒底人，也是闪米特人的一支，与阿卡德人定居阿卡德，亚摩利人定居巴比伦，亚述人定居阿舒尔一样，这支沙漠游牧部落也定居了下来。

此外，以米提亚和波斯诸部落为首的印欧语族部落也从北部山区向亚述逼近。亚述帝国的根基受到了严重的威胁。埃及人也从亚述的控制中解脱出来。但是出于北部野蛮部落危及埃及的担心，埃及法老还派出了一支部队去支援亚述。1923年，人们在大英博物馆中收藏的一块泥板上发现了这样的信息：埃及军队曾在幼发拉底河与亚述军队共同作战。这在当时的局势下确实是出乎人们预料的。当时，迦勒底已经占领了巴比伦，他们又联合了东北山区的米提亚人来攻打尼尼微城。

亚述面临着内忧外患的局面，内部是统治者的日益堕落与国力的衰微；外部是各个敌国联合起来的不断攻击。最终，在公元前612年，曾经极尽辉煌的亚述皇城被攻克了。通过希伯来先知纳洪的描述，我们可以想象，人民的欢呼声响遏行云，在里海与尼罗河之间回荡。东方各国的人民终于从亚述人的枷锁中解脱出来，亚述人带给他们的苦难终于结束了。亚述完全消亡了，当色诺芬在两个世纪后率领万人部队经过这块曾经无比辉煌的土地时，亚述帝国已经成为一个传说，模糊在历史长河之中了。帝国的首都尼尼微也成了一个巨大的废墟。亚述衰亡后，人们渐渐遗忘了亚述语，取而代之的是阿拉米语。就像当年的阿拉米语成为巴比伦的语言一样，历史总是如此相似。亚述帝国灭亡后，仅仅持续了一个半世纪（公元前750年到公元前612年）的两河文明的第二个辉煌篇章就结束了。

亚述帝国快速而彻底的消亡带有一种戏剧性色彩，虽然它已经成为历史，但是它带给西亚各国的影响是深远而持久的。在亚述帝国成立的前后，这些帝国处于完全不同的两种境地。亚述帝国灭亡后，君主专制统治在地中海东岸的一系列国家建立起来，这些国家还采用了与亚述帝国相似的组织和管理体系。亚述灭亡后60年，波斯帝国创建并迅速发展壮大，亚述帝国的行政体系也被波斯帝国沿用，继续影响着历史的进程。亚述帝国拥有大规模的军事组织，因此称霸世界的思想已经比之前先进很多；而罗马帝国则将这种霸权思想发展到了顶峰。虽然亚述的残暴统治给人民带来了无尽的苦难，但是它对人类文明做出的重要贡献并不能因此被抹杀。在亚洲建筑史上，尼尼微城与周围的豪华宫殿无疑是浓墨重彩的一页。更值得我们注意的是，亚洲最早的图书馆也出现在尼尼微，这也是对人类文明的重大贡献。最后，亚述的重要历史作用还在于它促成了一种国家化的环境，正是这样的环境让希伯来人将他们的神与亚述的战神作对比，并最终把他们自己的神推到了最高的地位。这种神圣观念的形成也对后来的人类历史产生了深远的影响。

十七、迦勒底帝国：最后一个闪米特帝国

迦勒底时代的巴比伦发展出了更高也更新的文明，这充分体现在巴比伦城的新式建筑中。这种文明建立在亚述文明的基础之上。为了恢复汉穆拉比时代的巴比伦文明，迦勒底人做出了大量努力。

巴比伦迎来了新的主人，他们是我们在上文中提到过的迦勒底人，他们

图117　迦勒底帝国时期，巴比伦皇宫的伊什塔尔门（公元前6世纪）

巴比伦皇宫的伊什塔尔门是被德国考古队发掘出来的，它是巴比伦最重要的建筑之一。装饰着门两侧的琉璃瓦片上有动物像，这种琉璃瓦也曾出现在亚述皇宫中。伊什塔尔门的里面就是尼布甲尼撒的宏伟皇宫，著名的巴比伦空中花园就在这皇宫的顶上。

在这里建立了一个短暂的帝国，翻开了两河文明史上的第三个篇章①。迦勒底人是巴比伦尼亚最后一个闪米特主人，他们在巴比伦建立了首都，并重建了被辛那克里布捣毁的巴比伦城。迦勒底人用自己部落的名称为这里命名。现在，我们称这个国家为迦勒底。公元前605年，迦勒底人在幼发拉底河畔的加西米斯击败了西部各个国家的联合部队；后来，他们又战胜了埃及支持下的亚述残余部队，最终，迦勒底人占领了整个肥沃新月。他们把米提亚人从北部山区赶了出去，最终建立了迦勒底帝国。

迦勒底帝国最伟大的皇帝就是尼布甲尼撒，他在加西米斯之战中获胜后回到巴比伦，开始了四十年的统治。他是东方历史上的伟大人物，在《圣经》中也有关于他的记载。

① 两河文明史上的三大篇章：

一、早期的巴比伦尼亚（公元前32世纪至公元前20世纪：大约公元前2772年，萨尔贡一世；大约公元前2076年，汉穆拉比）

二、亚述帝国（大约公元前750年至公元前612年）

三、迦勒底帝国（大约公元前612年至公元前539年）

除了早期巴比伦尼亚的特定阶段外，这三个时代都属于闪米特人。

第四个时代是公元7世纪，穆罕默德死后，伊斯兰取得胜利。

图118 尼布甲尼撒的宫墙上，用琉璃砖镶嵌而成的雄狮

这幅光彩夺目的雄狮图是由琉璃砖镶嵌而成的。这种用琉璃砖或琉璃瓦来装饰墙壁的艺术是由埃及传入亚洲的。在迦勒底时代，亚述宫墙和巴比伦城墙上也被这种艺术装饰着。一排排镶嵌而成的雄狮就出现在尼布甲尼撒通往伊什塔尔门的节日大道两侧的墙壁上。

后来，埃及不断鼓动西部国家反抗迦勒底，激怒了尼布甲尼撒，所有起义者都受到了严惩。其中，希伯来人的犹大王国受到了最为严酷的惩罚。他们的首都耶路撒冷被摧毁（公元前586年），许多希伯来人成为俘虏，被送往巴比伦。

即使战火连绵不断，但迦勒底国王仍然抽出了宝贵的精力来聚敛财富以扩建巴比伦城。亚述建筑的风格在这里获得了延续，但迦勒底人在亚述建筑的基础上取得了更大的成就。在城南的神庙区，国王为巴比伦人信仰的神灵重修了神庙，他还在神庙与宫殿之间建筑了一条宽广的节日大道。节日大道穿过一座门洞，这座门洞宏伟肃穆，是专门为女神伊什塔尔而建的，因此它名为伊什塔尔门。伊什塔尔门的后面就是巨大的皇宫与政府部门。在那些塔式的建筑中，有一座“通天塔”，这就是著名的马杜克神庙。沿台阶往上直到皇宫的顶部，那里是种植着各种热带植物的宫顶花园，它的存在给这座宫殿平添了许多色彩。站在花园上可以将伊什塔尔门等建筑尽收眼底；而置身在一片绿色的棕榈与蕨草之中，更让人乐而忘返。国王即使再繁忙，也会在妻儿的陪伴下登上花园，享受片刻的安宁。当他放眼远眺，满目尽是宏伟气

图119　对古巴比伦的发掘

尼布甲尼撒宫殿就埋在图中的土包下面，远处是幼发拉底河岸边的棕榈树林。尼布甲尼撒的节日大道（游行大道）已经被阿拉伯工人们挖掘出来了，这是条连通宫殿的伊什塔尔门和神庙的大道。迦勒底时期的巴比伦遗迹之下，还掩埋着汉穆拉比时期的巴比伦遗迹，但当时的巴比伦已经被辛那克里布摧毁了。对巴比伦长达18年的发掘只收获了尼布甲尼撒时期的巴比伦城遗迹，除此之外一无所获。

派的皇宫时，我们不难想象他得意的神情。尼布甲尼撒的宫顶花园就是我们所说的巴比伦空中花园。神奇的空中花园举世闻名，还被希腊人纳入了世界七大奇迹之一。巴比伦城就像亚述和埃及的许多王城一样，在历史上享有重要的地位。

巴比伦在尼布甲尼撒的建造下，成为规模空前的巨大城市。巴比伦拥有宽广的城区与坚不可摧的城墙，易守难攻。巴比伦有一道城墙竟然贯穿了底格里斯河与幼发拉底河之间的广阔平原，为此，幼发拉底河上还建起了一座桥，这是至今发现的世界上第一座桥梁建筑。至今，幼发拉底河床上还有留着桥墩的残余，这是保存至今的最古老的桥梁建筑遗迹。尼布甲尼撒一手改造的巴比伦城维持了一百多年的辉煌，对此，希罗多德感慨良多，他在描绘巴比伦城时就表现了他的感受。基督徒们都知道，巴比伦城曾经囚困了大量希伯来俘虏。现在，巴比伦城的辉煌已经成为过去，在1899年到1917年之间，发掘者们一直在努力发掘这座古老城市的遗迹（图119）。在他们的努力下，一座又一座的古代建筑遗迹被发现了，于是，我们知道了桥墩、节日大道与伊什塔尔门。在整个巴比伦国内，伊什塔尔门都是幸存至今让人印象最为深刻的建筑。其他地方只剩下一些土坯墙的残片了，巴比伦城曾经的兴衰荣辱都无法在这些残片中再现了。

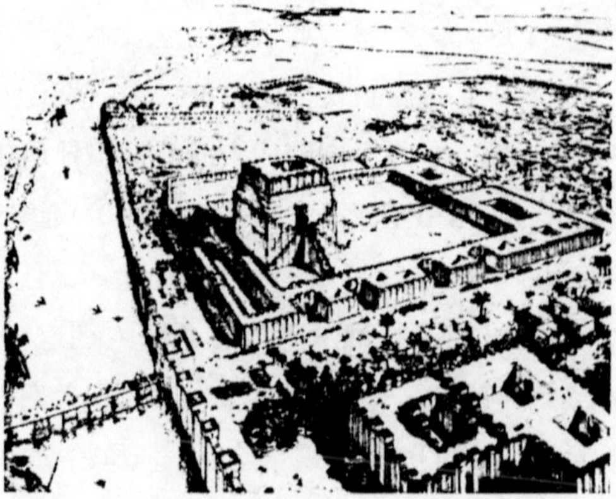

图120　尼布甲尼撒时期的巴比伦城复原图

图片前面的城南神庙区，那座宏伟的高塔就是马杜克神庙，神庙的周围是其他神庙等建筑。希伯来人以巴比伦的塔庙与另一神庙为原型，创造了“通天塔”的故事。图中，带有空中花园的尼布甲尼撒王宫就位于河流的转向处。右边是连通宫殿的伊什塔尔门和神庙区的节日大道，左边是架有一座大桥的幼发拉底河，这座桥大约建于公元前6世纪，是迄今为止发现的最古老的桥梁建筑。现在，干涸的幼发拉底河床上还留着桥墩的遗迹。城市周围的护城墙也是尼布甲尼撒修建的。为了弄清巴比伦城的全貌，柯底威带领一支德国考古发掘队耗费了近20年的时间。

与巴比伦平原上的其他闪米特入侵部落一样，迦勒底的发展在很大程度上是建立在巴比伦文明的基础之上的。在迦勒底时代，商业贸易逐渐兴盛，手工业与艺术也取得了很大的进展，人们也具备了更高的宗教和文学修养。与过去一样，宗教教条与文学作品仍然是用楔形文字记录在泥板上的。

当时，科学与天文学也取得了长足的进步。迦勒底人继承了通过观测天体来预测未来的传统。占星术发展得更加系统且深入，它事实上正在向天文学迈进。迦勒底人把赤道划分成了360度，占星师们还首次画出了12群恒星的图像，这就是我们现在的“黄道十二宫”。在历史上，迦勒底人是最早绘制天体图的。

当时的人们已经认识了金星、木星、水星、火星和土星这五大行星，他们认为这五大行星是控制人类命运的五种神力，因此，巴比伦人的五大神就等同于这五大行星，他们还用这五大天体来命名巴比伦神。至今，巴比伦神仍在流传，只是古代巴比伦神经由欧洲传到我们这里的时候，已经被翻译成罗马名称。于是，迦勒底人的爱神伊什塔尔星成为我们的金星（维纳斯），大神马杜克星变成了木星（丘比特），等等。迦勒底的占星师们能够越来越精密准确地观察宇宙中的天体，甚至可以预测日食。后来，迦勒底人的天文观测被希腊人继承下来，希腊人在这种观察的基础之上大大地发展了天文学。占星术一直流传至今，现在，人们仍在使用“幸运星”“灾星”等词语。虽然我们常常忽视了这点，但是占星术确实给人们带来了影响。

在巴比伦城，那些新式建筑体现了迦勒底人统治下的巴比伦达到的更新也更高的文明阶段。当然，这是以亚述文明为基础的，但迦勒底人却试图恢复汉穆拉比时代的巴比伦文明，并为此做出了不懈的努力：书吏们坚持使用古代文字和语言；国王们不断在神庙的地下挖掘祖先们的记录，试图找到我们今天所说的奠基石之类的东西。

一味地尊崇古代甚至恢复古代文明无疑会带来文明的倒退。在尼布甲尼撒时期，迦勒底走向了巅峰，而在尼布甲尼撒死后，这块古老的东方大地就像是失去了开拓进取、创造文明的动力。与尼罗河历史一样，两河流域的历史也经历了三个伟大的时期。当闪米特民族对早期世界的统治结束时，新的印欧语系族又走上了历史的舞台。来自北部和东部山区的英勇蛮族征服了来自南部沙漠的游牧部落，历史进入了新的篇章。现在，让我们沿着印欧人的足印，去追述古代文明中的另一段故事。

第五章 米底-波斯帝国

十八、印欧民族的扩散

北方草原上的古代牧民们四处飘荡，后来的几千年中，他们不断地涌入欧洲和西亚。这些来自北方的牧民是白色人种中的一支，被称为“印欧人”。

我们都知道，南方游牧民族来自阿拉伯沙漠，他们源源不断地从沙漠边缘的草原向城镇迁徙，并最终在城镇定居下来。北方也有一片与南方草原类似的草原。这片草原自地势低平的多瑙河流域向东延伸，沿着黑海北岸，经由南俄罗斯，直至亚洲北部与黑海东岸。古代游牧民四处散居在这片草原上。随着时间的推移，这些北方牧民们就像南方闪米特人涌入肥沃新月一样，源源不断地涌入了欧洲和西亚。

这些来自北方的游牧民被称为印欧人，他们是庞大的白色人种中的一支，基本上可以被认为是现代欧洲人的祖先。我们都知道，美国人的祖先来自欧洲，因此这些印欧族牧民也称得上是美国人的祖先。来自北方草原上的游牧民想要寻找一块宜居之地，然后结束他们四处游荡，居无定所的生活。于是，他们早在很久之前就开始了大规模的迁徙。一开始，他们选择了各不相同的迁徙路线；后来，他们开辟了一条迁徙的主线，这条主线是从东方的印度边界向西，穿越整个欧洲然后到达大西洋。他们就是通过这条主线到达并定居在今天欧洲人生活的地方。南方闪米特民族也有一条类似的迁徙主线，他们是从东方的巴比伦尼亚穿越腓尼基和希伯来，然后向西延伸至迦勒底和地中海西部的腓尼基闪族人定居的地方。

在很大程度上，我们将要追溯的古代世界史，就是围绕这条源自南方草原的闪米特迁徙线，与源自北方草原的、在南方与更古老的闪米特文明相遇的印欧线之间的斗争而展开的。在亚洲到大西洋之间的广大区域内，这两个伟大的民族就像两支正在对峙的军队，他们在地中海地区保持着敌对的状态（图121）。闪米特迁徙线的左翼是罗马和迦太基之间的战争，右翼则是波斯与迦勒底之间的斗争，波斯赢得了胜利。

在长时间的斗争之后，印欧人赢得了最终的胜利。中央和两翼地区都被印欧人征服，印欧人还在希腊和罗马时代成为整个地中海世界的绝对统治者。在战胜了闪米特族之后，印欧族系的各个成员之间又开始了争夺统治权的拉锯战。统治权逐渐从北方线的东端转向西端，从波斯人手中转向希腊人，最后到了罗马人手中。

现在，让我们回到印欧人离开北方草原之前的时期。至今，研究者仍然不能确定最初的印欧游牧民居住地点。有证据显示，印欧人的祖先们可能最初居住在黑海东部和东北部广阔的大草原上。他们最初是一个民族，有着共同的语言。现代欧洲的文明居民的语言，包括英语①在内，就是在这种语言的基础上演变而来的。

印欧民族在迁徙之前仍然处于石器时代。虽然铜在当时已经出现了，但是他们还没有学会使用。由此我们可以推断，他们分散开来四处迁徙的时间在公元前2500年之前。他们分为许多个部落，各个部落逐水草而居，放牧牛羊。他们在当时已经拥有了牛、绵羊等家畜，其中最主要的是马。而直到汉穆拉比时代，东方开化民族才知道马。这些早期的印欧人不仅把马当作坐

① 现在使用印欧语的民族并不一定有印欧人的血统，而一些继承了印欧人血统的民族却丢失了原来的语言而接受了其他语言。语言和血缘之间的交错与融合在人类历史上频频发生。但是我们并不能因此断言印欧人与更为古老的欧洲居民之间的融合使得他们失去了自身的特性。我们对印欧人的身体类型了解甚少，但是根据事实我们可以得出这样的结论：在印欧人的迁徙过程中，继承了纯正的印欧血统的人身上所具备的包括语言在内的大量天赋与才能也被分散了。

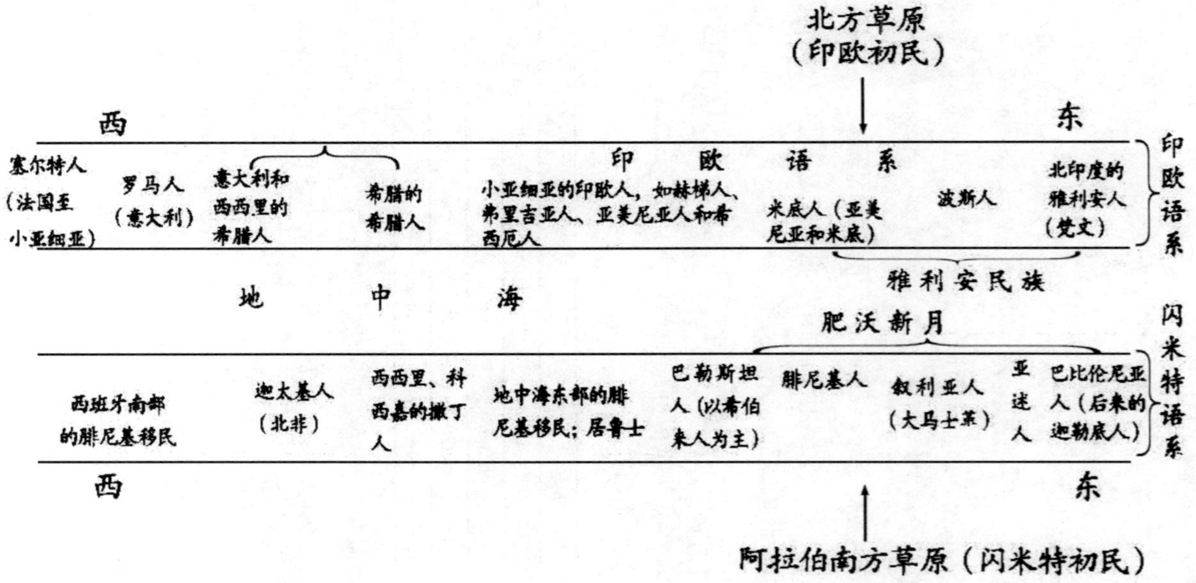

图121　闪米特系与印欧系的分布示意图

实际上，虽然两个族系的分布有时会有所交叉，例如在西西里，但是大部分情况下是各行其是的。在地理上，埃及属于南方，它与闪米特系的关系很密切，但是由于埃及人从未在南方草原上居住，因此图中没有体现这一点。在西方，这两大族系在地中海的大部分区域相互对立；在东方，他们又沿着肥沃新月的边缘地带相互对峙。在这幅图中，赫梯人被列入了印欧民族，这并不是以最初的血缘关系划分，而是以语言归类的。

骑，还用它来拉二轮马车。一些已经定居下来的部落开始种植谷物，主要是种植大麦。他们在耕地时，把轭套在公牛身上然后用牛来拉犁。他们没有文字，因此社会单位非常小，但是他们仍然是古代世界天赋很高、想象力丰富的民族。

在分散的过程中，部落与部落之间的联系越来越少，语言与风俗习惯之间的地理差异也越来越明显。如果我们比较一下源于同一种语言的英语与美语之间的差别，我们就不难理解那些源于同一族系的部落之间的巨大差别了。一开始，印欧语系的两个部落相遇时还能够相互理解，但是随着双方语言差异的增大，后来两个部落相遇时，已经无法理解对方的表达了。随着时间的推移，他们关于祖先的共同记忆也逐渐模糊。直到最近，他们之间的亲属关系才被重新发现。现代欧洲的各种语言就是通过这个过程发展而来的。如果我们从西方的英国出发，向东穿越整个欧洲，抵达北印度，我们能在沿途的不同语言中听到不止一个相同的单词。于是，“印欧语系”这一词语就出现了。我们可以比较下面几个单词：

西方			东方		
英语	德语	拉丁语	希腊语	古波斯和阿维斯陀语	东印度语（梵文）
brother（兄弟）	bruder	frāter	phrāter	brātar	bhrāter
mother（母亲）	mutter	māter	mētēr	mātar	mātar
father（父亲）	vater	pater	pitēr	pitar	pitar

这些来自北方草原的游牧者早在公元前2000年就已经从西方穿越多瑙河流域到达了巴尔干半岛，他们中的一些人已经进入了意大利，我们对石器时代的欧洲游牧民族的迁徙研究证明了这一点。这些希腊人和罗马人的祖先们一边放牧牛羊，一边在草原上四处漂泊，他们在不断的迁徙过程中分散开来。下面，我们会讲到他们在地中海的征服活动。在此之前，我们先来介绍一下印欧语系广大的东部分支，以及他们在向南推进时与闪米特语系的右翼发生的冲突。

十九、雅利安民族琐罗亚斯德

来到黑海东岸的草原上并在此定居的印欧语系东翼部落就成为雅利安民族。琐罗亚斯德是第一位伟大的宗教创始人，在他创立宗教后一直到公元前700年，他所创立的宗教是肥沃新月山区的米底人最为重视的宗教。

印欧语系最东端的部落在公元前2000年左右开始离开祖居地，前往黑海东部广博的无树草原上放牧，这是人们公认的史实。在那里，这个印欧部落的牧民们被称为雅利安人①，他们没有留下任何著述和遗迹，但是他们后代人的信仰提示我们，雅利安人已经拥有了较为高级的宗教。这种宗教主张人们“善思，笃行”，并且非常重视火，这种宗教的教士们被称为“播火者”。

大约在公元前1800年，雅利安人分散成为两支。东部的一支向南迁徙直到印度。我们能通过他们的梵文“维达斯”圣书，感受到雅利安人作为一个整体的那个时代的脉动。圣书中还有许多关于雅利安人在黑海东部的故乡的线索。

另一支保留了“雅利安”这个称呼，它就是后来的伊朗。离开故乡后，这支雅利安人向西部和南部推进，进入了肥沃新月旁的山区，成为后来的伊朗人。其中，两支最为强大的部落分别是米底和波斯②。我们前面已经介绍过，米底人在亚述帝国的统治下曾经从北部山区退到了尼尼微。最后，闪米

---

① 最初的雅利安人并没有给他们的大部落群体整体命名，用“雅利安”来称呼初民是不对的，“雅利安”（后来的“伊朗”和“伊朗人”就是由其衍生出来的）只是一个部落群的名称，是初民的一个分支，他们在分散之后，过个几个世纪才来到黑海东部定居。当人们用雅利安来称呼欧洲的印欧人或是说我们是雅利安的后代时，我们应该知道，这种说法在历史上是站不住脚的。雅利安人是印欧初民的东方后代，我们则是印欧初民的西方后代，雅利安人只能算是我们的远亲，而不是我们的祖先。

② 他们用辽阔的伊朗平原来命名自己的部落。伊朗高原从扎格罗斯山脉向东，一直绵延到印度洋。在希腊和罗马时代，这片地区被称为“雅利安那”。“伊朗”一词明显源于“雅利安”。

特系右翼被向南推进的印欧系东翼击败，肥沃新月落入了这支印欧系东翼的手中。

公元前600年，亚述帝国灭亡后，米底人在底格里斯河东部的山区里建立了一个强大的伊朗帝国。伊朗帝国从波斯人居住的波斯湾沿山脉向西北扩张，直到黑海地区。这时，印欧系东翼边缘已经完全与底格里斯河平行，但是他们并没有就此停止。米底人的一举一动都被尼布甲尼撒和他住在巴比伦的后继者们紧张地关注着，这些迦勒底人掌握着来自南方草原的闪米特族的统治权力，他们威胁着幼发拉底河。后来，来自北方草原的印欧族夺走了他们的权力。在米底人和波斯人的强大攻势面前，迦勒底人无奈地退缩了。我们现在正在追溯历史上规模巨大的一次种族变迁过程。新的波斯东方统治者是我们的远亲，5000年前在遥远的亚洲内陆草原上放牧的印欧初民就是我们共同的祖先。

这些伊朗人信仰的宗教是从远古的雅利安祖先那里继承下来的。大约在公元前1000年前的东部山区某地，一个名叫琐罗亚斯德的伊朗人正在努力地探索生命的奥秘，他试图找到一种信仰，以满足人类的生活需要。他观察着世界上各种各样的随处可见的几乎没有休止的斗争，他认为这些都是善恶之间的斗争。他将神圣的善神称为“玛兹达”或“胡拉玛达”，意为“智慧之神”。胡拉玛达的身边围绕着一群助手，这些助手就组成了一个善的群体，其中，最伟大的是名为“密特拉”的光明神。与善的群体相对的就是恶的群体，这个恶的群体以罪恶之神“阿里曼”为首。犹太教和基督教中的撒旦就是由阿里曼这个罪恶之神演变而来的。

源于生命自身斗争的琐罗亚斯德教是人类最高级的宗教之一，也是人类思想史上的一支强大力量。它告诫人们，在选择人生道路时，是应该把灵魂交给善神和光明神，还是让自己沦为罪恶神与黑暗神的奴隶。琐罗亚斯德教认为，无论选择何种道路，都要经过末日审判，这是亚洲最早与末日审判有关的宗教信仰。琐罗亚斯德还坚信，正因为有善神和光明神的存在，古雅利安人才对火如此崇拜，因此，他在宗教中保留了古代的“播火者”传教士。

琐罗亚斯德一直在努力向伊朗人宣传他的新宗教，但是一开始并没有获得回报。这位伟大的先知只留下了一组赞美诗，诗中体现了他对自己的宗教寄予的极大希望，以及他对世事的担忧。传说琐罗亚斯德曾经奇迹般地治愈了一位伊朗国王的跛马，这位伊朗国王与所有的伊朗人一样天性爱马，于是他皈依了琐罗亚斯德所创建的新宗教。

直到这位伟大的先知临死之际，人们才接受了他的新宗教。此后一直到公元前700年，他的宗教一直是肥沃新月山区的米底人最为重视的宗教。琐罗亚斯德是第一位伟大的宗教创始人。

那时的伊朗人还没有文字，因此琐罗亚斯德既不会读，也不会写。上面提到的赞美诗与他传教的故事都是通过早期基督教的《阿维斯塔》这本书流传下来的。这本书是波斯人的圣经。

二十、居鲁士与波斯帝国

居鲁士在尼尼微失陷后的60年内统治着一个小王国。他利用亲属关系联合了几个波斯部落，并形成了一个国家。这个国家不断发展壮大，征服了从小亚细亚到地中海的广大区域，并最终称霸了整个东方世界。

波斯人是伊朗人中的一支，他们是琐罗亚斯德教的虔诚信徒，我们正是通过他们了解到琐罗亚斯德教的。在公元前612年尼尼微沦陷时，波斯人早已经在扎格罗斯山的东南端，波斯湾的北部地区定居了很长时间。波斯湾沿岸的生存条件不比沙漠好多少，但山区中的山谷土壤肥沃，非常宜居。这片山区中一块大约400英里长的地带被波斯人占领，波斯人在此建立了农业社会，他们是山地野蛮民族，但是已经形成了简单的社会制度。他们没有文字，没有文学，也没有艺术，但对于祖先，他们却心怀最深切的缅怀。他们常常在劳作之余聚在一起，回忆他们的祖先雅利安人，以及为他们创造了宗教的古代先知的故事。

在波斯人中，有一个名叫安闪的部落，他们定居在埃兰山区，并在此创建了一个小王国。在尼尼微失陷后的60年内，这个王国由一个名叫居鲁士的波斯人所统治。他利用亲属关系成功地与其他几个波斯部落联合，并形成了一个国家。然后居鲁士迅速开始反抗米底人的统治。他率领农民士兵攻打米底，并在三年后成功征服了米底地区。居鲁士的超凡气魄与独特经历吸引了所有西方对手的注意力。

这个崛起不久的征服者与他的农民士兵爆发了一种所向披靡的强大能量，他们的军队主要由弓箭手组成，因为波斯农民都是出色的弓箭手。这些弓箭手们在距敌人很远的地方用强弩发起攻击，他们射出的箭如疾风骤雨一般，让敌人无力阻挡，基本上不需要再近距离作战。波斯的弓箭手两翼还有骑兵，这些骑兵们等着敌军被弓箭手克制之后再投入战斗，彻底歼灭敌人。这是波斯人从亚述人那里学来的战术。弓箭手一度是东方战斗力最强的战士（图122）。为了对抗居鲁士，巴比伦尼亚（迦勒底）、埃及、小亚细亚西部克雷兹王统治下的吕底亚与希腊的斯巴达结成了联盟。这个联盟的目标就是抵御在东方天空如新

图122　波斯士兵

虽然这些正在执勤的王宫卫兵们手中持有长矛，但从他们背上的箭囊大小可以推测，他们的主要职责仍然是弓箭手。在伊苏斯战争中，国王身边的卫兵也要拉弓射箭。在这幅图中，王宫卫兵们身上的华美长袍是用绚丽的釉砖镶嵌而成的，这是源自波斯的一种装饰宫殿墙壁的艺术。

图123　记录着居鲁士攻占巴比伦的筒形黏土书（公元前539年）

这部黏土书上记录着居鲁士占领巴比伦的过程：“在没有进行任何战斗与拼杀的情况下，巴比伦神马杜克就让居鲁士进入了自己的城市巴比伦；他为巴比伦去除了灾难，把对自己不敬的迦勒底国王那波尼德送到了居鲁士的手中。”巴比伦迦勒底国王那波尼德与教士们不合，因此巴比伦被教士们送给了居鲁士。

星般升起的居鲁士。在这样的情况下，居鲁士待时而动，先发制人。他首先对联盟的领头人吕底亚的克雷兹发起了攻击。公元前546年，居鲁士占领了吕底亚的首都萨蒂斯，国王克雷兹也沦为了他的俘虏。随后，居鲁士进一步占领了小亚细亚的南部海岸。在五年时间内，这个埃兰山区的波斯王国不断发展壮大，征服了从小亚细亚到地中海的广大地区，并最终称霸了整个东方世界。

居鲁士再次将目光转向东方，他轻而易举地打败了年轻的摄政王伯沙撒率领的迦勒底军队。在《但以理书》的第五章中，我们可以发现，在基督教世界，伯沙撒是一个尽人皆知的名字。虽然巴比伦拥有尼布甲尼撒修建的高大而坚固的城墙，但它还是在公元前539年被波斯军队攻入，并且几乎没有进行任何抵抗。

在73年间，也就是仅仅两代人的时间内，始于尼尼微陷落的北方草原与南方草原之间的斗争，以印欧人彻底战胜东方闪米特人告终。大约在10年后的一次与东北部伊朗游牧民族的战斗中，居鲁士战死沙场（公元前528年），他的遗体就葬在帕萨尔加德的一座巨大坟墓里，居鲁士就是在那里创建了波斯帝都，现在，那里还长眠着历史上首位具有印欧血统的强大征服者。

现在，西亚所有国家都落入了波斯国王的统治之中，但居鲁士王国仍在对外扩张。公元前525年，居鲁士的儿子——冈比希斯在居鲁士死后第三年征服了埃及。冈比希斯的这一次征服让波斯王国最终成为波斯帝国。所有的东方文明古国都成为波斯帝国的领地，帝国的范围从尼罗河三角洲、整个地中海东端再到爱琴海，并以此为西部边界，向东几乎到达了印度。从击败米底人开始算起，居鲁士只花了25年的时间就完成这一强大的征服。当然，居鲁士的这次征服在一定程度上是在亚述帝国曾经的基础上完成的。现在，波斯人开始从自己征服的那些伟大文明中汲取更多营养，以加强自己的实力。

二十一、波斯帝国的文明（大约公元前530年至公元前330年）

波斯帝国创造了国家高度组织化的最早典型——行省制。波斯帝国还在海洋上扩张自己的势力，并成为海上霸主。它不断地吸收各种东方文明，并将它们与帝国的生活相融合。

波斯人在进入巴比伦后发现，这是一座前所未有的伟大城市。尼布甲尼撒在两河之间修筑的巨大防御工事，以及在遥远的巴比伦平原上都能望见的华丽宫殿与神庙建筑，都让这座城市更加宏伟壮观。此外，巴比伦还是西亚的商贸中心与早期东方世界的最大市场。现在，波斯国王已经统治了尼罗河畔的那些伟大城市，我们之前已经看过那些巨型石碑了。很快，波斯人就会受到尼罗河和幼发拉底河文明带来的深远而重大的影响。

这时，巴比伦繁盛商业区里的阿拉米商人使用的语言——阿拉米语已经成为整个肥沃新月的通用语言。各种商业文件都是用笔和墨水在莎草纸上用阿拉米语书写而成的。人们已经不再使用那种刻在黏土板上的楔形文字了。波斯官吏也要用阿拉米语来管理商贸和收税。阿拉米语已经在波斯帝国的西半部普及开来。即使远至尼罗河和小亚细亚，波斯官吏发送的官方文件也是用这种通行的商业语言写成的。

波斯国王同时采用了阿拉米语和古波斯语这两种语言。阿拉米字母还被大量运用在波斯的书面语中，就像罗马字母被运用在英语中一样。这时，波斯抄写员们可能受到了阿拉米字母的启发，他们发明了一套由39个楔形符号组成的新字母表，用来在黏土板上写波斯文。巨型纪念碑上就出现了这种文字（图124）。一直没有自己的文字的波斯人终于在进入肥沃新月后开始用文字来书写他们的历史，那些巨大的纪念碑就是留存至今的早期波斯文献。

波斯帝国的领土从印度洋绵延至爱琴海（相当于美国东部到西部的距离），还包括从印度洋到黑海的沙漠。这样一个庞大的帝国要建立一套完整的组织与管理体系，无疑是一项艰巨的工程。此前，没有一个统治者尝试过建立这样的体系，因此，单凭居鲁士一个人的力量是不可能完成这项庞大的政治工程的。这个宏大的历史任务一直从居鲁士到大流士（公元前521年到公元前485年）才最终完成，大流士时代的波斯组织管理体系是古代东方，甚至是整个古代世界的伟大成就。虽然被统治阶级在政治上仍然没有任何发言权，但是大流士的统治基本上保证了公平、慈善与理智。在大流士的统治体系中，国王拥有绝对的权威，他的话就是法律，所有人都要服从于他。贝西斯敦的铭文上记录着大流士的一段话："胡拉玛达神的慈悲在上，这些土地全部听命于我；我发出的命令，他们必须无条件服从。"我们可以发现，个人集权式是这一统治体系的核心，这个史无前例的巨大帝国就是依靠个人的绝对权威来治理的，这成为后人们难忘的范例。

大流士没有新的征服计划，他希望努力维持并发展自己的帝国，让自己成为巴比伦尼亚和埃及的国王。他把帝国的征服地划分成为20个"行省"，

图124　大流士的胜利纪念碑——贝西斯敦悬崖上的亚洲“罗塞塔”石头

作为留存至今亚洲最为重要的历史文献，这座纪念碑让人印象深刻。纪念碑由浮雕（A）和三种铭文（B、C、D）四个部分组成。B是一块高12英尺的巨大铭文，它被分为几个纵列，上面记载的是发生于大流士即位典礼后的一场大规模叛乱，大流士击败了所有敌人，平息了这场叛乱。铭文是用波斯人发明的由39个字母组成的新楔形文字写成的。C和D是波斯语铭文（B）的巴比伦尼亚语译文，因此C和D的内容与B相同；只是铭文C是用上百个楔形符号组成的巴比伦尼亚楔形文字写成的；铭文D也是使用的楔形文字，但它使用的是苏撒地区的苏西安语。这座纪念碑上的铭文由东方最重要的三种语言写成，它公开向世人宣扬国王的辉煌战绩。这座纪念碑被国王安放在贝西斯敦悬崖上，悬崖高300英尺，上面可以俯瞰主要大道。在巴比伦和普拉提亚之间往来的商旅们一抬头，就能看到这块25英尺高、50英尺宽的纪念碑。这样的高度是很危险的，但亨利·罗林森爵士不顾生命危险，攀上悬崖将纪念碑上的三种楔形铭文全部复制了下来（1835年至1847年）。通过复制下来的铭文，罗林森爵士成功破译了古巴比伦尼亚的楔形文字。现代历史学家们通过这座雄伟的纪念碑再现了巴比伦尼亚和亚述已经失传的语言和历史。这座纪念碑对西亚的历史意义就如同罗塞塔石头对埃及的历史意义一样重要。

行省的最高长官是总督，总督由波斯君主——国王直接任命。这类似于迦勒底、亚述和埃及的统治体系，但波斯帝国进一步完善了这种体系。波斯帝国是最早用划分行省的方式来实现国家高度组织化的，这种体制被称为行省制。各个行省要按时纳贡并为国王的军队提供兵源，除此之外，各行省享有高度的地方事务自治权。国王还直接派官吏到各个行省，以监督和预防行省总督或人民发动反抗波斯政府统治的叛乱。人们按照古老的埃及风俗将这些官吏们称为“国王的耳朵”或“国王的眼睛”。这些官员们要及时向国王汇报各个行省内可能发生的叛乱。这些制度都建立在亚述帝国统治体制的基础之上。

帝国将农业用地划分成了一个个的大领地，有权势的贵族和其他大土地所有者享有这些大土地，而小土地的所有者很少。土地上的大部分产物都要用来向帝国纳贡。用实物纳贡是东方自古以来的传统；而在西方，那里主要居住着吕底亚和小亚细亚西部的希腊移民，他们在公元前600年前一直在使用金属铸币，因此他们就用金属铸币来纳贡。包括埃及、巴比伦尼亚和波斯在内的东部地区各国直到很久以后才采用这种更为便利的方式。大流士自己也开始铸造金币，他还允许各行省的总督们铸造银币，这两种货币的比率是13：1，即金币的价值是银币的13倍。于是，东方终于引进了国家发行金属货币的方式，它将带来巨大的商业便利。

大流士不愧为有大智慧的政治家，他预见了海洋的重要性并努力将波斯向海上强国的方向发展。但是对于身处内陆腹地，与海洋之间隔着一片大沙漠的民族而言，控制海洋不是易事。为了实现这个目标，大流士做出了大量的努力，这些努力大概可以与德国皇帝创建强大的海军所做出的努力相媲美。大流士与威廉皇帝不同，他只能雇佣外国的水手。大流士曾经雇佣了一个名叫西拉克斯的地中海水手，西拉克斯非常善于航行，他先被大流士派去考察通往印度河的航线，然后又接到命令沿着亚洲海岸从印度河出海口向西航行到苏伊士地峡。西拉克斯是迄今发现的首位沿着亚洲南海岸航行的西方水手，而当时（大约公元前500年），亚洲南海岸还很少有人知晓。

大流士还疏通了淤塞已久的古埃及运河，使这条连接尼罗河与红海的运河再度畅通起来。大流士建立的巨大石碑的碎片就曾出现在这条古老的航线上，我们在这些碎片上可以看到关于大流士修复运河的描述。其中，有这样一段话：“这条连接埃及的尼罗河与波斯湾延展出来的大海（红海）的运河是我下令开凿的，现在，如我所愿，船只可以从埃及经由运河航行到波

图125　位于波斯波利斯附近的居鲁士墓

这是波斯最古老的建筑，可能是由居鲁士主持修建的。柱廊环绕在主建筑的周围，这幅图的左侧是这些柱廊的遗迹。当亚历山大大帝来这里参观时，居鲁士已经在这里葬了两百多年了。当时，墓穴中的皇家陪葬品已经被洗劫一空，亚历山大下令把居鲁士的遗骨放回原处，并将墓室封闭了起来。现在，这座居鲁士墓里已经空无一物了。

斯。”此外，大流士还希望波斯的南方海岸参与到当时印度与地中海世界之间的不断增长的商业贸易中去，但他没能实现这个愿望。在当时的波斯，小土地所有者非常少，自然也不会有积极进取的小商人，于是商业贸易也就缺少最有力的推动者。

不同于亚述人的残暴统治，大流士对腓尼基人的城市采用的是相对仁慈的政策，他也因此成功创建了一支强大的腓尼基舰队。就是依靠这支舰队，大流士的儿子薛西斯才能在地中海地区发动战争与运输物资。厉害的波斯国王取得了亚述帝王们未能取得的辉煌功绩，在他的带领下，波斯成为亚洲第一个拥有强大海上力量的国家。

波斯帝国的境内遍布着大路网，帝国依靠大路网来维持交通，这些大路对波斯帝国的作用就像如今铁路给我们带来的便利作用一样，只是规模有所不同。在大路网的基础上，波斯帝国还建立了比亚述帝国更为完善的邮政系统。那时，把苏撒的商品运往爱琴海所需的时间几乎与我们现在环绕世

图126 位于波斯波利斯的波斯王宫的大门和阶梯

波斯王宫的入口就是这幅图中的巨大平台，它的高度相当于美国一栋普通的两层楼房。宏伟的宫殿原来就建在平台的上面，平台的外侧就是皇城。

界一周的时间一样长，但是那时的邮政使者们仍然兢兢业业地传递着商品和信件。这些大路的作用还可以通过一个事例来说明，我们今天非常熟悉的家禽——鸡，在当时的地中海还非常陌生，人们根本没听过这种东西。直到波斯人通过这些大路把鸡从它的故乡印度运到爱琴海后，欧洲人才开始了解并饲养这种家禽。此外，大流士还引进了埃及历法，按照这种历法，每年有12个月，每个月有30天。5个世纪之后，这种历法被尤利乌斯·恺撒引进了罗马。被征服民族的科学引起了大流士的浓厚兴趣，他在埃及创建了一所医校，这是迄今为止发现的最早的医校，同时也是最早的专科学校。

波斯君王主要居住在苏撒古城埃兰，这座古城坐落在扎格罗斯山区中，它也是波斯的首都。巴比伦尼亚平原气候温暖，于是，在每年的寒冷季节，波斯君主会迁到巴比伦城中，居住在以前的迦勒底王宫中。早期的波斯国王们始终坚持在自己的故乡居住，居鲁士曾经在帕萨尔加德附近建立宫殿，而他正是在这里将米底人击退的；大流士也曾在波斯波利斯建立一座豪华宫殿，距居鲁士王宫大约40英里。这些建筑的废墟旁就坐落着居鲁士、大流士和薛西斯等波

图127 早期的波斯国王陵墓

在居鲁士和冈比希斯过后，自大流士开始的历代波斯国王都在这个悬崖上为自己开掘墓穴。这里距波斯波利斯的王宫大约为6英里。波斯最早的六位国王中，已经有五位的陵墓被发现。他们分别是大流士一世（左起第三个）、薛西斯（最远处的一个）、大流士二世（左起第一个）和阿塔薛西斯一世（左起第二个）的陵墓。埃及的征服者——国王冈比希斯的墓穴至今还未发现。而阿契美尼德世系（大流士世系）的最后三位国王的墓穴被开凿在波斯波利斯王宫后面的山崖上。他们分别是阿塔薛西斯二世、阿塔薛西斯三世和大流士三世。国王在祭火坛前向胡拉玛达神祈祷的像被雕在每个墓前的柱廊上。与居鲁士的墓一样，这些陵墓也早已被洗劫一空，墓里只留下了曾经埋葬过大流士、薛西斯等国王及其家人的大石棺。

斯皇帝的陵墓，它们静静地矗立在旁，见证着历史的变迁（图127）。

波斯的建筑师们不断地向被帝国征服的东方古老民族学习，在这个过程中，他们将许多不同的艺术形式融合起来。他们模仿巴比伦尼亚的样式建立了波斯宫殿下面的巨型平台；他们还从亚述和西方学来了装饰在宫殿大门上的双翼公牛；王宫正面和宽敞的大厅中的柱廊（亚洲最早的柱廊）是从两千多年前的尼罗河畔借鉴而来的；王宫门口的门楣虽然可以看作是亚洲式的拱门，但它仍然是源于埃及的设计；镶嵌在宫殿墙壁上的绚丽瓷砖也是从尼罗河经由亚述和西方才传到波斯的。波斯的建筑师们用其他国家的文明成果装饰自己的帝国，并将其融入了帝国的生活。

二十二、对波斯文件与楔形文字的破译

通过对西亚楔形铭文的破译，我们终于理解了巴比伦尼亚和亚述的城市废墟向我们展现的，两河流域历史上的三部伟大篇章。这是几乎已经被世界遗忘的关于西亚民族2500多年的历史。

对于现代人而言，波斯人在肥沃新月与东方文明的融合与吸收具有极为重要的科学意义。正是通过波斯人用楔形文字写下的文件，我们才能够破译西亚的楔形铭文。如果他们没有留下这些文件，现代的学者们可能永远无法理解那些黏土板，我们对巴比伦和亚述历史的研究将永远止步于无休止的争论之中。

当巴比伦尼亚和亚述的语言被阿拉米语取代之后，人们不再用古代楔形文字来书写黏土板或做其他记录。大约在两千年前，最后一位懂楔形文字的人也死去了。从此，巴比伦尼亚和亚述的历史被尘封在两河沿岸的城市废墟之下。

1800年，一些欧洲旅行者在波斯王宫的遗迹中发现了大量的楔形铭文，他们将这些铭文做成复制品带回了欧洲。研究发现，这些铭文中并没有包含很多楔形符号的种类，因此铭文的破译似乎没有那么困难。1802年，一位名叫戈罗特芬德的德国教师在这些波斯铭文中辨认出了大流士和薛西斯的姓名以及其他一些单词和名称。后来，这位德国教师译出了两个短篇楔形铭文（图128），这是近代人第一次破译出波斯铭文，这个领域的有关学者们受到了极大的鼓舞。但是这两篇铭文的篇幅实在太短，只涉及了波斯字母表上的几个楔形符号，而绝大多数的波斯铭文仍然是神秘而无法理解的。这时，波斯楔形字母表上所有其他符号的音调被一些欧洲学者发现了。同时，亨利·罗林森爵士——一位杰出的英国军官在驻扎波斯时搜集了很多波斯铭文，这在欧洲是根本无法实现的。这位英国军官搜集到的铭文中就包括著名的大流士贝西斯敦铭文。1847年，罗林森发表了一套包括39个语音符号的古波斯楔形文字的字母表，以及贝西斯敦铭文上的波斯语部分的完整译文。这说明他已经

E

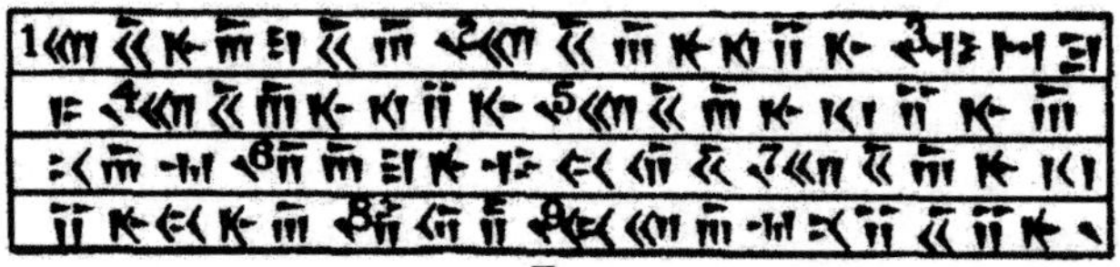

F

图128　第一次被破译的两篇古代波斯铭文

在铭文中，插在两个相邻单词之间的倾斜的楔形是分隔符。图中插入的阿拉伯数字是为了区分不同的单词，因此除1以外的阿拉伯数字都标在分隔符指示的新单词的前面。戈罗特芬德发现，在同一篇铭文中，有一个单词出现了很多次，图E中2、4、5、6就是同一个单词。F中也出现了四次（2、4、5、7）这个单词。由于这些铭文发现于波斯国王的画像上，因此戈罗特芬德推测这个出现频率颇高的单词可能是波斯语中的“国王”一词；又因为这个单词每次都出现在第二位，因此它前面的单词很有可能就是国王的名字。于是，两个符号就可以组成一个词组，例如“大流士国王”。戈罗特芬德还发现，在后来的波斯文件中，这些波斯国王头衔的字符是已知的。于是，他尝试推测这些单词的排列顺序和实际意义：

1	2	3	4
某位波斯国王的名字	国王	伟大的	国王
5	6	7	8
国王们的	国王的	某位波斯国王的未知名字	儿子

6、7、8连起来就意味“某某国王之子”，然后，戈罗特芬德把已知波斯国王的姓名加了进去，他根据名字的长度推测出，E中的第一位国王很有可能就是大流士，F中的第一位可能是薛西斯。

图129 薛西斯在古波斯楔形文字中的名字

这是图128F中的第一个单词，戈罗特芬德推测它是薛西斯在古波斯楔形文字中的姓名。我们所说的"薛西斯"在古波斯语中读为"克沙亚尔沙"，就如同"查尔斯"是古代"卡洛斯"的简略形式一样。因此，图中的七个符号应该分别读作：Kh—sha—y—a—r—sh—a。就是通过这种方式，戈罗特芬德读出了这些符号的音调。同时，他还在波斯语"国王"这个单词中发现了其他一些符号，然后他由此推出了古代波斯语中"国王"的发音。我们也可以尝试一下，首先在纸上画出"国王"这个单词的前面三个符号，然后将这三个符号与"薛西斯"对比，我们会发现，"国王"中的前三个符号与"薛西斯"中的第一、第二和第七个符号是一样的。我们把"薛西斯"中的第1、2、7个符号排成一行，就得到了Kh—sha—a。由此我们可以肯定，古波斯语中的"国王"一词是以Kh—sha—a开头的，如果我们将它与现代波斯国王的头衔"shah"进行比较，我们会发现戈罗特芬德对古波斯楔形文字的破译方式是正确的。

完全破译了古波斯楔形文字。我们要说明的是，居住在东方的罗林森对欧洲学者的研究毫不知情，因此他是在完全独立并且没有借鉴的情况下完成的破译，这让他的成果更为弥足珍贵。

现在，学者们可以对古波斯铭文进行解读了，他们在破译现存波斯铭文的过程中，尤其是在对著名的贝西斯敦铭文的破译中，发现了大量有价值的信息。但是幸存至今的波斯铭文很少。学者们破译古代波斯楔形文字的最终目的是破解古巴比伦尼亚楔形文字。

学者们发现，贝西斯敦纪念碑上的铭文C中的楔形符号与巴比伦尼亚发现的黏土板和石碑上的楔形符号是一样的。就在这时，巴黎和伦敦的博物馆中收到了从尼尼微和萨尔贡王宫中发现的巨大雪花石膏雕版，雕版上的铭文与贝西斯敦纪念碑上的铭文C也是一样的。于是学者们推测，破译贝西斯敦的铭文C是关键，只要能够解读铭文C，就能够解读巴比伦尼亚和亚述的所有古代文件，这可以帮助我们了解那个伟大时代。

许多证据表明，贝西斯敦铭文C是罗林森已经破译出来的波斯文的巴比伦尼亚文，因此贝西斯敦铭文可能是我们破译古巴比伦尼亚语的突破口，就像罗塞塔石碑是破译古埃及语的桥梁一样。贝西斯敦铭文很有可能会成为西亚的罗塞塔石碑。我们可以更加直观地进行对比：

罗塞塔石碑中包含：

1.学者将埃及语铭文与2进行比较并成功破译；

2.学者已经理解的希腊文

贝西斯敦铭文包含：

1.学者将巴比伦尼亚楔形铭文与2比较，并以此为突破口进行破译；

2.已经被罗林森破译的波斯文

学者们发现，破译巴比伦尼亚楔形铭文的难度远远超过波斯文，因为波斯楔形文字只有40个符号，而目前已经发现的巴比伦尼亚符号就有500多个。最终，罗林森完成了这项艰巨工作，他在1850年发表了他的研究成果，并在第二年发表了贝西斯敦铭文上的巴比伦尼亚语部分的全部译文。

此后，我们才开始理解巴比伦尼亚和亚述的城市废墟向我们展现的两河流域的三大历史篇章，那是几乎已经被世界遗忘的西亚民族两千五百多年的历史。在巴比伦尼亚和亚述城市废墟的考古发掘出了大量文字文献，于是，研究黏土板和石板上的楔形文件的学者也相继出现，我们称这些潜心研究的学者们为亚述学家。这是一门新学科，这门学科的创立以及对古代西亚历史的研究都要感谢波斯国王给我们留下的那些文件。

二十三、波斯宗教对波斯帝国统治的影响

贝西斯敦铭文中记载着大流士的这样一段话："我以及我的家人既不是邪恶者，也不是说谎者，更不是暴君，因此，我得到了胡拉玛达神的帮助。我依据正义的原则进行统治。"

波斯帝国的统治为整个东方世界带来了近200年的和平与繁荣（一直到公元前330年）。但是当居鲁士和大流士的时代过去之后，波斯国王们的力量已经远不如他们的祖先了。他们贪图享乐，却将大部分的统治职责推给行省总督和其他官吏，帝国进入了腐化而软弱的统治时期，最终走向了衰亡。

后来的世界，尤其是希腊世界将波斯统治者视为野蛮凶狠的东方暴君，但这只是人们的偏见。早期的波斯皇帝们始终以公正对待各民族为己任。贝西斯敦铭文中记载着大流士的这样一段话："我以及我的家人既不是邪恶者，也不是说谎者，更不是暴君，因此，我得到了胡拉玛达神的帮助。我依据正义的原则进行统治。"这段话说明，作为古代世界最大的帝国，波斯帝国具有比之前任何一个东方国家都更为公正仁慈的统治。

通过对大流士其他话语的记录，我们发现，波斯统治者是琐罗亚斯德教的忠实信徒，也是该教教义的践行者。随着波斯统治者的扩张，这一伟大的宗教传遍了整个西亚，尤其是小亚细亚。在波斯，琐罗亚斯德教中胡拉玛达神的助手密特拉神变成了光明神，并最终演变成为太阳神，后来其光辉甚至掩盖了胡拉玛达神。密特拉神还经由小亚细亚传到了欧洲，我们会在后面了解到，在罗马帝国，对伟大的波斯神的信仰无处不在，这种信仰成为基督教的一个危险劲敌。

波斯帝国的宗教也与其他方面一样，冲破了民族界限，进入了一个漫长的纷争时代。在这个时代，为了争取波斯国教的地位，东方各个主要宗教相互斗争，其中，希伯来人的宗教最值得一提。当波斯王族与东方贵族们逐渐衰落时，波斯帝国的一个西方属国——毫不起眼的希伯来王国——引起了人们

的注意。这个小王国对人类文明产生的影响甚至比同期世界上所有强大帝国产生的影响更加深远。

波斯波利斯废墟

第六章　希伯来人与东方的衰落

二十四、巴勒斯坦：希伯来人定居之前的居民

巴勒斯坦是亚洲和非洲的过渡地带的延伸，多种文明在这里交汇。巴勒斯坦的附近有埃及、巴比伦尼亚、腓尼基和小亚细亚诸王国，来自这些文明古国的商品在巴勒斯坦的市场上进行和平竞争，但他们的军队却在这里短兵相接。

我们现在称为巴勒斯坦的地方曾是希伯来人的故乡。巴勒斯坦是海洋与沙漠之间的一块狭长的土地，它位于肥沃新月的最西端，在地中海的东南角上。它的西边是海洋，东边是绵延向北的沙漠和荒地。这块狭长的土地只比佛蒙特州略大一点，它长约150英里，面积还不到一万平方千米。

巴勒斯坦南部是一片不毛之地。在沙漠的肆虐下，这片土地成了石灰岩山丘。耶路撒冷城就被包围在这片贫瘠的土地中。巴勒斯坦北部的山谷中土壤肥沃，但是由于夏季雨水少，土地的灌溉只能全部依靠冬天的雨季。因此，与夏季降水多，灌溉充沛的地方相比，这里的收获要少许多。腓尼基人一直掌控着巴勒斯坦北部的良港，阻断了巴勒斯坦与海洋之间的联系。因此，自然资源贫乏的巴勒斯坦一直没有发展起来，从未像尼罗河畔与幼发拉底河畔的国家以及与它相邻的叙利亚和腓尼基一样，发展出强大的经济和政治实力。

与东端一样，肥沃新月西端的北部山区中也混居着当地居民和来自沙漠湾的闪米特游牧民。那些来自北方的居民，主要是来自小亚细亚的赫梯人在

图130 古埃及绘画：在砖厂劳作的亚洲俘虏（公元前15世纪）

希伯来的奴隶们一直在埃及的砖厂中做苦力，直到摩西将他们带出埃及。在图片的左下方，奴隶将松软的黏土混成两堆，一个奴隶帮另一个奴隶把装有黏土的筐扛到肩上，扛着黏土筐的奴隶要把黏土送往右上方的制砖人那里。制砖人拿到黏土后把它填到长方形的模具里，做成砖坯。图中的这个制砖人已经做出了三块砖坯了。左上方的一个奴隶正在将做好的砖块垒起来，他在中间留出空隙，好让砖块通风。很快，太阳就会将这些砖块晒干。图片的右上角坐着一个手握木棍的监工，他的职责是监督奴隶们劳作。在他的下方，一个肩上套着轭的奴隶正在运走晒干了的砖块。几千年间，从东往西直到爱琴海和罗马，这些地方的城市建筑都是用这些泥砖建立起来的。

巴勒斯坦的闪米特人身上留下了他们的特征。人们一直认为高高突起的鹰钩鼻是闪族人，尤其是犹太人的特征，但实际上，那是来自赫梯人（非闪族）的血液。赫梯人与巴勒斯坦的闪族人之间通婚把这种赫梯式的脸部特征传给了闪族人。在巴勒斯坦的集市上，异域面孔随处可见，还可以听到各式各样的方言。这里还有华美的珠宝、铜盘、尼罗河畔的工匠们打造的象牙家具，还有来自爱琴海的陶器，来自赫梯的红陶与来自巴比伦尼亚的毛织品。毛驴的叫声时不时出现在喧闹的集市中，它们是随着自己的北方主人沿着尼罗河与幼发拉底河一路跋山涉水来到这里的，它们和主人的身影出现在巴比伦庙塔下，还有泰班方尖碑旁。这些西方闪米特人在与巴比伦尼亚的商业往来中学会了书写楔形文字。巴勒斯坦是亚洲和非洲的过渡地带的延伸，多种文明在这里交汇。巴勒斯坦的附近有埃及、巴比伦尼亚、腓尼基和小亚细亚诸王国，来自这些古国的文明和商品都汇集在这里，这是早期东方世界的任何其他地方都无法实现的。

来自那些文明古国的商品在巴勒斯坦的市场上进行着和平竞争，但它们的军队却在这里短兵相接。长达几个世纪的时间内，夹在尼罗河畔与幼发拉底河畔两大强国之间的巴勒斯坦成为这些强国们争斗的战场。巴勒斯坦进入内陆的唯一障碍是位于中部的卡尔迈勒山脉，在这条重要通道上把守的，是后来希腊战争中的美吉多要塞。这样的地理位置让哈米吉多顿平原成为长期以来各国争斗的场所。巴勒斯坦就像1914年德法战争中的西班牙小国一样，一次又一次地遭受着战争带来的折磨。巴勒斯坦曾经被埃及占领几个世纪之久，后来又被迦勒底人占领，再后来成为波斯帝国的属国。总而言之，希伯来人从拥有这块土地的那一刻起，就没能从外国的压迫中挣脱出来。

二十五、希伯来人定居巴勒斯坦，建立希伯来王国

从沙漠中走出来的希伯来人四处漂泊，然后逐渐进入巴勒斯坦并在此定居下来，建立了统一的希伯来王国。

希伯来人原来是阿拉伯沙漠中的游牧民族，他们四处漂泊，放牧牛羊，然后逐渐迁徙到巴勒斯坦地区并在此定居下来。他们的迁徙持续了长达两个世纪（大约从公元前1400年到公元前1200年）。埃及人掠走了一支希伯来人并把他们变为了自己的奴隶，这支希伯来人在一位残忍的埃及法老手下受尽了折磨。后来，在犹太人的英雄摩西的带领下，这支希伯来人逃出了埃及，他们把摩西视为领袖，他们会永远铭记这位伟大的民族英雄。最开始进入巴勒斯坦的希伯

图131 埃及的希伯来奴隶们建造的砖石贮藏室（公元前16世纪）

这是位于尼罗河三角洲东部庇松城的一个贮藏室，它由晒制的砖块筑成，建于拉美西斯二世时期。

来人发现，被坚固城墙环绕的繁盛城镇早已经被迦南人占据了，他们只能转而占领那些势力较弱的迦南人城镇。迦南人的坚固城墙将粗蛮的希伯来人挡在了城外，他们只能散居在巴勒斯坦北部的山区中。在长达几个世纪的时间里，约旦高地上的耶路撒冷人一直在顽强地抵抗希伯来人的入侵。

值得注意的是，那些迦南城镇在被征服前已经发展了1500年的文明，他们居住在舒适的住宅中，拥有自己的制造业、商业、文字以及宗教，他们还建立了自己的政府。粗蛮的希伯来人在与坚毅的迦南城镇进行商业往来时，加强了彼此间的联系，并吸收了他们的文明，这对希伯来人的生活产生了深远的影响。大部分希伯来人从帐篷中搬了出来，开始像迦南人一样修建住宅；他们还脱下了在沙漠中穿的又粗又硬的羊皮衣，穿上了颜色鲜艳、材质柔软的迦南羊毛衣。一个时期后的希伯来人已经拥有了和迦南人完全一样的外貌、职业和生活方式。希伯来人对迦南文明的吸收就和如今新移民对我们的服装和生活方式的吸收是一样的。迦南人与希伯来人之间的通婚让赫梯血液融入了希伯来人的血液之中，这充分体现在了他们与赫梯人极为相似的脸型中。

但是，不同的地区情况也有所不同。在相对贫瘠落后的南部，希伯来人仍然与祖辈们一样过着沙漠生活，他们中的大多数人拒绝离开帐篷，不愿失去沙漠赏赐的自由。今天的耶路撒冷城墙上仍然留着当年约旦高地上牧民的印记。到了这时，希伯来人分为了两种生活方式：生活在富饶的巴勒斯坦北部的希伯来人在城镇过着定居生活，在城外的土地上耕种；而南部的希伯来人仍与他们的祖辈们一样过着古老的游牧生活。几百年来，这种生活方式上的巨大鸿沟是希伯来人之间不睦的重要原因。

图132　拉美西斯二世的木乃伊

他被认为是俘虏希伯来人的法老。大约在公元前1225年，拉美西斯二世去世，死时大约90岁。根据《出埃及记》第5章中第6节到第9节的记述，他大约就是迫害希伯来奴隶的残忍法老。

公元前1100年，埃及已经衰落，亚述还没有征服西方，而地中海的腓尼基人却从克里特岛来到了巴勒斯坦西南部的沿海平原上，在这里，腓尼基人建立了一个国家，这个国家的文明高度发达，人民崇尚武力。当时这个腓尼基国家可能更像一个城邦集合体，这个集合体不断地压制着希伯来人。这时，希伯来人的地方领袖，也就是他们的“执政官”发现，他们想建立自己的国家是很困难的，还需要更长期更巨大的努力。大约在公元前1100年前，希伯来人推选出了一个领袖，这位众望所归的希伯来领袖成功地建立了希伯来王国并登上了国王的宝座。这个国王名叫扫罗，来自南方。扫罗没有改变古老的游牧习俗，他仍然喜欢住在帐篷里。希伯来人在扫罗的带领下与腓尼基人展开了斗争，然而希伯来人不敌腓尼基大军，他们在一场激烈的厮杀中全军覆没。扫罗目睹自己的军队战败，他有心杀敌，却已经无力回天了，于是在大约公元前1000年，扫罗自尽了。

图133 掩埋着耶利哥古城的山丘

许多公元前2500年左右的巴勒斯坦古城都成了这样的山丘，山丘下掩埋着城墙与房屋的废墟。

几年后，大卫（大约公元前1000年至公元前960年）凭借自己出色的能力赢得了南方的支持并成为国王。他曾经是扫罗最得力的助手，但后来被扫罗不公正地判为罪犯。当上国王后，大卫认识到了建立一个坚固城堡的重要性，于是，他从迦南人手中夺取了耶路撒冷一个陡峭山岭上的一座古代城堡，并在那里居住了下来。作为一个南方国王，大卫取得了成功，他为王国创下了一些功绩，这为他赢得了富饶的北方的支持。大卫还是一名英勇的战士，他击退了腓尼基人，统治了整个希伯来王国。王国在大卫的统治下进入了一个和平繁荣的发展时期。大卫不仅仅是一位英勇无畏的战士，他还是一名诗人与歌手，他的民族将会永远铭记他。

大卫的儿子所罗门是一位商人国王，与汉穆拉比相似。他组织马队从事商业贸易，还与腓尼基国王希兰联合创建了一支船队来进行海上贸易。通过这些商贸活动，所罗门积聚了大量财富还迎娶了埃及国王的女儿，他钟情于东方的奢侈品并且喜欢对外炫耀。希兰将许多腓尼基的出色工匠借给了所罗门，于是，所罗门得以抛弃原来希伯来人的帐篷神殿，在耶路撒冷建了一座豪华的宫殿。为了维持自己的奢华生活，所罗门向希伯来人收取重税，这引发了臣民的不满。到了所罗门儿子统治时期，北方各个部落纷纷从统一的希伯来王国中退出，并建立了自己的王国（大约公元前930年）。统一的希伯来王国在成立不到一个世纪后就分裂成为两个王国。

二十六、两个希伯来王国

来自沙漠的野蛮人以利亚引发了一场战火，但这场战火从本质上来说是由希伯来耶和华信仰与迦南神信仰之间的矛盾冲突引发的。最终，不仅整个北方皇室家族被以利亚的后继者们消灭了，迦南神（巴尔）的教士还遭到了他们的屠杀。

希伯来王国分裂成的两个王国陷入了相互敌对，甚至相互斗争的状态。希伯来人的北方王国是以色列，这个王国土地肥沃，生产力高，同时制造业和商业也很发达，王国中的人们过着富足繁荣的城镇生活；而南方王国犹大则非常贫瘠，整个王国除了巴勒斯坦之外找不到别的大城镇，大多数人仍然过着四处漂泊放牧的生活。

两个王国在生活方式上的巨大鸿沟引发了其他方面的矛盾冲突，其中，宗教信仰方面的冲突最为激烈。几百年来，每个迦南古城镇都拥有自己的地方神，他们称之为“巴尔”①或“主”。对于迦南人的崇拜，城镇中的希伯来人非常自然地接受了。

但是对于保守的希伯来人而言，这种崇拜是对古老的希伯来神“耶和华”②的不尊敬。以南方人为主的虔诚的希伯来人对信仰不同神的城镇居民产生了抵触心理，他们认为迦南神只会庇护那些在城市里过着奢华而不公平

---

① 巴尔：闪米特族中某种神的名字或称号，原意为“主人”；它也被用作敬称，在阿卡德语中称为Bel。

② 希伯来人将他们的神称为“耶和华”，写作YHVH，这个单词中没有出现元音字母。后来，他们认为这四个字母组成的单词太过神圣以至于不能被人们读出来，因此他们在单词中插入了三个元音字母e、o、a，然后又忽略了这个单词中的辅音字母，将它读作他们的常用词“神”（lord）的读音。最后，人们逐渐遗忘了耶和华的古代读音。YHVH的发音中加入了lord中的元音字母e、o、a，于是就出现了Yehovah（Jehovah）这个词。不到600年前，Jehovah的发音才正式出现。

图134 耶利哥古城中的房屋废墟

现在，这些房屋只剩下了石头基地。三千多年的风吹雨打已经将晒制的泥砖砌成的墙变为了泥土。这些房屋大约建立于公元前1500年，里面曾经居住过希伯来人进入巴勒斯坦时见到的迦南人。在这里，考古学家发现了许多陶罐、玻璃和盘子，以及印章和护身符等石刻和金属饰品。很明显迦南人是从埃及人那儿学来的手艺。废墟中还出现了楔形文字黏土板，这充分体现了巴比伦尼亚的商业对这里产生的影响。

生活的富人阶级，耶和华才是他们这些在沙漠中过着游牧生活的穷人的保护神。

随着这种观念的不断增强，双方的矛盾也日益激化。在统一的希伯来王国分裂后不到一个世纪时，这样一个事件发生了：那波斯是北方王国的臣民，他拥有一个葡萄园。但是他的国王亚哈为了夺取他的葡萄园来扩建自己的王宫花园而逼死了他，这激怒了居住在约旦东部沙漠中的一位希伯来游牧民。这位穿着羊皮的沙漠希伯来牧民名叫以利亚，他来到那座国王用卑劣手段夺来的葡萄园中，站在国王的面前痛斥他的罪过，他的行为挑起了一场战火，但从本质上来说，这场战争是由希伯来耶和华信仰与迦南神信仰之间的矛盾引发的。最终，不仅北方王国的王族被以利亚消灭了，迦南神（巴尔）的教士也被他们屠杀了。对于认为耶和华是一个战神的希伯来人而言，这就是他们崇尚的武力方式。但是暴力手段永远不可能带来真正的安宁。

图135　埃及驻耶路撒冷总督给法老报告希伯来人入侵巴勒斯坦的信件

埃及总督用巴比伦尼亚楔形文字在黏土板上写下了这封信件，信件的内容是向法老紧急报告："希伯来人闯入并夺取了国王的城市。国王属下的统治者都已经不在了，一切都结束了，我的主人。"阿克那顿是当时的埃及国王，当时的埃及帝国已经失去控制亚洲的能力了。这封信发现于阿克那顿王宫的一个房间里，与它一同被发现的楔形文字信件有300封，这些是最古老的国际邮件。我们正是在这些信件中才第一次发现了希伯来人的足迹。

除了像以利亚这种崇尚武力的领袖之外，还有许多希伯来人是渴望和平的，但他们同样处于城镇的不公平待遇之中。他们怀念过去在辽阔沙漠上的游牧生活，那时，希伯来人民团结友好，没有压榨穷人这样的罪恶行径。在关于希伯来族长亚伯拉罕、以撒、雅各和约瑟的故事中，我们就可以看到这样的描述。这是关于希伯来人祖先们的叙事诗，通过它，我们可以想象希伯来人在沙漠上自由放牧的优美图景。这些故事是从远古流传下来的伟大文学作品中的一部分，我们可以在《创世纪》中的第24、27、28、37章以及39到47章的第12节中看到这些故事。这些希伯来人的故事经由数代人流传至今，是最早用散文形式写成的历史著作。创作了这些希伯来故事的人是人类历史上最早的历史学家，但令人遗憾的是，就连希伯来人自己也忘记了这位杰出历史学家的姓名和身份，他们最终让伟大领袖摩西成为这些保存下来的作品的主人。

一个世纪后，在公元前750年，一个披着邋遢羊皮的身影出现在伯特利街头。北方王国中的一座重要神殿就坐落在这个城市中。这个人是来自南部犹大山区的牧羊人——阿摩司，他在长时

图136　耶路撒冷的城墙

山谷右侧的房屋是现代的塞勒姆乡村，左侧是环绕着神殿废墟的耶路撒冷城墙。左上方是大卫曾经攻占的迦南堡垒，堡垒曾在几百英尺之上鸟瞰整个山谷，现在却只剩下了一片废墟。我们看到的城墙是后来修建的。迦南古堡与大卫时期王国的北部邻国撒马尔王的城堡很类似。

期孤独的牧羊生活中对耶和华产生了新的认识和理解。他认为，耶和华不仅仅是沙漠中的战争之神，他还是拥有一颗父爱之心的上帝；耶和华并不赞成以利亚及他的后代发动的那种血腥冲突；他是一位憎恶自私残忍的富有阶级，谴责所有的邪恶行为，主张人们向善的神。对耶和华新的领悟让这个牧羊人激动无比，他将自己的一生贡献给了这种耶和华精神的传播之中。他来到北方王国，告诉那些奢靡的城里富人们："你们现在的生活是充满罪恶的，你们必须弃恶从善。"

在富裕的北方王国里，一个身披羊皮的粗野牧人在城镇的街道上向人们演说，他斥责这里那些富裕希伯来人的华美服饰、舒适的住宅和精致的家具，他还谴责他们的奢侈生活与对穷人的不公待遇及残忍剥削，他们抢走穷人的土地来抵债，把希伯来同胞们变成自己的奴隶，还剥夺了他们的劳动成果。他告诉人们，这是沙漠里从来不曾出现的邪恶行为。阿摩司是亚洲的第一位社会改革家，他不惜冒着生命危险在街头宣传他对耶和华的新领悟，试图唤回希伯来人的良知，他被人们称为"先知"。阿摩司为人们指明了一条通往无私友爱的全新理想世界的道路。事实上，埃及也早有人做着与阿摩司一样的事情，他们尝试引导人们用公正和仁慈的态度对待天下所有人，尤其是穷人。阿摩司可能对埃及的情况有所了解。他知道，口口相传不可能让他的教义永远地流传下去，

图137 犹大王国的贫瘠山区

犹大王国的大部分地区都像图中一样，是土壤贫瘠的不毛之地。图片的前面是正在生长的稀疏庄稼。

于是，他将自己的教义用文字记录下来，从而一直流传至今。

这时，学会了书写的希伯来人与他们在肥沃新月的先辈们一样，抛弃了黏土板，改为用埃及的笔和墨水在莎草纸上书写。腓尼基和阿拉米商人的字母文字的引进大大促进了希伯来文明的发展。最早的希伯来史学家对游牧生活非常崇拜与憧憬，但游牧生活中没有文字，因此，他们必须接受城镇生活，因为那里有一种全新的便利——书写。他们也接受了埃及的笔墨和莎草纸。在埃及的一个希伯来人社区中，人们发现了一份用希伯来文和阿拉米文书写的文件，文件写在埃及人已经使用了两千多年的莎草纸上。最早的希伯来著作是那些关于希伯来族长的美丽传说以及关于阿摩司先知教义的记载，它们同样也是希伯来最早的文学作品。希伯来人没有绘画，也没有雕塑和建筑，文学是他们唯一的艺术形式。而一旦他们有其他艺术方面的需要，他们就会从埃及、腓尼基、大马士革、亚述等伟大邻国中引进。

二十七、亚述和迦勒底摧毁希伯来王国

攻克大马士革后，亚述又摧毁了以色列王国，许多希伯来人不幸沦为了奴隶。建立两百多年后，以色列灭亡了。

当希伯来人还专注于内部的矛盾冲突时，许多像阿摩司一样的智者就已经预见并警诫人们在巴勒斯坦边界之外，尤其是亚述可能带来的危险。阿摩司曾经预言，人们充满罪恶的生活方式会最终导致北方王国的毁灭，而这个毁灭者就是亚述。阿摩司一语成谶，亚述人攻克了大马士革，以色列王国暴露在他们眼前，很快就成为亚述的下一个目标。公元前722年，亚述人攻占了以色列的首都撒玛利亚，许多希伯来人不幸沦为了俘虏。建立了两百多年后，北方王国以色列灭亡了。

到了这时，希伯来民族的复兴只能寄希望于犹大了。这个小国坚持不懈地斗争了下去。但亚述成为这场世界大冲突中的绝对胜利者。希伯来人一直相信他们的上帝居住并统治着巴勒斯坦，但这位上帝似乎并没有顾及这个诸个强大国家相互斗争的世界战场。那么，亚述人的阿舒尔神让他们战无不胜，它不是比希伯来人的上帝耶和华更加强大吗？于是，面对亚述军队对巴勒斯坦丘陵的摧残，绝望的希伯来人不由自主地认为，希伯来人的上帝耶和华远不如亚述人的阿舒尔神强大。

公元前700年前的那段时间，希伯来人在怀疑与恐慌中挣扎。这时，出身于王族的希伯来先知以赛亚出现在耶路撒冷的街头，他在那里发表演说。这时，辛那克里布已经兵临城下，绝望的希伯来人想象着亚述强大的战争机器将城墙摧毁的情景，就像摧毁大马士革和撒玛利亚一样。这时，无所畏惧的以赛亚仍然在坚持演说，他用自己必胜的信心与豪迈的演说消除了人们的绝望，鼓舞了他们的信心。他对人们说，耶和华不只是巴勒斯坦的王，他还是世界竞技场的王，而世界竞技场远远比巴勒斯坦大。在耶和华的统治下，阿舒尔不可能取得最终的胜利，即使它摧毁并洗劫了巴勒斯坦，那也只是因为

图138 亚述国王与正在纳贡的希伯来人

站在左边的是亚述国王沙尔马纳塞尔三世，他的后面跟着两个随从，前面有一个带翼日轮。公元前9世纪中期，沙尔马纳塞尔参加了西方反抗大马士革的运动，这让希伯来北方王国非常恐慌，于是北方王国派使者来给亚述国王送礼。图中便是当时的情景，希伯来使者伏在亚述国王的脚下，两名亚述军官站在使者的后面，他们还各自领着一些带着金银贡品的希伯来人（这没有在画面中体现）。图片中记录的纳贡发生在亚述国王占领大马士革之前的一个多世纪，它预示了希伯来人的命运。这幅图是近代考古学家在底格里斯河王宫里一根黑色石柱上发现的石刻，现收藏于大英博物馆。

耶和华要利用他们来惩罚犹大的罪恶行为。亚述人被以赛亚比作耶和华惩罚希伯来人的“鞭子”（《以赛亚书》第十章第5至第10节），这个高明的比喻就体现了以赛亚思想的特点。

当人们认为耶路撒冷必然会遭到毁灭时，以赛亚的预言成真了。灾难降临到了亚述人的头上，希伯来人将要迎来他们充满光明的未来。那时，尼罗河三角洲东部沼泽地区爆发了一场瘟疫，辛那克里布全军覆没，希伯来人因此得救。人们认为这是耶和华的毁灭天使对亚述人的惩罚（《列王纪下》第十九章32至37节）。于是，希伯来人开始深信：耶和华统治的是一个远远比巴勒斯坦大的世界。

希伯来人终于从辛那克里布的威胁中逃脱出来。一个世纪后，迦勒底摧毁了尼尼微。希伯来人本以为亚述灭亡后，不会再有外国的威胁，但是他们万万没有想到，世界局势的变化只是让他们被另一个国家压迫而已。迦勒底统治了巴勒斯坦，尽管希伯来人不愿承认这个事实。以色列的命运在犹大王国再次上演，公元前186年，迦勒底国王尼布甲尼撒摧毁了巴勒斯坦，将所有居民流放到巴比伦尼亚。自扫罗即位起，维持了近450年的希伯来王国灭亡了。

二十八、被流放的希伯来人，波斯解救希伯来人

希伯来人接受了波斯的统治。波斯国王将这些遭到流放的希伯来人放回了故乡，他们开始重建自己的家园和神殿。

一部分被流放的希伯来人逃到了埃及，其中就有忧伤郁结的耶利米先知。耶利米曾经预言，巴勒斯坦城与耶和华神殿会一同被毁灭。他还劝告人们在自己的内心建立一座耶和华神殿。即使巴勒斯坦的耶和华神殿被摧毁，他们内心的神殿也永远不会崩塌。我们通过最近的考古发掘了解到了埃利潘蒂尼地区的希伯来侨民的真实情况，他们并没有遵循耶利米的教导在内心建立耶和华神殿，而是在那里又修建了一座新的耶和华神殿，然后继续在神殿中跪拜自己的上帝。

被流放到巴比伦尼亚的希伯来人同样内心郁结，伟大先知们向他们宣讲的教义并没有让他们真正地信服，他们的内心充满了忧伤与无法解答的疑虑，这些都体现在他们充满忧愁的歌谣中：

在巴比伦河畔

我们悲伤哭泣
我们思念锡安（巴勒斯坦）
杨柳林里
还挂着我们的竖琴
在这异国他乡里
我们如何再把耶和华之歌诵唱？

耶和华还在巴勒斯坦吗？像这样的种种不解困扰着人们的内心。后来，这些被流放的希伯来人中出现了一个不知名者①，他让这些希伯来人从持续了几百年之久的痛苦中解脱了出来。这位希伯来人中最伟大的先知告诉人们，耶和华是宇宙的缔造者，是唯一的上帝，他们所经历的所有苦难和不幸都是为了向上帝献身而经受的锻炼和磨难。耶和华让他的子民受苦是为了训练他们为世界服务，他终将恢复他们的力量，让他们完成整个人类最伟大的使命。这位先知为居鲁士和波斯的兴起感到高兴，他说，所有的国王都只是耶和华的工具，耶和华将会利用波斯人消灭迦勒底人，并将希伯来人送回他们自己的土地。

这时，希伯来人已经完成了对耶和华的整体构思。起初，耶和华是限于沙漠一隅的凶悍的部落战争之神，后来，他被认为是充满仁爱的父神，是整个世界的公正统治者。在经历了几百年的磨难与痛苦之后，希伯来人的认识终于上升到这一层次，他们开始信仰以耶和华为世界上唯一上帝的神教。就如同我们要不断从自己的错误中吸取教训，进而从错误造成的结果中发展、完善我们的品质一样，希伯来人也在痛苦和磨难中不断发展和完善他们的思想。这些希伯来人印证了他们最伟大的导师耶稣的训语：“先发苗，后长

① 这是一位伟大的讲诗者，但他的姓名已经失传。他的演讲中有16章流传了下来，但不知何故，在古代版希伯来著作中，这些演讲被插入《旧约》中的《以赛亚书》中。（第40到第55章，包括首尾两章）

图139　亚述国王辛那克里布接收希伯来俘虏

图中看起来像鱼鳞的土地是对南巴勒斯坦石质山脉的表现。由大臣率领的一队亚述士兵正在向山顶走去，他们来到了坐在宝座上的亚述国王面前。大臣向国王禀告，希伯来俘虏已经被带到。士兵的后面是三个跪着的俘虏，他们正伸出手臂，祈求国王的怜悯。大臣头上的铭文写着："世界之王，亚述之王，辛那克里布正坐在他的宝座上，莱基的俘虏从他面前经过。"莱基是南巴勒斯坦的一座小城，辛那克里布占领了许多这样的希伯来城镇，一共有20万希伯来人沦为了俘虏，但辛那克里布从未承认自己占领过耶路撒冷。这是辛那克里布的尼尼微王宫中众多雪花石板雕刻中的一幅。

穗，再后穗上结成饱满的籽粒。"[①]整个世界都将从希伯来人丰富而有意义的宗教经历中获益。

当居鲁士进入巴比伦时，他被那里的希伯来游牧者视作救星。希伯来人接受了波斯人的统治，波斯国王允许他们回到故乡。除了一些已经在巴比伦尼亚有所发展的希伯来人不愿意回去外，大部分希伯来人还是相继回到了耶路撒冷，在一块不大的土地上重建他们的家园和神殿。

在波斯政府赋予的权力基础上，回到故乡的希伯来领袖制定并颁布了一部宗教法典。法典沿用了许多早期宗教教规的内容，包括已经流传很长时间的《旧约》前五篇。此后，犹太人拥有了自己的宗教法典。巴比伦尼亚希伯来领袖回到家园后创建的宗教就是我们现在所说的犹太教。这些希伯来人并没有复兴古老的希伯来

① 见《马可福音》第四章第28节。

图140 埃及的一个希伯来社团用阿拉米文写给统治巴勒斯坦的波斯总督的信件

这封信发现于1907年的埃及埃利潘蒂尼城废墟中。那里曾经居住着一个大约600到700人组成的希伯来社区，其中的许多人大概在尼布甲尼撒摧毁巴勒斯坦之前就到达了埃及，他们还曾在尼罗河畔修建了一座耶和华神殿。这封信件讲述的是狭隘的埃及教士发动了一次进攻，烧毁了希伯来人的神殿，还抢走了神殿中的金银器皿，社区中的希伯来人只能无奈地坐下来悲悼。他们在后来的三年时间内一直试图要求重建神殿，但都没有被允许。于是，公元前407年，社区的领袖给巴勒斯坦的波斯总督写下了这封信，目的是请求他动用自己作为总督的影响力，准予他们重建神殿。信中提到的一些巴勒斯坦人的名字也出现在了《旧约》中。这封信使用的阿拉米文，是用笔墨写在莎草纸上的。当时阿拉米语正在逐步取代希伯来语。西亚在广泛采用这种文字之前使用的是腓尼基字母。这页莎草纸大约10英寸长，13英寸宽，书法优美，还含有希伯来人使用的字母。这页莎草纸让我们了解到了《旧约》中古代著述原本的样子。我们还可以在其他的类似文件中看到关于亚伯拉罕、以撒、雅各和约瑟的故事。

王权，一位耶路撒冷的高级教士成为他们的统治者。犹太国实际上只是一个宗教组织，他们的最高组织机构就是里面坐着一个高高在上的教士的教堂。

这座教堂的领袖们一直在努力研究他们手上的本民族古代著作，本来这样的著作有很多，《旧约》中就曾提到一部分，但大部分著作都已失传。我们今天知道的律法书、《诗篇》和《启示录》等希伯来著作都只以卷册的形式流传了几百年，从来没有被汇编为书籍。这时的教堂领袖们开始从事这项工作。一段时间后，在重建的神殿中礼拜仪式不断完善时，这些领袖们整理出了一部包含150篇宗教赞美诗的著作，这部著作就是第二神殿赞美诗——《诗篇》。他们还汇集了先知们的语录，不知名史学家的故事，不知名先知的演说以及其他的古希伯来著作。那时还没有出现著作权的概念，因此他们在完成这项工作时，偶尔会把不同作者的作品归于同一个人的名下，他们也没有考虑到这样可能会误导读者。

犹太教的领袖们直到基督教时代才最终将他们手中的所有古代著作汇集成为一本书。这本书就是犹太人的圣经，最初使用的是希伯来文。现在，这部希伯来文著作也成为基督教国家的圣书，它的英文版本被称为《旧约》。今天，《旧约》是迄今为止发现的基督诞生之前的东方最为珍贵的文化遗产。《旧约》中记载了一个来自阿拉伯荒漠的野蛮游牧民族的起源与发展，从在沙漠中游牧到定居巴勒斯坦，这个过程中，他们历经了千辛万苦，受尽了种种磨难，最终成为文明世界的宗教导师。我们应该记住，正是在希伯来人践行其宗教信仰的过程中，在犹太教的基础上，才出现了基督教的创立者。这其中也有波斯人的一份功劳，因为是他们让希伯来人重返巴勒斯坦，正是因此，我们才得以了解到保存在《旧约》和基督教创立者的故事中的希伯来人所创造的伟大遗产。

二十九、东方的衰落，对东方文明的回顾

东方衰落了。但是人类在政治、对自然界的探索、文学艺术以及其他的许多领域中还有大量未完成的事业。这一历史性任务落在了欧洲大陆上。

波斯是古代东方最后一支能够统治世界的力量。公元前400年开始，波斯陷入了不断衰落的境地，很快，在欧洲崛起的印欧民族——希腊取代了它的统治地位。现在，我们要去了解这一时期的历史了。在此之前，我们先来对东方文明作一番回顾，重新回顾它在之前三千五百多年里创造的辉煌成果。古代东方经历了从驯养动物、发明农业，发现金属，发明文字到尼罗河的三部伟大的历史篇章（大约公元前3000年到公元前1150年），以及两河流域的另外三部同样伟大的历史篇章（公元前3200年到公元前539年）。当这六部伟大的历史篇章进入尾声时，波斯统治了东方。公元前539年开始，东方落入了印欧人的手中。

在这漫长的历史进程中，古代东方创造并发展了最早的实用艺术。金属工艺、纺织、玻璃、造纸等制造业在东方相继出现，为了将制造业的产品卖到世界其他地方，这里还建造了最早的海船，并且修建了第一条道路与第一架桥梁。直到现在，古代东方人搬运重物与修建宏大建筑的本领仍然为人所称道。这些早期东方世界的发明创造一直到近代才被人们超越。

人类最早的建筑——石屋、柱廊、拱门、塔和尖塔也是东方创造的。除此之外，东方还首先创造出了精美的雕塑，这些雕塑从惟妙惟肖的人物发展为埃及的巨型石雕，然后又发展成为早期巴比伦尼亚的精巧印章；在文学上，最早的叙事作品，包括叙事散文、诗歌、历史著作、社会评论和戏剧也是东方的发明成果；最早的历法、字母表以及数学、天文学和医学学科也出现在东方；在政治方面，东方第一次开创了大型政府行政机构和制度，它有效地将领取俸禄的官吏组织起来，让他们负责税收和政府的各项事务。

在宗教方面，东方最早发展出了对世界上唯一的上帝耶和华的信仰，耶和华对全人类如慈父一般的仁爱开启了人类第一个共同的宗教，在这个基础上，现代文明世界的主导宗教得以发展起来。而当东方取得了大部分成就时，欧洲还处于未开化的野蛮状态。

现在，我们来看一看东方文明衰落的原因。东方缺少许多至关重要的东西。东方人民对统治者有近乎偏执的信任，他们认为所有的统治者都是善良和公正的，因此国王或皇帝的专制独裁在这里是理所应当的，从来没有人认为政府中应该有人民的代表，或者人民应该向政府阐述他们的诉求。他们也从来没有出现这样的想法：作为一个自由公民与爱国者，他有权利也有义务通过投票参与到政府的管理中去。但是东方人并不理解我们所说的自由，更从未思考过我们所说的民主。因此，东方人身上缺少西方公民那种积极的参与感与责任感。这种关注公共问题、参与投票与加入军队的责任感可以让人们保持头脑灵活与行动敏捷，而这正是希腊和罗马产生那些伟大人物的主要原因。

东方国王的绝对统治被人们无条件地接受了，他们还盲目地接受了神的统治。这种传统阻碍了东方人对外部世界独立思考与认知的能力。对他们而言，每一场暴风雨都是神的谕旨，每一次日食都来自神或恶魔的怒火。他们从未试图探索这些自然现象背后的规律，他们的心智完全被宗教和传统所禁锢，于是他们的思想不断走向僵化。因此，东方在自然科学方面没有取得什么成就，宗教在迷信和僵化的思想中失去了活力，文学艺术也因缺乏思想上的刺激而灵感枯竭。

如果我们站在整个人类文明进步的立场上来看东方古代文明，我们会发现，人类在政治、对自然界的探索、文学艺术等其他许多领域还有大量未完成的事业，而这个历史性任务就落在欧洲这块大陆上。现在，让我们回到欧洲，去探寻地中海正在兴起的文明。古代东方的文明早在四五千年前就已经传到了早期的欧洲。

第七章　欧洲文明的发端——东地中海世界的崛起

三十、欧洲文明的发端

大约在公元前3000年，石器时代的欧洲东南部赶上了金属时代的黎明。

我们已经追寻了五万年的早期欧洲发展史，因此关于欧洲早期人类的生活我们已经有所了解了。为了更全面地了解人类文明史，我们离开欧洲来到了东方，探索东方文明的产生与发展过程。人类的足迹已经遍布了当时正处于石器时代的大部分欧洲地区。人类的定居地已经遍布在森林、瑞士的湖泊和山谷等各地，他们散居在平原上，在海湾边，并逐渐从平原和海湾沿着河流和河谷向欧洲腹地推进。当畜牧业和农业有所发展之后，欧洲人，尤其是瑞士以南的欧洲人在生活上取得了很大的改善。欧洲与埃及之间的西西里地区也起到了桥梁的作用。这是在东方文明影响下，欧洲取得的第一次进步。大约在公元前3000年，石器时代的欧洲东南部赶上了金属时代的黎明。

这里偶尔会迎来一些来自地中海沿岸的商人，他们很受当地人的欢迎，因为他们会带来这里的人们很喜爱的商品，例如，一些带装饰花纹的陶罐和蓝色的珠子等等。当然，这些商品也会给那些生意人带来可观的利润。每当商人拿出一些闪亮的珠子或是一些形状特别而且分量很重的红色项链时，都会看到当地人自然流露出的钦羡神情。这些村民们都抢着购买那些漂亮的装饰品，但是最受欢迎的还是那些不知道用什么材料制成的匕首（图141）或是斧头。这些斧头比石斧轻薄很多，但是却没有那么容易断，砍出来的东西也更加光滑。

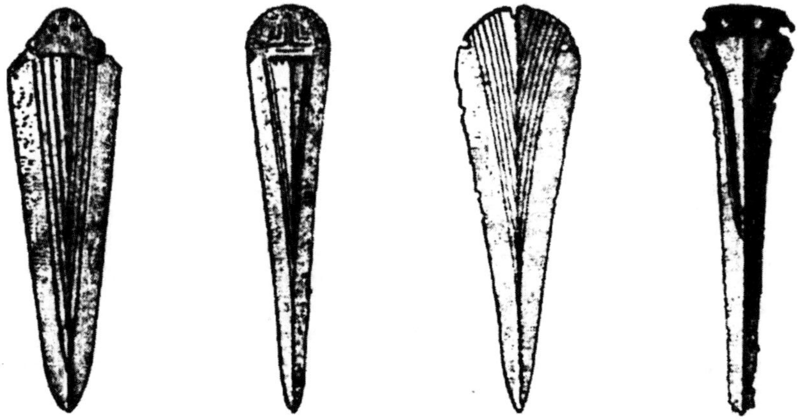

A 埃及　B 意大利　C 侏罗系山脉　D 丹麦

图141　受到埃及影响的丹麦铜和青铜匕首

这些匕首的刀柄已经遗失了，它们分别是用木头、骨头或象牙制成的。我们现在仍然可以看到这些刀身上固定刀柄的铆钉孔。我们可以从这些匕首中发现，早期的埃及样式是通过什么样的方式经由欧洲大陆传到斯堪的纳维亚诸国的。后来的西欧匕首都是在古老埃及匕首的基础上演变而来的。

这些商人们还给欧洲内陆腹地的居民们带来了关于那些商品产地的有趣故事，他们还给这些居民们讲述辽阔地中海地区以外的各个伟大民族的传奇故事。在晚石器时代，一些欧洲人可能还依稀记得他们的祖先告诉他们，谷物、亚麻和牛羊等东西都是来自遥远而神秘的东方。

这些村民们聚精会神地听着商人们对巨大海船的描述，他们为此感到无比惊讶，因为他们制作的那些粗糙的独木舟与商人口中的大船相比，只能算是小木筏。在那种大海船的两侧有很多划手，船上还有高耸的杉木桅杆和巨大的鼓起来的布船帆，这种大船可以借助风力从一块陆地迅速驶往另一块陆地。这些满载货物的大船从埃及那条大河出发，然后横渡地中海，驶往群岛、东南欧海岸或者临近的亚洲地区。那些商人们说，埃及那条河是全世界最大的河。就像北美印第安人对第一批登上美洲的欧洲人感到惊奇一样，未

图142　青铜时代的欧洲工匠制造的轻便马车

通过这辆轻便马车，我们可以看到青铜时代的欧洲工匠们用青铜工具制造木器的技术已经达到了很高的水平。这辆马车出土的地方也让我们了解了欧洲青铜时代远途贸易的情况。这辆马车跨越地中海被运到了埃及，后来被葬在一个富有的埃及人墓中。直到今天，这辆马车各方面的构件仍然保持着完好的状态。它主要由榆木和桉木质成，车辕用白桦纤维缠绕着。由于地中海以南地区没有白桦树，因此，我们可以断定这辆马车制作于地中海以北地区。

开化的欧洲人在想象地中海彼岸的尼罗河文明时，或是听他们讲那些伟大民族的故事时，也是同样的感觉。

欧洲人逐渐学会了使用金属（图142），但他们并没有因此进入更高级的文明（公元前3000年至公元前2000年），他们只是借此提高了自己日常生活中的文明水平，并且掌握了较为先进的造船技术。这些欧洲人仍然没有文字，没有修建石头建筑的技术，也没有可以进入远航贸易的大船。在建筑方面，他们取得了一定的进步，但仍然不比以前的石窝好多少，这也证明西方和北欧在这方面仍然是落后的。在青铜时代，欧洲并没有发展出东方那样高度发达的文明，但这种文明出现在了爱琴海的周边地区，这不难理解，因为这里是欧洲最接近埃及的地区。

三十一、爱琴海世界的岛屿

古文明中心和爱琴海岸以航船为纽带联系了起来。爱琴海及它的群岛与周边的海岸连成了一条经济链。在尼罗河与两河流域的古文明中心之外，第三大文明中心形成了，这就是爱琴海世界。

爱琴海就像一个被陆地包围的大湖，欧洲大陆在它的西部和北部，小亚细亚在它的东部，像一道防波堤一样的克里特岛就在它的南部。克里特岛是地中海和爱琴海的分界线。爱琴海的南北跨度不超过400英里，而不同地方的宽度有所不同。大都比密歇根湖宽许多，有些地方甚至比密歇根湖宽一倍。爱琴海的海岸线上分布着许多深深的海湾和港口。几百个小岛散布在爱琴海中，在这里航行的人们，每一两个小时就能看到一座小岛。横渡爱琴海时，陆地是不会全程消失在人们眼中的。人们有时甚至能在同一时间的不同方向看到陆地。虽然密歇根湖的周围地区没有铁路，但是湖岸上却布满了芝加哥、米尔和沃基这样的商业城市。这里与爱琴海的情形一样，所有的港口都是由航线连接起来的。古文明中心与爱琴海海岸将会通过航船连接起来，于是，爱琴海及它的群岛与周边的海岸连成了一条经济链，组成了一个爱琴海世界。

爱琴海世界一直向北延伸，还跨越了北方高地，因此，这里拥有各种各样的气候特征。爱琴海世界的大部分地区气候温暖，阳光充足，但地中海的这一片地区冬季温和多雨，夏季炎热干燥。虽然就整体而言，爱琴海世界地形破碎，但这里遍布着美丽的海滨与河谷，坡度平缓的海岸边上还分布着许多小块的平原。小麦、大麦、葡萄和橄榄等作物的种植在这里不需要引水灌溉。这里的人们主要以面包、葡萄酒和橄榄油为食，葡萄酒就相当于他们的茶和咖啡，橄榄油则相当于他们的黄油。在《荷马史诗》中，这里包括孩子们在内的所有人都吃面包，喝葡萄酒。雨季来临后，肥美的绿草在高地上发芽生长，各个山头上都是在放牧羊群的牧人们，这样的景象很难出现在世界上的其他地方，这里似乎是上天赏赐的富足美满之地，因此，这里的人们非常感谢众神将这样的大海与陆地赐予他们。

爱琴海包括欧洲大陆东南端的一个半岛（希腊）以及作为前哨的一系列岛屿。其中，克里特岛还横跨了东方水域，这里很早就出现了穿梭来往的埃及船队，这就是克里特岛最早孕育出北地中海世界高级文明的原因。这时，亚洲对爱琴海产生了深刻的影响。亚洲最西部的高地（小亚细亚）一直延伸到爱琴海海岸，欧洲和亚洲在这里隔着爱琴海相望。小亚细亚被一条重要的贸易通道穿过，因此它是联结爱琴海世界与肥沃新月的纽带。

爱琴海对古老东方文明的接触主要来自两条路线：第一条也是最早的一条，是埃及船队穿越地中海的路线；第二条是从幼发拉底河流域出发，然后穿过小亚细亚的陆路。于是，爱琴海诸岛成为连接东方和欧洲的纽带，它们早在晚石器时代就成为伟大的东方文明的前哨。这里的东方文明是指我们曾在尼罗河及幼发拉底河流域发现的文明。这意味着，欧洲的高级文明在北地中海地区的爱琴诸岛发展起来了。

最早居住在爱琴海地区的人们被称为爱琴人，他们在大约公元前3000年就已经居住在此了。爱琴人在这里居住了许多世纪，他们创造了灿烂的文明，直到希腊人的闯入。这些爱琴人属于地中海民族，是白种人的一支。他们是今天北地中海地区的希腊人的祖先，但他们与古希腊人没有直接关系。在有文字记载的历史之前，他们就在地中海的北岸扩张，并占领了希腊半岛和爱琴海诸岛，后来还进入了爱琴海东岸的小亚细亚。

克里特岛向地中海远远地延伸，以至于人们不知道应该将它划入欧洲还是非洲。它一直是爱琴文明的先驱。在欧洲文明的黎明时期，“克里特几乎成为东方世界的一部分……就像今天的君士坦丁堡”[①]。驾着古老船只从尼罗河口向西北出发的水手们几天后就能看到克里特山脉。克里特的北部与爱琴海相连，南部与埃及相望。

① 布罗斯，《在克里特的考古发现》

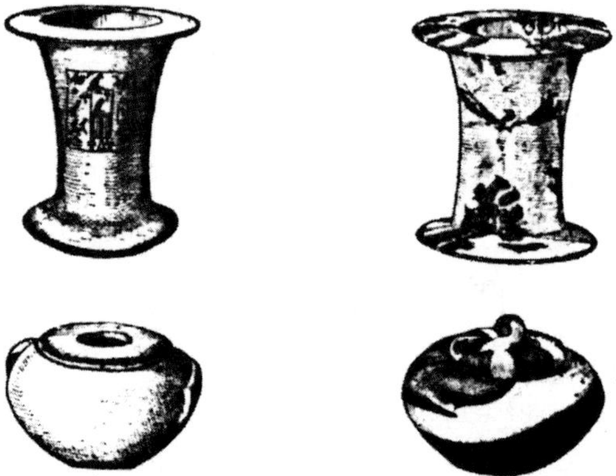

图143　早期克里特人自己制作的石花瓶与模仿埃及制作的花瓶

如果我们将早期埃及的花瓶与右边的克里特花瓶对比，我们会发现克里特工匠对金字塔时代（大约公元前2700年到公元前2600年）后期埃及作品的模仿痕迹。

晚石器时代，克里特村落中的房屋都是用晒制的泥砖修筑而成。来自尼罗河的商船队早在公元前3000年就将铜带到了克里特。后来，克里特自己的工匠们开始在北地中海地区开采铜矿。这些工匠把铜和锡混合起来，制成了一种比纯铜更坚硬的合金，我们称这种合金为青铜。于是，克里特岛在公元前3000年正式进入了青铜时代。在他们此后持续1000年的缓慢发展过程中，他们掌握了许多重要的技能。在埃及金字塔时代，克里特工匠们从埃及人那里学会了陶工转轮和封闭式火炉的使用方法，以及各种石材的雕刻方法，并制出了各式各样漂亮的花瓶、碗和坛子（图143）等等；他们还大大提高了设计陶器样式和烧制的技术，制造出了更加精美的陶罐和花瓶。克里特人在很长一段时间内只会用粗糙的图形记事，在古埃及文化的影响下，他们开始从图形符号向真正的语音文字转变，于是，这里出现了爱琴海世界最早的文字。

公元前2000年，克里特民族的文明已经高度发达。他们在海上交通非常便利的海岸线附近建起了手工业城市，这些手工业城市都以陶瓷业和金属业为主，他们在这里与其他民族进行贸易往来。岛屿内陆的山谷肥沃而充满生机，富足的村落在这里散落着，这里的农人们或是耕种土地，或是放牧牛羊。这时，一个王国在北方海岸中部不远处的克诺索斯兴起了，这个王国最

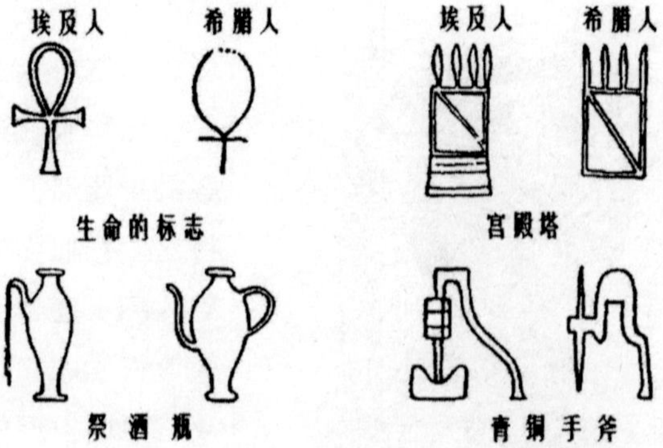

图144 克里特的象形文字与埃及的象形文字

第一栏中的是埃及的象形文字；第二栏中的是克里特人的象形文字。

终统治了这个岛屿的大部分地区。晚石器时代的克诺索斯城镇早已成为废墟，后来的几代克里特国王在这个废墟上建立了一座埃及式的宫殿。南部的内陆地区也出现了一座宫殿，这可能是由王朝的另一支系建立的，也可能是另一个王国的都城。

这些宫殿与周围的城镇都没有城墙，因此不能作为军事堡垒。但这也不意味着克里特王国没有任何防御工事。他们的宫殿中设有军械库，库中藏有黄铜铠甲和武器。人们在克诺索斯宫殿已经倒塌的军械库中发现了烧焦的箭杆上装着的青铜箭头，同时还有列着武器、铠甲和轻便马车等装备的清单。这些武器的存在就意味着王国拥有能够使用这些武器的军队。克里特国王还曾在战争中使用船只，直到今天，他们仍然被称为“克里特的海上之王”①。

由此，克里特进入了前所未有的繁荣时期。克诺索斯的陶工们制造出了能与现代陶瓷茶杯媲美的又薄又细的杯子；他们还在杯子、陶罐和花瓶上绘制各种各样色彩绚丽的图案。即使在东方，这些也堪称最美的器皿（图145，A）。远在尼罗河流域的富人们也购买这种精致器皿，就像法国之外的人们也喜爱法式瓷器餐具一样。这些色彩绚丽、样式丰富的花瓶受到了封建时代

① 近代作家们对克里特人海上力量的形容有夸大的成分。人们将古代克里特的海上国王称为弥诺斯，早期的克里特文明也被称为弥诺斯文明，这是现在提到克里特文明时最常使用的词汇，这就像我们也将“迈锡尼文明”称为“爱琴文明”一样。

图145 代表着克里特人装饰艺术水平的两个花瓶

A是一件早期的克里特陶器，这件陶器是在较暗的底色上用白色、橘黄色、深红色、红色和黄色来绘制图案的，这种花瓶的制作者堪称是克里特装饰中的第一批天才艺术家。从公元前2000年起，他们就开始发挥自己的天赋和才能，这一直持续到了克诺索斯第一宫殿时代。我们可以发现，虽然在涡旋线之间也出现了类似莲花的图案，但大体而言，他们很少临摹自然界中的花草和动物。这些几乎都是他们从埃及艺术中借鉴并发展而来的。B大约出现于A之后的500年，这说明格罗特时代的艺术家们也已经掌握了埃及人的装饰艺术。他们学会了从大自然中寻找自己需要的装饰形象。我们可以发现，这时的花瓶以埃及莲花为主要的图案。这种莲花图案不需要很多颜色，上面是浮雕式的线条。B高约4英尺，比A高大许多。格罗特时代也常常出现绘制着人形图案并带有华丽刻边的石花瓶和金属花瓶。

的埃及贵族的喜爱，这些贵族不仅使用和收藏这些陶瓷器皿，还将这些器皿作为陪葬品。通过现代考古学家在埃及古墓中发现的东西，我们可以知道，克里特在公元前20世纪到公元前19世纪之间制造的手工艺品受到了当时人们的普遍欢迎。我们可以想象，在公元前30世纪，克里特港口一定因为来往于东地中海的埃及船只而更加喧闹繁华。同时，夏季的北风也能为克里特人横渡大海去往尼罗河口学习帆船制造献一份力。埃及人那里有许多值得克里特人学习的文明，因此克里特与尼罗河流域之间的往来越来越频繁。

现在，图画符号对克里特人而言太过繁杂，他们需要一种更加简便的文

图146　陶片

这是刻有克里特速写文字，也就是线形文字的陶片。线形文字是由向象形文字演变而来的。

图147　格罗特时代，克里特的克诺索斯宫殿中，带有廊柱的大厅和楼梯

图中的柱子和屋顶是现代人修复的。这个大厅位于宫殿的最低处。图中的栏杆挡住了大厅后面的楼梯，楼梯有5层，一共是52级台阶，一直通向主殿。

图148 克诺索斯宫殿台阶上的克里特贵族男女

这是部分宫殿内墙上的装饰画。虽然画面中的一部分已经受损，但是我们还是能够从中感受到克里特艺术家描绘远处人群以及让画面组成一个有机整体的能力。

字。这就需要他们大大地简化原来图画的形式，将原来的符号大幅度地省略和缩减，成为只由一些线条组成的符号。人们将这种便于书写的文字称为线形文字（图146），线形文字可以刻在陶片上。在宫殿的兵器库中，每一个武器箱上都挂着一块标签，标签上注有箱子中武器的名称和数量，它们都使用了线形文字。此外，武器箱中还有许多记事本、清单以及用来处理重要王室资产的文件，这些都被刻在陶片上，而这些陶片大多被宫殿的废墟掩埋了。尽管这方面的学者做出了多方努力，但这些珍贵的记录还是没能被完全破解。线形文字是我们迄今发现的欧洲边缘世界的最早文字。克里特的国王们不像东方皇帝一样喜欢为自己立碑或在建筑物上刻字来彰显自己的功绩，因此我们没有在那里发现碑文之类的文字记录，这对于历史研究者而言无疑是非常遗憾的。

几百年后，克里特文明进入了顶峰时代——格罗特时代（公元前1600年至公元前1500年）。当一座更宏伟更鲜丽的建筑取代了原来的克诺索斯宫殿时，克里特人的生活也迎来了翻天覆地的变化。这座新的宫殿占地很广，里面配有宽敞的大厅与设计合理的楼梯，完全称得上是地中海地区第一座真正的建筑。宫殿墙壁上的图画素材源自人们的日常生活，它们大多呈现的是运动中的形态，非常形象生动。克里特人喜欢将一些玻璃装饰画镶嵌在墙上，这可能因为他们从埃及人那学来了玻璃的制造工艺。这时，陶器上也不再出现多种颜色，陶器的绘图工们开始用暗色在亮色的背景上绘画，他们还会设计出浮雕造型。一般而言，贵重的花瓶体积也更大，而且图案大多从陆上植物和海洋生物中取材。克里特人对大海越来越熟悉，他们艺术作品中表现的内容也越来越丰富。这是早期东方世界最充满生机、最伟大的装饰艺术的代表陶器，它是人类有史以来创造的最成功的装饰艺术品之一。

这种陶器无论在制作方法还是在外观上都体现了埃及对其的影响。例如，早在2000年前，埃及人就已经开始用彩色琉璃制作墙壁的装饰画了。但克里特的艺术家并不是盲目地模仿埃及模式，在埃及绘画中显得僵硬死板的植物在克里特艺术家的手中则非常舒展流畅（图145，B），克里特艺术家创作的植物栩栩如生，仿佛能让人们听见风吹绿叶的声音，以及如花朵摇曳般令人欢畅的音乐，这是古代克里特最具有生命力的装饰艺术。至今，克里特人的象牙雕刻和他们的金匠与青铜匠制成的各类艺术品仍然是世界上最伟大的艺术品之一。

这些排水管是陶质的，长2.5英尺，直径4到6英寸，它们是宫殿排水系统的一部分，经过了精心的设计和铺设（图149）。这是欧洲最早的排水系统，而世界上最早的排水系统是铜质的，出现在埃及的金字塔神庙中，比克诺索斯的排水系统早1000年。

图149　克里特克诺索斯宫殿的排水管

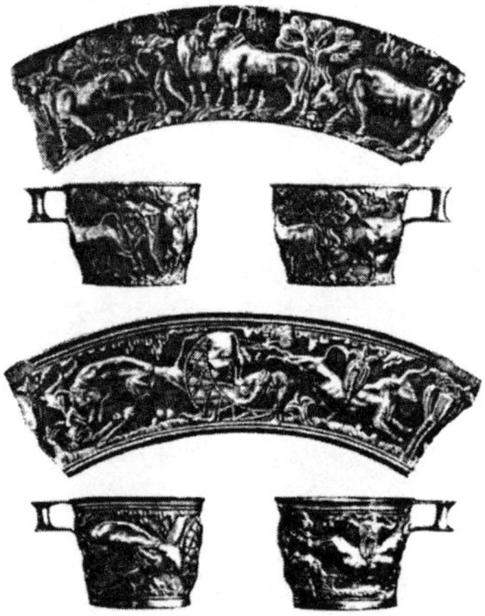

图150　克里特金匠制作在两只金杯上的野牛图

这两只金杯来自克里特，发现于斯巴达附近。杯上的图案非常精美灵动。在制作这两只金杯时，金匠们先用锤子和冲头模子打造出基本的轮廓，然后再用刻刀精心雕饰。这种作品应该属于人类最伟大的艺术品之一。

图151　格罗特时代，用象牙和黄金雕刻而成的克里特妇女小像

这位妇女骄傲笔直地站着，她的双肩向后，两只手上各抓着一条金蛇，伸出的双臂也被金蛇缠绕着。她精心盘起来的头发，头上戴着的精美冕状头饰与身上穿着的镶荷叶花边的衬衫和紧身裙都惊人地体现出现代的意味。如果她以这样的造型和服饰出现在现代都市，人们一定不会对她感到惊讶。这个雕像主要由象牙制成，上衣的荷叶花饰和裙带是用黄金雕刻的。这位妇女可能代表的是伟大的女神克里特之母，也可能只是王宫里的耍蛇人，但可以确定的是，雕塑家是以当时贵族妇女的形象来雕刻这位妇女的。古代克里特艺术家能赋予一座小小的雕塑无穷的魅力，即使是后来的希腊雕刻家也无法与之媲美。

图152 格罗特时代，埃及爱琴海诸岛总督的金盘

埃及法老图特摩斯将这个金盘赐给了他的一位将军，这位将军曾经出任过爱琴海诸海岛的总督。金盘上刻着这位将军曾经的头衔：海上诸岛总督。这里的“海上诸岛”指的是爱琴海诸岛和小亚细亚海岸。

克诺索斯宫殿的外面是一座建在平原上的城镇，城里的房屋都是由晒制的泥砖筑成的。我们可以推测当时这里一定是商人、陶工、金匠和画匠等工匠居住的地方。国王雇佣的一些工匠住在宫殿中。耕种的农民们住在城郊和山谷中，他们在庆祝丰收的节日里会组成游行队伍在城镇的街道上穿梭。这时，坐在宫殿中的贵族们会向下观看，他们过着让人惊异的自由闲适的生活。即使在现代的纽约或芝加哥，那些贵族女人们的衣服也直到近几年才被高雅的女士们穿了起来；那些衣饰华美的贵族女士们挤在宫殿的台阶上观看拳击比赛，头戴沉重金属头盔的参赛者们正在相互搏斗；这些贵族女士们还为勇猛的斗牛士喝彩。早在1000年前的欧洲晚石器时代，人们就已经开始猎取这种巨兽——公牛。现在，场上的那头公牛野性未泯，怒气冲天，它对面的勇士正牢牢地抓着它的双角与它进行殊死搏斗。这些斗牛士在宫殿中有舒适的住所，里面还设有浴室和排水管道（图149）。

克诺索斯宫殿与港口相距三英里半，克里特国王从宫殿北大门坐上轻便马车出发，只需要一个半小时就可以到达港口。站在港口上向北望，最近的爱琴海岛屿就清晰地映入眼帘。国王的贸易船队正是通过这些爱琴海岛屿将克里特的艺术品和工业产品运往地中海的广大地区。在北地中海地区，克里特船队是最早的海上力量。虽然克里特船队已经比晚石器时代的独木舟强大许多，但这时的克里特国王仍然臣服于埃及法老。公元前15世纪，埃及王图特摩斯三世的一位将军被授予“海上诸岛总督”的头衔。这里的“海上诸岛”指的就是爱琴海群岛（图152）。

我们可以发现，克里特岛是一个全新的世界。克里特人在成熟的埃及文明的影响下创造了新的文明，摆脱了在早期欧洲晚石器时代停滞不前的状态，进入了前所未有的活跃时期。于是，在东地中海，除了尼罗河流域和两河流域这两大古文明中心外，第三个伟大的文明中心——爱琴海及克里特岛崛起了。这个新的文明中心是连接东方文明与后来的希腊文明——西方欧洲文明的桥梁。

三十二、爱琴海世界的大陆

小亚细亚联系着爱琴海世界与两河流域，在这条联系线上，赫梯人与肥沃新月保持着密切的联系，同时赫梯人在肥沃新月的深刻影响下发展出了一种较为高级的文明。

虽然岛屿的发达文明远远领先于欧洲和小亚细亚，但埃及和克里特船队仍然与希腊大陆维系着贸易往来。他们逐渐进入了南部各个海湾，包括与南面的克里特直接相望的阿戈斯海湾。位于港口后面阿戈斯平原上的铁拉（图153）和迈锡尼（图154）用石头砌起了一些防御要塞，这就是公元前1500年后开始建立的爱琴王国。爱琴王国引进了克里特和埃及的陶瓷工艺与金属工艺。至今，还有许多从埃及引进的玻璃工艺品和墙壁装饰工艺品的碎片被掩埋在宫殿废墟和坟墓中，这些碎片是欧洲最早的文明生活的标志。大约公元

图153　铁拉的城堡和宫殿复原图

这样的城堡是阿戈斯平原上各个城邦的中枢。爱琴国王的宫殿比克里特宫殿坚固许多。A是通向大门（B）的向上的坡道，这座宫殿里有双重城墙，更利于防御外侵。当左手挽盾的进攻者走到这里（C、D）时，他的右半身就一定是对着城墙的。从门（E）进去后，就到了宫殿前面的大院子（F）。G是通向前院（H）的宫殿主要入口，考古学家们在这里发现了国王的私人祭坛。穿过前院（H）后就进入了宫殿的大厅（I）。这是欧洲最早的带有石砌围墙的城堡。距离城堡不远的山脚下就聚集着普通民众的村落。

前1500年到公元前1200年之间的时期被称为迈锡尼时代，因为这种文明最早发现于迈锡尼。

但是，大陆地区仍然没有追赶上岛屿，因为克里特的贸易并没有将它的文字带入大陆地区，而欧洲大陆自身也没有产生任何书写文字。虽然在铁萨利等希腊北部的高地地区也居住着一些文化水平稍高的人们，但是这里的文明水平也只是略高于晚石器时代的文明水平而已。虽然当时的铁萨利人已经认识了金属，但是他们直到公元前1500年左右才开始普遍使用金属。这些北方地区几乎没有受到克里特文明的影响。

爱琴海地区在亚洲的部分是一片高地，这里的文明远远领先于它的欧洲部分。这里显然受到了克里特贸易活动的影响，虽然这种影响不是很大。亚细亚海岸几乎没有受到克里特文明的影响。公元前3000年，当克里特人刚开始使用金属时，一个晚石器时代的小村落出现在了小亚细亚北方的偏僻角落里。这个小村庄就是特洛伊，它有可能是一些商人的聚集地，那些经常在这里停泊的往来于欧亚之间的船只将这些商人吸引到这里，然后形成了这个小村庄。

从引进金属到公元前2500年，在这之间的几百年内，特洛伊成为一个富裕的商业王国，这个原来破败的小村庄成为爱琴海世界最早的要塞，比迈锡尼和铁拉的城堡早1000年。在公元前2500年到公元前1500年之间的1000年间，特洛伊城数次重建，始终保持着繁荣的发展，最终统治了小亚细亚北部的一片相当大的土地。早在大约公元前1500年，神奇的特洛伊城已经是一座实力雄厚的要塞了，它被称为第六座城。特洛伊的繁荣经济与雄厚实力完全可以与我们曾在南方见过的克诺索斯抗衡，这两座城市隔着爱琴海远远相望。我们直到今天仍然不知道特洛伊人会不会书写，因此，我们认为当时的克诺索斯拥有更高级的文明。

图154　迈锡尼城堡的主要入口——狮门

在爱琴文明的格罗特时期，阿戈斯平原上的铁拉和迈锡尼两座城堡的大门都是用石块砌成的。门的上方有一块三角形的大石头，石头的中间刻着一根柱子，柱子的两侧分别刻着一只雄狮。很显然，雄狮象征着这个城市与国王的武力；双狮则表明他们是拉伽什地区巴比伦双狮的后代。这种在两侧各刻一头狮子的构图体现了当时人们的平衡布局思想。

从特洛伊和爱琴海世界向大陆腹地的方向前进，然后跨越小亚细亚连绵的丘陵和山脉，我们就到了白色人种的定居地。这里的白色人种与爱琴人不属于同一人种，但他们的文明与爱琴文明是同根同源的。他们之间有着几种体形特征明显的人，但最主要的还是赫梯人。这些头形较扁，长着鹰钩鼻的赫梯人拥有的土地大多在爱琴海世界之外，一端延伸到了爱琴海的东岸。赫梯人的土地与得克萨斯州类似，是一个600英里长，300到400英里宽的大半岛。他们的土地是高地地区的重要组成部分，内陆则是一片高原，高原的周围大部分地区是高大的

图155 古赫梯人与现代的亚美尼亚后裔

左边是3000年前的埃及雕刻家创作的一位古代赫梯人的头部雕像，这座雕像发现于埃及底比斯的一个庙宇中。右边是现代亚美尼亚后裔的画像。将左右两边对比，我们可以发现两者有着相似的面部轮廓，尤其是高耸坚硬的鼻子。地中海东部沿岸的闪米特人，如迦南人也具备这样的特征。

山脉。因此这里一边靠海，一边临着高原。山脉的两侧是富饶的山谷平原，这里出产大量谷物。这些山脉面对海洋的山坡上，尤其是黑海沿岸的山坡上生长着茂盛的森林。丰富的铁矿就蕴藏在小亚细亚北部和哈里斯河东侧的大山里，因此，赫梯人在地中海世界与东方的青铜器时代结束时就成为最早的“播铁人”。

我们在介绍东方对爱琴海世界的影响时提到了，小亚细亚是联系爱琴海世界和两河流域的纽带，而赫梯人就是这条要道上的最重要的人群之一。赫梯人凭借自己的地理优势，可以轻易地从国土东部地势较高的幼发拉底河流域进入地势低平的肥沃新月，他们与肥沃新月的人民早已经建立了融洽的关系。对于这里的历史，我们已经很了解了。我们知道他们是如何占领亚述，如何对抗巴比伦的；也知道他们很早就借鉴了古巴比伦的盾形徽章，包括单狮头、双狮头和鹰等图案。正是他们将“鹰”的形象从爱琴海世界传到了后来的欧洲，并一直传到现在的美国，最后就演变成了“美利坚雄鹰”。

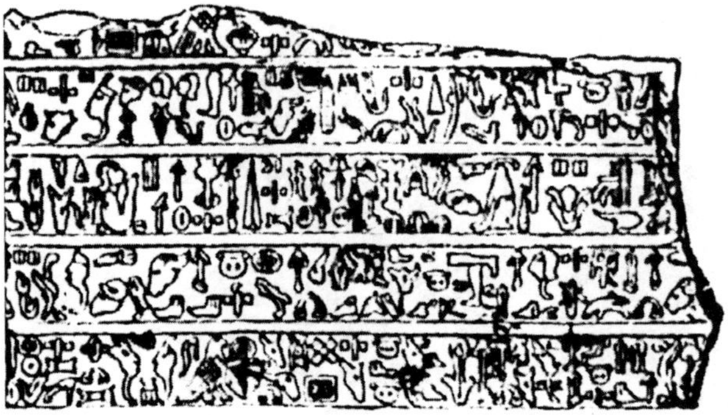

图156 赫梯象形文字中的一部分

这些象形文字体现了埃及文字对赫梯文字的影响。这是在幼发拉底河流域发现的克希米西，至今还未被破译。

赫梯人的特征，例如突出的鹰钩鼻已经烙印在他们的领土两端——爱琴海世界和肥沃新月的邻居们身上。希伯来人也有这样的面部特征，这说明赫梯人曾经大规模地进入肥沃新月的最西端。赫梯人对西方的小亚细亚爱琴海沿岸城市的影响也很大。后来的希腊人中就存在着赫梯人的影响，这种影响体现在宗教和建筑方面，而在铸币等商务活动中体现得尤为明显。

赫梯人与肥沃新月之间的密切联系是它能够孕育出高级文明的主要原因。这种文明中最重要的就是文字。巴比伦的沙漠商队是这种文字的最早传播者。早在汉穆拉比时代或更早，巴比伦商队就沿着幼发拉底河进入了小亚细亚，并将它们用楔形文字写下的账单和记录着商业文件的陶片带到了这里。于是，早在公元前2000年，赫梯人就像其他西方民族一样通过商务往来学会了楔形文字。在小亚细亚，考古工作者发现了一些泥板，这是赫梯人学习楔形文字的拼读和书写时用的字典。克里特人使用的泥板很有可能就是由赫梯人传播过去的。

通过叙利亚北部的撒马尔等城市，埃及文明对赫梯人产生了深远的影响。赫梯人在埃及象形文字的影响下发明了包含图形符号与声音意义的第二种文字系统（图156）。与埃及人一样，赫梯人也将他们的象形文字刻在石头上。至今，我们还能在爱琴海到幼发拉底河的大部分小亚细亚地区见到这

图157　正在猎鹿的赫梯王子

王子正乘着一辆轻便马车向前飞驰，他的旁边是驾车人。王子正在搭箭拉弓，准备射向一只奔逃的牡鹿。拉车的马匹旁边还有一只正在奔跑的猎狗。这幅画的上部有一些赫梯象形文字。通过这幅刻在石头上的画，我们可以看出当时赫梯的雕刻艺术还比较粗糙。

些刻在岩壁和石墙上的文字。于是，赫梯人拥有了两种文字系统，并且使用两种书写方式，它们分别是楔形文字和象形文字。令人遗憾的是赫梯人在石头上刻着的楔形文字至今还没被成功破译。但象形文字已经成功被破译了，这为我们揭开了赫梯语言的神秘面纱。赫梯语言和英语一样也是一种混合语言。整体而言，赫梯语是印欧语系中的一支，只是其中包含了一些印欧语系之外的因素。但是我们还不清楚这些外来的语言因素到底来自哪里。

在建筑方面，赫梯人也取得了一定的进展。国王宫殿的前面中央有一个门廊，屋顶被两根柱子支撑着，门廊的两侧分别建有一座方塔，因此这座宫殿被称为“双塔屋”。亚述帝国曾经引进过这种门廊建筑，这种建筑还一度传到了波斯。赫梯人还从埃及的斯芬克斯那里得到了启发，他们在门廊的入口两侧刻了两头雄武的狮子。后来，叙利亚也引进了赫梯人这种在宫殿门口放置猛兽雕像的做法。赫梯的宫殿门廊也有装饰性的墙裙，主要是刻在石板上的浮雕（图157），这可能也是从埃及艺术中获得的启发。从赫梯人那里，亚述人学会了这种装饰艺术。他们在亚述王宫的墙壁上刻着一排排的浮雕，但亚述人的雕刻水平远远超过了赫梯人。这主要是因为赫梯人的雕刻技术太过差劲，于是，他们又在亚述人的影响下取得了一些进步。

我们可以从上述这些画中看到埃及和巴比伦文明对赫梯人的宗教的影响。这些画中出现了巴比伦的鹰和尼罗河畔的带翼日轮。这种影响我们之前已经了解过了。赫梯人主要崇拜的神是地母，克里特人和后来的希腊人也崇拜地母。

在埃及帝国的兴盛时期，大约在公元前1500年左右，克诺索斯正处于格罗特时代，北方的特洛伊正在重建他们的城邦。这时，哈里斯河东部的赫梯诸王国中有一个王国崛起了。这个王国在哈提（赫梯的旧称）城邦建起了坚固的首都。国王们在哈提建起了宏伟壮观的宫殿和庙宇，他们还环绕着城邦修起了城墙。公元前1400年后，这个王国征服了周边各个赫梯和非赫梯王国，他们还在这些征服地的基础上建立了一个帝国。这个帝国囊括了小亚细亚的大部分地区。

这个赫梯帝国从公元前1400年前一直存在到公元前1200年后。那时，马已经在赫梯出现了，赫梯人可能比巴比伦人更早开始驯养马。赫梯帝国中有许多出色的战车驾驶者，他们效忠于国王，具备很强的战斗力。因此，在埃及第一帝国时期的地中海东部诸国中，他们扮演着重要的角色。叙利亚的埃及势力在阿克那顿革命时期被削弱了，赫梯国王们抓住了这个极为难得的机会（公元前1400年后），将埃及帝国的北方海湾夺了过来。赫梯国王的这一举动就促成了一种极富意义的国际政治形势的形成。这是东方与西方之间的较量，是巴比伦和亚述之间长期斗争的延续，也是新兴的赫梯帝国与古老的埃及之间的角逐。在这场较量中，那些东方古国的帝王们为我们留下了许多有意思的信件和条约，它们都是由楔形文字写在泥板上的，正是这些资料帮助我们弄清了当时的政治形势。赫梯皇帝是一位出色的政治家，他先与周边的邻国签订和平条约，然后再与南方的对手埃及签订和平条约。他很清楚，东方才是赫梯帝国的主要危险来源。当时的巴比伦已经被亚述占领。在相互敌视的四方角逐中，亚述人赢得了最后的胜利。公元前1200年后，亚述将魔爪伸向了西方，并对强大的赫梯实施了毁灭性的打击。赫梯受到了尼尼微军队和在欧洲崛起的希腊军队的双重打击。特洛伊城也受到了希腊人的突袭。希腊人入侵赫梯西部的序幕正式拉开了，这将成为压倒赫梯帝国的最后一根稻草。公元前1200年以后，只延续了一代君王的赫梯帝国就灭亡了。

赫梯人最终的故事就是他们曾在黑海沿岸开采铁矿。正是因为他们开采了铁矿，铁才能很快地在爱琴海世界出现。某位赫梯国王写的一封泥板信件告诉我们，他曾经将一船纯铁送给拉美西斯二世，这是收信人向他要求的。同时，他还在公元前13世纪将一把铁剑作为礼物送给了埃及国王。总而言之，作为爱琴文明的众多邻居之一的赫梯文明，在落后于埃及文明和巴比伦文明的时间里，肩负了非常重要的历史使命。

三十三、北地中海地区的新发现——东地中海世界的崛起

通过一个既没有精湛技术也没有受过正规训练的考古学家，我们认识了一个全新的、从未被人们发现过的爱琴文明世界。早在希腊人出现之前，这个世界就已经繁荣了许多个世纪。

几年前，我们在上面提到的爱琴文明故事还完全没有人知道。在不到50年前，没有人相信这片地中海东端的北部地区（一端在爱琴世界，另一端在两河流域，中间经过赫梯）在希腊人之前还出现过文明人。人们根本不相信爱琴海世界存在着希腊人之前的文明遗迹。但是，还是有人发现了爱琴文明。这个人就是海因里希·谢里曼。

谢里曼是出生于德国的美国人。年轻的谢里曼在去美国前一直过着商人的浪漫生活。当荷兰海岸的船只发生海难时，虽然他还只是个孩子，但他已经开始在一家杂货铺中做职员了。这是成为一个生意人的必经之路。在每

图158　掩埋着九座特洛伊古城的大土堆

关于这个大土堆的成因我们已经有所了解了。1868年，谢里曼第一次来到了这个土堆。这个土堆高约125英尺，土耳其人种的小麦还在上面生长着。1870年，谢里曼在土堆的顶上挖出了类似弹坑的坑，这个坑大约有50英尺深。他又挖了四年，直到贯穿了九座按照历史顺序建立的城市。谢里曼发现那个坑的底部曾经是一个75英尺高的山顶，晚石器时代的人们曾在这里建过一个定居点（大约在公元前3000年），他们的房屋是用晒制的泥砖砌成的。后来建立的城市的遗址就在这个晚石器时代的遗址的上面，罗马人的建筑在最上面。建于晚石器时代的第一个城市遗迹纵深大约50英尺，它与第九个城市——罗马之间相距3500年的历史。第二个城市遗迹中出现了这一系列城市中最早的铜。而第六个城市就是被荷马称颂的特洛伊城。

天出售熏鱼和成卷黄油的短暂间隙里，他坚持自学希腊语和阅读《荷马史诗》。这个少年的耳畔是特洛伊平原上古希腊英雄们的呐喊，是那个昏沉的小杂货铺里嘈杂的声音与翻动书页时发出的声音。他在这种交响乐的陪伴下成长着，学习的热情从未消减。直到他在多年后退出生意场之前，他始终保持着对人类世界早期历史的热情。当他在俄国石油的生意上大获成功后，他开始为实现自己的梦想而努力。

1870年，谢里曼开始对特洛伊土堆进行考古调查，他还带着一个土耳其工人。他花了不到四年的时间，在这个大土堆中发现了九座港口城市的遗址。这些城市都按照历史顺序被掩埋在土堆中，更久远的城市遗址埋在相对较新的城市的下面。谢里曼在第二座城市的带塔楼的入口处发现了一颗精致的金珠，他认为这就是《荷马史诗》中描绘的英雄们的特洛伊城。现在我们知道，这第二座城实际上比荷马的特洛伊城要早1000年，荷马的特洛伊城应该

图159　特洛伊土堆上的第二座城市与第六座城市的城墙以及山顶上的罗马神庙

如果将本图与图158相比，我们会发现这幅图中的高度和宽度的比例与实际不符，这是为了方便绘制而将实际的宽度缩小了。晚石器时代的居民曾经居住过的山体岩石在最下层，它的上面是第二座城市的斜墙（阴影部分），再往上是高出许多的第六座城市的城墙（黑色部分）。谢里曼从来没有亲眼见到第六座城市的城墙，因为当他在挖掘这个土堆时，挖出来的土盖住了第六城市的城墙。

图160　《荷马史诗》中的特洛伊城墙（大约建于公元前1500年）

图中的城墙属于特洛伊土堆中的第六座城。城墙向外的一面是倾斜的，左侧是城市的内部。这座城墙修建于迈锡尼兴盛时期，是用来抵御希腊人的入侵的。这座城市在公元前1200年后的一场战争中毁灭了。我们可以在《荷马史诗》中看到关于这场战争的传说和关于英雄们的故事。谢里曼从未看到这些被希腊英雄们摧毁的城墙。我们可以从图中看出，第七座城市的房屋的墙壁是建立在第六座城市的房屋之上的。

图161　坐落在小亚细亚中心的赫梯人首都

这是一座带有城墙的城市遗址。现在，这座城市已经和罗马古城一样成了一系列的小山丘。这座废墟的现代名字——赫梯，来自附近的村民。下面那幅图是公元前13世纪，赫梯国王在这里居住时的部分城墙的复原图。

是第六座城。

为了考察史前的迈锡尼要塞和城堡，谢里曼穿过了希腊大陆。他在市场的街道下面发现了一系列石墓室，墓室里有一顶精美的金皇冠，还有许多非常漂亮的金器和饰品，这些都说明这系列墓室中一定有一位国王。谢里曼认为这些东西是特洛伊战争中的英雄们留存下来的，但其实这些东西更加古老。谢里曼还在邻近的史前铁拉城堡得出了相似的结论。于是，这位没有精湛技术也没有受过专业训练的考古学家在短短几年内就向我们展现了一个全新的爱琴文明世界，这个世界此前从未被人们发现。这让我们认识到，爱琴文明世界早在希腊人出现之前就已经繁荣了许多个世纪。

然而谢里曼没能够发现早期爱琴文明的发端。从1900年起，考古学家们就在不断地论证克里特岛究竟是不是爱琴文明的发源地。他们认为爱琴文明就起源于克里特岛，而文明中心曾经从这个岛屿转移到了其他一些岛屿，并最终转移到铁拉和迈锡尼希腊大陆。美国的考察者也得出了类似结论，他们主要以英国考古学家亚瑟·伊文斯在克诺索斯的考察为依据。伊文斯发现了克里特宫殿。他一层又一层地清理，挖掘那些掩埋着克里特艺术品和工业产品的土层。他发掘出的工艺品将我们带回了远古时代。他还在土堆的最底层找到了晚石器时代人们的定居点，这里还坐落着第一座宫殿。

这时，更多的赫梯遗址在小亚细亚被发现了，其中，维克勒的发现最为重要。在1906年到1907年的冬季，维克勒带领德国考察队开始了对哈提的考察。维克勒发现一层薄薄的泥土下面埋着一些赫梯泥板，在这里路过的人们随时有可能踩到它们。在赫梯帝国兴盛时期，这些泥板曾经占满了哈提王国的宫廷资料室，这其中就有赫梯国王与邻国王室的通信，以及来自埃及、巴比伦、亚述等国国王的信件。这些信件里就包括了赫梯国王告知拉美西斯自己会送他一船铁的信，还有来自埃及皇后的求援信，我们可以发现这位皇后就是阿克那顿的女儿，图坦卡蒙的妻子。他们在这些信件之外还发现了大量协议，这些是迄今发现的最早的协议文件。但是遗憾的是，第一次世界大战的爆发中断了这些重要文件的研究工作。后来，奥地利学者赫罗兹尼发表了他的研究成果，从此人们能够读懂那些用楔形文字写成的文件了。这些研究成果为他带来了荣誉。后来，福瑞尔又翻译了这些历史资料，我们的视野再次被大大地拓宽了，我们对公元前1400年以前的早期东方和史前希腊形成了更加清晰的认识。此前只存在于传说中的史前希腊人物开始变得真实起来。这些历史人物的名字就写在赫梯人用楔形文字记录的文件与资料中。此外，德国考察队在这里挖掘出了古城墙和主建筑，于是我们得以了解当时的建筑艺术。

尽管我们还没有破译克里特人的文字，对赫梯文字的破译也才起步，但通过那块土地上的考古成果，我们对东地中海北部地区的文明状况有了一定的了解。如果我们将东地中海北部地区的考古发现与在东方和地中海南面发现的早期人类联系起来，我们就能够大体了解考古学家和有关学者的探索和研究工作了。从尼罗河河谷到肥沃新月再到小亚细亚和爱琴海，这些考古学家几乎考察了地中海东端与周围的所有地区。

发现爱琴文明后，我们已经对地中海东端的所有古代文明都有所了解了。我们探索了他们的工业、商业以及他们创造高度文明世界的过程。值得注意的是，爱琴文明所在的爱琴海只是一个北方港湾。之前，我们曾看到了埃及船只在大约公元前3000年从尼罗河驶向东地中海的场景；现在，我们又探索了地中海东部和北部地区的文明。在克里特的格罗特时代走向尾声时，辉煌的爱琴文明与尼罗河文明等古老的东方文明已经融合了几百年了。在爱琴文明与小亚细亚赫梯文明交融的过程中，它同时还与肥沃新月的文明联系了起来。

艺术、工业和商业等东地中海地区发展起来的文明成果引起了世人的关注，同时也引来了巴尔干山脉和黑海野蛮人的侵略。这些来自北方的野蛮人就是希腊人，他们将迅速征服这个文明世界。他们的入侵为东地中海地区的历史翻开了新的一页。

第八章　希腊人征服爱琴海世界

三十四、希腊人进入爱琴海世界

赶着羊群，驾驶着笨重马车的希腊人，带着家眷一路驰骋向南迁徙。当美丽的铁萨利草原、银装素裹的奥林匹斯山以及湛蓝的爱琴海映入这群迁徙者眼中的时候，他们终于找到了自己心中的落脚地，于是下定决心在此定居了。

印欧族部落的一个分支就是希腊人，我们在追溯着希腊先辈印欧人的足迹中，看着他们在大西洋到北印度一线开始选择不同的路线迁徙。当希腊人的东方亲族向南迁移的时候，希腊人正踏过广阔的草原，沿多瑙河往南迁移。

约公元前2000年之后不久，赶着羊群，驾驶笨重马车的希腊人带着家眷，一路驰骋向南。当美丽的铁萨利草原、银装素裹的奥林匹斯山（图162）、湛蓝的爱琴海映入他们眼中的时候，他们终于找到了心中的落脚地，于是下定决心在此定居了。这个定居的地点在希腊半岛，面积共约2.5万平方英里[①]。这一半岛上有无数起伏的山脉和被海水环绕的平原和半岛，它们彼此隔山水相望，或背靠大山，或面朝大海。东海岸的海湾附近分散着至少500个

---

① 比南卡罗来纳州小六分之一。奥林匹斯山的位置十分醒目，站在希腊半岛的大部分地方都能够看到它。站在斯巴达的山上还可以看见一片群山，它跨越了225英里，从克里特到科林斯海湾北部。

图162 众神之邦奥林匹斯山

坐落在希腊北部边境的奥林匹斯山。人们无论站在雅典城邦还是优卑亚南端，都能够看到它的恢宏气势。它高近一万英尺，一边是马其顿，一边是铁萨利。而从南面眺望这座山，整个铁萨利平原都能尽收眼底。这就是希腊人第一次进入海拉斯的地方，也正是在这里完成了后来古老的荷马英雄史诗。

小岛，它们让这个海湾看起来就像一把锯齿。

这群希腊人就在这里定居了，他们是一群曾经多次入侵肥沃新月，但如今想要安定下来的游牧民。当他们入侵爱琴海城邦之后，就做出了同铁拉人和迈锡尼人一样的选择——在这里定居。作为后来者，当他们眺望海上时，能够看到若隐若现的海上小岛。在这些小岛上，每个繁荣的城邦都在忙而不乱地进行着工业生产，他们的主要产品是陶器和金属制品，这些产品都拥有很大的贸易市场。

我们甚至可以想象，当这群野蛮人第一次看见海上的白色帆船时，他们会发出怎样的感叹和疑惑。当然，我们也能够理解，也是这样一群人，可能会花费极大的勇气和长久的时间才能够真正打开属于他们的海上探险之门。但是，当这群踏进伟大的东方世界边缘的希腊人目睹了穿梭在爱琴海各岛屿之间的帆船，感受到强大的东方国家的辉煌景象之后，他们也正式进入了创造高度文明的历史进程。这是一个壮举，是足以撼动史册的史无前例的伟大进程。

南方的伯罗奔尼撒慢慢涌进了最早来到这里的希腊人（亚加亚人），有的希伯来人也与铁拉和迈锡尼城外的爱琴居民混居在了一起，他们就像希伯来牧民与迦南的市民一样混住在一起。爱琴世界的某些要塞似乎也被一些希腊领袖占领了，这就如同当年的耶路撒冷被大卫掌控了一样。但由于当时在那的居民还没有文字，他们不可能保留下与他们自己相关的史料，所以我们并不能深入了解当时希腊的具体状况。但是我们至少能够确定一点，公元前1500年，第二次希腊游牧民迁徙浪潮（多立克人）开始之后，他们踏遍了整个伯罗奔尼撒，征服了先到的亲族（亚加亚人），然后还征服了原先就住在这里的爱琴居民。

但是，公元前1400年，多立克人在向爱琴人请教了一些航海技术之后，没有在希腊半岛南端过多停留就开始向克里特入侵了。显然，没有城墙的克里特很快就被多立克人占领了。随后，爱琴海的其他南方岛屿也被他们掌控了。希腊人在公元前1300年到公元前1000年之间，将这一地区的所有区域都进行了全方位的扫荡，并最终掌控了所有的爱琴海岛屿。

我们很幸运地在新发现的赫梯文字资料中找到了有关希腊人入侵小亚细亚的史料。这些资料用亚加亚人来称呼希腊人；在与叙利亚国王订立的条约中，赫梯皇帝将自己的地位等同于埃及、巴比伦、亚述以及亚加亚等强国的君主地位。公元前1325年，亚加亚国王厄特俄克勒斯，这位自称伊奥利亚的安德鲁斯之子的国王，在小亚细亚南海岸开始了征服异邦战争的第一步。他与赫梯皇帝结成了“兄弟”，这种关系就类似于埃及、巴比伦同亚述国王之间的友好关系一样。有趣的是，我们在那些最早的希腊神话中的名字中发现，在古代西亚的历史记载里有很多人都自称是厄特俄克勒斯和安德鲁斯之子。等又过了两代人的时间，大约在公元前1250年前后，亚加亚国王与赫梯皇帝的关系终结了。而在小亚细亚西部，亚加亚国王阿特琉斯在这里遭遇了一次战争失败，但由于他并不甘认输，于是又亲自率领了100只船在卡里亚海岸登陆，并且重新征服了这一地区。但骁勇善战的赫梯人很快就策划了反攻并再次打败阿特琉斯。福勒[①]发现，赫梯人在记录与小亚细亚西部动荡局势有关的文字资料过程时，他们会用“亚苏瓦”来表示特洛伊，而这个“亚苏瓦”也许就是“特洛伊”的词源。我相信读者们都很熟悉阿特琉斯这个名字，他的儿子阿伽门农，是率领希腊远征军对抗特洛伊的首领。当然，希腊人远征特洛伊在我们眼中是毫无疑问的确凿事实。公元前12世纪，特洛伊在被希腊长期围困后被攻陷并被焚毁。这场远征成为希腊人心中难以忘怀的胜利，希腊世界也因此出现了大量歌颂在战场上冒险的英雄的赞歌。最后，小亚细亚地区都被希腊人征服了，南方住着多立克人，中部地区主要生活着爱奥尼亚人，而伊奥利亚人则住在北部地区。公元前2000年到公元前1000年，希腊人首先占领了整个希腊半岛，随后进一步征服了整个爱琴海世界。

小亚细亚内陆也同样遭遇了希腊人亲族的入侵。这是另一队印欧人，他们在跟随希腊人的脚步向南推进的过程中发现，比起继续向希腊推进，穿越赫勒斯蓬特进入小亚细亚可能更好操作一些。于是，公元前1500年左右，赫梯人遭遇了外族入侵。新来的印欧语逐渐取代了赫梯人自己的语言。我们在赫梯人的楔形文字泥板中就能发现大量的印欧语词汇，而且这些词汇显示出与希腊语十分接近的语法规则。而这些都在最近的赫梯文字解读成果中得到了论证。历史并没有停止前进的步伐，等到了公元前1200年，以弗里吉亚人和亚美尼亚人为代表的印欧人开始对小亚细亚进行第二次入侵活动。

最终，印欧人成功占领了从地中海北端到地中海东端的全部领土。这也就意味着，印欧人不仅征服了爱琴人，也征服了他们的小亚细亚邻居赫梯人。赫梯帝国也因此崩溃解体了，曾经光辉灿烂的爱琴文明也在外来入侵的

---

① 并不是所有学者都接受将福勒发现的赫梯泥板上的楔形文字人名确认为古希腊人名。楔形文字中的人名和希腊人名互译是一项新的工作。有关学者在研究过程可能会遇到如下问题：资料中显示出来的希腊人名出现得早于希腊人学会写字近几个世纪。在这种情况下，自然有人会提出质疑。笔者认为，在对许多用楔形文字写成的希腊名字的辨识过程中，由于受到政治和词源学的综合影响，这个过程会产生很多交叉的地方，这些都不是偶然发生的现象。我们相信，随着赫梯古文字资料的研究越来越深入，这项辨识工作会取得更大的突破。

过程中瓦解了。爱琴世界的城邦都被战火毁尽，富丽堂皇的克里特皇宫、精致的珠宝和克里特艺术都随着战火浓烟随风而去了，爱琴人也无奈地从海上仓皇落跑了。当然，逃跑的人之中并没有太多的普通人，因为他们没有太多机会和选择；但贵族和富人，比如我们曾见过的那些身穿精美服饰的克里特女士雕像所代表的阶级，则一定会想尽一切办法逃亡。

公元前1200年，大量的爱琴人在北方印欧希腊人的入侵中逃亡了。他们穿过海洋，奔上地中海东南海岸，从尼罗河口岸最终到达腓尼基。而这对于埃及帝国而言并不是好事，这场爱琴人的大逃亡直接加速了本就岌岌可危的埃及帝国的灭亡。这里有一幅埃及浮雕，表现的就是当时在叙利亚海岸附近最早发动的一场海上战争（图163）。在这场战争中，一支爱琴海军被末代埃及皇帝击退了。

在这里不得不强调，虽然有很多爱琴人都逃亡成功了，但他们之中只有逃到巴勒斯坦南部的爱琴人集中在一起建立了一个国家。这里的一个克里特部落被称作腓尼基人。虽然他们因为上述提到的海战失利而受到了一定的损失，但最终依然成功建立起了属于他们自己的国家。等到了公元前12世纪，他们甚至还建立了一系列的繁华城市。对于这个国家的实力，了解历史的人们还知道，在那场几乎摧毁希伯来民族的战争之中，腓尼基人几乎取得了战争的胜利。而有趣的是，巴勒斯坦这个地名也正是源自这群来自爱琴世界的逃亡者，它是由“腓尼基”演变而来的。

就这样，印欧侵略者彻底摧毁了爱琴海世界已经发展到高度文明、发达的社会，在这之中，被摧毁的克里特尤为明显。公元前1200年，曾经辉煌无比的爱琴文明倒退回了很久以前的程度，可能只比欧洲晚石器时代稍微好一点。同时，以克里特文字为代表的爱琴文明中很重要的一些东西，都随着希腊的入侵而逐渐消逝在世间了。当然凡事都有例外，很多爱琴手工业品被很幸运地保存了下来，而它们在后来也成为希腊人打造古代世界最高级文明的最为关键的基石之一。

上文我们提到，入侵的希伯来游牧民与文明的巴勒斯坦迦南人杂居在一

图163　逃亡的爱琴舰队与埃及舰队之间的战争

埃及底比斯神庙墙上的一幅雕刻画。它是迄今所发现的最早的海战图。它记录了这样一个史实：公元前1200年之后不久，在叙利亚附近海岸某地，埃及末代皇帝拉美西斯三世打败了地中海人。图中的九艘战船中有四艘是埃及人的（船头有狮头标记），其中三艘在左侧，一艘在右下方。而剩下的五艘都是船头有鹅头标记的爱琴人的战船，并且其中有一艘爱琴船被打翻了（中间偏下）。这些人头上的羽饰清楚地阐明了他们的腓尼基人身份，我们也可以从中看出他们是从克里特来到巴勒斯坦的。圆盾、长矛或者双刃剑是爱琴人的武器。而埃及船上主要为弓箭手，他们的策略是：先对敌人进行集中远射，然后逼近腓尼基船将其抓获。

起，那么，那些未曾找到机会逃走的爱琴人也插在希腊征服者之间生活居住了下来。当爱琴人与希腊人混合之后，他们产生了一个被称作希腊民族的混血民族。虽然我们不曾得知这类混血民族身上流淌着多大比例的来自爱琴人的血，但至少有一点我们能够确定，古希腊人出现了大量天才，在某种程度上得益于他们与克里特人混血，而且还有幸继承了希腊人宽容对待异族、拥有良好艺术直觉的特点。

语言的混合成为希腊人与爱琴人产生混血之后必然会导致的结果，但是，它并没有形成几种语言上的平等混合，如同英语和法语与盎格鲁-撒克逊语的平等混合。希腊语作为征服者的语言，慢慢成为爱琴海世界的语言，但希腊人也并没有完全抹去爱琴语言的痕迹，城市名、河名和山名，如帕纳塞斯山等都继续沿用了爱琴语言。这就像美国也在继续使用印第安语中的地理名词一样，比如我们如今仍然在使用古老的印第安名称——密西西比——来称呼美国最大的河流，密西西比的意思就是“众水之父”。我们如今依然能够在这些正在使用的希腊地名中找到爱琴语的踪迹，但如果要寻找作为语言的爱琴语，那在任何地方都不可能找得到了。但有意思的是，因为希腊语中本没有指称文明生活设施的名词，所以那些爱琴人描述这些设施的名词被保存了下来，比如希腊语中的“浴盆”一词就源自古爱琴语词。作为游牧民族，希腊人原本是没有浴盆这类生活用品的，但爱琴人却拥有“浴盆”并被我们发现。显而易见的是，希腊人在沿用这个词语的同时，也学会了如何使用这种生活器具。而后，不断发展的希腊语成为人类历史上最为丰富美妙的语言。

三十五、希腊人从游牧到定居

最初，希腊并不是航海民族，他们也并不会驾船出海。我们能够发现，希腊诗人赫西奥德在面对大海时，他的眼神并不是憧憬而是畏惧。

在夏季风平浪静的爱琴海上，我们只需要一艘小船就能够穿梭于希腊到小亚细亚之间的一座座小岛。这种地理因素也成功地让希腊游牧部落控制了爱琴海诸岛屿和小亚细亚海岸。我们知道，最初的希腊并不是航海民族，他们也并不会驾船出海。我们能够发现，希腊诗人赫西奥德在面对大海时，他的眼神并不是憧憬而是畏惧。也因此，希腊人在占领爱琴海之后相当长一段时间内一直坚持着自己的游牧生活而未发展海上贸易。如果我们想要进一步了解爱琴海世界之后的情景，那么首先需要明确游牧生活的含义。这种游牧生活我们曾在亚洲的肥沃新月见识过。他们没有建立政府组织的需要，同时，因为他们没有可以征税的土地，所以这些游牧民至今都不纳税。政府官员、诉讼法庭、法律事务等都与游牧民没有半点关系，能够约束他们的也只有如“血亲复仇”之类的传统习俗了。而作为游牧民的希腊人，在入侵爱琴海世界的时候，就如上述这样生活着。

入侵的希腊人仍然像他们曾经在草原上放牧的时候一样，松散地建立着他们的部落。每个部落都由很多亲密度更高、规模更小的“胞族”家庭组成。胞族之间的纠纷以及部落的重要事务都由老人（长老）会组成的议会来专门处理。由部落中全体武装人员组成的“大会”一般一年召开一次，如果遇到重要的节日也有可能召开“大会”，它的主要目的是表决是否对外宣战或者部落迁徙等重大问题。后来欧洲的政治制度和如今的美国制度就是源自希腊这时的管理体系。①

① 比较一下英国上院（相当于“长老议员”）和下院（相当于“大会”）或者美国的参议院（由拉丁文“年长者”衍生而来）和众议院。

希腊人在了解了迈锡尼城的君主制度之后，决定像希伯来人一样设立一个国王。于是，游牧民族的国王诞生了，他们在这之前都是那些率军作战、主持宗教仪式、处理部落事务的游牧民头领。

同时，游牧民也随着局势的稳定开始利用周围的土地了，这意味着他们开始耕种了。他们正式结束了颠沛流离的生活，在这里搭建起了房屋并开始过上了真正的定居生活。但是，他们那些游牧民族的习惯却依然没有割舍。就像千百年来生活在北方草原上的游牧民所做的一样，战争和放牧仍然是这里男性的主业，而耕种土地只能算是一种副业，由妇女来完成。希腊人一直保留的这种传统认知让他们即使从事了几个世纪的农业生产，仍然会认为牲畜和家禽是自己的主要财产。

村落在各部落定居后逐渐地形成了，于是人们决定通过抽签的方式来分配住房周围的土地，但在这里需要明确的是，他们对于土地只有使用权，土地的所有权仍然归部落所有。但后来，在这片土地上逐渐产生了家族土地私有制，而这种土地私有制就会不可避免地产生有关地界、土地继承等方面的纠纷，而纠纷带来的连锁反应则是，越来越多的事务需要当权者出面问责。于是，设立一个专门的政府部门来处理这类事务表现出了越来越大的需求。从公元前1000年到公元前600年，定居后的希腊人出现了种种纠纷，出现了各个土地集团之间的斗争以及越来越分化的贫富差距。阶级分化在定居和土地私有制之后就出现了。

肥沃新月的闪族游牧民族也曾出现希腊人如今所面对的需要处理各项事务的情形。但由于闪族游牧民继承了曾经肥沃新月定居者的文字，因此他们能够更容易地解决这些问题。然而，爱琴人的克里特文字却因为战火而灰飞烟灭了，希腊人定居的时候，根本找不到会写希腊文的人。而这给需要处理各种事务的政府带来了极大的不便。于是，在一些共同体之中，出现了一种新的角色——专职“记忆者”。他的任务就是记忆各种合同用语、贷款数额以及居民签订的各种协约等等。这些在文明社会需要文字记录下来的事务在当时都被看作是应该记在心中的。

随后，希腊发展达到了其政治发展史中的一个重要阶段——部落中的核心村落联合了起来，合并成为一个城市。它的重要性源自希腊人在心中认为最高级的国家组织是城邦。一个城邦就是一个主权国家，每个城邦都有属于自己的法律、军队和神祇，城邦公民只需忠于本城邦并对本城邦尽到爱国义务即可。城邦的最高统治者是国王，他的城邦被称作是“城寨”或“卫城”，建在我们的城市中心的山顶上。后来，为了让城邦更加安全，人们又修建了城墙来保护山下的房屋和市场。作为城市统治者和掌管祭祀的人，国王既受人敬爱也拥有权势。国王和议员们每天都会在市场对各种事务和纠纷进行处理、审判和裁决。尽管这是十分原始的统治方式，而且腐败和不公正现象频频发生，但它在历史上的地位依然非常重要，因为它第一次建立了城邦和不受干涉的政府，这不得不说是一种进步。

随着城邦数量的不断增加，希腊文明应运而生。几百个城邦在希腊大陆、爱琴海沿岸和各岛屿上建立起来了。希腊人定居之后，正是这种小国家组成了爱琴海世界。国王统治着这些小城市王国，希腊人就在此定居生活。即使希腊国王早在公元前1000年以前就出现了，但却是在这之后的两个半世纪里，希腊文明才开始真正兴起（公元前1000年至公元前750年）。

第九章 希腊的君主时代

三十六、爱琴文明遗产——腓尼基商业的发展

粗鲁、野蛮等词语就是希腊人在公元前1000年后很长一段时间内的代名词。昔日灿烂无比的爱琴文明成为人们心中的记忆，被永远地保存在了阿戈斯平原之上。

希腊人在一个重要方面的运气是远远高于他们的爱琴前辈的。我们知道，公元前13世纪的希腊已经有了铁，这个从赫梯传到东方的物质。当然，他们这时还没有铁质工具和武器，这些物品的出现并完全取代铜制品还需要再等几个世纪，这个过程就像是汽车完全取代现代人生活中的马一样缓慢。即使铁器已经在希腊普及了五百余年之久，希腊诗人埃斯库罗斯仍然用“从海那边来的陌生人”或“迦勒底的陌生人”来形容铁器，而这里面提到的迦勒底是小亚细亚盛产铜的地区。等到了公元前1000年，希腊普及了铁器，标志着拥有2000年历史的铜器时代结束了，而这个时期几乎与爱琴文明的历史时期一样。因此，我们说爱琴文明的历史与青铜时代完全同步是完全可以的（公元前3000年至公元前1000年），而进入铁器时代之后，希腊文明也逐渐兴起了（约公元前1000年）。

粗鲁、野蛮等词语就是希腊人在公元前1000年后很长一段时间内的代名词。昔日灿烂无比的爱琴文明成为人们心中的记忆，被保存在了阿戈斯平原之上。但是，在迈锡尼的希腊村庄上方，古代爱琴王国的巨大石墙仍然耸立于此。因为希腊人一直认为这些石墙是曾经的独眼巨人建造的，所以他们常常怀着敬畏之心

观摩它们。有的时候，他们还会以神圣而崇拜之情抚摸着那些残存下来的贵重的金属制品，只因为这些金属制品出自古代爱琴工匠之手。传统在希腊人眼中十分重要，他们一直铭记着作为他们文明故乡的克里特。但希腊牧民和农民的生活仍然被落后笼罩，他们没有工匠，因此在建造房屋、开办工厂以及从事手工业生产的时候，他们都非常鲁钝。但是，希腊的这一方面与其书写方面相比，可能后者更为落后，因为我们知道他们并没有继承爱琴人的文字。在很长一段时间内，希腊人的住所简陋至极，即使是希腊国王也是住在用晒制的泥砖砌成的住所里。而这种房屋几乎与农舍差别不大，国王的厅堂可以肆意让家禽出入，它们甚至可以挤在王宫门前的太阳地里。此外，希腊虽然形成了制铜业，但这个行业产出的铜制品都粗糙不堪。在陶器制作方面，1000年前的克里特人拥有制作精美陶器的工艺，这一点虽然被保留了下来，但单从这些简陋作品上装饰用的劣质图画（图164）就能够感受到，曾经优秀的工艺技术已经在

图164　希腊君主时代的绘图陶瓶

世上罕见的保存完好的早期希腊陶瓶。它高约3.5英尺，不久前被纽约大都市博物馆收藏。这件作品代表了公元前8世纪的希腊艺术。爱琴装饰艺术的特征之一就是用自然界的东西来装饰物品，比如美艳的花朵、海生植物等。这种风格曾被钟爱几何线条的早期希腊瓶画者抛弃。这个陶瓶有两列画，上面一列表现的是葬礼的场景，尸体被放在高高的尸床上面；而下面一列则表现的是手持哑铃盾牌列队前进的战士，战士后面有四轮战车，它们分别被三匹马拉着，而这三匹马画得十分简陋。当我们将经过一个半世纪的希腊人画的精致的马同四个半世纪后所画的绝妙的马相比较可以看出，爱琴前辈的技术被早期希腊制陶匠粗糙地继承了，瓶画艺人的技术也是如此。

图165 被希腊人接受的腓尼基服装

这种服装被希腊人称作"科同",它最初被拼成"Ke-ton",后来演变成"Chi-ton"。在后面的有关图画中能够看到这种妇女服装。

某个衰落的城邦中严重倒退了。

爱琴文明曾经受到东方文明的深刻影响，而如今，这种影响也深深地感染着希腊人。城里的希腊人用羊毛织成的衬衫代替了游牧时代穿的破旧羊皮衣。新的这种羊毛衬衫被称作"科同"，它不是一个希腊名词，而是从卖这种衣服的外国商人那里学来的（图165）。

当城里人需要那些他们并不会制作的东西，比如"科同"等，他们就会前往海边购买，因为这里有靠岸的、被希腊男女团团围住的商船。留着大胡子的商人站在高高的船尾上，向希腊人展示一些埃及出产的玻璃、雪花石膏香水瓶和精美的蓝色瓷碟等。即使希腊妇女对于这些东西并无太多兴趣，她们也总会对一种物品心动不已——象牙梳子。这种梳子上有透雕出来的狮子，它在阳光的照耀下栩栩如生（图166）。当时，富有的希腊人十分好奇那些用象牙镶嵌的精美家具，而且他们的目光也总是追随着那些铜质或者银质的配有精致雕刻的大圆盘（图167）。同时，商人们会用漂亮的紫袍装饰船尾，这一点睛之笔让那些展出的金首饰更加绚丽多彩。除了希腊人，科同人也常常到这里来，科同人是希腊人用来称呼那些跨海而来的拥有黑皮肤的外邦人的。他们其实是腓尼基人，上文提到的那种希腊人穿的衬衫名称就是一个腓尼基词语。

腓尼基人控制了东地中海。公元前1200年前不久，赫梯国王曾寄给拉美西斯二世的孙子一封信，上面提到埃及每年都会载着装满粮食的船驶到小亚细亚南海岸。但短短一代人的时间，随着埃及地宫的衰落，埃及舰队从爱琴海及其周围

图166　古代腓尼基的象牙雕刻梳子

利用西顿和铁拉能够生产出这类的工艺品。它们是由腓尼基人传到地中海的。我们曾在西班牙的古墓中发现过这种梳子。如图所示的狮子形象是来自叙利亚。亚述国王曾经将制作这类工艺品的腓尼基工匠留在尼尼微，因此在这里也发现了很多带有腓尼基标记的工艺品。

水域退出了。公元前1000年，东地中海再没有出现任何商船，于是腓尼基人抓住了这一商机。据我们了解，腓尼基人原本就像希伯来人样生活在沙漠中，但很快叙利亚沿海城市就被他们占领了，并在这里成了出色的水手。腓尼基商人提供的精美器物是当时的希腊工匠无法完成的，因此，东方商人无论身在何处，都有广阔的市场等着他们。

当然，爱琴世界的商业活动并不是腓尼基人的全部，他们还在继续向西开拓市场，先是将商业打入西地中海，最后成功地在西班牙的大西洋沿岸建立起了殖民地。后来，西地中海地区最为重要的商业城邦就来自他们的殖民地迦太基，并且这座城市成为罗马最强劲的对手。在公元前1000年之后的三个世纪内，拥有先进交通工具的腓尼基商人一直积极活跃在地中海并不断向外延伸市场。渐渐地，他们搭建起了一个伟大的地中海商业世界。但遗憾的是，腓尼基人没有军队，也没有政治组织，因此也只有迦太基这一个殖民地成为实力雄厚的城邦。

埃及人教会了腓尼基人制作各种商品，如制造玻璃和瓷器，编制亚麻，染色、切割、锤打和雕刻金属等。1922年，某个著名腓尼基国王的墓地被发现，它位于腓尼基最古老的港口贝布罗的某个坡地上。这位国王大约于公元前2000年左右在位，那时正处在埃及封建时代。这座王墓中保存着一些十分精美的金银制

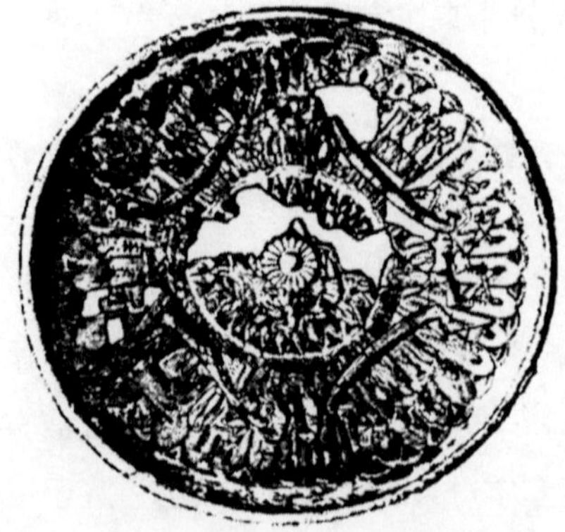

图167　带精美雕刻的古代腓尼基盘子

柏林博物馆收藏的一只精美的银盘。中央的玫瑰花饰周围被一圈水面环绕着。停靠在水面上的是四艘尼罗河船（其中一艘为天鹅形），它们的外围是一圈纸草画。这种装饰图案结合了埃及和叙利亚的艺术特点。这种金属器皿是腓尼基人擅长的。我们曾在很多地方发现这种器皿，西到西班牙，东到尼尼微，它们都是腓尼基商人带去的。

品，从中我们能够清晰地看到模仿埃及风格的图案和工艺。但是，腓尼基人并不是只通过埃及人学艺，这一群拥有国际主义精神的人，还借鉴了亚洲风格的图案，如是我们都能够从那些发现的金属盘子上找到。因此，尼罗河和两河流域的东方艺术混合着影响了腓尼基艺术。我们清楚，亚述国王们曾雇佣腓尼基工匠制作家具和金属器皿。希伯来国王所罗门也是如此，他在耶路撒冷修建的希伯来神殿就是由受雇佣的腓尼基工匠完成的。因此，从公元前1000年开始，腓尼基人作为手工艺术品制造者，从东部的尼尼微到西部的希腊都无人能及。

渐渐地，希腊装饰艺术也开始受到东方装饰艺术的影响。腓尼基传播到希腊的各种金属盘子和象牙雕刻家具上，装饰着各种各样的荷花、棕榈树、亚述的生命之树以及尼罗河边的狩猎场景等图案，此外，装饰图案甚至还有那些东方人虚构出来的别具一格的带翼怪物，比如斯芬克斯、鹰头狮身怪和飞马等等。这些图案给了希腊人创作模仿的启发，于是，他们开始模仿并引进东方装饰艺术，也从这时期开始，西方文明民族的装饰艺术一直被影响至今。我们合理地推测，也许希腊人常常在爱琴诸岛的腓尼基作坊里同腓尼基工匠合作，从而学会了埃及人发明的制作空心青铜模具的技术以及很多其他技术，这些技术都让腓尼基人获得了巨大的商业成功。但是，格罗特时代的爱琴艺术精品并没有被大量地保存下来，加之希腊人有限的模仿能力，因此这时期希腊手工艺品甚至还比不上中石器时代的某些制品。

三十七、腓尼基人给欧洲带来了字母

字母可谓是希腊人从腓尼基人那里得到的无价之宝，它在希腊人心中的地位甚至超过了东方手工艺品。

公元前1600年或更早，西闪米特人发明了一套字母，作为埃及的邻居，他们在发明过程中参考了埃及象形文字。这套字母包括22个符号，随后就被腓尼基人采用并系统地记录他们的语言。这套字母系统没有音节，因为它们没有元音符号，每个符号只代表一个辅音。而世界上最早出现的真正的文字是由西塞姆人发明的纯粹由字母组成的书写系统。公元前12世纪，腓尼基人用大量进口的埃及莎草纸取代了极其不便的巴比伦泥板来作为他们的书写材料。

为了方便学习，腓尼基人重新调整了22个字母的顺序并将其列成一个表（图169，第一栏）。他们发现，如果每个字母都有自己的名字，那么掌握这个字母便不是难事。于是，每个字母都被他们取了各自的名字。他们称呼第一个字母为“公牛”，因为在腓尼基语中，公牛就是“aleph”，由第一个字母开头；按照同样的方法，他们采用腓尼基语中的“berth”，即“房屋”来称呼第二个字母，由表中的第二个字母开头。整个字母系统就这样以此类推出了22个的名字。这和我们曾经的识字课本类似，我们的父母常常会跟着课本读“A就是‘斧子（Axe）’，B代表‘床（Bed）’”等等。而腓尼基商人的孩子在背诵字母表的时候也和我们的小孩一样，他们在记忆的时候会说“公牛、房屋”等等，而我们的小孩在学习字母的时候也会用“斧子、床”来代替简单的“A、B”。

腓尼基人没有留下什么文学作品，商人们用上述的文字写在纸草上的商业文件就是他们唯一留下的文字资料了。阿拉米商人将腓尼基文字从地中海传到了亚洲和印度，而欧洲也在腓尼基人向西穿越地中海的时候接触到了这种字母。我们在前文提到，希腊人常常围在腓尼基商船周围，因此，他们不可避免地会看到腓尼基商人手持的淡黄色的纸，纸上还有用奇奇怪怪的黑色

图168　西顿的古腓尼基港口（如今的面貌）

腓尼基殖民者就是从这个港口启程，远航西地中海，尤其是在迦太基，殖民者在这里建起了一系列新城市。在《荷马史诗》中，西顿人被用来代表腓尼基人。古代城市一次次被摧毁，又一次次重建，图中的城市已经是完全现代的模样了。目的地是希腊和地中海地区的腓尼基商船，曾经就是在这里将城里制造的商品全部装运到商船上。也正是在这里，字母最早开始流行了起来。

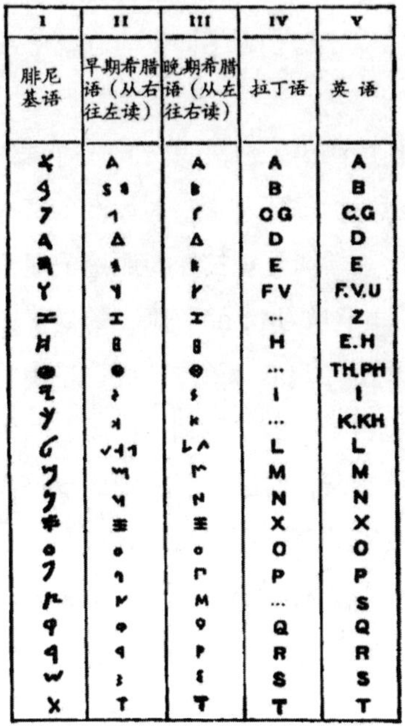

图169　腓尼基字母经希腊语和拉丁语形式演变成现代英语的过程

I栏表示只有辅音的腓尼基字母表。腓尼基人的书写习惯是从右往左书写，而这与最初的希腊人一样。希腊瓶画上战士的名字就是按照这样的书写习惯书写的。II栏中的B就是“倒过来”的。后来，希腊人逐渐形成了从左向右的书写习惯。III栏中的字母书写方式与我们如今类似（如B）。希腊字母的晚期形式（III栏）逐渐转变成了拉丁形式（IV栏），拉丁字母的形式几乎同我们如今使用的字母（V栏）完全一致。

符号标注的各种商品的名称和价格。最开始，希腊人并不认识这些符号，甚至还认为上面画的都是神秘而有害的符号，他们甚至还创作了一首古希腊歌谣，里面称呼它们为“有害的符号”。但后来，希腊人的好奇心驱使他们接过腓尼基商人的“纸”，并最终读懂了上面那些符号的含义。就这样，希腊人逐渐学会了用腓尼基字母拼写希腊词语。

在学习字母的过程中，希腊人的智力优势逐渐凸显了出来。他们发现了腓尼基字母的特色——它们没有元音字母，而且在希腊语中不会使用其中的几个辅音。于是，公元前900年，希腊人开始将一些字母作为希腊语的元音（图169，第一、二栏），至此，这套字母书写系统正式完成。爱奥尼亚首先使用了这套字母系统，并由此在希腊各城邦普及。但在很长一段时间内，希腊只在商业事务和行政管理方面使用这套系统。希腊贵族因为一直怀疑这套记事方法的效率而不愿意掌握它，他们的质疑就这样持续了几个世纪。而我们通过那些带花纹的陶瓶能够发现，绘陶工匠在公元前700年就已经学会书写了。后来，希腊各阶层都逐渐学会书写使用这种字母文字了。但我们仍然需要强调，虽然商业中已经开始使用文字，但由口头文字转变为书面文字还需要等很长一段时间。

腓尼基人设计的字母名拼读方法被希腊儿童沿用。但因为希腊人并不懂腓尼基语，所以他们看不懂这些字母名称的意思。于是，希腊人民改变了些许字母名称，但依然保留了腓尼基字母的顺序。希腊儿童按原有顺序记忆这些字母并将其读作“Alpha、beta”等，希腊儿童学习alpha、beta等就像如今的儿童学习A、B、C一样，而且如今的字母表“alphabet”一词也是由此衍生过来的。“字母表”（alphabet）一词包含了“公牛”和“房屋”两个腓尼基词，这不断地提醒我们要对东方人表示感激，而腓尼基人则应该是我们需要重点感谢的对象，正是他们，我们才得以拥有了字母文字这一无价之宝。腓尼基文字从希腊传到了意大利，最后在整个欧洲都普及了。事实上，印度以西的文明世界的每一种文字都是从腓尼基字母演变过来的。

当时传到欧洲的不止有字母，还有笔、墨、纸等书写工具。“Paper”一词就是由“纸草（papyros）”演变而来的。这个外来词被希腊人沿用，它在这里表示埃及莎草纸。腓尼基商人承包了希腊人使用的全部纸张，它们被腓尼基人从古老的城市贝布罗运到希腊来。就如同我们将那些来自中国的餐具称作“瓷器”（China）一样，贝布罗城运到希腊的纸张被希腊人称作“贝布路斯”（byblos），同理，用这种纸书写而成的书籍就被称作“比布利阿”（biblia）。而这个词语也逐渐衍生出了“圣经”（Bible）一词。自然地，在英语中，“圣经”一词的原意本也是一个腓尼基城市名，而这也成为希腊人深受古代东方影响的又一佐证，因为对希腊人而言无论是十分重要的书籍还是纸张，都来自东方。

三十八、希腊战士英雄赞歌

众神之邦奥林匹斯山高耸在云雾缭绕之中，正是在这里，涌现出了一批歌颂众神和英雄的歌谣，它们都表现了对远古战争的回忆。

这个时代，希腊贵族十分热衷于战争，他们甚至将战斗和劫掠看作自己的职业。在希腊的艺术品中，我们常常能够看到表现希腊战士向家人告别，离开家乡，驾着战车头也不回地奔赴战场的场景。这样的战士形象在瓶画中也司空见惯。希腊人常常用英雄们手持青铜兵器作战的情景来重现当时的疯狂战争。但事实上他们犯了一个错误，当时战士们的铠甲虽然是青铜制成的，但很多武器已经是铁质的了。

战争中起主导作用的是这些身穿铜质铠甲、手持铁质武器的人，但这些装备并不便宜，因此只有拥有很多财产的人才有能力置办。没有铠甲的普通人是不可能在战斗中发挥作用的，因为当时的这种战斗是一系列由两个英雄间的较量而组成的。他们取胜的依据是自身的武艺、经验和胆识，而不是训练有素、纪律严明的团队力量。战胜者的战利品就是失败者身上的铠甲和手中的武器，他们还会将失败者的尸体拖在战车后面飞驰过战场。为了最大限度炫耀自己的胜利，他们还会将手下败将丢到荒郊野岭，任凭飞禽走兽将其咽下。敌对双方也因此会为了抢夺战死者的尸体而再次展开斗争。而当一个希腊城市被攻占之后，普通市民是最可怜的一群人，他们或被杀戮，或被掠为奴隶，甚至他们的房屋也都会被焚毁。这样的暴行对于胜利者而言是一种享受和愉悦，在他们眼中，这些都不是野蛮的行为，而是在为战胜者增添声望和荣誉。

在这样的战争背景下，人们常常津津乐道战争业绩和英雄们的英勇事迹。众神之邦奥林匹斯山耸立在铁萨利平原上，它在云雾缭绕中若隐若现。也正是在这里，涌现出了一批最早的歌颂众神和英雄的歌谣，它们是最早的古希腊文学作品。它们的主要内容就是回忆远古战争，因而深受人们的喜爱。这之中，最著名的当属描写希腊人攻克并摧毁特洛伊城的全过程的歌谣。约公元前1000年，爱琴世界亚洲部分的爱奥尼亚海岸和群岛也开始接触到了这些歌谣作品。

随着歌谣作品的出现，职业吟游诗人开始作为一个新的阶层诞生了。他们漫游在各地，抱着竖琴，吟唱国王和贵族的战斗和冒险故事。常常回荡在各个宫廷中的这些诗歌无不充满激情，作者们大多采用非常古老的语言形式，套用固定格式来创作。由此，欧洲最古老的文学产生了。随着歌曲数量的不断增多，吟游诗人将它们全部汇集在一起合成了一个整体。于是，希腊人征服特洛伊的各种传说被编成了一部壮丽史诗。这部史诗并不是某一个人的作品，它是由很多歌手作者，甚至是由好几代作者集体创作的结晶，因为其中有的作者出生在公元前700年之后。这里还值得强调的是，这部史诗作品是当时第一部用文字书写的作品。

荷马应该是这些古代歌手中最为出名的一个人，因为人们都认为这部宏伟史诗是由他编撰的。但最原始的史诗比流传至今的作品的篇幅还要长，因此无论从哪个方面都表明荷马无法一个人完成这整部作品。到了后来，就连希腊人本身也认为这整部史诗的作者不是荷马。于是，他们只好认定荷马撰写了两部作品：一为表现希腊人远征特洛伊的《伊利亚特》[①]，二为讲述英雄奥德修斯从特洛伊返回故乡的流浪经历的《奥德赛》。而且，时至今日，整部史诗也只有这两部作品被完整地保存了下来。但即便这样，在作者等问题的认定上仍然有很多疑惑，比如在古代就有人提出质疑，认为荷马并没有创作《奥德赛》。然而，无论疑惑有多少，《伊利亚特》这部伟大的史诗作品幸运地被古代的吟游诗人保留下来并千古流传，其中还最早用文字记录了他们对于神和人的世界的看法。那时，希腊人没有别的神圣典籍，于是《荷马史诗》就成为希腊人的圣经。在各城邦中，它是希腊人共同的文学读本，这里拥有他们曾共同对抗亚洲的记忆，因此能够唤醒希腊人的共同信念。

三十九、最早的希腊宗教及早期发展

自然崇拜可以用来概括最早的希腊宗教。希腊人的宗教导师就是荷马。在培养人们良好行为举止和性格号召力方面，早期的希腊宗教并不具有优势。

作为希腊宗教圣经的《荷马史诗》是一部关于战争和英雄的历史。荷马也因此成为希腊人的宗教导师。那时的希伯来人，如果想要了解上帝，只能

① 因特洛伊的希腊语名称伊利乌姆而得名。

通过父辈的讲述，而如今的《荷马史诗》却通过惟妙惟肖的文字表述给希腊人提供了一个了解众神的新方法。但是，就像希伯来宗教发展缓慢一样，希腊宗教从较低级的宗教发展成为更为高级、更高尚的信仰也经历了漫长的发展过程。其实早在《荷马史诗》之前，希腊人就拥有了属于自己的宗教。

我们习惯用原始宗教来形容《荷马史诗》之前的希腊宗教。因为那时的希腊人就像原始人一样，认为树木、泉水、岩石、山岭以及各种动物都拥有神秘的力量。他们认为，地球中会有一个黑暗洞穴，那里住着能让谷物发芽、树木开花的精灵；而这种精灵不只存在于陆地上，在深不可测的海水中也有能让大海变幻莫测的精灵；那么同理，在天空中也有一个精灵统治着那无法触摸的太空。希腊人害怕照亮天际的闪电和振聋发聩的隆隆雷声，与这些相比，他们更喜欢温柔的降雨。当他们遥望展翅翱翔的雄鹰，他们能够感受到，在这神秘的苍穹下，那神秘的鸟正是天空中统治一切的强大精灵。如果雷火焚毁了树木，那就意味着天空发怒了，而只有平心静气的天空才能够落下清凉的雨水。在他们眼中，天空的精灵是能够自由翱翔天际的神鸟，因此，老鹰就是当时人们心中那统领天空的精灵。

希腊人希望每个精灵都能够对人类充满好感而不再因生气而惩罚他们，因此，他们认为无论是好的还是坏的精灵，都需要人们馈赠礼物，尤其是食物。于是，他们将宰杀绵羊释放出来的血放到大地上以讨好大地的精灵；为了得到天空的精灵的喜爱，他们还焚烧羊腿，努力让它的香味随着轻烟飘上天空。后来，古希腊人心中的精灵变成了男神、女神，于是新的宗教崇拜开始了。当时没有固定的神庙或者房屋来进行崇拜活动，他们一般都在山洞中或者在家中的露天庭院里进行活动，而且活动的内容也很简单。

我们了解希伯来人，他们对天神耶和华的崇拜从一而终，而且他们也将这种信仰带到了巴勒斯坦。希腊人也如是，他们也把在草原上游牧时一直对天神的崇拜带到了希腊。最初，希腊人信仰的神在不同的地方有不同的名字：在一个山谷上，他可能被称作“雨师”，而当他出现在另一个山谷中，他的名字可能就是“雷火”。后来，宙斯，这个名字取代了这些名字而成为通用名，这个名字是古印欧语言中“天空”一词的希腊语形式。宙斯作为希腊人最为尊敬的神，成为凌驾于所有男神女神之上的大神。

希腊人的宗教发展并没有因进入爱琴世界而停止。在这里，他们得知地母或大母神是爱琴人最为崇敬的大地精灵，在爱琴人眼中，正因为有了她的保护，谷物才发芽、树木才结果，而这些都是保证人类生存的食物。于是，希腊人也引进了这位神并将她看作希腊宗教中的女神。正如希伯来人在巴勒斯坦吸收了他们发现的迦南太阳神一样，希腊人的宗教也像这样吸收了在爱琴海世界中发现的男神和女神。

那么进一步来看，神祇具有动物的形象是早期希腊宗教的特点之一。《荷马史诗》中也有描述神祇的相关动物形象，比如，史诗中有提到某位拥有“猫头鹰的脸”的女神，也有另一个女神是一张“母牛脸”。长着山羊蹄子和羊角的是快乐的森林精灵萨提斯，而马身人首的神则是人头马神。从《荷马史诗》中我们能够看出，作为男神和女神，这些自然界精灵都拥有着无比崇高的地位，他们拥有人的模样和品质，除此之外，他们还拥有无穷的法力并且永生不灭。

如果要问，希腊人为什么知道云雾缭绕的奥林匹斯山上住着众神，那么《荷马史诗》和各种原始希腊神话传说就是答案。在那里，天神宙斯就居住在高耸入云中的宫殿里，他手握闪电，就像人世间的君主一样统治着众神。每个神祇负责自然界的一个领域或者人类的某些事务。太阳神阿波罗的光芒来自金色的利箭，因此他是掌管能够致命的弓箭的神灵，但同时他也是一个音乐家，他还担负有保护牧羊人牲畜和农夫田地的职责。宙斯的一切安排他都知道，只要人们能够通过他接受的方式咨询他，他就能够满足咨询者，告诉他们未来将会发生的事情。正因为阿波罗的这些可贵品质，他在希腊人心中的地位是高过宙斯的。在现实中，太阳神是希腊世界中最受人爱戴和尊重的神。

而希腊最伟大杰出的女神就是雅典娜。最开始，她主要负责控制空气和洗涤大地的暴风雨。因为她拥有这样的权力，所以在希腊人的想象中，她应该手持耀眼的兵器守护着希腊城市，于是，她成了女战神。在和平年代，她还身为掌管手工业和艺术的集智慧与优雅于一身的女神。她帮助陶匠为坛子塑形，协助铁匠锻造金属，她还帮助妇女纺织羊毛等等。不仅如此，希腊人还相信，正因有了雅典娜，希腊才有了橄榄枝。在众神之中，她也是公认的最有智慧的女神。据说，她出生自她的父亲宙斯的头脑中，整装待发地从宙斯的大脑中蹦出来的。她是希腊人生活中所有最杰出事务的圣母，是最受大家喜爱的保护神，因为他们认为这位智慧女神无时无刻不在保护着整座城市和居住在这里的人们。希腊宗教中的三位主神就是宙斯、阿波罗和雅典娜。

古代的自然精灵也在希腊人的崇拜之中变成了大神。各个特殊领域都在这些神的统治掌管之下。波塞冬是住在大海深处黄铜宫殿中的大神，他因此统治着大海；而同时，古老的地母神得墨忒耳仍然控制着土地的生产。除此之外，还有一位专门掌管葡萄收成的土地神——狄奥尼索斯，因他而出现的葡萄酒为众人所欢迎。古老的月亮神变成了赫耳墨斯，他的双脚带着翅膀，作为众神的信使辗转在他们之间为彼此传递信息。同时，他还是人们交往的保护神，以及商业和贸易之神。曾经，希腊人认为夜空中的月亮是一位女神，但当他们看到洒在林间的月光，他们又认为月亮一定是一位行走在夜间的英姿飒爽的女猎神。她被人们称为阿耳忒弥斯。当然，月亮也被不少人想象成宙斯的妻子赫拉，她也因此成了婚姻保护神。我们曾在肥沃新月遇到的闪米特人的爱情女神伊什塔尔，也从叙利亚城市出发，途经塞浦路斯来到希腊，她被称作阿佛洛狄忒，是希腊人的爱情女神。

不管这些神灵是否曾被希腊人看重，他们都在如今被赋予了人形。荷马甚至还为我们描述了众神之父宙斯及其妻子赫拉之间发生的家庭纠纷。虽然他用一种较为荒诞的写作方式描写了出来，但这些仍然与普通的希腊人家庭生活中发生的点点滴滴相类似。从这之中，我们也能够看出希腊众神身上那充满人性的性格弱点，他们也会耍各种花招来骗人等等。这些神祇的性格并没有高人一等。因此，在培养人们良好行为举止和性格号召力方面，希腊宗教并不具有优势。希腊人当时经历的宗教属于早期宗教，就像我们在东方文明中看到的那样。

当我们开始探讨，为什么希腊众神没有集中体现人类全部的良好行为举止和性格特点呢？也许当时人们对死亡的认知影响了这一点。他们认为，每个人在死后都会坠入阴暗的地下王国。在这里，无论生前是好人还是坏人都会受到折磨，而掌管这个地下王国的是国王哈得斯和他的妻子珀尔塞福涅女神。众神会赐予英雄和神圣的人永生，让他们得以进入美丽的埃里斯草原，或者到遥远的西方，到达那未知大海中的祝福岛，享受永恒的快乐。希腊人坚持对死者进行火葬，这是早期游牧生活时候的习俗，但即使如今他们定居在了希腊，这个习俗也依然被延续了下来。当然，他们同时也接受了爱琴人的习俗：类似埃及人一样保存和埋葬尸体。此外，在原始观念中为死者供奉食物和饮料的习惯也继续沿用。于是，祖先的坟墓成为人们的圣地，他们会按时为死者提供食物和饮品。

赫斯提女灶神，是希腊城镇居民心中掌管家庭安全的神。君主时期，希腊每家每户都会设立神位，王宫中还有专门供奉这些神祇的圣殿。为了方便人们露天献祭，人们还会在前庭中设立一个神坛。在民间，神就住在人们的家中，因此建立神庙的意义并不大。渐渐地，在一些团体中出现了精通与神有关知识的人，当普通人想要了解有关献祭和崇拜仪式的相关知识时，他们就可以前去请教这类人，于是，随着咨询人数的日益攀升，祭司这一身份就在这类人之中诞生了。

第十章　贵族时代的希腊

四十、君主制的消亡，贵族的统治

希腊民众为了争取自己的权益，进行了长达几个世纪的斗争。希腊的君主制消亡了，取而代之的则是贵族压迫。

在东方文明的影响下，希腊文明开始了它的文化进程。但随着希腊政治的发展，希腊文明的特征与东方相比显然变得不一样了。在东方，随着时间的流逝，早期的城邦在尼罗河和两河流域分别联合发展成为两个强大国家；但在希腊，各城邦联合成为一个国家的可能性显然因为各种因素的限制和阻碍而变得渺小。从地理上看，高山和海湾将希腊分隔成了小块，各城之间相互被隔开，加之各岛屿和身处小亚细亚的希腊人还只能同其大陆同胞隔海相望。这无不阻碍了希腊统一的脚步。

而且，当我们追溯希腊历史传统也发现，联邦国家从未在希腊这片土地上出现过。但我们也在公元前14世纪的赫梯文书中发现过有关早期联盟的历史：当时的希腊大部分地区就曾被亚加亚的阿利安国王联合起来了。等到了公元前1000年，希腊人已经在各不相同、相互隔离的社会环境中生活了很长一段时间了，他们都形成了各自的语言和风俗习惯。我们不能将他们之间的这种差异与路易斯安那州与新英格兰州之间的差异对等，因为希腊人彼此之间的差异更甚，他们彼此可能更像是分别生活在北方德意志和南方德意志的居民。各城邦的居民只忠于自己的城邦和神灵。综上来看，要让希腊如同东方国家一样联合成为一个国家的可能性是微乎其微的。公元前1000年以后，希腊涌现了许多小城邦国家。这时候，各个岛屿和小亚细亚的各城邦不仅没有统一成整体，反而分出了更多的小城邦，即使这些城邦都位于同一岛屿上，比如克里特岛上就有50个小城邦国家。

希腊大陆被明显地划分成为四个相对独立的地域，如拉哥尼亚半岛和阿提卡半岛，这样的区域划分又为统一联合成一个国家提供了可能。其中，作为这个区域最古老的国家，阿戈斯成功夺取了平原上古老的迈锡尼、铁拉以及邻近地区的要塞，建立了阿戈斯国家。这一片的平原也因此得名阿戈斯平原。

征服了南部两个半岛的斯巴达国王，在夺取了西部美塞尼亚的土地之后，建立起了联合国家。至此，伯罗奔尼撒的大部分地区都被阿戈斯和斯巴达占据了。

雅典开始慢慢吸收阿提卡半岛上的小城邦，发展到最后，整个半岛都在雅典的掌控之下了。而在阿提卡半岛北部边境的比奥提亚，虽然它已经被底比斯占领了，但由于这一地区各城邦的国家都拥有强大的实力，底比斯无法凭借一己之力完全统治他们，这也就解释了比奥提亚地区没有发展成为一个统一国家的原因。他们成立了一个城邦联盟，盟主为底比斯。但在希腊的历史上，从未有一个联盟能够长久地维持下去。即使作为希腊两个最重要的联盟盟主，斯巴达和雅典也仍然是联邦国家。但由于雅典统治了阿提卡半岛的国家，所以在这个半岛上的每个农民都成了雅典人。

约公元前750年，政府机构在希腊城邦国家之间发生了一些在东方国家从未发生过的变化。在东方国家之中，即使政府的行为已经引得普通民众的强烈不满了，这种不满都不会波及国王及其继承者的地位，而罢免国王大臣这种事情也是断然不会发生的。除了君主制，古代东方从未出现过其他任何形式的政府。

希腊民众们不甘于这样，他们为了争取自己的权益而进行了长达几个世纪的斗争。通过他们的不懈努力，一种新的政府在一些希腊城邦最终建立起来，这可谓是真正的民主制政府。“民主”是一个希腊词，意为“人民统治”。世界上第一个拥有民主权力的民族就是希腊民族。

君主制在人们的长期斗争之中退出了舞台，但让希腊民众意想不到的是贵族压迫取而代之登上了舞台。压榨农民、剥夺民众的权利成了那些从腓尼基商人那里购买各种奢侈品的富人们目前主要做的事。这群富人想尽各种方法抢夺土地等财产，比如欺诈、非法侵占以及家族联姻等。他们作为大土地占有者和巨额财产拥有者，享有继承权，由此产生了一个新的阶级——贵族阶级。

越来越多的土地被贵族占领了，他们的扩张范围甚至延伸到了城邦周围数里以外的村庄。随后，贵族们又开始离开他们自己的土地，转而住进城里，因为只有这样才能够创造更多的机会接近国王，在议会中分得一杯羹并影响政府。随着贵族的势力越来越大，议会最终被他们完全掌控了。

在战争期间，保卫国家的主要力量也是贵族们，因为在当时，只有他们能够有足够的资金购买那价格高昂的武器，并花大量空闲时间练习它们。也因此，贵族们开始凭借武力不断对外掠夺扩张。在熟悉海洋之后，他们就开着船从一个港湾航行到另一个港湾打砸抢杀，从而搜刮了大量财富。因此，当时人们在称呼贵族和巨大财富拥有者时，常用“海盗”来代指。

城市贵族和农民之间产生了越来越大的贫富差距。农民就像深陷进被叫作贫困的泥潭，他们的土地越来越少，到最后只能和自己的兄弟们分享家族那有限的土地。他们不仅需要辛勤劳作，还需要克勤克俭，他们既没有时间去训练如何使用武器，也没有足够的资金去购买武器。因此，他们没有办法在战场上发挥较大的作用。但那时的农民也没有奢望自己能够为国出战，他们唯一的愿望就是希望通过自己拥有的那有限的土地，维持一家人的基本生活。很多农民无奈负债连连，到最后只得将土地抵押给贵族，而自己也被富人雇佣成为劳动力了。有的农民已没有了土地，到最后只得以身抵债，将自己卖给富人成为他们的奴隶。作为雇农和奴隶，他们没有任何政治权利，当然他们也没有资格在公民大会上投票。

城里举行的公民大会是农民唯一可能在政府中发挥作用的渠道。但现实情况却是，像农民那样灰头土脸的、身穿粗劣山羊皮的人是很少有机会出现在公民大会的。公民大会的议员凭借富裕贵族们的支持，身穿东方式的精致华美服装，佩戴制作精良的武器，拥有一定的意志力，因为他们都曾上过战场打过仗。在贵族阶级的操控下，公民大会已经失去了它原来的定位，从一个部落中所有拥有武器者的集会变成了由贵族控制的只由少数农民和市民参与的会议。但即使这样，同旧时代相比，农民和市民们拥有的权利并没有增加，他们只能够参与表决，同意那些已由君主和议员们决定好了的议案。因此，当农民们参加完这种公民大会之后，他们就逐渐丧失了对这种集会的兴趣而更愿意待在自己的农庄里了。

但遗憾的是，得寸进尺的贵族们在剥夺了民众权利的同时，也在拼命增加自己的权利，他们认为自己应该和君主拥有同样的权利。他们把自己看作是君主统治的顶梁柱，失去贵族支持的君主将无力对外发动战争，当然也治理不好国家。到了公元前750年，君主制政府或在某些希腊城邦名存实亡了，或直接被武力推翻了。在许多城邦国家里，那些本该由国王处理的事务开始由贵族们自己推选的官员来处理了，这无疑大大削弱了国王的权力。在雅典，贵族们会选出一位贵族作为战争时期的领袖，然后会选择另外一名贵族来帮助君主处理国家事务，这位贵族被他们称为“执政官”。贵族阶级就这样和平取缔了君主的权力，到最后，君主只需要管理宗教事务了。而在斯巴达，限制君主权力的方式则是由贵族选举出第二国王，在这种情况下，虽然斯巴达的君主仍然存在，但已经是徒有虚名了。从公元前750年到公元前650年，君主制在希腊迅速消亡了，它只在一些小城邦中还持续了一小段时期。而在这场政治斗争中，我们看到贵族获得了压倒性的胜利，他们最终登上了许多城邦的统治宝座。

皇宫因为君主制的消亡而变成了一座座空楼，因此，这些殿堂和大厅最终成为宗教场所。等到我们在介绍古希腊建筑的时候，就会看到这些皇宫变成的神庙了。这之中，有一座神庙十分著名，它就是被称作雅典卫城的古代阿提卡国王的皇宫。

四十一、贵族时代的希腊扩张

希腊的势力在贵族时代从黑海沿地中海北岸延伸，最终几乎到达了大西洋地区。一个伟大的地中海世界在希腊人和腓尼基人的扩张下诞生了。

希腊历史的再一次伟大变革在贵族时期悄然发生了。在这一时期，海上漂泊生活和海外掠夺最受希腊贵族喜爱和推崇。于是，希腊对于船只的需求随着希腊海上贸易的发展而越来越大。希腊工匠们开始建造自己的船只了，这在当时是非常关键而重要的一件事情。作为当时唯一能够借鉴的船只，希腊人按照腓尼基船的模样建造出了属于自己的船。以至于后来当腓尼基商人进入爱琴海港口时，他们发现越来越多的希腊船只出现在各海港。当时，希腊东部亚洲海岸各城市与欧洲的阿提卡以及优卑亚之间的交通非常重要。而爱奥尼亚城邦则是在亚洲区域的海上贸易之中发展最好、控制程度最高的希腊代表。当希腊商人熟悉了爱琴海水域之后，海上交通的地位就因其方便快捷的特点而成功超越了陆路交通。虽然陆路交通在距离上并不输给海路，但它在途中可能会遇到各种障碍，如穿越森林或者翻越高山等。

而同时，希腊农民在贵族的压迫下越来越贫穷，他们不得不选择逃离爱琴海世界，到更广阔的地方去寻找新的土地和家园。希腊商人不仅到了爱琴海北部，还继续向外前进到了更远的被他们称作“本都”的北方海域，这片区域也就是如今的黑海，它曾是旧石器时代欧洲人的后裔居住的地方。希腊商人在这里建起了商站，那些对政府不满的希腊农民甚至还能够在这里获得大量的土地。于是，这里的希腊农民越来越多，其实早在公元前600年以前，希腊人就在黑海沿岸建立了他们的家园和城市。南部多瑙河流域被希腊人开垦出一片片麦田，黑海东南海岸古赫梯王国的铁矿也被希腊人占领了。但遗憾的是，这里的希腊人，也许是受到气候环境恶劣的限制，并没有像居住在爱琴海地区的希腊人那样，拥有很多天才人物。伟大的艺术家或者文学家就好像是在这块北方土地上绝缘了一样。因此，尽管本都为希腊提供了足够的粮食并被称作粮仓，但它却鲜少对希腊的思想和文明做出贡献。

而在东方，辛那克里布统治下的亚述帝国成为希腊在沿小亚细亚南海岸向外扩张时候遇到的强大阻碍。约公元前700年，希腊军队在西里西亚被辛那克里布打败，而这场战争成了希腊与东方世界的首次冲突，希腊人只好无奈地停留在塞浦路斯。从公元前13世纪的赫梯文书中我们能够了解到，希腊世界的最东端在很长一段时间之内都位于塞浦路斯。此外，希腊人在南方同埃及人建立并维系了良好的关系，这从一个例子就能得到证实：尼罗河三角洲的诺克拉底斯在亚历山大之前就有希腊人在此建立了一个贸易市场。我们在这里提到的诺克拉底斯占据着十分重要的地理位置，它是大型商船的集散地。后来，在三角洲西部，希腊人又建起了西奈城。

在早期希腊殖民者眼中，当时的西方就是他们的“美洲”，它的陌生、神秘甚至危险的气息吸引着许多希腊“哥伦布”驶船来到这个遥远的世界边缘。人们坚信这里有传说的祝福岛，那里住着他们心中的英雄们。当人们从希腊西海岸向西眺望，可以看到50里外的如靴子形的意大利海岸，他们只需要横渡海面，就可以沿着西西里岛的海岸继续航行并深入西方。这对于希腊人来说，如同打开了一个充满诱惑的新世界的大门。尽管腓尼基人已经早于他们进入了意大利，但这个地方对于希腊的意义就好像欧洲人发现了美洲一样重要。

公元前750年左右，希腊人开始迅速进入西方世界，他们占领意大利南海岸的边缘地区只花了不到一个世纪的时间，而这一地区的范围从意大利靴子的跟部一直到足背的北方那不勒斯，因此，南意大利地区也被称作“大希腊”。希腊殖民者站在这里眺望北方，能够看到聚居着的一些野蛮人。也正是这个不起眼的小城镇，后来竟然发展成为世界霸王——罗马，而更出乎希腊人意料的是等到那时的希腊市民，无论他们拥有多么骄傲的灵魂，最终都成为它的臣民。由于希腊文明远发达于意大利的任何地区文明，所以希腊人的进入也标志着意大利文明史的开始，从这时起，在希腊文明的指引下，意大利的文字、建筑和艺术都逐渐开始发展起来了。

A B

图170 早期的希腊船和腓尼基船

埃及船是最早出现在地中海地区的船，早期爱琴海地区的船就是模仿埃及船制造的，埃及船的特点是两端上翘。而腓尼基船与之相比有很大的不同。腓尼基船的船头是尖的，没在水下的船头撞角部分类似鸟嘴。亚述国王辛那克里布就曾有过这种船，我们曾在他的宫廷浮雕中看到这种船的形象（B）。希腊船就是仿照腓尼基船建造的，因此希腊船也有如鸟嘴般的船头撞角。在公元前18世纪的一幅花瓶画上，我们看到其中船的形状就如上图A的船形。

西西里的贸易本都掌握在腓尼基人手中，但随着希腊殖民者的进入，除了西西里岛西海岸，希腊人将其他地方所有的腓尼基人都赶了出去。他们在西方过着如同希腊本土居民的生活，西西里岛东南角的叙拉古还一度成为希腊世界文明程度最高的城市。随后，在后来的法兰西海岸的马赛，希腊人在此建立了一个城镇并在这里将莱茵河以上的贸易全部控制在手中。他们甚至将控制范围扩张到了西班牙的地中海海岸，而此举的目标就是夺取塔特苏斯银矿。

在贵族统治时期，希腊的扩张路线就像上述那样，从黑海开始沿着地中海北岸一路到达大西洋附近。希腊人的扩张是印欧线向西延伸的一部分，同时，在西闪米特线的西翼，腓尼基帝国也在这里沿南地中海延伸，同时与北面的印欧人对峙。

一个伟大的地中海世界在希腊人和腓尼基人的扩张中逐渐形成了。那么，究竟谁才是地中海文明的领导者？是希腊文明还是东方文明？我们知道，希腊文明的地域范围涉及希腊本土及其殖民地，而依靠点对点传播的东方文明则是以腓尼基平底船和各地的腓尼基居民为基础。但要回答上述问题需要首先明确爱琴海地区希腊文明的形成和发展过程。那么，接下来我们就来探讨这个问题。

四十二、贵族时代的希腊文化

这一时代，人类自身的行为问题开始为希腊人所思考。当时的希腊人不仅认为在战场上英勇杀敌是一种美德，对人友善和无私也是一种美德。就这样，爱国主义情感开始在希腊人的心中逐渐酝酿了出来。

通过上文我们了解到，希腊城邦一直都处在分裂状态而没能联合成为一个统一的国家。但这样并不意味着希腊城邦中没有有利于统一的因素，比如战争和体育比赛。早期的希腊风俗带来了体育比赛，古希腊人通过在英雄的葬礼上举行体育比赛来以示纪念。尽管人们不免会在各地区的比赛之间进行一番竞争比较，但共同纪念的英雄和筹备体育比赛的这些过程会将人们的心情和动力连接在一起。最终，在固定季节为祭神而举办的体育比赛取代了这种活动。早在公元前776年，希腊人开始每隔四年就在奥林匹亚举行一次体育竞赛，这成了一个公众节日，是全体希腊人都会参与的体育盛典。

除了体育，宗教能够强有力地推进希腊统一的进程。希腊人共同的神被供奉在了希腊神庙里，也正因为这些神，各城邦国家会组织一些共同的宗教理事会，由各城市的代表定期出席。在这个神庙组织之中，每个城市都会有属于自己的席位。这些理事会的意义就类似于古代世界的代议制政府。负责奥林匹亚比赛的理事会以及服务于德尔斐的阿波罗，也就是负责在提洛岛上组织一年一度的阿波罗节的理事会，是最为重要的两个理事会。

在理事会中，使用各自希腊方言的城邦代表们在交流沟通上并没有障碍，他们能够明白彼此所表达的含义，这就类似于在美国，缅因州的公民不用担心他理解不了路易斯安那州的人所讲的话一样，当然我们不排除他会嘲笑一番对方奇怪口音的可能。而各城邦语言相通这一因素，在很大程度上有利于他们的联合。《荷马史诗》也不例外，作为希腊人共同的遗产，它讲述了希腊人联合起来对付亚洲特洛伊城的故事，这对于各城邦的联合也有积极的推动作用。

由此我们知道，促使希腊联合的因素有很多，如共同的风俗、宗教、语言和传统，这些无不在唤起他们心中那共同的民族情绪。这种情绪让这些希腊人产生了本民族和其他民族的意识，于是，希腊人用“野蛮人”来称呼所有的非希腊民族。这样对外族人的称呼，最初并不是因为希腊人瞧不起他们，而是为了突出与“他们自己”有关的词语，当然在这之中也包含了希腊人的联合情绪。后来，希腊人用“海拉斯”来称呼自己，因为他们认为海拉是自己的祖先。在这里，还值得强调的是，希腊人对自己的这一称谓并不特指某一个希腊国家或者城邦，它指的是所有说希腊语的人或者城邦。

即使希腊人已经有了共同的民族情绪，但他们在政治上一直未表现出联合的意向，这不仅从战争角度能够看出，在贸易关系上也有所表现。任何一个城市的商人，当前往其他城市的时候，他并不能享受到当地的权利。因为他不是当地的公民，所以他的各种权益，就连生命安全也无法得到保障。保护陌生人的法律从来没有在希腊城邦出现过。前往其他城邦的商人只能够通过古老的友好习俗——成为某个市民的客人——来寻求保护。这意味着，如果商人在当地找不到这样一位“主人”，那么城邦政府认可这位异乡人的条件是，会指定一位公民作为他名义上的主人。而这样的方式暴露了希腊人的性格弱点，就是各希腊城邦之间存在着浓厚的地方主义情绪。也正因如此，希腊联合失败。每个城邦的地方特色都让他们自我满足，并且相互嫉妒而充满偏见地对待彼此。在这种情况下，这些城邦统一成为一个大的联盟，或者建立一个以全希腊人为公民的大国家是根本不可能实现的。

在贵族时代过着简单生活的希腊人依然是粗俗的，即使这时的他们已经从东方引进了各种奢侈品，比如精致的服装和假发。希腊在很多方面仍然较为落后。在各希腊城邦中，晒制的泥砖砌成了这里所有的房屋，道路狭窄得都不能称之为大道而只能是小巷。君主的皇宫和城堡都是长方形的泥砖建筑，它们都建在了城市的最高处。皇宫前面有一个带一排木柱的大门廊，宫殿有一个尖形屋顶，四面是三角形的山墙。这种简陋的建筑就是最早的希腊神庙。人们把这个时代的神像都雕刻在木柱上，在其上端砍凿雕刻出大致的头像，等披上专门的衣服，这个木柱就成了神的代表。

那时，很少有人能够阅读书籍，《荷马史诗》手抄本的拥有者或者阅读者更是少之又少。希腊人为了教育小孩，常常给他们讲述寓言故事。他们会讲很多关于动物的故事，因为他们希望用这种象征的手法来让小朋友懂得美丑善恶，以达到传播正确道德观念的目的。这个时期，人类自身的行为问题开始为希腊人所思考。当时的希腊人不仅认为在战场上英勇杀敌是一种美德，对人友善和无私也是一种美德。就这样，爱国主义情感开始在希腊人的心中逐渐酝酿了出来。他们认为，即使是神灵也不能做错误的事情，贵族充当海盗也是不光彩的事情。

于是，一种新文学随着希腊人对各种行为的新的认知而诞生了。荷马时代的诗人只专注赞美古代英雄们的业绩，他们从不刻画自己，也不展现现实世界的生活。但如今，这样的诗人以及诗歌已经不复存在了，他们有了更多的现实问题需要考虑。人们看到不断与艰苦环境做斗争的农民才逐渐意识到现实生活的重要性。因此，当时伟大文学的主题就是刻画普通农民的生活日常。

公元前750年至公元前700年间，欧洲上空不再回荡着英雄赞歌，取而代之的是为穷人和卑贱者的歌唱。作为比奥提亚赫利孔山脚下的普通农民，赫西奥德开始为他自己的生活，为被生活折磨的农民创作诗歌。他的作品都是为那些与他一样的贫困者的吟唱，他们都被现实里残酷的生活折磨着。在这些创作之中，他还向众人描述了这样一个故事：通过贿赂法官，他的兄弟珀西斯成功地抢到了父亲遗留下来的土地。

欧洲农民在反抗贵族之际，地中海地区的希伯来人也没有安于现状，他们同样站起来为争取自己的权利而斗争。赫西奥德在呼吁公民平等，而巴勒斯坦地区的希伯来人也同样奋力追求正义与平等。就这样，巴勒斯坦地区产生了一种崇敬世人兄弟般情义的宗教；而与此同时，希腊也因此产生了一种新的由人民统治的民主政权。在这一新的政权下，少数权贵无法继续压榨希腊民众了。那么接下来，我们将对希腊人民统治的希腊民主的形成过程作一番介绍。

第十一章 手工业革命——僭主时期

四十三、手工业和商业的革命

希腊人一方面大力发展商业贸易，另一方面积极改进生产工艺，他们希望通过这些举措来满足日益增长的贸易需求，同时在同腓尼基人的竞争之中取胜。于是，希腊逐渐开拓了适合自己的一条新路，东方对希腊的影响越来越小。

在殖民扩张和手工业发展方面，希腊引导了一场变革。欧洲广大地区成为希腊手工业产品的市场，因为这些手工业产品对于各新建的殖民地人民而言是生活必需品，而希腊成功地以此为突破口展开了内陆商业贸易活动。于是，为了满足各殖民地商品市场的需求，希腊本土立刻开始了相关的生产活动，地点从爱奥尼亚城邦开始，逐步扩张到附近的群岛，最后直接影响到了希腊大陆地区。希腊贸易所获得的利益越来越多，科林斯（图171）是最早分享这些利益的城市，随后雅典也加入其中。很快，商船满载希腊金属器皿、羊毛织物和陶器等各种商品，从地中海北部、西部和南部海岸出发，驶向远方异域。当然，这些商船不会空手而归，他们从异域带回了包括矿物原料、粮食和手工艺品（如来自北意大利伊特鲁里亚人的精美青铜器）等各类产品。因此，每年在提洛岛的节日和集市上，人们都能够看到伊特鲁里亚青铜器和绚丽多彩的东方地毯。

希腊工匠积极地改进生产工艺，他们希望通过改进来平衡日益增长的贸易需求，并让他们在同腓尼基人竞争的过程之中占据优势。他们的改进确有

图171　科林斯地峡——伯罗奔尼撒与北希腊之间的交通要道

如果想要眺望大海，只需要站在古代科林斯南边的山丘上（画面左侧之外），顺着地峡的方向向北望。左边（西）属于科林斯湾的一端，而右侧（东）则是萨拉尼湾。科林斯地峡地理位置尤为关键，它作为东西方重要的交通中心，坐落于东西方贸易的必经之处。同时，科林斯也得益于此而发展成为一个繁荣的商业都市。无数世纪以来，为了到达伯罗奔尼撒，这条长约60英里的通道（在观察者的背后）曾经历了无数希腊名人和斯巴达军队的脚步。从中我们能够看到，地峡中有一条发白的线条，它就是一条长约4英里，最深水位约200英尺的运河。

成效，在公元前7世纪的时候，希腊的手工业本远远落后于东方，但到了公元前600年后，希腊人的技术就超越了他们的东方老师。埃及人铸造空心青铜器的技术也被萨摩斯人掌握，而且发展到后来，他们制作的陶器上开始装饰着自己设计的图案。这些图案源于生活，又高于生活，它们是从神、人的生活中演变而来，既活灵活现又充满人生内涵。渐渐地，陶器上的装饰开始出现越来越多希腊人自己设计的图案，而那些来自东方的半人半兽形象开始淡出人们的视线。从这之中也能看出，希腊在手工业方面逐渐开拓出了自己的道路，从而不再受东方的束缚了。

希腊的小手工作坊因为贸易的发展而承载着越来越大的需求量，很快就出现了供不应求的情况，小作坊满足不了更大范围的需求了。为了不局限于小范围的市场，作坊主们在扩大生产规模的同时就意识到，工人的需求量也随之不断增大了。为了填补工人数量的缺口，有钱的作坊主转而大量购买奴隶，通过训练让他们变成合格的工人。于是，小作坊变成了大工场，奴隶也成为希腊手工业部门的重要劳动力。

雅典人在进入手工业领域后迅速取得了巨大的成功，即使爱奥尼亚城邦比他们更早地开始发展手工业事业。而且，雅典手工业的成就可以同雅典在艺术、文学、哲学以及军事方面的成就平起平坐。本来，在城市中拥有一个专门的手工业作坊区是雅典工匠们很早就提出的要求，结果，随着这一行业的迅猛发展，雅典手工业工场的范围和规模都让工匠们始料未及。在当时的希腊世界，雅典的工场一定是最大的工场，这单单从考古工作者的发现中就能够略知一二：在如今已发掘出的希腊绘画陶瓶之中，有近半数的作品出自雅典六个工场之手；在小亚细亚的墓穴中，考古学家发现了带有雅典陶瓶画匠记号的陶瓶作品，而这个记号，与在北非尼罗河三角洲和意大利伊特鲁里亚城市公墓中发掘的陶瓶上的名字记号一模一样。这些让人惊叹的事实都说明，在古代世界愈发庞大的商业之中，雅典手工业者在其中成了不可或缺的一个角色。

商贸开始对外扩张，在这期间，先进的海上运输工具变得愈发关键。造船工匠很快就嗅到了这一商机，他们建造了一种体积远大过“50桨”帆船的新式商船。埃及人在几世纪前发明了一种带风帆的船只，如今也被新的“生意人”拿来使用。由于这种船的体积大到无法将其拖到海滩上停泊，于是，避风港和锚出现了。同时，威力更强大的军舰也在保护这类商船的过程中建造了出来。因为目的不一样，所以它们的设计与商船存在很大的差异。科林斯人造出了第一艘双层战舰，它设计了很多房间，以保证战士的需求；它比商船更加平稳；它不能够依靠风力推进前行，因此，它们航行的动力是划桨，战船下层也有专门的装备用来保护划手。桨手们分成三列，每人一支桨，每三人一组，每组坐一张长凳，这样组合下来，在同样体积的前提下，战船的动力比老式的“50桨”帆船增大了3倍。公元前500年，这些发明的运用已经十分普及。希腊手工业和贸易的发展因为有海上武装的强大配合而锦上添花，地中海市场上的腓尼基人很快就不是希腊人的对手了。

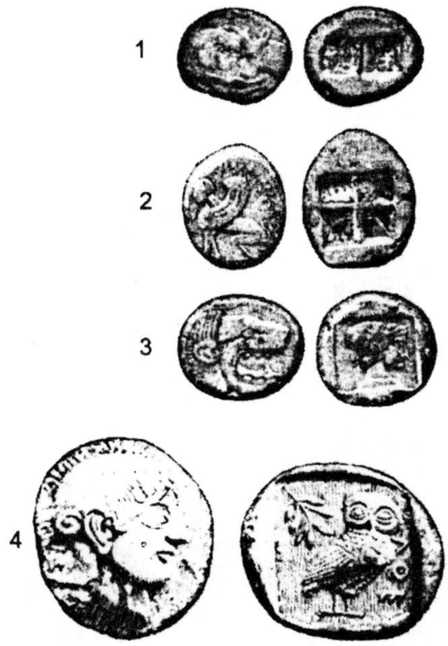

图172　最早的铸币

加盖印章的、粗略制造的银块与很久以前在东方出现的货币类似。其中1和2上面有加盖印章时铸造工具留下的痕迹，它这一缺陷随着时间的流淌而慢慢淡去。印章是圆形的，因此，铸币也理所当然地变成了圆形。1.吕底亚货币的正面、反面（约公元前550年）；2.希腊凯俄斯岛货币的正面、反面（公元前550年），从造型上我们能够看到它与吕底亚货币（1）类似，这也说明了希腊货币对吕底亚货币的模仿；3.辛都斯的伽里安货币的正面、反面（公元前650年至公元前550年），一例方形印章；4.雅典的一枚四德拉克马货币（公元前6世纪），货币上的图案有雅典娜头像、猫头鹰和橄榄枝，同时，上面还刻有"雅典"一词的前三个字母。

希腊出现了货币，这进一步刺激了商业的发展，它由此进入了一个崭新的交易时代。这种以贵重金属的重量作为价值依据的商品交易方式来自东方，最早是由爱奥尼亚人从小亚细亚内陆引进的。巴比伦尼亚的米纳是基本重量单位，60米纳的价值等于一个特兰特的价值，而一个特兰特银子价值1225美元。公元前700年之后，小亚细亚的吕底亚国王为了表示货币价值受国家保护，规范了银子的重量、尺寸和价值，并在每个银子上印上国王或城邦的标志。这成为我们已知的最早的货币（图172）。

商业贸易在货币流通的基础上获得了极大的便捷。爱奥尼亚城邦是最早使用货币的地区，随后，这种便利的交易方式便传到了海上诸岛和欧洲希腊（公元前7世纪早期）。当时通行的最小货币单位是雅典的百分之一米纳，雅典人将米纳银块等分成100份，每份小银块的价值为18美分至20美分。直到第一次世界大战，这种货币单位还在欧洲大部分地区流行，当然，法国的法郎、意大利的里拉和澳大利亚的克朗价值为20美分。雅典人在日常交易中可以用货币交换“一把”铁条或铜条，于是这种类似铜板的货币被他们称作德拉克马，意思就是“一把”。本来，五个德拉克马价值一美元，但雅典的一元钱只需要四个德拉克马。古代的德拉克马很有价值，它的购买力远大于如今的美元。我们可以通过举例说明它的高价值：一个德拉克马可以购买一只绵羊，而如果要买一头公牛，只需要五个德拉克马；如果一个人的土地年收入超过500德拉克马，那么他就是当之无愧的富人。

曾经，希腊只用土地和牲畜来当作财富的衡量标准，但如今，货币也加入其中。于是，希腊因人们开始收集货币而出现了借贷业。刚开始，希腊人并不知道什么是利息，直到后来从东方引进了这一概念，借贷才开始普及，年利率一般为18%。一部分阶层卑微的农民，也许此前从未想过自己会发财，但如今随着手工业与商业的发展和探索而获得了难得的机遇，变得富有起来。他们作为富有的工商业阶层在这之中发展壮大了，于是，他们开始希望自己能够在政府中发挥同其他阶层一样的作用。很快地，因为他们极强的号召力，他们就成为一支让贵族阶层不容小觑的政治势力。等到了公元前6世纪初，这一阶层的力量让梭伦这样的贵族都感叹“金钱成就了人”[①]。

当然，我们也应该明确，即使希腊已经如此繁荣富有，但以当时他们的能力依然不能够打造如今这般的现代城市。雅典和科林斯各居住着约2.5万居民，农业仍然是希腊人最主要的收入来源。但如果将这些与现在相比，这些创造希腊主要收入的农场与地产的规模和面积是微不足道的。当时最大的农场还不到100公顷，富裕阶级的标准就是拥有50公顷土地。

① 有人认为这句话不是出自梭伦而是出自阿里斯托德摩斯。

四十四、民主权力的兴起——僭主时期

从历史层面看僭主的出现，我们认为人民权利的增长是其产生的直接原因之一，无论公众对其是感激还是憎恨，他们都有资格被看作是最早的民主斗士。

绝大多数农民并没有像富裕的资产阶级一样发展与崛起，他们的处境似乎越来越糟糕了。当时的希腊人习惯用一块特定的石碑来表示资产的抵押，而这样的石碑常常出现在农民的土地上。有钱的债主为了夺得更多的土地却想尽办法取消对其的抵押。他们或将土地原有的主人卖到国外做奴隶，或逼迫他们逃亡海外以躲避债务。即便这样，贵族统治者在看到农民们受到此般待遇，不但没有行动起来解决问题，相反地，他们也利用职务之便从手无寸铁的农民和小农场主身上谋利。他们只知道从农民阶级身上占尽财富，却不知道自己已经四面受敌了。首先，这些贵族并没有获得新兴的富裕阶级的支持，相反，资产阶级极其憎恨贵族。其次，普通人能够接触到武器和铠甲了，这得益于雅典手工业的发展让金属制品的价格变得便宜起来。此外，古代战术因为斯巴达人的领导和贡献而有了长足的发展。于是，组织严密、人数众多的长矛兵团出现了，他们骁勇善战，极富战斗力，他们类似于我们曾经在古巴比伦见过的那种兵团。在战场上，每个坚固的军团都像城墙一样无坚不摧，即使是战车也只能甘拜下风。于是，战车退出了历史舞台，成为在赛车场上才能看见的竞技用具。在军队中，普通公民的作用和地位有了很大的提高，下层阶级在城邦中的势力越来越大了。

贵族阶级内的党派之争愈演愈烈，并且在最终导致了内部的分裂。这些党派常常以代言人自居，他们宣扬自己在为对现实不满的人服务且是他们的领袖。他们很快就吸收了大量的农民和新兴工商阶层的公民并且成为这些人的领袖。因此，拥有了大量民众支持的贵族能够顺利地战胜他们的对手，进而夺得统治城邦的权力，并最终统治城邦。

图173　哥廷纳的古代法院遗址和刻在墙上的希腊最早的成文法律

公元前6世纪，在克里特的哥廷纳修建了一座环形法院，周长约140英尺。任何一个公民，只要认为自己受到了不公平的待遇，就可以前往这座法院，寻找刻在石墙里层的12根立柱上的对应法律条文以期得到帮助。墙上的法律条文约有30英尺长，为了便于人们阅读，它设置了使人适合观看的恰当高度。它是迄今为止保存时间最长的希腊铭文。在这之中，有明文规定债主禁止掠夺债务人的工具或者家具抵押。这一条说明了梭伦时期的希腊是一个有崇尚正义倾向的时代。

于是，我们用国王来称呼这类统治者。但需要明确的是，这个新国王和旧国王并不是同一个意思。新国王能够站在皇位上统治城邦是靠暴力或者其他手段，而不是如旧国王一般通过继承皇室血统获得的。因此，他很难在人民群众中得到与以往国王同等的尊敬和忠诚。即使人们很感谢他，但这样的感情基础对于统治者而言并不可靠。希腊人给这样的统治者起了一个新的名称——“僭主”。这个词在当时并没有贬义，它是专门用来代表这类位高权重的统治者的。但在这种君主统治下，丧失更多自由的民众往往会不满，当有人最终站出来杀死僭主之后，这个在人们眼中如英雄和救星的人就会受到大家的拥戴。

希腊早在公元前650年就出现了僭主，但我们定义的僭主时期只限于从公元前600年至公元前500年这一个世纪。小亚细亚的爱奥尼亚城市和群岛是僭主出现的主要地区，当然，在优卑亚、雅典、科林斯和西西里的殖民地也有僭主的统治时期。他们有一个共同的特点——他们都是希腊城邦中依靠工商业致富的地区。从历史层面看僭主的出现，我们认为人民权利的增长是其产生的直接原因之一，无论公众对其是感激还是憎恨，他们都有资格被称作是最早的民主斗士。但我们需要明确的是，并不是所有的僭主都削弱公民的权利而不选择保护他们，比如科林斯的佩里安德、雅典的庇西特拉图等，他们更加注重人民权利的维护。在削弱贵族的权力的同时，注意修建和维护公共设施，如港口、城市建筑和神庙，他们还大力扶植艺术、音乐和文学等。从中我们能够看出，这些僭主注重一切文明建设。很早以前，法律条文在东方就以书面的形式存在了，但直到这时的希腊法律都只有口头法律。这样会造成的结果就是，法官可以故意曲解口头法律来偏袒贿赂者。于是，人民要求将祖辈流传下来的口头法律形成正式的书面文字。他们为实现这一愿望进行了长期的斗争，最终在公元前624年，一个叫德拉古的人编写了这样一部成文法典，实现了雅典人的愿望。这部法典十分严厉，以至于“德拉古的”这一形容词在进入英文语言之后，与“严厉”一词同义。

当时，雅典内外交困，形势十分危急。撇开内部矛盾，雅典在外部与邻国也有冲突。萨拉米斯岛能够俯瞰整个雅典港，当时却被迈加拉商人占领了。萨拉米斯失守本就让雅典人民愤怒了，但贵族统治者试图收复了几次都以失败告终，这更加剧了雅典人的愤怒。于是，一个名叫梭伦的人站出来了。这个出身于古老的贵族世家（雅典的古代国王就属于这个家族）的人，曾靠海贸探险发家致富。在雅典最危急的时刻，他站了出来，写下慷慨激昂的诗歌来鼓励他的同胞们，希望他们能够共同努力收复萨拉米斯以雪前耻。最终，萨拉米斯被收复，梭伦得到了雅典各阶层的推崇。

公元前594年，梭伦被推选为雅典执政官，被赋予了改善农民恶劣生存环境的权力。于是，他禁止抵押土地，债主也不能够限制公民的人身自由。作为政治家，梭伦有很成熟的思想，他并没有完全满足下层阶级的全部要求，他拒绝了他们希望重新分配贵族所占土地的要求。他制定了一项法律法规：30周岁以上的公民可以通过抽签组成陪审团，任何公民都可以像曾败诉的赫西奥德那样向陪审团提起上诉。这些改革让公民有了更多机会需求公正。梭伦的法律用文字记录了下来，成为第一部希腊法典。它规定，自由人在法庭上都是平等的，享受同等的权利。

同时，梭伦的新宪法也应运而生。其中规定，每个公民都被赋予了参与管理国家的权利。根据公民总收入的不同，宪法将公民分成四个等级。最高职务只能由贵族担任，同理，农民只能担任低级职务。于是，贵族牢牢地控制了政府机构，但生活贫苦且地位卑贱的自由民也被赋予了参加公民大会的权利以及投票权。

梭伦不仅是政治家，他还是一位诗人，历史评价他是希腊第一位因其流传的诗歌而出名的政治家也毫不为过。他拥有中庸的思想和对时局较准确的判断力。当所有的雅典人都认为他即将成为“僭主”的时候，他断然选择离开早已超过任期的执政官职务。于是，为了论证自己的宪政有充足的实践检验机会，他离开了雅典，直到几年后才回来。正是有梭伦的存在，一场似乎会在雅典发生的巨大社会灾难并没有出现。也正是因为梭伦的改革，雅典在工商业方面有了长足的发展。但遗憾的是，梭伦并没有在宪法中保证富裕的工商阶级参与政府管理的权利，因此这一阶级的人们仍在为得到同等的权利而斗争着。总体来说，梭伦竭尽全力调和了雅典的矛盾，但依然没能从根本上改变雅典的僭主统治。

后来，庇西特拉图成为雅典城邦的僭主，这得益于他在流放过程中得到的来自一支雇佣兵的支持，而这支雇佣兵是由某个极有势力的贵族家族成员组成的。在他那明智的统治之下，许多雅典人都选择了支持他。他建立了一支拥有48艘战船的舰队，成功夺取了控制黑海门户的赫勒斯蓬特海峡。这一举动在后来的历史发展中证明了它的关键性作用，它非常有利于雅典的发展。同时，庇西特拉图大举改革了雅典的许多公益事业，如城市引进了农民在春季举行的酒神节，以此促进剧院和雅典戏剧的发展壮大。而且，在他的带领下，雅典手工业和商业得到了前所未有的发展。庇西特拉图的统治具有延续性，在他去世的时候（公元前528年，与波斯王居鲁士同一年），未来雅典的发展都已在他的发展蓝图上规划好了。

庇西特拉图不仅自己有勇有谋，他的儿子西帕库斯和希庇亚斯似乎也得

图174　荷马的理想雕像

波士顿工艺美术博物馆馆藏作品。这是一位晚期希腊雕刻家为一个从未谋面的诗人创作的理想雕像。这是希腊后时期的作品，早期的希腊没有出现过。

到了真传，都十分有才干。但这两位僭主却不幸地受到了雅典人对他们的偏见对待。雅典人被激发出了强烈的爱国热情。雅典青年哈莫狄乌斯和阿里斯托基顿付出了生命的代价，最终将西帕库斯杀死，并逼迫希庇亚斯选择逃亡。公元前500年前不久，僭主统治在雅典结束了，雅典终于解放了。

人们在贵族克里斯蒂尼的带领下，将贵族赶下了台，从而夺得了新的权力。为了分散贵族势力，克里斯蒂尼改变了部落划分的规则：曾经的部落是按照血缘关系划分，但如今则按照地区来划分。于是，旧贵族氏族被强行分开了。但是克里斯蒂尼并没有就此停止分散势力的脚步，他进一步将已被分开的各贵族部分安插进不同地区的部落之中，在最大程上度减小贵族在各个部落中的人数比例。这样一来，贵族的力量大大缩小，即使他们想要采取联合行动也无能为力。

克里斯蒂尼还颁布了法律来防止出现僭主统治。他规定，每年如果公民投票选出一人，认为这个人对城邦安全构成了威胁，那么这个人将受到流放10年的惩罚。而要完成这个投票，公民只需要在市场上捡一片碎陶片，在上面刻下某人的名字，再将其投进投票罐里就完成了。这种陶片被称作“奥斯特拉空”，意思就是“放逐”某人（意为“投他以陶片”）。如果某人受到这样的惩罚，那么他的行政职务将被取代。我们曾在前文提到，只有贵族能够担任高级职务，但如今这条法律的出现在一定程度上限制了贵族的权力，它赋予了其他没有土地的公民相当大的政治权利。至此，雅典成为民主制城邦，建立的政府让人民拥有了极大的权力。

斯巴达的势力，尤其是军事上，不断发展壮大。斯巴达人不断取得战争的胜利，并且最终将伯罗奔尼撒半岛的三分之一收入囊中。公元前500年前不久，斯巴达人建立了一个“斯巴达同盟”，几乎所有伯罗奔尼撒国家都加入其中。这也是他们用武力强迫邻近城邦加入的成果。作为同盟领袖，斯巴达是希腊最强大的城邦。这里没有发展手工业，因此不可能出现富裕的工商业阶级，那么作为连锁链条一部分的僭主统治，也就不可能出现在斯巴达了，因为僭主产生就是源自工商业阶级对贵族的打击。斯巴达通过指定两位国王共同执政来保证王权的分割，它不赞成民主，雅典的民主制度在斯巴达的眼中没有丝毫意义。

四十五、僭主时期的文明

世界史上最伟大的时代包括僭主时期，它是一个拥有崭新科学和哲学的世界。它将新的活力与激情注入希腊生活之中，影响着政治家，影响着希腊文学与宗教，也影响着雕塑绘画和房屋建筑的风格。

雅典贵族仍然掌握着国家最重要的职务，处理着社会各种重要事务，即使他们已经被迫失去了很多政治权力。他们的贵族头衔就像太阳一样照耀着他们，引领着社交潮流的走向，汇聚着公共场合的目光。在公共体育竞赛中，贵族出身的希腊青年也奋力角逐着体育竞赛的优胜。因为奥林匹克赛事的优胜者除了能够得到桂冠，雅典籍的优胜者还有额外的奖励——500德拉克马奖金和在城邦的公共餐桌上用餐的机会。而且，当时还有很多伟大的诗

图175　雅典绘画陶瓶（公元前6世纪早期）

在意大利的一个伊特鲁里亚人坟墓中发现了这件高30英寸的艺术品。它完成于梭伦时期，是从别地送到意大利的。这件陶瓶上有专门标注这件作品出自陶匠俄戈蒂穆斯和画匠克里蒂俄斯之手。陶匠负责整个陶瓶的造型，而画匠则用双手为陶瓶上的图案点缀美丽的色彩。这个陶瓶的造型、艺术等已经找不到东方艺术的影子了。希腊艺术家发挥了自己的想象力，表现出了希腊传说中神和英雄故事中的情景。从公元前6世纪末期开始，希腊陶瓶画家习惯先将整个陶瓶涂成黑色，然后用红颜料进行加工创作。这样的方式让他们能够更专注在描绘图形上，让装饰图案更加精致华美。这时期的希腊绘画者俨然成为世界上最优秀的一批画者了。

人，比如品达还为优胜者专门赋诗送上祝福。

大多数时间，贵族青年会选择前往公共体育馆锻炼身体。在人们的生活中，尤其是在年轻人之中，文字已经成为不可或缺的东西了。贵族青年将在体育馆锻炼看作是接受教育的主要部分，他们不是为了在竞技场上角逐优胜而训练，而是为了艺术，一种强身的艺术。于是，他们不再在意自己是否得到了体操训练场边围观者的掌声，他们开始严格按照艺术的要求进行训练。但较为遗憾的是，妇女在希腊文明中并没有一席之地，她们被严格限制，既没有受教育的资格，也没有参加各种社会活动的权利。这些都导致妇女在城邦中的作用极小。

当时的人们极其重视对自己音乐素养的培养。在他们眼中，音乐训练是教育体系中极其重要的一部分。等到了僭主时期，希腊音乐发展成为真正的艺术。亚述人曾经发明了一套音符，它对于音乐的意义就好像字母对于文学的意义一样基础和重要。如今，希腊也发

图176 古埃及立柱及由它演化而成的多立克立柱

最早的希腊立柱是一种柱身带凹槽的石柱（B），与约公元前3000年埃及的立柱（A）类似。希腊人对埃及人的模仿在每一个立柱上都有体现。但是希腊人改进了这种立柱，他们增加了柱头和优美的线条，让它看起来更完美。东亚直到波斯人引进才出现这种立柱。

明了一套类似的音符系统。笛子，在这个时期一直很受人们喜爱，它很早从埃及传到克里特，随后再传到希腊，在希腊得到了很大的改进。有一位希腊音乐家还曾经以笛子为核心写了一首笛子曲，以表现阿波罗与巨龙搏斗的情景。希腊人不止改进了笛子，他们还改进了里拉琴。这种琴最初只有四根弦，但希腊人将其改为八根弦。这种里拉琴独奏曲很受希腊人喜爱。它们既可以为歌曲伴奏，也可以为男女青年合唱伴奏。值得一提的是，如今合唱伴奏的交响乐就起源于此。

在文学方面，音乐的影响不容小觑。诗人们开始创作一种被称作“里拉”诗的作品，它们能够与里拉琴曲相结合而演唱出来。诗歌创作的内容也有了变化，从最开始倾向呈现如梭伦式的严肃讨论，到如今转向了表现普通人的心情、愿望、梦想、希望与积累情感。那一时期最伟大的诗人当属底比斯的品达。他对自己的身份引以为傲，这是因为他一方面出身贵族，另一方面他不仅是僭主和贵族的朋友和亲信，同时还是一位无所畏惧的进谏者。同时，他也为自己享有财富和需要履行相对应的等级义务而感到无比自豪。在他的诗歌中，我们总是能够身临其境般地看到飞驰的战车，听到胜利者戴上桂冠时群众的欢呼，这都是因为他总是用生动感人的诗歌来歌颂他眼中气势雄伟的场景。同时，他也常常慷慨陈词，充满激情地在演讲中赞美贵族的生活和统治。品达还用诗歌表达对神的虔诚信仰与赞美，这些都在后来成为不朽之作。他的偶像是阿波罗，在他眼中，阿波罗是一个伟大的预言家。在这个即将成为历史的时代，品达是最后一个、也是最伟大的贵族代言人，随后，人民统治取代贵族统治进而打开了新的历史篇章。当然，在这期间，女诗人萨福也是最伟大的里拉歌手之一，她是最早的女性文学家，也是世界上最伟大的女诗人之一。

当时，最受欢迎的演唱形式是合唱，每当节日庆祝的时候，乡民们就喜欢用合唱来表达内心的喜悦。在这一时期，西西里诗人斯特斯卡洛通过创作合唱歌曲来诉说古老的神话。表演的时候，歌手们常常沿着乡间大道游行，身披山羊皮的他们会用各种方式装扮自己，或在脸上涂酒糟，抑或者是戴上面具。这种表演很早就在东方出现了，被人们称作宗教化装表演。在表演过程中，合唱队和领唱分别演唱歌曲。为了更好地吸引农民观众，让他们明白歌曲讲述的故事内容，领唱者常常会打手势或者做相关的动作。因此，领唱者不只是歌手，也是演员，现代舞台表演的先驱可以说就出自这一时期。渐渐地，领唱者从一个人变成了两个人，两人甚至还有对话的表演，这大大增加了合唱节目的趣味性和观赏性。但是，即使增加了一位领唱，合唱队仍然承担了大部分台词朗诵。随后，音乐剧诞生了，合唱队和两位演员可以分配剧中的表演和台词了。因为合唱队大多披着粗糙的山羊皮表演节目，这种戏剧被希腊人称作悲剧，它似乎就是来自“山羊剧”这一名字。

卫城山的山坡是合唱队常常选择的表演地点。雅典人在观看演出的时候，可以站在这里同时眺望乡村和大海的美景，他们甚至还可以看到大海另一边的阿戈斯山。在卫城南面有一座神庙，这是庇西特拉图为酒神建造的。除此之外，这里还有庇西特拉图修建的最早的剧院，布景也在剧院的过程中逐渐出现了。不得不说，现代的剧院设计就是从这里继承过来的。

修建宗教建筑似乎是僭主们共同的特别爱好，他们甚至还在修建的过程中对这类建筑进行大规模的改进。在当时的希腊，砖瓦结构是城市建筑的常用结构，即便是政府建筑也都是如此。尼罗河畔那气势非凡的石头建筑，在爱琴时代之后的欧洲就再没出现过。但如今，僭主建造了石灰石建筑，成功地取代了砖瓦结构，神庙也由简陋变得气派，比如用大理石砌成的德尔斐的阿波罗神庙前门。如果我们对历史上建造神庙数量的时期进行排序的话，希腊世纪的僭主时代应该排在榜首。我们如今依然能够在西西里和南意大利看到这个时期搭建的恢宏神庙，它们无不在向我们展示希腊建筑别具一格的美——古朴之美。在这个阶段，神庙用一行行整齐围绕神庙的多立克式石柱代替了贵族时期使用的木柱。虽然埃及廊柱建筑形式仍然为世人所看重，但僭主时期的希腊建筑师对它的设计做了很大的调整，修改后的新廊柱绽放出前所未有的魅力，这些都是早期建筑师们不曾想到的。同时，希腊神庙开始像尼罗河畔的神庙一样着上了缤纷绚丽的颜色。

希腊神庙中的雕像艺术也有突飞猛进的发展。这类神庙中有三角形山墙为装饰，墙上有一组组表现各种神话的浮雕神像。希腊的雕刻家们的作品本深受东方浮雕艺术的影响，但这些艺术家并没有安于现状，相反，他们不断在艺术上突破，于是这时神庙墙上的浮雕再也找不到模仿借鉴的影子了，它们全都是希腊人的原创作品。希腊早期的雕塑也深受埃及雕像的影响，因此那时的作品常常给人呆板僵硬的感觉。但如今，因为受到爱国主义精神的鼓舞，雕塑家们在为体育竞赛优胜者雕像的时候，尽力追求艺术上的突破，排除东方艺术对其的干扰，努力创作出别具一格的作品。于是，在他们的不懈努力下，希腊雕塑终于摆脱了来自外界的影响。他们为那两位因刺杀庇西特拉图两个儿子而英勇牺牲的青年雕铸了一座青铜铸造的纪念雕像（图177）。虽然我们依然能够从这件作品中看到一些旧形式的影子，但它较为突出地表现了人体的剧烈运动，这较之过去的作品已经有了长足的进步。

希腊这一时期的绘画艺术同样不甘示弱。在文学上，诗人逐渐习惯根据客观事物进行创作；在绘画上，陶瓶画师也同样不再拘泥于绘画传说中的神和英雄等虚幻事物。他们开始在日常生活中寻找灵感，并努力提升各自的绘画技巧。最终，经过他们的不懈努力，其创作的人物作品越来越真实，这在早期艺术家的作品中是很难看到的。同时，他们还掌握了一个新的绘画技

图177 雅典弑主者——哈莫狄乌斯和阿里斯托基顿的雕像

这组雕像立在战神山的坡地上，在市场上方，雕像表现了两个青年英雄攻击僭主的情景。他们在刺杀庇西特拉图的两个儿子时牺牲了，把雅典从僭主手中解放出来（公元前514年）。萨拉米斯战役后，这组雕像曾被波斯人运走，雅典人又制作了一组新的。后来亚历山大或他的继承者在波斯发现了原来那组，把它运回并安放到了原来的地方。于是，在那里就有了两组雕像。上图是一个大理石复制品，可能是根据后来那组雕像复制的。

术，就是从不同的视角表现同一物体。这说明，希腊画师首次解决了被我们称作“透视”的问题。僭主时期的陶瓶绘画艺术因为源自现实生活，所以给了现代人一个了解希腊真实生活的机会。而它的历史意义不禁让我们回忆起，我们能够走进了解2500年前的埃及生活也是因为尼罗河的墓画。

总体而言，我们通过分析希腊文学和绘画，从这些作品中感受到希腊人对于他们生活的激情和热爱。这些文学艺术作品无不表现着人们对于品行问题的关注，这种关注甚至比以往更甚。同时，他们也加深了对是非善恶的理解和认知。荷马诗篇中神对恶人的放纵不再为人们所接受。斯特斯克卡洛非常强调妇女的忠贞，因此，在节庆诗里，他将自己所不能忍受的关于美丽的海伦的传说故事进行了改写，重新编写出了一个与原著完全不同的古代故事。同时，人们也深化了自己对善恶的理解：任何人都应该品行端正，无论

图178　希腊陶瓶画，表现希腊妇女的家庭生活

最右边的女仆正将手捧的埃及雪花石膏香水瓶递给坐在凳子上的女主人。这种香水瓶的造型我们在玻璃器皿上也能够看到。坐着的女主人一手拿着镜子，一手整理自己的鬓发。一位女士从女主人的身后走来。而在画面的左侧，有一位女士正坐在椅子上刺绣，在她的正前方，有一位女性正站着观看她的动作。从这位女性的外出服，我们能够推测出她是一位来访者。最左边的是一位提着篮子的女士。图中每一位女士都十分优雅端庄。他们本是红色的（红土的颜色），底色是当时流行的黑亮颜料。

这个人是凡人还是神，哪怕是宙斯和他的奥林匹亚都应该树立这样的善恶观。人们逐渐相信，恶人终将在死者的世界受到惩处。为此，他们还将哈得斯看作是专门折磨坏人的神，他的狗——刻耳柏洛斯就像怪兽一样可怕。这种狗来自东方，吉萨的守卫者斯芬克斯是其最早的形象。

人们开始相信，这里有另外一个像世外桃源一样的世界，只有好人居住在里面。在埃里西斯的神庙里，祭司们就会给新来者看一些表现幸福生活的图画，内容都是得墨忒耳和狄奥尼索斯的尘世生活。据说，看过这些图画的人能够获得永生，进而住进祝福岛。祝福岛在过去可是只有古代英雄才有资格进出的，但到如今，这条规定早就被打破，即使是最贫穷的奴隶，只要能够证明自己是好人，都有资格进入祝福岛。

当今生来世的概念出现之后，人们变得更加迫切地想要获取关于它的一切信息。阿波罗的神谕在人们的眼中就是每次未来冒险的确凿结果。于是，

图179　山谷至大海的景象和德尔斐遗址

坐落在科林斯湾北部帕纳塞斯山的峡谷。很早的时候，它就成了阿波罗的圣地，据说阿波罗就是在此地杀死了巨龙皮索。谷底的白色路线可以向下通往科林斯湾。路左边的悬崖有1000英尺，而古代德尔斐神庙的遗址前不久刚被法国人发掘出来，就坐落在路右侧的陡坡上。在大道右面的遗址上，还有一条通向山顶的崎岖山路。

坐落在德尔斐的阿波罗神庙成为整个希腊世界的宗教中心。

与此同时，信仰被一部分拥有独立思想的人所抛弃，他们不再有任何信仰，也不相信神统治世界的说法。爱奥尼亚城邦，作为爱琴海地区的商业领袖，在很长一段时间之内都是思考这些问题的领头羊。随着与埃及和腓尼基的密切接触，东方的数学和天文学的基本知识逐渐传给了这些独立思想者，并被其消化吸收。他们可曾想过一个爱奥尼亚的思想家如今成功地制造出了埃及影子钟。在爱奥尼亚的米利都，一个叫泰勒斯的政治家因为准确地预测日食而一举成名。他曾到过许多地方，在巴比伦的时候，他有幸得到了一卷记载了巴比伦人大致推测日食出现时间的天体观测记录。根据这份记录，泰勒斯计算出了下次日食发生的时间并将他的推测告诉了米利都人。不出所料，日食果真如期发生了，泰勒斯因此而声名鹊起。

泰勒斯是根据巴比伦预测日食时间的记录推算出了日食时间，因此巴比伦的这一成就深刻地影响了泰勒斯的思维。此前，人们并不知道日食等产生的原因，而只当其是神灵发怒导致的异象。如今，泰勒斯宣告，天体运行并不是神灵对其产生的影响，而是其自身遵循着某种固定的规律。这样的思考，在人类思想史上也许是最为关键的一步。天界因此将神祇赶了出去，以

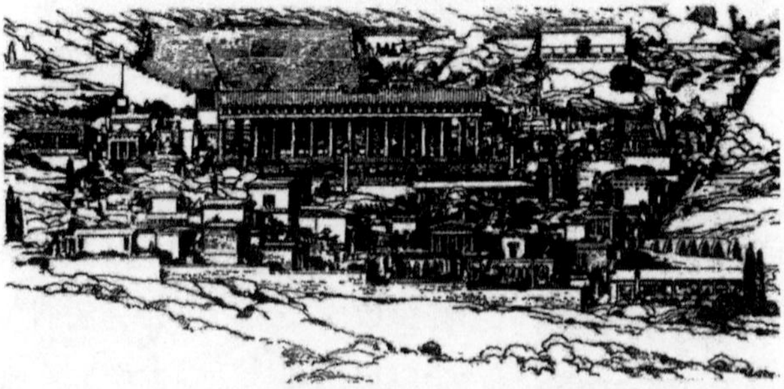

图180 德尔斐建筑

这里自公元前6世纪开始就是全体希腊人的圣地。每一个希腊人和很多外邦人都会前往这里领受阿波罗的神谕。阿波罗神庙就是图中心最高大的那座多立克式建筑。这座神庙曾多次被重建。从建筑群右下方开始有一条蜿蜒的小路，一直延伸到这里。路边建有一座金库，它是专门用于存放希腊人奉献给阿波罗的财产的，主要包括金银雕像和象征胜利的三脚架。这些物品大多是城邦国王进奉的，当然也有少部分个人奉献的财产。罗马人最终摧毁了德尔斐。尽管罗马皇帝尼禄（公元54年至公元68年）曾从这里搬走了500尊雕像，但几年后，里维出访这里的时候依然见到了3000尊雕像。

宙斯为核心的鹰统治为基础构建起来的神秘苍穹瓦解了。而且，如果每个希腊旅行者都像泰勒斯一样参观了东方的巨型建筑（比如当他们参观完在当时就已有两千多年历史的吉萨金字塔）之后，他们一定会否认神的存在。于是，历史中再也没有神的痕迹了，神也同时被赶出了世界的开端。

在泰勒斯之后，另外一个米利都公民在动物起源的问题中提出了一个新的观点，我们推测这位公民是泰勒斯的学生。他认为，高级物种是从低级物种演变而来的，这与现代的进化论极其相似。这位公民通过考察大量的海洋和陆地物种，绘制出了一幅以地中海为中心的世界地图。虽然在这之前，埃及和巴比伦也出现了地图，但它们表示的区域范围都非常局限，因此我们定义这幅世界地图是我们迄今发现的世界上最早的地图。还有一位米利都的地理学家，名叫赫卡泰乌斯。他曾四处游历，甚至都走到了尼罗河上游地区，只为撰写一本地理书。这本著作以地中海为中心，围绕在周围的是这位地理学家全部亲自考察过的距离海岸很近的地方。除了这本地理著作，赫卡泰乌斯还编写了一部历史书，主要内容是早期的希腊神话和他在游历东方时听到的各种传说。他成为继那位希伯来历史作家之后，早期世界中最早的历史作家。毕达哥拉斯，这位移居意大利的爱奥尼亚思想家沉浸在数学和自然科学的研究海洋之中。直角三角形斜边的平方等于另外两边的平方之和这一定律，就是由毕达哥拉斯和他的学生发现的。他们甚至还发现了隐藏在乐器中的数学奥秘：琴弦的长度与音调高低之间有数学关系。此外，他们还发现了地球是一个自转的球体。这里还有一个爱奥尼亚人，当讲到地球起源的时候，提醒人们注意保护这些陆地曾被海洋淹没的证据：岩石中的海洋植物和鱼类化石。

爱奥尼亚的思想家就这样一层一层地吹散了古代神话的迷雾。在与神的交战中，自然世界最终取得了胜利。思想家也纠正了神是自然世界统治者的古老观念。他们作为后世自然科学和自然哲学的先驱，一直在试图弄清人类世界的起源，试图摸索出统治这个世界的自然规律。他们所涉及的是早期东方思想家从未考虑过的全新的思想领域，这些就被我们称之为科学和哲学。泰勒斯等爱奥尼亚思想家们为这个时代做出了巨大的贡献，这些贡献和成就是人类思想史上前所未有的伟大成就，他们也会因此受到一代又一代人的尊敬。僭主时期成为历史上最伟大的时代之一也正是因为这些思想成就。人们的思想因为彼此在商业、政府和社会等方面的激烈角逐而变得先进，他们最终摆脱了古老思想的束缚，开创了一个崭新的科学与哲学的世界。正是这些将新的活力与激情成功地注入希腊生活之中，成为希腊继续无畏前行的内在影响力，它影响着当时的政治家，影响着希腊文学与宗教，也影响着雕塑绘画和房屋建筑的风格。此外，当时的杰出人物形成了一个个群体，而在这之中，有一个被称作“七贤”的群体，它的主要成员都是僭主。这些僭主作为希腊最早的政治家和思想家，他们分别在各自领域做出了巨大的成就，这些都将永远受到后人的敬仰。直到今天，人们还常常将他们的名言挂在嘴边，如刻在德尔斐的阿波罗神庙大门上的谚语——“认识你自己”，梭伦的至理名言“凡事有度，过犹不及”等。但僭主制在庇西特拉图儿子的统治被推翻

图181 正在发掘中的克罗伊斯的萨蒂斯城

我们能看到图中背景的山坡上的输水渠和一个水库的破损部分，而就在这下面，掩埋着萨蒂斯遗址。而掩盖遗址的泥土边缘就在堤坝所在之处。已故的霍华德·科洛思比·巴特拉教授带领的这次考古发掘意义非凡，我们从图中心凸起的神庙后面能够清晰地看到此次考古发掘的范围，整个考古发掘工作都是由美国人完成的。

之后也慢慢消失在历史中了。虽然小亚细亚的西西里等城邦仍然保存有僭主制，但总体而言，僭主时期在约公元前500年就已经在希腊结束了。

第十二章　击退波斯

四十六、波斯人的到来

爱奥尼亚是不幸的，它的城市文明才刚刚登上山峰就被逼得回到了谷底，换言之，它被夺去自由、成为波斯这一东方专制国家的臣属的时候，城市文明刚进入最辉煌时期。波斯人在爱琴地区并没有停止扩张的脚步，它开始入侵正在崛起的希腊世界。

爱奥尼亚在僭主时期所获得的领导地位并不是没有外部威胁，它的小亚细亚邻居就是不可忽视的威胁之一。在这里，居住着赫梯人的后代以及后来的入侵者。前文我们有提到，小亚细亚最坚不可摧的城市（图181）是吕底亚王国的首都萨蒂斯，领袖是国王克罗伊斯。也正是在这里，希腊人掌握了使用货币的方法。后来，除了米利都，吕底亚人几乎降伏了小亚细亚爱琴海沿岸的所有希腊城市。

即使以吕底亚的实力控制米利都易如反掌，但它依然成了波斯居鲁士入侵小亚细亚时候的手下败将。那时，克罗伊斯被波斯的居鲁士打败，萨蒂斯也被他们占领。爱奥尼亚是不幸的，它被夺去自由、成为波斯这一东方专制国家的臣属的时候，城市文明才刚刚登顶。波斯人在爱琴地区并没有停止扩张的脚步，它开始入侵正在崛起的希腊世界。

我们习惯用高级文明来定义波斯文明。它的统治，一方面是开明的统治；而另一方面却是带有东方政治传统标记的有限制的统治——缺乏自由的公民权。在波斯的科学领域，宗教传统也控制着东方人的思想。那么可想而

图182 马拉松平原

马拉松平原南端山丘。如果人们想要在这里看到优卑亚岛上的山脉，可以选择向东北方眺望，越过马拉松海湾的一角。波斯人的船只就从这里被拖上海岸，这片平原上有他们的营地。山上俯瞰平原的最佳位置（画面左侧之外）被希腊人抢占了，他们因此也扼守着通向雅典的道路，在他们身后25英里还设置了防线。希腊人在波斯人开始沿海岸线向右推进时穿过平原展开了进攻。战死者的坟墓距离图中这个地方很远，以至我们没有办法在画面上看到。

知，当被这样的波斯文明统治着，那些希腊天才的自由发展空间会受到何等的限制。希望和光明似乎离这些希腊小城邦越来越远，即使他们联合起来也难以战胜这个东方帝国，因为那时的它已经庞大到统治着我们已知的所有古代东方国家。但是，爱奥尼亚城市依然爆发了起义，正式对抗其主人波斯。

在起义过程中，爱奥尼亚人并不是孤军奋战，雅典派了20艘战舰去支援他们。但也因此，雅典成为波斯军队的报复对象，大流士军队正式入侵欧洲。但大流士的陆军人数在穿越赫勒斯蓬特和色雷斯的远征过程中大减，同时，他们在企图绕过阿陀斯山海角的时候，随行舰队又发生了海难（公元前492年）。因此，大流士不得不放弃原本制定的入侵希腊的路线，转而重新制定了一个穿越爱琴海的入侵计划。

公元前490年夏初，波斯舰队离开萨摩斯岛，这支由运输船和战舰共同组成的庞大舰队穿过爱琴海，进入优卑亚和阿提卡之间的海峡。曾经援助爱奥尼亚人的小城埃拉特里亚被波斯人焚毁。紧接着，他们登陆坐落于马拉松海湾的阿提卡海岸（图182），准备完成他们对雅典的入侵。庇西特拉图的儿子希庇亚斯，这位已年迈的雅典前僭主，为了成功统治雅典而选择了为波斯人指路，将其带入雅典。

波斯人的到来让所有的希腊城市都陷入了恐慌，他们通过爱奥尼亚起义的失败、波斯占领米利都等事实，深刻了解了波斯强大的实力。当时还有一个小插曲，根据这个城市所经历的磨难，雅典一位戏剧作家编写了一出戏剧。这部戏公映之后，雅典人感动不已，他们几乎都是抹着眼泪离开剧院的。但令人惊讶的是，雅典人在看完之后问责了剧作家并以罚款作为惩罚。如今，波斯在征服爱奥尼亚之后，驻扎在了东北距雅典只有数英里的地方。不安的雅典公民们匆忙向斯巴达派出信使求救，但他们自己也不奢求斯巴达对其伸出援手，而这更加剧了他们的恐慌不安。大流士看到雅典人防备等级较低，于是只派出了一支不到两万人的军队进攻雅典。但即使这样，雅典人能够与之对抗的军队人数加起来也不到波斯人数的一半。各种现实情况都击打着本就很脆弱的雅典人民的心。但他们也足够幸运，米尔提阿得斯，这位富有经验和聪明才智的雅典指挥官站了出来。克利马库斯元帅非常看重和信任这位指挥官，因为他有勇有谋，加之曾在赫勒斯蓬特住过，非常了解波斯军队的战术。在军队的号召下，雅典公民们集体武装起来到城里集合。米尔提阿得斯成功说服其他将领，他们决定不在雅典被动防御，等着波斯军队的进攻，而是主动率军穿过半岛，在东海岸的群山中阻击波斯军队，以此保证通向雅典的道路不被对手控制。这一战术充满了鼓舞人心的力量，希腊人因此看到了希望和未来，他们决定充满斗志地迎接波斯这一挑战。

但他们刚建立起的信心却在进山安营扎寨之后瓦解，因为他们眼前的马拉松平原几乎驻扎满了以几百艘战船为侧翼的波斯军队（公元前490年）（图182）。这支雅典军队的成员毫无战斗经验，因此当他们面对已经取得多次战

图183　马拉松平原牺牲的希腊人的纪念坟墓

坟墓高50英尺。考古发掘者于1890年发现了埋葬在其中的192位战死的雅典公民以及他们曾使用过的一些武器和随葬陶瓶。

争胜利的职业化波斯军人的时候不禁担惊受怕。看到这样的情景，米尔提阿得斯开始在军队鼓舞士气并取得了一定成效，几千名普拉提亚希腊人也加入了雅典的战队，这让他们又重拾了信心。通向雅典的大道被希腊人牢牢守护着，他们驻扎在俯瞰大道的山上，成功抵御了波斯人的进攻，迫使这些入侵者不得不思考是否要放弃按原路进攻，否则雅典人可能会对其侧翼进攻。

占据着有利位置的波斯人与雅典人僵持了七天也没能取得先机，雅典人一直没有被引诱出来。于是，他们打算继续维持原定计划，在通向雅典的道路上继续向前推进，但同时派遣一支精锐部队保护军队侧翼以保证不留一丝可乘之机给雅典。上文提到，米尔提阿得斯非常熟悉波斯战术，他知道人数最多的部队会被波斯人安置在军队中间，这样一来，波斯部队两翼就会相对力量薄弱。于是，米尔提阿得斯反其道而行之，他重点加强了自己部队两翼的力量。我们知道，波斯和雅典的对抗就是弓箭对长矛的斗争。但波斯人如疾风骤雨般的箭矢并没有让雅典人胆怯，雅典人看准了弓箭手的位置，用其强有力的两翼无畏地进攻这些波斯盾牌手。在波斯的中军小胜力量相对薄弱的雅典中军时，雅典军队的两翼从两边包抄过来，大举进攻已被打乱阵形的波斯军队。雅典强大的两翼进攻让这支亚洲军队节节败退。波斯人的弓箭不再对雅典构成一丝威胁，相反地，希腊人却将长矛的作用发挥到了极致，并造成了波斯人的大量伤亡。战场上的波斯战士尸体多达6000具，但雅典却仅失去了不足两百人（图183），为了避免全军覆没，波斯人最终选择逃回了船上。波斯统帅并不愿就此投降，然而当他率舰队绕过阿提卡半岛来到雅典海港的时候，他发现近来打了胜仗的雅典军队一直严密守护着雅典城及其周围，这样一来，强行登陆对于波斯军队来说并不是首选。波斯军舰退回了海上，这意味着他们终于选择撤退了，这一刻对于雅典公民来说，一定意义非凡。

四十七、击退波斯人和腓尼基人

公元前480年，波斯人和腓尼基人分别在东西两条战线上进攻希腊，但最后都被狼狈击退。波斯原本一路将统治范围向西扩张至爱琴海，但在经受这一系列打击之后，它最终无奈地从欧洲撤退。从此之后，欧洲希腊的土地上再也没有波斯军队的脚印了。

作为希腊最有天赋和能力的政治家，塞米斯托克利斯曾经担任过雅典城邦执政官这一最高职务，而同时他也是马拉松战役中雅典军队的一员。他很早就意识到强大的海军对于希腊的战略意义，连庇西特拉图也认可他的这一观点。于是，在担任执政官期间，为了抵抗波斯入侵，塞米斯托克利斯竭尽

图184 温泉关隘口

波斯入侵希腊的过程中，其路径左侧的山峰是垂直地插入海中的，中间只有一条极窄的小路。经过了2400年的日月侵蚀，它早已变得不再陡峭了。周围通向大海的河流大都夹带着大量的泥沙，它们最终导致海岸线后退了几英里。如果不是这样，我们现在就能够在右边看到大海。翻山越岭的波斯人踏上了一面是海一面是悬崖的小路上，阵形形同虚设。后来，一个希腊叛徒带领波斯军队乘晚上翻过左边的山岭，就这样突然出现在驻扎在这里守卫隘口的希腊人背后。也直到这时，里奥尼达带领下的斯巴达，最终因面对敌人的前后夹击而全军覆没。

全力，只为说服雅典人通过他的提议——将雅典打造成地中海的海上霸主。但遗憾的是他并没有如愿，这一提议未获得批准。而如今，当波斯人的舰队横跨爱琴海，在马拉松登陆的时候，雅典人开始明白，也许只有一支强大的雅典海军才能够阻止波斯，保证雅典的安全。

大流士一世直到死都没能达成他的志愿：为波斯军队在马拉松的惨败一雪前耻。后来其子薛西斯继位，发誓完成他父亲的遗愿。他重新制订了一套征服计划，范围从希腊到西西里。在他眼中，有其所控制的腓尼基城市的帮助，这套计划将会进行得易如反掌。波斯人拥有了一支所向披靡的腓尼基舰队，这完全得益于薛西斯父亲大流士的海军政策。如果未来需要从海上进攻希腊，那么称这场战争是闪族人的战争可能更为准确。同时，腓尼基的迦太基被薛西斯强令进攻西西里。因此，腓尼基人组成了两支充满战斗力的东方和西方（迦太基）的闪族大军，他们将作为波斯的两翼，与希腊人组成的东方和西方的印欧防线直接正面对抗。同时，波斯将军马多尼乌斯的进攻策略也被薛西斯采纳，波斯军队将经过赫勒斯蓬特向希腊推进。

希腊在波斯重整旗鼓准备再次入侵的时候，也没有停止其防御波斯的准备脚步。他们发现，薛西斯为了最大可能地降低风险，将其第二次绕过那个如同要塞的海角时再次遇到一支舰队的可能性降低，他派将领们在阿戈斯的海角背后挖凿运河。这一消息很快传回了雅典。这一次，当塞米斯托克利斯再次企图说服雅典公民的时候，他终于成功了，雅典公民大会决定组建一支由约180艘三排桨船组成的庞大舰队。就这样，希腊人首次拥有了从海上和陆上同时阻击波斯军队的实力。

塞米斯托克利斯的果断和英明在此刻再次得以体现——他专门针对波斯军队的进攻计划制订了相对应的作战计划。波斯军队采取海军陆军相结合的方式从希腊大陆东海岸推进。于是，为了打一场快速而有决定意义的战役，塞米斯托克利斯决定先以希腊全部兵力对抗波斯海军。一旦海军胜利，希腊舰队则可以从希腊东海岸登陆，直接威胁波斯军队的运输补给路线。除非希腊军队能够在北部关隘，在这个只需要少量兵力驻扎的地方尽力拖延波斯陆军的时间，否则以希腊军队的单一力量是不可能抵挡住波斯的实力强劲的陆军的正面进攻的。遗憾的是，希腊军队没能成功联合各城邦共同对抗波斯。但在塞米斯托克利斯的谈判条件下，斯巴达最终同意联合雅典来共同对抗侵略者。而斯巴达同意塞米斯托克利斯的作战计划的前提条件是——斯巴达拥有希腊联合舰队的指挥权。

优卑亚岛西端对面有一个温泉关隘口，亚洲军队在公元前480年的夏天到达此地。亚洲军队人数规模在这时达到了二十多万人，还有同等数量的随军家属。波斯舰队本拥有1000艘舰船，其中包括三分之二的战舰。但波斯舰队经历了一次风暴，直接损失了舰船数百艘，于是波斯只有近500艘舰船可以参战了。在关隘口，波斯人将与斯巴达国王里奥尼达率领的约5000人正面对抗；而在优卑亚北海岸的阿特密斯乌姆，不到300艘三排桨战舰组成的希腊舰队将直击波斯海军。从这一刻起，两大陆的海军和陆军之战爆发了。

波斯的陆军和海军在观望几日之后发起了全面进攻。但即便这样，他们的绝对优势也没能很快地展现出来，希腊舰队机动而有效地抵抗着波斯军队，而顽强抵抗波斯军队一整天的里奥尼达也最终成功地保住了温泉关隘口。

这时，迂回包抄是波斯的海陆两军的主要作战计划。他们决定派遣一支陆军翻山至里奥尼达后方发起攻击，同时为了从背后攻击希腊舰队，波斯派遣了一支有200艘战舰的舰队绕过优卑亚。但由于一支波斯舰队在一场风暴中又被摧毁，两军主力舰队较量的关键意义更为明显了。波斯在海上的夹击行动失败了，但他们却在陆上获得了关隘口的胜利。相反，因为希腊陆军受到两面夹击，里奥尼达英雄在冲锋陷阵的过程中光荣牺牲，他的部队也全军覆没，希腊陆军遭遇失利。波斯军队继续向前推进，而遭遇重创的希腊也只得无奈南撤，最后在萨拉米斯湾（图185）驻守。而这时，同样在撤退的还有斯巴达的主力部队及其盟军，他们退到科林斯地峡。这个地方因此变得十分关键，它成为希腊陆军在下一次对抗中唯一可能获得决定性胜利的地点了。

塞米斯托克利斯看到波斯军队突破温泉关隘口并继续向南推进的时候，并没有就此缴械投降，他将雅典居民转移到了萨拉米斯的小岛和埃吉那以及阿戈斯的海滩。在这里，重新休整后的希腊舰队实力大增，其数量规模超过了300艘。然而，当人们从萨拉米斯向北眺望的时候，他们只能看到成群结队的波斯军队正密密麻麻地在道路上缓缓前进。而南边情况又加剧了希腊人的绝望，因为从雅典的古老港口法勒姆驶来了亚洲人的舰队。燃烧着的卫城火焰将耸立入云的阿提卡山上空照耀得通红，而它们产生的浓烟又遮盖了东方的地平线。雅典人看到这一切，很清楚地知道他们将要失去家园了。塞米斯托克利斯再次展现了他的聪明才智，他重建了将领们的信心，让他们团结一心。然后，他利用假情报，说希腊舰队要悄悄溜出海湾，巧妙地骗过薛西斯舰队，诱使他们截击。

图185　比利埃弗斯，雅典的海港，萨拉米斯岛和海峡

这一繁华的雅典港口城市的现代建筑如图所示。萨拉米斯岛的山峰就在远处，它一直向右延伸到遥远的北方，直到埃里西斯对面。那场激烈的海战就发生在图右边四艘汽船停靠的位置。波斯舰队从左边（南面）驶来，但因为被汽船后面的比斯塔利阿小岛阻挡，无法将战线充分拉长的波斯舰队找不到更好的方法进攻希腊舰队。希腊舰队那时正位于比斯塔利阿身后和狭长的萨拉米斯海角之间，它从右面（北面）出发，绕过比斯塔利阿，在这四艘汽船停靠的海域同波斯舰队的先头部队正面相对。希腊人歼灭了薛西斯驻守在比斯塔利阿的一支部队。

为了及时了解整个战斗的最新情况，波斯国王薛西斯在能够俯瞰萨拉米斯湾的山顶上设置了自己的宝座。希腊人所在之处正好位于萨拉米斯海角的突出部分和阿提卡之间（图185），而这样的狭窄位置并不是排列大型舰队的好位置。不出所料，亚洲舰队在这片水域因这一地理限制而乱了阵形，这让他们在希腊人发起进攻前就变得不堪一击，到最后甚至都失去了逃跑的空隙。这场对抗持续了一整天，当萨拉米斯海湾进入夜幕的时候，波斯舰队已经寥寥无几了。雅典人从此称霸海上，薛西斯军队的嚣张气焰被浇灭了不少。希腊因为组建了一支完全属于自己的强大舰队而获救，而这之中的大功臣塞米斯托克利斯因此成为希腊最伟大的政治家。

这时的薛西斯不得不开始担心自己没有退路，因为胜利的希腊舰队很可能在其撤退路线上截击。当然，塞米斯托克利斯也正有此意，但是，无论他多么努力地说服斯巴达继续同雅典合作截击，斯巴达人小心谨慎的个性都拒绝尝试这个在他们眼中不太保险的事情。假如塞米斯托克利斯能够指挥希腊舰队封锁赫勒斯蓬特，等到第二年，希腊就不必再考虑应对波斯军队了。与此同时，薛西斯军队在经历了疾病和供给不足的双重打击之后，大部队从赫勒斯蓬特撤退回了亚洲，但同时薛西斯让将军马多尼乌斯和一支约五万人的军队留在铁萨利过冬。此外，希腊获知迦太基军队在从非洲进攻西西里的过程中，被叙拉古的僭主基隆打败。至此，公元前480年，希腊击退了亚洲从东西两面进犯的部队。

了解历史的人们知道，塞米斯托克利斯提出的作战计划十分具有前瞻性，但雅典人却没有意识到这一点。等到冬天结束后，雅典人终于感受到他们之前所犯的战略失误——没有在萨拉米斯战役之中就让希腊彻底摆脱波斯军队，导致如今留守的马多尼乌斯有了在春季反扑进攻阿提卡的可能。本来，塞米斯托克利斯希望海军在战争后期继续进攻赫勒斯蓬特，以将波斯军队完全逐出希腊。但因为城邦中有人防备塞米斯托克利斯，他的指挥权被毫无理由地剥夺了。然而，如今受到威胁的雅典并没有放弃自由的权利，即便马多尼乌斯开出了十分诱人的条件引诱雅典与之合作，雅典也没有与波斯结盟。

冬雨季节过去了，马多尼乌斯不出所料地率军对阿提卡发起了第二次进攻。而这时的雅典人就如曾经选择逃亡一样，大部分人都逃到了萨拉米斯。而斯巴达人每当遇到危险的时候，反应和行动总是迟缓的，他们总是到了最后关头才走上战场。斯巴达国王保萨尼阿正为他的后路而穿越科林斯地峡，而这一行动被正在阿提卡的马多尼乌斯发现。马多尼乌斯于是决定向北撤退，但这样的举动却让阿提卡大部分再次遭遇重大打击。于是，保萨尼阿的三万步兵在斯巴达、雅典和其他同盟城邦的联合部队的策应下，追赶马多尼乌斯来到比奥提亚。

经过几天的等待，保萨尼阿和马多尼乌斯在普拉提亚展开决战。而在这

图186 斯巴达所处平原

斯巴达人曾居住在这个已经长满橄榄树的地方。它没有城墙保护家园，在斯巴达灭亡之后的很长一个时期之内依然没有修建围墙。从平原边缘的山上（约8000英尺）向北眺望，可以越过雅典一直望到优卑亚。科林斯湾要往北走100英里，而向南走125英里就是克里特岛。正是图中这座山将希腊一分为二了。

一次军事活动中，波斯人智取保萨尼阿，将希腊后方的南侧山隘攻陷并成功抢夺了他们的武器储备库。马多尼乌斯率领弓箭手，跪在盾牌后面对希腊人进行疾风骤雨般的强烈进攻。这样的快速强攻，虽然让希腊将军们死伤惨重，但并没有动摇他们为胜利拼搏的决心。于是，希腊长矛队就像曾经在马拉松战役中的表现一样，奋力冲破了波斯的盾牌阵。结果可想而知，弓箭手根本无法抵抗长矛队的猛攻，波斯防线很快被攻破了。这时，虽然马多尼乌斯仍在试图挽回阵形，但效果甚微，最后就连他自己也被杀死了。沦落至此的波斯军队只能够依靠身后波斯骑兵的掩护才未被彻底歼灭。

身处欧洲的希腊安全了，本在亚洲专制统治下的爱奥尼亚也成功解放并获得了自由。在米利都的迈加拉半岛，希腊的三排桨战舰将残留于此的波斯舰队彻底歼灭。雅典人甚至还控制了从亚洲到欧洲的通道，因为他们夺得了赫勒斯蓬特的欧洲部分塞斯图斯。而这一步能够保证他们不再受到波斯入侵的威胁。波斯原本一路将统治范围向西扩张至爱琴海，但在经受这一系列打击之后，它最终无奈地从欧洲撤退。从此之后，欧洲希腊的土地上再也没有波斯军队的脚印了。

第十三章 雅典和斯巴达的争霸

四十八、雅典与斯巴达的冲突

希腊分裂成斯巴达和雅典两大阵营。两大阵营完全对立，斯巴达是传统的象征，代表的是少数人的特权；而雅典是一个先进文化的使者，它代表的是民众，也就是大多数人的权利。两大城邦本在争取自由的斗争中结成了很好的情感同盟，但在如今这无法和解的矛盾和分歧中，这个同盟破裂了。

迎接雅典人归来的是变得满目疮痍的雅典城，他们在逐渐感受到自己为希腊奉献了太多的同时，也体会到了自己所取得的了不起的成就。这般景象让他们回想起了雅典卫城的凄凉。曾经危难当头，斯巴达的援助不太及时，雅典人只能自己站起来对抗敌人，并最终战胜了历史悠久的东方强国，这让雅典人有了世界唯我独尊的感觉。于是，他们不再去纠结过往的种种，而是饱含期望地注视未来，一个更加强大、繁荣的新雅典就要崛起了。

然而，斯巴达却没有这些感性的想法。斯巴达人的身份都是从军士兵，他们的责任与义务只有军事训练。国家中的男性都是军人，他们享用国家提供的公共午餐，以15人为单位进行分组，每天大家都一起享用午餐。每个斯巴达公民都有义务提供这种公共午餐给军人，他们也正是通过这种方式取得公民权。公民不需要耕种，耕种是奴隶要做的事，而他们平时的唯一任务就是军事训练。于是，整个国家就类似一部被军事操控的机器。

士兵公民大约几千人，规模并不大。但斯巴达的公民组成了小规模的贵族阶层，这让他们与拉科尼亚半岛其他无选举权的人相比变得与众不同了。

因此，我们定义斯巴达的统治为有限的僭主统治。军人的一切活动都是为了战争做准备，他们没有商业活动，也没有兴趣开展艺术和工业事业。他们固执而自满，完全相信自己的军事实力，因此他们没有在城市修筑围墙（图186）以提高防御等级。当时的斯巴达都不能被定义为一座真正的城市，它仅仅由一些分散的村庄组成，整个城市没有足够的公共设施，也没有修建一座纪念性建筑来说明其城市的属性。他们建立了类似军事俱乐部的组织，这些组织的生活中没有田地和耕种，而耕种都是由奴隶完成的。奴隶隶属于这些组织，但他们没有选举权，他们的一切劳作成果都会被这些军事组织剥夺。在战争期间，斯巴达的两位国王都成为军事指挥官。

通过上述介绍，我们已经了解了这些斯巴达人的特点，他们缺乏感情，束缚在军事组织的盔甲之中被禁锢了想象力，因此，他们只能茫然失措地面对着这个深受希腊文明影响的世界。他们也渴望希腊成为军事强国，但同时自己又不愿担负对外扩张的重任。于是，希腊分裂成为斯巴达和雅典两大阵营。两大阵营完全对立，斯巴达是传统的象征，代表的是少数人的特权；而雅典是一个先进文化的使者，它代表的是民众，也就是大多数人的权利。两大城邦本在争取自由的斗争中结成了很好的情感同盟（这极有可能统一古希腊为一个国家），但在如今这无法和解的矛盾和分歧中，这个同盟破裂了。两大城邦内部斗争了一个世纪，结果让希腊失去了世界霸主的地位。

如今，为了进一步发展，雅典开始执行扩张政策，塞米斯托克利斯站出来成为关键人物。他认为，雅典要想成功，是不能复制斯巴达的建设理念的。为了在新雅典城筑起了一道牢固的城墙，他成功地设计迷惑了本不赞同修建的斯巴达人。同时，他还加强了雅典港口——比利埃弗斯要塞的防御等级。而塞米托斯克利斯还有一个伟大创举，那就是在他的带领下，希腊联合舰队在驱逐波斯人、斯巴达人退出指挥之后，摇身变为强大的雅典舰队，成为爱琴海的主人。

四十九、民主的胜利——雅典帝国崛起

雅典的法律由公民大会制定并颁布，这意味着平民掌握了实权。同其他古代国家相比，雅典拥有更多的智慧公民。

雅典人同爱琴岛以及亚洲的希腊城邦结成了一个长期防御同盟，以防止亚洲的希腊城遭波斯报复。于是，同盟中富有的城邦提供战船，其他城邦则需要每年缴纳一笔贡金，由雅典负责征收。雅典的职责除此之外，就是指挥联合舰队。为了更合理有效地管理同盟、处理关系大局等事务，雅典委任亚里斯泰迪兹掌管如征收贡金和调度重大事项等事宜。亚里斯泰迪兹是一位正直无私的爱国公民，因此他被众人称呼为“公正的人”。他曾遭遇了人生的大起大落，曾因失败地反对塞米斯托克利斯发展海军的计划，而遭到流放惩罚；到后来，在萨拉米斯战役和普拉提亚战役中，他又因战绩显赫而名扬四方。虽然他曾与塞米斯托克利斯的理念相左，但如今却愿意抛下成见，积极地支持新组建的防御同盟并为之竭力贡献自己的力量。为了保护提洛岛的阿波罗神庙，他甚至花光了自己多年的积蓄。从此，联盟以提洛同盟举世闻名（公元前478年至公元前477年）。萨拉米斯战役之后的第三年，提洛联盟建立。就这样，由众城邦组成的联盟依附于雅典的帝国指日可待。然而，随着雅典的逐渐强大，斯巴达人开始忌恨和猜忌雅典了。

联盟舰队在奇蒙的率领下，成功地将波斯人彻底赶出希腊海域。奇蒙的父亲是马拉松英雄米尔提阿得斯。但奇蒙却引发了雅典内部的政治分歧。他想要与斯巴达结成同盟而忽视了雅典统治希腊的重要性。奇蒙的支持者都是保守派，如贵族、富人以及思想保守者，但雅典的进步人士却反对保守落后，他们选择站在塞米斯托克利斯一边，支持向斯巴达开战。

因为没有获得公民大会的一致支持，塞米斯托克利斯遭到流放。后来，他又因被判叛国罪（公元前472年至公元前471年）而逃亡他乡。他曾将雅典从波斯人手中解救出来，但他的下半生却在服务波斯国王中度过。作为雅典

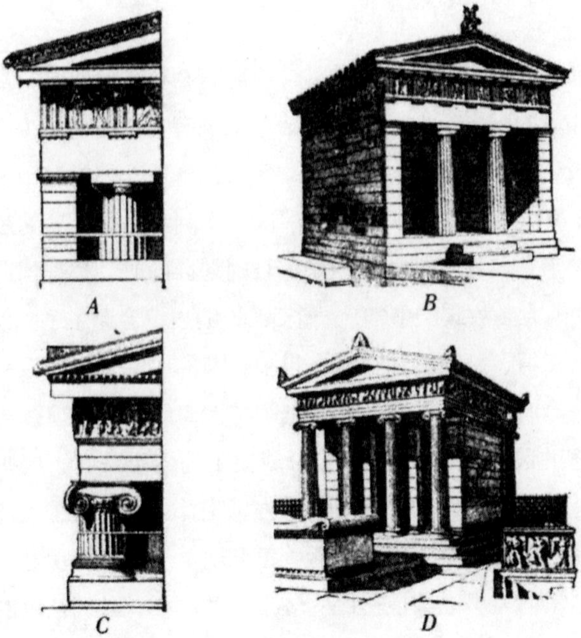

图187　两种风格的希腊建筑：多立克（A和B）与爱奥尼亚（C和D）

德尔斐雅典人的宝库就是多立克建筑，在这一建筑之中收藏着献给阿波罗神的各种祭品。建筑物左侧的地基上摆放的就是马拉松战役的战利品。建筑物上方的墙壁上刻着阿波罗颂歌，颂歌标有音符，成为迄今为止保存最久远的歌谱之一。D中壮丽的爱奥尼亚建筑是一件复制品，复制的是为纪念雅典卫城之战胜利的神庙。从中可以看出，爱奥尼亚相比多立克建筑，有更修长的廊柱，更为坚固的房顶，更精美的设计。从A到C能够细致地看出两种风格的不同。

历史上功不可没的政治家，他遗憾地没能亲眼见证雅典的崛起——成为一个帝国的灵魂。

在西方海域一直徘徊的波斯海军最终被奇蒙击退（公元前468年），他无比光荣地返回了雅典。后来，斯巴达爆发叛乱，奇蒙在斯巴达的请求下调派雅典军队支援斯巴达。但奇蒙没有料到斯巴达人会过河拆桥。斯巴达人在叛乱尚未平息之时，非常无礼地要求雅典撤军。而这一无礼要求让奇蒙对斯巴达的友好政策变得苍白而可笑。雅典人无法容忍，在公元前461年通过投票流放了奇蒙。

奇蒙被流放，标志着平民反对贵族统治的胜利。但他们并没有就此沾沾自喜而停止斗争的脚步，他们进而开始攻击长老会，这是一个完全由贵族统治的组织。长老会也叫阿利奥勃古斯，名字起源于他们常在市场附近的阿利奥勃古斯山上开会。通过新法律，平民限制了阿利奥勃古斯的政治权力，导致他们只能够审判谋杀案和处理国家宗教问题。同时，根据当时的需要，为了管理剩下的绝大多数政府事务，一个500人的小议会诞生了。他们以50人为单位，共分成10组，每组每年有一个月多一点的时间来行使权利。此外，梭伦建立的公民陪审法庭的人数规模也越来越大，到最后竟扩展到了6000人。根据陪审法官的数量501人，他们被分成更小的陪审法庭。这些陪审法庭的权责与如今处理各种案件的法庭类似。为了生计，贫穷的公民没有办法参加陪审，因为他们需要依靠手中的农活养家糊口。于是，平民颁布法律，支付报酬给从事陪审的人员以满足贫民的需求。就这样，公民法庭的权利越来越大，到最后成为国家最高立法机构。法庭在公民大会的协助下，开始制定和颁布法律。至此，平民才真正掌握了实权。

除此之外，担任官职的公民阶层进一步放开，所有的公民都有资格出任执政官，而不再仅仅是没有任何财产的劳动阶层才有资格担任。只是，曾经由选举产生高层官员的方式被取消，取而代之的是在全体合格的公民之中抽签决定高层官员。这样的直接影响是，如今轮流坐庄的国家官员，其号召力大减。当然，让更多的公民承担国家公务，这对于他们自身而言就是一种实践教育，对于他们的人生发展是很有意义的。因此，雅典和其他古代国家相比，拥有了更多的智慧公民。

当然，执政官（strategus）是唯一不能抽签确定的官员，因为身处这一职位的人对国家至关重要，他会直接影响国家政策的发展方向，所以一般由既有能力又有威望的公民担任。克里斯蒂尼建立了10个部落，每个部落都有一位指挥官负责，共10名。他们不仅要带兵作战，还要掌管政府、国家财库、帝

图188 普尼克斯——雅典公民大会所在地

正前方位置是一个讲坛，有三层台阶。左边的山坡上（当时可能是平地）是当时聆听公民大会演讲的雅典公民坐的地方。他们坐的地方曾有半圆形的围墙，右端与图中的直围墙相连。这就是一个露天议会大厅，在这里，公民直接选举政府官员，而不是选举公民代表。常常在这里演讲的塞米斯托克利斯、伯里克利等伟大的雅典领袖深深影响着这里的公民。从普尼克斯山向东眺望可以看见卫城和帕特农神庙。阿利奥勃古斯山就在这幅图的左侧附近。

国事务以及外交事务。首席执政官，或称总统，作为国家最具影响力的人，也是通过选举产生的。因此，只有接受了军事训练的贵族才有可能成为有权有势的人；只有为国家规划出合理的发展蓝图、走上普尼克斯山说服公民大会的雄辩演说家才能够被大众接受（图188）。

奇蒙被流放之后，伯里克利接替了他的位置。他是一位风度翩翩、智慧过人的雅典青年，也是贵族克里斯蒂尼的后代。他同塞米斯托克利斯一样，渴望建立一个强大的雅典帝国。伯里克利是代表先进文明的领袖，在他的努力下，平民权利不断扩大。于是，他的出现就像是平民的强心剂，也正因得到平民的支持，他得以连任执政官，成为雅典真正的首领。换言之，从公元前460年开始，伯里克利一直是雅典真正的政治“寡头”，直到30年后他突然逝世。

五十、金钱决定的胜负——第一次伯罗奔尼撒战争

战争成败的关键在于是否拥有雄厚的资金支持。相比其他城邦，商业的繁荣让雅典拥有了更多的优势，斯巴达人因此再次加深了内心的忌恨和恐惧。

希腊在希波战争胜利之后成为商贸领袖，它的地位就像公元1914年世界大战爆发前的英国在世界商贸上的领头羊地位一般。此后的一段时间，希腊商业的发展势头一直迅猛。科林斯城与雅典相邻的阿提卡的门户埃吉那岛很快就发展成为希腊最繁华的商业城市。与此同时，港口小城比利埃弗斯也一并发展起来了。这座小城在塞米斯托克利斯的指挥下建成了雅典的港口，这在如今完美地体现了他的深谋远虑。因为腓尼基的商业伴随着腓尼基人在东西方的失败而开始衰败了，他们的货物大都从腓尼基商贸转移到了希腊人手中，所以兴盛繁忙的港口码头上停靠着来自地中海世界的希腊商船。阿提卡自己生产的粮食已经开始供不应求，因此他们必须进口粮食。因此，在港口中看到并排停泊着载满鱼和谷物的黑海商船、埃及大船以及叙拉古商船并不稀奇。码头上还堆放着雅典作坊生产的大量商品，它们正被一队队大汗淋漓的搬运夫装上船，准备运往地中海各港口。海岸线上随风飘扬的旗帜、忙碌的船坞、忙而不乱的码头，来回忙碌的工人共同构成了希腊港口繁荣而喧闹的场景。

但是，希腊航海业的迅猛发展并不意味着希腊的船只体积也扩展得很快。在公元前5世纪的希腊，人们口中的大船也就是指250吨至300吨的船只。它们只能在海岸线附近的海域小心安全地行驶，鲜少船员能够驾驭希腊船只驶进冬季风大浪高的深海。当时的海上贸易是一项极具危险性与挑战性的事业，因为它们既没有罗盘、航海图，也没有灯塔，而且还有可能碰上海盗打劫，这些甚至会对船员的生命安全造成威胁。而且，由于希腊人还未发明油漆，同时他们也不舍得使用成本过高的、埃及人用熔化的蜂蜡制成的油漆，

于是，船只在海水的腐蚀下，使用周期都较短。

当然，风险与收益是并存的。海上贸易较为危险的同时，也能够给人们带来巨大的利润。只要商船能够顺利抵达黑海北岸或者海盗常出没的亚德里亚海岸，他们就能够以极高的价格卖掉船上的货物。这样的高价，让商人在扣除所有的成本费用之后，依然能够保证获得接近货物进价两倍的利润。正因如此诱人，很多人甘愿选择借贷来冒险。当时的借贷利率大约在10%~12%之间，远低于梭伦时期的借贷利率。制造业的回报率也相当高，有时高达30%。

我们不能以现代的眼光来评判衡量雅典当时的经济成果。因为在当时，一万元已经算是一笔不小的钱了，而如果有人拥有两倍于此的财富，则可称得上是富豪。当时各个工种都能够通过努力赚到或多或少的工资。工人的工资每天在6分~10分钱不等，而熟练的工匠工资每天能达到20分。希腊军人通过武装之后帮助外国国王打仗，每月能挣5元。然而脑力劳动者，如建筑师，每日的工资也仅比熟练工多一点，在20分~30分左右。这样换算下来，修一门教学周期长达数年的修辞学课程的学费也仅需要60元~80元。

在希波战争结束的30年间，在雅典获得公民身份是很容易的事情。因此，雅典很快就涌进了3万移民在此定居。在伯里克利时期，雅典的人口增至10万，阿提卡的人口更多，有近20万。这其中，作为社会最廉价的劳动力，奴隶有8万左右人口。

雅典的货币量随着贸易额的增大而不断增大。这意味着雅典需要更多的贵金属来铸造新币，而充足的贡银和阿提卡的银矿很好地确保了雅典新币发行的稳定性。在地中海世界的市场上，雅典的银币成为第一货币，除此之外，波斯的金条（约相当于5美元）也大量涌入市场。但这很快就带来了负面影响，因为货币的大量增加会直接导致货币贬值这一真理无论在何时都是如此。于是，在市场上，物价不断升高，相同数量的钱再也不能买到过去等量的物品了。同梭伦时期相比，小麦的价格贵了一倍，而羊的价格则贵了近五倍。以如今的眼光来分析，当时的生活水平是有限的。富裕人家每天的生活费都不超过20分，如果有人拥有价值200美元的家具，则他会被看作是在挥霍金钱。

在政府的运行过程之中，钱的作用越来越重要了。在从前的农牧业国家之中，公职人员为国家无偿服务是合理而且可行的。但如今，随着货币、商贸的出现和工场数量的激增，继续让公民无偿为国家服务显然变得难以实施了，因为大多数雅典公民都需要用前一天的工资去市场购买家庭第二天所需要的食品。这么算下来，陪审法官和500人议会议员全年的工资总共需要10万美元。而这并不是政府资金运营的全部，当他们开始修建精美气派的大理石神庙的时候，无论是人力还是物力，都需要花费大量的政府资金，这些即使放在如今，也是一笔巨额开支。当然，举办各种活动也需要政府的资金支持，如各种神庙的献祭、宴会和庆祝活动等。

毫无疑问，政府在财政资金上的最大开支依然是在军事方面。无论是武装士兵（士兵无法自己武装自己）还是供养士兵，都需要国家筹资予以支持。而在这之中，花费军费最多的板块是与战舰有关的经费支出。战舰无论从使用前的制造、装备，还是到投入使用之后的维修、保养都需要大量的资金。而除去战舰本身的费用，以一艘三排桨战船为例，每艘战船需要配备200名水手和桨手，每人每天的工资是半个德拉克马（约10美分），这样算下来，每月政府需要支付工资共600美元，而一支200艘这一级别的战舰组成的舰队每月仅工资方面就需要政府支付12万美金。

同样地，国家在行政管理和安全防御方面的投入和运营同样需要大量的资金支持。对于雅典而言，即使阿提卡的银矿能够提供足够的贵金属来帮助国家发行新币，但政府仍然需要征税来缓解国家在货币方面的强烈需求。然而，获胜执政的民主派只是在国库紧张或战争时期才征税，平时并没有设立固定的税收项目。当然，充实国库的方法除了税收之外，还有一部分在比利埃弗斯港征收的进出口关税。雅典的关税要求并不高，除了特殊的战争费用外，不超过进出口产品价值1%的关税率是常态。我们还记得，在前文提到雅典帝国各属国会向雅典进贡，但即使这样，帝国的总收入还不足75万美元，还比不上伯里克利时期的帝国收入。

虽然希腊诸国的集资和消费能力在如今看来也许不值一提，但在当时却是其他各国无法比的。斯巴达由于缺少商业竞争意识，以保守而古老的传统方式生活，导致其在财力方面与希腊相比有很大的差距。斯巴达使用的货币依然是铁币而不是银币。虽然斯巴达自身的常规军可以直接投入战争而无须花费国家财产，但一旦需要统率伯罗奔尼撒同盟的联合军队，斯巴达则需要资金维持军队的正常运营，可当时他们的全部资金，也仅仅只能维持军队不到三周的供给。如果要保证庞大舰队的正常运营，所需资金的数量是相当惊人的，这正是斯巴达及其盟国所欠缺的。战争的胜败开始由国家的资金是否雄厚而决定。因此，雅典在资金上的优势，因其商业的繁荣发展而将其他城邦远远地甩在了身后。同样，我们也能够理解，为什么斯巴达人会恐惧和忌恨雅典的逐渐繁荣了。

伯里克利在感受到支持他的公民都希望惩罚斯巴达之后，预感雅典与斯巴达之间的战争即将爆发，于是他开始着手加强雅典的防御等级。他成功说服人们筑起了两道长墙，这样就将雅典城与比利埃弗斯港的防卫要塞连接了起来。由此形成的两道围墙护卫的大道也能够从雅典直通港口了。

雅典与斯巴达之间的战争发生在伯里克利成为雅典领袖后不久（公元前459年至公元前446年）。战争共持续了15年，战局扑朔迷离，双方一直难分胜负。阿提卡门户之外的埃吉那岛商业发展蒸蒸日上，这惹得竞争对手雅典商人很不满。最终，在雅典的长期围剿中，埃吉那岛沦陷。雅典的另一个商业竞争对手，同样也是斯巴达的盟友科林斯，被伯里克利的雅典舰队用同样的方式围剿，科林斯商人再也无法进行海上贸易了。

与此同时，反对波斯的叛乱在埃及爆发。雅典派出一支由200艘战舰组成的舰队前去支援埃及。从这时起，雅典一面与斯巴达作战，一面协助埃及抗击波斯。最终，身在埃及的雅典舰队全军覆没，从此雅典海军就陷入了萎靡不振的泥潭。提洛岛上提洛同盟的银库随时可能遭到波斯的袭击。出于安全考虑，伯里克利将银库从提洛岛转移到雅典，至此，雅典正式成为雅典帝国的首都。

雅典和斯巴达最终同意维持30年的和平，至此，第一次伯罗奔尼撒战争在战争双方的精疲力竭之中结束。雅典在和平再次到来之时只得到了埃吉那岛，当然优卑亚岛也属于雅典。但在这场战争之中，伯里克利在海上的军事领导才能并没有完全展现出来。同时，雅典也同波斯重修旧好，从马拉松战役开始算起，两国维系了长达40年的和平共处。但是，雅典和斯巴达的争霸并没有因此结束，双方很快就拉开了第二次伯罗奔尼撒战争的帷幕，这场斗争持续时间更长，精力损耗更大。当然，在介绍这场战争之前，我们需要简单回忆一下伯里克利时期稳步向前、不断繁荣昌盛的新雅典。

第十四章　伯里克利和雅典的繁荣

五十一、雅典人的社会生活

雅典人追求朴实之美，一个人的社会地位在当时是由他是否能够从事体力劳动决定的。当时，只有男性有资格在达到学龄之后进入学校接受教育。男性年满18周岁可以成为雅典公民，然后再进行为期一年的军事训练。

阿提卡人主要分为三类：公民、奴隶和外国人。他们各自在社会中的比例大约为：每10个人中，约有4个奴隶，1—2个外国人，其余的都是自由人。土地是当时价值最高的财产，因此通过土地获得的收入能够让土地拥有者过上优裕的生活，这些人也正是国家的贵族。有钱的制造业主发现，拥有更多土地成为贵族地主之后能够扩大家族号召力，于是他们开始努力购买土地。但即使这样，他们也无法成为真正的贵族。

从另一角度看，在当时，一个人的社会地位是由他能否从事体力劳动决定的，如果不能，这个人则会被众人鄙视。雅典拥有各种人才，比如人数众多的技术熟练的工匠和小商业主。他们这一阶层逐渐形成了性质如工会组织的各种行会，例如石匠行会、木匠行会、陶工行会、珠宝行会等等。除去这一阶层的人才，雅典还有更低一阶层的劳动者和自由民，他们一无所长，地位如同奴隶，比如比利埃弗斯码头上的搬运工。各阶层都有公民，但雅典公民的主体还是由阿提卡的地主和农民组成的，虽然他们能够耕种的土地因为波斯的破坏而大大减少了。

雅典在重建被波斯焚毁的城市建筑时，为了追求效率而没有想要改变房

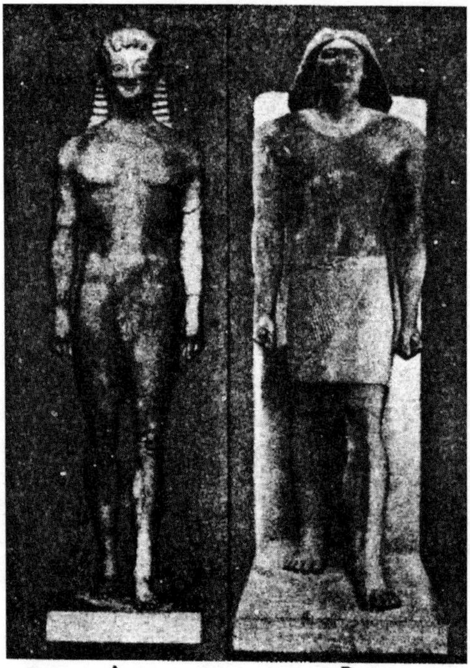

图189 埃及雕像与希腊早期雕像

埃及雕像（B）早于希腊雕像（A）两千余年。尼罗河畔的贵族（B）的站姿是埃及雕刻艺术中常见的创作姿势：自然下垂的双臂，微微向前跨一小步的左脚。两座雕像都立得挺直，这说明早期艺术发展并不成熟。从希腊雕像上，我们能够较为容易地找到埃及雕像对其的影响。

屋结构，因此这个时期几乎没有出现气势恢宏的建筑。即使欧洲建筑已有数千年历史，但依然比不上尼罗河畔那些建筑的精美造工和非凡气势。富人住的单层住房，墙面没有任何装饰，黑砖直接裸露在外，只有极少数富人才会采用大理石来修饰墙面。这些房屋没有窗户，唯一的出口就是大门。当然，如果是两层楼房，人们则可能在房屋的二楼安装一到两扇窗户。这种楼房的房门直接通向四周都是柱廊的露天庭院。希腊的温度适中，这样的条件让家庭成员能够在起居室度过在家的大部分时间。家神宙斯的祭坛放在起居室正中央，庭院四周分别开有通向起居室、卧室、餐厅、储藏室和厨房的门。

生活便利设施在希腊人家中是很难看到的。他们甚至没有专门的烟囱，而只是在房顶上挖个洞好让生火做饭产生的烟气散去。但事与愿违，这个洞根本起不了烟囱的作用，烟气没有办法通过它排出去，而是大量地弥散在屋子里从大门散去。当冬天来临，因为大门没有门扇，人们也不知道窗格玻璃是什么，所以寒风可以直接灌进屋子。但希腊人足够幸运，因为地理位置较好，希腊冬天的温度并不太

图190　菲狄亚斯的帕特农神庙廊柱上的部分雕像，表现雅典青年在泛雅典狂欢节上骑马奔驰的场景

群马奔驰的优美姿态从雕像中生动地表现了出来。同300年前希腊未开化时期的花瓶画工画的马匹相比，这时的马身上已经找不到缰绳和马饰了。

低，人们只需要在房屋中生一盆木炭火就能够抵御灌进房间的穿堂风了。昏黄的橄榄油灯是希腊人夜晚唯一的照明设备。人们的家中也没有管道，更别提排水系统和卫生设施了。如果人们需要用水，则需要奴隶从附近的水泉和水井处挑回来。

希腊房屋做地板的材料是泥土和石子，石子的作用主要是夯实泥土以使地板更加坚硬。当时没有油漆，只有一种主要用来粉刷房屋内墙的刷墙水粉，它虽然在原则上也可以涂在外墙上，但这样并不划算，它在短时间之内就会脱落以致露出泥砖。希腊的房屋，单从上述的描述中就能体会到它的简陋，那时的人们也鲜于考虑房屋装饰之美。与之形成鲜明对比的是出自希腊匠人之手的做工精美的家具。希腊人拥有很多金属日用品，最流行的就是女士用的铜手镜，但当时更多的则是绘有精美图案的罐子、花瓶和碟子。虽然那时还流行很多不太漂亮的日用陶器，但这些希腊陶器仍然是古代世界最别具一格的精美陶质品。

当我们站在卫城上眺望，首先映入眼帘的是一片矮小的、没有烟囱的平房屋顶。新城区的规模大于老城区，但它显然没有像如今一样设计规划城市的街区布局。整个城区东西横跨十个街区，南北延伸更远。城区中有一片片用泥砖建造的低矮房屋，他们彼此被蜿蜒的小巷连接着。这里没有马路和专门的人行道。因此每当下雨时，人们只能在泥浆中穿越城区。由于没有专门的排污系统，因此随处可见肆意丢弃的家庭生活垃圾。如果从两层楼房下经过，行人随时可能听到二楼的提醒声而后闪到一旁，这个提醒就是楼上要泼污水下来的信号。几眼水井和水泉提供着有限的城市供水，这些根本无法满足冲洗街道的需求，当时也没有专业清洗街道的机构。因此，炎炎夏季时的雅典更加脏乱。

雅典人喜欢在户外活动，如果说他们过去掀起了强调装饰之美以及追求绚丽多彩的东方服装的风潮的话，那么如今的雅典人则更强调一种朴实之美。几乎每一位公民都身着白色长袍，这在如今已经被看作是古希腊的一部分。他们不再喜欢华丽的服装了，这种对服饰的朴实追求可以说是继承自他们的祖先。当然，凡事都有例外，并不是所有人都抛弃了色彩与华丽，比如有心灵手巧者就偏好绚丽多彩的服装并以此为荣。他们将这种华丽的习惯保存了下来，在注重服装整体美的同时，也钟爱波浪线以及由此演变而成的衣褶。

希腊妇女只需要操心服饰和治家，因此，她们并不乐意放弃古代服饰的美。希腊妇女就像管家一样，被自己的公民丈夫留在家中操持家业。男人的知识生活、社交圈等男人之间严肃谈话的场合，妇女们都不能接触。她们也没有权利观看奥林匹亚的体育赛事。这样看来，她们的地位甚至比不上暴政时期的妇女地位，像萨福那样的杰出女诗人再也没有在希腊后期出现过。

希腊房屋没有花园，因此只有庭院能够满足小孩子嬉戏的需求。他们在那儿或玩着玩具车、玩具狗，或到处乱跑，抑或钻到保姆怀里打滚。男孩女孩在当时也有很大的差别对待。女孩没有接受教育的资格，而男孩则将在达到学龄之后被送进学校学习。他们会被交给一位年长的奴隶来照管，这种奴隶被称作“Pedagogue”，也就是“孩子的带路人”，孩子的书包和行李都

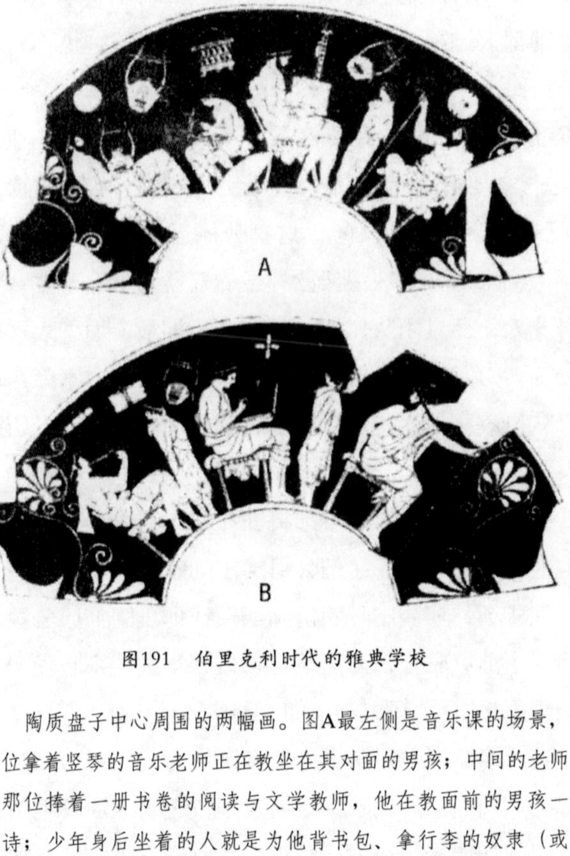

图191 伯里克利时代的雅典学校

陶质盘子中心周围的两幅画。图A最左侧是音乐课的场景，一位拿着竖琴的音乐老师正在教坐在其对面的男孩；中间的老师是那位捧着一册书卷的阅读与文学教师，他在教面前的男孩一首诗；少年身后坐着的人就是为他背书包、拿行李的奴隶（或家仆）。图B最左侧同样是一节音乐歌唱课，老师正在用笛子定音；中间坐着的那位老师正在批阅作业，学生就站在其面前；他的身后依然是自己的家仆。

由这位带路人负责。即使这样，学校也并不是国家开办的，当然就更没有正式的教室了。这里的学校都是那些贫穷潦倒的公民为了生计开办的。他们之中，还有上了年纪的士兵和外国人等。他们的报酬由家长支付，拥有很低的社会地位，大众大多看不起他们。他们同时还受到国家委任的专门管理学校的官员的监督，以确保教学内容和教学质量。

这些老师并不是专业的教师，他们并没有受过任何与教师相关的专业训练。他们能够传授给学生的，也只有那些他们自己在青年时期学到的古老学科。希腊人向来注重培养人们优秀的音乐素养，他们认为，音乐不仅可以娱乐，还能够通过它培养和规范良好的行为举止。学生要学习的东西很多，比如学习古人的读书和写字方法（图191），还有背诵古代诗人的诗篇。如果学生的记忆超群，他们则可以背诵

《伊利亚特》和《奥德赛》全文。但是，数学、地理和自然科学是学生们不乐意学的，因为希腊的老师都太过严格，让学生们不仅厌恶学校，也不喜欢老师。

如果雅典青年的父母都是雅典公民，那么在他年满18周岁从学校毕业之后，则可以成为雅典公民。这一身份从他们庄严宣读公民誓约开始，宣读誓约的目的是为了明确自己未来会承担的义务。这套公民誓约是由梭伦制定的，内容主要是希望青年人“永远不要玷污自己神圣的双臂，永远不要背叛自己的战友。无论是孤身一人，还是团队作战，都要为了神殿、为了大家共同的利益而战斗到最后一刻。为了祖国能够一直勇往直前，要努力奉献自己让祖国更加繁荣富强。听从执政官指挥，遵纪守法，尊重国教，你的一切都是在为祖国而战”。

誓约宣誓完毕之后，青年公民未来的一年都将驻扎在比利埃弗斯港接受军事训练。一年后，当他们年满19周岁，他们会身穿由国家颁发给他们的一套盔甲，手拿一支矛，前往剧场，在演出开始前同汇聚在那里的雅典公民会面。随后，他们将前往阿提卡继续驻守，为期一年，直到年满结束服役期。当然，如果青年能够保障自己的生活，可以选择加入雅典骑兵队。

家境富裕的青年，在服役期结束之后常常会将自己的时间和精力用在城外新开辟的一片场地上，当然前提是他们的家距离这里较近。这片场地的具体坐标在帝帕隆门外，名叫阿加德米，奇蒙还曾在这里整理好了一片橄榄树林。如今这里还有浓密的林荫大道和工人休息的躺椅，于是成功地吸引了大量的雅典人。很快，阿加德米成为雅典人最爱的消闲地点。当然，城东也有一块名叫吕克昂的类似场地。后来，人们开始习惯到这些场地讲学，正是这些讲学之人赋予了这些地名（如阿加德米和吕克昂）我们如今理解的意义。

拳击、摔跤、跑步、投标枪以及掷铁饼都是当时的主要竞技项目。除了拳击，其他项目在奥林匹亚中组成了名叫“五项全能”的综合比赛。夺得这项比赛冠军的人会得到无限荣誉。说到奥林匹亚，我们就不得不提200码短跑，它可能是历史最为悠久的竞技项目，在希腊它被称为stadicm，原意为

600希腊尺。随后，奥林匹亚的项目越来越多，等到了伯里克利时代，拳击（或拳击与摔跤混合的比赛项目）、五项全能、马车比赛、赛马等项目都加入其中。雅典青年纷纷报名参加，希望自己能够在相关项目上夺魁。等又经历了一代人的发展之后，有部分哲人开始批评大家对体育竞技的热情。在他们眼中，将过多的时间、精力放在这些上面是不合适的。

在希腊的消遣形式中，流行似乎与高雅不太相关。每天，雅典青年会到市场上与朋友聊天，然后才启程去竞技场。等到了下午，他们或闲逛于港口的商店之中，或掷骰子于一家酒馆之中，抑或花几个德拉克马玩玩其他形式的赌博。夕阳西下，他们也常常会三五成群地前往其中一个朋友家中小聚酌酒，伴着竖琴音，放声高歌，直到酩酊大醉。喝醉的他们有时会走上街头惹麻烦，就像现代的一些醉鬼一样做些如今可能会被拘留的行为，或举止不检点，或挑衅滋事。

五十二、雅典的智慧——技艺与哲学

最初，雅典年轻人以在奥林匹亚运动会上获胜为最高理想，或者满足他们那过时的威风劲，让他们身穿盔甲、伴着雅典骑兵马蹄声展现自己的魅力。而如今，他们开始接触高等教育，新派教师的出现改变了年轻人的理想，揭开了希腊历史的新篇章。

雅典并不是只有钟爱消遣的年轻人，这里也有很多严肃的思想者。在他们眼中，朋友聚会的意义，是高于简单的把酒当歌的。这些聚会都是朋友间交流艺术、文学、音乐和个人品行的绝佳场合。具有进步思想的家庭教师，也就是诡辩论者出现了，他们改变、发展了雅典生活的这一方面。这些老师都曾在各国游历过，他们充满智慧，思想敏锐。渐渐地，很多青年开始不满足于仅仅在落后的私人学校学习古老的学科，比如音乐、阅读和写作。他们要求父母资助自己拜师到这些新派老师门下，聆听他们演讲，学习更多的新知识。

最初，雅典年轻人以在奥林匹亚运动会上获胜为最高理想，或者满足他们那过时的威风劲，让他们身穿盔甲、伴着雅典骑兵的马蹄声展现自己的魅力。而如今，他们开始接触高等教育，新派教师的出现改变了年轻人的理想，揭开了希腊历史的新篇章。当然目前这些影响还局限在雅典。更重要的是，这些诡辩论者在对公民法官们演讲、对公民大会演讲时，意识到了雄辩演讲的威力。他们成功地向雅典青年传授修辞与演讲技巧。青年们成为公共演讲者，这让不少青年人的父亲激动不已，因为他们这一代的大多数人都没有演讲的才能。而且，得益于诡辩论者的教育，希腊诞生了第一批优秀诗歌。与此同时，他们还将自己的注意力转向语言研究，在这个过程中，希腊形成了自己的语法。为了让雅典青年接触到真正的自然科学，诡辩论者还传授数学、天文学的相关知识。于是，泰勒斯时代的真理终于开始在平民中传播开来，这些真理还是150年前的希腊哲人发现的。

雅典青年的思想变得新潮起来，他们与自己父辈之间的知识鸿沟逐渐扩大，以至于父辈越发不能理解这些新思想了。父辈们认为孩子们手中拿着的诡辩论者之书——从开篇就怀疑神的存在——是对神的大不敬。即使听说雅典最伟大的人也在家中阅读这些书，他们依然被愚昧和顽固蒙蔽了双眼，投票将新派老师驱赶出雅典，焚烧了他们的书籍。在这些受到迫害的诡辩论者之中，有几位重要人物与伯里克利关系密切。于是，伯里克利挺身而出，想方设法解救这些因教学而受到攻击的教师们。越来越多的希腊人受到自泰勒斯时代就开始出现的思想革命的影响，但这种变化在保守派看来，都是人心不古的原因。

知识在诡辩论者的努力下得到了广泛传播，但一般雅典人的科学知识还停留在一个水平较低的阶段。他们测量时间的观念并不精确，比如，他们无法准确地说出上午的某个时间，而只能用场景描述——“满市场的时候”。即使市场上出现了埃及影子钟，雅典人仍然不能自如地用数字来表示一天的时间。而这样的计时法，在埃及已经使用了数千年。当时法庭上出现了一种水漏的计时方法，当要限制公民发言的时间时，就会使用一个底部带有小孔的罐子来计时，一旦水流光，公民的发言就必须结束。希腊人还一直沿用着“月历”，他们习惯在某些年份增加一个月份。在举行公民大会的普尼克斯山上，有一块特殊的牌匾，雅典人能够看到这块牌匾是一种新式日历，由建筑工程师密顿建造。这个日历十分精确，其推算出的一年长度与真实的时间长度仅有半小时的误差。他还设计出了一种仍然以太阴月作为一年的基础的新日历，它极其巧妙，每19年太阳月历的最后一天与太阴历的最后一天都会完美重合。但这一切对于雅典的普通公民来说都很难理解，因此，那套确立年代较早、极其不方便也不准确的太阴历被早已习惯的雅典公民沿用了下去，即使使用它，每8年中会有3个13个月的年份出现。

这个时期，科学发展突飞猛进。有位科学家认为太阳就是一个燃烧着的石块，它的体积大到超过了“整个伯罗奔尼撒”。他还认为，月亮和地球类似，它的光来自太阳，有山有峡谷，甚至可能还有生命。由于当时没有客船，人们要外出旅行是一件很不方便的事情。修路架桥，即使在东方也是一个新鲜事，在那时的欧洲还没有开始，因此这里也没有方便快捷的道路网。公路上除了简陋的马车，再也没有任何其他的交通工具，而且公路的状况也并不适合其他的交通工具通过。因此，外出旅行的人们，除了选择马车，就只能骑马或者徒步行走了。即使条件如此恶劣，富有的希腊人仍然热衷外出旅行，当然他们远行的目的不是为了消遣玩乐，而是为了搜集各地信息，真正的消遣游玩性质的旅游还需要等150年。希罗多德就曾在埃及和其他东方国家旅行搜集了大量信息，比如红海与印度洋相连这一事实，其前辈赫卡泰乌斯并不清楚，但他通过自己搜集的信息绘制出地图，向世人展现了这一事实。当然，对于北方寒冷而南方温暖这一现象，科学家们并没有找到原因，现有的知识和信息并不能帮助他们解答这一气温差别。

希腊医学也飞速发展，即使那时的他们既缺乏显微镜，也没有足够的化学知识。这里值得强调的是，希腊医生终于明白了疾病的产生不是因为恶魔，因此他们不再排斥寻找疾病产生的自然原因了。为了全力探寻病因，医生们想要了解人体各器官构造，而这些信息的获得得益于埃及医学的相关信息。因为拥有了埃及纸草医书，希腊人了解了大脑是控制关节活动的枢纽，而他们对这一点的认识为他们今后明白大脑是一个思维器官，操纵着人的意识这种信息搭建了桥梁。但是，由于他们仍然缺乏对动脉、血液循环和神经系统的医学认识，所以外科医生仍然不敢轻易做截肢手术。但总体而言，希腊医学仍然取得了长足的发展。要知道，科学医学的奠基人就是当时希腊最著名的医生希波克拉底。波斯王国宫廷也聘请了希腊医生，可见希腊医学的发展水平之高。

但在伯里克利时代末期，希腊自然灾害不断。也正是这个时期，希罗多德，这位长期从事历史研究的历史学家，发表了个人历史著作。书中阐明，雅典之于希腊的绝对领导地位这个事实，是任何希腊人都应该而且必须肯定的事实，如果没有雅典，希腊人也不能成功地从波斯的统治之中解放出来。这部著作深远地影响了希腊人，至于影响到什么地步，我们可以用如下的例子来说明：虽然希腊的财政资金因为战争而变得紧张，但雅典公民依然通过投票决定给希罗多德10塔仑（约合12万美元）的奖金。希罗多德没有按照自然发展规律来编写历史事实，因为他认为自己探索历史事件的根源是受到神的旨意，从神谕中得到启发的。

许多雅典青年后来形成了一个智慧公民群体，这得益于两方面，一方面是因为他们接受的诡辩论者的高等教育，而另一方面则是他们在参与管理公共事务之后积累的丰富经验。在500人议会中，公民们学会了合理而有效地管理政府日常事务。在有些时候，陪审法官的人数可能高达600人，这就说明公民中有五分之一的人担任过陪审法官一职。这些都能够丰富他们在法律、商业事务上的专业知识和实践训练。而且，公民们担任这些职务还能够让他们明确自己对国家和社区应尽的义务。

此外，公民慷慨捐献的热情也在参与公共事务管理的过程之中被唤醒了。每个公民都会负责一艘战船（除船体、桅杆）的某一个设施或者部分。当然这个行为带有政府一定的强制意味。在全国性节日期间，富翁们常慷慨出资，或宴请全体“家族”成员，或出资支持在公共场合举行的合唱表演，尤其是在剧场中的演出。而这种表演，无论是排练还是服装费用，都需要富翁们的资金支持。有一位公民，他在九年间，共花了一万四千余元用于公共宴会和合唱，这个金额在当时可以称得上是巨资了。

公共节日在雅典开始占据了举足轻重的地位。每年春天，雅典都会举办狄奥尼索斯戏剧节。在这期间，为了竞争国家颁发的大奖，每位伟大的剧作家都会推出三幕悲剧和一幕喜剧来参加戏剧节。这对于雅典人来说可谓幸事。他们会在这期间到剧场看戏，以至于街上空无一人。而国家最重大的节日当属每四年举办一次庆祝活动的泛雅典娜节。雅典妇女会为雅典娜女神精心设计并绣制华丽的新袍子，然后由各路人士组成的游行大军簇拥着，如年轻英勇的雅典骑兵、政府的高级官员、祭司以及各种牺牲贡品等，伴着音乐声穿越市场。等到了卫城，这件新袍子就会被放置在各种绚丽缤纷的祭品中间。除此之外，雅典还安排了音乐比赛、竞技比赛、军舞以及在萨拉米斯海峡举行的赛船比赛等活动，以此来丰富节日内容，为成千上万的观光者带来更多的节日乐趣。

五十三、雅典之美——艺术和文学

雅典的诗人、画家、雕刻家和建筑师的创作灵感因对雅典美好未来的期盼而被唤醒，音乐、戏剧、艺术和建筑全都展示着对祖国辉煌未来的期待。

虽然斯巴达战争和波斯战争对国家造成的伤害，让国家在伯里克利时代前15年间依然遍体鳞伤，但这并不阻碍雅典高雅艺术的长足发展。前文提到了雅典的各种变化和影响，这些对雅典的诗人、画家、雕刻家和建筑师的创作也同样产生了巨大影响，他们的作品都无比美好地憧憬着雅典的美好前景。当然，不止艺术家们受到了影响和鼓舞，地位较为卑下的匠人和商人也焕发出新的激情。社区公共生活因为各阶层人民的加入而变得丰富多彩，欧洲人的生活焕然一新。音乐、戏剧、艺术和建筑的设计灵感无不体现着对祖国的美好希冀。公民们也发现，这一件件伟大作品都启发着他们的未来与理想，因此成为他们的奋斗目标。

漫步在伯里克利兴建的新雅典街头，许多纪念性建筑会映入我们的眼帘。追寻雅典公民的脚步走进市场，当彼此闲谈在梧桐树下时，我们会注意到市场中心突出来的几处柱廊。其中一座柱廊献自奇蒙家族，而这个柱廊的墙壁上因绘有马拉松之战的种种显赫战绩而被称作“画廊”。它的作者是一位来自雅典某个属岛的艺术家。这些画对我们了解先辈们的历史贡献有着很重要的作用。而在群雕之中，塞米斯托克利斯、米尔阿提得斯和克利马库斯战死沙场的场景以及著名悲剧诗人埃斯库罗斯的雕像是显而易见的。当然，这些雕塑上除了有雅典的辉煌历史，还有表现波斯人仓皇逃跑的场景。在游览过程中，如果你有幸碰到一位老兵，那么相信他会为你详细地讲述当时发生的一个故事：波斯战船被埃斯库罗斯的兄弟拦下，在这位勇敢者的极力阻拦下，波斯人恼羞成怒，抬起板斧一挥就砍下了这位雅典英雄的一只手。当然，如果在听故事的过程中，看到一位听众一直在追问老兵细节，那么毫无疑问，这个人就是希罗多德。他为了顺利完成自己的历史巨著，不断地从幸

图192　雅典忒修斯神庙、阿利奥勃古斯山及卫城

图片中最靠前的建筑就是忒修斯神庙。雅典人将忒修斯奉为神，为他修建神庙，因为在他们的眼中，没有这位保护神，阿提卡就无法统一。来自彭代利孔山的大理石是修建这种神庙的主材料。这座神庙直到伯里克利去世几年后才正式竣工。即使风吹日晒了两千三百多年，这座神庙依然矗立在那里，成为现存最完整的古雅典建筑。在图右侧那一片房屋后面，是阿利奥勃古斯山的一角，又名战神山。据说使徒保罗在雅典布道的地方也保存在此。当然，我们如今看到的卫城已经是波斯人掠夺后的残垣颓壁了。山顶的那座神庙就是帕特农神庙（图193），它的大缺口是1687年发生的爆炸造成的。当时，威尼斯人的炮弹击中土耳其人的火药库，从而发生了爆炸，将帕特农神庙的中部全部炸毁了。忒修斯、阿利奥勃古斯山和卫城之间的空地就是雅典市场。

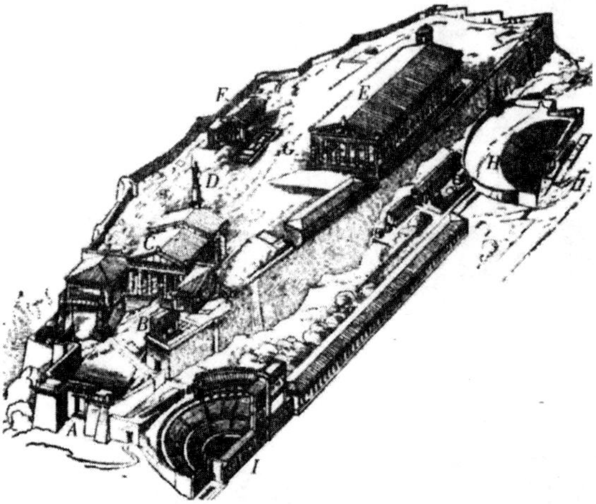

图193 雅典卫城复原图

入口A（图片左下）是罗马时期建造的。从这一入口进去，位于右侧的是袖珍却精致的胜利神殿B。再继续向前走，带廊柱的建筑C映入眼帘，它是由穆莱西克利设计的。从C中穿过，我们便能看到菲狄亚斯打造的雅典娜铜像D，它高大无比，气魄雄伟。D的左前方是伊莱克提翁的圣殿F。图片右侧上方的弧形建筑是剧场H，与它拥有类似造型的是音乐厅I，这是希罗德斯·阿提卡斯作为罗马时期的富翁于公元2世纪捐建的。G原来是一个古庙的地基，它比帕特农神庙拥有更久的历史，但遗憾的是，它已经被毁坏了。

存者那搜集信息素材。

在视线无法看到的前方，有一座名叫“市场山”的小山，政府的办公处就围在山的周围。在这片简陋而朴实的建筑物之中，有阿利奥勃古斯和500人议会的议会厅。前文提到的10组每组50位议员的500人议会就分组在这里处理政府各种事务。因为很多公民担任过议员，所以他们都有曾在这个地方的美好而难忘的回忆，比如处理各自的政务，享用国家提供的免费餐食。当然，不止议员能够在这里享用免费餐食，奥林匹亚运动会的优胜者以及名扬天下的公民也有这种资格。国家的不断发展并没有改变政府的朴实风格。雅典议会厅等公共建筑仍然用泥砖搭建，如果用粗糙石块建成建筑，那就是当时政府最豪华的建筑了。地中海世界的人们，甚至整个欧洲世界的人们都从未思考过政府办公处的建筑应该如何气派华丽。

在这里，我们应该明确的是，希腊最雄伟的公共建筑不是政府办公建筑，而是神庙。原因很简单，他们对国家的崇拜和激情与个人对神的敬仰密不可分，强烈的宗教感情是他们爱国热情的基础。当公民们经过“画廊”时，会碰到很多载着大块白色大理石的擦肩而过的马车。它们的目的地是正在修建的忒修斯神庙（图192）。在雅典人心中，正是阿提卡的这位保护神存在，才有了国家的繁荣。

在海拔1000多英尺高的卫城山上，还有雅典的两个街区。但毫无疑问，雅典的最高点矗立的是雅典娜的雕像，她张开她的手臂保护着这座她无比珍惜的雅典城。虽然波斯人已经被驱逐出雅典，但卫城仍然伤痕累累，就连那座由庇西特拉图修建的雅典娜神庙也身处烟熏火燎之中而一直未修复重建。伯里克利时代，卫城开始了史无前例的大规模修复工作，场面很壮观。这项修复工作计划耗资250万美元，这在当时，除了雅典，希腊任何其他的共和国都无力承担如此高昂的修复费用。每当走过公民法院时，人们听到老议员们坐在这座古老的议会厅中的讨论声总会淡然一笑，议员们不满意将如此多的资金都用在修复上。但如今这些议员们能做的，也只有在这里发泄自己的不满了，因为这个保守的古老议会的辉煌与地位已不复当年，他们再也无力反对人们的议员了。在这里，人们还可以看见普尼克斯山，伯里克利就曾多次登上这座山，向公民大会慷慨地演讲着他的雄伟野心和辉煌蓝图，公民大会为之深深动容，纷纷投票支持他的计划。这些热闹的场面也无一不刻在每个在场者的心里。

面对宏伟而坚固的大理石柱，人们无不油然而生出一声惊叹。这以卫城为代表的辉煌建筑处处体现了雅典人民的创造力，它每一个近乎完美的细节都充满了每个雅典人的心血。通向卫城入口处的大理石廊柱在雅典人的共同努力下一步步建立起来了。工程还没结束，建筑师穆莱西克利正在图纸上比画着，指导工匠们操作。通过不懈努力，他发明了一种新的廊柱，被称作爱奥尼亚风格（图194）。与庄重的多立克风格相比，这种新的风格能够让廊柱更加精美而修长，也会有更丰富的饰品装饰在上面。与此同时，远处的高山时常会传来铁锤击打的声音，这是石匠们工作时的声音。他们需要切割大理石板来修建帕特农神庙，因为在神庙中供奉的是雅典娜女神。伯里克利常常

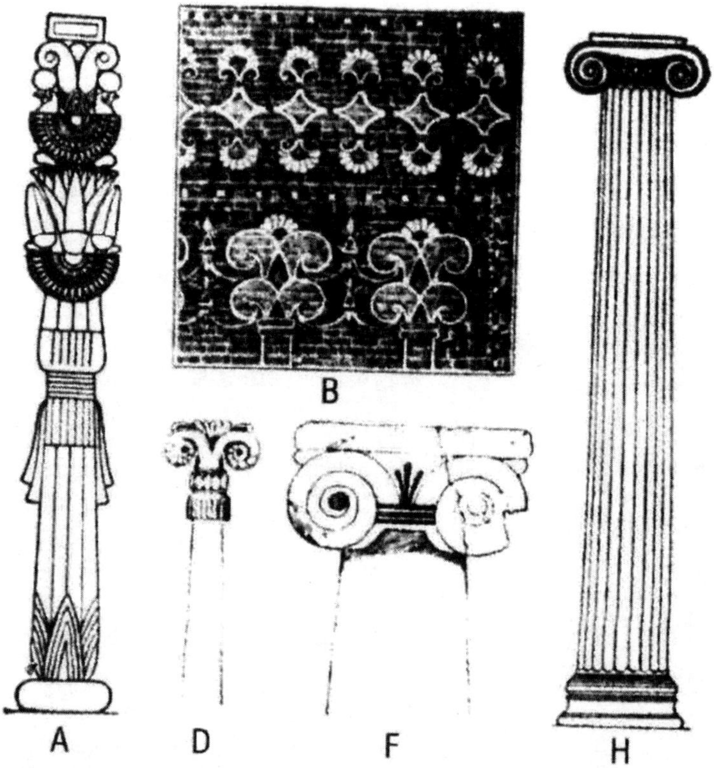

图194　爱奥尼亚式圆柱与古老的东方圆柱

A是木质圆柱，常出现在公元前15世纪的埃及家庭和神庙。这种圆柱，特别值得强调的是它的涡旋柱头，就是A图上方的百合花花瓣顶部呈现螺旋状向外弯曲的造型。B出自巴比伦城，是墙壁图案的一种。这个图案在尼布甲尼撒皇宫寝宫墙壁上出现了两次，是用彩色釉面砖镶嵌的装饰图案。D是早期的小亚细亚希腊建筑中的柱头，它与A类似，但区别在于，它柱头上的百合花瓣向外弯曲的幅度更大。等到了雅典卫城中发现的柱头F，柱头的变化更加明显，我们已经看不到百合花瓣了。而H是成熟的爱奥尼亚式圆柱，它的柱头没有丝毫表现百合花的形状。H是雅典卫城胜利神殿的廊柱，这种样式在现代的公共建筑中依然很常见。

到工地来检查和监督施工情况，他也许还会听一听雕刻师菲狄亚斯和建筑师伊克提努做的工作进程汇报。这两位大师在这期间奉献了很多，他们有一个共同的目标，就是让这些犹如奇迹的希腊建筑顺利竣工。

雕刻家菲狄亚斯在雅典远近闻名。他和他的弟子们用那鬼斧神工般的双手，共同雕刻了帕特农神庙柱廊内侧上方的大理石巨幅雕像。这个雕像表现的是泛雅典娜节日中身处游行队伍之中的雅典领袖们。实际上，雕像的主体并不是雅典的普通公民，也不是参照当时真实的游行队伍来雕刻的，所有的雅典人都是雕刻师们想象出来的。这些雕像无论设计还是做工都堪称完美。在这座雕像面前，那座被波斯人焚毁的神庙中的粗陋雕像显得更加粗糙不堪了。于是，建筑师们清理了卫城山顶，将那些古老雕像的碎片掩埋在垃圾之下。用黄金和象牙雕刻而成的高大的雅典娜雕像在新庙之中绽放璀璨光芒，这座耀眼的雕像也出自菲狄亚斯之手。众神雕像被菲狄亚斯放置在建筑物的房顶山形架处，因此即使在山下，人们也能够看见它们。而在柱廊入口处后面的开阔地上，还矗立着菲狄亚斯的另一件重要作品——铜雕雅典保护神。为了表现它高大无比，这座铜雕不算底座就有70多英尺高。这位雅典女神手握长矛、身披盔甲地守卫在这里，代表着庄重和威严。镀金的长矛枪头在阳光下熠熠生辉，它就像海边的灯塔，任何东西都阻碍不了它的光芒，就连绕道伊米特斯山岬角的水手都能够看到它。

雅典人崇敬神庙众神，并不因为诡辩论者的怀疑而对它们有丝毫的不敬。在他们心中，如果没有雅典娜和其他诸神的帮助，雅典是绝对不可能战胜敌人并拥有如今在帝国的崇高地位的。雅典公民毕生都忘不了埃斯奇里斯的戏剧《波斯人》之中的场景。正是这样一部戏剧，剧作家用诗人的智慧再现了萨拉米斯战役的壮观场面和辉煌战果，神话了雅典人同波斯人斗争、争取自由的伟大事件。剧作家竭力刻画出诸神对于营救希腊所做出的贡献，这些都让雅典人为之深深感动和自豪。

雅典公民在绕过卫城山的悬崖走向神殿时，剧场就在眼前。狄奥尼索斯早在日前就同邻居一起从国库中拿到一笔入场费了，因此他的盛宴已经准备

图195 帕特农神庙一角

站在多立克廊柱处向这座建筑的东南角望去，伊米特斯山就在眼前。左侧是内墙地基，曾经被炮弹炸毁。从这里我们依然能够看到菲狄亚斯设计的房架中楣。

就绪，观众们正在按顺序进入剧场。毫无疑问，公民们能够感觉到他们自己就是剧场和剧场里一切的主人，尤其是当他们俯瞰山下并且在合唱队中看到自己的朋友、邻居和儿子的时候，这种主人公意识就更加强烈了。剧场的木质座椅是依卫城山脚的斜坡角度建造的，这样的座椅设计能够保证它的稳固性，因此它们不用木头支撑也不会坍塌和砸伤观众。这样的考虑并不是简单的灵光一现，而是源自之前在市场临时搭建的剧场就发生过坍塌砸伤观众的类似事故。所有人对于戏剧都抱有强烈的热情，即使是一般公民也会和大家一起从剧场门口蜂拥而入。如果他们错过了精彩戏剧，还会放肆地吹口哨，甚至向演员丢食物以表示不满。那时的戏剧和如今完全不一样，它们奇怪到都不能被称作戏剧。那时的剧院没有专门的布景，只有罩着各种面具的男性演员，这是远古时代遗留下来的传统。故事一般通过合唱来表现，如果更换了演员，道白也会随之发生改变。

如果正在公演的是索福克勒斯的戏剧作品，人们也许会注意到观众席上的一位公民，他正努力伸着脖子给旁边的一位公民讲述关于索福克勒斯的故事。多年前，正值16岁的索福克勒斯，刚刚和全家一起逃难到萨拉米斯。在这里的海岸上，他同站在这里的人群一起目睹了波斯舰队的惨败。这一悲剧性的场景给了诗人心灵上无比强烈的一击！他反问自己，难道自己没有感受到神的意志在这之中的体现吗？！当他引导公民重现宙斯创造的辉煌来克服雅

图196　公元前5世纪的帕特农神庙复原图

雅典卫城，建筑师伊克提努和雕刻家菲狄亚斯在伯里克利时代创造出的伟大成果——雅典娜神庙。图中是这座辉煌的多立克式建筑刚竣工的样子。在神庙山架处还有一个三角形雕刻作品，内容是雅典娜的诞生以及她与海神波塞冬争夺阿提卡时候的场景。菲狄亚斯设计了内墙一圈的中楣。

典陷入的极度危机的时候，难道不正是在赞颂宙斯的伟大吗?！索福克勒斯从不与诡辩论者交朋友，因为在他心中对神充满敬仰。而这样的态度，正是公民们所期望发出的心声。生活在新世纪却赞颂古老的神的这位诗人，在他的戏剧中创造性地放弃沿用过去的两位演员的方式，而是安排了三个演员。这是一种革新，连埃斯奇里斯也承认这种革新并做出让步，因为它让戏剧变得更加有趣并充满戏剧张力。但关于戏剧的革新，其实并不能被所有的公民所接受。

公民们对于革新的态度，我们可以从欧里庇得斯的新剧中找到更加鲜明的答案。欧里庇得斯的父亲是一位来自萨拉米斯岛的农民。在某个时间段里，他曾出演了戏剧而且参加了春天的戏剧节。他还是诡辩论者的朋友，因此，他内心对于宗教充满了怀疑。他在新剧中探讨有关神的问题以及由此带来的精神纷争。而这些，又进一步产生了连锁反应。只要观众接触了他提

图197

A为悲剧诗人索福克勒斯的雕像。他安详地站在那里，似乎在沉思着什么。这尊雕像在表现诗人神态的同时，也向我们展示了希腊服饰的特点，它可以说是希腊最优秀的雕像。这座雕像是公元前4世纪，也就是伯里克利去世百年后的那个时期的雕刻艺术品。

B为欧里庇得斯的头部雕像。这座雕像的底部刻着诗人的希腊文名字。

出的这些问题和疑惑，并认识到了问题所在，他们便有了关于这些问题的记忆，而且这些记忆是难以抹去的。因此，老派的雅典公民想尽一切办法阻止欧里庇得斯获得戏剧奖，因为他们喜欢的是索福克勒斯的立场。因此，即使欧里庇得斯再有才华，他在戏剧奖中获得肯定的可能性也十分渺茫。

如果上午演出的戏剧比较庄重肃穆，那么等到了下午，公民们则更希望观看一些轻松的娱乐活动，比如喜剧等。面具游戏和滑稽喜剧这种常常在乡村欢宴庆典上出现的娱乐活动已经逐渐演变成了舞台喜剧。出演这种喜剧的演员似乎有让人捧腹大笑的魔力，他们能用自己的滑稽表演赢得台下观众雷鸣般的掌声和大笑。渐渐地，国家权贵们，甚至包括伯里克利都被喜剧作家们搬上了舞台。紧接着，再庄重肃穆的人，也会被写进这些喜剧之中供人娱

A

B

图198

A墓碑石雕：这个石雕的主题是一对父母正在向被死神夺走的女儿告别的场景。站着的年轻女子看上去十分平静，她的妈妈坐在左侧的凳子上，依依不舍地拉着女儿的手而不愿意分离。父亲则站在她们身后，一边捋着胡须，一边思考着无法用言语述说的悲伤。

B苏格拉底雕像：这是保存下来的众多苏格拉底雕像之中的一座。它并不是最优秀的雕像作品，但它的独特之处却赋予了它新的灵魂：在大师的名字下方，雕刻了九行文字，这些文字出自柏拉图《理想国》中苏格拉底与一个朋友的对话。

乐，比如伟大的哲学家和剧作家欧里庇得斯。喜剧演员在台上哗众取宠，雅典公民则在台下无所顾虑地放声大笑，他们希望通过喜剧来忘掉生活中的烦恼和不快。打油诗常常会出现在喜剧作品之中，而这就不得不感叹雅典人的聪明机智和他们对于传统文学的理解，因为正是他们让这些打油诗因朗朗上口而传遍了大街小巷。

在各种活动结束之后，直到第二年春季开始新一届的狄奥尼索斯春季庆典，人们才有机会看到新戏剧。与此同时，公民们也在期待各类戏剧奖项最后都花落谁家。公民陪审法庭会对此尽快做出裁决，评选出悲剧奖、喜剧奖的获得者以及为最优秀的合唱团颁发铜鼎奖。戏剧和剧场越来越受到人们的

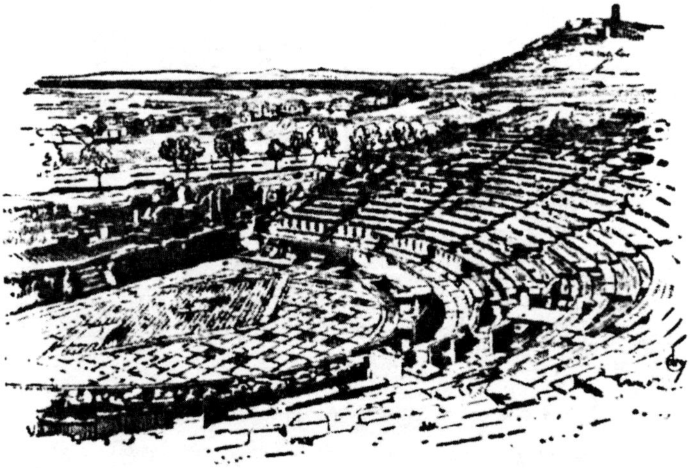

图199　雅典剧场

它完美地见证了希腊戏剧的产生和发展。最初，戏剧的灵感来自雅典人在春天举行的祭祀葡萄神狄奥尼索斯和祝愿五谷丰收的欢庆活动。在他们还不知道剧场的含义之时，就已经习惯汇聚在一起举行春天葡萄神节的庆典活动了，地点就是位于左侧的神庙。他们围在合唱队外，席地而坐，聆听合唱队用歌声演绎的诸神故事。渐渐地，剧场演出的场地由人们围坐的圆圈发展出来了，歌唱和表演都在这个区域进行。专门为观众设计的木质座椅也出现了，它们被设计成半圆状围在场地的一侧。而在观众的对面，还设计出了专为演员搭建的亭子或者帐篷，这些都是后来舞台的由来。圆圈的后半部分全被搭建成了舞台，座位是石头制成的，可容纳1.7万名观众同时观看节目。在它们的前面，有专门为雅典权贵安排的大理石座位。埃斯奇里斯、索福克勒斯和欧里庇得斯在这里演出他们的戏剧时，座位可能还是木质的。坐在座位上的雅典公民，能够眺望到很远的地方，比如前方的大海和埃吉那岛，那座一直和雅典作对的岛屿。甚至是40英里外的阿戈斯山，也能够被座位上的雅典公民看到。希腊时期是露天剧场，舞台和观众席上方没有篷顶，而直到罗马时期，人们才开始在舞台后半部建造柱廊。

关注。为了第二年戏剧节的顺利进行，近2000位雅典公民和男生被要求在闲暇时间练习各种不同的合唱，背熟写在纸草上的诗句，同时还有成千上万的公民在不知疲惫地阅读已演过的剧本。

书籍同样在雅典人的生活中逐渐占据了举足轻重的地位。在雅典公民图书馆，卷成圆筒形的书籍被整齐地码在一排排书架上。纸草书卷上誊抄着《荷马史诗》和其他古代诗人的作品，书卷长达150英尺~160英尺。直到这时，希腊才给予当地有知识的人坐在图书馆阅读部分书卷的机会，要知道，埃及人在很久以前就开始读书了。虽然照明设施不足导致人们只能在白天读书，但渴望汲取知识的希腊人仍然尝试借着昏暗的橄榄油灯继续夜读。除了文学书籍，其他各种题材的书籍也开始在希腊出现。雕刻师创作有关雕刻技艺的著作，伊克提努还就帕特农神庙的设计写了一本书。医学书籍也开始大量地流传于世，其中大多书籍都署有希波克拉底的名字。数学和修辞学方面的专著也不甘示弱，甚至连雅典的管家都能够在书店中找到有关烹饪的书籍。

溯尼罗河而上，我们能够在古埃及发现很多才华横溢的人，他们早在希腊伯里克利时代之前的一千多年前就出现了。他们凭借自身的才华在底比斯创造了一个拥有各种雄伟气魄建筑的帝国大城市。但即便如此，因此这些埃及人没有公民身份，绝大多数的底比斯人也没有参与管理国家和城市规划的权利，所以他们的智慧很遗憾地没能在国家发展中体现出来。但这一切终于在伯里克利时代的新雅典被颠覆了。这里拥有大量的智慧公民，他们的才能源自社区生活的进步和共同管理国家得到的锻炼。他们身负自身的使命，他们需要想办法解决各种国家、社区的问题，但他们同时也在频繁地接触文学、戏剧、绘画、建筑和雕刻艺术。这些让他们无论在东方还是西方，都是古代世界里史无前例的最具智慧的伟大群体。

雅典是独特的，它不仅与其他我们所讨论过的所有古代国家都有所不同，它自身处在不同的时期也是各具风格的，这一点通过对比伯里克利时代的雅典与波斯战争之前的旧雅典就能够体会到。全新生活带给人的不仅仅是发展和惊喜，还有处在城市各个角落之中的人对于各类问题的思考。雅典人意识到自己可能成为大国之民之后，一直在努力地思考着自己的权利与义务。他们知道，一个拥有权利的新公民，免不了会与国家、与传统产生摩擦。虽然社会文化的发展让他们对神开始产生某些质疑，但他们依然敬畏古代众神和传统伦理。伯里克利时代的雅典，正在成为希腊世界的领头羊，而这也正是伯里克利本人期望雅典扮演的角色。但是，未来的路会如何发展还需要雅典人的努力，他们掌握着雅典的命运，他们能否明智地带领希腊世界、维持新权力等重大问题还需要时间来证明。结果我们发现，当雅典公民正在竭尽全力寻找英明、成功的领袖之时，一个让人心痛的情形出现在了这个伟大的社区之中。

第十五章　雅典帝国的灭亡

五十四、暴政导致衰弱——第二次伯罗奔尼撒战争

雅典帝国的暴政不仅使其内政混乱，也使其外部形势更加严峻。雅典表面的成就，如兴隆的商业、剧增的权力影响力、繁荣发达的民主以及雅典对外部敌对势力的严苛，都不可避免地使雅典成为顽固保守的斯巴达军事帝国的眼中钉。

在伯里克利时期，雅典已经成为希腊最文明的地区，但在许多方面，它的内外形势仍然十分严峻。虽然波斯的威胁已经不复存在，但是希腊一部分岛屿城邦试图脱离雅典的统治。雅典自然不会让它们轻易成功。雅典将自己的战舰派到各个反叛岛屿，要求他们不再只是上缴船只，还要缴纳贡银。各个岛屿的居民被雅典移民驱赶，土地也被瓜分。雅典派出一支舰队在爱琴海上巡逻，并通过武力征收贡银。雅典在伯里克利时代的恢宏建筑便是通过这些钱建造的。

此外，对于外邦人而言，雅典的民主是极其不民主的。在伯里克利时期，雅典先前赋予外邦人公民权的开放政策被废除，只有父母都是雅典公民的人才能获得雅典公民权的严苛法令被颁布。事实上，这项法令将帝国人民看作是外人，雅典也因此流失了大批忠诚的属地公民。

在这个时期，雅典帝国的人们在面对法律纠纷时，唯一的方式是到雅典，通过公民陪审法庭处理。因此，居住在偏远岛屿城邦的人民必须花费大量金钱并且经过艰难的旅途到达雅典。帝国人民缺少一致的情感，过去由帝

图200 纪念在音乐节上夺冠的雅典公民纪念碑

这样的纪念碑出现在雅典的每条大街上。公民莱西克拉提斯建立了这座优美的纪念碑。这座纪念碑的碑文依然模糊可见："莱西克拉提斯……合唱队队长，带领阿卡曼提斯部落的童子军合唱队获得大奖；风琴演奏师西奥恩；导演莱西亚狄斯；小丑尤埃尼图斯。"小丑的名字后面刻着的是纪念碑的建立时间：公元前335年—公元前334年。卫城的背影就在纪念碑的西面。

国各城邦代表参加的会议有权管理国家事务，现在却连会议都无法进行。雅典独掌大权，以一己意愿管理帝国。在这样的情况下，斯巴达联盟的成员国提供了相对平和与松缓的生活环境。于是，一些城邦派使者到斯巴达，秘密进行推翻雅典统治的策划。

雅典帝国的内部事务已经十分混乱，外部形势也极其严峻。雅典表面的成就，如兴隆的商业、剧增的权力影响力、繁荣发达的民主以及雅典对外部敌对势力的严苛——这一切都不可避免地使雅典成为顽固保守的斯巴达军事帝国的眼中钉。在斯巴达，大部分公民不能阅读，主要流通货币仍然是铁币，城市依然是没有城墙也没有防御设备的开放居住地。斯巴达并不是唯一对雅典怀有敌意的国家，这种敌意广泛存在于希腊的各个城邦。科林斯商人一直对雅典怀恨在心。雅典在北爱琴海的属地发生了叛乱，叛乱得到了科林斯和斯巴达的援助，这意味着科林斯与雅典之间的三十年和平条约停止在不到一半的时间上，战争已经无法避免。

希腊不属于雅典帝国管辖的欧洲部分也团结起来共同反抗雅典统治，这

图201 读卷筒书的雅典青年

这位青年拿书的姿势值得注意。他阅读着图191上画着的那种古老的希腊书籍，他一只手拿着书卷起来的部分，另一只手翻开将要阅读的部分，并把这一部分展开。这样的一册书卷就是一页。在这个部分读完后，他将这一页卷起来放在左侧，然后从右侧拿起新的一卷，而不是像我们一样翻页。

是因为除了阿戈斯以外的整个伯罗奔尼撒地区都掌握在斯巴达手中。底比斯统治下的阿提卡北部的比奥提亚以及比奥提亚的西部邻国也敌视雅典。只有附近的几个小国和组成雅典帝国的各爱琴海城邦是支持雅典的。雅典在这场战争中投入了大量的财力物力，其中主要的投资是针对战舰，而雅典战舰也使得雅典成为海上霸主。然而，一旦面对敌人的陆军，雅典就完全失去了信心。敌方准备公元前431年春天在伊斯莫斯投入三万兵力，与雅典展开较量。在这种情况下，伯里克利的战略是将雅典的全部财力用于海上防卫，而并未对海上保护阿提卡做出任何安排。当伯罗奔尼撒的军队不费吹灰之力攻陷阿提卡时，伯里克利带领当地居民逃离家园，躲在雅典的市场、广场、神庙以及通往皮埃乌斯的长墙后面等地方。这里的防御设备与港口，多少给了他们一些安全感。为了最大限度地降低斯巴达军队对阿提卡的破坏程度，发动海上攻击，在伯罗奔尼撒沿海尽力重创敌人，或者跟以前一样封锁和打击科林斯商船是雅典唯一能做到的。

在雅典城墙内卫生条件极为恶劣的地方，人群挤成了一团。雅典城内随时可能爆发疫病。随后，来自东方的瘟疫在雅典城内肆虐了好几个季节。三分之一的人的生命被这场瘟疫夺走。雅典也因为这场灾难的打击而无法重新振作。保卫城墙的命令不断被传送给平民，但平民却无法获得打击敌人的机会，他们只能呆坐着眼睁睁地看着自己的家园被毁坏。最终，不满的情绪爆发了。

事实上，伯里克利的权力早在战争爆发之前就已经出现了衰落迹象。伯里克利公开与诡辩派交往并明显地表示出对他们观点的支持，显示了他对当时进步思想的认同。我们更容易理解雅典民众对这件事情的看法，如果我们今天的领袖宣称自己是异教徒的话。伯里克利在诡辩派中的一位朋友，曾因背离了国家宗教的观点而遭到平民迫害并受到了法律的惩罚。尽管获得了伯里克利的帮助，他还是被迫逃出雅典。同时，伯里克利的朋友，伟大的雕塑家菲狄亚斯也因自己的诚实被平民指责最终锒铛入狱并死于狱中。最后，伯里克利失去了权力，他因不当使用资金被告上法庭并被罚款。

雅典人意识到伯里克利强有力的统治能力与影响力正在衰弱，因此，一大波政治家开始垂涎公民大会的控制权，但是没有人能够代替伯里克利。这些政治家的软弱无能被发现后，公民们重新将注意力转向伯里克利，并再次推选他为执政官。然而，伯里克利的时代已经过去了。他的两个儿子先后死于瘟疫，他本人也在不久后染上了瘟疫。重新执政后不久，伯里克利就去世了（公元前439年）。尽管伯里克利是个非凡的政治家，但他却给雅典留下了这样一个政府，这个政府再也没有能力继续伯里克利时代雅典拥有的权力。雅典帝国失去了领导权，情况岌岌可危。

现在，领导权落在了爆发的制造业主们手上。这些制造业主们不仅缺少尊贵的社会地位和超群的影响力，也缺少政治才能，而且没有值得平民信任和尊敬的优良品质。此外，这些新领袖们没有像伯里克利一样领导军队与舰队作战的能力，也没有领军上阵的经验。当然也存在着特殊情况，其中亚希比德是比较突出的一个。这个聪敏的年轻人在伯里克利家中长大，是他的养子。伯里克利的两个儿子（包括一个私生子）都已经死去，如果亚希比德继承了养父的政治才能，那么他就可能在几年后，成为拯救希腊和雅典的人。但是，不幸的是，这个年轻人是雅典帝国与希腊灭亡的最大责任者。

因为缺乏具有卓越才能的政治家，雅典也就没有用心制作的规则与政策，强有力的领导和影响力也因此无法形成。雅典的管理变得非常混乱，各种各样迟疑不定、变化不断的政策被实施，雅典也就没有稳定、强大与智慧了。那些领袖们随意改变政策，使得局势越来越糟。看起来再也没有强大有力的领袖来拯救雅典了。伟大的阿里斯托芬在他的许多喜剧中对当时雅典摇摇欲坠的局势与皮革匠克莱奥恩等平民作为执政家的丑态表达了辛辣的讽刺。

在米蒂利尼公民的叛乱事件中，公民大会的决策不当得到了充分的体现。在米蒂利尼叛乱平定之后，普尼克斯山上的居民大会投票决定杀掉那里的所有居民并派出一艘军舰执行命令。幸好公民大会中的温和派努力周旋，举行了一次听证会并成功劝服公民大会取消这次野蛮的惩罚行为，并改为起诉和镇压叛乱首领。在第一艘军舰即将靠岸时，第二艘军舰及时赶到，从而避免了一场全体米蒂利尼公民的灾难。

虽然各地叛乱不断，雅典仍然保持了海上霸主的地位。随着战争的继续，无论是陆军还是舰队都需要大量的钱财来维持运转，雅典因此陷入了财政危机。皮革匠克莱奥恩精力旺盛，善于理财。他下令征收所得税并提高了爱琴海各城邦缴纳贡银的定额。但是，他出身于制造业，在军事领域没有任何经验。在经年累月的战争中，交战双方都实行了许多出色的军事行动。一个典型的成功案例是，克莱奥恩封锁了希腊沿海的一个岛并抓获四百名斯巴达战士——这场战役迫使斯巴达人求和，令人难以忘怀。后来，在爱琴海北岸的一次远征中，由于克莱奥恩让人难以理解的错误指挥，雅典丧失了1500名战士，他自己也因此丧命。

雅典帝国没有被联盟军的进攻摧毁，它在爱琴诸邦的统治地位也没有被动摇。对于雅典而言，最大的打击是瘟疫的肆虐。雅典和整个希腊世界人心不古，世风日下。这场战争无法再次激发人们在希波战争时感受到的崇高使命感。大量前所未有的像惩罚米蒂利尼的残忍行为使得这场战争充满了兽性。对待俘虏连最起码的尊重也没有，良知和人性完全泯灭，雅典在战争期间不再具备那些优良品质。在克莱奥恩去世后，平庸的贵族尼西亚斯开始统治雅典。在持续十年的战争后，雅典因尼西亚斯迎来了50年的停战与和平。双方一致同意只保留原有领地而放弃新占领的土地。

五十五、第三次伯罗奔尼撒战争及雅典帝国灭亡

曾打败波斯人是雅典的骄傲。之后，在塞米斯托克利斯和伯里克利等人的带领下，雅典成为希腊世界的绝对领导者，开创了最完美与高雅的生活。但最终，雅典帝国还是走向了灭亡。

在这个时期，双方在和平条约的履行上遇到了困难。雅典帝国北方的一个城邦投奔了斯巴达，拒绝重回雅典联盟。在这个问题上，斯巴达被雅典强硬地要求迫使这个城邦遵行和平条约。此时，雅典急需一位像伯里克利一样的政治家。但是，令人遗憾的是，当时的雅典只能依靠尼西亚斯与空有旺盛精力却毫无原则的亚希比德的无力领导。

尼西亚斯因一直以来对斯巴达采取妥协政策而在执政官选举中失败。聪明却生来粗莽的亚希比德抓住了机会。他全力附和主战派并因此被选为执行官。虽然斯巴达已经由于内患而不得不向雅典求和，但由于公民大会的支持，亚希比德又与阿戈斯结成同盟，共同对付斯巴达。阿提卡在被瘟疫肆虐与十年战争折磨得精疲力竭之时，就这样被卷入了一场生死之战。

在尼西亚斯签订了形同虚设的和平条约之后，海上军事行动又持续了几年，但完全没有组织与战略。斯巴达人没有马上采取防御措施，也没有派出军队对阿提卡发起进攻。最后，亚希比德劝服雅典人准备进行一次大规模的海上联合出征，进攻目标是西西里。西方反雅典联盟中最重要的城邦是西西

图199 雅典俘虏被囚禁的地方——叙拉古采石场

从这个采石场向远处望，可以看见一个通往古奥尔蒂贾岛的小港湾。这个过去的小岛已经成为一个海角，上面有许多现代建筑。茂盛的常青藤和其他绿色植物布满了采石场。这里囚禁了7000名雅典俘虏，缺乏足量的水与食物。最终幸存者寥寥可数。

里岛上的叙拉古城——科林斯的一个属地。雅典人将这次远征全权交与了亚希比德与尼西亚斯。

就在舰队即将起航之时，雅典的部分圣像被人不敬地破坏了，亚希比德因此受到牵连。虽然亚希比德要求立即进行审判，但雅典公民大会决定将审判推迟到他从西西里回来。然而，在舰队刚刚到达意大利时，行事毫无章法的雅典人又突然命令亚希比德回来接受审判。这使得远征失去一位强劲的领导人，同时也给亚希比德提供了投靠斯巴达的机会。他确实打算这么做，并且他也真的这样做了。亚希比德为斯巴达人的每一次谋划都致命地打击了雅典。

雅典舰队到达自己的海岸让叙拉古人非常惶恐。但是尼西亚斯并没有抓住叙拉古人的惊慌失措与未完工的城市防御体系带来的绝佳机会，浪费了宝贵的时间。后来尼西亚斯发起的进攻大多没有什么杀伤力，对付叙拉古人的陆战部队也没有取得进展。当尼西亚斯最终被手下的指挥官说服，决定封锁叙拉古城时，叙拉古人已经鼓起勇气，做好了防御的准备。

为了阻断叙拉古人与外界的联系，雅典人在叙拉古人背后的陆地岬角处修建了一道围墙。对于近乎绝望的叙拉古人而言，投降似乎是迟早的事。然而就在此时，一名叫吉利普斯的斯巴达将领采取了亚希比德的建议。他率领自己的军队成功突破雅典防线，清理了进城的道路。顿时，叙拉古人重新获得了勇气，迫使雅典人由进攻转为防守。这时，叙拉古人组建了自己的舰队。虽然雅典的舰队已经开进了叙拉古人的港口，但由于是在岬角处，雅典人无法实现偷袭，或者说他们无法运用自己最擅长的海上战术。雅典人在开始赢得了几次胜利，但最终的胜利却属于叙拉古人。

在占领这座城市几乎失去可能性之后，尼西亚斯准备撤军，但雅典本土的将领们不赞成这种做法。即使雅典已经受到了斯巴达的攻击，但是雅典的民主领袖们仍然派出一支舰队与更多的陆军援助尼西亚斯。在希腊，一个城邦派出如此庞大的军队远渡重洋作战还是第一次。雅典军队在获得增援之后却在一场夜袭中惨败，远征计划面临中止的风险。

劫难即将到来，雅典人除了撤军之外别无选择。恰巧就在这时，月全食出现了。迷信的尼亚西斯坚持等到吉利的月份再撤军。这一个月的停留给雅典人带来了致命的打击。港口入海的海峡被叙拉古人封锁，雅典舰队被困在港口内。雅典舰队强行突围却损失惨重。绝望的雅典人抛下了老弱病残，拼命地逃向内陆，但是一切为时已晚。雅典军队全军覆没。雅典俘虏遭受了叙拉古人的残酷对待。在将领被处死之后，全部俘虏被关进牢狱，总数高达7000人。叙拉古人将俘虏当作奴隶卖掉，或者把他们赶到叙拉古的采石场，多数人在那里惨死，生还者屈指可数。这一场惨败宣告了雅典远征的结束（公元413年）。雅典被这次惨败与先前的瘟疫推向了灭亡的边缘。

一开始，斯巴达采取的是观望态度。斯巴达表面上遵守尼西亚斯的合约，没有对阿提卡实行侵略。但是，在西西里远征军出发后，雅典防御能力低下时，斯巴达立即侵占了阿提卡，并在亚希比德的建议下抢占了德塞里亚城。德塞里亚城距雅典很近，斯巴达人派重兵在此把守，还筑起了永久要塞。于是，雅典被敌人包围了，农业全部荒废，只能依靠粮食进口。这时，人们终于意识到了派舰队远征是一个多么错误的决定，它们此时正是这个内外交困的国家所需要的。

这场与斯巴达之间的战争从公元前413年开始，一直持续了九年（公元前404年结束），它在历史上被称为“德塞里亚战争”。

雅典帝国在重重打击之下到了崩溃的边缘。在战争指挥方面，民主政治十分无能，这给了贵族指责平民的理由，贵族一度重新夺回了权力。内部频发的暴力与流血事件加剧了外敌入侵的风险；同时，由于财政濒临崩溃，统治者废除了贡银制度，改为统一向所有进出口货物收取5%的关税。起初，这个制度变更取得了一定的成效，税银急剧增加，远远超过了此前的贡银。但是，这个制度既无法让帝国实现统一，也不可能抚平各个属国的怨怼情绪。不断有属国从帝国的统治中脱离出来。此时的爱琴海上，斯巴达的战舰正在时刻准备着为叛乱的属国提供帮助。正是斯巴达的支持给了那些叛乱者起义的底气。

小亚细亚西端的波斯总督对斯巴达的援助进一步将雅典推向了末路。事实上，雅典和斯巴达早就试图与波斯改善关系，以获取它的帮助，但斯巴达抢先承认了波斯对亚洲的希腊诸城邦的统治权。小亚细亚的希腊城邦和岛屿曾经与雅典结成了提洛联盟，以摆脱波斯的统治。如今，他们却与斯巴达联合起来，共同对付雅典，而曾经与亚洲劲敌不懈斗争的希腊联盟却只能放下身段向波斯求援。

这时，在波斯总督庇护下的亚希比德正在极力煽动雅典叛乱者，他希望雅典在无力忍受这些痛苦与磨难之时，会将他召回并向他求助。如他所料，他收到了雅典那支还留有一定战斗力的小舰队发来的求救信号，他还获得了这支舰队的指挥权（公元前411年），但是雅典并不认可他。亚希比德在接下来的几场战斗中充分发挥了他的非凡才能，他带领舰队摧毁了伯罗奔尼撒的舰队并帮助雅典夺回了制海权。

斯巴达被迫向雅典求和，但是亚希比德巧妙地利用舰队中的抗战情绪拒绝了求和。同时，斯巴达的求和也被统治雅典的民主领袖们拒绝了。公元前407年，亚希比德成为执政官，获得了对舰队的法定指挥权，虽然此前他已经连续四年指挥舰队。在离开雅典前往西西里八年之后，亚希比德第一次回到了雅典。他过去受到人们的种种宗教诅咒被取消了，曾经被没收的财产也被归还了回来。

一盘散沙似的希腊城邦要想再次统一起来，重振雄风，最迫切需要的就是像亚希比德一样的伟大领袖。但是在这个紧要关头，亚希比德却没有掌控政府的勇气，而这个难得的机会稍纵即逝。他又一次派出了舰队，但由于他没有亲自指挥作战而使舰队蒙受了一场不大不小的失败。亚希比德在第二次竞选执政官失败后，来到了赫勒斯篷特的一座城堡里，过上了隐居的生活。他从此永远离开了故土，直到死在波斯人的屠刀之下，成为望乡台上的鬼魂。

又一次失去了杰出领袖的雅典仍然在全力进行战争。在阿吉纽西群岛周围的小亚细亚沿海，刚组建不久的伯罗奔尼撒舰队（公元前406年）遭到了雅典的沉重打击。雅典士兵刚刚结束战斗，就遭到风暴的突袭，他们趴在船板上，随时可能葬身大海，指挥官们无力施救，只能干着急。因此，这些指挥官们被雅典公民大会指控为渎职罪并被判处了死刑。尽管多方努力周旋，但这八位将领中的六位还是被处以极刑，伟大的政治家伯里克利的儿子——小伯里克利就在其中。另外两位指挥官料想到了这样的结局，于是他们早早地逃走了。

雅典舰队在缺乏出色指挥官的情况下，面临越来越严重的损失。民主派领袖们做出了一个荒唐的决定，他们让一批指挥官轮流指挥这支拥有180艘战舰的舰队，每位指挥官指挥一天，然后隔一段时间再指挥一天。而那些民主派领袖们竟然还充满信心地让这支舰队拔锚远征，去继续这场战争。因为雅典拒绝了斯巴达的求和，于是这场战争被无限期地拖了下去。连续几天，当雅典人把舰队从赫勒斯篷特附近的港口中开出来后，伯罗奔尼撒拒不应战。于是，这些雅典士兵按照惯例做完手上的事情之后将战舰停在岸边，然后回到岸上。这时，亚希比德从城堡中走出来告诉雅典的将领们，不要把战舰停在距离敌人那么近的地方，但是这些雅典将领们没有听从他的忠告，于是这种一天一次的演习被才能出众的伯罗奔尼撒指挥官——斯巴达人莱桑德利用了。莱桑德趁雅典人停船上岸时发动突袭，几乎将雅典的船只全部拿下（公元前405年）。

在伯里克利对斯巴达发动战争的27年后，雅典陷入了资源完全枯竭的境地。当这个可怕的消息传入雅典时，人们夜不能寐。而莱桑德的舰队封锁比利埃弗斯的事实又一次证实了这个消息，来自黑海的运粮船无法再驶入雅典港口。斯巴达的国王进入了阿加德米的树林，他要求雅典投降。但是对于顽强的雅典民主派领袖们而言，一旦接受和平条约，就意味着雅典势力全盘崩溃，于是他们坚持了几个月，拒绝接受和平条约。但是公民大会最终在饥饿面前清醒了，雅典还是投降了。斯巴达拆除了比利埃弗斯的全部城墙及要塞，接管了雅典剩下的舰队与所有属地，雅典被迫加入了斯巴达联盟。虽然雅典接受的条件非常苛刻，但起码避免了科林斯期望的那种彻底覆灭。在世纪之初打败波斯人时，雅典人感到了无上的自豪，后来在塞米斯托克利斯和伯里克利等领袖的带领下，雅典成为希腊世界的绝对领导者，创造了最接近完美状态的高尚生活。但最终，伟大的雅典帝国灭亡了（公元前404年）。

第十六章　最后的城邦战争

五十六、民主的衰落与斯巴达人的专制

斯巴达人用武力建立与维持贵族等少数上层人的统治，这被称为“寡头政治”。虽然寡头政治存在着明显的缺陷，但那些有着深刻思想的人们相信，雅典的民主政治也存在着同样的问题。

雅典为维持希腊城邦的统治地位而进行的长期斗争以失败告终。但是雅典的对手斯巴达就适合担任统治者吗？没有任何一个国家像斯巴达一样，将全部国力用于发展军事力量来满足自己控制别国事务的野心。斯巴达的将领率领军队入驻了希腊的许多城市。为加强自己的统治，斯巴达军队采取的手段与措施比从前的雅典僭主政治更为蛮横与粗暴。

斯巴达使用这样的武力手段来抑制它所敌视的民主。在每一座被占领的城市中，斯巴达人用武力建立和维持贵族等少数上层人的统治，这被称为“寡头政治”。在希腊语中，“寡头政治”意味着“少数人的统治”。寡头政治的领导人们谋害与流放政敌，还没收他们的财产，犯下滔天的罪行。而当权力重新走向民众时，他们用同样的方式对待寡头政客们：将他们驱逐出城市。在这样的斗争中，每个派别都被流放了许多人。大量的雅典领袖被迫过着流亡的生活。他们不断在国外策划抗击国内政敌的行动。因此，寡头统治始终面临着外部势力的威胁。

虽然寡头政治存在着明显的缺陷，但那些有着深刻思想的人们相信，雅典的民主政治也存在着同样的问题。即使伯里克利时期的民主政治再辉煌，

也难以掩盖雅典民主政治中存在的明显缺陷。我们在伯罗奔尼撒战争中就已经发现了许多问题，而这些问题同样也出现在雅典对内部事务的民主管理中。现在，让我们来看看在雅典民主政治中出现过的并且持续存在着的问题。

就雅典民主中存在的问题而言，再没有比雅典法庭暴露得更加彻底的。国家的财富被陪审团随意挥霍。当国库被浪掷一空以致无法支付陪审团费用时，习惯于坐享其成而不愿付出劳动的陪审员们发现，向被起诉人收取罚款是充实国库的好办法，他们并不考虑被起诉人是否真的有罪。当时，几乎所有的律师都在尽全力劝服法庭没收被起诉公民的财产，因为这样的话，陪审员们就能够自然而然地获取报酬。对有钱人的莫名指控成了有利可图的交易手段。而这样的横祸降临时，人们宁愿用钱来摆平自己的指控，也不愿意面对500名昏庸无道的陪审员。

我们还记得在梭伦执政时期，上层阶级对下层阶级的剥削政策几乎导致了整个国家的灭亡。此后不到两百年的时间，下层人民争取到了绝对的统治权。但正如我们所知，下层阶级对上层阶级的统治同样充满了压迫与腐败，并且最终发展成了专制。对外战争的挫败进一步激发了两个阶级的矛盾，暴力斗争不断升级加剧。

极其不合理的财政政策是雅典民主政治的另一大缺陷。这种政策不断地损耗着雅典的国库。导致雅典国库空虚的众多原因可以被分为三个方面：首先是为国家服务的公民的报酬，尤其是数以千计的公民陪审团；其次是公民观赏费的支出，这是国库支出中的很大一部分；还有长期战争中消耗的军费。

为摆脱财政困境，雅典政治家们唯一能够采取的措施就是提高税收力度。但是，与我们所了解的东方政府不同的是，希腊城邦没有设置专门的税收官员。通常税收权被赋予出价最高的投标人，中标者拥有征缴税款的权力。大量有钱人联合起来组建公司，以确保有足够的资金竞标并且获得税收权。于是，他们的税款价格总是比税收权标出的数额要低，而人民上交的税款却大大超过了收税者上交给城邦的数额，这中间的差额自然就被税收者收入怀中了。雅典的税率始终居高不下，最少也占个人财产的1%~2%，有时甚至比这更高。

储存在雅典神殿中的财宝很早就被雅典人动用了。偿还所借财产的契约被刻在卫城的一座石碑上。今天，幸存下来的石碑碎片还清晰地记录着雅典的财政崩溃与对雅典的债务。雅典结束与斯巴达的长期战争后，所有的希腊城邦都已经拿不出一分钱了。那时，海军与陆军的将领们发现，他们常常陷入面对敌人却无力发放军饷以动用部队的境地。同时，他们却还面临着战败回国接受处罚的风险。因为公民陪审团无法获得报酬，雅典还发生过法庭罢工的情况，即便诉讼再重要，他们也不肯受理。

在这种情况下，地中海各个城邦开始了研究筹资以应对政府开支的首次尝试，并进行了国家财政学与政治经济学等多方面的努力。但征税的方式却还是将税收全转让给出价最高的投标人。在这个方面，东方政府远远超过了地中海北部的各个城邦。让没有经验的普通公民成功地管理财政事务变得越来越困难，国家的财政管理越来越需要专业的人员。

虽然雅典在伯罗奔尼撒战争期间损耗了大量的财力与人力，但这并没有阻碍它的复兴。雅典的农场由于遭受了斯巴达军队的多次破坏，农业很难恢复到从前的繁荣。农场主们逐步卖掉自己的农场，转而在城市里购买产业。这无可非议，因为雅典工业的发展为寻求财富的人们提供了大量诱人的机会。同时，因购买产业发家致富的人们又逐步为自己添置一个又一个农场。就在这个过程中，雅典的土地不断地集中到城市大地主的手中。这里的城市大地主不是简单的农场主，他们掌管着大片大片的庄园。每一个庄园都由许多农场组合而成，奴隶们被监管着为庄园劳作。从前拥有自己的土地，为自己种植的自给自足的农场主逐步消失。波斯人统治下的小亚细亚似的大庄园开始在希腊出现。

地中海地区最发达的商业中心与最繁荣的城市仍然非雅典莫属。正如我们看到的，当制造业没有像如今一样被公司掌控时，富人们就开始结成联盟以筹集资金来竞争征税的权力。但像今天一样的是，这种联盟为雅典商业带来了一个弊病。一些人整合了资本并共同创办了最早的银行。从此希腊人告别了将余钱放入庙宇的财库以求安全的时代，他们把钱财通过银行借贷到商业领域，并以此获利。就像现在的金融中心纽约和伦敦一样，雅典成为古代世界的金融中心。雅典的银行家们富甲一方，其中最为出色的是帕森。一开始，帕森只是一个奴隶，后来他通过自己出色的商业能力为自己赎身，重获了自由。银行中资金周转速度不断加快，物价持续飞升，政府却依然要为陪审团和观赏费提供巨额资金，开支越来越大。富有阶层的生活愈加奢靡。富人们开始彻底修缮自己的住宅，用壁画、地毯等花样百出的饰品来装饰房间。我们这个时代有人将现代房屋的富丽和乔治·华盛顿与独立革命时期的朴素对比并加以指责。当时同样也有一位演说家批评富人们奢华的住宅。他说："不能想象，在密泰亚德和波斯战争时期，竟然还有如此奢靡浪费的事情。"

现在，人们不再像过去一样无私地献身国家事业，而是越来越关注自己的职业，这在兵役方面表现得尤其明显。除斯巴达外，每个希腊人在军队短期服役时，可以保留原来的职业，也就是说，在一次持续较短的战争结束后，希腊军人可以重拾原来的职业。因此，当时国民军的服役士兵比如今的服役士兵做出了更大的贡献。然而经年累月的伯罗奔尼撒战争使得许多希腊人长期在部队服役，这些人逐步成为专业士兵，为那些提供机会的地方服务。这些为了获得酬劳而服务外国的士兵被称为"雇佣兵"。在殖民时期，很少有土地为希腊青年提供移民机会，在东部，波斯也采取封锁等阻碍手段最大化地降低这种移民的可能性。希腊青年无法在家乡找到合适的机会，被迫到埃及、小亚细亚、波斯等地区当雇佣兵。部分出色的希腊青年大大地增强了外国势力，却对希腊的壮大没有任何帮助。

在伯罗奔尼撒战争中，军队指挥官也成为一种专门的职业。对于公民而言，成为一支部队或者一支舰队的指挥官，意味着打了胜仗后的辉煌名誉。其中，雅典人色诺芬的故事最具传奇色彩。大约在公元前400年，色诺芬与年轻的波斯王子西瑞斯同在小亚细亚服役。西瑞斯意图推翻自己的兄弟——波斯国王。他率领一万希腊雇佣军，穿越小亚细亚，抵达幼发拉底河，然后顺流而下直捣巴比伦。在这里，希腊人击败了波斯国王的军队。但西瑞斯却战死沙场，迫使希腊士兵无奈撤离。此时，色诺芬率领军队北上底格里斯河，穿过尼尼微，在饥饿与寒冷中坚持了几个月的山地战，最终抵达黑海，占领拜占庭，脱离了困境。

色诺芬为那次攻击波斯国王的军事行动留下了一部纪实性著作——《长征记》，这是迄今流传下来的最伟大的著作之一。这部著作类似于今天的军事学书籍，它详细阐述了那场战争中运用的军事手段与策略。色诺芬与同伴共同探讨军事理论在实战中的应用，其中包括各种用兵策略与各式各样的精巧的武器装备等。悲剧大师欧里庇得斯就曾在他的悲剧《海格力斯》中描绘了弓与矛的效用。色诺芬曾经把西瑞斯的一名军官手下的人分成两队，一队用泥块，另一队用棍棒。然后色诺芬让两队人马模拟作战，较量结束之后，大家一致认为近距离棍棒作战比远距离投掷泥块更加有效，这也说明了近距离用矛比远距离用弓更具战斗力。从西西里传到希腊本土的还有攻城槌和移动塔梯等装备。雅典在这些先进装备的威胁下丧失了安全感。东方的和平思想早就被地中海地区所接受，同样被接受的还有将先进武器应用于战争的做法。人们建造了更大的战船，过去的老式三桨战船的威力再也比不上如今的五排桨战船。而这些武器装备的发明与改进也大量增加了战争的费用。

色诺芬万人军队的超强战斗力加强了斯巴达攻占小亚细亚的波斯领土的决心。这支还剩下三分之二的军队被斯巴达雇用，但却被斯巴达的军规引发了大量的不满与埋怨，同时希腊人的叛乱也让他们在小亚细亚的胜利变得不那么重要。利散德死于叛乱；雅典和底比斯结盟共同对付斯巴达，连昔日雅典的敌人科林斯也加入了联盟；阿戈斯也成为联盟的一员。

在幕后操纵这个联盟的是波斯。波斯极力促成这个联盟，以牵制和减弱斯巴达的力量。在这样混乱不堪的局势中，雅典竟然派出一支舰队协同波斯作战，帮助波斯维护在希腊亚洲城市的专制统治。漫长、痛苦又毫无收益的战争没有给希腊人带来任何经验与教训，现在它又稀里糊涂地卷入了一场长达八年的科林斯战争（公元前395年至公元前387年）。此时，雅典人已经具备了重建舰队并打败斯巴达的能力，同时他们也能够再次修建长城了。

最后，雅典的再次强大引发了波斯的忧虑。波斯担心复兴的雅典会威胁到自己在小亚细亚的统治。同时，斯巴达发现与波斯和解非常容易。在希腊，各个与斯巴达交战的城邦也都愿意做出一定的让步。希腊在波斯国王的威逼利诱下签署了一项屈辱的条约，最终实现了“和平”。这就是著名的“国王和平条约”。这项条约不仅没有结束斯巴达对希腊的统治，还把小亚细亚的希腊城市划给了波斯。在“国王和平条约”签署后的一段时间内，希腊人没有针对各个城邦间的问题找到任何可行的解决办法，增加的，只有对斯巴达专制统治的不满与怨恨。

五十七、底比斯——希腊时代最后的统治

雅典和斯巴达都曾经试图将希腊团结起来建立一个统一的国家，但都以失败告终。后来，另一个希腊城邦在大陆获得了成功，完成了雅典和斯巴达未完成的事业。

在伯罗奔尼撒战争结束后的25年内，斯巴达始终在不断地巩固对整个希腊世界的统治。然而即使是利散德这样的人也没能改变斯巴达的保守制度，同样也没有增加它在处理希腊事务时应有的宽容。斯巴达愈发敌视雅典了。在底比斯，一群爱国勇士刺杀了寡头政治的领头人，促使斯巴达守卫部队缴械投降，民主政治建立，公民们获得了比奥提亚的领导权。同时，“国王和

图204　科林斯柱

图中是科林斯柱的柱基与柱身两个部分。与埃及的柱顶造型相似，科林斯柱的圆柱柱顶也是用老鼠簕属植物的叶形作为装饰，每隔两层就用爱奥尼亚柱式旋涡点缀，并在一个平台上形成四个角，支撑整个顶部的结构。

平条约”的庇护使得雅典力量进一步加强。雅典有能力缔造像帝国的第一个联盟一样的第二个海上联盟了。底比斯和其他经常被斯巴达侵扰的希腊城市都加入了这个联盟（公元前378年）。斯巴达输掉了陆战，又在海战中败给雅典，只能准备求和。

为了实现和平，各个希腊城邦的代表们来到斯巴达会面。这次会议达成了一个共识：维护共同利益，联合管理希腊公共事务。斯巴达的领导者们以为，集结希腊各个城邦并赋予它们管理希腊的发言权就能够统一希腊并建立一个强大的国家，但事实远没有那么简单。即使所有的和平倡议都通过了，斯巴达却不允许底比斯拥有比奥提亚。这直接导致底比斯抵制所有其他的和平条款。在这样的情况下，和平失去了希望，斯巴达和底比斯仍然处于紧张的战争关系中。

几乎所有的希腊人都认为斯巴达强大的方队会摧毁底比斯。此前，在制定作战方案时，斯巴达的指挥官们会将方队放在右路，形成多个纵队，这是一个保持良久的习惯。精良的斯巴达方队战斗能力超强。对它来说，突破敌方防线，直捣敌方阵地是轻而易举的事情。这种大规模的方队攻势产生的效果不难想象，就像如今很受欢迎的美式足球一样，一旦对手的防线被突破，方队就会以压倒性的优势消灭前方

图205　颇瑞西特勒斯作品——抱狄奥尼索斯的赫耳墨斯

这座雕像发现于奥林匹亚的赫拉神庙废墟中。它是目前在希腊发现的真正的古希腊雕塑家的作品之一。大部分古希腊雕塑作品已经被毁坏了，我们现在见到的大多只是罗马人的复制品。这位失去右臂的天神正拿着一串葡萄与怀中的小孩儿嬉戏。

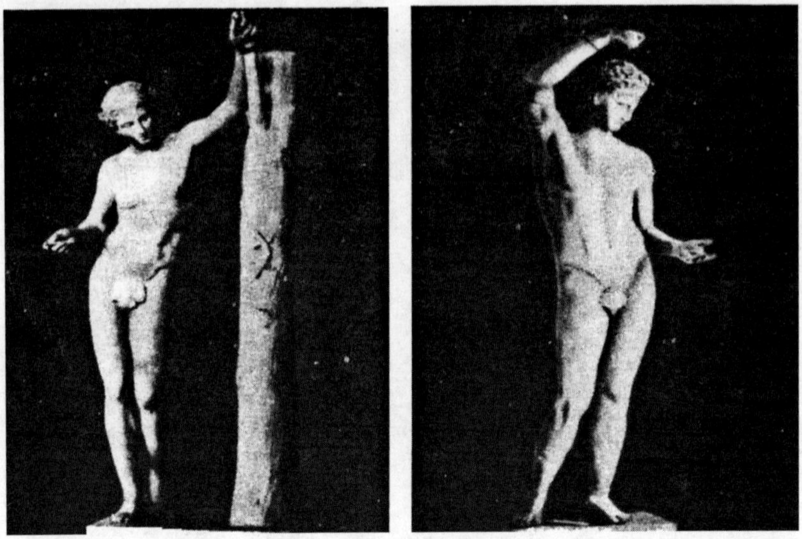

图206　颇瑞西特勒斯创作的两尊希腊神像

这两位神祇安详而优雅，展现的是一种平和安宁的状态。我们可以在脑海中刻画这样一幅图景：阳光洒向小乡村，一面土墙上爬着一只蜥蜴，墙边的一个小伙儿正拿着一块石头跟蜥蜴逗趣儿。这是一个再平常不过的动作，颇瑞西特勒斯却将它赋予了太阳神阿波罗。除此之外，他还让森林之神提壶倒酒。这种人性化的雕塑方式与菲狄亚斯迥然不同。

图207　位于摩索拉姆建筑上的表现战争场面的斯科帕斯雕塑

这是个宏大而充满战斗精神的战争场面，与颇瑞西特勒斯人物雕塑的平和优雅形成了鲜明的对比。科斯帕斯的作品全部被毁坏，无一幸免。但有些雕塑碎片被认为是它的作品，摩索拉姆上的雕刻也有可能出自他手。上图虽然不是他的作品，但明显是他的风格。这是一件非常有代表意义的展现激烈的暴力场面的雕塑品。

溃散的士兵。

斯巴达人只习惯一种攻势，并且他们喜欢看到压倒性的胜利。底比斯有一位军官叫埃帕米纳达斯，他具备超强的军事天赋和一颗强烈的爱国心。埃帕米纳达斯对斯巴达的战术进行了认真的剖析并且有了非常深入的了解。他针对斯巴达的惯用打法制定了一套全新的兵力部署方案，这个方案既能增加底比斯的防御，还能对斯巴达右翼方队形成重创。埃帕米纳达斯采取了不同于斯巴达的战线布置措施。他把右翼部队布置在离斯巴达军队更远的地方，左翼部分则离它更近。此外，他在左翼投放了15个纵队，以超强的阵势应对斯巴达右路纵队的进攻。

战争发生在比奥提亚的南部。战争并没有在一开始就迅速全面地展开。首先与斯巴达部队对阵的就是底比斯前线最为强大的左翼部队。底比斯势如

图208　庞贝壁画：伊芙琴尼亚的牺牲

古希腊伟大的画家们的作品全部被毁，后来的希腊居室装饰画与意大利壁画都只是这个时期精美艺术品的复制品。这幅画可以展现古希腊绘画艺术的影响。这幅画描绘的是少女伊芙琴尼亚被强行带走时的场景。图中，一个头戴纱巾的人站在左边，像许多现代艺术的表现方式一样，他不忍目睹这场劫难的发生。这幅画中人物的四肢都非常真实。

破竹，不断逼退斯巴达右翼部队。当底比斯中路和右路部队发起攻势时，斯巴达其他部队的战斗力被极大地削弱，包括国王在内的无数士兵战死沙场。无往不胜的斯巴达军队战败了，辉煌的战绩与声威一朝尽毁。历时三十余年（自公元前404年开始）的斯巴达统治时期终于结束了。

雅典和斯巴达都曾经试图将希腊世界团结起来建立一个统一的国家，但都以失败告终。如今，第三个希腊城邦底比斯获得了成功。它能否完成雅典和斯巴达都未能完成的事业呢？底比斯在埃帕米纳达斯的领导下建立了一支海军，并且大大削弱了雅典在海上的实力，获得了希腊世界的领导权。但是底比斯的统治是在个人军事天赋的基础上形成的霸权统治。在曼梯尼的最后一次战斗中，埃帕米纳达斯被斯巴达打败，底比斯的势力便随之迅速衰落。

要想将希腊世界统一为一个强大的国家，就必须结束各个城邦之间的冲突，让它们形成联邦。在外部势力进入之前，希腊就已经开始衰落了。尽管希腊创造了无比辉煌的文明，希腊政治的衰退也是无法挽回的事实。这一切发生在伯里克利后不到两代人的时间内，许多在世的老人们曾经在小时候见

A B

图209 A拔刺的希腊男孩 B后来的漫画

图A中的男孩正聚精会神地拔着脚上的刺。这座精巧的雕塑可能创作于波斯战争后不久。它塑造的场景无论在古代还是现代生活中都是随处可见的。

图B中的男孩少了一只脚。这件陶土人物漫画神情夸张，是幽默滑稽的希腊作品中的代表作。

过伯里克利。

我们回顾了雅典、斯巴达与底比斯在这个时期的政治兴衰，但这远不是故事的全部。虽然希腊各个城邦在伯里克利之后迅速衰落，但希腊人，尤其是雅典人，在他们的生活、艺术、建筑、文学与思想方面取得了巨大的成就。这些成就使得这个时期可能成为人类历史上最为伟大的时期。现在，让我们一起来看看在伯里克利之后，希腊世界的各种文明成果。

第十七章 伯里克利之后的希腊文明

五十八、建筑雕塑绘画

雄伟的摩索拉姆被认为是古代最著名的纪念碑之一。它的闻名于世主要得力于那些装饰它的惊世骇俗的雕塑。而在许多方面，雕塑家的灵感与创造力受到绘画作品的影响。因此，那些画家才是首开风气者。

长期的战争与民主政治已经将雅典的财富消耗一空。因此，雅典已经无法再创造像伯里克利时期一样璀璨并且伟大的艺术品了。在这个时期，雅典不得不将财富用在修建防御工事、军火库以及战舰上。剧院里古老的木质座位也被坚硬结实的石头取代。希腊的其他城邦也仿照雅典，建立了持久耐用的石头剧院。许多地方的居民还修建了牢固实用的赛跑场地。在这个时期，艺术和建筑已经不再是国家关注的焦点，艺术家们只为少部分私人购买者创作。但是，伯里克利生前就已经开始建造的伊莱克提翁宫殿——希腊最美丽宏伟的建筑之一——最终还是竣工了。并且它的大部分工程完成于紧张压抑的伯罗奔尼撒战争期间。伊莱克提翁宫殿是一座有着许多精美柱廊的爱奥尼亚风格建筑。它的旁边就坐落着传奇国王刻克洛普斯的陵墓。建筑家们在它上面修建了精致高雅的柱廊，廊顶被一个优雅的雅典少女大理石雕像支撑着，象征着对这个古老国王长眠之地的守护。

我们都知道，埃及的建筑家们很早就开始把花卉和棕榈树用作柱顶的装饰物。希腊建筑家从中得到了启发。他们发现老鼠簕属植物有一种不同寻常的魅力。于是他们按照这种植物叶子的形状来设计柱头。相比多立克和爱奥尼亚朴实低调的风格，这种新颖的柱头更为豪华与高雅。虽然这种柱子最先发现在雅典，它却被人们称为科林斯柱。

虽然雅典已经没有能力再修建雄伟的国家神殿，但并不是每个希腊城邦的财政都如此空虚。小亚细亚依然财力雄厚，它的国王遗孀摩索拉斯王后为纪念丈夫，斥巨资为他建立了一座宏大雄伟的大理石陵墓。这被认为是古代最著名的纪念碑之一。王后用摩索拉斯命名这座纪念性的建筑。摩索拉斯陵墓的闻名于世主要得力于装饰它的不同凡物的雕像。为了修建这座陵墓，王后特意征召了整个希腊最优秀的雕塑家。

自伯里克利时代之后，希腊雕塑获得了飞速的发展。菲狄亚斯和他的学生们擅长大理石雕像，他们手下的神像高贵而威严，仿佛超越了人类的一切弱点与一切情感。即使是菲狄亚斯雕塑的人像，也不同于雅典街头随处可见的普通百姓。在菲狄亚斯和他的学生们相继离世后，雕塑家们开始将普通人的情感与生活经验注入作品中，他们雕刻的人物开始展现出普通人的特质。其中，雕塑家颇瑞西特勒斯获得了较大的成功。

由于颇瑞西特勒斯的家乡无法负担大型纪念物的修筑，他开始应邀为其他城邦创作小型雕像。与菲狄亚斯的庄严孤傲不同，颇瑞西特勒斯雕塑的神像仿佛离我们更近。我们一眼就会爱上它们，就如同爱我们自己。因为它们做着我们喜欢做的事情，有着和我们一样的生活情趣。这些雕塑安详而平和地站在那里，造型和谐流畅，散发出一种超乎寻常的魅力，这是早期希腊的雕塑作品难以比拟的。斯科帕斯的作品风格与颇瑞西特勒斯截然不同。他为摩索拉姆创作了许多雕塑。在他的雕塑中，人物大多在进行暴力的行为，如战争等。他更喜欢通过强烈的情绪来表现人物，而不是平和的情感。但是无论是颇瑞西特勒斯还是斯科帕斯，他们雕塑的面部都不再是乏味且没有表情的。艺术家们将自己的感情凝聚在作品中，因此作品可以看到他们在现实生活中的影子。在许多方面，这个时期的雕塑受到了绘画作品的影响。因此那些画家们才是真正的首开风气者。

木版画发明之前，艺术家们只能在国家建筑物的墙壁上作画，而木版画的发明使他们彻底摆脱了这样的束缚，他们开始自由地在作品中表现自我。那个时候，油画颜料还没有出现，希腊画家仿照埃及人的做法，将颜料和液态蜂蜡调和，然后用刷子将这种混合的液体涂在木版上。此后，画家可以在自己的画室里工作，可以无拘无束地表现自己的审美与诉求，还可以把自己的作品卖给有兴趣的人们。用画作装饰居室成为富人们的时尚，这种个人对艺术品的支持促使绘画有了长足的进步。

早在希腊引进埃及绘画方法之前，雅典画家就通过长期的绘画实践发现，光总是照在物体表面的一侧。向光的一面色彩明亮，背光的一面则相对暗淡。阿颇勒德乌斯在画一位妇女的手臂时运用了这种技巧，这使得他笔下的人物更加生动。但是同时期的画廊展示的大多是马拉松旧式画法的作品，这些作品中的人物四肢缺乏立体感，显得十分死板。阿颇勒德乌斯作品中，前面的人物要比后面的背景人物大很多，这被我们称为“透视法”。他的作品富有层次感，当他画一个房间的内部时，我们仿佛置身其中，看到了真正的房间。雅典人将阿颇勒德乌斯称为“阴影画家”。但是他的成就没有得到老派画家们的承认。他们更欣赏以前的风格，即使是伟大的哲学家柏拉图也认为这种新型画法是一种关于深层感知与错觉的欺骗。

然而，这种新型画法获得了成功。年轻的画家们用这种技法创造出了震惊世人的作品。有一个故事被人们津津乐道：画家宙西斯与帕瑞海斯乌斯互为竞争对手，宙西斯为了打败帕瑞海斯乌斯而画了一串葡萄，这串葡萄自然逼真，甚至引来了前来啄食的鸟儿。帕瑞海斯乌斯于是邀请宙西斯去他的画室观看他的作品。宙西斯发现有一幅作品被布帘遮盖着，他伸手想要揭掉布帘，却惊讶地发现这也是一幅画。而这块布帘比他的葡萄还要逼真。遗憾的是这些希腊绘画并未留存下来，现在我们能够欣赏到的只有保留在庞贝的一些复制品。

同样，这一时期的瓶画也时常仿照伟大的雕塑家和绘画家的作品。但在伯罗奔尼撒战争迅速蔓延之后，瓶画艺术逐渐没落并再也没能重现辉煌。在这个时期，许多尚未成名的艺术家们开始为著名的古典作品绘制小画并创作一些幽默生动的漫画（如图209B）。也是在这一时期，希腊人开始探索光影，并通过光和影来展现人物情绪的变化。这时的希腊，连石匠手中墓碑上的浮雕也散发着淡淡的忧郁。

五十九、宗教文学思想

最多时，雅典公民也只有2.5万到3万人，但这一时期的雅典人却创造出大量领先于人类的文明成果，各个领域都涌现出许多伟大人物。这在世界上的其他任何地方，都是前所未有的。

对于在伯里克利逝世后出生的雅典青年而言，生活充满了矛盾。在对外的战场上，他是雅典士兵，手握兵器常年转战于雅典、斯巴达与底比斯；在内部的冲突中，他又被卷入议会激烈的叫骂声或者是热烈的欢呼声中，又或者置身于街头闹市的骚乱甚至是流血事件中；在最后的思想冲突时期，他还会发现，新出现的观念与自己信仰的旧事物之间有着难以调和的矛盾。

他会想起当他还在保姆怀里时听到的有关神的故事。当他向保姆询问雅典娜和其他诸神的模样时，她便只是指着父亲房间里的漂亮花瓶。花瓶上有雅典娜向雅典人赏赐橄榄枝的动人场景；还有怒发冲冠的海神在卫城抛掷三叉戟的情景。花瓶上绘制的神祇充满了人性化，这使得他以为众神都是和自己、和其他雅典人一样的人。他甚至觉得这些神就在自己身边，而父亲也经常办家宴向诸神赠送礼物。当他长大一点，离开学校并能够阅读《荷马史诗》时，他开始了解更多关于诸神的传奇故事。他和父母一起挤在人群中，参加国家花重金举办的感谢诸神庇佑雅典的活动。当时的雅典人毫不怀疑神具有支配雅典的权力。他也在这样的环境中感觉到了诸神的尊贵与崇高。但当颇瑞西特勒斯之类的艺术家创作的诸神雕像出现在他眼前时，他看到了诸神平凡可亲的一面，就像儿时在父亲的花瓶上看到的那样。

雅典既没有教堂和牧师，也没有专门的宗教教师，更没有像《圣经》一样被人奉为经典的宗教著作，因此他从未接受过正式的宗教训诫。没有人告诉他他的行为会被众神关注。他相信只要足够重视众神希望获得的仪式，便不必对他们感到畏惧。同时，他也知道如果他犯下罪恶，他会被判处死刑并被打入阴森可怕的地狱；而纯洁美好的生活会使他最终走向圣洁的天堂。有两种方式能帮助他进入天堂，一种是参加通往天堂的秘密宗教仪式，另一种是听从祭司以及奥菲乌斯预言家的教化。这些布道者们四海为家，遍布整个希腊，类似于今天主张复兴信仰的传道士们。他们向人们许诺，只要倾听和遵循他们的教诲，就能获得他们的保护和赐福。他们有大量希望从神秘教诲中受益的无知追随者。他们的教义越晦涩，相信的民众就越多。《奥菲乌斯》是一本神奇的著作，他记录着传道士们的教义，并在普通民众中广泛传播。《奥菲乌斯》比其他任何在民间流传的宗教书籍都更具有希腊宗教经典的特征。巫师和预言家们从一切日常生活事务中寻找支撑教导的依据，而普通民众们都折服于这样的高超能力。

在港口城市比利埃弗斯，大街小巷里都挤满了来自埃及、腓尼基以及小亚细亚的外国商人。这些外国商人也相信神的庇佑和天堂的存在，他们还带来了自己崇拜的神，如小亚细亚伟大的母亲，尼罗河大瀑布神庙中的伊西斯等。阿蒙神来自遥远的撒哈拉，他却在希腊城市克瑞尼中享有一座圣殿。希腊诗人品达怀着敬仰之心创作了一首赞美诗，并制作了埃及神的雕像。作为一名能预言未来的先知，阿蒙已经成为和德尔斐的阿波罗一样，被希腊人无上敬仰的神。雅典有一艘轮船从比利埃弗斯开往克瑞尼，运送去往阿蒙神殿的希腊人。希腊人的墓碑上也体现着埃及的信仰。

一些外国的宗教信仰极大地影响了年轻的雅典公民。当他离开幼时的老师，独自聆听出色的辩论家的演讲时，他发现没有任何人能够确切地知道，诸神是否真的存在，更别说诸神的外貌如何。现在，他开始同情那些正在去往伊西斯神殿朝圣的人们，也轻视那些几乎每天都捧着古怪的东方诸神嘟囔且吹着长笛在街上游行的下层民众们。但是，他也发现，即使他不相信无知百姓们的迷信，他也无法像身边受过高等教育的邻居们一样，远离并且否认诸神。

当他回想自己的青年时期，他发现自己对现在的种种疑惑感到厌烦。他曾经愉快地阅读伟大的喜剧家阿里斯托芬的作品，还随着阿里斯托芬对欧里庇得斯怀疑和斗争心理的讥笑而欢呼，随着他对诡辩者们戏剧性的尖锐的讽刺而大声嘲笑。而现在，诡辩者们却给了他新的启发。诸神是什么样子的？他敢肯定，诸神绝不是《荷马史诗》中刻画的那种英雄前辈们的形象。现在，他不再阅读《荷马史诗》。除了阿里斯托芬的作品之外，他和那些受过高等教育的朋友们还阅读欧里庇得斯的悲剧。他们的内心充斥着对生活以及对诸神的怀疑、矛盾与不解。欧里庇得斯，一个一生中从未取得过胜利，不断被阿里斯托芬嘲讽的雅典人，终于赢得了他的成功。欧里庇得斯的胜利标志着一切旧事物的失败，怀疑论者的胜利，对神的抛弃以及一个思想与信仰的新时代的来临。但一切旧事物并不是自然地消失了，新旧冲突的本身，就是一出悲剧。

阿里斯托芬的另一部喜剧还让人们记忆犹新。这部喜剧当时在雅典非常受欢迎。剧中的人物是雅典的一个穷人——苏格拉底。阿里斯托芬笔下的苏格拉底是危险人物的代表，所有善良的雅典人都极力回避他。苏格拉底是一个石匠或者说是小雕塑家的儿子。从第二次对斯巴达的战争爆发以来，衣衫褴褛、相貌寒酸的苏格拉底就成为雅典家喻户晓的人物。他时常站在闹市中，向过往的每个人提各种问题。人们都以为苏格拉底已经把自己弄得神志不清了，因为他好像对每一件极其平常的事情都有所疑问。

这位石匠的儿子是希腊最伟大也最具智慧的人。他从未想过从政为官，但是他最感兴趣的东西却是国家。他坚信国家属于公民，国家的管理权也应该属于公民。教育可以帮助人们分辨善恶并且赋予人们正义感。因此，只有让受过良好的教育从而具备较高素质的人管理国家才能让国家有好出路。

苏格拉底最伟大的成就就是他确信人类意识能够自觉地认识和判断善良、正确、真实、美好和诚实等美德，而这些品质对于人类生活而言有着极为重要的意义。对于苏格拉底而言，这些信念真实存在。他相信提出尖锐的问题并进行深入的探讨能够帮助人们避免错误，认清事实并坚定正确的信念。他走遍了雅典，与所有愿意追随他的人探讨。他确信他能够引导所有的公民去了解重要的且必须遵循的美德。他还确信一旦公民了解了某一品德，便会自觉地把它运用到自己的行为与生活中去。苏格拉底并没有通过宗教来指导人们的行为和观念，而是通过辩论与逻辑推理来传播各种优秀的品德。但是，他自己却是一个虔诚的宗教信仰者，心无旁骛地信奉诸神，尽管他们已不再像以前一样受人敬仰。如同希伯来先知一样，一种神圣的发自内心的声音召唤着苏格拉底，敦促他去完成属于他的伟大使命。

这位最伟大的希腊贤哲，以他朴实却充满魅力的人格赢得了世人的尊重并开始享誉四方。据说当人们向德尔斐的传谕之神询问，在世者中谁最有智慧时，神的回答是苏格拉底。他的身边围绕着许多追随者，其中柏拉图最负盛名。但是苏格拉底为雅典利益做出的一切努力却没有真正地被人们所理解。他尖锐的提问仿佛是对一切旧事物的怀疑。雅典人拒绝一切不接受旧信念和宗教的激进者。苏格拉底被提起指控，他被指责为通过邪恶的教义误导年轻人。亚希比德曾拜苏格拉底为师，雅典人将他作为证明苏格拉底的教义使人堕落的例子。许多读过阿里斯托芬喜剧的人都对这个人物非常不满，不断嘲讽和咒骂他。被指控时，苏格拉底本可以不费吹灰之力离开雅典，但他坚定地走上了审判庭，并充满尊严地为自己做出了最有力的辩护。最后，他仍然被法庭判处了死刑。他人生中的最后一天，是在与学生和朋友们轻松愉快的交谈中度过的。然后，苏格拉底平静地喝下了将夺去他生命的毒酒（公元前399年）。这就是这一时期的雅典民主处理国家事务的方式，虽然苏格拉底之死遵循了法律程序，但对雅典来说，处死这样一位伟大而圣洁的人，仍然是一种莫大的耻辱。

苏格拉底的伟大人格被他的学生柏拉图记载在自己的伟大著作中。苏格拉底在生命的最后一刻表现出的平静使整个希腊世界大为震惊。他为人类留下了最宝贵的财富。苏格拉底是最伟大的希腊人，也是希腊精神的非凡代表。在他的学生们的著作中，他甚至比那些活着的智者更有影响力。

这一时期的希腊，出现了从前人们不了解的关于现实世界的科学知识。而且，这些新的科学知识不再局限于少数哲学家之中。一些具有探索精神的公民们的家里，收藏着数学论文、天文学（一年被认为有365又1/4天）、动物学以及植物学等自然科学方面的书籍。除了几本关于当时的已知世界的带有地图的地理书外，他们的家里还有矿物学、历法著作、关于天气预报的小册子，以及一些关于素描、耕种、养马和烹饪的书。

在我们的图书馆中，有一本不同寻常的历史书。这本历史书用科学的方法记录了国家的兴衰。它的作者是修昔底德，是第一位客观科学地记录历史的人。在希罗多德及以前的历史作品中，神的意志决定着国家的兴亡。但修昔底德具备现代历史学家的洞察力，他善于回顾人类历史并能够理清事件间的客观联系。在我们的图书馆中，希罗多德与修昔底德的书排列在一起，它们问世的时间仅仅相距30余年，但是两位历史学家却有着非常不同的创作风格。虽然修昔底德的著作文辞艰涩，但他是希腊最伟大的散文家之一。他的著作向我们展示了那场漫长战争的全部过程，深受希腊人的颂扬。

修昔底德散文著作的成功表明雅典人不再拘泥于诗作，而开始扩展到更有活力也更新颖的散文中去了。诗与剧本的创作开始走向衰落。这时，成功的演讲不能再即兴发挥，而需要提前准备底稿。在集市上的演讲，尤其是在公民审判庭上的演讲要求人们具备散文写作与面对公众讲话的技巧。

雅典的修辞学教师们继承了此前的诡辩者，他们使得雅典成为整个希腊世界的教育中心。其中，伊索克拉底是较为有名的一个。伊索克拉底是一个出色的长笛制造商的儿子。但是他父亲的产业在伯罗奔尼撒战争中被毁，后来他以教授修辞学为生，并在这方面展现出了过人的才能。他在当时的演讲稿主题以人们关注的政治问题为主。虽然他不是一个杰出的演讲者，但是他全身心地投入到了演讲稿的撰写中。后来，这些演讲稿被作为政治杂文发表，并在整个希腊广泛传播。伊索克拉底也因此成为雅典甚至是全希腊的政治代言人。

虽然人们越来越关注自然科学，但是最受雅典人关注的仍然是人类的事务。应该如何管理人类社会的政府？最完善的自由国家的形式是怎样的？苏格拉底以及所有的雅典人都把对公民的教育放在最重要的位置。最理想的国家是什么样的？东方也存在着理想主义，但东方的人才从不讨论一个理想国家的政府形式应该是什么样的。因为他们想当然地认为国家的理想形式就应该是他们生活中的君主政治。但是希腊却迎来了一场关于政府到底应该采取君主制、共和制还是寡头政治的激烈辩论。由此，一门新兴学科——政治学诞生了。

作为苏格拉底最具天赋的学生，柏拉图将他敬仰的老师的思想整理成文字并发表，以对话的形式重现了苏格拉底的思想。在游历了埃及和其他西方国家后，柏拉图回到了雅典，在阿加德米创办了一个私塾。虽然柏拉图知道雅典民主政治已经失去了希望，他仍然不愿意放弃成为一名政治家的理想。他于是在雅典定居下来，埋头于教学与传道事业。

柏拉图既是一名哲学家也是一名诗人。他发展了苏格拉底提出的人类能够分辨真理的理论。他认为分辨真理是一种永恒的存在，并不以人类和人类的意识为转移。在柏拉图的思想中，人类早在远古时期就形成了善良、美好、邪恶等观念与感知能力。在后来的世俗生活中，人们重新想起并认识这些观念。那些天生具备这种眼光的人们能够管理好国家，因为他们能够分辨与遵守美德，并坚持正义。柏拉图还认为可以通过教育引导人们分辨这些观念。

柏拉图在他的伟大著作《理想国》中提出了对理想国家的设想：拥有伟大智慧的人不从事别的工作，只公正地管理社会；卑微的工匠与奴隶承担其他所有的体力劳动；工商业为社会提供所有的舒适享受。柏拉图重视教育，而轻视工商业阶级，他没有认识到人类劳动的必要与高尚。柏拉图设想中的理想国是一个曾在希腊出现过的自给自足、自我调控的城市国家。他没有认清，当时希腊最大的问题是如何正确处理各个城市国家之间的关系。他也没有认识到，对于一个文明国家而言，国内的生活并不是全部，它的发展和成就不可避免会越过边界，对周围的国家产生或大或小的影响。这不仅仅局限在政治领域，贸易领域也会随着远航的货船拓展到更远的地方。

国家已经不再被边界隔开，任何一个国家的生活都与周围其他国家紧密联系着。希腊是这样，与希腊相距甚远的其他地区也是这样。商业、旅行与共同的经济利益将地中海地区与东方世界联系起来，一个文明世界逐渐形成。这个文明世界里流传着希腊书籍，使用着希腊器皿，房间里摆放着希腊家具与希腊壁画，修建着希腊式的剧院，学习着希腊战术，等等。虽然在许多国家游历过，柏拉图却没有重视世界将要形成政治共同体的趋势。一旦东方人统治了这个世界，希腊人脑中那些崇高的观念就不得不被放弃。也就是说，世界的领导权将不再属于希腊。

在当时，许多人像伊索克拉底一样，清醒地意识到了这一点。伊索克拉底劝说希腊人不要局限于他们之间的小分歧，也不要困在狭隘的城邦爱国主义中，而应该转变为效忠整个国家，建立统一的希腊。伊索克拉底告诉人们，只有建立统一的国家才能让希腊轻松地打败朽败的波斯帝国。如果希腊城邦继续像今天一样单打独斗，波斯国王就可以趁机胡作非为。在奥林匹亚竞赛上的一次演讲中，他说，任何其他国家的人看到希腊的现状，都会认为我们动不动就为了一点小事发动战争是一件愚蠢的事情。如果没有这些无谓的内耗，希腊本可以统治整个亚洲。对于每一个看过色诺芬创作的万人部队远征故事的希腊人来说，波斯帝国的弱点暴露无遗。人们早已表现出对统一的渴望与热情。

但是，没有任何一个希腊城市甘心被另一个城市领导。就像地方主义导致了我们的国内战争一样，城市国家的爱国主义与无法逆转的分裂断送了希腊在政治上的前途。而最终的后果，是希腊被其他国家的强权制约。希腊文化的发展毫无收益。现在，曾经在雅典被热烈地探讨过的关于理想的国家形式的理念面临着严峻的考验。一个专制的独裁者即将出现，虽然希腊曾经极力避免这样的情况，但是他们却没有获得任何成效。

希腊最终还是令人失望地衰落了，甚至还丧失了在意大利和西西里等西方城市的财富与显耀的地位。但是这时的希腊文明却迎来了最为辉煌的时期。对于政治而言，希腊城邦间的竞争是十分不利的，但这种竞争却促使了所有城邦的进步与发展。因为每一个城邦都希望在艺术与文学等高尚的文明事业上超过自己的竞争对手。伯里克利时代值得雅典人骄傲，但其后的时代更令他们自豪。最多时，雅典公民也只有2.5到3万人，但这一时期的雅典人却创造了大量领先于人类的文明成果，各个领域都涌现了许多伟大人物。这在世界上的其他任何地方，都是前所未有的。在这本书中，我们列举的仅仅是雅典成就中的沧海一粟。直到今天，他们仍然是人类历史上最出色的人，他们用自己的成果为人类的高尚生活点燃了不灭的明灯。尽管失去了政治上的领导权，但希腊的有识之士们赢得了更为永恒的胜利。现在，让我们来回顾一下其他方面。

第十八章　亚历山大帝国

六十、马其顿的崛起

菲利普是一个杰出的政治家。他首先对防御能力最为薄弱的地区发起了进攻。他不断向东部和北部扩张，一路延伸到了多瑙河和赫勒斯篷特。

在巴尔干半岛北部的山区中，希腊文化逐渐被融入自欧洲石器时代流传下来的原始文化中。希腊文化渐渐地衰亡了。像色雷斯人一样的落后的北方人，用的是和希腊语同族的印欧语。但是南方的希腊同族却无法理解他们的语言。马其顿农民们还没有开化的野蛮生活开始被希腊文化中的世俗部分影响。马其顿国王菲利普开始学习和借鉴希腊的文化与艺术，他的母亲也在晚年学会了写字，并为此感到高兴。

菲利普本人也在努力地学习希腊文化。公元前360年，菲利普统一了马其顿。他对希腊世界的分裂状态一清二楚，并决定让自己的马其顿王国征服世界。这位有着杰出政治家与伟大战士双重身份的国王，启动了自己的计划。他知道一个强大的国家需要具备哪些条件，于是他首先组建了一支军队。菲利普在底比斯做人质的时候，从埃帕米纳达斯——斯巴达的征服者那里学到了许多行军打仗的本事，并且他比自己的老师更加出色。

菲利普在马其顿王国的农民中招募了一大批强壮勇猛的士兵，并建立了一支由职业士兵组成的军队。这些士兵再也不会回到田间从事耕种了。像他曾在希腊见过的那样，菲利普把这些士兵们训练成为重步兵方阵，并且比过去希腊的更加深入庞大，战士们也配备了更长的矛。这就是迅速闻名于世的

“马其顿方阵”。

在此之前的欧洲战争中，骑兵没有太大的作用。菲利普的王国养了许多马。正在形成武士阶层的贵族们，习惯于骑着马用一种自由松散的方式战斗。现在，菲利普训练了这些骑士，让他们以统一的纵队形式移动并展开攻击。这支骑兵纵队锐不可当，足可以决定任何一场战争的胜负。后来，菲利普进行了最后一次，也是最关键的一次调整：他在战阵的中央放置了重步兵方阵，两翼配上训练有素、军纪严明的骑兵纵队。这次调整进一步完善了菲利普的战阵。无论在移动还是在战斗中，步兵和骑兵始终是一个协调统一的整体，如同一台让人无从招架的战斗机器。

菲利普为战争艺术写下了新的篇章。正是因为他的非凡眼光与杰出能力让他稳固地掌控全局，也让希腊人见识到了一个出色的领导者培养下的军队力量。菲利普是一位杰出的政治家。他首先对防御能力最为薄弱的地区发起了进攻。他不断向东部和北部扩张，一路延伸到了多瑙河和赫勒斯篷特。

菲利普在爱琴海北部的扩张，迅速将他卷入了希腊的矛盾冲突中。当时的希腊北部有许多城市。雅典人对于菲利普的扩张心情复杂。马其顿国王对希腊怀有崇高的敬意，因此对待雅典的态度也较为友好。这时，雅典出现了两个对立的党派。一派将菲利普看作希腊世界的统一者与救星，主张接受他的友好态度；当时，这个党派的领袖伊索克拉底已经是一个年迈的老人了。另一派认为菲利普是一个暴君，想把自由的希腊城市变成他的奴隶。

雅典反对马其顿的党派以演说家狄摩西尼为首。他多次发表动人的演讲，劝说雅典人看清形势：随着菲利普浩荡军队的一次次胜利，希腊将逐步陷入危险的境地。他的滔滔雄辩和动人的演讲让他获得了雅典国会的支持。他痛斥马其顿国王的“菲利普演讲”代表了古希腊雄辩术的最高水准，并被后人作为激昂的爱国热情激发雄辩力量的典型例证。然而，他们对马其顿的斥责与辱骂并不恰当，他们也没有用政治家的眼光来看待古希腊持续的战争与分裂状态。

菲利普与古希腊之间的战争印证了伊索克拉底的观点。虽然相比狄摩西

图210 *在伊苏斯战争中，亚历山大进攻波斯国王与卫兵*

这幅图描绘的是波斯人奋不顾身，冲出重围去解救他们国王的情景。亚历山大——左边马背上没有戴帽子的人，向波斯国王大流士三世——右边站在战车上的人发起了猛烈的攻击。马其顿人极为凶猛的进攻严重地威胁了波斯国王。一位波斯贵族想把自己的战马让给国王，让他尽快逃走。忠于国王的波斯贵族勇敢地牵着马走到了波斯国王和马其顿人之间，试图给大流士创造一个上马的机会。亚历山大的长矛刺穿了一名卫兵的身体，大流士深情悲痛地伸着手，他在为自己朋友的牺牲而颤抖。在波斯国王身后的是负责战车的卫兵，他正在挥鞭驾马，想尽全力带大流士离开战场。这个惊心动魄的战争场面是由许多块小的有色玻璃镶嵌而成的。它于1830年在意大利庞贝城被发现。当时，这幅作品已经面目全非，只留下了一堆碎片。尤其是画的左边，都已经看不见亚历山大和他的战马了。这幅作品是在亚历山大城拼合的，在运往意大利的途中被毁。这是一幅更早的古希腊艺术品——在亚历山大时代创作的油画的复制品。

尼，伊索克拉底更具备政治远见，但他的观点并未在那时引起人们的关注。经过了长期不连续的战争之后，在塞罗尼（公元前 338年）的最后一次战役中，菲利普彻底击垮了希腊军队，巩固了自己在古希腊合法统治者的地位。只有斯巴达仍然不承认他，继续抵抗。菲利普开始为希腊在小亚细亚城市的自由而战斗。塞罗尼战役胜利两年后，菲利普在她妹妹的婚宴上被敌对者谋杀。

菲利普的王位被他的儿子亚历山大继承。当时，亚历山大仅仅20岁。但是令人庆幸的是，菲利普在他的马其顿国会中留下了一批出色的辅佐者。这些人对王室十分忠诚，亚历山大早年的成就离不开他们的协助。然而，我们会在后面看到，他们的奉献精神与杰出才能，正是让这个年轻国王陷入个人冲突并导致巨大灾难的重要原因。

在亚历山大13岁时，菲利普请来柏拉图以前的弟子，伟大的亚里士多德到马其顿王宫做他的老师。在亚里士多德的教育下，这个青年深入地了解了古希腊文学并深深地爱上了它们，尤其是《荷马史诗》。他的梦想被古代英雄事迹唤醒，他的性格也逐步蒙上了一层英雄主义色彩。随着情感与思想的不断成熟，亚历山大开始散发出古希腊天才与文化的光辉。

六十一、亚历山大的征服

亚历山大在亚洲的征程，将希腊文化传播到了这块大陆的中心地带。古希腊的艺术和钱币从亚历山大的领土传到东方国家，在一定程度上影响了后来中国和日本的艺术。东西方文化空前地融合起来。

希腊仍然不服马其顿人的统治，他们幻想着有朝一日能够推翻亚历山大。但很快，他们就认识到了这个年轻统治者的雄心与智慧。当菲利普死后，底比斯再一次起兵反抗马其顿时，亚历山大清楚自己必须和波斯作战。他相信，如果不让希腊见识一次永远不能忘怀的教训，那么出兵亚洲将会非常危险。于是，他带领军队占领并且彻底摧毁了底比斯城，但他保留了伟大诗人品达的房子。从此往后，希腊人接受了这次教训，开始敬畏这位年轻的国王和他的权力。同时，他们也发现了亚历山大对希腊贤哲的尊重。亚历山大开始获得希腊人的承认。除了斯巴达外，希腊形成了一个统一的整体，亚历山大被推举为首领和将军。最后，各个城邦都派出了自己的骑兵队加入亚历山大的军队。

亚历山大筹划的亚洲战役是为了巩固他在希腊和亚洲战争中获得的胜利。他准备率领统一的希腊进攻亚洲的波斯君主，就如同古希腊对亚洲发起的特洛伊战争一样。他率领马其顿和希腊的混编部队奔赴亚洲，一直来到《荷马史诗》中英雄们战斗过的地方——特洛伊，驻扎在一望无垠的平原上。亚历山大走进雅典娜神庙中，祈祷自己在与波斯人的战争中获得胜利。他置身于特洛伊的英雄氛围中，一往无前地带领全体希腊人开创了一个辉煌的时代。希腊人渴盼已久的统一军队对抗亚洲的序幕正式揭开。

这时，波斯国王雇佣的大批希腊步兵将要和自己的同胞们对阵了。在科拉尼科斯河的一场最关键的战斗中（公元前334年），亚历山大轻松击败了波斯军队。沿袭了马其顿人的传统，这位年仅22岁的国王，亲自率领骑兵突出重围，丝毫不隐藏自己的王室身份。在危机时刻，如果不是他幼时保姆的兄弟——克利图斯冲进去保护他，这个冲动的年轻国王肯定已经战死沙场了。接着，亚历山大挥师南下，征服了一个又一个希腊城市，并永远地终结了波斯人在小亚细亚的统治。

当时，地中海处于一支庞大的波斯舰队的控制之下。年轻的亚历山大在面临这种情况时展现出的军事才能，充分说明了他对战争艺术的透彻理解。他在国内安置了一支强大的军队。他笃信，即使是看到了爱琴海上的波斯舰

图211　大流士一世在苏萨宫殿的庭院一角

法国人在苏萨发掘了许多文物。其中，最好的有瑞姆-森浮雕和汉穆拉比时期的长柄轴。此外，法国人还发现了大流士一世在这里修建的宫殿废墟。这座宫殿从马拉松战役时期就开始修建，直到萨拉米斯战争时期才在薛西斯手中竣工。这座宫殿的落成距离亚历山大攻占雅典有150年的时间。法国建筑师在复原图中展现的，波斯皇帝在侍从的跟随下走入宫殿庭院的场景。我们可以看到，墙底装饰着富丽的琉璃拼成的排列成队的波斯战士。当亚历山大走进这里将一切占为己有时，他眼中看到的肯定与我们一样。

队，希腊人也会因为他摧毁底比斯的教训而心有余悸，不敢趁他远征时发动叛乱。于是他继续西进，追寻色诺芬“万人部队”的脚步。亚历山大率领他的军队安全通过了最为艰险的西里西安隘口，绕过了地中海的东北角。在亚历山大寻找富饶的国度时，他眼前呈现的是一片拥有4000万人口的广袤的亚洲世界。这片土地已经被波斯国王统治了200年，亚历山大将成为这个广博竞技场上的下一个胜利者（公元前333年至公元前323年）。

在伊苏斯（Issus）海湾，亚历山大与波斯的主力部队相遇（公元前333年），这支部队由波斯国王大流士三世亲自率领，是波斯人的最后一道防线。亚历山大的父亲菲利普和埃帕米纳达斯在面临这种情况时，通常选择发起进攻。现在，虽然敌军在河流对岸且占据了得天独厚的防御位置，亚历山大也选择了这种战术。

亚历山大亲自率领距敌方

最近的右翼骑兵过河，对波斯人的右翼部队发起进攻，并最终击垮了他们。但在中部和左翼，战争处于紧张的胶着状态。亚历山大大获全胜的右翼骑兵开始向波斯军队暴露出来的侧翼中间部位发起攻击，迅速瓦解了波斯人的防线。马其顿人彻底地把亚洲人赶出了战场。大流士不断撤退，直到幼发拉底河。这位伟大的国王不得不向亚历山大求和。在他的求和信中，他提议两国以幼发拉底河为界，河流以西的所有亚洲地区都割让给马其顿。

这是戏剧性的一幕。年轻的马其顿国王手上拿着求和信，思考着这件事的可行性；一群精悍的马其顿青年，也是与他从小一起长大的亲密朋友们，还有他的父亲给他留下的老臣们，都围绕在他身边。军旅生活中的亲密相处，行军与作战中的相互配合已经在忠诚的马其顿人与他们年轻的国王之间架起了爱和友谊的桥梁。

在亚历山大认真地考虑大流士的提议时，他父亲留下的老臣，在刚刚结束的战斗中成功指挥马其顿左翼的帕米尼奥给他提出了忠告。我们可以在脑海中想象那个场景，年迈的帕米尼奥亲热地搂着那个骄傲的23岁小伙子。老人指着地中海彼岸告诉亚历山大，在他的背后，波斯舰队蠢蠢欲动，极有可能在希腊煽动叛乱；如果像大流士的求和信中说的那样，以幼发拉底河作为两国分界，那么波斯和欧洲、希腊之间就可以形成一道安全屏障。帕米尼奥认为，对波斯发动的战争已经成功取得了所有预期中的结果。

在这个关键时刻，马其顿人面前有两条通往完全不同方向的道路。年轻的亚历山大看到的是一个以希腊文化为主体的帝国，是一个目光短浅之人无法看到的远景。他最终没有采纳老臣的建议，而是决定继续征服整个波斯帝国。这个决定意义重大，展现了亚历山大——一个新时代伟大代表的人格力量。这次征途导致了无休无止的冲突——新时代与旧时代的冲突，正如我们在雅典所见的那样。亚历山大与那群乐于奉献但缺少政治天赋的马其顿人之间的摩擦越来越多，并且空前的戏剧化。亚历山大将这群马其顿人带入了赫拉克勒斯——世界主宰——的事业之中。

波斯舰队在地中海东端遇到了向南推进的一队士兵。这对士兵顽强抵抗，占领了这条路线上所有的腓尼基人的海港。如果不是运用菲利普从希腊人那学来的围攻战术，亚历山大一定已经彻底输掉了这场战役。在对提尔城发起进攻时，亚历山大使用了东方人发明的攻城装备，后来他还将这种装备带回了希腊。脆弱的埃及原本就只是波斯的一个行省，很快就被马其顿占领了。失去了所有可停靠海港的波斯舰队，还被切断了与本国政府的联系。很快，这支舰队就自动解散了。

阻断了敌军的一切后援后，亚历山大自埃及返回了亚洲。他继续在富饶的异国领土上推进，越过了底格里斯河——这条河流过尼尼微废墟附近。在阿贝拉附近，波斯国王召集了他的全部人马，试图破釜沉舟，做最后一搏（公元前331年）。但那时，波斯人根本不能够理解希腊人和马其顿人的作战艺术。他们之间的战争就如同美国的西方移民与印第安人间的战争一样，落后于时代的一方不可能获得胜利。波斯人发明了一种新武器——车轴上装有镰刀的战车，但是新武器也没能挽救波斯军队。马其顿的士兵人数远远超过了亚洲军队，并且毫无悬念地击败了亚洲军队。伟大的波斯国王夹着尾巴逃走了。几天后，巴比伦的波斯皇宫迎来了新的主人——亚历山大。

大流士逃亡到东部山地，被自己的随从杀害（公元前330年）。亚历山大带着军官骑马赶去查看了他的遗体。这位最后的波斯皇帝曾经广阔的国土已经落在了亚历山大的手中（公元前330年）。亚历山大惩治了杀害大流士的凶手，并妥善周到地安排了大流士的母亲和妹妹，他还满怀敬意地把大流士的遗体送给了她们。此时，两个最早的文明起源地——尼罗河谷与两河流域都被欧洲人占领，并迎来了更新颖也更先进的文明。这时，距离年轻的亚历山大首次进入亚洲还不到五年的时间。

波斯无法再对马其顿构成威胁，但是对于亚历山大而言，建立一个大帝国，还有大量的事情要做。当他走过昔日的波斯王国时，这里已经被居鲁士创立的波斯帝国统治了二百多年。亚历山大在苏萨（图211）停留了一段时间，参观了居鲁士在波斯波利斯附近的墓地。在这里，亚历山大戏剧性地证明了自己在亚洲无上的权力。正如波斯人曾对米利都和雅典卫城庙宇的做法一样，亚历山大亲自火烧了波斯宫殿。这是一个象征性的举动吗？是经过深思熟虑的政策的一部分吗？还是只是他在酒精作用下的冲动？我们永远无法知道真相了。甚至，亚历山大是在宫殿被严重损坏之前就命令灭火，还是他完全毁掉了整个宫殿，我们都无从知晓。

到达北部的埃克巴特纳后，亚历山大将自己最信任的帕米尼奥留了下来，处理波斯国王世代累积的大量财宝，他自己却继续东行。在此后的六年时间内（公元前330年至公元前324年），当整个希腊世界都在惊奇地关注他时，这个年轻的马其顿国王却好像消失在了世界边缘。他率领军队，沿着一个巨大的环形路线前进。他们穿过伊朗大平原的中心，向北穿过欧克斯和加西特斯河，向南跨越印度河与印度边界，进入了恒河河谷。最后，在手下的抱怨中，亚历山大开始了归程。

他沿着印度河往下，可能还曾在印度洋中航行。他还在印度河中组建了一支舰队。在穿越沙漠时，部队中的很多人死于严重缺水与供给不足。在离开了七年之后，亚历山大回到了巴比伦城（公元前323年）。他在亚洲游历了多年，将希腊文化传播到了这块大陆的中心地区。在行军经过的许多重要地区，他都建立了以自己的名字命名的希腊城市。这些城市是希腊文化的传承地，对印度边界地区的文化产生了重要影响。正是通过这些城市，希腊艺术得以进入印度，并且成为印度至今仍然生命力旺盛的艺术源头。同时，古希腊的艺术作品，尤其是钱币从亚历山大的领土传到其他东方国家，甚至传到了中国。在一定程度上影响了后来中国和日本的艺术。在亚历山大的不断扩张下，东西方文化空前地融合起来。

六十二、亚历山大的统治

亚历山大致力于让整个世界希腊化，并在地中海地区建立一个统一的帝国。他把自己推上了一个崇高而孤立的位置，以至于在不知不觉中走上了暴政之路。

在取得了这些超凡成就之后，这个血气方刚的赫拉克勒斯并没有让自己的大脑休息片刻。他还在思索着成千上万个问题的答案。他派出了一个尼罗河考察队，去寻找这条河年年泛滥成灾的原因；他还派人去里海建立舰队，并实行了沿里海海岸的航行。当时，人们还不知道里海的北端通向哪里。亚历山大从希腊带来了大量科学人才，在他们的协助下，大量自然与历史的样本被送往希腊。亚历山大将这些样本献给了自己的老师——当时正在雅典讲学的亚里士多德。

同时，他还努力地治理广大的被征服地区。阅读成堆的官方文件与向他的属下口述他的计划和命令耗费了大量的精力。在他看来，古希腊文化具有无可比拟的优势与力量。他致力于让整个世界希腊化，并通过向殖民地大量移民来促使亚洲和欧洲融合。在他的军队中，马其顿人、希腊人和亚洲人齐心协力，并肩作战。但他意识到，他不能够完全以一个马其顿人的身份来统治这个世界。他必须对波斯世界做出必要的妥协，因此他迎娶了亚洲公主罗克珊娜，并在一个盛大的婚宴上要求他的官员与朋友们也迎娶亚洲贵族的女儿。许多马其顿人效法亚历山大娶了亚洲妻子。他还任命波斯人为高级官员并赋予他们很大的权力，他甚至还采用了波斯人的装束。

同时，他还制定了一个占领西地中海的缜密计划，其中包括：组建一支由几千艘战舰组成的舰队，远征意大利、西西里和迦太基；沿非洲北部海岸修建一条公路。这条公路的规模让人震惊，它可以使亚历山大的军队更便捷地从埃及到达迦太基，为大力神赫拉克勒斯提供强有力的支持。这个计划体现出亚历山大作为一个伟大政治家的远见。这一切本应该在波斯灭亡后就迅速完成，但是亚历山大似乎并没有意识到：正如他能够统一和治理遥远而分

图212　撒哈拉沙漠中的西维绿洲

这个绿洲上坐落着埃及神阿蒙的庙宇。亚历山大从海边走到这里，要跋涉近200千米的路程；从这里到尼罗河畔的孟菲斯，还有350千米；即使是现代的商队，从尼罗河到达这片绿洲也需要21天。这片绿洲是沙漠平原上的一块洼地。图中右侧的陡坡顶端是沙漠平原的地平线。这片绿洲肥沃富饶，有许多水井与水泉。

散的东方征服地一样，他也完全可以把地中海地区囊括到他庞大的帝国之中。

在亚历山大脑海中那张巨型的世界蓝图里，他把自己摆在什么位置呢？对此，他想象了无数场景。他想象过将阿戈斯山雕成自己的样子，雕像的右手上握着一个一万人的小镇。从那时起，他觉得自己具有神性。他开始期望自己成为一个神，并且下定决心要完成这个愿望。但他完全没有意识到，他正在走上一条暴政的道路。从希腊人的反应中，亚历山大看到了他们对自己成为神王的支持。许多希腊人都被看作神，因为在希腊人的眼里，神和人之间并没有太大的区别。亚历山大希望加入人神的行列，这样他就可以轻易地将自己的意愿传达给希腊城市。在埃及，国王被人们视为神；在东方，国王则被视作太阳神之子。在这些地方，亚历山大可以自然而然地让自己成为神。

七年前，亚历山大有意在埃及停留了很长时间。他在一小队人马的跟随下深入撒哈拉沙漠，直到埃及神阿蒙的绿洲神殿（图212）。这时，亚历山大在亚洲还有一支波斯军队没有征服。在这片广袤而荒凉的大地上，亚历山大一个人走进了神殿。没有人知道他在那里做什么，人们只知道当他再次出现时，这座庙宇的大祭司将他当作宙斯——阿蒙一样欢迎。这是亚历山大的巧妙之处，他让希腊人从各个方面不同程度地了解到这件超乎寻常的事情。然而，希腊人在经过了多年之后，才真正明白这件事意味着什么。

四年后，这位年轻的国王发现，尽管他一再宣扬自己的神性，但他没有让人们直观感受到的具体表现。他认为，必须有一些外在的，让人能看见的事情，来向他的臣民们展现他作为神的特性。他效法了东方人的方式，让所有前来觐见的人俯首称臣，并亲吻他的脚。他还正式通知所有的希腊城市，解散各地的领导团队。从那以后，他就是各个城市的神，接受各个城市的进贡。

从此，欧洲进入了君主专制与君权神授的时期。在这一时期，曾在马拉松和萨拉米斯时期被欧洲人排斥的东方精神，通过亚历山大传入了欧洲。亚历山大的这些行为，并不是像那些意志力薄弱的人一样，满足于神威或是醉心于超人的荣耀。这是他的政治策略，是在积累了多年国家政治经验之后逐步形成与发展的谋略。

世界帝王的尊贵地位，让这个马其顿青年与他身边的朋友们付出了惨痛的代价。亚历山大在他国家之神的波斯长袍下，跳动着一颗马其顿青年的炽热的心。他把自己推到了崇高而孤立的位置。这时，一直追随他、忠诚于他的朋友们，再也不愿跟从他了。亚历山大的政治策略无法获得他们的理解。最终，他们的友谊被彻底摧毁。亚历山大将波斯人和朋友们同等对待，甚至让波斯人凌驾于他们之上，这是他们绝对无法容忍的。在这样的情形下，悲剧发生了。

早在大流士死后，向西进军的初期，帕米尼奥的儿子菲洛塔斯就知道了一个谋害亚历山大的阴谋。但由于当时的处境以及他和国王的不睦，他没有报告给亚历山大。所有的同谋者都受到了公正的审判。亚历山大只能痛心地看着自己昔日的朋友们包括菲洛塔斯都被判有罪，并被处死在军队面前。仍然在埃克巴特纳管理波斯人财宝的帕米尼奥也因他儿子受到牵连。这位老臣被一个使者执行了死刑。而这一切对于亚历山大而言，还只是走向世界君主神圣宝座路上的苦难的开始。

克利图斯也非常不满意亚历山大的政治策略。在一次皇家宴会上，当大家在商讨国家事务时，克利图斯很不明智地指责起他的主人来，他似乎完全

图213　巴比伦皇宫旁的庙宇，亚历山大每天来此供神

在巴比伦考古的德国人在皇宫旁边发掘了一座庙宇的废墟。这幅复原图就是由这次发掘工作的领导者柯底威教授绘制。亚历山大每天在这座庙宇的一个祭坛上耗费大量时间。在他逝世时，他正在重建被毁坏的巴比伦建筑物，其中包括已经坍塌的庙宇和城堡。柯底威教授发现，亚历山大已经搬运了大量泥土。

无法控制自己，一再恣肆地指责国王。亚历山大怒火中烧，抢过卫兵手里的长矛，刺向了这个曾经救过自己的年轻人。这一矛刺穿了他的胸膛。为此，年轻的国王在住所里呆坐了整整三天。悔恨与悲痛充斥在他的心中，他一言不发，也拒绝进食。官员们随时看着他，防止他自杀。我们在这里讨论的，不过是亚历山大为他的国家政策付出的一小部分沉重的代价，希望读者有一个大概的了解。

亚历山大让所有人在觐见时俯身跪拜并亲吻他脚的命令，让他失去了与历史学家卡利修尼斯的友谊。后来，马其顿叛乱贵族中的一个人被发现与卡利修尼斯有关联，因此卡利修尼斯也被判处了死刑。他是亚历山大的老师亚里士多德的侄子。至此，国王与他的老师之间也恩断义绝，甚至产生了深深的敌意。

当他回到巴比伦时，他最亲密的朋友赫菲斯提翁刚刚去世。失去密友的悲痛击倒了亚历山大。他为赫菲斯提翁举办了一个空前隆重的葬礼。这时，过度疲劳与过量饮酒严重危害了亚历山大的健康状况。在每次狂饮之后，亚历山大要睡48小时才能完全清醒。当亚历山大准备进攻阿拉伯半岛以便毫无顾忌地征服西地中海时，他病倒了。几天后，伟大的亚历山大去世了（公元前323年），年仅33岁，在位13年。

第十九章　亚历山大的后继者

六十三、帝国的继承人

对于希腊人民而言，亚历山大的死是一场灾难。尽管在世界文明进程中，这个民族仍然起着至关重要的作用，但它已经无力去征服世界了。亚历山大的帝国分裂成为三个部分，分别掌控在他的将军和后代手中。

亚历山大当得起“大帝”这一称号。无论是古人还是来者，再也找不出像他一样在如此短暂的一生中对人类文明的进步做出这么大贡献的人。他那杰出的征服能力，使希腊文明重新获得了政治优势。对于希腊人民而言，亚历山大在实施他那伟大的计划时死去，无疑是一场灾难。希腊民族再也无力去征服世界了。尽管在世界文明进程中，这个民族仍然起着至关重要的推动作用。亚历山大在马其顿有一个遗腹子——母亲是罗克珊娜，也叫亚历山大。将领的权力之争日益激烈，包括他母亲在内的亚历山大的所有家族成员被迫流落异乡。

驻守在巴比伦的将领们在亚历山大的文件里找到了伟大的西部征服计划，但是没有人有能力实现它。不久后，这些勇猛的马其顿将领们就卷入了冗长又复杂的内讧之中。旧的矛盾还没解决，新的冲突又出现了。在亚历山大的诸位将领之中，大将军安提戈努斯最具才能。他力争控制住马其顿王国。此后，接连不断的海陆战争让欧洲军队见识了此前从未经历过的残酷战争。在安提戈努斯死后，亚历山大帝国分裂成为三个部分，分别掌握在他的将领和后代手中。安提戈努斯与他的爷爷——亚历山大的大将同名，他统治着

图214　尼罗河第一瀑布旁的菲尔德神殿与棕榈树（斯格特·卫特的油画）

菲莱岛上的建筑大多建于托勒密王朝时期，他们代表着马其顿国王统治下，埃及的辉煌历史。直到前不久，棕榈树映衬下的神殿还使得这个岛屿成为埃及最美的地方，也是世界最著名的地方之一。自从附近建立起规模庞大的灌溉堤坝之后，每年的大部分时间里，这里的建筑与河水交相辉映。

马其顿的欧洲部分，而他的目标是统治整个希腊。在亚洲，亚历山大的将军塞琉古掌控着前波斯帝国的大部分国土。在非洲，马其顿最有政治才能的将领托勒密统治着埃及。

托勒密很快在埃及称王，创建了托勒密王朝。托勒密认为自己应该收买希腊雇佣军。他具有一个出色政治家的敏锐观察力。托勒密组建了一支舰队，这使他成为地中海的霸主。由亚历山大创建的，地处尼罗河三角洲西部的港口城市亚历山大里亚被他作为防御外来侵略的基地。经过一段时间的持续发展后，亚历山大里亚成为地中海沿岸最具规模的商业港口城市。实际上，在近一个世纪的时间里（约公元前3世纪），东地中海——从希腊到叙利亚，从爱琴海到尼罗河三角洲，完全处于埃及的势力范围内。为了抵抗亚洲敌人的进攻，托勒密国王们先后占领了巴勒斯坦和南叙利亚。另一个埃及帝国出现在了地中海地区，正如一千多年前那个沿尼罗河而上，在底比斯建立雄伟建筑的帝国一样。托勒密国王像埃及法老一样，命令舰队开进红海。从印度洋到达达尼尔海峡，从西西里岛到叙利亚，这些舰队随处可见，为了进贡给托勒密王室，他们搜集着各式各样的珍宝。

虽然欧洲人统治了埃及，但他们却没有建立起希腊式或者欧洲式的城邦。他们将自己看作古代法老的继承者，用法老们绝对的权力来统治这个尼罗河畔的王国。亚历山大里亚等三个希腊城邦被托勒密赋予了城邦自治权。否则，埃及会像东方国家一样，公民不拥有选举权，而形成专制与独裁。托勒密政府的主要职能是聚敛财富以支持庞大的舰队与希腊雇佣军的正常运转。埃及在过去的几千年间始终存在着庞大的地方政府体系。地方官员在税收方面经验丰富，并且可以深入到尼罗河两岸的村舍田地之中去。虽然希腊城邦没有这样的政府体系，但托勒密王国意识到了它的重要性，并将其保留下来。这样，马其顿人对尼罗河畔大部分地区的统治采用了东方国家的君主专制政体。这种专制政体最终取代了希腊和罗马的民主政体，对后世产生了深远的影响。

塞琉古人（塞琉古及其继承人）虽然没有托勒密强大，但在亚历山大的继承人中，也是实力十分雄厚的。他们掌握着亚历山大帝国的大部分领土，西至爱琴海，东至印度边境。他们的领地辽阔且没有明显的边界，很难管理和统治。托勒密的舰队给塞琉古人的商业发展形成了障碍，使他们无法接近希腊，也无法开展对外贸易、招募军队与向外扩张。塞琉古人不得不将注意力转向地中海东北角至幼发拉底河流域，他们力图在这里创建一个新的马其顿国，即我们现在所说的叙利亚。塞琉古在奥龙特斯河下游建立了安条克城（以他父亲的名字命名）。后来安条克城日益昌盛，兴旺程度一度媲美亚历山大里亚，成为地中海北岸最大的商业中心。

在国家的治理方面，塞琉古人完全不同于托勒密人。塞琉古表示完全支持亚历山大将希腊人迁移到亚洲并与亚洲人融合的计划。塞琉古和他的儿子安条克一世在小亚细亚、叙利亚、两河流域、波斯以及印度边界的大量地区建立了几十个希腊城邦。这些城邦沿用了传统的希腊管理方式，由公民自主管理。每个城邦都相当于一个小共和国。这些小规模的自由社区在塞琉古帝国随处可见。

为了巩固国王的统治，各个自治城邦要向国王上贡与纳税。这种统治形式早就出现在了古代东方国家，还曾经被亚历山大采用。人们要对国王俯首称臣、敬若神明，但这种敬畏不会伤害到自由民的感情。这种希腊式的生活与其中蕴含的崇高和完美在西亚大地扎根发芽，甚至深入到了亚洲大陆的腹地。

与非洲和亚洲部分相比，马其顿的欧洲部分显得非常脆弱。希腊诸城的自治传统阻碍了马其顿人统一巴尔干—希腊半岛的进程。亚历山大死后，希腊人继续为自由而战，但是他们势单力薄，无法与马其顿大军抗衡，最后被迫屈服于马其顿的铁蹄之下。在马其顿军队的强压下，英勇的德莫斯蒂安与其他城邦的领袖们投降并被处以死刑。

在第二代安提戈努斯即将入主马其顿和希腊时，遥远的北方和西方又出现了新的威胁。库尔特和高卢人一直掌管着法国以东，多瑙河下游的欧洲地区。早在公元前400年，这些蛮族就入侵了意大利。一个世纪后，他们大肆入侵巴尔干半岛；直到公元前280年，他们跨越了北部山脉，吞并了马其顿，并且占领了希腊和希腊的德尔斐神殿。这些野蛮人如同潮水一样涌进了小亚细亚。其中，一支蛮族在这里定居下来，并以他们的名字给这个地区命名，这就是后来的伽莱舍。安提戈努斯二世在色雷斯战胜了蛮族，并将其残党赶出了马其顿，然后自立为王（公元前277年）。北方蛮族也深刻地影响了希腊，这集中体现在当时的艺术作品中。高卢人战败之后，安提戈努斯重振雄风，力争扩展他的帝国实力。但是，埃及完全控制了爱琴海，严重阻碍了他统一希腊的计划。同时，埃及舰队的封锁也让亚洲的安条克尝尽了苦头，于是安提戈努斯与安条克结成联盟，共同对付埃及。安提戈努斯精力旺盛，全副身心地组建自己的舰队。安提戈努斯与埃及舰队的海战持续了15年，在这期间，他曾两度打败托勒密。与父辈们远大的志向不同，托勒密的后代并没有重建埃及舰队。这使得马其顿和亚洲能够自由出入东地中海，并从中大量获益。马其顿在取得海上胜利后不久，又再次遭受希腊的抵抗。马其顿和希腊诸城之间又迎来了一场旷日持久的战争。

六十四、希腊的衰落

波斯人涌入了希腊的各个商业中心。希腊往日的商业繁荣一去不复返，甚至都难以维持舰队和军队的正常运转。

希腊的商业繁荣已成往事。希腊诸殖民地的大门被亚历山大的胜利打开，波斯人涌进了希腊，占领了所有的商业中心。希腊人口不断减少，商业中心和统治区域也不断东移，直到亚历山大里亚和安条克城，以及擅长经商的罗得岛人和以弗所人那里。财富的大量流失让希腊各城邦难以维持自己的舰队与军队，很快地，他们就衰落到无法保全自身的地步了。

为了抵御外侵，希腊诸城开始结盟。公元前300年后，希腊形成了两大联盟，分处于科林斯湾的两侧。南侧是亚加亚联盟，北侧是埃托利亚联盟。这种联盟像是缩小版的美国。联盟每年选举一次，推选出统率各个城邦军队的将军和处理防御事务与联盟外交事务的官员。然而，各个城邦仍然采取自治的方式管理内部事务（如征税等）。尽管两大联盟团结起来赶走了马其顿人，但他们在绝大部分时间内是相互敌对的。要在希腊组成一个联合所有城邦的联邦已经不可能了。美国式的大联邦始终没有在希腊形成。

斯巴达和雅典拒绝加入联盟。亚加亚人曾试图迫使斯巴达加入联盟，但一再被斯巴达国王克里奥米尼斯在战争中击败。克里奥米尼斯的胜利与他对斯巴达的治理在一定程度上恢复了斯巴达昔日的辉煌。亚加亚转而向马其顿求助，并利用马其顿击败了克里奥米尼斯。虽然征服了斯巴达人，亚加亚联盟却落入了马其顿的手中，再也无法享受自由。此后，除埃托利亚联盟外，马其顿人控制了整个希腊。虽然雅典也没有加入联盟，但它先后被埃及和罗马等强国保护，因此始终保持着中立和自由的状态，沿用了自治的传统。雅典虽然没能再次在政治上有所作为，但仍然代表了最完美与辉煌的希腊文明。尽管这一部分我们已经了解了很多，现在，让我们继续做进一步的了解。

第二十章　希腊化时期的文明

六十五、城市建筑艺术

无论是在人口、财富、商业、权力，还是在最能够代表文化水平的艺术方面，亚历山大里亚都是当时世界上最伟大的城市。

我们将亚历山大后的三百余年称为希腊化时代，这是个希腊文明广泛传播的时代。在这个时代，东方文化对希腊文明造成了深远的影响。在亚历山大的征服之后，亚洲和埃及开始被马其顿人统治。这些马其顿王们使用的语言虽然有所不同，但基本都属于阿提卡希腊语，他们深受希腊文化的影响。马其顿人处理政府事务的官方语言是希腊语（图215），他们与希腊商人之间贸易往来频繁，他们阅读希腊书籍，学习希腊文化。因此，有教养的人们必须熟练掌握阿提卡希腊语。在亚历山大里亚的犹太人社区，为了吸引受过教育的人们阅读，希伯来语《旧约》被译成希腊语。尽管东方人民学到的希腊语并不十分纯正，但在一些大城市，地中海两岸的西西里、南意大利和大量的东方地区，阿提卡希腊语已经深入到普通人的日常生活中。

城市生活取得了很大的进步。宽裕的城市居民都住进了石头房屋。传统的中央庭院现在被华丽的柱廊环绕着。虽然大部分卧室仍然空间狭窄，没有什么家具，但是起居室很宽敞，而且有不错的采光。房屋的地上都铺着七色彩石，墙壁上涂着泥灰，还挂着装饰画。在一些富裕的家庭中，装饰材料用的是大理石，家具也更精致，工艺更加独特，甚至还出现了地毯和挂毯这样的装饰品。供水系统也首次出现在住宅中，街道上还建设了排水沟渠或管

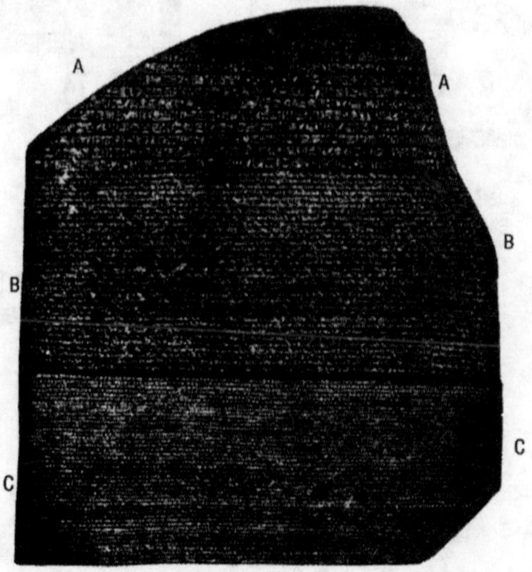

图215　罗塞塔石碑，碑文分别由希腊文（C部分）和埃及文（A、B部分）刻成

用两种语言刻写石碑是有原因的。一方面，希腊语是官方语言，并且埃及有很多说希腊语的人；另一方面，埃及还有一些人看不懂希腊语。这就好像在新英格兰的工业城镇，所有的标志都用英文和意大利文两种文字一样。碑文先用笔墨写成，在当时，人们一般使用手写体，也就是我们今天所说的古埃及文书写体，这部分古代手写体文字在石碑的中间（B部分）。石碑的顶端刻着祭祀使用的神圣的古象形文字（A部分），这是为了表示崇敬；石碑顶端的左右两角已经被损坏。A部分的古埃及象形文字类似于今天的印刷体，B部分则相当于今天的手写体，C部分是相对应的希腊文。这块石碑上刻着的是公元前195年埃及祭祀对托勒密王祈祷的公开记录。后来，这块石碑倒塌在垃圾中，一直到1799年，才被拿破仑的士兵发现。这个士兵在尼罗河口的罗塞塔挖战壕时发现了这块碑，因此它被命名为罗塞塔碑。再后来，这块石碑成了英国人的战利品，现被收藏于大英博物馆。商博良在石碑上认出了托勒密王和克娄巴特拉等人的名字，他以此为突破口，同时利用底部的希腊文作对照，解读出了罗塞塔碑文上的象形文字（A部分）。罗塞塔碑成为人们破解埃及象形文字的线索。这块石碑由黑色玄武岩石刻成，宽2英尺4.5英寸，高3英尺9英寸。

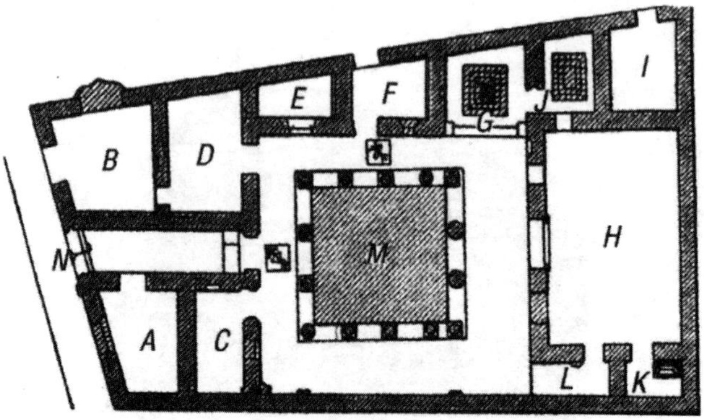

图216　希腊化时期一个富裕家庭房屋的平面图

房屋的中心是一个庭院（M），庭院的四周被带顶的柱廊环绕着。N是主要进出口，右侧是门房（A）。F是后门，这里主要是运进家庭的生活用品，还设有通往二楼的楼梯。G是一间起居室，里面配备有会客设施。朝向柱廊的一面没有墙。H是最华丽的房间，约16×26平方英尺，地上铺着七色彩石，墙壁也十分豪华；房间里有一张大门、两扇窗户，采光很好。K是一间小卧室，配备有大理石砌成的浴缸。其他的卧室都在二楼，现已无法还原。I是一个小商店。这座房屋最早由法国人在提洛岛发现。

道，这些都是伯里克利时代的雅典没有出现过的。

大量被保存下来的家庭文献，可以帮助我们清晰地了解当时的生活。一般的收据和商业契据用墨水写在随处可得的陶器碎片上，而重要的文件通常写在莎草纸上。这种莎草纸文件存在于大多数家庭中，就像今天家里的信件和报纸一样。当时的房屋废墟被埋在垃圾堆里，但是因为埃及气候干燥，很少下雨，因此大量的莎草纸被保留了下来。从中，我们可以看到婚礼请柬，父亲写给在异地上学、前途光明的儿子的家书，离家出走的人写下的悔过书，还有家人去世时朋友们的慰问信。这些文献说明，当时人们之间的交往已经与现在相似。那些文字和图画的作者虽然存活于几千年前，但我们看他们写下的东西，仍然觉得他们离自己很近，很真实。

在希腊化时代，不断涌现出新的城邦。城市的规划十分周密，街道垂直

图217 在埃及的一个城镇废墟中发现的，写在陶片上的文献

在希腊化时期，很多埃及的私人文献记录在陶器碎片上，这些文献因此得以保存下来。这块陶片上写着的是出租土地的契据，文中最后写道："尤穆卢斯，赫缪卢斯的儿子，代立此据，因为他自己（立据人）写字太慢。"赫缪卢斯可能根本不会写字，但出于面子，只好说自己写字太慢。尤穆卢斯写的文字是当时希腊人常用的一种简单的商用手写体，与500年前希腊陶器工匠写的大写字母完全不同。现在的大学生们，即使再精通现代希腊文，也很难把那种手写体弄明白。

相交，宽敞而整齐。一条条长方形街道上密集地排列着房屋。不久前的一次考古发现，在一条街道的地下埋着11根铁管，但至今仍没有发现古代公共照明系统。公共设施也取得了很大的发展。在伯里克利时期，城邦政府在庙宇中工作，而在希腊化时代，政府已经开始建造规模庞大、高贵典雅的办公建筑了。

在古希腊和古代东方，城市的中心是国王的宫殿。但在希腊化时期，城市的中心是宏伟壮美的市政府建筑。这些建筑周围有集贸广场，广场四周被柱廊环绕着。在这一时期，希腊人借鉴并发展了埃及人壮丽的建筑风格。市场上公民们进行着各种交易。这里还有一座优美的建筑，里面

图218 一封已经被卷好盖了章只等传送的莎草纸信

在埃及古城废墟中，大量的莎草纸信被发现。如果我们仔细阅读信中的内容，我们就能大概了解古代埃及人的日常生活。

图219 小亚细亚的普林恩城复原图

这座小城的考古价值类似于庞贝古城，它甚至比庞贝城历史更加悠久。A处的悬崖上有一个要塞，B处有条通往这个要塞的小道。C处有一条砖石小渠，它将山上的泉水引进这座小城，供居民使用。穿过K处的城门，沿着笔直的街道向前，可以走到一个小型的集市广场（L处）。广场的上方（I处）是雅典娜神庙，据说它是由亚历山大修建的。M处是一个巨大的商业广场，广场的四周被柱廊环绕着，柱廊的后面是大量商铺。只有一边（N处）没有店铺。那是一个庄重威严的大厅，功能与巴西利卡式会堂相似，是重要的商业和节日活动场所。希腊人正是从这个时间开始修建这种会堂的。过了N处，我们可以看到市政府的办公大厅，城市的议会和公民大会都在这里举行。G处是伊西斯女神庙；P处是体操馆；Q处是体育馆。城里的浴室中配备有大理石浴盆、狮头形的自来水管，水管中不断有水流出。体育馆中有一个开放式的大厅，可以用作教学和演讲场所；体育馆座位后面有一座600英尺长的优雅柱廊，比赛休息时，观众可以在此休息，也可以观赏观众们俯瞰比赛时的壮观场面。街道旁的房屋就像图216一样，但剧场边的房子要好很多（如E处）。雅典娜神庙（I处）由砖石砌成，非常优美，在它的正面也没有商铺。城市四周被一道石头围墙环绕着，在东边（H处）和西边（K处）各有一个城门，沿着街道走出城门，可以到达祖先们的墓地。

建有大厅，厅里设有座位，与现代的剧场十分相似。公民大会不再在露天的场所召开，但其他各种议会仍然露天召开。建筑师们还建筑了体育馆、浴室、赛马场和剧场。即使在小亚细亚的普林恩城这样不足4000人的小城邦，公共建筑与设施也一应俱全。在普林恩城中的几座神庙中，有一座是亚历山大大帝主持修建的。如果将希腊化时期的城邦与美国规模相近的现代化城镇相比较，我们会发现，虽然现代的私人住所更加宽敞舒适，但在法院、市政厅等公共设施方面，我们现在远远比不上2000年前的普林恩城。

在集市的一侧有一座建筑，它被人们称为巴西利卡。这个建筑的顶上有一个天窗，因此内部非常敞亮。这种天窗是希腊化时期的建筑师们向埃及建筑借鉴而来的。在这个时期，他们更深入地了解了亚细亚的拱门建筑。这种拱门的设计灵感源自朔月与满月之间的月牙。

他们逐渐在建筑中运用拱门，虽然我们仍然没有在希腊的建筑中发现过拱门。东方曾经将柱廊传给了希腊，现在又把更加美观的天窗和拱门传播过去，可惜希腊人没有充分合理地运用拱门这种建筑形式。

如果连普林恩这种普通的希腊城市都建有这么豪华宏丽的建筑，那么像亚历山大里亚这样的帝国首都与世界商业中心所拥有的壮丽景观就不难想象了。无论是在人口、财富、商业、权力还是在最能展现文明的艺术方面，亚历山大里亚都是当时世界上最伟大的城市。港口的码头向海中远远延伸，停靠着来自世界各地的商船。它们有些经历了西班牙和非洲之间的大西洋的狂风巨浪，有的远渡印度洋从遥远的东方而来。它们带来了世界各地的商品。码头上堆着英伦三岛的铁条、中国的丝绸还有印度的棉条。政府控制下的银行也在商业的推动下发展着。在晚上到达的商船，水手们可以望见正闪耀着光芒的灯塔。这座灯塔是希腊化时期的工匠们修建的最高建筑，也是亚历山大里亚的标志性建筑。它是由古巴比伦塔寺演变而来的，两者非常类似。

当游客们登上重四千多吨的商船甲板，远眺灯塔彼岸的城市时，他们也许能够在华美的皇家花园旁边看到排列整齐而壮观的托勒密战舰。托勒密王的大理石王宫隐藏在茂密葱郁的热带树林之中。王宫所在的岬角延伸至海

图220　希腊化时期的小亚细亚珀加蒙城复原图

珀加蒙城位于小亚细亚西岸。经过亚历山大的继承者的治理之后，珀加蒙在公元前3世纪成为一个繁荣的城邦。公民的住房建在低处，也就是在图中所示区域的下方。公共建筑呈现上中下三个阶梯。较低的A处是大型的集贸广场。广场的中心是一座方形的宙斯祭坛，它由大理石砌成，三面都带有柱廊，底座上还刻着一组战神和巨人。中层的B处有一排柱廊，著名的珀加蒙图书馆就在柱廊的后面，其中的石雕书架被保存至今。最高的C处曾经是皇宫。我们现在见到的神庙是公元2世纪由罗马皇帝图拉真修建的。

图221　希腊化时期的铜雕头像

这尊人头雕像被发现于海底。它与古埃及的铜雕头像相似，头发雕刻得栩栩如生，眼窝也很深邃。现珍藏于雅典博物馆。

中，形成了港口的东堤。在希腊化时期，统治者和建筑师们已经懂得如何布置并且欣赏公园和花园的景观了。无论是波斯王的皇家花园，还是埃及人的私人别墅花园，都有着精巧别致的建筑布局。他们巧妙地运用了热带树木与小湖、泉水与雕塑之间的映衬。欧洲人逐渐接受了那种东方的建筑艺术形式——将园林艺术与城市规划结合起来。

王宫花园一侧的大理石建筑是王室的图书馆。馆中有大型的图书室、演讲厅、展览厅、庭院、圆形回廊，还有专门为哲人和科学家们建造的居室。图书馆附近有塞拉皮斯神庙，塞拉皮斯是新的国教之神。再往里面走，我们可以看到华丽的公共建筑群，包括体操馆、浴室、体育馆、集会厅、音乐厅、市场、巴西利卡会堂等等。公共建筑的四周就是普通市民的住房。令人遗憾的

图222　尼罗河上埃勒凡泰尼岛上的古城废墟

埃勒凡泰尼岛位于第一瀑布之下，距菲莱城5英里。当房屋倒塌时，家庭里的各种文件被晒制的泥砖埋在下面。由于埃及气候干燥，很少下雨，这些文件得以完整地保留下来。这里的一些房子建造于公元前2700年前，也就是说，在这里发现的莎草纸文件，有些和金字塔一样古老。另一些房子的时代没有那么久远，埋在其中的文件与希伯来殖民地的阿拉米语文件一样。但是，在这里出土的文件都属于希腊化或者晚一点的时期，它们使用的都是希腊语。埃拉托斯特那井就在离这不远的地方。

图223　希腊化时期亚历山大港的灯塔

法罗斯岛是亚历山大港的一道天然屏障。一条石头堤道连接着法罗斯岛和市民，岛上有一座高耸的灯塔，它高达370英尺（比现代30层的大楼还要高）。灯塔的雄伟足可以配上法罗斯这个名字。灯塔见证了亚历山大港的繁荣。自亚历山大建城以来，仅仅经过了一代人的努力，它就取得了空前辉煌的繁荣与成就，成为地中海沿岸最大的港口，相当于现在的纽约或利物浦。在历史上，这座法罗斯塔是一个创举。它在设计上受东方建筑艺术的影响，后来又对早期寺庙和伊斯兰教清真寺的尖塔结构产生了影响。法罗斯塔屹立了近1600年的时间，于公元1436年倒塌。

图224　战败的高卢首领正在杀死自己和妻子

在敌人的追杀下，他神情惊恐，一手抱着妻子，一手挥剑刺向自己的胸膛。高卢人强健有力的身体与那个绝望地瘫倒在地的妇女形成了鲜明的对比。从这幅画中，我们既可以看到北方蛮族的粗蛮与面对死亡时的恐惧，也能感受到他们宁死不屈的勇猛精神。他宁愿了结自己和妻子的生命，也不愿成为俘虏受辱。

图225　希腊化时期珀加蒙城的雕塑

上图中的主人公是高卢的一个号手。在他倒地身亡时，军号就落在他的脚边。下图是珀加蒙城宙斯大祭坛底座周围的一块浮雕，它表现的是神与巨人们的争斗。左边刻着的是一位巨人，他的腿呈蛇形，他正举起一块巨石砸向右边的女神。

图226　希腊化时期雅典城的钟塔

这座钟塔被称为“风之塔”。今天，它被现代楼群包围在中间。而在古代，这里可以眺望雅典的集贸市场。左侧有一座支撑古代水渠的拱桥，这条水渠是专为塔钟供水的。与水漏相似的是，这种古钟的水积累到一定刻度时，就会像沙漏中的沙子一样流出。这座钟塔建立于公元前1世纪罗马统治下的雅典。

是，这些华丽的建筑没有一座幸存下来，就连废墟也被现代的亚历山大城掩埋，不见踪迹了。

但在珀加蒙城，我们却非常幸运。珀加蒙城与亚历山大里亚发展于同一时期，深受雅典文化的影响。珀加蒙的一个国王打败了来自欧洲大陆的高卢人，并将他们赶出了领地，这一胜利对艺术造成了很大的影响。在珀加蒙几代国王的鼓励下，阿提卡的建筑师们在那里继续发展着他们的艺术。他们以前不久战死沙场的北方高卢人为原型，创造出大理石英雄雕像。他们对人物雕像的戏剧化处理能力超强，至今无人能及。这些雕塑规模宏大，描绘的是战神们与巨人们之间的斗争。它们常常让人不自觉地回忆起那场对高卢人的战争。这组庞大的雕塑在祭坛的基座上围成了一个圈。这个祭坛是珀加蒙国王为宙斯建造的。

正是由于雅典雕塑家们的灵感与创作，人们开始关注珀加蒙之战，并创作了大量激烈而严酷、震慑且悲壮的作品。这一时期雕刻作品的典型代表是一具大理石石棺上的浮雕。浮雕描绘的是在伊苏斯战役胜利后，亚历山大大帝进行的一次猎狮活动的场景。这幅浮雕的特点是通过悲剧性的瞬间展现人物的勇敢。这种表现手法被后来的罗得岛雕塑家所继承。罗得岛是希腊化时

图227　拉奥孔父子之死

这组雕像大约完成于公元前1世纪，是罗得岛雕塑家阿格桑德和另外两名雕塑家（可能是他的儿子们）的联合作品。在祭司拉奥孔主持祭祀的祭坛上，两条毒蛇紧紧地缠着他和他的两个儿子，这组雕塑展现的就是拉奥孔与毒蛇顽强斗争的场面。这是表现人类痛楚的最伟大的艺术品之一，但它没有能够像那尊展现高卢首领之死的雕像一样激起我们的同情心。亚历山大石棺上的浮雕、展现伊苏斯战役的彩石画和这组雕像被认为是最伟大的古代艺术品。

期的一个繁荣兴盛的共和国。虽然这类雕塑作品中的大部分已经难寻踪迹，但保存下来的作品仍是古代雕塑中的精品。其中有一座雕塑，表现的是特洛伊祭司拉奥孔父子三人被两条毒蛇缠死的情景。

在这一时期，希腊画家也保持着和雕塑家一致的艺术倾向。他们都擅长用戏剧性的大喜大悲的时刻来展现喜剧性或悲剧性的事件。虽然这些画家们没有一幅原作留存下来，但是有一些复制品保留了下来。它们有些被画在墙上来装饰居室；有些用彩石镶嵌在人行道上。那幅描绘在伊苏斯战役中亚历山大打败波斯国王的油画就是用彩石拼嵌的形式保存下来的。但是这位希腊化时期的伟大画家的名字，我们无从知晓。

雕塑家和画家都取得了辉煌的成就。我们可以通过留存至今的作品看到当时艺术家的伟大。令人遗憾的是，这些古画都由石头或金属雕塑而成，它们有的是全身或半身雕塑，有的是浮雕，但更多的是铸在奖章和钱币上的。而那些绘制在木板上的古画无一幸存。亚历山大最为看重的画家叫阿培利斯，他为亚历山大创作了许多画像。其中一幅是亚历山大骑在马背上的场景。据说这匹马刻画得栩栩如生，还曾有一匹真马路过时冲它嘶叫。因后来的埃及木乃伊，这种绘画艺术被流传了下来。

图228　南意大利帕埃斯图姆的希腊神庙

帕埃斯图姆（希腊语中称为波西达尼亚）是早期的希腊殖民地，距离那不勒斯不远。那里有三座希腊神庙的废墟，其中，海神庙是除阿提卡的神庙外保存最为完整的希腊神庙。它具有典型的古希腊建筑风格，大约建成于公元前6世纪末，最晚不会超过公元前5世纪后期。

六十六、科学发明、图书馆与文学

这是一个发明的时代，人类的智慧在这个特殊的时代觉醒了。科学领域涌现了阿基米德、欧几里得、埃拉托斯特那等巨匠；艺术领域也出现了一大批出色的田园诗人与剧作家。

在这个特殊的时代，人类的智慧在觉醒，智慧的火花在各处迸发闪烁。人们将大量科学运用到了日常生活和工作中。像我们所处的时代一样，那个时代是一个发明的时代。在家庭里，一个赶上了时代潮流的人可以给自己的看门人安装自动开门的器械，也能装上洗衣机器，这种机器可以在合适的时间自动放水和加肥皂；在庄园里，庄园主们开始用配有螺杆的榨油器来榨橄榄油；在神庙外，祭司还安装了圣水的自动分配器。此外，人们通过利用水压制成的喷水器来降低火灾的损失。杠杆、齿轮、曲柄、蠊杆等在日常工作中的应用促进了缆绳道的发明，这种缆绳道可以将高处采石场的石块运到低处，水轮的应用也大大提高了运水的速度。人们还运用与之相似的装置将巨大的石弹放进抛石机里发射，有些甚至利用了气压原理来操作。在那时，人们常常聚集在集贸市场观赏“自动戏剧”。聪明的机械师们正在那里“放映”古希腊五幕悲剧《特洛伊之战》。首先放映的是战舰的建造和下海的情景，随后天空中电闪雷鸣，海面上狂风暴雨，希腊的英雄们不得不躲进船舱。在当时，如果家里的自来水管断水了，人们就不得不走出家门，到很远的地方去打水。这时，家庭的主人往往会讲述他们的祖辈们所过的简朴生活。

公共大钟——可能是埃及人已经使用了一千多年的影子钟，或者是希腊人发明的水钟（图226）——通常被装在集贸广场上，以便市民们掌握时间。托勒密王和他的祭司们进一步修正了日历，他们在每四年出现一次的闰月中加上了一天，但是市民们的习惯很难改过来，他们仍然沿用希腊很不便利的日历。当时，年号还没有被使用，只有叙利亚的塞琉古人把他们开始统治的那年称为元年，以后每年用数字标记。

阿基米德是当时最伟大的科学家。阿基米德居住在叙拉古，他最伟大的发明之一就是将滑轮和杠杆组合以成倍地增加力量。国王只需要轻轻地转动把柄，就能让满载货物的大型三桅帆船起锚出海。见过这个场景的人，都毫不怀疑阿基米德能够做到“给我一个支点，我可以撬起地球”。他设计的威力巨大的战争机器，在保卫叙拉古抵抗罗马侵略的战争中产生了重大的影响。阿基米德除了是一个机械发明家之外，他还是一位杰出的科学家。他发现了将物品放入水中来测量比重的原理，并通过这个原理测出了国王的一顶王冠不是纯金的。现代科学家将他的发现称为狭义引力。除了在物理学方面的成就外，他还是一位伟大的数学家。

阿基米德和他在亚历山大里亚的朋友们用书信保持往来。当时，亚历山大里亚有一大批科学家，他们大多由托勒密王资助，住在博物馆里。历史上最早由政府资助的科研机构就是由他们组成的。他们在经济方面没有任何压力，因此他们将全部精力都投入到科学研究中。为了方便研究和交流，亚历山大里亚还设有专门的演讲厅、实验室和图书馆。在希腊化时代，这批伟大的科学家组成的科研团体是历史上最早的系统化、专门化的科研机构。此后的两千多年间，直到现代科学的兴起，世界科学知识的全部内容就是这批科学家的著作。

在亚历山大里亚博物馆中的第一代科学家中，有一位至今仍闻名于世的伟大科学家——欧几里得。欧氏几何学建立在非常严谨的逻辑体系之上，在当代的英国，它仍被当作教科书使用。它是至今仍在使用的最古老的教科书。我们今天所说的高等数学是由阿基米德创立的，其中一些深奥的高级证明过程没有留存下来，有待我们重新发现。除了数学领域，阿基米德在天文学方面也取得了巨大的成就。托勒密王在亚历山大里亚建立了天文观测台。当时虽然还没有望远镜，但科学家们仍然留下了许多重大的观测成果和发现。天文学家亚里斯塔克住在萨摩斯岛上，他发现了一个当时的人们很难理解的重大天文现象。亚里斯塔克说地球和行星都在绕着太阳运行，这在当时无法获得人们的理解和重视。这一时期的希腊人以及此后的古代科学家们都认为地球是世界的中心，太阳和行星都在绕着地球运行。在希腊化时代，有一位科学家记录了天上八九百颗位置固定的星星，并通过他绘制的图表来推测未来天空可能发生的变化。

天文学取得的成就极大地促进了地理学的发展。亚历山大里亚一名伟大的数学家和天文学家——埃拉托斯特那巧妙地测量出了地球的大小（图229）。他测量到的基本情况是：夏季，太阳逐步向北方移动。在太阳到达最北端时，正午太阳光正好垂直射入尼罗河第一大瀑布附近的一个井底。

随着航海和探险活动的发展，人们关于地球大小的概念也在不断扩展，同时人们也更加深刻地认识和理解了自己生活其中的环境。有一位希腊地理学家已经开始测量山的高度，虽然他没有测量必要的工具——气压表。亚历山大征服远东的行为使已知世界扩大了许多。亚历山大里亚的商人们曾经远航

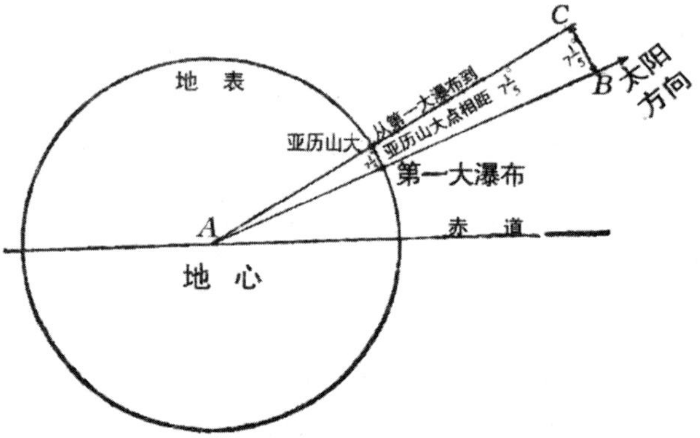

图229 推算地球大小示意图

当中正午的太阳直射第一大瀑布时（AB线），在亚历山大里亚也能见到太阳。这就像在大瀑布竖起一根长长的标杆，如果这根标杆足够长，那么在亚历山大城就一定能够看到。而对于亚历山大里亚的埃拉托斯特那来说，太阳相当于标杆的顶端，他在亚历山大里亚和大瀑布分别安放了仪器，测得两地间的角度是7%。AB线和AC线的夹角是一定的。据此，埃拉托斯特那推知，第一大瀑布与亚历山大城两地所成的角度是地球圆周360°的7%。也就是说，两地之间的距离等于地球圆周的7H，或1/50。假设亚历山大里亚距第一大瀑布500英里，那么这个距离应该是地球圆周的1/50。由此可以计算出地球圆周为2.5万英里，这只比实际长度少几百英里，还可以推算出地球直径是7850英里，误差不到50英里。

到印度，然后绕过锡兰南端进入印度东部沿海。在那里，他们听到了关于遥远的中国海岸的故事。

早在公元前500年，腓尼基的航海家就穿越了直布罗陀海峡，一路向南直达现在的几内亚海岸。他们带回了毛人的故事，那时他们将毛人称为“大猩猩”。马赛有一位名叫皮西亚斯的天文学家，他建造了一艘大船，他穿过直布罗陀之后向北航行。途中，他亲眼看到了不列颠的三角带，他继续向北海深处驶去。他是第一个发现神秘的图勒（冰岛）附近有一个冰海的文明人。他还发现了朔月对海潮的巨大作用力。他返回后给人们带来了许多稀奇古怪的故事，因此被称为神秘的寓言大师。

通过搜集整理大量的事实和材料，埃拉托斯特那终于写出了较为完整的地理学著作。他绘制的已知世界的地图包括欧洲、亚洲和非洲。在地图上，他不仅精确地标出了地中海沿岸地区，他还是第一个标出经纬线的人。因此，埃拉托斯特那可以被称为科学地理学的鼻祖。

在古代动植物研究方面，亚里士多德和他的弟子们则无出其右。由于缺少显微镜等设备，他们对于动植物的认识有限，因此做出的结论可能是错误的。但是，他们的贡献在于观察了大量的新鲜事物并对其进行了归纳和整理。在解剖学方面，亚历山大里亚的博物馆里有一个专门的实验室，托勒密王提供死囚给学者们进行活体解剖。他们通过活体解剖发现，神经是一条条的线路，所有痛苦或者快乐的信息经由这些线路传向大脑。因此他们也认识到大脑是神经系统的中心。这一发现已经非常接近血液循环系统了，但是当时的人们错误地以为动脉是与肺连接的通气管道。当时，亚历山大里亚是世界医学研究的中心。正如现在一样，那时的年轻人要经过长时间的学习和实践才能成为医师。

这时，自然科学研究非常盛行，对语言学和古典文学巨作的研究也逐渐形成了风气。据说东方的皇家图书馆很早就出现了，而希腊在大约公元前350年前也建立了第一家图书馆。这座图书馆建立在黑海边的赫拉克利亚城，是由政府创建和维持的。后来，珀加蒙国王也建立了一家著名的图书馆。但与托勒密王建立的亚历山大里亚图书馆相比，这一切就显得微不足道了。托勒密王在王宫附近的花园对面为博物馆配套了一家图书馆，最多时藏书达50万卷。

为了更好地管理如此多的藏书，第一代托勒密王任命一个天才哲学家和诗人——卡利马科斯做图书管理员。卡利马科斯根据书籍名称和作者姓名对所有的馆藏书籍进行了统一分类，并做成了120本（或册）分类目录。这是人类第一次进行的图书分类。卡利马科斯不仅首创了图书分类，他还做了许多完善的工作。他有一句名言是："最大的书也最令人厌烦。"这句话的意思是装订太厚的书用起来非常不方便。他创造了一种新的方法：将一部著作分割成册，每一册都相当于著作的一部分，称为一本"书"。通过这种方法，《荷马史诗》、希罗多德写的历史以及其他大部分著作都被分开成为“书”。

图书馆要收藏到精准并且誊写优秀的名著，就要进行大量的书籍誊写工作。因此，在整理大量的书写潦草的古代名著的过程中，出版这一新兴行业就出现了。亚历山大里亚的图书馆和学者们的抄本通常被认为是标准版本，被其他的图书馆和抄写员们效仿。在希腊化时期，世界各地都传播着亚历山大里亚版本的书籍。现在欧洲的许多图书馆里还保存着按照这些版本再次抄写的部分抄本。荷马、色诺芬和其他优秀的希腊作家们的著作的印刷体版本也是从这些抄本中发展而来的。遗憾的是，亚历山大里亚图书馆已经不复存在。保存至今的最早的希腊书籍发现于几百年前的埃及古墓中。

书籍的整理和编辑工作需要对语言进行全面而深入的研究。当两种古代抄本有所不同时，我们需要弄明白谁才是正本。就像我们阅读乔叟的著作时

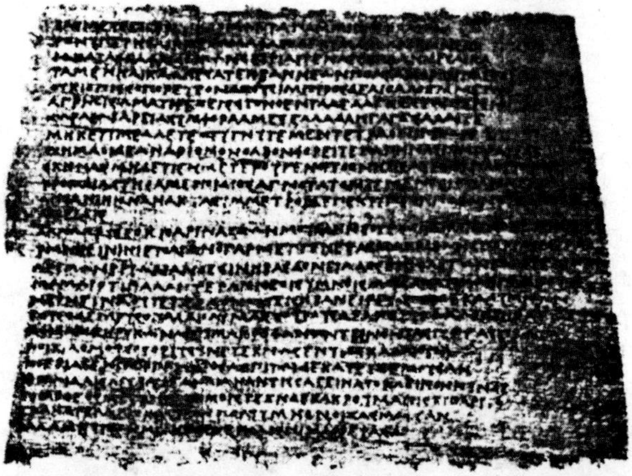

图230　流传下来最为古老的希腊著作中的一页

这本书发现于埃及古墓中的一具男尸旁边。埃及干燥少雨的气候让这本书得以保存。我们现在说的“页”在古代是卷成圆筒形状的，这本书就是由卷轴上一系列整齐卷着的圆筒组成的。书中有一首诗名为《波斯人》。它由希腊诗人提谟修斯创作，描述的是萨拉米斯战役。这本书抄写于亚历山大大帝在世时，因此可以帮助我们了解亚历山大图书馆藏书的样子，也可以让我们更加了解这些著作中凝聚着多少伟大科学家的心血与汗水。

图231 刻着学生名字的普林恩体育馆演讲厅的墙壁

这个演讲厅面向体育馆赛场周围的柱廊。几百个学生的名字就刻在光滑的大理石上。在2200多年前，这些学生们就在这里上课和听演讲。为了占座，一名学生在墙上刻下了“克利尔科斯之子——克莱奥孔的座位”几个字。当墙壁的下方写满了名字后，学生们踩着凳子或是站在同学们的肩膀上，将自己的名字刻在墙壁的上方。

常常遇到的拼读问题一样，很多古老词汇需要做出解释。因此，亚历山大里亚的学者们开始编纂词典，人们也越来越关注语法问题。公元前120年，学者狄俄尼西奥斯编写出了第一本希腊语法著作。这本著作中出现了一些语法关键词，如我们如今仍在使用的“句子成分”等。狄俄尼西奥斯的语法著作对这些名词进行了清晰的解释和认真的编排。这部语法流传了几个世纪，是后来包括英语在内的文明语言的语法基础。我们使用的语法词汇“虚拟语气”就来自希腊化时期学者们创造的相应的希腊词语。

在这一时期，文学掌握在学识渊博的亚历山大里亚和其他地方的学者手中。伟大的图书馆学者卡利马科斯就是当时著名的诗人。战争、命运和灾难等戏剧性的事件不再是文学的主题，这些学者们开始描绘泉边的牧羊人等场景。他们有时因为听见头顶风吹枝丫的声音而歌唱；有时展现放牧时的轻松愉悦；有时眼前浮现的是美丽的邻村姑娘拒绝自己的情景。他们精心推敲出优美的诗句，描绘宁静的山坡上淳朴的乡村生活，这给亚历山大里亚这个世界大都市里的中上阶层带来了远胜于古典严肃作品的享受。在诗歌方面，西西里岛的提奥克里图斯是当时最伟大的作家。他的田园诗在两千多年的世界文学中始终占有一席之地。这个时期，日常生活也通过话剧的形式在舞台上

图232　跟随亚历山大大帝猎狮的希腊人和波斯人

亚历山大在图中左侧看不见的地方。骑马的希腊人正在将矛刺向一头受伤的狮子，没有骑马的波斯人正在挥舞手中的板斧。这是1881年发现于西顿石棺上的浮雕。这幅浮雕的颜色如初，现收藏于君士坦丁堡博物馆。它在亚历山大去世后不久雕刻而成，是希腊化时期最为优秀的艺术作品之一。

表现出来。话剧在当时被称为“新喜剧”。剧中趣味性的事件让市民们看到了自己性格上的缺陷与不足。雅典的麦南德是当时最伟大的剧作家，享誉四方，他既具备观察日常生活的敏锐目光，也有通过喜剧表现生活的天赋。

六十七、教育哲学宗教

教育取得了很大的进步。雅典仍然是著名的哲学之城，柏拉图的学生们仍然在阿加德米静谧的学园里讲授他们老师的理论和学说。有教养的雅典人不是尊崇禁欲主义便是信奉享乐主义。

在希腊化时期，一些文明程度很高的城市中有漂亮的民房、宏伟的公共建筑、高雅的艺术品，还有国家图书馆和科研机构，因此，教育的进步是不言而喻的。在孩子们接受基本的教育之后，父亲会让他们去体育馆演讲厅听各种关于修辞学、科学、哲学和数学的报告。普林恩城内一个大厅的墙壁上刻着两千多年前的学生们的名字，这些学生们通过这种方式来确定自己的座位。

体育馆成为开发智力的最佳场所。当父亲们体力衰退而无法再参加竞赛时，他们会坐在圆形柱廊上观看比赛，或是结伴在柱廊中漫步，讨论最近的一次科学演讲或是博物馆实验室中的最新实验。当年轻人走出体育馆的浴室，准备和在外等候的父亲一起回家时，他们往往能够听到科学家或者哲学家们的辩论。这样的氛围激发了人们对科学和哲学的兴趣，因此，经常有青年主动请求自己的父亲，要求去博物馆或是雅典接受为期几年的高等教育。

一个年轻人如果想进入某个专业领域，他必须接受特殊的训练。与医学生一样，建筑专业的学生也要进行长期的刻苦探究，阅读各种书籍，并学习建筑和安全耐用的拱门等方面的知识。梦想成为工程师的青年们还要学习建筑桥梁和重物移动设备等方面的众多机械知识。这是一个培养技术的时代，即使是科学也开始专业化了。科学家们开始分流，有的专攻天文学，有的主修数学，还有的主攻地理学。年轻人如果想要进入科学领域，就必须受教于亚历山大里亚博物馆相应科学领域的专家们。

当那些青年们第一次穿过花园，走进博物馆中，他们会看到那里正在进行着各种演讲，涵盖了天文学、地理学、物理学、数学、植物学、动物学、解剖学、医学、修辞学、语法和文学等各个学科。当他掌握了某一领域的已知知识后，他就可以进行科学研究，致力于发现新的事实了。他可以穿过庭院来到活体解剖室，那里充斥着动物的哀号；他也可以爬上天文台的观测塔，与杰出的天文学家们一起观测天象；他还可以在正午时分帮助埃拉托斯特那观察太阳，计算地球的大小；他甚至还可以坐在宁静的图书室里整理古典名著，并将其编入卡利马科斯的图书分类册中。如果他具备了足够的知识和经验，他就可以开始向学生们发表演讲，成为一名著名的科研者了。

虽然科学源于哲学，哲学却没有在亚历山大里亚激发起人们的兴趣。雅典仍然是当时最著名的哲学城。柏拉图的学生们仍然在阿加德米静谧的学园里讲授他们老师的理论和学说。在阿加德米，柏拉图的学说备受推崇，但却被他的学生亚里士多德否认了。在亚历山大里亚接受了几年高等教育后，亚里士多德回到了雅典，在吕克昂创办了自己的学园。学园里有一条被称为"林荫道"的坡道。在那里，亚里士多德教育了一批又一批的学生，他们研究着解剖学、植物学和动物学等各种不同的学科。在亚里士多德的帮助下，学生们将大量的科学观测成果收集起来并进行系统的整理，形成了包含当时所有已知事实和新事实的大百科，这是一项永无止境的工作。遗憾的是其中大量论文都已丢失。亚里士多德和亚历山大去世后，吕克昂学园也逐步走向了衰落。

亚里士多德的著作是古代人们在知识累积和整理方面进行过的最为重要也最为成功的尝试。在后来很长一段时期内，这些著作都备受推崇。此后的欧洲，人们在他的著作中寻找一切科学问题的答案。人们不再费心发现新的事实，而是一味地依赖亚里士多德。历史上再没有哪部著作有这样高的流传度和权威性。但柏拉图的阿加德米学园和亚里士多德的吕克昂学园并不能满足所有的希腊人。许多希腊人希望能有一种让他们获得满足，并且能使他们过上幸福生活的学说。随着这种期望的逐渐强烈，雅典相继出现了两个哲学学园。出生于塞浦路斯的东方闪米特人芝诺创建了第一个学园，他在雅典集贸广场上的名叫斯多噶的彩色柱廊讲学，因此他的学园被称为柱廊学园。芝诺认为，美德是唯一的善，无德是唯一的恶。人们追求的唯一目标就是心灵的平静，而这个目标的实现与快乐和痛苦无关，它只源于美德。芝诺的信徒们以刚毅坚强闻名，我们今天所用的表示不怕挫败之意的单词“stoicism”就是由“stoa”（斯多噶）演变而来。柱廊学园在当时非常受欢迎，逐步发展成为最伟大的哲学园。另一所学园由伊壁鸠鲁创办于他在雅典的私家花园中。伊壁鸠鲁认为，最高的善是快乐，快乐包含肉体和精神两个方面；快乐应与美德结合。因此，我们常常称那些贪图享受的人为伊壁鸠鲁派。伊壁鸠鲁学园也有很大的影响力，拥有很多信徒。但他的思想没有被后人正确地理解，而被歪曲成一味追求感官刺激。东方谚语“尽情地吃喝玩乐吧，反正明日就会失去”就是因此得到广泛传播。

这些学园依靠学生和朋友们的捐赠维持运转，学园的主人和他的助手和学生们生活在一起。学园里配备有演讲室、图书室和研究室。亚里士多德的学园一度是最为兴盛的学园，至少他在世时是这样。雅典学园都以亚历山大里亚博物馆为榜样，它们又成为后来的科学院和大学的榜样。我们可以将希腊想象为拥有四个学园的大学，他们分别是阿加德米、吕克昂、斯多噶和伊壁鸠鲁的花园。虽然这一时期的雅典没有在政治上取得大的成就，但在其他许多方面，它都超越了伯里克利时代。雅典成了整个希腊的教育中心，吸引了从各地慕名而来的学子。

对于受到如此良好教育的雅典人而言，他们的宗教除了禁欲主义就是享乐主义。在他们眼里，神或者是虚幻，或者是高尚的人。当时，罗马作家尤西迈罗斯创作了一个引人入胜的游记故事。在这个虚构的故事中，他来到了印度洋，并在此发现了一个神秘的群岛。在岛上的宙斯神庙里有一块金匾，金匾上写着希腊人崇敬的众神都是他们的国王，在为人类文明做出伟大贡献后，他们就在死后成为了神。尤西迈罗斯的故事流传很广，但人们却不再崇拜这些神了。这时，个人的信仰表达不再有任何压力，人们拥有充分的宗教信仰自由，而这种自由远远超过了后来欧洲天主教徒们的自由。在雅典传播苏格拉底学说的人们再也不会受到责难了。

一般人很难进入哲学园地，因此，绝大部分人没有机会接受有助于理解深奥哲学的教育，但是他们有信仰任何形式的神的自由。随着古代信仰的复兴，希腊对东方神的崇拜日益盛行。这些信仰逐渐渗透到希腊的生活中。东方的塞拉皮斯神被托勒密王尊为国教神，托勒密王还在亚历山大修建了庄严的国教神庙。源自巴比伦，关于迦勒底占星家的传说也开始在地中海沿岸广泛传播。这种传说不仅被埃及人所接受，还对希腊科学产生了影响。随处可见东方的信仰与信仰物品，人们早已习惯了来自外国的神，现在他们已经不会对其他宗教的习俗感到惊讶了。正是因为这样一个时代，作为东方宗教之一的基督教才得以迅速地传播与发展。

六十八、希腊化世界的形成——市民和城邦的消亡

当希腊文明通过语言、艺术、文学、剧场和体育馆等媒介使东方希腊化时，东方文明也同样对西方产生影响，并使得东地中海地区东方化了。

如果认为东方影响会被马拉松和萨拉米斯战役彻底地逐出地中海，并从此形成无法突破的防线，那就完全错了。就在亚历山大对东方的征服行动摧毁了东方的军事与政治的同时，东方的文明与生活方式也对东地中海地区产生了强烈深远的影响。这种影响不断蔓延到商业、政府形式、风俗习惯、艺术、工业、文学和宗教等各个领域。因此，在巴勒斯坦形成的基督教很快便开始影响西方，并且这只是众多影响中的一部分。由此可见，当希腊文明通过语言、艺术、文学、剧场和体育馆等媒介使东方希腊化时，东方文明也同样对西方产生影响，并使得东地中海地区东方化了。

世界被极大地扩展，在这个扩展开来的世界里，那些曾经创造过希腊辉煌文明的古老城邦们，已经不再具备从前的影响力了。公民们发现自己不再

只是城邦的一员，而是整个国际化的世界中的一员，与整个世界相比，他们生活的城邦是如此微不足道。由此，他们失去了作为城邦公民的特殊感觉。在希腊化时期的大城邦中，城邦公民的身份已经不复存在。公民们没有参与管理自己城邦所属的国家或帝国的权利，这就像是芝加哥的市民可以选举市长，但不能选举美国总统一样。塞琉古人的帝国甚至没有统一的国家名称，被征服的人们无论在哪都用家乡的城邦来代替国家的称呼。这就像美国人总是被称为波士顿人、纽约人、费城人或是芝加哥人一样。他们不存在什么爱国主义，甚至连国家的概念都很淡漠。

城邦曾经是古希腊的文明中心与权力中心，但现在城邦最有力的支撑因素已经完全消失了——城邦市民们信仰的神已经不复存在。希腊的守城士兵们已经被职业士兵取代，而这些职业士兵都来自希腊以外的国家，他们主要执行的是消防任务。希腊人不再为了保卫城邦和家园而武装自己，他们发现保卫市政府办公地点已经成为一种职业，就如同以前的守城士兵一样。城邦事务也不再能够引起希腊人的兴趣，他们更重视个人的生活和素质的提高。那种对城邦的敬爱激发出来的责任感，以及这种责任感引发的道德观念，都无法再振奋他们的精神了，也不能再激励他们在艺术、政治、建筑、文学和思想等方面创造成就了。曾经的希腊城邦在相互竞争中创造了前所未有的先进文明。但现在，从政治上而言，这些城邦已经消亡了。许多希腊城邦的市民迁往亚洲，留下的已经不多了。许多希腊城邦市政厅前的公共广场上，常常游荡着吃草的牛群。统一的希腊已经成为过去。

最终，一个强大的帝国吞并了古希腊城邦。公元前200年，这个希腊化时期的东地中海大国发现，战争已经不可避免。因为在远方的西地中海地区，一个新的军事强国崛起了，并且他那强有力的触角已经伸到了这里。因此，在进入公元前200年的历史之前，让我们回过头来，重新考察地中海西部的情况，这有助于我们理解地中海东部在之后发生的事情。在过去的300年间，西部的罗马城逐渐发展壮大，成为一个强国。它会统一东西地中海，最终建立一个囊括整个地中海地区的大帝国。

第二十一章 罗马征服意大利

六十九、西地中海世界

东地中海的古希腊和希腊化时期的文明经由南意大利岛和西西里岛传往西地中海，西地中海由此走向了文明。

当我们回忆东地中海地区的历史时，我们很少提及西地中海地区。从石器时代往后，我们没有再介绍过西地中海。现在，我们重新回到西地中海，因为我们应该从整体上来认识与了解地中海地区。地中海是一片辽阔的水域，东西距离2400英里，相当于欧洲的长度与美国的横向距离，也相当于从纽约到加利福尼亚的距离。我们必须要记住的是，我们说的古代世界大部分是指地中海沿岸地区，当然也包括东方和黑海地区。主要的古代历史舞台就集中在地中海及其沿岸地区。

今天的地中海并不是像美国的五大湖一样的单一水域。意大利和西西里岛构成的路桥几乎横跨了整个地中海，将它分成了东西两片海区。这两片海区始终没有公认的地理名称。为了方便描述，我们暂且将它们称为东地中海和西地中海。西海区比东海区宽得多，向北延伸更远，被高原带环绕。东海区则处于高原的南部。西地中海比东地中海纬度更高，也更接近北方的气候带，此前我们一直在探讨东地中海世界的文明历史，现在让我们回过头来，对西地中海世界的历史做一番探索与回顾。

在东方的统治下，东地中海世界很早就开始了文明进程，但西地中海地区由于距东方太远，受到的文明影响也较少，因而一直停滞不前。从石器时代的瑞士湖村时期以来，大部分西地中海地区几乎没有取得明显的进步。但是，我们可以从地图上看到，西地中海地区与东地中海地区并没有完全分割开来。因此，东地中海的古希腊和希腊化文明可以通过其西部的南意大利和西西里岛传往西地中海世界。在此后的章节中，我们将会了解到东地中海是如何促进西地中海地区的文明进程的。意大利在早期的西地中海世界中占有最为重要的地位。意大利的地势东高西低，向西倾斜，面向西地中海，属于西地中海地区。意大利半岛长达600英里，延伸至海中。它相当于佛罗里达半岛长度的一半，面积是希腊的四倍，并且不像希腊一样多山，因而国土没有被绵延交错的山脉分割成不平坦的山谷和小平原。虽然亚平宁山主脉穿过意大利半岛的北部，但是在其他地区与海岸线基本平行，大部分余脉山脊也与海岸线平行。这里有广阔的平原、辽阔的牧场，还有比希腊任何地区都更丰富的谷物。与希腊相比，意大利的平原能养活更多的人口。与希腊海岸线的错落有致不同，意大利的海岸线较为平缓，因此没有天然的良港。由此可见，意大利的商业落后于农业和畜牧业的发展。

意大利富饶的平原与森林葱郁的山坡吸引了来自寒冷而贫瘠地区的北欧人。不断有北欧人移居到这个阳光充裕的半岛上。公元前2000年，石器时代晚期，瑞士湖村居民们也开始向南迁徙。他们穿过阿尔卑斯山隘口，在北意大利的湖边定居下来。这些移民居住了一百多年的桩屋（图233）已经从波谷下面被挖掘出来。

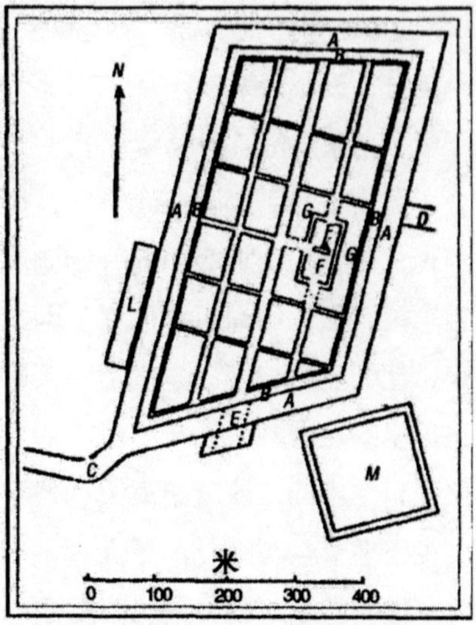

图233　北意大利史前桩屋村的平面图

桩屋村周围是一条壕沟，壕沟宽约100英尺，与河道（C）相通。壕沟内侧是一面土墙（B），墙基约为50英尺厚。桩屋村约为2000英尺长，相当于四个街区。它建立在沼泽中，由木桩支撑，与湖村相似。后来的罗马军营就借鉴了这种桩屋村的结构规划。

波谷曾经是一片宽阔的沼泽地，这些移民们不断开发利用这片沼泽，并在上面建造了大量桩屋。现在的威尼斯城仍然建立在桩基上，只是石块取代了大部分木桩。我们可以通过威尼斯来了解当时这一带的湖村居民们是怎样修建木桩房屋的。他们在很大程度上影响了后来的罗马人。波谷桩屋的布局在很多方面被罗马人的军营规划图借鉴了。

在来到波谷之前，湖村居民就已经开始将金属运用到生活当中。考古发掘者在他们所有的居住地都发现了金属制品。这些金属制品显然来自东方，这可以通过东方传播到意大利的“铜”和“青铜”两个词语证明。我们现在说的“Copper”（铜）曾在意大利被称为“Cuprum”，它是由塞浦路斯岛的古代名字（Cuprus）演变来的。塞浦路斯很早就为地中海地区提供了丰富的铜矿。我们现在所说的“bronze”（青铜）据说源于“Brondesium”城的前半部分，该城后来被称为“Brumdisium”，也称Brundisi（布林迪西）。它位于意大利东南角，距爱琴海不远。东方的青铜就是经由这里传向西方的。

当桩屋居民定居在波谷后，最西端的印欧部落也开始被这里湿润的气候与森林茂密的山坡吸引而开始向这里迁徙。就在希腊人向希腊半岛南端迁移后不久，西地中海世界迎来了西端的印欧部落。一批又一批的迁移者相继到来，他们定居在半岛中南部的部落中。其中最重要的是古意大利部落，也就是最早的意大利人。希腊语中的“意大利”最早只是指南部半岛，后来才扩展到整个半岛，这就是意大利名字的来源。在往后的几个世纪中，西西里岛上也住满了意大利人。

我们已经知道，在征服爱琴海地区时，希腊人也占领了与东地中海相邻的文明化程度很高的地区，但这完全不同于印欧部落对意大利的入侵。对于当时的希腊人而言，西地中海地区是一片不毛之地，没有宏伟的建筑，没有牢固的城池，没有文字更没有文学。当古意大利部落开始扩张时，原来的居民大多溃散奔逃，就像早期受到希腊人攻击的爱琴海人一样。这些早期的西地中海人（石器时代欧洲人的后代）的形象发现于公元前13世纪的埃及遗址中。这些人可能是在古意大利人的扩张下被迫逃离的难民们，他们在埃及军队中服务，使用的武器是笨重的青铜剑，这种剑很像加长的埃及匕首。这些武器都来自其他地方。史前的西方人已经掌握了锻铸金属和铸剑的技术。那时制造的剑是单刃的，剑刃呈曲线，在埃及帝国和亚述帝国非常流行，但很少被东方军队使用。罗马人使用的双刃剑源自西方，由匕首演变而来。

除了古意大利人之外，还有另外三个竞争激烈的部落入侵西地中海。他们都来自东地中海地区。就在这些部落相互争斗时，古意大利人突然发现意大利的西海岸经常有一群凶猛的海盗出现，他们被称为伊特鲁里亚人。我们至今没有完全弄清楚他们的来处，可能是小亚细亚东部。埃及的废墟中曾经出现过这些海盗在公元前13世纪的三角洲沿海公开抢掠的记载。那时，他们正打算离开小亚细亚，前往意大利寻找新的家园。公元前1000年，伊特鲁里亚人定居意大利，他们打败了古意大利部落，占领了从那不勒斯到热那亚的意大利西海岸地区，其中包括直到亚平宁山脉，接近波谷地带的大部分内陆地区。他们似乎注定会成为意大利的主宰。作为西地中海最为重要的部落，他们将会走进罗马时代。这个我们会在后面讲到。

参与抢夺的还有迦太基人。他们在公元前1000年后取得了巨大的商业成功。当腓尼基人的商业扩展到西地中海地区时，他们在西西里岛对面的非洲海岸创建了繁荣兴旺的商业城市——迦太基。迦太基发展迅速，很快就成为西地中海地区最大的港口。迦太基人还迅速地控制了从北非到大西洋的大量地区。他们占领了南西班牙，包括西西里岛在内的许多西地中海岛屿也被他们控制了。

就在迦太基打算完全占领西地中海地区时，古意大利人的第三个对手——希腊人出现了。我们已经介绍过公元前8世纪希腊人在南意大利沿岸和西西里岛进行的扩张。他们在那里建立了许多城邦，但是这些城邦之间的斗争使得西部的希腊人难以统一成为一个国家。叙拉古在当时的希腊诸城中势力最大，它多次成为各个城邦的首领。我们知道，雅典人就曾经试图争夺叙拉古进而占领整个西部世界。

西部世界的古意大利人面临着三个实力强劲的对手——伊特鲁里亚人、

迦太基人和希腊人。三方维持了很长时间的对峙局面。西西里岛和南意大利的希腊人既要对抗迦太基人，又要应对伊特鲁里亚人。我们已经知道，在萨拉米斯战役中，叙拉古的希腊人击败了迦太基人，并从他们的侵略中保住了西西里岛（公元前480年）。几年后，海上出现了伊特鲁里亚的战舰。经过一场激烈的海战后，疯狂的伊特鲁里亚海盗（图234）再次败给了叙拉古人。西部的希腊人粉碎了迦太基人占领西西里岛和南意大利的梦想，也战胜了昔日的海上霸主伊特鲁里亚海盗，从此占据了政治上的优势地位。

图234　公元前484年，叙拉古希腊人在库迈战争中缴获的伊特鲁里亚人的头盔

这顶头盔被叙拉古暴君希罗供在奥林匹亚山上。这是著名的库迈战争中的一件战利品，现保存于不列颠博物馆。2400年前，叙拉古暴君刻在头盔上的供奉词仍然清晰可辨。

在公元前400年的西西里岛和南意大利，叙拉古暴君狄奥尼西乌斯建立了一个强盛的帝国。西部世界的希腊人似乎充满了将这个帝国变为统一而坚固的国家的希望。但是，狄奥尼西乌斯的继承者们缺少政治魄力。他们请来了伟大的哲学家柏拉图，试图实行柏拉图的统治理念。但是柏拉图的理论却葬送了年轻的叙拉古帝国（公元前357年至公元前354年）。柏拉图本人也十分担忧，他说，西西里的希腊语就要被迦太基语或者印欧部落的语言取代了。

虽然西部的希腊人没有能够与希腊本土联合起来，建立统一而强固的国家，但是希腊文明仍然产生了巨大的影响。西部的希腊文明与我们此前介绍的文明是基本一致的。当迦太基人和伊特鲁里亚人被叙拉古人成功击退后，西部城邦建造了一些精美别致的纪念碑。这些纪念碑体现了希腊建筑艺术对西地中海地区的影响，也在其他方面体现了对我们今天所认识的希腊文化的影响。古意大利人定居在这里的1500年后，意大利南部发展出了辉煌的文明。到希腊化时期，文明发展到了最高水平，叙拉古出现了阿基米德等伟大人物。现在，让我们跟着罗马统治下中部意大利野蛮部落的足迹，看一看他们是如何在伊特鲁里亚人和希腊文化的影响下，逐步发展壮大并最终走向文明的。

七十、罗马的草创

帕拉蒂尼山城堡附近居住着一群人，他们来自各个不同的地方。他们中有拉丁人、伊特鲁里亚商人、地主、其他遥远地方的陌生人，还有附近社区流放的犯人。这些就组成了公元前一千多年前罗马的最早居民。

台伯河从意大利中部向西汇入地中海。在台伯河的南岸（或东岸）分布着许多古意大利部落，他们被称为拉丁人。伊特鲁里亚海盗登上北岸时，这些拉丁部落已经在这个40英里长、30英里宽的平原上生活了很长时间（图235）。这个平原比美国的许多县还要小，它被称为拉丁姆，拉丁人的名称便是由此而来。像它的近邻一样，拉丁人也在各地组成了许多小社区，他们在平原上种植，在山坡上放牧。拉丁人必须在土壤贫瘠的拉丁姆生存下去，这样的环境培养出了坚毅而勤恳的人民。在阿尔邦山上（图235），拉丁人用粗糙的土砖砌成了一个祭坛，他们每年在这里集会一次，祭拜他们的主神朱庇特。山脚下有个名叫亚尔巴·隆加的小镇，这个小镇一度领导着拉丁部落。因为拉丁人需要与它结成同盟以共同抵抗敌对部落。台伯河对岸的伊特鲁里亚人城镇发展迅速，这让拉丁人非常忧虑，他们也在努力阻止伊特鲁里亚人过河来侵扰自己的拉丁部落。

图235　拉丁姆平原一角与通往阿尔邦山的亚平宁大道

图中是亚平宁大道的一段。在早期罗马人修筑的道路中，亚平宁大道是最好的一条。大道连接着罗马和卡普亚，终点通向布伦狄修姆。图中高大的呈圆柱形的塔是一个著名的墓地，它是为罗马赛夫人赛利丽亚·美蒂娜修建的。

当拉丁农民需要武器和工具时，他们就带着谷物和牛羊来到台伯河南岸的集贸广场。因为台伯河下游临近海边的部分是一片沼泽，因此最理想的渡河方法是浅水区或是某个小岛（图236）。早期的居民在小岛上架了一座桥，这座桥是由金属工具架起来的，是最古老的一座桥。从附近的山上看这架桥，人们既可以看到另外几座山上零星的几户人家，也能看到最大的聚居点——帕拉蒂尼山上的城堡。城堡附近有小桥和浅滩，经常停靠着伊特鲁里亚人的船只。台伯河是意大利唯一可以行船

图236　台伯河畔，罗马附近的岛屿

虽然台伯河并不属于大河，但是在春天的涨水期，罗马的大部分地区还是常常被淹没。我们现在见到的岛上房屋，虽然有一部分相当古老，但绝对不是我们现在探讨的那个年代或者更早年代留存下来的。图中的这座桥年代久远，是法布里西斯于公元前62年用大石板建成的。这座桥已经见证了两千多年的历史，许多伟大的罗马人，例如恺撒一定经常走过这座桥。

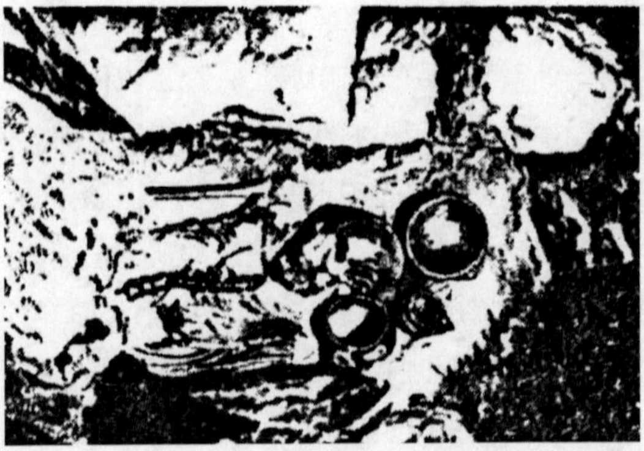

图237　罗马广场下的史前坟墓

图中的遗骨属于曾聚居在山顶村庄中的史前村民。这些村庄后来联合起来成为罗马。在墓中发现的工具、武器和陶器说明死者的生活时间是公元前1000年后不久。在这个时期，铁器逐渐取代了青铜器。

图238　伊特鲁里亚人制造的青铜战车

这是迄今为止人们发现的最为精美的伊特鲁里亚青铜制品。这辆战车发现于一个伊特鲁里亚人的墓穴中。它大约制作于公元前6世纪，现收藏于纽约大都市博物馆。

的河流，因此这些船在河中逆流向上，深入内陆。沼泽地四面环山，在临近村庄墓地的地方有一处露天市场。在市场上，拉丁农民与伊特鲁里亚人进行交易。他们用谷物和牛羊换取所需的铁质工具和青铜武器。虽然当时铁器已经广泛使用，但是他们牢记着祖先用青铜工具和武器创下的功绩和留下的故事。那里的居民成分复杂，有做生意并在附近购买了田地的拉丁居民、伊特鲁里亚商人和地主、来自遥远的不同地方的陌生人，还有附近社区流放的犯人。他们组成了公元前一千多年前罗马的最早居民。

拉丁部落担忧的事情——伊特鲁里亚人的入侵还是发生了。公元前800年之后，伊特鲁里亚人的城邦不断向外扩张，众多城邦联合起来形成了王国，每一个城邦都有牢固的防御设施。约在公元前750年，一位伊特鲁里亚国王横跨台伯河，赶走了最后一位拉丁部落的首领，占领了帕拉蒂尼。他在这里建起了城邦和王宫，还控制了台伯河上游山上的村庄。这些村庄逐步聚集，成为罗马城。伊特鲁里亚国王们迅速扩张到了拉丁姆平原的拉丁部落和阿尔邦山上的亚尔巴·隆加城。这个曾经的拉丁部落之首从此没落了。罗马与其他伊特鲁里亚城镇一起，成为伊特鲁里亚国王统治下的城邦王国。这个城邦王国从卡普亚一直向北延伸到热那亚港。这种形势一直持续了两个半世纪。虽然伊特鲁里亚国王统治着罗马，但居住在拉丁姆平原上的仍然是拉丁人，他们仍然说着拉丁语。[①]

自从迈锡尼时代以来，伊特鲁里亚人就已经非常熟悉希腊的海域了，他们的船只只在希腊各港口之间穿梭往来。在与希腊人的往来中，伊特鲁里亚人学会了借用希腊文字写自己的语言。这种文字现在仍然可以在意大利古墓上看到。虽然

---

① 我们可以从上述表述中看出，早期的罗马国王都是伊特鲁里亚人。罗马创建于公元前750年前不久，这与后来伊特鲁里亚人占领罗马并建立了一个强大的王国相符。早期的罗马没有留下任何可供我们研究的文字材料。我们这个判断的依据主要来自于罗马、拉丁姆与周围地区废墟的考古材料。如果考古研究以罗马文明中的伊特鲁里亚文明成分为依据，就不会再有人质疑早期的罗马国王是伊特鲁里亚人的观点了。很显然后来的罗马人不愿意相信他们早期的国王来自异邦，他们更愿意接受所有的罗马国王都是本土人的传说。文学故事里描绘了许多这样的传说与动人的故事，直到今天，还有许多人对此坚信不疑。

我们认识那些字母，但我们不能明白伊特鲁里亚人用那些字母拼成的词是什么意思，因而我们也无法更深入地了解创造这种文字的伊特鲁里亚民族。

在与希腊人的交往中，伊特鲁里亚人带回了精美的希腊陶器。后来他们还学会了希腊的装饰画。在伊特鲁里亚人的墓室墙壁上绘制着许多这样的画。从这些画中，我们可以看到伊特鲁里亚人的相貌、服饰和使用的武器。在掌握了炼铜技术后，他们很快就造成了精美的青铜制品，甚至一度超过了希腊金属制品的水平。这大大地促进了他们的商业繁荣。伊特鲁里亚人还学习和借鉴了希腊的建筑风格。但不同的是，他们的建筑中出现了许多拱门，这说明他们可能也非常熟悉小亚细亚的建筑。拱门这种建筑形式就是由伊特鲁里亚人引入意大利的。他们的建筑是人们知道的最早的罗马建筑，这种建

图239　位于罗马北部不远处的古西里镇上的伊特鲁里亚坟墓的墓道

墓室（有些墓中含有几个墓室）中有一个石棺，里面躺着一具尸体。陪葬品包括精美的花瓶、金银首饰、家具、工具和武器等物品。墓室的墙壁上有装饰画，这些画有些反映了伊特鲁里亚人的日常生活，有些取材于希腊神话故事。这些神话故事是他们在与希腊人的交往中了解到的。这个坟墓的伊特鲁里亚主人可能曾经生活在围墙牢固的城中，而这座城的废墟很有可能就在附近的某个地方。伊特鲁里亚人的制作业，尤其是青铜制作业非常兴盛。城市几英里外有一个港口，伊特鲁里亚人在商业贸易中获利丰厚。有一座墓穴的墓壁上刻着死者的名字——Tarkhnas，他可能是Tarquinius（塔尔奎尼斯）的后代。据罗马传统推断，这应该是上一代罗马国王的名字。

筑风格对罗马建筑产生了重大的影响。

伊特鲁里亚国王为罗马带来了很大的变化。由于广场低处的河谷常常被雨季的洪水淹没，他们就用石块堆砌成一个顶部呈拱形的排水沟，这个排水沟十分坚固，可以将水排到河口，保障城市的安全。这一古老的排水系统一直保存到了今天。他们在广场和台伯河之间的卡皮托尔山上修建的朱庇特神庙存在了几百年的时间。朱庇特是当时的国神。后来，伊特鲁里亚国王的暴政导致了一场叛乱。这场叛乱可能是伊特鲁里亚贵族发动的。在这场叛乱中，国王带着随从逃到了一个叫西里的地方。最后他们在那里死去并葬在了那里（图239）。于是，约在公元前500年，罗马的王政时代结束了。伊特鲁里亚人在罗马两个半世纪的统治留下了深刻的印记，对后来的建筑、宗教和部落组织都产生了深远的影响。

七十一、共和时代来临

虽然罗马人没有希腊人那样的天资，但他们拥有丰富的实践经验，能够把朴实无华的理论与常识应用于实践中的各个方面。罗马人处理实际事务的智慧远远超过了希腊人。

在伊特鲁里亚人统治的时期，希腊文明对拉丁姆产生了重大的影响。台伯河下游的码头频繁地迎来希腊南部城市的船只。在伊特鲁里亚人的统治时期，罗马商人逐渐在希腊人递交的单据中了解了各种商品的名称。不久后，罗马商人开始用希腊字母做记录，罗马字母由此演变而来，后来又演变成了拉丁字母。东方的文字就这样渗透到西方，这本书使用的文字（英语）就是

图240　台伯河岸的雅翁狄诺山和伊特鲁里亚人的排水系统

从这里向下望去，左岸是雅翁狄诺山。一排排现代罗马人的住房就建在山脚下的河岸上。在这片房屋的尽头有伊特鲁里亚人建的排水沟的出水口。排水沟位于广场地下，被用于排放广场中的积水。罗马人称其为大排水道。虽然排水沟在后来被多次修整，但它最古老的部分仍称得上是罗马最为古老的石头结构建筑。

A　B

图241　早期的罗马铜币

到了亚历山大大帝时代（公元前4世纪下半叶），罗马人开始意识到用实物尤其是用牛进行交易的不便，因此他们将铜制成铜板，并在每块铜板上都印上牛像（A），以示铜板的价值。我们今天所用的pecunia（财产）一词就源自罗马词语pecus（牛），我们常用的pecuniary（金钱的，货币的）也是源于这个词语。罗马起初制造的铜板非常笨重，在希腊的影响下，后来罗马人铸造了圆盘币（B），每块约一磅重。再后来，这种被称为盎司的铜币被分割成12块，每块称为盎司亚（罗马语uncia）。此外，他们还铸造了2、3、4、6盎司亚的铜币。两代人后，铜币不再被用作大额支付的货币，盎司的重量也减到了原来的六分之一。

这样演变而来的。腓尼基的文字以及由此演变而来的其他文字，包括西方的迦太基语、罗马语和东方的阿拉米语，都在印度到大西洋之间广泛传播。

最开始，台伯河码头上没有罗马人的船只。后来，罗马人学会了仿造希腊船只。随着罗马船只的逐渐增加，人们开始意识到用谷物和牛羊进行物物交换的不便，那时希腊人已经使用非常便捷的铜币和银币了。一段时间后，罗马人开始将粗制的铜板用于交易。这种铜板上铸有或刻有牛像（图241A）。又过了150年，罗马在赶走了伊特鲁里亚国王后，才开始使用真正的铜币（241B）。后来，罗马与希腊城邦之间的关系越来越密切，于是罗马以阿提卡（古雅典）的货币单位发行银币。同时，东方的长度和体积单位（度量衡）也开始被罗马人逐渐接受。

希腊语言也开始对罗马产生影响。拉丁人在购买希腊商人带来的服饰、家具和陶器等商品时也认识和了解了相应的希腊词语。我们以一种腓尼基长袍为例，希腊商人称其为kiton，拉丁农民将这个读音模仿为ktun（ktoón），后来，他们又去掉了字母k，并在单词末尾加上拉丁词尾ic，形成了我们今天所说的tunic（外衣）。

除了有形的物品之外，希腊人还带来了许多无形的东西，这促进了罗马人对希腊精神文明的了解。罗马农民了解希腊的诸神，并且他们也相应地拥有自己的神。对罗马农民而言，每个神掌控着自然界和人类生活的一个领域：朱庇特是主宰太空的众神之王；玛尔斯是武士的保护神；维纳斯是爱神；朱诺是古代的太空女神，主管妇女、婚嫁和生育；维斯太是家里的灶神，她的壁炉中燃烧的是两千年前游牧时期在亚细亚大平原上的天父流传下来的火；凯瑞斯是谷物女神，控制着地上的五谷；墨丘利神为众神传递信息并维护交通和贸易。在罗马，希腊诸神在人间的冒险故事四处流传。罗马人的维纳斯对应的是希腊的阿佛洛狄忒神；墨丘利对应着赫耳墨斯神；凯瑞斯神则相当于得墨忒耳神。

后来，这种影响被神谕加强了。意大利人对希腊人西比尔·德尔斐——阿波罗神庙的女祭司带来的神谕深信不疑。罗马人将西比尔书中的神谕视作

图242 伊特鲁里亚人从巴比伦人那里学来的用于对照占卜的铜质羊肝模型

这个羊肝模型的表面刻画了许多线条，模型被这些线条分割成许多部分，形成了一种示意图。这种铜质模型和古巴比伦人用黏土烧制的羊肝模型类似。早在伊特鲁里亚人迁移到意大利之前，他们就已经受到了东方艺术，尤其是小亚细亚地区艺术的影响。

对未来神圣的启示。伊特鲁里亚人曾经盛行一种占卜术：用祭祀之羊的肝脏（图242）预测未来。伊特鲁里亚人的这种占卜术是经由小亚细亚从巴比伦人那里学来的，他们将其带到了意大利。

这种占卜术对于讲求实用的罗马人而言是非常方便的。罗马人对诸神没有任何疑问，没有那些一直困扰着欧里庇得斯的问题。罗马人没有希腊人那么丰富的想象力，尽管希腊人凭借这种想象力创造出了动人的神话，罗马人只把拜神祭祀活动看作履行契约的行为。罗马人认为，只要信仰者履行了自己的职责，他所信仰的神就一定会保佑他。因此在宗教方面，罗马人遵循的只是像供奉牺牲等一样的刻板仪式，而这些活动是很容易完成的。在这种契约型宗教的影响下，罗马人在政治和法律方面取得了很大的成就，却没有对宗教、艺术、文化和科学发现等领域做出创造性的贡献。

因此，我们没有在早期罗马发现荷马式的人物。没有人用诗化的语言描绘罗马的早期战争。罗马人虽然没有希腊人那样的禀赋，他们却拥有丰富的经验和实践能力，善于在实践中运用朴实无华的理论与常识。罗马政府拥有非常先进的管理方法，政府事务交由成熟且具备政治经验的杰出领袖们管理，他们具有出色的管理才能。罗马不曾出现希腊城邦中的那种没有任何经验的领袖。罗马人在解决实际事务中的才能使他们在政府管理方面远远超过了希腊。现在，让我们看看罗马人是如何运用他们的政治才能来建立强大的罗马帝国的。

伊特鲁里亚国王被赶走之后（大约在公元前500年），罗马落入了被人们称作“贵族（Patrician）”的人手里。这些是在推翻伊特鲁里亚国王统治的叛乱中起决定性作用的人们。但这些贵族中没有一个人强大到可以登上王位。可能是贵族与平民之间达成了某种妥协，于是每年贵族中会有两人被选为执政官。两位执政官权力相同，任期为一年。任期结束后，执政官由新的贵族接任。为了选举执政官，罗马每年会召开一次军人集会。虽然这个集会处于贵族的控制之下，我们还是可以将这种新型城市称为共和国，执政官相当于总统，平民享有选举执政官的权利。由于罗马只有贵族才具备当选为执政官的资格，因此罗马政府仍然是属于压迫阶级的。平民（当时被称为pleb，可以与今天的 plebeian相比），尤其是拉丁部落的平民非常反感这种压迫。

没有平民的支持，贵族们就会失去战争中的士兵来源。因此，贵族们也被迫做出了妥协：赋予平民更多参与政府管理的权利。平民们开始有权利召集地方集会以及选举他们自己的护民官。护民官有权否认包括执政官在内的所有政府官员的命令；在发现执政官的不公正处理时，他们有权废止执政官的决定，甚至可以推翻对平民的死刑判决。在发现某项法律是不公正的情况下，护民官还有权影响法律。因此，护民官的影响力非常大。后来，随着政府事务的增加，护民官的数量也相应地增加了。

起初，几乎所有的政府事务都由执政官亲自处理。执政官既要担任战时的军队指挥官，又要掌管国库资产，还是处理法律事务的法官，因此他们难免有顾不过来的时候。当执政官率兵出战而长期不在罗马时，他们自然就无法处理在罗马发生的法律案件。这时的法律纠纷就不得不等到战争结束后才能结案。此外，执政官还要在日常的商务往来和金融事务上消耗大量时间。因此，对于执政官而言，要处理这么多的政府事务实在是力不从心。

这时，增设官员来协助执政官处理政府事务就显得非常必要。于是，执政官任命一种叫作qucestor的财政官员来管理政府资金；执政官还任命了一种名叫censor的监察官。监察官的职能较多，他要管理户口，统计和调查全国的人口，确定公民应该缴纳的税额，处理和选举相关的事务，监督平民的日常生活，以及防止不道德的事件发生。我们今天使用的censor一词就是源于这个罗马官员的名称。执政官还增设了一种名叫prcetor的法官助理以帮助他处理法律纠纷，这种法官后来增设了很多。在国家出现危机时，执政官还会任命一位威望很高的人为城市的最高统治者，也称独裁者。独裁者的任期很短。

除了行政、财政和法律事务外，政府还要履行其他职责。政府不仅要应对日常事务，还要解决各种重大问题，例如对外宣战、维护和平与颁布新法令等。虽然执政官在处理这些事务时享有极大的权力，但他仍然要接受元老院（senate）的约束（senate一词由senex演变而来，原意是老人）。元老院早在伊特鲁里亚人统治时期就存在了，伊特鲁里亚国王还经常召集元老院为他服务。现在，贵族不但可以担任执政官，还可以进入元老院，于是他们几乎垄断了政府的所有职位，享有的权利也远多于平民。

护民官可以制止一些错判的死刑，并使平民免受一些不公正的待遇，但他们并不能确保平民能够享有各种权利。如果贵族的大群牛羊占据了公共牧场，护民官就无法解决平民的牛羊吃不到草的问题。此外，护民官也没有让平民竞选执政官、进入元老院或与贵族联姻的权利。护民官的存在只是为了缓解贵族和平民之间必不可免的矛盾。平民与富裕而有权势的贵族们之间的斗争仍在继续，他们还在不断地努力，试图获得更多的权利。雅典和其他的希腊城市也存在着同样的斗争，但罗马平民的斗争更加灵巧，也获得了更大的成功。为了争取权利，罗马平民不断地奋斗着，但他们并没有使用战争、内乱等流血手段。在共和国成立之后的两百年间，他们获得了空前广泛的权利。

平民坚持以文字的形式将现行法律固定下来，以便他们在处理法律事务时寻找相应的法律依据。共和国成立50年后，在公元前450年，罗马早期的法律被缩编并镌刻在12块铜表上。同时，平民还享有制定法律和举行公民大会的权利。

早在王政时期，平民就获得了一定的政治权力。平民时常在平民议会厅（comitia）中集会。许多氏族和兄弟会（类似于希腊的兄弟会）组成了议会厅。每个兄弟会都有自己的会堂（curia），因此人们也称平民议会厅为comitia curiata。兄弟会可以自行举办集会，进行选举。每个兄弟会只有一张选票，因此多个兄弟会必须联合起来解决一个问题。

在共和国早期，战争不断，平民们常被编制成军队，每100人组成一个百人队。后来，百人队成为一种民众组织。同时，罗马还出现了一种新的百人队会堂，新词comitia centuriata（百人队会堂）也出现在了罗马词汇中。由于支付百人队的武器和装备费用的需要，富人和贵族在百人队中的人数远远超过了穷人。于是，富人们控制了百人队。不久后，他们就获得了执政官的选举权。再后来，昔日兄弟会会堂的权利也完全被富人夺取了。

同时，另一种组织形式出现了。这种组织的目的是为普通的平民创造机会，让他们管理与自己密切相关的公共事务。这一组织建立在部落的基础之上，因此被称为comitia tribula（部落会堂）。这个会堂由护民官主持，所有平民享有同等的选举权，它主要是为了维护平民的利益而存在，因此，它做出的决定能够切实体现平民的意愿。

元老院用来制约平民的立法权被百人队会堂和部落会堂完全剥夺了。实际上，百人队会堂和部落会堂已经成为罗马的立法机关。在百人队中，平民获得了和富人、贵族们同等的选举权。于是，平民既获得了认可或否决法律的权利，也享有了制定法律的权利。由此，平民们逐渐获得更多的土地并享有更加广泛的权利。最后，平民们可以选举他们的邻居来担任监察官、财政官、法官甚至是执政官，连元老院中也出现了平民的身影。

平民权利不断增加，其他方面也随之发展起来，而这些方面的发展对社会和政府产生了重大的影响。罗马的政府和官员非常受公民的尊重。执政官外出巡视时，通常跟着几个侍从官，侍从官们举着代表国家权力的牌子并拿着一捆束棒[①]，表示执政官有权依法鞭笞犯人；束棒上端有一把斧头，表示执政官有权依法判处犯人死刑。其他高级官员在外出时，侍从官要少一些。执政官和高级官员们都穿着镶有紫边的白色长袍，在他们离职后，也可以穿这样的官服出席宴会。于是，一种新的贵族群体形成了。他们本来是平民，只是因为家里有人做了高官，于是整个家族的成员都赢得了罗马民众的尊敬。人们倾向于在这些家族成员中挑选候选人，尤其是那些出过执政官的家族。因此，一个由显耀的家族和旧贵族组成的新贵族阶层形成了。

这直接导致了元老院成员的变化。此前，执政官从贵族中挑选元老院的成员；后来，新法律将挑选元老院成员的权力赋予了监察官，而监察官往往选择曾经出任过执政官的人。于是，担任过执政官的平民也可以进入元老院了。他们成了新的贵族，为元老院注入了新鲜的血液。

在种种因素的影响下，元老院成员的数量不断增加，多达三百余人。这些人在管理政府和公共事务方面经验丰富。每当罗马广场响起传令官的号声时，这些元老们便聚集在广场一侧的议会厅里，等着执政官宣布开始会议。执政官既是元老院院长，也是国家首脑，他的权力比元老院中任何其他成员的权力都要大。高台上坐着执政官，下面坐着国家的精英们。这些精英中有许多人也曾出任过执政官，甚至比他更加熟悉执政官的职责。此外，执政官的任期只有一年，但台下的元老院成员们有多年的管理经验，因此他们对执政官的影响很大。执政官很少表达自己的想法和意愿，而是采纳元老院的提议并将其实现。实际上，执政官成了元老院意志的执行者，元老院做什么决策，执政官就怎么实行。如果我们要改革华盛顿的参议院的话，古罗马的经验很值得借鉴。

元老院对立法也具备一定的影响力。虽然公民大会有权制定法律，但却无权颁布新法律。当地方官员，尤其是部落会堂的主持人——护民官将新法

---

① 当代意大利语中的著名政治术语“fasctii”（法西斯）就源于这个拉丁词语“fasces”（束棒）。

律交给公民大会进行表决之前，他们通常要征求元老院的意见。护民官有权阻止法律的实施，因此元老院在颁布新法律之前，也习惯于征求护民官的意见。这就使得护民官成了元老院中的一员，并进一步增强了这个立法机构的权力和影响力。

在这个时期或之前，许多罗马公民居住在偏远的地方，不能去罗马城参加选举。而那些居住在罗马城的少数公民们经常参与公民大会进行选举，因此他们对元老院成员们非常熟悉。他们知道每一位元老院成员都具备强烈的爱国热情，也了解他们作为政治家的智慧、才能和经验。每当他们站在元老院的大门前，都能听到那些他们崇拜的老政治家们的演讲，这些白发老者的声音回荡在广场上。他们或是表示对某种爱国行为的支持，或是响应保卫国家的号召。普通罗马公民在公共事务的管理方面缺少知识，因此他们不能对元老院的重大决策提出任何反对意见。后来，元老院逐渐演变成为一个大型的委员会，这个委员会由经验丰富的政治家们组成，统治并管理罗马共和国的一切事务。这是一个贵族群体的统治，罗马成为一个贵族专制的国家，而所谓的罗马共和政体已经徒有其表了。现在，让我们看一看罗马元老院稳固而聪明的统治还能取得什么样的进步和发展。同时，我们也不要忘了，虽然元老院的权力增长得不那么快，但这种增长即使是在战争和征服时期也从未中断。

七十二、征服亚平宁

领导一个台伯河畔的小国征服亚平宁半岛的人们是罗马的第一代英雄。至今，关于他们的故事还在流传。通过这些故事，我们可以更深入地了解他们。

推翻伊特鲁里亚国王的统治时，罗马还只是一个动乱不安的小国。城区和周围几英里就是罗马的全部领域。被赶走的伊特鲁里亚国王在台伯河北岸提心吊胆地住了下来。定居在台伯河南岸的是罗马的近邻——拉丁部落，这些部落结成了拉丁联盟。拉丁联盟宣称自己不属于罗马，是个独立联盟。但在外敌入侵时，拉丁联盟又不得不依靠罗马并接受罗马人的领导。于是，拉丁联盟和罗马达成了一项永久性的协约，协约强调，双方自愿在罗马的领导下共同抵御外敌的入侵。这项协约只能够促成一个松散的联合，并不能形成一个统一的国家。即使这样，罗马的元老院还是赋予了拉丁姆的拉丁人与罗马公民同样的权利。在外敌入侵的情况下，拉丁人有义务参战。

为了保障罗马的生存，共和国的前两代人必须尽自己最大的努力。他们不得不抵御周围的敌人，尤其是伊特鲁里亚。也正是这样的环境和斗争激发出了这个小国的斗争精神，让它更加积极地对待生活，也更加稳步地发展。当罗马共和国的第二代人成长起来时，叙拉古舰队已经彻底摧毁了伊特鲁里亚舰队（公元前474年），后来，伊特鲁里亚人又遭到了北部高卢人的攻击。高卢人穿过阿尔卑斯山隘口，进入波谷，摧毁了伊特鲁里亚人的城市。在南北夹击下，伊特鲁里亚从此一蹶不振，罗马得以幸存下来。也正是因为伊特鲁里亚的衰落，罗马人对维伊进行了长达十年的围困。维伊距罗马8英里，是伊特鲁里亚人的南部要塞。公元前396年，古意大利人最终攻克了维伊要塞。同时，古意大利部落从东、南、北三个方向围困拉丁姆地区，不断骚扰拉丁人，抢掠粮食和牲口，这对罗马形成了严重的威胁。罗马赶走了这些强盗并在台伯河南岸建立起一系列的防卫设施，形成了抵御南部侵略的缓冲带。公元前400年后，罗马又征服和占领了周围许多地区，这些被占领的区域对抵抗外敌入侵起到了重要作用。

罗马如果要派兵驻守这些新的征服地，就要赋予当地居民罗马公民的身份与权利。罗马农民有参与政府管理的权利，同时也要履行为国家战斗的义务，他们在罗马的对外扩张中发挥了重要作用。元老院始终坚持推行这种农业扩张政策，这使得罗马拥有了更多英勇的公民士兵。这些公民士兵既可以开荒种地，又可以随时拿起武器参与战斗。罗马的政策和希腊的政策形成了鲜明的对比，希腊人坚决不允许外邦人拥有公民权，罗马政策则更加开明，这使得罗马稳步地发展起来。在推翻伊特鲁里亚人统治后两三年的时间内，这个台伯河畔的小国就征服了整个古代意大利。

在罗马共和国建立的第二个世纪，罗马的扩张遭受了一次可怕的劫难，这几乎毁灭了罗马。在公元前400年后的20年间，高卢人打败了伊特鲁里亚人，逐步逼近台伯河下游，还击溃了前去抵御的罗马军队。当时的罗马城还没有围墙，对高卢人的野蛮行径无法抵抗。高卢人很快攻入了罗马城并在城中烧杀抢掠，肆意妄为。当时唯一能够抵抗这个蛮族的只有卡皮托尔山的城堡。后来罗马流传着这样一个故事：一群高卢人夜袭城堡，当他们爬上了山顶，附近神庙中的圣鹅突然叫了起来，惊醒了守卫城堡的士兵。于是高卢人被奋起的士兵击退了。由于高卢人长时间攻不下这座城堡，只好同意退回北方，但他们提出了让罗马拿出大量银两的交换条件。后来，高卢人虽然退回了波谷地区，但仍然对罗马构成威胁。

这场灾难让罗马人意识到了加强防御的必要性，于是他们为罗马城修筑了石头城墙。城墙振奋了罗马人的斗志也增强了他们的信心，使他们夺取了伊特鲁里亚人的南部领土。当时，伊特鲁里亚人刚刚被高卢人的入侵整得精疲力竭，再经不起任何打击。罗马人还在坎帕尼亚平原夺取了新的领地。罗马的扩张引发了拉丁部落的强烈恐慌，他们试图摆脱这个强大的围墙之城的掌控。经过两年的战争，罗马获得了胜利。拉丁联盟在元老院的逼迫下解散了（公元前338年）。后来元老院与每一个拉丁部落都签订了条约，这次条约赋予拉丁人的权利大不如前了。罗马拥有对拉丁部落的绝对支配权，这种支配权逐步扩大到了整个半岛。

公元前338年是很不寻常的一年。在这一年，希腊被马其顿王菲利普攻陷；拉丁人也被罗马征服。虽然在这一年中，希腊人和拉丁人都被他们的征服者征服了，但征服希腊的是一个人，一个最终会死去的人；征服拉丁人的却是一个充满智慧的集体——罗马元老院。又过了60年，这个优秀的群体征服了整个半岛。

这时，罗马的另一个敌人——古意大利部落萨莫尼特开始在亚平宁半岛的山区、罗马与内陆地区之间山脉的主脉地区出没。在占领希腊南部城邦期间，萨莫尼特部落深受希腊文明的影响，他们的军队由农民组成，非常吃苦耐劳并且势不可当。但他们没有像罗马那样的坚固的中心城市。萨莫尼特部落中的几个分支来到了坎帕尼亚平原并侵占了伊特鲁里亚人的南部港口卡普亚。在高卢人被赶走后的40年间，萨莫尼特人和罗马人之间的矛盾不断被激化，最终引爆了一场激烈的战争。这场战争绵延了一代人的时间，其中罗马人几次被打败。有一次，罗马人还在萨莫尼特人的逼迫下列队通过“轭门”[①]，这是罗马人永生难忘的耻辱。

元老院的才能并不仅仅体现在战争方面，在对外扩张夺取领土方面，他们也展现出了超凡的智慧。他们在亚平宁山脉东侧和坎帕尼亚平原建立了罗马驻防地（公元前325年至公元前290年），然后以这些驻防地为根据地，兵分两路从山的两侧同时夹击萨莫尼特人。萨莫尼特人决定和罗马的其他敌人联合起来共同对抗罗马。他们将军队推进北方，与那里的高卢人和伊特鲁里亚人联合起来。于是，整个亚平宁半岛的中北部都被卷入了这场战争。台伯河上游与半岛东海岸之间有一片中部山区，聚居在那里的森狄纳姆也与敌方展开了一场恶战。最后，罗马军队战胜了联合军（公元前295年）。这场战争决定了此后两千多年间意大利的命运。通过这次战役，罗马人占领了意大利中部，并且成为整个亚平宁半岛的主人。

伊特鲁里亚人的城市不是被罗马军队攻占了，就是向罗马求和了。罗马大军彻底击溃了蛮族高卢人，将他们赶回了北方。高卢人纷纷逃往东南方向的巴尔干半岛。但是，波河流域仍然被定居的高卢人控制着。罗马的领土向北延伸，直到亚平宁山以南的阿诺河。萨莫尼特人在坚守了五年之后，终于在森狄纳姆战争中被彻底打败。萨莫尼特人和南意大利的其他主要民族（希

① 轭门是由三支长矛架成的拱门。战败一方的士兵通过轭门则表示认输。

腊除外）全部被迫加入了罗马联盟。至此，从北部的阿诺河到南部的希腊南端城市，全部都成为罗马的统治区域。

这时，西地中海世界的罗马、希腊和迦太基形成了三足鼎立的局面。亚历山大大帝的继承者统治着希腊本土，他们仍然试图恢复帝国昔日的辉煌；而罗马人即将入主意大利。西部世界各个希腊殖民地之间的斗争一直持续了四个世纪。南意大利和西西里的各个希腊城邦如同散沙，根本无法团结起来。此外，许多希腊城市在与古意大利部落及其他民族的长期斗争中已经衰落了。而幸存下来的希腊城市也在罗马强劲的扩张下显得十分恐慌，他们相互结盟并企图向外求援。

在南意大利的各希腊城邦中，塔兰托姆是最为重要的一个。由于日益衰退的希腊无法提供有效的援助，塔兰托姆转向埃皮卢斯国王皮洛士求援。埃皮卢斯与意大利南端隔海相望，它的国王皮洛士精力充沛，充满智慧。皮洛士与埃帕米纳达斯和马其顿王菲利普一起长大，他非常了解先进的战争技术。除了有色萨利骑兵外，他还从东方引进了一种威力颇大的发明——经过训练的“战象”。皮洛士本人有勇有谋，并且拥有训练有素的步兵方阵，确实是罗马的一支劲敌。皮洛士希望在西西里和亚平宁半岛建立西部希腊帝国。如果他实现了这个理想，那么他就会成为罗马和迦太基强劲的对手。

公元前280年，皮洛士刚加入这场战争，就在赫拉克利亚城将罗马人打了个落花流水。第二年，他又在奥斯库卢姆再次击溃了罗马人。皮洛士在西西里连战连胜，整个岛上没有不被征服的，只剩下最西端的迦太基殖民地利里贝乌姆了，这是因为迦太基人拥有强大的舰队。就在皮洛士马上要实现建立西部希腊帝国的理想时，失败降临了。迦太基舰队只需要几小时就可以行驶到皮洛士的领地。为了击败这个强劲的对手，迦太基派出舰队协助罗马人攻打皮洛士。当皮洛士派出使者去罗马讲和时，迦太基的战舰已经到达了台伯河口。罗马态度强硬，在皮洛士仍然占领着意大利土地的情况下，他们拒绝讲和。此时，希腊人又犯了他们在关键时刻常犯的毛病，他们内部产生了严重的分歧。皮洛士认识到自己已经不可能打败罗马人了，于是他撤出了西西里，返回了埃皮卢斯（公元前275年）。

希腊城市一个接一个地投降了，除了加入罗马联盟，它们别无选择。建立西部希腊帝国的梦想彻底破灭了。在公元前500年到公元前275年之间，罗马从台伯河畔的一个小国逐渐成为统治波河以南整个亚平宁半岛的强国。西地中海世界只剩下罗马和迦太基了。在讲述这两个大国为争夺西地中海霸主地位而发生的武装冲突之前，让我们先来了解一下最西端的两个民族——塞姆族和印欧族之间最后的冲突。这两个民族都对后世产生了深远的影响，而他们之间最后的冲突决定了谁来统治白人种族，也决定了地球上最先进的文明与现代文明的性质。为了更深入地了解这场冲突，我们需要进一步探讨大罗马帝国的性质和文明。让罗马从一个河畔小国成为意大利主人的是罗马的第一代人。至今，关于他们的故事还在流传，而我们可以通过这些故事，更加深入地认识和理解他们。

第二十二章　罗马共和国的统治与征服

七十三、罗马共和国统治初期的意大利

在具备出色才能和丰富经验的元老院的领导下，罗马人在众多城邦和国家的基础上建立了新的政权。在对这个国家的统治过程中，元老院展现出了空前的杰出才能。

在罗马成为意大利的主人之后，那场拉丁战争（结束于公元前339年）仍然让幸存者们记忆犹新。当时，罗马甚至丢掉了拉丁姆周围的领土。65年后，这个台伯河边的小城却成为整个意大利的主人。在具备出色才能和丰富经验的伟大的元老院的领导下，罗马人在众多城邦和国家的基础上建立了新政权。如果罗马人只是随意地统治意大利，那么意大利人一定会产生不满并奋起反抗。那么罗马究竟是怎样统治整个意大利的呢?

所有被征服城市的公民都被赋予了公民权，他们在商业往来中受到罗马帝国的保护，在法律上也享有与罗马公民同等的权利，此外，他们还享有异族通婚等其他社会权利。但是他们没有选举权，地处偏僻社区的人们要想参加选举，就必须要长途跋涉地赶到罗马，因此他们并没有意识到选举权的重要性。罗马统治下的城市和社区统称为“盟员”。对于盟员而言，在商业交往中受到罗马的保护是非常有利的。他们愿意把军队和外交事务全权交由罗马管理，自己只负责本地的内部事务。罗马非常巧妙地对不同的城市赋予不同的权利，也进行不同的约束。因此，绝对不会出现两个有同样不满情绪的城市。也就是说，所有被罗马征服的城市找不到一个相同的理由来反抗它的

统治。

为了维持战争开支以及为不断增加的公民提供土地，罗马必须不断地夺取大量的土地。罗马公民只占意大利人口的六分之一，他们的土地集中于亚平宁山与地中海之间，即从西里到卡普亚和库迈的这片地区。他们在亚平宁和亚德里亚海沿岸也拥有一些重要城市。罗马的策略是在盟国的领土上建立驻防地，并逐渐使罗马人的社区布满意大利。通过这一伟大计划，罗马最终占领并统治了意大利。

虽然从地理上来看，罗马统一了意大利，但是从人口成分上来看，罗马统治下的意大利甚至称不上是一个国家。高卢人占据着波河流域，伊特鲁里亚人占据着意大利北部的大片土地，拉丁部落和古意大利部落生活在意大利中部，这些部落之间的语言差别很大，相互间很难沟通。此外，意大利的南部还有希腊城市。由此可见，意大利没有形成共同的语言，而在人们各自使用的语言中，有些甚至不属于印欧语系。这一点是罗马与希腊之间的明显区别。

意大利人与希腊人不同。希腊人拥有《荷马史诗》等共同的文化遗产，并且拥有从特洛伊战争中继承下来的共同的历史传统。而罗马人建立的，只是一个有融合为一个民族可能性的意大利合众国。意大利的各民族间没有共同的爱国热情，有些甚至对罗马完全没有感情。由于各民族之间的语言差距很大，相互间根本无法沟通，因此他们一直保持了自己的特点。

拉丁语，也就是统治之城的语言，将成为整个国家未来的统一语言。国家的所有地域，包括整个意大利在内都将以罗马为政治中心①。但从文明上来说，这个未来的国家完全可以换一个名字，因为意大利的文明越来越希腊化了。希腊化城市不断扩展，一直向北延伸到坎帕尼亚平原（罗马早期占领的卡普亚城，意大利的第二大城市就在那里）。早在与皮洛士的斗争中，罗马士兵就见到了帕埃斯图姆和塔兰托姆的神庙。他们还在这里第一次见到了豪

① 如果对我国的三种名称所代表的含义进行一番比较：政治上，我们叫合众国；地理上，我们叫美国；文字上，我们叫英语。

华剧场，他们有可能还看了希腊戏剧，虽然他们可能听不懂台词。对于强健的罗马士兵而言，在繁荣的希腊城市里的宏伟体育馆中观看有趣的戏剧，这本身就是一种最好的享受。

在意大利南部，罗马人占领了希腊城市的最西端。很快，罗马人就发现他们占领的这个新世界已经发展出了先进的文明。像西庇阿家族这样的名门望族如果想为家人制造石棺，就会去南方请希腊的雕刻师。此前，罗马神庙已经不再像伊特鲁里亚人那样建成方形，而是效仿希腊神庙建成了椭圆形。随着罗马势力的进一步扩展，我们会看到更多希腊文明对罗马的影响。

希腊影响最深的是商业和制造业。这个时期，在罗马的希腊商人也受到罗马的保护。因此，在希腊各城邦沦陷之后，希腊银币的发行量反而大大增加了。公元前268年，在塔兰托姆城被攻陷后不久，铜币已经无法满足罗马商业的需求。于是罗马人便效仿雅典人发行银币（图243）。跟过去的雅典人一样，罗马人开始意识到金钱的重要性，一个商人组成的富人阶层出现了，其类似于雅典的富人阶层。虽然罗马也有很多作坊，但是它从未发展成为一个大工业中心。

图243　古罗马银币

公元前268年，在征服了南部的希腊城市后，罗马人开始铸造银币。笨重的盎司已经不在大宗的生意中使用了。大盎司缩小到原来的六分之一。此时，罗马人开始发行银币，主要为了在大宗生意中使用。

七十四、罗马和迦太基的竞争

统一了意大利的罗马不得不面对隔着伊特鲁里亚海与自己对峙的劲敌——商业之王迦太基。地中海都已经成为迦太基的领海，罗马的元老院不得不仔细考虑：如果与这个北非的强大商业帝国开战，获得胜利的把握有多大呢？

传统的农业扩张政策让罗马逐步征服了整个意大利；而后来的商业扩张政策让罗马卷入了新的冲突，这个新冲突发生在意大利境外的地中海世界。罗马农民的视野禁锢在意大利的海岸线内，而罗马商人却把生意做到了海外。罗马商船从台伯河口出发，驶入了地中海的一个三角水域——伊特鲁里亚海。这片海的西边是科西嘉和撒丁岛；东边是意大利；南边是西西里和北非的迦太基海岸。罗马和迦太基都想发展自己的商业势力，于是它们隔着伊特鲁里亚海陷入了对峙的局面。

隔着伊特鲁里亚海和罗马对峙的迦太基是罗马的劲敌。迦太基人的祖先是被称为阿拉伯沙漠之舟的塞姆族商人。顽强的塞姆人曾经把巴比伦变成了古代东方的贸易中心，而罗马商船直到两千多年后才出现。当迦太基人的先辈腓尼基人开着舰队航行在地中海时，意大利还处在石器时代，那里没开化的野蛮人们还在惊奇地围观东方商人和他们带来的金属器具。希腊人进入这片海域时，罗马还只是台伯河边一个小小的贸易村庄，但是那时的腓尼基商人是西地中海最早的探险者，他们已经意识到了非洲海岸向西西里突出的岬角的重要性。这是一个重要的大陆桥，早在百万年前，非洲一些巨大的热带哺乳动物就是通过它迁移到欧洲的。而东方的农业和畜牧业也是通过这个大陆桥传到了晚石器时代的中欧湖村居民那里。现在，虽然这个大陆桥已经没入水中，但东方文明仍然沿着这条古老通道不断地传入欧洲。来自北方的迦太基在这个区域的最北端（我们今天称为突尼斯的地方）建立了城市，这个城市迅速发展成为地中海的商业中心，成为罗马最强劲的对手。

优越的地理位置促使迦太基充分利用一切发展商业的机会。迦太基不断向东西两方扩展贸易范围，他们同时占领了东西方的沿岸地区——从东方的希腊边境城市昔兰尼加到西边的大西洋沿岸。此外，迦太基商人还占领了银矿资源丰富的南西班牙，把守着直布罗陀海峡，垄断了大不列颠的马口铁贸易。迦太基人一面沿着西班牙海岸向北扩张，一面沿着大西洋的非洲海岸向南扩张，直到撒哈拉边缘地带，他们不断地在向海峡两端扩展自己的定居地。一个名叫汉诺的勇敢的迦太基船长甚至还到过非洲的几内亚。

希腊人的抗争使得迦太基人难以稳固地占领地中海诸岛屿，而迦太基的港口离这些岛屿很近。他们一度占领了大部分的西西里岛，站在迦太基城的房顶上，可以眺望西西里岛的最西端。迦太基人不仅在撒丁岛和科西嘉建立了殖民地，还在撒丁岛和西班牙之间的巴利阿里岛建起了港口。他们不允许其他任何城市的船只通过直布罗陀海峡，停留在这些岛屿的港口。其他城市的船只一旦驶入这片海域很快就会被迦太基的战舰击毁。

迦太基的贸易利润支撑着它的军事，因此在雄厚的经济基础上，迦太基的军事力量很强大。只要迦太基保持繁荣的贸易，它就有财力维持一支庞大的雇佣军队。迦太基既没有农民，也没有罗马那种召集起来立马能够投入战争的公民士兵。虽然迦太基在南方的突尼斯占领了大片肥沃的土地，但那些商业之王只在那片土地上建起了美丽的大型庄园，由奴隶来耕种。因此，这些庄园中既没有农民，也无法提供任何兵源。

这是迦太基政府的致命缺陷。迦太基的军队从来没有获得城市统治者的信任，他们被当作异族人对待。尽管军队中也有士兵是迦太基人，但是军队中的将领和士兵之间互不信任。政府担心军队将领拥兵自重，会篡夺迦太基王位，因此与军队之间出现了许多摩擦。毋庸置疑，这是一个国家最致命的弱点。虽然迦太基人也选出了两位法官做他们的首领，但是商人贵族们占据了议会中的绝大部分席位，国家事实上掌握在他们的手中。这就是希腊人所说的寡头政治。迦太基的商人贵族们具备出色的政治才能和旺盛的精力，正是因为他们的领导，迦太基才发展成为一个强国。当时，任何一个希腊城市都无法与它匹敌，雅典也不例外。

但是，从他们的艺术品中可以看出，迦太基还是一个东方的文明强国。他们的艺术完全是东方的艺术，几乎没有体现出希腊文明的影响。只有西西里的迦太基商人受到了希腊人的影响，开始使用银币；而迦太基城仍然使用贵重的金属条，保持着传统的东方商业习惯。日益频繁的贸易往来让迦太基商人意识到了使用更便利的交换媒介的必要性，于是他们开始发行并使用皮革币，也就是最早的纸币。皮革币上刻有国家印记，这是为了保证它的价值。在文学方面，迦太基探险家汉诺记录了他在非洲大西洋沿岸的探险经历；迦太基政治家玛哥组织开发了突尼斯的农业区，并写下了一篇著名的农业论文，这篇论文被后来的罗马元老院翻译成拉丁文，成为意大利农学著作的典范。

在日用品制作和城市建筑方面，迦太基人和希腊人难分伯仲。迦太基城区的面积是罗马的三倍，宽阔而宏伟。广大的码头和远远延伸至大海的防波堤后面，停着满载商品的船只。城区向内陆扩散，里面既有宽阔的广场、繁荣拥挤的作坊与商业区、富商们的豪华住宅、五彩缤纷的热带花园，也有贫穷的手工业工匠们的居住区。高大的城墙和要塞护卫着城市，要攻下它是十分困难的。城墙外是一望无垠的棕榈树和热带植物。迦太基商业之王居住的乡村别墅就在这里，抵抗罗马的战争就是由他们指挥的。

在拉丁战争之前，罗马商人的经营规模还很小，于是罗马元老院与迦太基人签订了一项协约，协约中规定了双方船只不能够跨越的分界线。公元前306年，在萨莫尼特战争中，罗马元老院又与迦太基签订了一项条约，条约规定：罗马船只不得进入西西里的港口；迦太基船只也不得进入意大利的港口。在罗马占领了意大利的希腊城市后，西西里岛上的希腊人只能够依靠自己来对抗强大的迦太基了。虽然他们以前也曾打败过迦太基人，但是他们再也找不到可以联合的力量了，只能无奈地坐等迦太基人的到来。迦太基人不断向东推进，最终征服了整个西西里岛。意大利商人眼睁睁地看着迦太基人在繁荣昌盛的西西里港口赚钱，自己却不能分一杯羹，实在难以忍受。此时，罗马人意识到，即便他们统治了意大利，扩张到了半岛的最南端，但迦太基的商业之王已经把整片地中海变成了自己的海域。

迦太基的目的就是取得这样一个重要据点，这个据点要完全阻断罗马与亚德里亚海岸港口之间的联系，让罗马船只只有通过意大利与西西里之间的墨西拿海峡才能驶入那些港口。只要征服了西西里，迦太基人就能在任何时候轻而易举地攻占西西里的莫萨拉城，然后扼守海峡，阻止罗马船只通过。因此，我们可以理解，当意大利商人们远眺南方，想象着迦太基战舰有一天会在墨西拿海峡阻断亚德里亚海和意大利西海岸之间的航线时，他们内心里所涌起的恐惧。

毫无疑问的是，罗马元老院也产生了同样的恐惧。他们不得不认真地思考：如果和这个北非的强大商业帝国开战，战胜的把握有几分呢？罗马没有海军，此前的罗马军队只能勉强抵抗住皮洛士之类的希腊军队。此前，罗马一直在农民中招募士兵，这在很大程度上限制了军队的发展。现在，许多富家子弟的加入让军队的规模扩大了很多。军饷制的实施也让许多出身农民的士兵们延长了服役期，因为退伍后，他们只能回去种地。于是，战争一旦打响，罗马可投入的兵力有30余万；而且除了罗马公民士兵外，他们还可以从“盟邦”中招募士兵，但是在每支部队中，罗马士兵和盟邦士兵的数量应该要大致相当。这样，罗马军队的规模扩大了一倍，成为地中海世界规模最大的军队。

罗马人开始在武器和战术方面逐步改进希腊的战争艺术。战争初期，罗马人在双方对阵时使用长矛，而在真正投入战争时则使用短剑，这是因为长

图244 罗马兵团的士兵

这个墓碑是这名士兵的兄弟为他立的，上面雕刻着他的全身像。这名士兵的武器是长矛和短剑，他右手握着长矛，矛尖向上；右肩上挂着有佩带的重剑。他头戴帽盔，腰上和膝盖之间带着护甲，左手提着盾牌。

矛在短兵相接时很不方便（图244）。同时，罗马人还改进了士兵方阵。此前，士兵方阵是一个庞大的整体，不能被分成小的部分，因此不能灵活调动。罗马人从横向和纵向分割了方阵，增强了它的灵活性和机动性。

步兵方阵被罗马人分割成为三个部分——前部、中部和后部（图245），每个部分大概包括六排士兵，三个部分之间的间隙很小。年富力强的士兵们集中在前部，年龄稍大的士兵们则在中部和后部。当前部出现缺口时，中部士兵要迅速补充上去。因此，为了避免中部士兵整排拥上的情况，就必须把每个部分分割成更小的单位。这样就分出了小方阵，被称为maniple（支队）。小方阵横向20人，纵向6人，总人数120人。冲到前面填补缺口的小方阵就像橄榄球赛中的后卫，一旦前面出现缺口，后卫就要立即上前补位。但是罗马方阵的三个部分仍然是一个整体，这个整体本身并不能灵活地变动，中、后部永远只能处于“补位”的地位。罗马人似乎没有认识到方阵的中部和后部也完全可以灵活调动，就像橄榄球赛中的后卫一样。他们既可以变成前部攻击另一个方向的敌人，也可以让前排士兵独立作战。一旦罗马人发现了这一点，人类战争史就会翻开新的篇章。

为了便于军队的招募和管理，罗马军队被分成了几个军团，每个军团由4500名士兵组成，其中包括骑兵300人，轻武器兵1200人和军团的主要部分重武器兵3000人。重武器兵又分为前面介绍过的方阵中的三个部分。每个120人的小方阵又被分成了两个百人队（这里的“百人”并不是数字一百的意

图245　被分成三个部分的士兵方阵图和小方阵

从图上可以看出，希腊士兵方阵被分成了前、中、后三个部分，每个部分又被分割成更小的单位（支队）。前部和中部的小方阵中，纵列6人，横排20人。小方阵的后部长度只有前部的一半。这种士兵方阵可能出现的缺口不能随机填补，而只能由后排的士兵替补上去。

思），每队各有60名士兵。百人队相当于现在的连队，百人队的长官被称为“百人长”，相当于现在的连长。

虽然罗马对军队进行了许多改进，但当时的罗马人还没有认识到作战经验丰富的职业指挥官的重要性。这种职业指挥官像希腊军队将领一样，以指挥战争为职业。罗马人仍然让执政官统一指挥军队。而执政官就像我们今天的总统，大部分没有军事指挥经验。更可笑的是，执政官可能会在率兵出战之前突然发现自己的任期满了，然后只能放弃军队指挥权。这种弊端早在萨莫尼特战争中就暴露出来了，于是罗马人只能在这种紧要关头延长执政官的军事指挥权。军事指挥权被延长的执政官被称为助理执政官。

直到这时，罗马仍然没有出现色诺芬式的职业指挥官，但是军饷制的实施延长了兵役期，为罗马培养了一批经验丰富的低级军官群体。

古罗马军队一直以纪律严明著称，但在那时，即使是希腊军队也有纪律散漫的时候。据说，有一位罗马军官坚持在士兵面前处死了自己的儿子，原因是他触犯了军纪，与别人决斗并杀死了对方。还有一位前执政官在接到独裁者的停战指挥后仍然擅自做主坚持战斗，虽然他最后打了胜仗，但他仍然被独裁者依法以对抗上司命令罪判处死刑，多亏他的几位影响力大的朋友们多方周旋，才让他免于死刑。在和平时期，罗马军队居住在营房里，但他们的严明纪律和战争时期是一样的。罗马军队的营房呈正方形，四周筑有围墙，围墙上钉着木桩，这可能是从史前北意大利的湖村桩屋演变而来的。

七十五、西西里争夺战

对迦太基的战争无论结果如何，都是不可避免的。罗马坚定地迈出了关键的一步，这一步也决定了它未来的命运。罗马第一次拥有了本土之外的领地，成为海上大国。

罗马人意识到，无论对迦太基的战争结果如何，都已经无法避免了。当叙拉古人围攻墨西拿时，一些人求助于罗马，另一些人则向迦太基求援。迦太基迅速出兵，攻占了墨西拿城邦。于是迦太基人拿下了墨西拿海峡。犹豫良久之后，罗马人终于做了一个历史性的决定。一支罗马军队从意大利本土离开，首次渡海开往了墨西拿。在公元前264年，罗马与迦太基之间的战争终于爆发了。

罗马人与叙拉古人结成联盟，迅速占领了西西里岛东部。但因为他们没有强大的舰队，因此之后向中西部的推进长期没有取得进展。罗马人效法塞米斯托克利斯的海防计划，决定组建舰队。元老院在促进舰队组建方面发挥了很大的影响。战争爆发后第五年，罗马舰队终于建成了，它由120艘战舰组成，其中包括100艘五排桨战舰。

虽然罗马舰队是第一次上战场，但它却在意大利沿海连续两次获胜，战争看起来马上就要结束了。但是，元老院发现罗马军团在西西里很难获得更大的胜利，于是他们决定出兵非洲，进攻迦太基。一开始，这场突袭取得了成功，但元老院却在这时做出了一个愚蠢的决定。他们召回了一名执政官和大批军队。于是，留下的执政官由于兵力不足而惨败，眼看就要到手的胜利化为了泡影。后来，罗马舰队多次在海上遭遇风暴，其中一支舰队还遭到迦太基人的重创。这样，罗马人刚刚夺下的制海权又被抢走了，这让它在很长一个时期内都没有恢复过来。

这场战争断断续续，拖了一年又一年。在这期间，迦太基指挥官哈米尔卡尔·巴尔卡经常率领舰队侵扰意大利海岸。罗马国库空虚，资源濒临枯竭，依靠私人的捐助才能够再次组建起一支舰队。这支舰队由200艘五排桨战舰组成，于公元前242年下海。公元前241年，迦太基舰队被摧毁。此时，迦太基人发现他们已经没有能力再去援助西西里岛上的迦太基军队了。

最后，迦太基人向罗马求和，并接受了罗马提出的苛刻条件——迦太基放弃西西里岛及附近的若干岛屿，在十年内向罗马支付3200塔伦特，约合350万美元的战争赔款。公元前241年，罗马与迦太基之间的第一次战争，在持续了23年后，以罗马胜利告终。

到了战争后期，双方都已经精疲力竭，也更加深刻地认识和理解了战争艺术。罗马坚定地迈出了关键的一步，这一步决定了它未来的命运，让它第一次拥有了本土以外的领地，成为海上大国。但是这一步一旦迈出，就再也无法回头了。为了获得海外利益，罗马就必然会与其他国家继续发生冲突。这样的利益冲突永无止境，只会带来一场接一场的战争。

七十六、汉尼拔远征和迦太基灭亡

迦太基人与罗马人之间的这场战争实际上是一场世界争夺战，无论谁是最后的胜利者，都会成为地中海最强大的国家。在这场著名的战争中，战争艺术发展到了一个新的高度。

罗马和迦太基都在尽力发展自己的势力，而罗马以牺牲迦太基的利益来达到这一目的。罗马煽动驻守在撒丁岛的迦太基雇佣军发动叛乱，然后趁机入侵撒丁岛和科西嘉岛。尽管迦太基一再抗议，在讲和后不到三年的时间，罗马还是侵占了这两个岛。于是，罗马拥有了三大可以作为抵御迦太基基地的岛屿。几年后，意大利受到了北方波谷地区高卢人的侵略，罗马又一次卷入了残酷的战争。高卢人被打败后，他们不仅失去了土地，也丧失了公民身份。至此，罗马帝国的领土扩展到了阿尔卑斯山下。阿尔卑斯以南的整个半岛都被罗马人拿下了。

面对咄咄逼人的罗马人，为了弥补失去三大岛屿的损失，迦太基人把目光转向了西班牙。当时的西班牙居民是西部石器时代晚期欧洲野蛮人的后代。迦太基将军哈米尔卡尔打算在那里开采银矿，并在当地的土著居民中招募士兵，以创建一支对付罗马的强大军队。但是，他在还没有实施这个决策前就死了。他的儿子汉尼拔继承了他未完成的事业。汉尼拔是个天才，在他的领导下，迦太基在西班牙的领土向北扩张，直到埃布罗河。在24岁时，汉尼拔就制定了一个雄心勃勃的攻击罗马本土的计划，这个出人意料的计划非常大胆，并且似乎有可能摧毁罗马帝国。

当时，罗马人正忙着对付高卢人，没能仔细考虑迦太基人在西班牙的意图，但罗马还是和迦太基签订了一项条约，条约规定迦太基人不得越过埃布罗河。汉尼拔是一位有冒险精神并且非常英勇果断的将领，这项条约正好让他有机会在西班牙制造与罗马的边界纠纷（公元前219年）。在此后的大战中，汉尼拔所向披靡，充分地展现了他的才能。这场大战称得上是作为国家的罗马与汉尼拔之间的较量。因此，这场人们所说的第二次布匿战争被称为汉尼拔战争似乎更加恰当。

虽然罗马元老院一直向迦太基首领强调，不要让双方的敌对行为公开化，但坐拥四万精良部队的汉尼拔早已经准备就绪，根本不理会他们。汉尼拔率领军队沿西班牙东海岸向北推进，他之所以采取这一行动是有几个原因的。他知道迦太基舰队在西西里战役中被摧毁了，已经完全失去了护卫能力，因此他不能从海上进攻意大利，而要将他的六千骑兵从海上运往意大利风险太大；此外，在南意大利，他很可能会被当地人敌视，而北意大利有刚被罗马打败的高卢人，他们正盼望着这样一个机会对罗马复仇，汉尼拔试图通过给他们提供报仇的机会来让他们加入自己的军队。他还知道罗马引起了盟友的不满，所以只要能在北意大利尽快获胜，就能让罗马的盟友背弃罗马，投靠迦太基，并通过战争争取独立，结束罗马人对意大利的统治。当罗马人还在盘算着入侵西班牙和非洲时，汉尼拔已经从北方攻入了罗马本土。

通过汉尼拔的严密部署，迦太基避开了进入西班牙的罗马军队。罗讷河非常宽广，并且水深流急，大象和骑兵的行进本就缓慢，军队还要为了避开罗马军队而迂回前进，这些都限制了汉尼拔的行军速度。直到公元前218年的深秋，汉尼拔才到达阿尔卑斯山。他们有时在暴风雪中挣扎向前，有时在陡险的山道上攀岩，山道太窄时，他们还要凿开岩石让大象通过。俯身探视是一片让人目眩的万丈深渊，抬头仰望是一座白雪茫茫的陡峭山峰，上面还不时有当地人向他们丢石子。这一切让汉尼拔的军队饥寒交迫，疲惫至极。在崎岖的小道上，这位年轻的迦太基将军会出现在一切需要帮助的地方，他鼓励战士们，指导战士们，给他们希望。但当他们终于穿过了阿尔卑斯山隘口（可能是塞尼斯山）进入波谷上游地区时，军队只剩下了34000人。

这位英勇而年轻的迦太基将军就这样率领着人数不多的军队闯进了当时最强大的国家。为了抵抗汉尼拔，罗马从本国和盟国召集了70万人，它可以从这70万人中派出一支又一支的大军。而迦太基人已经丧失了制海权，汉尼拔不可能从本土获得任何支援。因此，汉尼拔只有快速取得军事上的胜利，才能点燃高卢人的复仇之火，从而获得足够的兵源。

汉尼拔和许多希腊人之间保持着密切的往来，而这些希腊人非常了解当时最为先进的战略战术。虽然亚历山大去世一百多年后，汉尼拔才入侵意大利，但他却非常熟悉亚历山大取得的成就。当汉尼拔和他的希腊朋友们围坐在营帐的篝火边时，他一定听那些希腊人讲了很多关于亚历山大的战斗故事。此外，我们都知道，罗马的执政官们拥有军队指挥权，但他们都是行政官员，了解的军事知识不会比今天的市长们多多少。他们虽然不乏勇气，但缺少想象力，思维简单，只知道跟敌人硬拼，因此他们根本无法与这位年轻而勇敢的迦太基天才相较。

通过巧妙地运用骑兵（罗马人在这方面比较薄弱），汉尼拔很快就在波谷取得了两次胜利。高卢人开始投靠他，他们没有受过专门训练，也没有严明的纪律约束。这时，汉尼拔还没有接近罗马的防守重点——亚平宁半岛防线。因此，他必须迅速突破，并且只能一举拿下。公元前217年的早春时节，汉尼拔历尽艰辛，克服了一重又一重的困难（可能令任何指挥官动摇退缩的困难），终于突破了通往亚平宁半岛的罗马要塞。当他们渡过亚努河之后，罗马执政官弗拉米尼乌斯竟然不知道这支迦太基部队的行踪，当他发现之后，迦太基大军已经推进到他与罗马之间的位置了。在特拉西美诺湖畔，正在行军且毫无防备的罗马军队被汉尼拔突袭了，汉尼拔击溃了他们的先发和后续部队。罗马部队被分块瓦解，几乎全军覆没，连执政官也战死沙场。距离罗马只剩下了几天的路程了，但汉尼拔没有直接对罗马发起攻击，因为他们缺少必需的攻城装备，并且他的部队人数太少，无力进攻罗马这样的坚固城市。汉尼拔的骑兵虽然比罗马骑兵要精良很多，但是不能用于攻城，因此，他打算再获得一次胜利，让罗马的盟友彻底倒戈，与他联合起来共同围攻罗马。

汉尼拔率领军队向东推进，直到亚德里亚海沿岸。在那里，汉尼拔对高卢士兵进行了训练，并且获得了骑兵们急需的马匹，为军队备下了充足的供给。在这个紧要关头，罗马推荐持重的西庇阿为独裁者。西庇阿的对策是避免与迦太基人的正面交锋，但抓住一切机会骚扰他们，最终拖垮汉尼拔（公元前217年至公元前216年）。罗马人不能理解这样谨慎的游击战策略，他们称西庇阿为逃跑者。公元前216年，罗马推选了新的执政官，并且催促他立即采取行动，消灭迦太基人。于是，一支7万人的罗马大军来到了意大利半岛的南端，与汉尼拔正面交锋。但迦太基人的军事谋略远远超过了罗马人，他们绕过康尼城（公元前216年），切断了罗马的补给线，让罗马执政官被迫暂时放下战斗去准备粮草。

罗马执政官手握5.5万重步兵，6万骑兵；而汉尼拔只有3.2万重步兵，1万骑兵；但是双方的轻步兵数量相差无几。罗马执政官瓦罗本是一个成功的商人，他把重步兵完全集中在中心位置，形成了一条很短的战线。如果他拉长战线，然后凭借数量优势，他们完全有可能围困并击溃迦太基军队。双方的骑兵都被分为左右两翼，汉尼拔没有把重步兵放在中心位置攻打罗马的重步兵，而是从非洲步兵中派出了1.2万士兵，将他们分成两队，每队6000人，分别排列在骑兵两侧。汉尼拔训练有素的骑兵击退了罗马军队两翼的骑兵，然后他的骑兵转而攻击罗马的中央部队。这时，罗马人才知道自己完了。他们陷入了腹背受敌的境地，前面是迦太基的重要主力部队，后面是英勇的迦太基骑兵。他们只能向两边逃跑，但是汉尼拔早就预料到了这点，他迅速下令堵死瓦罗本精心安排的陷阱。骑兵两侧的非洲步兵向前包抄，团团困住了5.5万的罗马中央部队，大量罗马士兵死在了这里。夜幕降临时，罗马军队全军覆没。在这场惨

图246　在康尼战场上捡到的迦太基头盔

烈的战争中，罗马执政官、元老、贵族还有成千上万的市民们丢掉了性命。罗马笼罩在巨大的悲痛之中。在清理战场时，迦太基人收集了罗马骑兵专属的代表他们身份的金戒指，汉尼拔将它们送回了迦太基。直到今天，还常常有人在当年的战场上捡到盔甲残片。（图246）

汉尼拔，一个出色的迦太基青年，闪米特族最优秀的将领，在他进入意大利不到两年的时间内，在他不到30岁的年纪时，就以四场战争彻底消灭了三支敌军，打败了他的强大对手。现在到了罗马的盟友们反叛的时候了。几年之内，南意大利诸城邦和西西里的叙拉古人相继叛离了罗马，投靠了汉尼拔。只有几个南部拉丁部落仍然在抵抗汉尼拔。对罗马而言，更加糟糕的是汉尼拔在康尼战争刚结束时就向马其顿派出了使者，让马其顿国王答应了援助在意大利的迦太基人。

汉尼拔完美地结合了作为一个政治家应该具备的判断力和远见以及一个军事家所具备的处理多变的军事形势的超强能力。这使得他既能在战场上所向披靡，又能训练新招募的士兵，并确保部队有充足的粮食和强壮的马匹；他还能找到银两以应付那些不安分又难满足的雇佣兵。这一切都需要过人的精力、非凡的远见与敏锐的洞察力。迦太基士兵们早已经习惯了醒来时就睡在身边的将领。为了拯救迦太基，汉尼拔心中始终燃烧着一团熊熊烈火。现在，他取得的伟大胜利已经将罗马的敌人们吸引到他身边，他坚信自己一定能够为他的国家除掉最为痛恨的敌人。

但是这位热情洋溢的天才面对的是罗马意志坚定、根基深厚且政治经验丰富的政治团体以及无数的罗马人。这是一场世界争夺战，无论哪一方赢得战争，都会成为地中海最为强大的国家。如果这时东地中海的亚历山大继承者们能够看清这场发生在意大利的战争的本质，并加入反罗马阵营的话，他们是完全可以彻底摧毁罗马的。但是，国际政治经验丰富的罗马元老院非常明智地与希腊人结成了同盟。于是，希腊爆发了反抗马其顿的叛乱，从而有效地牵制了马其顿对汉尼拔的援助。尽管汉尼拔取得了巨大的胜利，但罗马元老院出色而稳重的领导仍然赢得了中部意大利的忠心。罗马人最终将奴隶和儿童武装起来组成了一支军队，而罗马正是利用这样一支军队逐一包围和封锁了那些背叛它的盟友，并再次征服了他们。即使是拥有阿基米德发明的精良器械的叙拉古人，也没能从罗马人的围困与攻占中逃脱出来（公元前212年）。

汉尼拔曾把意大利的第二大城市卡普亚变成了他的军事基地，但现在卡普亚也被罗马人包围封锁了，汉尼拔想尽一切办法也没能突出重围。后来，为了解围，他率领军队进攻罗马，但是他的士兵都爬上了这座城市的一个城门，也没能进入这个坚不可摧的城市。双方对峙了不久，许多罗马元老一定隔着墙目睹了这个给意大利带来强烈震撼的迦太基青年。但是，意大利人拒绝在兵临城下的情况下接受求和条件，也没有向他派出使者。于是，在既无力进攻又缺乏攻城器械的情况下，汉尼拔只得无功而返。罗马人收复了卡普亚（公元前211年），并严厉地处罚了这座城市。

此后，这位纵横意大利10年的迦太基青年终于领教了罗马的自信和威力，他开始意识到如果得不到必要的援助，他很难完成自己的事业。他的弟弟哈斯德鲁拔在西班牙招募了一支军队，正赶往意大利支援他，但是在意大利米佗罗河的森狄纳姆，罗马军摧毁了哈斯德鲁拔的军队（公元前207年）。对于正在焦急等待着战争结果的罗马元老院而言，这场战争的胜利意味着罗马获救了，意味着那个差点摧毁他们的敌人开始走向失败了。汉尼拔无时无刻不在关注着兄弟的进程，他盼望着援兵快点到来。但是他盼来的却只有罗马信使带来的他弟弟的头颅。当哈斯德鲁拔的头颅被罗马信使扔进迦太基人的帐篷时，汉尼拔的一切希望都破灭了。

后来的几年里，汉尼拔转战于他在意大利南端占领的最后一块土地。这时，历经磨难的罗马人把他们在西班牙的军队交给了一位能力杰出的年轻将军西庇阿。他赶走了所有在西班牙的迦太基人，从而彻底断绝了在意大利的迦太基人的主要后援。西庇阿展现出了一个优秀军事将领的素质，他向元老院请求去非洲攻打迦太基，就像汉尼拔曾经对罗马做的那样。

到公元前203年，迦太基的非洲部队已经两次被西庇阿打败，迦太基被迫紧急召回汉尼拔。至此，汉尼拔已经在意大利纵横了15年，这场疲劳战最终要在非洲一决胜负了。公元前202年，在迦太基的扎马，最后一战打响了。汉尼拔预料到，他的骑兵兵力不足，无法在两翼抵挡西庇阿的强大骑兵。果然，为了追捕四散逃离的迦太基骑兵，罗马骑兵也四散分开了，于是战争双方的两翼都失去了骑兵。一场出人意料而又精心策划的军事行动开始了。迦太基人曾用这种策略打败过罗马军队。汉尼拔把后部防线的两支部队沿相反方向展开，目的是将战线拉长，超过罗马军队，形成包围之势。如果用足球术语来解释的话，汉尼拔是将后卫全部调出来，打算在罗马阵线的两端决一死战。在罗马军队又一次要陷入汉尼拔精心布置的陷阱时，两大帝国都在为自己的命运而战栗。

但是这时的罗马军队里，有一个跟汉尼拔同样智慧的人，他早已敏锐地洞察到了迦太基后方部队调动时扬起的尘土。他清楚地知道这意味着什么，并且迅速抚平了军队中出现的恐慌。在康尼战争后，西庇阿抛弃了罗马所有的传统战术，开始训练他的前线部队在失去后方部队援助的情况下如何独立作战。这同样可以用足球术语来解释，西庇阿学会了在恰当的时机调动后卫，让前锋在没有后卫接应的情况下单独迎战。这位智勇双全的年轻指挥官立即下令，让罗马中央部队的后防部队独立作战。于是他的军队像行军操练时一样，迅速向左右两边分开，将阵线拉到更长的位置。当汉尼拔将他的分队调到罗马阵线两端，打算发起围攻时，眼前却出现了一道罗马军队形成的铜墙铁壁。于是，这场战争就在两条漫长的平行阵线上展开了对决。在同样出色的西庇阿面前，这位迦太基人的战术失去了威力。当罗马骑兵追赶完迦太基骑兵又开始对付迦太基步兵时，汉尼拔只能眼睁睁地看着他们冲破自己的阵线，直到它彻底崩溃。

在这场著名的战争中，我们可以看到，通过长时间的发展，战争已经从毫无组织毫无纪律的混战演变为由训练有素的士兵们组成的强大方阵之间的斗争，如东方最早的战斗团队。后来，在欧洲，希腊人在继菲利普和亚历山大之后，开始在战争中运用深层方阵。到了罗马时代，方阵不再是不可分割

图247　现在的迦太基港口

罗马彻底摧毁了这座城市，几乎没有留下任何东西。后来恺撒大帝重建了这座城市。但是，我们可以从图中看出，即使是重建后的城市，留存至今的也只有很少的一部分。现在，对这座城市的考古发掘已经开始了，也许能够找到古迦太基文明历史上有价值的遗物。

的统一整体，他们将方阵分割成为前后两个战斗单位。而在扎马战役中，西庇阿和汉尼拔又一次将战争艺术发展到了更高的水平。他们发明了“分队战术”，也就是以分队为单位调动部队，就像足球教练根据需要灵活调遣后卫一样。

打败了迦太基后，罗马成为古代世界最强大的国家。扎马战役结束后，罗马和迦太基签订了一项条约（公元前201年），条约规定，迦太基必须在50年内支付10万塔伦特（约合1100万美元）的战争赔款；除了三排桨战船之外的所有战舰均为罗马所有；未经罗马同意，迦太基没有权利在任何地方发起战争。这使得迦太基丧失了民族独立性。虽然罗马没有拿走迦太基在非洲的土地，但迦太基实际上沦为了一个附属国。

汉尼拔在输掉了扎马战役后就逃走了。我们了解到的汉尼拔的伟大战绩都来自于他的对手。他在24岁时开始带兵打仗，在战场上驰骋了20年。他是为了拯救自己的祖国而勇猛战斗的，他的战斗故事说明他是历史上最伟大也最有才能的将领之一。他有着狮子般的雄心，也有着坚定执着的信念，即使是罗马这样的强国也要倾尽全国兵力才能击败他。现在，罗马强迫迦太基人驱逐汉尼拔。在他50岁时，他逃到了东方，并努力鼓动亚历山大的继承者们联合起来共同对付罗马。

尽管迦太基人必须支付罗马索要的战争赔款，但是他们的商业仍然在繁荣稳定地发展着，这充分展现了他们出色的商业才能。因此，迦太基一直被西地中海的新霸主——罗马视作眼中钉。罗马只要一想到汉尼拔的那次侵略就胆战心惊。一位著名的保守派元老卡托认为，迦太基对罗马的威胁仍然存在。他曾经用这样一句话来结束他在贵族院的演说：迦太基必须被消灭。此后50年，迦太基人仍然在西地中海自由往来，但是罗马的铁腕又一次也是最后一次扼住了这个城市的脖子。为了抗击入侵的努米底亚人，迦太基不得不向他们宣战。这一刻罗马人已经等了很久了。因为迦太基的这一举动被认为违背了罗马条约，元老院趁机要求惩治迦太基。经过了三年战争（第三次布匿战争），罗马攻克并彻底摧毁了这座美丽的城市（公元前146年）。迦太基的领土被罗马完全占领了，成为罗马的非洲行省。这场持续了120年的战争最终以罗马消灭了自己的最后一个敌人而结束。

伊特鲁里亚、迦太基、希腊和罗马对西地中海的争夺，最后以罗马获胜而告终。而罗马曾经只是台伯河畔一个不起眼的集市村庄。从种族方面来看，西部的印欧族打败了闪米特族。西地中海完全落到了罗马这个强大的国家手里，就像东地中海曾经控制在马其顿王手中一样。现在，我们来看看罗马是如何应付东地中海的希腊化世界的。

第二十三章　地中海帝国的建立和衰落

七十七、罗马在东地中海的扩张

当亚历山大的后继者们还在相互敌视、相互结盟并不断发动战争时，强大的罗马正在西方世界崛起。任何一个像迦太基一样的国家出现在地中海地区都会让元老院不能容忍。于是，罗马的触角伸向了希腊化时期的东方国家，并最终征服了亚历山大的三个后继者们统治的国家。

公元前2000年，当亚历山大的后继者们还在相互敌视、相互结盟并不断发动战争时，强大的罗马正在西方世界崛起。罗马的日益壮大与其在地中海的扩张带来了明显的结果，罗马元老院不能容忍地中海地区出现任何一个像迦太基一样的国家。于是，罗马这个西方大国将触角伸向了希腊化时期的东方世界，并最终征服了亚历山大的三个后继者们的国家。现在，让我们来了解一下第一次冲突发生的原因。

汉尼拔曾经派使者去马其顿，目的是联合马其顿国王共同对付罗马。汉尼拔战争结束后，马其顿对罗马的敌对行为都被罗马人看在眼里。马其顿国王菲利普的政治和军事指挥才能都很像他150年前的祖父——亚历山大的父亲。这位国王打算与叙利亚塞琉古国王安条克大帝（安条克三世）签订合作条约，瓜分非洲的埃及，这让罗马元老院非常不安。考虑到菲利普此前的作为，又联想到他在实施这个计划后势力增强时可能会采取的行动，罗马不得不向东派兵，入侵马其顿。

马其顿人自然没有获得希腊城邦的援助，而安条克正忙于占领埃及在小亚细亚的领土，无暇也无力支援马其顿。于是，在距离汉尼拔战争结束不到一年的时间里，菲利普发现自己不得不在没有任何援兵的情况下，与罗马大军对阵。在菲利普的英明指挥下，在一段时间内，马其顿避免了与罗马军团的正面交锋。但是最后，手握长矛的庞大的马其顿步兵方阵还是与罗马军团对阵了。罗马军团手握短剑，在短兵相接时威力无穷，而且他们分成灵活的小阵，不断在移动，令人头晕目眩，笨拙的马其顿步兵方阵根本无法抵挡。在公元前197年的西诺斯克法勒战役中，马其顿军队惨败，亚历山大大帝的古王国也终于变成了罗马的附属国。作为罗马盟友的希腊诸城邦也重获了自由。

马其顿之战必然会引发罗马与塞琉古安条克大帝之间的冲突。当时，塞琉古控制了亚洲波斯帝国的大片土地，安条克正试图从战败的菲利普那里捞点好处，接收菲利普的领地和马其顿属下的希腊诸城邦。与这样一个亚洲强国对阵，罗马人并不轻松，何况从迦太基出逃的汉尼拔也在希腊，并且站在安条克一边，随时准备为他出谋划策。尽管汉尼拔一再督促，安条克还是错过了机会，被罗马军队逼到了小亚细亚。在那里，西部强国罗马第一次与东方的、由亚洲波斯后继者率领的杂牌军队正面交锋。

曾在扎马打败了汉尼拔的西庇阿与他的兄弟——罗马执政官与军团指挥官，另一位西庇阿一起出征，为他出谋划策。在面对由精通战术的两位西庇阿指挥的罗马大军时，从未接受过严格训练的东方军队几乎没有取胜的希望。在马戈尼西亚，以罗马为首的西方军队彻底打败了以安条克为首的东方军队（公元前190年），罗马控制了从小亚细亚到哈利斯河的全部地区。随后双方签订的条约规定，安条克不得越过哈利斯河，他的战舰也不得越过哈利斯河的延长线。在公元前200年到公元前189年之间的12年内，亚历山大继承者建立的三大东方帝国中已经有两个（马其顿和叙利亚）沦为了罗马的附属国，而第三个帝国埃及早就已经和罗马建立了亲密的关系。在罗马军团踏上东方土地的30多年后，埃及自愿成为罗马的附属国（公元前168年）。罗马虽然打败了东地中海世界，但是也面临着许多麻烦。东方各国的纠纷大部分要到罗马才能得到解决，于是，罗马取消了马其顿王国，将其变成了罗马的一个行省。此外，希腊人被罗马以同情马其顿的罪名进行了严厉的惩罚，许多人被送往意大利作人质，其中，仅送往罗马的阿哈伊亚贵族和学者就不少于1000人。尽管这样，阿哈伊亚联盟还是对罗马发起了战争，但被罗马用制服迦太基的方式制服了。公元前146年，继迦太基灭亡之后，科林斯城也被焚毁了。希腊几乎完全沦陷。像雅典这样能给人许多美好回忆的城市处境略微好一点，但总体而言，曾经创造过辉煌文明的希腊诸城都沦为了罗马的附属国。

这个台伯河畔的共和国经历了三代人的奋斗后，与迦太基展开了一场争夺西部世界霸权的斗争；在获胜后，又与东方为争夺霸权而大动干戈。这时，参加过对抗迦太基的西西里之战的老兵们还在世，焚毁迦太基和科林斯的人就是抵抗汉尼拔的罗马人的孙子们。从公元前264年起的125年间，战争从未停止，而在这一系列战争的初期，罗马共和国还只是意大利的主人，不久后（从曾祖父辈到重孙辈），它已经成为整个文明世界的霸主。

在这一系列战争中，罗马元老院展现出了非凡的能力。现在，它已经占领了整个地中海世界，这片领土的总面积相当于整个美国。罗马要统治这么大的一个帝国，并不比大流士管理波斯帝国容易。我们会看到，在治理新的领地方面，罗马元老院是失败的，这给罗马带来了致命的打击。再加上常年战争对意大利的破坏，罗马共和国逐渐衰落了。现在，让我们看一看罗马的那些征服地，了解一下罗马人和他们的生活被长期战争和霸主地位带来的影响。

七十八、罗马共和政府与罗马文明

罗马成为整个文明世界的霸主，但在对征服地的管理上，它却是失败的。罗马诗人贺拉斯曾说，罗马征服者被希腊文明征服了。

就像美国刚进入菲律宾时一样，起初的罗马完全没有管理征服地的经验。罗马将征服的许多国家变为了自己的行省，相当于波斯帝国的行省。各行省无权组建军队且必须向罗马纳税。它们还必须服从由罗马执政官任命的总督，并接受他无力又无效的统治。这些举措让罗马行省的情况与意大利本土截然不同。罗马元老院虽然为各行省制定了法律，但这些法律并不是强制性的，元老院并不强制要求各行省的罗马总督遵守这些法律条令。

像东方的君主一样，各行省的总督拥有近乎无穷的权力。他们远离家乡，可以任意调遣身边的罗马军队；他们掌握着全省的税收大权，可以随意压榨被征服地的百姓，搜刮钱财来维持自己的军队和政府。一般来说，总督的任期是一年，所以他们几乎没有管理政府的经验，他们只想在短暂的任期内尽可能多地聚敛财富，而全然不理会辖区内人民的要求。这样的政府只是一个掠夺百姓财富的机构。虽然罗马也意识到了制定法令以防止权力滥用的必要性，而且也确实颁布了相应的法令，但却没有什么成效。

很快，这种情况就对意大利产生了重大的影响。罗马的收入急剧增加，不需要再向罗马市民征税了。政府和打了胜仗的指挥官们获得了大量财富，士兵们也在战争中得到了丰厚的战利品。此外，罗马商人可以在各行省间自由往来，包税商们也被允许替国家征税，并从中获取大量利润或得到耕种国家土地的权利。这些包税商在《新约》中被称为“罪人”，后来罗马的借贷商就是从他们之中产生的。在罗马总督们的压榨之下，各行省的公民们被迫借贷来纳税，于是，借贷商便通过高利息借出贷款来获取暴利。这些人既是包税商又是借贷商，他们对人民的剥削比贪得无厌的总督更加残暴。当他们返回意大利时，在罗马形成了一个前所未有的富人阶层。

在购买力的不断增强下，罗马日用品出现了供不应求的情况，这促进了进口贸易的发展。从那不勒斯海湾到台伯河口岸，罗马商船往来频繁，停满了罗马的各个港口，船主都是富有的商人。随着钱币流通量的增大，银行业也迅速发展起来。罗马早在汉尼拔战争时期就出现了最早的银行——罗马广场两边的一排排商亭。公元前200年以后，这些商亭被具有东方希腊化城市建筑风格的巴西利卡取代了。新兴的富人阶层聚集到巴西利卡来做金融生意，他们还在那里成立了一些大公司，这些公司承包征税或是接受政府委托建造道路、桥梁和建筑。这些公司还开始发售股票，于是罗马广场上出现了最早的证券交易。

在各种因素的影响下，罗马开始发生巨大的变化。财富和人口不断增加，住房已经供不应求；对于地产商而言，出租的房子越多，收到的房租就越多，于是，他们开始兴建高层楼房。当然，那时的高层楼房与现代的摩天大楼是无法相比的。但是和现代人一样的是，罗马人也意识到了必须制定限制楼房高度的法律，因为有的楼房因劣质的建筑质量而倒塌了。这种现象在今天的城市建筑中也不少见。

图248　古老的罗马住房——黑中庭

房子前面没有任何装饰物。屋顶的方洞既可以用于采光，也可以收集雨水。下雨时，雨水通过方洞汇集起来流入“中庭”中央的小水池。这座房子的后面有一个小花园，这是非常罕见的。后来，罗马人就是在小花园所在的地方修建了希腊式柱廊。

当某位非洲行省的总督回到罗马并建起一栋漂亮的房子时，他自然会引发那些仍然居住在父辈们留下的老房子中的邻居们的不满足感。与早期美国人的住房相似，那种老房子是用晒干的泥砖砌成的，整个房子只有一个房间，所有的家庭活动都在这个房间里进行。房间的一个角落里放着主妇的纺车、凳子和床；另一个角落就是厨房，房间里没有烟囱，烟气只能从屋顶中央的一个方洞里排出去（图248），烟气将房间里熏得漆黑。因此，这种房子被称作“黑中庭”。全家人就在这间房子里吃饭、休息、会客，甚至是处理生意或公务。

这一时期的很多罗马人都已经见过了希腊城市，从卡普亚和那不勒斯的希腊家庭中，他们见识到了真正舒适而豪华的生活。于是，罗马人在黑中庭的两边隔出卧室，并在房子后面搭建小屋，作为主人的办公室或者密室。不

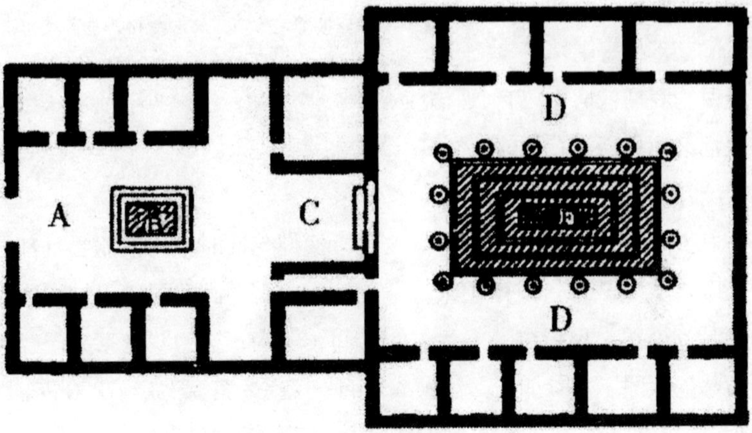

图249　希腊式罗马住房平面图

早期的罗马住房里只有一个房间（A），房间中央有一个接水池（B）。后来，房子后面加建了一间小屋（C），用作主人的房间。不久后，房子的两侧又建起了卧室。后来，受希腊生活的影响，罗马人在后面建起了带有希腊式柱廊的花园庭院（D）和水井（E）。最后，庭院两侧还建起了餐厅、起居室和卧室。那时，建筑物上还没有出现窗户，各个房间只能通过开向庭院的门来采光。城市的房屋还效仿希腊式的房子，在前墙上开出一个或一排店铺。庞贝城的房子大多都是这样的形式。

久后，他们发现即使是扩大了的黑中庭仍然有点狭窄，于是他们又在房子后面建起一个被柱廊围绕的希腊式庭院（图249，图250），庭院的四周还建起了餐厅、书房、起居室和厨房。后来，他们又加了一层，用作卧室和餐厅。这样一来，原来的黑中庭变成了漂亮而华丽的大接待室，里面陈列着主人的雕像、绘画以及从东方掠夺而来的艺术品等财富。

图250　庞贝城希腊式家庭的装饰

图中展示的是后来的罗马庭院，即房子后的花园。考古学家们发现，庭院中的大理石质成的桌子、雕像和蓄水池仍然位于原来的位置，与1800年前被火山灰掩埋时一样。这里是家庭生活的中心，我们可以想象，孩子们在庭院中嬉戏玩闹，花园里的鲜花和泉水叮咚的声音使这里充满了生机。

最早的罗马住房里只有一些生活必需品而没有任何装饰。一位迦太基驻罗马的使者在罗马家庭中做了几次客后发现，他们吃饭时用的银器餐具都是租来的。就在迦太基战争爆发前不久，一位前执政官还因自己家里的银器超过了10磅而受到处罚。仅仅过了一代人的时间，一些富裕的罗马家庭已经拥有超过一万磅的银器了。参加了马其顿战争的一位指挥官竟然带了250马车雕像和绘画返回罗马；一位征服埃托利亚的将军在那里掠夺了500多件青铜和大理石雕像；还有一位毁灭迦太基的将军让希腊雕刻充斥在罗马街头。在庞贝城，有一个商人竟然用描绘亚历山大在战场上冲杀场景的稀有彩画来装饰他的壁橱，这幅画曾经镶嵌在亚历山大城的一座希腊式房屋的地板上。罗马富豪们开始用东方各式各样最为精致的家具、挂毯和地毯来装饰他们的住宅。

罗马家庭迅速引进了希腊家庭中所有的生活设施，如自来水管道、浴池和卫生设施等。一些更加讲究的家庭甚至还安装了暖气管道，这是迄今为止

图251 庞贝城厨房中的青铜器皿

当考古学家发掘出这个厨房时，里面的厨具仍然整齐地摆放在原来的位置上。图中的器具都标上了字母，如果将这些器具排列起来，逐一说明它们的用途，肯定会激发学生们的学习兴趣。

发现的最早的供暖系统。他们的厨房里放着精美的青铜器具，远远比现代普通家庭的厨房要豪华（图251）。在举办重大社会活动时，罗马人不惜代价地进口山珍海味，那时，买一罐黑海咸鱼要花75到85元。保守派元老卡托曾经发表演讲来斥责这样的奢华生活，他说："世界上再不会有像罗马这样的地方，一罐咸鱼竟然比一头牛还贵。"

这种奢华的家庭生活还需要有很多的仆人。前门有专职守门人（被称作Jonitor，源于拉丁字Janua，意为门）。从前门走进一座房子，可以看到正在做各种家务的仆人们，甚至还有专门伺候主人沐浴的仆人，他们都是奴隶。但是普通的罗马家庭是负担不起厨师的，因为一个手艺高超的厨师一年要收取5000元。

虽然总体而言，从东方引进的各种物质文明对罗马的影响是消极的，但毕竟改善了罗马人此前单调、粗糙而马虎的生活。希腊的能工巧匠们制作的一切美好的东西都被罗马人用来装饰房子和元老院大厅了。庞贝城的市民们连在吃晚饭的时候，也能坐在那里欣赏波斯王大流士战死的壮观景象。但是，罗马却没有出现能够创造出这样出色作品的艺术家。

一位罗马元老在到过亚历山大里亚之后不由得感叹，虽然罗马拥有最新的楼房，但这里的神庙和公共建筑却那么粗劣和破旧，因此，罗马根本称不上是个繁盛发达的城市，甚至都没有什么能够吸引人的地方。他认为亚历山大里亚才是世界上最伟大、最兴盛的城市。他的这番话激起了罗马人的模仿热情，罗马开始出现许多希腊式的建筑（如位于罗马广场的巴西利卡）。不久后，罗马建了一座希腊式剧场，还做了一些改进，在剧场内装上了遮阳棚和类似于现代舞台的大幕布，并且在原来合唱队的位置上安装了座椅。

在西西里战争即将结束时（公元前241年），占领塔兰托姆城的罗马人抓住了一个名叫彼特罗尼乌斯的少年奴隶。后来，这个奴隶被他的罗马主人恢复了自由。他发现罗马人对希腊文学非常感兴趣，于是他将《奥德赛》翻译成拉丁文，作为罗马儿童的教科书。他还为成年人翻译了许多雅典悲剧和阿提卡悲剧。于是，彼特罗尼乌斯成为历史上第一个文学作品翻译者。通过他的翻译，希腊文学的内容与形式开始对罗马人的生活产生影响。

罗马人并不重视子女的教育，这已经是他们的习惯了。早期的罗马没有学校，他们古老的习俗是让父亲负责子女的教育。后来，虽然有了学校，但是罗马儿童没有可以用作教科书的罗马文学作品。而这时，希腊儿童已经在学习荷马和其他诗人的作品了。出于对法律法规的尊重，罗马家长大多会教孩子们学习“十二铜表法”，直到他们能够背诵出来，而当时英语世界的儿童们已经开始学习“摩西十诫”了。罗马的学校简陋至极，根本没有专门的教室，最好的学校也只是家庭中的一间空房，有些学校甚至只是街道偏僻角落或罗马广场一角上的露天场所。

当罗马的希腊奴隶重获自由开始创办学校时，罗马人将子女们送进了学校。还有一些家庭中也有像彼特罗尼乌斯这样受过教育的希腊奴隶，他们后来成为家庭教师，负责教育主人家的子女，教授他们学习彼特罗尼乌斯编译的启蒙教材，即拉丁文的《荷马史诗》。短短的时间内，罗马涌现出一批出色的希腊教师。于是，青年贵族们有学习修辞和演讲的机会了，这对他们日后担任公职有很实用的帮助和价值。有些守卫雅典的罗马青年就是在那里完成自己的高等教育的。

罗马占领希腊之后，生活中便融入了更多的希腊物质文明。我们知道，曾有1000名阿哈伊亚贵族被作为人质送往罗马，其中有一位文化和文学修养深厚的希腊政治家波利比乌斯，他被送到了西庇阿家，并随西庇阿南征北战，最终以他的学识获得了尊重。他目睹了迦太基和科林斯城的灭亡，后来还用希腊文将这段历史记录了下来。许多修养深厚、学识渊博的希腊人对西庇阿这种思想较为开明的罗马人形成了深刻的影响。波利比乌斯的著作中记载了迦太基城被大火化为灰烬时的情景，当时，他和小西庇阿就站在那里，这位青年罗马将军竟然泪流满面，低声念诵着荷马笔下特洛伊城被摧毁时的著名诗句。

罗马人对希腊文明与生活越来越熟悉，于是，他们产生了表现自己生活的冲动。实际上，拉丁农民有自己朴实的诗歌和民谣，但当一种更为高级的文学在他们之中传播时，那些生长在拉丁姆土地上的文学之苗很快就枯萎并逐渐消失了。因此，我们所说的拉丁文学并没有自己的根基，而是在外来文学的基础上发展而来的。正如罗马诗人贺拉斯在他的作品中说的那样，罗马征服者反倒被希腊文明征服了。

这时，意大利也出现了诗人和作家。模仿《荷马史诗》的叙事长诗描述了罗马人祖先们的辉煌功绩。这些长诗记载了罗马早期的历史、各种传奇、罗慕路斯和勒莫斯等人的故事，以及早期国王的传说。现在，这些故事已经不再被视为历史，但以前却是描写早期罗马历史的素材。罗马人很喜欢麦南德的喜剧，于是后来，他们开始模仿麦南德的作品。拉丁剧作家普劳图斯（约公元前184年去世）和泰兰斯（公元前159年去世）创作的以罗马社会现象为题材的喜剧大获成功。罗马人在观看这些喜剧时不断爆发出大笑声。舞台艺术的发展也促进了剧场的改善，这一点我们已经在前文中介绍过了。

随着拉丁新闻学的发展，罗马出现了越来越多写在莎草纸上的拉丁作品。后来，出版商们将奴隶抄写员集中起来，在罗马的偏僻小道上创办了出版作坊。一位罗马将军在征服了马其顿后，将马其顿国王的书籍全部带回了罗马，建起一座私人图书馆。罗马富人们也有了自己的书房。随后，一批图书馆学者出现在了罗马，其中就有罗马最杰出的将领。当时的人们要想进入这一领域，必须了解如何根据图书分类有条不紊地摆放希腊和拉丁作品。这些人既要精通拉丁文，又要通晓希腊文。最后，罗马人分化出文化阶层和无文化阶层，这两个阶层形成了鲜明的对比，而早期的农业共和国是不存在这样的差异的。

七十九、罗马城市和乡村的堕落

掠夺而来的财富与巨大的权力让罗马和意大利走向了崩溃。传统罗马家庭生活中的朴实、单纯与和睦一去不复返了。罗马人的生活走向了奢靡、贿赂成风、强取豪夺、道德沦丧……富人与穷人之间的矛盾日益激化，一场殊死之争即将展开。

伴随着希腊文化与各种新的舒适的生活方式出现的，是许多消极的东西。虽然小西庇阿本人也非常喜欢希腊的文学和艺术，但当他看到希腊舞蹈学校教给罗马儿童低级下流的舞蹈时，他感到非常惊讶，就像许多正派人对如今美国盛行的新舞蹈感到惊讶一样。罗马保守派代表卡托对那种新文化以及它带来的奢侈生活大加指责，作为一个监察官，他有权力禁止那种浮华的生活，于是他向罗马追求时尚的男女们发出了警告。卡托和其他一些人一起提出并通过了一条又一条的法令，目的是禁止奢靡之风，如妇女对珠宝首饰的热爱和炫耀等。妇女们出门要乘坐马车，不能再像过去一样抛头露面。但是，这些法令根本无法抵挡腐败的蔓延。传统罗马家庭生活中的朴实、单纯与和睦一去不复返了，离婚的人越来越多。尽管在罗马传统美德的保障下，罗马的权力仍在发展着，但是罗马传统道德占统治地位的伟大时代已经成为过去了。

在那些贫穷且没有文化的阶层中，这样的现象更为明显。绝大多数罗马人没有真正理解希腊文明，在他们看来，希腊文明之所以让人神往就是因为希腊物质生活的舒适。当科林斯城被摧毁时，波利比乌斯看见几个罗马士兵在一幅古希腊名画上掷骰子。他们是从墙上把这幅名画扯下来的，然后把它铺在地上，就像对待一块破帆布一样。当一位罗马的知识分子试图用一场希腊音乐会来慰问士兵时，这些罗马士兵们竟然拒绝这场演出，他们冲着乐师大喊，让他们放下乐器，来一场拳击比赛！这一切都与伯里克利时代的雅典形成了鲜明的对比。

但是罗马领导者们不得不满足罗马公民的爱好，因为这样才能获得选票和支持。罗马贵族们也趁机迎合民众的喜好。早在西西里战争时期，伊特鲁里亚人那里的一个野蛮习俗就被罗马人引进了。他们让死囚或奴隶相互格斗，直到一方被杀死为止，以此来纪念去世的罗马大人物。参加格斗的人被称为“斗士”，这个词源于拉丁语gladius，本意是“剑”。这种血腥的表演满足了罗马人寻找刺激的需要。主持葬礼的官员为了给自己拉选票，根本不顾葬礼的日程，只一味地延长竞技时间来博取观众的欢心。

最初，那些野蛮而冷酷的观众们只是随意地围成一圈观看角斗。后来，罗马人修建了专门用于角斗的场所。这种场所名为圆形剧场，里面建有石头座位，形状很像两个正面相对合起来的剧场。再后来，罗马出现了人兽之间的搏斗。希腊人喜爱的体育竞赛活动在罗马人看来太过温和。在希腊所有的体育竞赛项目中，只有战车比赛受到了罗马人的欢迎。为此，罗马人修建了宽阔的跑道，还在跑道周围砌起观众座位，这种建筑被称为马戏场。

首先走向堕落的是罗马的下层民众。他们总是期盼着公共活动（有时会持续几天）的到来，因为在这些日子里，他们可以分享罗马在征服中掠夺而来的财物。这些人不去劳动，只依靠富人们无偿提供的食品生活。后来，私人捐赠显然已经不能满足他们的需要了，于是养活他们成为国家的责任，国家定期向他们发放谷物。虽然这些下层人民一味依靠别人生存的习惯不好，但至少没有贿赂那么坏。虽然罗马法律明令禁止贿赂，但却没有取得实际的效果，那些渴望做官的候选人以各种形式大肆贿赂。由于只有参加罗马大会的人才有选举权，于是，他们就成为想进入这个统治世界的政府的候选人的贿赂对象。

所有这些行为大大增加了政治生活的费用。过去，罗马的年轻人即使在卑微的职位上也能展现他的才干和美德，并获取选票，但现在，他必须借钱来负担一场长时间的竞技比赛，还有贿赂选民。即使他选举成功，也没有任何薪水，等他上任后还要支付处理各种正常事务的大量费用。罗马政府没有设置任何职员、记账员或会计等今天所说的公务员，官员们必须自己出钱请公务员。就连往届的罗马执政官们也大多将自己的家改成办公室，和他的助手、会计（大多是希腊人）在那里处理公务。

罗马政治家谋求官位的目的只是为了扩大自己的影响力，从而有可能成为罗马某富有行省的总督。一旦他们实现了这一目标，那么无论他们在选举中欠下多少债务，都能在一年的总督任期内还清，并且还能够成为巨富。因此，执政官的位置被视作成为总督的跳板。当卸任的总督回到罗马时，他就永远地告别了从前那个生活朴实的罗马平民，而成为享受无尽奢华的如国王般的巨富。那些总督们以谋利为目的，在各个行省拥有绝对的权力。他们根本不受罗马法律和共和国体制的制约，在辖区内有国王般的权力。这对于罗马共和国而言，是一个巨大的潜在威胁。

罗马征服者掠夺而来的巨大财富也对意大利乡村产生了重大的影响。对于罗马的元老和贵族而言，从事经营活动，尤其是经商是有失体面的。他们认为土地是最有价值的财富，于是，那些富有的罗马贵族们大量购买土地，并将它们建成大规模的庄园。那些在各行省大肆掠夺的商人们也置办了大量地产。罗马北面原本是伊特鲁里亚人的土地，现在已经成为罗马富人的庄园。以前的小农庄几乎消失了，一个个大庄园遍布在意大利的土地上。像希腊的农庄一样，意大利的小农庄也逐渐走向了消亡。

这些富裕的地主们根本找不到耕种这么多土地的自由民，而且即使找得到，他们也不会这么做。自汉尼拔战争以来，罗马征服者们从迦太基、西班牙、高卢、马其顿、希腊、小亚细亚等地带回了大量俘虏，这些可怜的俘虏都被卖为了奴隶。仅在与意大利隔海相望的亚德里亚海岸，罗马就俘虏了15万人。一个普通劳动力可以卖到300美元，工匠或是有文化的人卖的价格稍高一点，而一个会弹竖琴的年轻姑娘可以卖到1000美元。因此，通过买卖奴隶可以赚不少钱。我们都知道，大部分罗马人家中都有奴隶，意大利的各个大庄园也都是奴隶在耕种。

家庭中的奴隶工作不太辛苦，但是大庄园里的奴隶过的却是非人的生活。在大庄园里，东地中海的自由民们被烙铁烙上了永久的印记，他们遭受着牲口一样的待遇。天刚亮，他们就要被赶到地里去干活，夜幕降临后，他们又被赶进地窖。此前，健壮的意大利农夫一直在这片肥沃的意大利土地上为自己耕种。现在，这片土地却是由那些可怜而绝望的奴隶来耕种。当战争无法提供足够的俘虏时，罗马人就从爱琴海和地中海从事奴隶买卖的人那里购买奴隶。奴隶被海盗运到提洛岛上的奴隶市场，再由罗马商人贩卖到意大利。

结果是大量的奴隶涌进了意大利和西西里。他们受到无法用言语表达的虐待，因此很多地方的奴隶起来反抗主人。然而，即使奴隶们没有叛乱，公共安全也十分糟糕。在意大利的各条偏僻小道上，奴隶贩子和强盗们横行霸道，无恶不作。无论是居住在乡村的人，还是出门赶路的城里人，他们都没有安全感。西西里的情况比意大利更加不堪。西西里的中南部爆发了大规模的奴隶暴乱，6万多奴隶聚集起来杀死了庄园主，攻占了城镇，还建立了自己的王国。一名罗马执政官亲自率领大军前去镇压，他花了几年时间才消灭了这个王国。

在西西里的奴隶暴乱期间，各地大庄园主的别墅也开始被自由民形成的小农场主焚烧。因此，对于乡下底层人民（无论是奴隶还是自由民）而言，奴隶暴动是对有钱的大庄园主的仇恨的集中体现。罗马对外的征服行动带来的财富让富人更富，穷人更穷，两个阶层的差距越来越大，再没有共同的生活追求和理想了。于是意大利社会分化成了两大相互仇视的阶层，这也是意大利社会的一大隐患。

当我们在叙述汉尼拔战争和西庇阿在扎马战役中取得的胜利时，我们看到的似乎都是战争的伟大与它所带来的荣耀。现在，让我们来分析一下它的负面影响。在历史上，无论战果多么辉煌，都比不上人们为它付出的代价，其中包括了战争带来的种种负面影响。昔日，意大利绿色的山坡和平原上散布着无数的小农场，在那里，罗马家庭耕种着自己的土地，幸福地生活着。但是在战争的摧残下，小农场就像秋风中的落叶一样迅速地衰亡了。在汉尼拔战争中，意大利南部逐渐荒芜了，土地无人耕种而慢慢变成了牧场。相比之下，中部意大利的情况稍好一些。即使是没有受到战争侵害的地方，大多数家庭的父亲和长子也要长期离开家乡，在罗马军团服役，并为了罗马称霸世界的野心而转战各地。当他们返回家乡时，他们已经习惯了在海外征战的惊险与刺激，农场生活对他们而言单调且乏味。于是，他们又离开农场，重新回到军团，继续那种充满刺激的生活。他们跟着自己崇拜的将领，到处征战，到处劫掠；他们不再留恋家庭，也不再怀念健康的乡村生活。留在家里的母亲独自带着孩子，她们只能看着亲人离开小农场走向战场，农场因此完全荒废了。

当士兵回到他生长的故乡时，他发现原来那个充满了自己童年记忆的家已经不在了。家人不知去向，小农场也被卖了，成为富人们庞大庄园的一部分。那些大庄园就像他曾经在迦太基城周围见过的庄园一样。他的邻居们也不知去向，他们的农场也被富人占去了。当他站在山顶远眺时，看到的只有明媚阳光下的豪华别墅，那一栋栋华丽的房子里住着罗马贵族，他们把过去的小农场都变成了自己的财产。这就是财富带给他的一切，而他只能无奈地在心底诅咒。然后，他成了罗马城的流浪汉，领取政府发放的口粮，加入到天天盼望着观看决斗和马戏的贫困者行列。

也有一些退役士兵回到家乡后找到了自己的家人，小农场也还在。于是他们留在家乡，过上了父辈那样的面朝黄土背朝天的生活。但是大庄园的田地都是由奴隶们耕种的，它们出售的谷物价格很低。所以，当退役的士兵辛勤劳作了一年后，他卖出粮食挣的钱甚至无法保障自己家人最基本的生活。此外，罗马市场上还充斥着从西西里、非洲和埃及等地低价进口的大量谷物，这些谷物的价格也很低（有时政府还无偿发放），他根本无法与之抗衡，于是只能慢慢地陷入经济困境，然后被迫借款。随着债务的不断增加，他最后只好卖掉自己的小农场。于是，他也去了罗马，加入了流浪者的队伍，依靠政府微薄的救济生存。

强健的农民一度是罗马公民的主体，罗马曾在他们之中招募过庞大的军队，并且正是这支军队为罗马赢取了如今的权力。罗马元老院也是依靠这支军队才得以建立世界帝国。但是现在，自由民的数量逐渐在减少。马其顿战争后，几次人口调查显示，共和国中的意大利公民数量在迅速减少。而与此同时，意大利的那些罗马盟友们也越来越不满，因为他们还没有拥有真正的公民身份。当他们的士兵也为帝国做出了重大贡献，而这个世界帝国的政府却掌握在日益腐败的元老院和少部分丧失了人性的罗马公民手中时，他们要求分享罗马帝国的权力。

作为世界霸主，罗马被它自己掠夺来的财富和权力推向了崩溃边缘。在意大利以外的罗马帝国领土上，尤其是在文明的希腊，情况也和意大利一样，农民已经不存在了。罗马的总督和包税商仍然在各大行省肆意剥削；爱琴海上的海盗们仍然在肆无忌惮地绑架和贩卖奴隶。无论是合法的强盗还是非法的海盗，共和国都无力约束，或者说它根本不愿约束。这一切都会让罗马帝国的商业和农业走向衰落，并最终走向灭亡。

希腊化世界也出现了衰退的趋势。在亚历山大里亚，曾经伟大而辉煌的科学基地与建筑，现在只能让人们回忆起托勒密王曾有过的伟大理想和追求了。没有政府的支持，科学家和哲学家们就没有用来维持生活的薪金和退休金，于是科学家和哲学家也不存在了。因此，我们可以说希腊化时代的科学主要是建立在国王财富的基础上的，而不是希腊思想。哲学家只追求真理，无需任何外来物质的支持而独立研究的时代已经成为过去。

地中海不仅仅是东部希腊文明的故乡，也是西部罗马文明的故乡。但是，罗马元老院却没有能够从这两大文明中汲取营养，从而为罗马帝国建立一个类似于大流士波斯政府那样的政府。这使得整个地中海世界的文明走向了崩溃的边缘。在阿尔卑斯山的另一侧，北方的欧洲蛮族早在远古时期就试图翻越阿尔卑斯山南下，一旦他们越过这道天然屏障，他们就会毁掉这三千年来东方人、希腊人和罗马人在地中海地区所创造的文明。罗马帝国能避免这场灾难吗？他们能保住地中海文明吗？

作为一个城邦共和国，罗马在艺术、文学、科学和思想等方面创造出许多优秀的文明成果。虽然希腊的城邦政府存在诸多弊端，但生命力非常旺盛。城邦政府根本不适合统治一个大国或帝国。事实证明，尽管罗马共和国的城邦政府做出了努力，但它在体制上的局限仍然让它在管理广大的地中海世界方面表现出了无能。罗马能否建立一个更有效地统治地中海世界的不同国家和民族的政府，从而真正成为一个大帝国呢？它能不能有效地统治一个比西亚和埃及加起来还要大的世界，就像东方帝国曾经做过的那样呢？

我们现在讨论的是一个关键的历史时期，是一个从罗马摧毁迦太基和科林斯（前146年）开始，希腊化世界的文明日益衰落的时期。在罗马内部，穷富之间的矛盾日益激化，随时都可能爆发殊死之争。然而虽然内部矛盾极其尖锐，他们却还要努力协调起来治理地中海世界。同时，他们还要时刻提防着北方蛮族的入侵。尽管罗马人面临着种种困难，他们还是掌握了治理帝国的基本策略并且守住了北方边疆，将北方蛮族挡在了阿尔卑斯山以外，让那个阻碍人类进步数世纪之久的文明保存了下来。这个文明成为我们的传统，我们会在最后几章中探讨这个部分。

罗马图书馆的一角。书籍都被卷成圆筒，码放在书架的隔板上，就像卷起来的海报一样。书卷朝外的一段贴有标着书名的标签，图书管理员可以轻易地找到自己要找的书，也可以迅速将其放回原位，这大大减少了他们的工作量。

第二十四章　百年动荡与共和国的灭亡

八十、共和制与贫民的对立

罗马农民在战斗中冲锋陷阵，出生入死，得到的结果却是失去自己的土地。他们要求罗马依据公平原则重新分配土地，但是作为既得利益者，元老院和贵族们自然拒绝了他们的要求。于是，一系列由此引发的暴力流血事件爆发了……

图252　角斗士与野兽

这幅浮雕发现于奥古斯都修建的马塞勒斯剧场中。它生动形象地展现了角斗士与野兽搏斗时的场景。图中的角斗士身着短衫，头戴盔帽，手握盾牌，正在挥舞着手上的利剑。浮雕的左边是一位神情痛苦的角斗士，狮子咬伤了他的胳膊。

让我们回忆一下之前提到的罗马帝国面临的问题，那些问题都是应该快速解决但是却一直悬而未决的。意大利当时面临的最为急迫的问题是如何解决罗马农民的危险处境。对此，意大利应该增加农民的人口数量，并让他们获得土地。罗马面临的另一个严峻考验来自意大利盟友的不满情绪。意大利盟友们始终没有获得选举权，也没有担任任何公职的权利。同时，意大利以外的领土也存在着诸多问题。首先，共和国应该彻底改革各个行省的政府，建立一套能够统治广大海外领地的切实有效的管理系统。其次，在边防问题上，共和国应该加强对北方蛮族的防守，防止其对地中海世界的文明产生威胁，并发生史前希腊人摧毁爱琴海文明那样的悲剧。

从萨莫尼特战争以来，一直掌管着罗马政府的元老院眼前就摆着这么多难以解决又不得不解决的问题。这时，元老院形成了一个由贵族组成的寡头政治集团，就如同希腊城邦的寡头政治一样。元老院拥有的绝对权力没有建立在任何法律基础之上，元老们控制国家凭借的完全是其在担任执政官或其他高级官员时形成的影响力与声誉。在罗马，真正有权控制政府的应该是人民，而他们在召开罗马大会时，从未通过任何选举或法律来将这些权力授予元老院。

元老院的贵族们对意大利农民提出的合理要求不予理睬。早在汉尼拔战争之前，人们就已经认识到了重新分配土地的必要性。在果敢的弗拉米尼乌斯的带领下（后来他出任执政官，在特拉美西诺湖畔遭到汉尼拔的攻击，战死沙场），罗马出台了一项挑战元老院的法令。法令要求元老和他们的贵族朋友们将自己占有的公共土地交出来，重新进行分配。因此，弗拉米尼乌斯被元老院所记恨，但他后来被人们称为带领贫民反抗贵族的领袖。弗拉米尼乌斯鼓励贫民们争取权利，并制定了能够帮助不安分且无知的贫民们掌握政府权力的冒险政策。在汉尼拔战争期间，贵族与平民之间的矛盾有所缓和。在战争结束后，一位名叫卢契尼乌斯的护民官成功让罗马大会通过了一项维护贫民利益的法令。这项法令明文规定任何公民拥有的土地不得超过500亩，牛不得超过100头，羊不得超过500只。但是，这条法令在元老院的干涉下成为一纸空文。

罗马在征服意大利后只得到了半岛的一半，如果它要增加自己的耕地面积，就只能从意大利盟友的手中夺取土地。罗马共和国在毁灭迦太基和科林斯城之前的十年间夺得了最后一块领地。现在，正确有效地实施卢契尼乌斯的法律是唯一能够让没有土地的农民们获得土地的方法。罗马应该做的是将属于国家的公共土地，也就是美国所称的“政府土地”，分给农民。但是一代又一代的时间过去了，贵族们仍然以各种各样的形式占有这些土地。有时，贵族的地产甚至很难分清是他的私有财产还是他占有的公共土地。由此，我们可以想象元老院代表的大地主阶层是多么坚决地抵制对公共土地的重新分配。

在弗拉米尼乌斯之后，平民们一直没有找到真正有才能的领袖。后来，一位名叫提比利乌斯·格拉古的贵族成为他们的领袖。提比利乌斯·格拉古是一个充满奉献精神的爱国者，他是扎马战役中的英雄大西庇阿的孙子，后来，他的妹妹嫁给了小西庇阿。提比利乌斯·格拉古是公民选举出来的护民官（公元前133年），他时常对平民们发表激情慷慨的演讲，让他们了解自己受到的待遇是多么不公正。他在演讲中说：“在意大利土地上，连野兽都有栖身的洞穴，它们都可以在那里筑巢做窝，而你们为意大利出生入死，却只让别人得到了财富和豪华的享受。你们才应该是这个世界的主人，但你们连一块属于自己的土地都没有得到！”

为了维护农民的利益，提比利乌斯·格拉古向罗马大会提交了一份要求重新分配土地的法令。这个法令与卢契尼乌斯的法令差别不大，都带有中庸的政治色彩。他们在意大利做的这一切都跟梭伦在阿提卡曾做过的一样，并且可以肯定的是，相比梭伦的法令，这个法令要温和许多。公元前132年，一场无关正常法律程序的悲剧的发生，促使了这个法令的最终实施。为了促使这项法令实施，格拉古必须要赢得下一场选举然后连任护民官。但是就在投票之前，一群暴徒冲进了元老院大厅，向提比利乌斯·格拉古和他的支持者们发起攻击，直到他被活活打死。这场流血事件拉开了百年革命（内战）的序幕（公元前133年至公元前31年）。正是这场战争将罗马共和国推向了毁灭。

提比利乌斯·格拉古死后的第十年，他的弟弟凯尤斯成为护民官（公元前123年）。凯尤斯不仅仅为没有土地的农民而斗争，他还试图挑战和削弱元老院的权力。他召集了元老院的敌人们——那些没有加入元老院的大商人和大金融家。他们财力雄厚，能够买马和养马，并且还能作为骑兵参战。于是，他们被称为骑士。这个群体就形成了骑士阶层。凯尤斯之所以能够得到他们的支持是因为他为他们争取到了在亚洲征税的权力。为了增强骑士阶层的权利，他还成立了骑士法庭，用以惩罚元老院派到各个行省的贪官污吏。此外，他还向元老院提议赋予意大利盟友们他们所渴望已久的公民身份。这个提议不仅激怒了元老院，也遭到了人民的强烈反对。凯尤斯的种种努力最终在一场暴乱中夭折了。和他的哥哥一样，他也在一场暴乱中丢掉了性命。

八十一、马利乌斯和苏拉的统治

现在，人们不再渴望得到护民官那样的领袖，他们期盼的是一位军事领袖。通过选举产生的行政官员不再是人民利益的依靠，他们现在依赖的是军事力量与掌握军事力量的指挥官。

过度依赖选民的支持是格拉古兄弟改革最大的缺陷，因为那些参加公民大会选举的选民们非常不稳定，而要在每场选举中博得他们的注意力并获得他们的支持也很不容易。在格拉古兄弟的改革期间，作为格拉古法律最直接的受益者，罗马城外的农民们正被农事缠身，根本没有时间进城参加选举。通过弗拉米尼乌斯和格拉古兄弟等人的改革与努力，人们意识到他们需要一位领袖。于是，国家的权力集中到了一个人手里。现在，人们不再渴望得到护民官那样的领袖（如格拉古兄弟），他们期盼的是一位军事领袖。

同时，元老院不断腐败堕落，毫不关心民间疾苦，这给人民提供了许多争夺权力的机会。对于元老院在海外征服地的无力统治，人们都看在眼里。

在罗马对北非努米底亚大帝国的战争中，努米底亚的国王尤古尔塔对罗马人的弱点了如指掌。他收买了罗马的执政官，使得罗马军队一再受挫。这场拖延许久的战争惹怒了罗马人民。因此，虽然元老院委派的指挥官米泰利乌斯为人正直并且才能出众，也最终击败了尤古尔塔，但罗马大会还是通过了一项法律，米泰利乌斯被罗马大会自己的将军取代了。人民不仅获得了对外事务的决策权和管理权，更加重要的是他们接管了军队。通过选举出来的任期短暂的行政官员们不再是人民利益的依靠。现在，人民依靠的是军事力量与具有领兵才能的指挥官，而指挥官们的任期是不确定的。

马利乌斯是一位深得人民信赖的将领。他出身于平民，从一个卑微的农民成了一名有勇有谋的将军。在元老院的无能统治下，罗马对尤古尔塔的战争持续了六年之久；而在马利乌斯的领导下，战争很快就结束了。当他自己还没有回到罗马，只是获胜的消息传到罗马时，罗马人民就坚持选他连任执政官。公元前104年，马利乌斯返回罗马，被俘的努米底亚国王被迫戴着锁链在街上游行。这时，两大日耳曼野蛮部落——辛布里和条顿——与高卢人结成了联盟，并正在向南行进。罗马的北方边界已经被他们冲破了，六支罗马军队在高卢的边界地区先后被他们打败，罗马军团似乎已经失去了威力。罗马陷入了一片恐慌。在这样的危急时刻，马利乌斯再次当选为执政官，亲自率领部队前去抵抗那些来自北方的野蛮侵略者。在高卢南部，这位人民英雄不仅击败了条顿，还摧毁了日耳曼的主力部队（公元前102年）。后来，辛布里人翻越阿尔卑斯山来到了波谷，但仍然被马利乌斯带领的军队击退了。

马利乌斯不仅能征善战，还是一个出色的组织者。无论是在军事史还是罗马政治史上，他对罗马军队的改革都有着划时代的意义。马利乌斯废除了只有拥有财产的罗马公民才能进入军队服役的旧传统，他让贫民们也进入军队，从而快速地成为职业士兵，以确保军团有充足的兵源。像昔日的希腊军队一样，罗马军队也发生了翻天覆地的变化，公民士兵的时代过去了。许多罗马公民在持续不断的长期战争的锻炼下成为战斗经验丰富的职业士兵。在一定程度上，马利乌斯的军队成了一支专业化的军队。虽然法律仍然规定了每个罗马公民入伍服役的义务，但远没有从前要求得那么严格。

长期服役且经常参与战斗的青年士兵们能够受到良好的训练，并且有机会积累大量实战经验。因此，由短期服役的公民士兵们组成的军团所不能完成的军事行动，他们可以完成。马利乌斯设立了新的军事编制，军团规模从4.5万人扩充到6万人；6000人的部队被分为10个分队，每个分队600人。这种分队叫作“步兵队”，是变换方阵的基本单位，也是战争成败的关键。这些“步兵队”训练有素且自信满满，一旦接到命令就能迅速进入战斗位置。“步兵队”的创立和运用将古代战争艺术推向了辉煌的巅峰。

虽然马利乌斯骁勇善战，又善于组织，但却不是一个成熟的政治家。他的平民出身让他身上始终残留着罗马农民的粗陋本性，他憎恨罗马贵族但又不知道如何对付他们；他指挥罗马军团的权利来自平民，但他也不知道怎么驾驭他们。公元前100年，在他第六次担任执政官时，马利乌斯与平民党领导人之间的矛盾已经完全激化。他们采取了非常极端的行为，暴乱夺去了两名领袖的生命。民众们对温和派越来越不满，元老院重新占了上风。马利乌斯只能无奈下台，但是他的领导让人们认识到，平民要想抑制元老院的权力，只能寄希望于一位杰出的军事领袖的领导。这个领袖可以不了解法律，也可以没有高明的政治手段，但是他必须要具备超凡的军事领导才能。

意大利盟友的不满情绪愈发高涨，元老院与平民之间的斗争也随之愈加复杂。意大利盟友与罗马一样为征战的军团提供了大量士兵，但是那些被征服的土地和掠夺来的巨大财富却完全没有他们的份。从前意大利赋予领地公民权的开明政策早已被废止，这让人们回忆起了伯里克利后期的雅典。早在意大利的各个社区统一成为一个国家之前，他们就已经卷入了一系列长期的对外战争之中。战争给罗马带来了大片土地，也带来了元老院的腐化与统治阶层的狭隘心胸。突如其来的财富与权力让罗马开始骄傲自大，目中无人。意大利其他盟友的感情在罗马看来根本不值一提。对于仍然处于分裂状态的意大利，罗马有责任将它统一起来。

值得庆幸的是，罗马的某些领导人意识到了统一的必要性并打算赋予意大利盟友公民权。德鲁苏斯是一位富有、无私且备受尊重的贵族政治家。他在当选为护民官后，试图逐步帮助意大利盟友争取选举权，但这位罗马政治家遇到了极大的阻力，最后被刺杀在大街上（公元前91年）。德鲁苏斯受到的反对并不仅仅来自于元老院。罗马的普通公民也害怕失去自己享有的特权；骑士阶层的富人们也不肯和盟友分享自己在海外掠夺的权利。很快，意大利的盟友就意识到从罗马手中争取权利是不可能的。于是，在德鲁苏斯被刺杀之后，中南部的主要意大利盟友发起了暴动并建立了自己的国家和政府。他们将首都定在中部的一个城市，并给国家取了一个形象的名称——“意大利加”（公元前90年）。

在历史上，这场战争被称为社会战争（公元前90年至公元前88年）。在社会战争初期，罗马军队几乎全军覆没。虽然罗马后来摆脱了这样的困境，但是各个意大利盟友之间的联合力量非常强大。在这样严峻的形势下，罗马政治家采取了分化政策，即分别授予各个盟友公民权。这样，罗马就拆散了意大利盟友的联合，重新将各个社区纳入了罗马帝国。但是，那些地处偏远的公民们要想参加选举或其他政府活动，就不得不长途跋涉地赶到罗马。这种荒唐的现象再次说明了古代城邦国家在组建管理大国的政府机构方面是无能的，在治理世界帝国方面就更不用说了。尽管这样，无论在政府方面还是语言方面，意大利都在走向统一。

在小亚细亚，另一场危险的战争一触即发。这片地区的既得利益者——罗马元老院的元老和富人阶层——都在努力阻止战争的爆发。即使战争真的爆发了，他们也会想办法让它尽快结束。苏拉曾是马利乌斯的部下，也是一位战绩颇丰的军官。他在对意大利盟友的战争结束后被选为执政官。元老院委派苏拉管理小亚细亚，但没有得到平民领袖的承认。在对尤古尔塔的战争期间，公民大会通过了一项让马利乌斯去处理即将爆发的小亚细亚战争的法令。然而，当时的马利乌斯手中没有一兵一卒，所有的罗马军队都在苏拉的指挥下对盟友作战。于是，苏拉罔顾人民大会通过的法律，率领军队挺进罗马，并在罗马执政官的批准下以武力占领了罗马。现在，元老院就像以前的罗马大会一样，开始用军队表达他们的意志。苏拉颁布了一条新法令，法令规定，任何决策必须先经过元老院的批准，然后才能交由罗马大会进行投票。在打破了平民以法律对抗元老院的企图后，苏拉才率军前往小亚细亚。

元老院虽然赢得了这场战争，但在苏拉和罗马军团离开之后，不甘屈服的人民又在罗马的大街小巷上发起了暴动。手握棍棒的新公民在广场上围攻元老院的军队，死伤过百。在这场暴动中，逃亡到非洲的马利乌斯又率军回到了罗马。他与平民领袖联合起来攻占了罗马，并对元老院进行了血腥的屠杀。现在，报应降临在了杀死提比利乌斯·格拉古的元老院。马利乌斯第七次被选为执政官，但没过几天他就去世了（公元前86年）。在苏拉返回罗马之前，罗马一直处于人民的统治之下。

苏拉之所以率军远征小亚细亚，是因为蓬土斯出现了一位年轻且天资聪颖的国王——米特拉达特。罗马对东方的无能统治直接促进了蓬土斯的迅速发展。很快，蓬土斯就扩张到了小亚细亚的大部分地区。罗马的统治不断激发了希腊各城邦的不满情绪。在米特拉达特的劝说下，小亚细亚的希腊城邦和部分希腊本土的城邦联合起来共同对抗罗马。连罗马压迫最少的雅典也对他表示支持。于是，本来还在忙于内战的罗马军队又要面临一个从天而降的东方大敌，而这个大敌和曾经的迦太基一样危险。苏拉将雅典城围困住，收复了欧洲的希腊城邦，然后迅速结束了对米特拉达特的战争，将他赶回了亚洲。小亚细亚的希腊城邦被苏拉索要2万塔伦特的巨额战争赔款；此外，它们还被要求保护罗马借贷商的利益，剿灭东方的海盗。苏拉在完成了这一切任务后又回到了罗马。

在苏拉返回罗马的途中，平民军多次围追堵截，但都被他一一击退了。最后，苏拉直逼罗马城，他跟着平民军队进入罗马，在没有走任何法律程序的情况下取得了国家的统治大权。苏拉手上的军队让他成为执政官（公元前82年），他的权力比以往任何一个执政官都要大。而他一上台，就对平民党领袖发起了屠杀，并将他们的财产充公。于是，罗马还没有从马利乌斯制造的恐怖氛围中恢复过来，便又一次陷入了恐慌之中。苏拉的野蛮行径激发的仇恨是后来暴动频发的根源，严重地威胁了国家安全。

苏拉制定了一套彻底剥夺公民大会和护民官权力的新法律，这套法律罔顾元老院在帝国统治方面的无能，将国家的领导权完全交给了它。尽管苏拉也进行了一些改革，但在他犯下将统治国家的最高权力交给元老院这样的重大错误的情况下，那些改革并没有多大的意义。然而苏拉具有十分高尚的个人品格，他并没有独占国家统治者位置的打算。在他的立法取得一定成效之后，他便将自己的权力交出，卸任隐居了（公元前79年）。

八十二、庞培和恺撒的事业

在恺撒的推动下，古代战争艺术走向了巅峰。恺撒在击败了昔日的政治盟友庞培后，成为实际意义上的第一位皇帝。他计划征服印度到大西洋之间的广大地区，建立一个庞大的帝国，但这些都随着他遇刺身亡化为了乌有。

隐退一年后，苏拉逝世了。在他死后，人们强烈要求废除他为了束缚公民和护民官而制定的可恶法律。为了达到这个目的，人们认识到他们必须要有一位自己的军事领袖。在苏拉的法律被元老院用以统治了9年之后，平民领袖们终于找到了他们需要的军事指挥官——庞培。庞培曾是苏拉手下的军官。此前，他因被元老院派往西班牙并在那里打败了一个马利乌斯的支持者而赢得了很大的声望。庞培支持废除苏拉的法律，于是他被选举为执政官（公元前70年）。上任后，庞培履行了自己的诺言，并受到了平民的拥戴，成为位高权重的军事指挥官。

元老院在海防上的无能导致了西西里海盗在地中海肆意妄为。那群海盗甚至在台伯河口烧杀劫掠。他们还在阿皮亚古道上劫持罗马官员，抢夺从埃及和非洲运往罗马的粮食，而这里距离罗马只有几英里的距离。公元前67年，平民大会通过一项法令，授予庞培距海岸50英里以外地中海的最高指挥权。于是，庞培拥有了200艘战舰，并有权在必要时任意扩建自己的军队。在罗马，从来没有任何一个军事指挥官拥有这么大的非行政权力。

庞培只花了40天时间，就把西地中海上的海盗清理干净了。然后，他带领舰队向东，驶入爱琴海。不到7个星期，他就彻底剿灭了西里西亚海上的海盗，还烧掉了他们的码头，捣毁了他们的据点。第二年，庞培被赋予了领兵征战米特拉达特的权力。这时，已经有一位杰出的将领——卢库卢斯——在战争中取得了很大的胜利，他即将击败米特拉达特，并摧毁蒂那尼斯的亚美尼亚王国。这时，庞培轻而易举地打败了米特拉达特，消灭了残留的塞琉古王国，并使叙利亚成为罗马的行省。此外，他还占领了耶路撒冷，将犹太人也纳入了罗马的统治。在返回罗马之前，庞培的军团一直推进到了幼发拉底河，即将到达里海。自马其顿以来，这样强大的征服行动（公元前67年至公元前62年）没有在东方出现过，因此，在一般人的心中，在东方大地上南征北战的庞培就像是亚历山大再世。

与此同时，另一位新的英雄——马利乌斯的侄子恺撒——出现在了罗马大地上。恺撒出生于公元前100年，当庞培担任执政官时，他还只有30岁。恺撒继承了马利乌斯的事业，他坚决反对苏拉的法律，支持庞培担任执政官。很快，他就通过演讲为自己赢得了声誉，从平民领袖中脱颖而出。苏拉制定的法律被废除了，他的财产也被没收了，这激发了许多人的不满与仇恨，这些想要复仇的人是恺撒的主要追随者。恺撒还有一位政治伙伴名叫卡提林，这个人也有一大批名声败坏的追随者，而恺撒支持他和另一位朋友竞选执政官。

恺撒受到的质疑与卡提林不佳的名声导致了卡提林竞选失败，西塞罗成为执政官。西塞罗虽然没有多少资历，但是他善于演讲，而且是一个天才的学者。他的目标是造就一个处于元老院和平民之间的中间阶层，从而重建古

图253 传说中的恺撒胸像

实际上，这幅胸像中的主人公并不是恺撒，而是某个不知名的人。

对于权力，恺撒非常谨慎。他从一开始就表示自己不会效仿苏拉那样残酷的统治方式。他保证不会报复任何人，他也没有处死自己的敌人西塞罗。恺撒从来没有宣称自己在罗马建立的政府是地中海所有被征服地区的政府。他采取的政策与对待元老院的态度让元老院中的政治家们发现，他最终是想成为亚历山大大帝那样的世界主人。作为一位高明的政治家，恺撒并没有明令废除共和制，尽管他拥有最高权力，而共和制已经徒有虚名。在罗马，没有任何人敢反对他，他成了终身独裁者，控制着国家的所有重要机构。

老的罗马共和国。这时，债台高筑又输掉了选举的卡提林没有任何希望了，追随他的都是些满心怨恨的破产者、失去土地的农民、苏拉曾经的老兵、奴隶和意大利的恶棍等，这些人时刻在寻找消除债务并改善自己处境的机会，但是他们通过暴动夺取政权的企图被西塞罗消灭了，而卡提林在领导那群乌合之众的暴动时被打死了。对卡提林暴动的成功镇压大大增强了西塞罗的权力。他在担任执政官期间（公元前63年）获得了很大的成就。而这时，恺撒被怀疑参与策划了卡提林的暴动。这种怀疑并不是毫无根据的，恺撒的政治生涯因此受到了严重的打击。

与此同时，伟大的东方征服者庞培凯旋，但他没有凭借军队来争夺政治地位和权力。庞培主动放弃了军队指挥权，但他必须动用自己的政治影响力让元老院兑现它的两个承诺——支持庞培对小亚细亚的安排以及赠予他的军队土地。两年后，庞培的要求再次被元老院拒绝。这时，恺撒站在了庞培的一边，他们还获得了另一位富有的罗马贵族——克拉苏斯的支持。他们的策略是支持恺撒竞选执政官，成功后满足庞培的两个要求。于是，三位伟大人物秘密地结盟了，史称“三头联盟”。他们完全控制了政治局势。公元前59年，恺撒当选为执政官。

在恺撒的伟大计划中，当选执政官只是第一步。在满足了庞培的两个要求后，恺撒开始大刀阔斧地推行新土地法，让贫民从中获益。然后，他开始为自己的将来铺路。他清楚地知道，只有在军队中担任要职才能掌控军队。于是，就像庞培在东方曾抓住的机会一样，恺撒在西方抓住了一个重要的机会。以前，罗马占领的只是今天法国南部沿海的一个狭窄地带，而高卢人在北方占据着大片的土地。如今，恺撒出兵攻占了高卢，于是他轻易地通过了一项法律，任命自己成为伊里利亚和高卢的总督，任期五年。这个地区既包括高卢人曾经控制的阿尔卑斯山以南的波谷地区，也包括阿尔卑斯山以北地区。

公元前58年，在成为新行省的总督之后，恺撒迅速地展现了自己在军事指挥方面的非凡才能。在当时，他运用战术时的敏锐洞察力就意味着战争的胜利。他对自己人民的潜力与军队的战斗力也非常了解，他知道指挥官的首要任务是确保军队的供给，绝不能让军队驻扎在一个无法补充给养又不能就地获取给养的地方。恺撒的组织才能也非常出色，他知道自己比高卢野蛮人军队的将领更加重视给养，并且知道野蛮人的军队既没有储存和运输给养的组织能力，也无法在当地获得足够的粮食，因此他推测野蛮人的军队不可能长期驻扎在同一个地方。而当他们急需粮食时，他们会把部队分散成为一支支的小部队，恺撒就在这时趁其不备发起攻击，逐个击溃野蛮人的小部队。

在这个战术的指挥下，恺撒花了8年时间来征服高卢（公元前58年至公元前50年）。西起大西洋和英吉利海峡，东到莱茵河的大片土地都落到了恺撒手里，侵入高卢的日耳曼人也被他赶跑了。在恺撒的指挥下，军队在莱茵河上架起了一座大桥。恺撒占领了日耳曼的领土，还在莱茵河畔划下了罗马新行省的边界。他甚至还越过了英吉利海峡，直捣不列颠，然后推进到泰晤士河。他几乎将现在的法国和比利时都纳入了罗马的统治范围，大大扩展了罗马帝国的疆域。通过恺撒的征服活动，拉丁人进入了法国。现在的法语就是由拉丁语演变而来的。

在罗马，恺撒充分展现了自己作为一个政治家的杰出才能；而在高卢，他又让人们知道了自己卓越的军事领导才能。这就是恺撒与庞培的区别。庞培指挥并且战胜了一场又一场战役，他的确是一位优秀的军事指挥官，但他不能让罗马从根本上有所改变。而恺撒对罗马的情况了如指掌，他坚信，对外战争与对各个行省的管理会不断地产生脱离政府掌控的军事领导人，因此，西塞罗成立一个新党派，依靠选票来抵挡利剑的设想是不可能实现的。因为在共和国的传统行政机制下，像曾经以武力控制政府的马利乌斯和苏拉这样野心勃勃的将军的产生是无法阻挡的。因此，共和国既无力恢复意大利和帝国的秩序，也无法建立稳固的政府。显然，相比西塞罗，恺撒是一个更为高明的政治家。

因此，罗马现在需要一位才能出众又充满爱国精神的将军。在军队的支持下，恺撒完全可以让自己成为罗马政府永远的主人，任何竞争对手都不在话下。就凭着这一股务实的精神，恺撒实现了自己的理想，或者说他满足了自己的野心。恺撒最高明的一步棋是出版了自己对高卢战役的记录。无论是在艰辛的征途中，还是在战争的紧要关头，只要恺撒有时间，他就会进行写作。这本书的叙述手法朴实无华，没有任何装腔作势的成分。作为拉丁文文学中最优秀的著作之一，这本书在当时只是一本政治宣传小册子，出版的目的是宣传这场伟大的征服活动和这位高卢总督为人们所做的贡献。当然，这本小册子没有辜负这一政治使命，对于今天的文明世界中的拉丁语初学者而言，它是最好的读物之一。

在恺撒即将结束第二次任高卢总督的任期时，他开始安排罗马的支持者们进行必要的政治活动，以让他再次出任执政官。但是元老院不希望他回到意大利，并采取了各式各样的手段来阻碍他再次成为执政官。元老院从马利乌斯事件中得到了教训，他们知道当指挥官回到罗马，开始对欺压平民的元老院实施报复时，他们应该做些什么。他们必须拥有一位苏拉式的指挥官。而在这时，由于三头联盟中最为富有的克拉苏斯已经战死在幼发拉底河对帕提亚的战斗中，于是三头联盟不复存在了。庞培自然也就不必再对联盟负责了。在罗马的骚乱与冲突一触即发时，元老院向这个由公民大会选举而成为军事指挥官的平民党领袖发出了求援。庞培不是一个政治家，他并不会为国家的未来思考，而只希望自己能够继续带兵打仗。于是，他开始公开支持人民的敌人，维护元老院的利益。这一场本来合法的政治斗争演变成了恺撒和庞培两位军事指挥官之间的军事抗衡，就像马利乌斯和苏拉之间的斗争一样。

恺撒也曾试图与元老院讲和，但元老院却下达了让他遣散部队的命令，这直接让恺撒放弃了和解，开始实施自己早已计划好的行动。这时，罗马军队中的职业士兵们对政治完全没有兴趣，公民责任感与政府等等对他们来说毫不重要，他们只服从于自己的军事指挥官的命令。曾经跟随恺撒参与过高卢战役的老兵们对他更是极其忠诚，只要恺撒一声令下，他们就会迅速随他向罗马进发，拿起手中的兵器与庞培率领的元老院军队拼杀。很快，恺撒就率领军队越过了他的行省与罗马的分界线——鲁比康河。一旦他渡了河，他就失去了法律上的军事指挥权。因此，过不过这条河都代表他的一种态度。在我们现在的谚语中，“越过鲁比康河”意味着采取某种重大的举措。

恺撒的迅速行动让他成功地占领了罗马。元老院的命令才下达一个小时，恺撒的军团已经离开波谷开向罗马了（公元前49年）。元老院被恺撒的迅速行动吓坏了，他们只得向庞培求救，但庞培却说他的军队根本不可能和强大的恺撒军团抗衡。的确，在当时的罗马帝国，恺撒的老兵军团根本没有对手。随着恺撒向罗马逼近，庞培撤军了，大多数元老和贵族也跟随庞培大军逃出了罗马。通过一系列机巧的军事行动，恺撒将庞培和他的军队赶出了意大利。进入罗马后，恺撒有机会被选为执政官，而一旦他当上了执政官，他就可以名正言顺地运用法律对付元老院和庞培的军队，以及保卫罗马。

但是，恺撒在当时的地位并不稳固。庞培仍然是东方人心目中最伟大的人物。因此，庞培可以号召东方各民族，联合各个城邦来对付恺撒。此外，他还拥有一支庞大的舰队，这支舰队曾为他剿灭海盗，让他成为海上霸主。庞培以东方为积蓄力量的根据地，在那里招募和训练军队以进攻恺撒。此外，西班牙被他从马利乌斯的追随者手中夺过来之后，一直掌握在他手下的军官手中。因此，恺撒面对的是庞培在东西两方的支持者。恺撒决定先解决西方的威胁。他采取了一贯的闪电式行动，在六月份进入了西班牙（公元前49年）。恺撒遇上了庞培手下将领的军队，在他的出色指挥下，他的军队只花了几个星期的时间就切断了敌人的供给线，并包围了对方。于是，还没等恺撒发起攻击，敌人就不得不投降了。

当恺撒出征西班牙的消息传到庞培和那些元老、贵族耳中时，他们开始准备打回意大利。但是，恺撒在他们还没越过边界时就已经凯旋归来了。更让他们感到震惊的是，恺撒竟然如此大胆地走了他们控制的海路。恺撒从布伦狄修姆出发，巧妙地避开了他们的战舰并在埃皮卢斯海岸成功登陆。但是在缺乏充足供给的情况下，恺撒不得不将军队分为几支，其中一支军队受到了重创。最后，在兵力上处于弱势的恺撒只能决定去色萨利地区的法尔萨拉斯与庞培决一死战。

尽管庞培部署严密，但还是败给了恺撒这位当时最伟大的将军。庞培巧妙地利用地形布置阵地，他把阵地右侧的一条小河作为右翼护卫，把骑兵全部安排在左翼。这样，他的左翼骑兵是恺撒骑兵的两倍，他打算以此为突破口，然后绕到恺撒右侧，从后面袭击他的部队。但是他的意图在两军对阵时就被恺撒发现了，他迅速将一支三千多士兵组成的精锐部队调到了右侧。这支步兵大队在骑兵的掩护下很难被敌人发现。然后，当庞培的骑兵发起进攻时，高卢人和日耳曼人组成的骑兵部队听从恺撒的指挥迅速撤退，庞培看到敌军的骑兵后退，便命骑兵追击，然后掉入了恺撒精心布下的陷阱。于是，庞培陷入了腹背受敌的境地。他的背后有恺撒的六支步兵大队，前面有恺撒的骑兵，整个大军被迅速分割成了几小块。随后，恺撒的骑兵迅速从敌人毫无防御的左侧绕过，攻击庞培军团的后部。恺撒的全部剩余兵力都被调集起来攻击敌军的中心部位，击溃了元老院的军队。庞培的士兵们四处窜逃，剩余的士兵也在第二天早上全部投降。

古代战争艺术在这场战争中发展到了顶峰。庞培遭受了他整个军旅生涯中的第一次失败，然后逃往了埃及。在那里，他受尽了屈辱并最终被杀死。为了追杀庞培，恺撒进入了埃及。他见到了统治埃及的托勒密王朝的最后一位国王——美丽的女王克娄巴特拉七世。这位伟大的罗马人被女王的魅力打动了，他暴露了自己最为致命的弱点。在接下来的大半年时间里（自公元前48年10月到公元前47年6月），他都留在亚历山大里亚与那位聪明优雅的女王缠绵。直到一场可怕暴动的发生，恺撒才意识到自己的军队太少了。暴徒攻击了恺撒，还焚毁了亚历山大里亚的图书馆。我们不清楚恺撒打败小亚细亚对手的经过，只知道他在征服了小亚细亚后，对元老院发表了一次著名的演讲：我来了，我看到了，我征服了。（Veni, Vidi, Vici.）后来，恺撒在迦太基以南的非洲行省和西班牙也获得了胜利，扫平了他征服世界的最后阻碍。公元前45年，在他第一次攻占意大利后四年的时间内，他就征服了这些地方。

公元前49年，恺撒第一次带兵征服了意大利，五年后，他就逝世了。在这五年中，他有四年的时间征战在沙场上，因此他没有充分的时间来重新组建罗马政府和罗马帝国的政治体系。在这方面，元老院不具备任何才能。元老院曾被苏拉从300人增加到600人。后来，恺撒也没有撤销这个古老的政治组织，而是再一次扩充了它。恺撒把自己的朋友、追随者、以前的奴隶和一些外国人放进了元老院，从此元老院对他唯命是从，但是也失去了人们的敬重。新的元老院不再与恺撒作对，各个行省也以他为中心，对他一人负责。在这期间，虽然共和国的官员仍然通过选举产生，但是恺撒还是对腐化的罗马政府进行了具有重大意义的改革。他是第一位真正意义上的皇帝，他在各方面都对罗马产生了深远的影响，但他逝世太早，罗马共和制仅仅维持了15年。

恺撒制定了修建宏伟的公共建筑、改造罗马城区、根治台伯河水患等种种重建罗马的伟大计划。他修建大路，保持交通要道的畅通，还准备在科林斯城的伊斯穆斯开掘运河。在城市政府方面，他也进行了彻底的改革。他将沿用了数百年的希腊罗马月历废除，改用埃及日历，尽管罗马人对埃及日历进行了不必要的调整。在恺撒伟大的征服蓝图中，罗马帝国不仅仅局限于西方一角，它还包括了北方的大平原。如果他实现了自己的计划，那么今天由拉丁语演变而来的语言就不只有法语和西班牙语了，还有德语。

恺撒决定在公元前44年3月18日进军东方，征服幼发拉底河东岸的帕提亚人。这时，罗马仍有一些仇视独裁统治的人，他们发动了暴乱。恺撒镇压了最后一场西班牙暴乱的一年后，距离他启程前往东方只有三天时间了，但是那群暴徒却将这位伟大的罗马领袖刺杀了。对于布鲁图斯和卡西乌斯等刺杀者而言，他们并不理解恺撒的伟大理想，所以他们认为自己杀死的是一个暴君。而实际上，恺撒的理想是为地中海人民建立一个公正、诚信而有效的政府。他们还不明白，自己恢复古代共和国的努力只是徒劳，因为在世界君主和军事力量的强压下，罗马共和制已经没有任何立锥之地了。恺撒死后，意大利和罗马帝国再次陷入了内战。亚历山大的死曾经让建立从印度西到大西洋的庞大帝国的计划夭折，而一个类似的伟大计划又因3月15日的流血事件而中断。这个伟大计划的实现将会让一位世界君主统治东西两方，这样的机会再也没有出现过，恺撒的继承者们也没有这样的雄心勃勃的理想。

八十三、帝国的黎明——百年内战的结束

屋大维接连征服了西方和东方，将整个地中海世界纳入了自己的统治范围。罗马终于实现了统一世界的理想。屋大维的成功是整个古代世界个人专权胜利的标志。

恺撒远在伊里利亚的外甥屋大维得知了他被刺杀的消息，当时，这位年仅18岁的青年正在那里潜心求学。他的母亲让密使送来了一封信，母亲在信里告诉他赶快逃往东方避难，不要有任何犹豫，因为那些谋杀他舅舅的人随时都有可能来伤害他。但是，屋大维决定立即返回罗马。这个决定充满着政治家的魄力，体现了他在日后政治生涯中的各种优秀品格。

图254A　奥古斯都像

现藏于波士顿美术博物馆

回到意大利后，屋大维才知道在法律程序上他已经被过继给恺撒，成为恺撒唯一合法的继承人。他要求享有自己应得的法定权力，但被马可·安东尼拒绝了。安东尼曾与恺撒同为执政官，他是恺撒的朋友和支持者。但是，他侵占了恺撒的财产，而他执政官的身份也让人们不敢反对。在他看来，屋大维只是一个养尊处优并且什么都不懂的继承人，正是他的这种想法让屋大维保住了性命。谁也没想到这个年轻人虽然稚嫩，却有着成熟稳重的头脑。他迅速敏锐地厘清了眼前的复杂局势，时刻谨记着恺撒在事业上的致命弱点。他知道最重要的是掌握军事力量，于是，他将恺撒

图254B　罗马无名氏像

这是一座赤陶头像，是迄今发现的最为出色的罗马艺术作品之一。作品中的主人公是一位庄严肃穆的罗马贵族，他的面部神态似乎展现了他的刚强与政治才能。

的老兵重新召集起来，还收获了安东尼的两支大军。军队的支持与无人能及的审慎让屋大维成为一个实力雄厚的政治家。

通过充分发挥自己的才能，屋大维大大改善了自己在罗马的处境。在20岁那年，他就通过操纵选举成为执政官；他甚至还与更强大的两位政治家安东尼和雷庇都斯结成了联盟，史称“后三头联盟”。他们通过了人民的选举，得到了法律的保护。为了夺取财富，发动战争进而增强自己的势力，后三头联盟打击一切反对势力，侵吞对手的财产，重现了苏拉式的恐怖统治。伟大的演说家西塞罗就死在了安东尼的士兵手中。像雅典的狄摩西尼一样，西塞罗是罗马最后一位演说家兼政治家。杀死恺撒的布鲁图斯和卡西乌斯仍然坚持维护共和制，他们率领的大军正驻扎在马其顿的菲利普。处理完罗马的事务后，屋大维和安东尼率领大军前去攻打布鲁图斯和卡西乌斯。这就是著名的菲利普战役，在这场战役中，最后的共和势力被彻底毁灭（公元前42年）。

两位获胜的将领划分了他们的势力范围：屋大维返回意大利，负责抗击后三头联盟的西方敌人；安东尼继续向东推进，直到统治整个东方。他们在西方的敌人是庞培的儿子。在被屋大维打败前，他的战舰驻扎在西西里并控制着地中海。后来，屋大维还打败了掌管着迦太基以南的非洲行省的雷庇都斯。在恺撒死后的10年内，屋大维就完全掌握了意大利和西方世界（公元前42年至公元前35年）。

在此期间，安东尼的行为逐渐偏离了一位成熟政治家的身份。在对帕提亚的战争中，他损失惨重且名誉扫地。他因为贪恋克娄巴特拉的美色而频繁往来于亚历山大里亚和安条克之间。安东尼的领地直至幼发拉底河，他参照波斯皇宫为自己修建了一座金碧辉煌的宫殿，他就像是东方的君主，而克娄巴特拉是他的皇后。曾经梦想跟着恺撒成为罗马皇后的克娄巴特拉又在安东尼的怀中继续做着美梦。后来，他们的风流韵事传到了罗马，罗马元老院认为这件事情无论对安东尼还是对罗马都十分不利。而屋大维也在政治利益的驱动下劝说元老院派自己率军攻打安东尼，对克娄巴特拉宣战。就像恺撒的西方大军和庞培的东方大军在希腊决战时那样，东、西两方的将领又一次相遇在希腊西海岸的阿克提翁（公元前31年）。一场海战爆发了，陆军成为这场海战的观众。在海战即将结束时，安东尼和他的东方皇后丢下士兵们逃跑了。在皇家舰队的护卫下，克娄巴特拉的豪华战舰载着英雄不再的安东尼驶向了茫茫大海中的埃及方向。于是，恺撒的继承人赢得了胜利。

第二年，屋大维进入了埃及，占领了这片古老的土地，而在这个过程中，他甚至没有遇到多少阻碍。安东尼因为被自己美丽的皇后抛弃而自杀了；而那位曾以美貌和魅力征服了两位罗马统治者的骄傲女王，也因为不愿意面对败给罗马将军屋大维的屈辱而自尽身亡了。自亚历山大以来统治了埃及近300年的托勒密家族终结了，埃及成为罗马的领地（公元前30年）。屋大维在征服了西方之后，又征服了东方，成为整个地中海世界的君主，罗马也成为真正的世界帝国。自格拉古兄弟（公元前133年）以来的百年革命或者说百年内战终于结束了（公元前30年）。

屋大维的胜利标志着整个西方古代世界个人专权的胜利。这样的专制权力早已经出现在了东方世界。屋大维最终赢得了百年革命，并迎来了200年的和平。在这200年间，只发生了一次规模较大的动乱。这个和平时期从公元前30年开始，被认为是罗马帝国的第一个200年。下面，我们将介绍这第一个200年。

第二十五章　帝国时代——奥古斯都及其继承人们

八十四、奥古斯都的统治

在屋大维长达44年的和平努力下，他最终在罗马帝国建立起了一套全新的政府机构和管理体系。这一新的政府由元老院和国家首脑共同执政，被称作二元制政府。在罗马的统治下，地中海世界进入了一个崭新的发展和繁荣时期。

屋大维是在当地人民最诚挚热烈的欢迎之中重新回到意大利的。各阶层人民都由衷地感激屋大维并视其为英雄，因为是他结束了长达百年之久的革命、内战和破坏。如今，罗马人已然认识到，拥有一位既能独揽大权又贤明仁爱的统治者，是带领庞大的罗马帝国继续前行的关键。经过44年的和平努力，屋大维在罗马帝国建立起了一套全新的政府机构。而他如今还未解决的最大难题是，如何改变罗马人对于古老政府根深蒂固的观念，使其有理有据地独揽军事大权。屋大维敬仰罗马的共和制度，这一点表明他与恺撒不同，他不愿完全废除它，但同时他也不愿因此被称作是东方式的君主。于是，他一面加强个人权力，一面保留了共和政体，并且最终登上元首宝座。

屋大维回到罗马后，不但没有与元老院站在对立面，相反，他还极力维护元老院在罗马的威望，提高元老们的地位。公元前27年，他将管理国家的权利交给元老院及罗马人民。但此时的元老院已经认识到了自己在统治罗马帝国上能力的不足，于是正式任命屋大维为军事指挥官，管理对罗马而言最为重要的边疆行省。除此之外，屋大维还拥有了护民官的权利，以表明他在

图255 罗马广场和帝国早期的公共建筑

圆形的韦斯塔神庙（A）坐落在圣道上，而若想要进入广场，则需穿过圣尤利乌斯神庙（C）前的奥古斯都凯旋门。广场的右侧是古老的埃米利乌斯巴西利卡会堂（D），左侧则是新建的恺撒巴西利卡会堂（E）。广场（F）另一边有恺撒设计的新元老院礼堂（G）。与凯旋门相对的广场另一端是演说家讲坛（H）。在它的旁边，是后来的塞维鲁斯为自己修建的一个较为粗劣的凯旋门（I）。穿过这个凯旋门，便到了卡皮托尔山，卡皮托尔山的第一层有农神庙（J）和协和神庙（K），而第二层则是塔布拉利乌姆，即公众档案馆（L），山顶是朱庇特神庙（M）。恺撒在元老院礼堂后边修建了恺撒广场（N），将先前的广场向北扩展了许多。在这一侧还有新建的皇帝广场。

穿过广场（F）可以直抵台伯河，河上有帆船来往，川流不息。广场的两侧（即E、J和D、G、I）原先有一排排的木板商亭，专卖鱼肉和其他商品，但在迦太基战争爆发后，一座座华丽的建筑取代了它们。伊特鲁里亚人对罗马人的影响体现在了方形庭院（J、M）和拱门上；而阿提卡式的屋顶、柱廊和天窗（D、E）则因为希腊的建筑风格对其有一定影响。“素雅”，深受后来的罗马人推崇，英语中的Palace（宫殿）一词就是由帕拉蒂尼山上的这座皇家住宅的名称演化而来的。紧临奥古斯都宫殿的是新建的阿波罗神庙，这座神庙有柱廊环绕四周，显得极为大气，里面甚至还有一个图书馆。

政府中所拥有的合法权利。

与此同时，屋大维被元老院授予“奥古斯都”的称号。“奥古斯都”的意思就是August（八月）。他的办公室被叫作Princeps（元首），代表着他作为罗马第一公民的意思。而罗马帝国首脑的另一个头衔是Imperitor（大元帅），这是指挥官的旧称，也是如今Emperor（皇帝）一词的来源。然而，被称作奥古斯都的屋大维并没有因此而狂妄，反而将他身处的职位看得与罗马元老院委任的其他普通官员一样。实际上，他作为元首的任期也不是终身制的，但在这一任期结束后，他可以被再次任命。

直到这时，由元老院和元首（皇帝）共同执政的政府在罗马帝国建立起来了，这一体系被称作二元制政府，是一个真正有效的政府。奥古斯都用智慧和不懈努力完成了一件在他那伟大的养父，也就是尤利乌斯·恺撒看来很难做到的事情，他最终同那些坚持维护罗马共和制古老传统的人们达成了和解。这种二元制政府，从表面上看是恢复了共和制，但其实执政双方的权力并不对等。元首拥有的权力过大，使得奥古斯都的地位不可能真正地等同于其他普通官员。在他成为元首之后，元老院又几次加强了“元首”的权力。当然，这并不是“元首”本身提出的要求，而是元老院对奥古斯都的回报，因为他一直以友善的态度和真诚的尊敬来对待元老院，而元老院也明白自身不能失去他的帮助。同时，由于元老院无力再控制军队，本身也难保曾经拥有的权力。

在这里，真正的统治者是元首奥古斯都，因为强大的罗马军团是他坚强的后盾。他那所谓的共和国，在我们看来，被叫作军事君主国可能更为贴切。这在东方人眼里也是如此。埃及不受元老院的制约和控制，它完全成了元首的私人领地。在这个古老的国家里，元首就是东方的君主。他有征税的权力，可以像法老、托勒密王一样统治着国家。奥古斯都在埃及被视为至高无上的君主，的确，他也只能被东方人当作国王来对待。因此，当地的人们就以这个称号来称呼他，而这一称号反过来也对罗马造成了一定的影响。

罗马帝国囊括了整个地中海地区，换言之，地中海沿岸的所有国家都属于罗马帝国。自共和时期，罗马帝国就一直没有明确划分国家边界，而这在如今成为亟须解决的问题。帝国南有撒哈拉，西有大西洋作为天然的边界，但东边和北边却还有发起新一轮征服的空间。但是，奥古斯都在边界问题上的主要政策思路，不是继续扩充疆土，而是管理和巩固已有领土。他将幼发拉底河定为帝国在东边的边界，而北方则以多瑙河和莱茵河为界。但后来，因莱茵河和多瑙河之间的三角地区不利于边界防御，在执政后期，奥古斯都一直打算将北部边界推至易北河。如果这一意图最终能够实现，那么帝国的边界就会成为一条相对的直线——从东南的黑海一直到西北的丹麦。但在推进过程中，罗马军队未能战胜日耳曼部落，奥古斯都最终放弃了帝国边界向北推进的计划。至此，帝国的北方边疆就由莱茵河以西、多瑙河以南的几个行省组成，西起北海，东至黑海。

通过分析罗马帝国西北部扇形领土所处的战略位置，我们就能够发现这之中存在的一些重要问题。除了靠近里海的东端外，整个高地地区几乎都在罗马帝国境内，因而这片高地成为帝国在北方的天然屏障。然而，即使在西边，北方平原的西端归属罗马，但莱茵河以东的北部平原的中、东部地区仍不属于罗马帝国。这一地区的蛮人几乎从未受到地中海文明的影响，而他们就成了罗马帝国边防领土安全的大隐患。同时，高地地区的山峰并不是无法突破，通过从爱琴海通向黑海的水路就能够穿过这片高地，因此可以说从北方平原进入地中海并非难事。同时，罗马尚未征服东方的肥沃新月东部近三分之二的地区以及东边的高地东端地区，这一区域里的各民族都拥有发达的文明，一直威胁着罗马帝国的东部边疆——后来它们也真占领了这个地区。可见，罗马帝国的疆域包括地中海周围的领土和西北扇形地区的一部分，但西北扇形地区的东、北两面还被野蛮部落的势力控制着。值得注意的是，欧洲和整个文明世界的后期历史大多与这一事实有关。分析一下包括现在的俄罗斯、波斯和美索不达米亚的位置，我们就能发现，文明并没有影响到罗马边界之外的西北扇形区域那很大的一片地区。维持地中海世界的安宁是奥古斯都身为罗马元首的重任（他本人也许并未意识到），他一方面要预防内部的分裂和衰退，另一方面要时刻防备蛮人的进犯。

为了保卫如此漫长的边界，罗马帝国需要一支强大而稳定的军队。然而，在奥古斯都编整后，帝国军队在人数规模上相比内战时期缩小了。一开始，他整编后的军团数量只有18个，后来扩展到了25个。总体而言，帝国军队一般保持在22.5万人左右，其中，士兵主要来自两种人：一种是行省士兵，而另一种则是那些以当兵来获取公民身份的外国士兵。奥古斯都保留了罗马军团由罗马公民组成的古老传统，但意大利本土的人们却再也听不到军马的嗒嗒蹄声，也见不到罗马军队的飒爽英姿了，因为军队都驻扎到了边疆地区。

在奥古斯都统治初期，休养生息是帝国的关键词，罗马帝国从城镇到边疆各行省都需要时间来抚平社会长期动荡带来的伤害。内战带来的负面影响在各行省都有所体现。东方地区，尤其是希腊，因为内战多次在此地爆发，所受的打击与伤害最重。在内战爆发前的150年间，行省除了受到各种合法化、公开的盘剥之外，还遭到了强盗和入侵者的劫掠。蛮族侵略者一度占领了毫无防御设施的希腊城市，并以此作为他们四处劫掠的据点。当时，整个希腊世界千疮百孔，东地中海地区一片狼藉。和平，是这片文明土地上最奢望的东西。

如今，奥古斯都开始像500年前的大流士治理波斯帝国那样治理着地中海世界。虽然那时的波斯帝国在规模上更大，但奥古斯都正在治理的这一世界的文明进程是远高于波斯帝国的，比如地中海庞大的商业网络就是史无前例的。现在，他要将一些伟大的民族和国家正式归入罗马帝国，并对它们进行合理而有效的管理。这之中，有的国家曾建立过极为有效的政府体制，比如埃及，早在远古时期就出现了相应的行政体制；而有的民族，比如高卢等西部地区，则从未建立过任何政府体制。因此，如何管理这些国家都需要奥古斯都做出相应的安排。

各行省总督的任期在共和制时期规定得很短，而且他们中的大多数都没有相关的管理经验。要知道，总督这一拥有无限权力的职位，相当于其所治理行省的君主，但罗马的执政官过于频繁地一年一换，根本无法有效地控制各行省总督。然而到了现在，帝国委任罗马终身制的统治者担当行省总督，他们因为长期工作在这一职位，很清楚自己应该对谁负责，也会努力地对各自的行省进行有效而公正的管理。因为他们将工作与政绩直接挂钩，各行省总督成功的管理及其所取得的辉煌政绩可以让他们继续在该职位上工作，有的甚至可以被提升到更高的职位。于是，在奥古斯都及其继承人的长期统治下，行省中出现了一些具有丰富管理经验的总督。虽然几个次要的行省仍然由元老院控制，执行原来的制度，但也同样受到了奥古斯都改革的影响。

在共和制下，人们从未想过维持政府的正常运转需要花费多少钱，每个行省又应该缴纳多少税，但如今，奥古斯都想到了，他通过综合考察人口统计数和资产评估数，计算出了各行省的人口和财产，并最终确定了每个行省应缴纳的税额。他下令，各行省居民在缴纳海关税和省内税的基础上，还需要向帝国缴纳两种直接税——土地税和私人财产税。奥古斯都因此拥有了大量的税金，但即便如此，他也在努力做到公正合理地分配这些税金。税金的绝大部分都返还给了行省，以支持行省修建公共设施，如筑桥修路、开挖水渠、建造公共建筑等。在财务管理方面，奥古斯都借鉴了埃及的许多经验。

罗马终于解决了其在行省管理方面的混乱局面，为各属地建立起了公正有效的政府体制。稳定的政府对行省的发展有积极的影响，而这样的政府在公正、有效地管理着各行省，很快各行省就发生了巨大的变化。在下文中，我们将会看到它们在各方面的变化，而在这之中，商业方面的变化是最大的。富人不再把钱储存起来，而是将钱拿出来投到各种新生意中去。在共和时期的最后几年里，放贷利率为12%，后来，随着资金越来越充足，利率很快就降到了4%。

至此，在罗马的统治下，地中海世界进入了一个崭新的繁荣发展阶段，这在内战时期是无法想象的。如今，地中海世界已统一变成了一个帝国。以前，我们需要分别介绍地中海世界中不同国家的历史，如雅典、斯巴达、马其顿、罗马、迦太基等，这使得我们不得不梳理各种纷繁复杂的线索。但如今，这些单线串在一起成为一条线，不同的国家都可以归入罗马帝国来介绍。当然，这之中不包括还未征服的北方的日耳曼蛮族和幼发拉底河东岸地区。

八十五、奥古斯都时代的文明

奥古斯都竭力宣扬并试图重新唤起古代罗马人崇尚朴素的美德与健康向上的习惯与风俗。他还建立起了古代气势最恢宏的建筑群。奥古斯都时代成就了一批伟大的学者和诗人。

让意大利人在地中海帝国中拥有崇高的地位，成为各民族的领袖，是奥古斯都对这个逐渐发展壮大起来的帝国的憧憬。他不能容忍意大利降低到同其他各民族一样的地位，也不能满足于其为普通民族中的一员。我们已经知道，在意大利尚未统一之前，似乎是从天而降的巨大权力和财富严重侵蚀了早期罗马人所具有的坚毅、刚强等美德。为了消除这些影响，奥古斯都做出了巨大的努力。他全力支持相关工作以重新唤起古代罗马人的朴素美德，恢复积极健康的生活、习俗以及对祖先的崇拜。他颁布了保护婚姻的法令，大大降低了离婚率。意大利人也被禁止崇拜曾被当地广泛接受的、在希腊盛行了几个世纪的东方众神。人们被要求继承自己祖先的信仰，因而也越来越重视古老的宗教节庆活动。他命人翻新了年久失修、十分破败的国教神庙，还在罗马等地建起了许多新的国教神庙，各地古代罗马的礼仪和习俗都得到了一定程度的恢复。

当然，即使奥古斯都做出了大量的努力，罗马人的那些变化也已然成为罗马人生活和性格的一部分，这些并不是通过政府的权力和法律就能够改变的。奥古斯都时代的罗马人毕竟已进入了一个新的时代，他的一切有关复古的努力都只能让人们更加清晰地认识到如今这个时代已不同于共和时期了。在奥古斯都时代，罗马首次出现了警察局、消防队、供水队和官办粮站。奥古斯都不无炫耀地说，他最初接过来的罗马是用泥砖建成的，但如今留下的罗马城却是用大理石砌成的。在参观罗马的人看来，这些气势雄伟的新建筑就是新时代的记号，因为在共和时期的罗马，人们是根本看不到如希腊城市中常常会见到的那些华丽气派的广场、体操馆、图书馆、音乐厅等，当然也

图256 罗马凯旋门及其东方的原型

从亚述宫殿正面（1）可以看出，它在中央的拱门较高，两侧的拱门较低。这样的样式我们在帕提亚宫殿正面（2）仍可见到，只是两侧拱门与中央拱门的间距更小。后来，拱门设计理念逐渐传到西方，但希腊人并没有将拱门设计充分利用。等到了基督化时期以后，教堂建筑中开始出现拱门设计。罗马人是从伊特鲁里亚人那里学会修建拱门的，而伊特鲁里亚人则可能是从小亚细亚地区引进学习的。因此，罗马很早就有了拱门建筑。奥古斯都的凯旋门等都是由亚述宫殿正面设计蜕变而成的，中央拱门较高，两侧拱门较低，这就与罗马人在东方各地见到的拱门设计一样。

就更不可能有类似亚历山大皇宫那般的建筑了。所以，单从建筑来看，亚历山大里亚仍然是举世无双的。

奥古斯都开始修建起了一座座伟大的建筑，正是这些建筑奠定了罗马在古代世界的地位，使罗马成为古代世界最主要的艺术中心。他经手完成的建筑工程大多源自其养父、独裁者恺撒设计或在当时已开始动工的建筑。在帕拉蒂尼山上，奥古斯都将几间房屋连接起来作为自己的宫殿。这座宫殿十分简朴，那间保存时间最长的卧室极其幽静。

从皇宫所在之处俯瞰山下，映入眼帘的是围绕在古代广场周围崭新的大理石建筑。距离皇宫最近的是巴西利卡商务会堂，这个会堂最初是由恺撒兴建的，但尚未竣工，后来又遭大火焚毁了，于是，奥古斯都再次将它重建。还有一座恺撒设计好但尚未建成的建筑，坐落在商务会堂对面的新元老院礼堂，奥古斯都也将它继续修建完成了。奥古斯都还在广场的一端建造了一座神庙，就是圣尤利乌斯神庙，专门用来供奉他的养父。用大理石修砌的演说家论坛与神庙遥遥相对。奥古斯都原本还打算在广场的后方为元老院修一座建筑，但因恺撒已经在这里建了一个广场——恺撒广场——而不得不放弃了。后来，随着城市商业的不断发展壮大，奥古斯都在恺撒广场的边上又修建了一个广场——奥古斯都广场。庞培大约在屋大维成为奥古斯都前25年建成了罗马第一座石头结构的剧场。奥古斯都也修建了一座规模宏大的剧场——马尔契卢斯剧场，用来纪念他早逝的侄子。而阿格里帕，这位最受奥古斯都器重，同时也是奥古斯都最能干的将军和大臣，在罗马修建了第一个豪华浴池。为此，奥古斯都赐予他一块在古老的玛尔斯练兵场上的空地。在浴池周围，阿

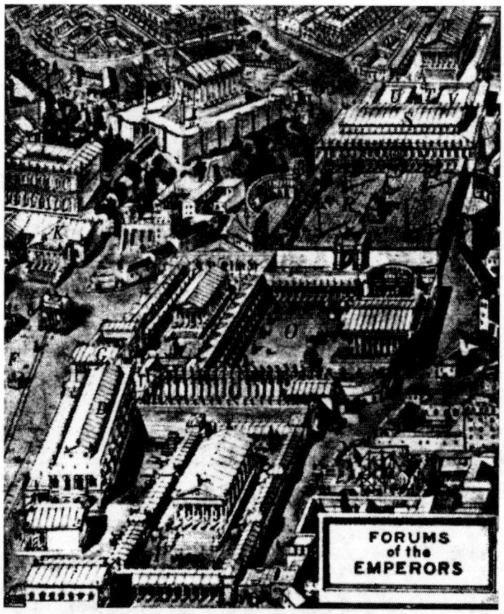

图257　皇帝新广场

曾作为罗马公民集会的广场，恺撒的元老院礼堂（G）和新广场（N）使得旧罗马广场向北扩展了很多面积。后来，奥古斯都又将广场进一步向南北拓展了。公元1世纪和公元2世纪，皇帝们又先后将广场向南北方向扩展，先是向南（P、Q），然后向北（R、S、T、U、V、W）。公元1世纪，韦斯帕西安修建了一座漂亮的和平广场（P），涅尔瓦修修建了一个狭长的广场（Q）。到了公元2世纪，在奥古斯都广场北侧（O），图拉真修建了最为宏伟气派的广场（R），然后在它的旁边修了一座巴西利卡会堂（S），并在会堂北侧建了两座用柱廊连接的图书馆（U、V）。哈德里安则又建了一座纪念图拉真的神庙（W）。至此，罗马修建完成了古代世界最气势雄伟的建筑群。皇帝新广场连接起了旧罗马广场同坎普斯、马蒂乌斯的新建筑（如庞培剧场、阿格里帕浴室、帕特农神庙等），这些建筑成为一个统一的整体。图拉真还将卡皮托尔山和奎利纳山连接处的山脊削去了100英尺，使得奎利纳山顶（T）不再是罗马城的制高点。但遗憾的是，这些宏伟壮观的建筑很少被完好地保存下来。

格里帕建起了一栋栋富丽堂皇的公共建筑，其中就包括召开公民大会用的宽阔广场。同时，元老院还修建了一座大而豪华的大理石和平讲坛，以此来纪念和平时代的到来。

虽然罗马新建筑的设计受希腊风格影响最深，但东方对它的影响我们也能够从中看出来。我们知道，希腊建筑家没有吸收东方建筑中常见的拱门结构，而罗马人却将其运用到了柱廊建筑上，成为罗马建筑的两大特色之一。而拱门结构在当代建筑中占据了如此重要的地位也得感谢罗马建筑对其的出色运用。罗马凯旋门的设计不同于拱门设计，它是根据亚述宫殿的正门设计的（图255），而这就成为奥古斯都在多次前往东方世界的过程中对东方的纪念碑建筑产生兴趣的证据。同时，他还在罗马竖起了一座座来自埃及的方尖碑。此外，他还参照东方形式设计、修建了自己的族墓。有一位贵族甚至修建了一座金字塔墓，这座金字塔至今仍屹立在罗马城外（图258）。

图258　罗马贵族契斯蒂乌斯的金字塔墓

罗马富人们很了解东方文化。当时，就像契斯蒂乌斯家族一样，可能有很多人都修建了这种东方式的坟墓。契斯蒂乌斯的金字塔墓（奥古斯都时代）坐落在罗马城外。300年后，奥雷连为防止蛮族入侵罗马而在它的后方修建了城墙，于是它被围进城中。图中可以清晰地看到金字塔墓两侧的城墙。

虽然罗马的建筑艺术达到了很高的水平，但它在雕刻艺术上的突破和发展远不及前者。纵使我们可以见到一些仿古的雕刻作品，但这些作品在那些曾在雅典出现的、极富创造性的雕刻作品面前显得不值一提。与此同时，罗马的绘画艺术也近乎停滞不前。这里没有专业的画家，绘画的意义仅限于装饰墙壁。这样的装饰艺术我们能够在庞贝城看到。

如果说罗马的艺术是一种

模仿，那么它在科学上也有模仿的地方，而且说模仿得更多也不为过。罗马没有阿基米德和埃拉托斯特那那样伟大的科学家。这样带来的结果是，奥古斯都的大臣阿格里帕在绘制当时已知世界的地图时，各地之间的路线都绘制得很详细，因为他想为远赴行省任职的总督和商人提供实用信息。但这一地图上的路线没有精确统一的比例，而只是在各城市之间留出空间以标明各城市的名字。毋庸置疑，这种地图对总督和商人来说是很实用的，但那上面没有像埃拉托斯特那那样画出经纬线，因此国家和海洋都被变形和移位了，以致现在的读者很难从那上面辨认出自己熟悉的国家的具体位置。

希腊人斯特拉波在罗马撰写了当时在地理学方面最为重要的书。在这本书中，他结合历史，对自己的游历见闻进行了生动的描述。虽然这并不是一本真正的科学地理学著作，但它在很长一段时间内都被世人看作是认识世界的地理学标准著作。作为古代游记，这本书用有趣的形式让读者增长了有价值的地理知识。然而，斯特拉波是古代最后一位伟大的科学家，他的著作也因此成为古代科学衰落的标志。但也正是因为他以及之前的那些伟大科学家们的成就，才使得希腊化时代成为早期世界里最伟大的科学时代。

有趣的是，罗马人虽然对科学的态度较为漠视，但对文学却持有很积极的态度和浓厚的兴趣。就连罗马最伟大的人物恺撒，对文学的兴趣也不因戎马倥偬或政务繁忙而终止。他在翻越阿尔卑斯山、思考如何对付高卢人期间，竟然撰写了一篇关于拉丁语演说的论文，而且他还将这篇论文献给了最伟大的拉丁诗人——西塞罗。他们两人都曾在雅典和罗德斯接受过教育，并且都沉浸在最为优秀的希腊学术和文学著作之中。与恺撒和西塞罗同一阶层的人每天都在用希腊语交谈，他们使用希腊文的时间甚至超过了其使用拉丁文的时间。正是希腊文明与罗马品格，共同培养出这样一群在古代世界里拥有最伟大头脑的人。在日益衰颓的希腊城市里，再也找不到能够在文明水平与思想深度等方面与他们相提并论的人了。而且，希腊从不曾出现过既拥有非凡的领导才能，又拥有很高文学造诣的双料天才。

西塞罗在谈到文学的价值时曾说：“年轻人可以从文学中获益，老年人可以以文学为消遣；文学可以让你在幸福的时候更幸福，也同样可以让你在痛苦时忘掉苦痛，给你慰藉；文学可以让独处家中的你感到充实，也同样可以让游历四方的你受到指引；文学可以伴你入眠，也同样可以与你同行在郊外乡间。”西塞罗是罗马最伟大的文学家，他的理想与抱负一直深深地影响着各国的文人学者。由于他没有政治家必备的品格和超凡的洞察力，在政治上失败后，他便全身心地投入到了文学的事业中去。作为罗马最伟大的演说家，他在身为律师和政治家期间发表的演讲对罗马诗歌的发展产生了深远的影响。从此之后，罗马诗歌变得更加优美、更加成熟了。在离职之后，他以书信的方式写了一系列以演说为主题的论文和一系列讨论品行的文章（比如《论友谊》《论老年》等）。这些文章都在他朋友的珍藏下留传至今。尽管西塞罗在内战中被安东尼的士兵杀害，但承载他思想的著作却不因他的离世而在世间终结，他的思想将永远影响着后人。正因为他的著作，拉丁语成为人类最美的语言之一，这些优秀的文学著作对所有西方的伟大作品都产生过影响。

西塞罗影响了奥古斯都及其身边的很多其他重要人物。在他们看来，用西塞罗文化来代表从希腊文明发展而来的罗马新文明的文化是恰当的。早期帝国和奥古斯都时代人们及国家的理想都深受共和制后期的西塞罗文化的影响。奥古斯都在罗马建了两座图书馆，其中一座图书馆收藏了大量的古希腊文和拉丁文著作。但在后来，那些曾受过希腊罗马式文化熏陶的人，都逐渐沉浸在罗马大帝国创建过程中的各种辉煌事迹中去了。帝国的强大似乎快淹没思想家们的想象力了，这种窒息的感觉就像鼎盛时期的雅典一样。里维写了一部从特洛伊战争到奥古斯都时代的罗马通史。这部140卷的著作花费了里维40年的光阴。虽然流传至今的只有一部分，但这残余部分读起来依然十分有趣。它并不是严格意义上的历史著作，古代最伟大的历史学家修昔底德研究历史时的那种严谨态度和方法已经不复存在了。

共和制末期，暴乱和内战不断，但拉丁文依然得到了进一步完善，这得益于与西塞罗同时代的那批人的共同努力。从另一个角度看，早期帝国和奥古斯都时代的太平盛世是唤起最伟大的拉丁诗歌灵感的源泉。著名诗人贺拉斯，不仅身为杀害恺撒的凶手的朋友，而且还参与过反抗奥古斯都统治的菲利比战役。然而，他非但没有在这场惨烈的战争中身亡，反而在和平时代获得了人身安全保障。在和平到来之际，奥古斯都十分宽容地接受了他，并与之成为朋友。虽然贺拉斯出生于一个被释放的奴隶家庭，但他曾在希腊受过教育，对古代希腊的抒情诗人了如指掌。在这些诗歌精神的鼓舞下，他开始尽情抒发自己的诗情。他用诗歌生动刻画当时人们的生活，这让我们在读他诗歌时脑海中就像展开了描绘奥古斯都时代人们生活的画卷。这是这位思想成熟、学识渊博的伟大诗人留给我们的宝贵财富，而且这笔财富的价值甚至超越了希腊文学本身。

奥古斯都时代的另一位名叫维吉尔的伟大诗人，以崇拜伟大的恺撒以及年轻的屋大维闻名。内战曾使维吉尔祖上失去了在阿尔卑斯山麓的农场，是奥古斯都将其还给了他。维吉尔常常伫立在农场的高点眺望寻找创作的灵感，就像提奥克利特的诗人们那样，用优美的诗歌描述意大利人的田园生活。因为他的诗歌处处有希腊诗人风格的影子，所以他永远没办法获得最伟大诗人的称号。后来，他开始用诗歌来赞美罗马的思想，歌颂奥古斯都的理想。在他眼中，奥古斯都是为世界带来和平的使者。此外，在当时多种流传于世的史诗中，有维吉尔创作的一部。这部史诗讲述了特洛伊英雄伊尼阿斯从小亚细亚到意大利的经历，他经过多次充满英雄精神的冒险，最终创建了拉丁姆王朝。在这部史诗中，恺撒家族成为了伊尼阿斯的后人，而奥古斯都，作为恺撒家族中最伟大的领袖，拯救了罗马，建立了太平盛世。

与荷马为一个英雄时代创作的史诗不同，维吉尔的史诗《伊尼阿斯》是为赞美奥古斯都创作的，它将奥古斯都放在了特洛伊英雄时代的光辉之中，就像亚历山大大帝曾为自己做过的事情那样。在今天看来，《伊尼阿斯》的作者维吉尔与贺拉斯的地位相当。虽然维吉尔的思想不如贺拉斯深刻，但他在拉丁诗歌方面的艺术造诣却高于贺拉斯。《伊尼阿斯》不仅在当时深受人们的喜爱，在后来的文明世界里，它也成了主要的教科书，对后世的文学作品产生了深远的影响。

奥古斯都年满75岁后，自感即将走完生命的旅程。于是，他将自己一生的功绩都整理并刻在铜板上，好在他死后立在自己的坟墓前。一个个难忘而伟大的故事组成了铜板上的文字，再现了奥古斯都的一生，同时也让我们全面了解了奥古斯都的丰功伟绩。这些成就就像延绵不绝而又千姿百态的群山一样，每一个行为、一个命令、一个成果都体现着奥古斯都的人格魅力。这些故事组成了古代世界流传至今的最为优秀的伟人传记。奥古斯都也在完成了这部传记之后溘然长逝。公元14年8月19日，罗马帝国的第一代皇帝，在这个以他名字命名的八月，离开了人世。

八十六、第一个百年和平的终结

奥古斯都身处皇位近半个世纪，随后他的家族连续四人坐上皇位，继续统治罗马半个世纪。尽管在这之中出现了两代昏君，但罗马的第一个百年和平时期还是在平稳中度过了。

奥古斯都统治了近半个世纪的罗马帝国，共44年。而作为皇族，他的家族又延续了四代皇帝，继续统治帝国半个世纪，使罗马平稳地度过了第一个百年和平时期。但在当时因为仍然存在着大量反对个人专权的势力，所以，对于后来的这四代皇帝，无论是当时还是后世的作家都存在个人偏见，留下了许多不真实的描写。当然，这之中有两代皇帝确实不值得尊重，但可惜了另外两代皇帝，他们可谓明君，为完善帝国统治付出了大量的心血。

奥古斯都死后，罗马帝国的每一位杰出的公民都有机会即位为王，因为奥古斯都并没有通过法律形式确定自己的继承人。奥古斯都没有儿子，家族中的男继承人也相继离世，这之中就包括他的外孙，也就是他女儿朱利亚的几个儿子。最后，他只好请求元老院批准过继他的妻子与前夫所生之子提比利乌斯。其实，早在奥古斯都逝世之前，提比利乌斯就已手握军权，拥有护民官的权力了。在奥古斯都死后，元老院指定他继承继父的一切权力，同时没有规定任期长短。

提比利乌斯既有傲人的军事才能，又有足够的统治经验。他向各行省委派了有才干的总督，展现了其精明强干的统治才能（公元14年至公元37年）。但他缺少继父那种圆通大度，不如奥古斯都那般尊重古老的共和制度。在他眼中，元老院只是一个摆设看的花瓶，因此他非常厌恶元老们。他对那些在公共场合对他极为尊重但在私底下却诋毁他、阴谋推翻他的贵族嗤之以鼻，与此同时，他也同样看不起平民。在奥古斯都时代，虽然政策、法律等其实都提前被奥古斯都控制下的元老院决定好了，但人们仍然像共和时期那样，通过公民大会的方式选举地方行政官并且制定法律。提比利乌斯上台之后决定取消这些如闹剧般的形式，不再把由皇帝决定的事情交给公民大会表决。这就意味着罗马政府不再代表罗马人民的形象了。此外，提比利乌斯还推行廉政，大幅削减了公共表演上的费用。这样带来的结果是，平民的娱乐活动大大减少，从而进一步加剧了罗马平民对皇帝的敌意。由于为罗马人所不容，加上亲人相继亡故以及个人生活的不幸福，提比利乌斯最终选择离开了罗马城，搬到了与世隔绝的卡普里岛。在那里，他住进了一栋富丽堂皇的别墅。公元37年，提比利乌斯在这座可以眺望那不勒斯湾的岛上抱憾离世。

提比利乌斯的儿子英年早逝，因此，凯乌斯·恺撒作为皇位继承人即位。他是奥古斯都的重孙，从小在军营中长大，因此被士兵们戏称为卡利古拉（“小靴子”）。年仅25岁的卡利古拉在即位之初很受罗马人欢迎，但权力的增强与欲望的不断放大，加之生活长期淫靡放荡使他最终被人们所唾弃。最终，身患精神疾病的他，委任他的坐骑为执政官。他肆意地挥霍提比利乌斯执政期间国家积累的大量财富，将这些钱都用在了荒淫的生活和建造各种古怪而无用的建筑上。于是，就在他为夺取他人财产而疯狂地草菅人命之际，他的侍卫结束了他那疯狂的统治。他在位的第四年（公元37年至公元41年），在帕拉蒂尼山宫殿中被侍卫杀死了。

禁卫军士兵在卡利古拉被杀死后开始抢劫皇宫，在这期间，他们发现了藏在角落里被吓得半死的卡利古拉的叔父——提比利乌斯的外甥克罗狄乌斯。克罗狄乌斯无论在身体还是精神上都很软弱，因此他一直受家族中其他成员的欺负。当时，他已经50岁了，但禁卫军却坚持要拥立他为皇帝（公元41年），元老院也不得已，只好同意禁卫军这一要求。尽管克罗狄乌斯对家族中的女人和自己身边的官员都是一味地顺从，但他在管理国家上的能力却依然比卡利古拉强很多。他在位期间，皇宫成了一个各种阴谋诡计上演的场所。

克罗狄乌斯对帝国事务尽职尽责，为帝国的发展做出了很多的贡献（公

图259　克罗狄乌斯皇帝修建的水渠

公元1世纪，克罗狄乌斯皇帝修建了这项规模空前的引水工程，水渠全长40余英里。四分之三的水渠都铺在地下，最后10英里用大理石拱支撑出地面。拱渠一直延伸到了帕拉蒂尼山皇宫。这条古罗马时期修建的水渠非常坚固，其中有四条至今仍在使用。罗马的供水比任何一个现代大城市都充足。

元41年至公元54年），这些都不能因为他的其他令人不满的行为而被历史抹去。正是他在不列颠成功地指挥了一场战役，最终南不列颠成为罗马的一个行省。在此后的350年里，不列颠一直隶属于罗马。在完善罗马的建筑以及公共设施方面，克罗狄乌斯表现出浓厚的兴趣和热情。他自山上修建了两条规模空前的引水渠到罗马，总长达100英里，于是罗马成功地引来了充足的山泉水（图259）。克罗狄乌斯手下的政府官员也主要由精明能干、获得了自由的希腊人组成，他们是他执政的得力助手。渐渐地，这群人形成了一个内阁，帝国第一次拥有了一批有实力处理各种政务的大臣，他们就相当于如今的财务部长、国务卿等。

但是，克罗狄乌斯有一个致命的弱点——他无力根据自己的意愿委任重要官员并有效地约束他们，正是这一点使他送命。他的最后一位夫人阿格丽皮娜无视克罗狄乌斯之子，让她自己的儿子尼禄继承了皇位（公元54年）。尼禄出身于奥古斯都家族，这无论从其母亲还是父亲的家族关系上溯都是如此。他的母亲曾让他师从哲学家塞内加。在他统治的前五年间，塞内加担任首相来辅佐他，这期间他的统治是英明而成功的。但后来宫廷兴起了各种阴谋诬陷，塞内加因此受到牵连，于是这位出色的首相与尼禄坚强的母亲一起被逐出宫廷。从此之后，尼禄变得肆无忌惮，他不再隐藏自己的卑劣品性。因此，尼禄这一名字成为历史上最黑暗时代的代名词。

尼禄对艺术的热爱是其他事务所不能比的，他常常亲自参加各种艺术活动。他曾将政府事务交由宫廷中的亲信处理，然后自己以一个作曲人的身份来到希腊各主要城市漫游，参加各类舞蹈、歌唱和马车比赛等。他不仅同演员、运动员和职业角斗士成为朋友，他本人也参加过角斗竞技表演。由于宫廷中的阴谋诬陷之风愈演愈烈，性格本就阴暗多疑的尼禄将他的老师塞内加逼死了，他还因此杀害了克罗狄乌斯之子以及很多无罪以及正派的人。他甚至还在其他女人的诱惑下杀害了自己的妻子。他对自己母亲的残忍谋杀使得他的罪行达到了顶点。同时，他还在一些行省肆意搜刮钱财以供己挥霍，为此杀害了许多富人及贵族。他的种种罪行激起了人们的普遍愤怒，这成为他在皇位上被推翻下台的根本原因。

这时，另一场灾难降临在罗马。一场大火从竞技场周围的简陋木屋区开始燃起，熊熊的烈火迅速烧到了帕拉蒂尼山，整个皇宫只有奥古斯都的卧室幸免于难。紧接着，大火蔓延进城里，一直在此烧了一个星期，罗马城的大部分建筑都在大火中被焚毁。雪上加霜的是，不久，余烬复燃，使得罗马城的损失又进一步增大了。灾难过后，罗马城中谣言四起，有人说这场大火是尼禄放的，因为他想要在毁灭罗马城之后重修更加辉煌宏伟的新城，还有谣言说尼禄曾在大火肆虐时举办了以表现特洛伊被焚毁场景的音乐会。但是，现实中并没有证据证明这些谣言的真假。在这种情况下，尼禄显然更欢迎另一种关于火灾的谣言：传说这场大火是基督徒放的。尼禄因此找到理由对基督徒进行了残酷的镇压。后来，尼禄通过横征暴敛，聚敛了大量钱财，正式开始重建罗马城。他为自己修建了一座富丽堂皇的巨大宫殿，并称其为“金色宫殿”。皇宫的位置越过现在的圆形剧场，从广场的东端向东、北两个方向拓展。于是，皇宫向北覆盖了埃斯奎利诺山丘，占据了大部分城区。尼禄还在剧场入口处立起了一座巨大的铜像，这个铜像高一百余英尺。这些事实可以确定，尼禄是发自内心地热爱艺术、追求艺术，他的确想要把罗马建得更加迷人。

罗马人民被尼禄的种种行为所激怒，他身边有才能的大臣也因受到虐待而最终选择抛弃了他，这表明，尼禄失去了所有的支持者。后来，沉重的赋税又激起了各行省的愤怒，终于，西班牙总督加尔巴公开发动叛乱。面对这场叛乱，尼禄手足无措。当叛乱军队开进罗马之时，尼禄吓得藏了起来。而后，当听说元老院已通过投票决定处死他时，他戏剧性地选择了自刎。临终前，他大声喊叫着“我的死会让你们失去一位伟大的艺术家”。公元68年，随着奥古斯都王朝最后一位皇帝的死去，罗马第一个百年和平时期结束（公元前31年至公元68年）。几位罗马军队指挥官都想要夺取王位，罗马帝国随时都有爆发长期内战的可能。

尽管奥古斯都王朝出现了两位昏君，但我们并不能因此否定提比利乌斯和克罗狄乌斯统治时期所取得的辉煌成就。无论是罗马还是各个行省的政府，它们都取得了很大的进步。在我们看来，罗马正在变成一个王位只能父子相传的君主制国家。而因为被称作皇帝的恺撒们逐渐赢得了人们对他们至高无上的崇拜，这一传承的过程更加迅速地发展了起来。自尤利乌斯·恺撒起，人们将皇帝奉为神明[①]，就像对昔日的亚历山大大帝一样。皇帝得到了大部分公民的敬仰，崇拜皇帝是他们应尽的责任和义务。就连尼禄死后的短暂战争也没有威胁到皇帝的崇高地位。即使在尤利乌斯·恺撒王朝之后，皇帝的统治仍然维持了另一个百年的繁荣与和平。我们会在专门章节讨论这一个新的百年和平。

① 除尤利乌斯·恺撒和奥古斯都外，尤利乌斯王朝被奉为神明的皇帝只有克罗狄乌斯。提比利乌斯不受欢迎，卡利古拉和尼禄因其令人厌恶的品质而未受崇拜。

第二十六章　帝国时代——皇帝、军团以及法律

八十七、第二个百年和平时期的罗马皇帝

罗马帝国在尼禄死后本面临着陷入长期内战的危险。但值得庆幸的是，元老院拥立才华横溢的将领韦斯帕西安为皇帝，帝国因此进入了第二个百年和平时期。此后的一系列伟大皇帝将帝国推向了空前繁荣的盛世。

几位主要的军事指挥官在尼禄死后相互厮杀，只为夺得皇位，罗马帝国随时都有陷入长期内战的危险的可能。但值得庆幸的是，一年后，来自东方的将领韦斯帕西安带领着一支强大的军队轻松地取得了胜利。公元69年，韦斯帕西安被元老院拥立为皇帝。在其统治下，帝国稳步进入了第二个百年和平时期。他与之后的伟大皇帝创造出了无比兴旺昌盛的罗马帝国。下面我们将概括介绍这些皇帝们在政治和军事方面的作为，以及帝国在第二个百年和平时期的生活和文明。

帝国的整体和平并没有因为边疆地区以及某些行省爆发的局部战争而受到波及。韦斯帕西安在被选为皇帝之前，曾在巴勒斯坦镇压过犹太人叛乱。次年，他的儿子，同样能力非凡的梯特攻下耶路撒冷并残酷屠杀大批犹太反叛者，将这座城市彻底摧毁（公元70年）。耶路撒冷这座城市带给罗马人太多神圣的记忆，以至于被他们视作圣城，因而他们不愿犹太人再回到这座他们热爱的城市。因此，这座圣城成为罗马的领地，同时，朱迪亚也成为罗马的一个行省。

这一时期罗马皇帝们取得的成就主要表现在两方面：其一，边疆防御体

系进一步完善；其二，帝国政府体系和管理制度也进一步完善和发展。帝国南面以撒哈拉为屏障；西面濒临大西洋；东、北两面却没有类似的天然屏障。因此，日耳曼游牧部落常年被视作帝国在北部边疆的安全隐患；而同时，东部的幼发拉底河流域则一直受安息——唯一一个未被罗马征服的文明国家——的威胁。

蛮人大规模的人口迁徙实际上威胁着罗马帝国的北部边疆（曾在马利乌斯时代提及）。这种迁徙浪潮曾使印欧部落进入地中海地区，希腊人和罗马人也正是在这种浪潮中迁徙到两大半岛的。北方的蛮人是地中海文明的最大威胁，因为当这种潜在威胁变成现实之后，曾经辉煌的爱琴文明就被一拥而入的希腊人毁灭。罗马皇帝能否长久抵挡住蛮族入侵，这是关系到人类前途的大问题。如果罗马能够扼制蛮族足够长的时间，那么蛮族就能在同罗马帝国的冲突过程中逐渐接受地中海文明，并在这一过程中产生对这一文明的敬意，为后人保留至少一部分文明成果做出一定贡献。

韦斯帕西安及其两子组成的弗拉维王朝为北部边防的安全竭尽全力（公元69年至公元96年）。弗拉维王朝在结束韦斯帕西安之子梯特的仁政之后，梯特之弟、韦斯帕西安次子图密善继承了奥古斯都所划定的边界线。图密善加强了莱茵河上游和多瑙河上游之间较易受攻击边界地区的防御。但在多瑙河下游地区，他却没有针对日益发展壮大的达西亚王国这一潜在危险制定相应的防御对策。图密善赠送给达西亚国王很多礼物，试图通过这一方式让其停止入侵边界。但图密善这一不明智的举措却给这一地区制造了一个难题，而他把这个难题留给了他的继承者来解决。

元老院在图密善死后推选元老涅尔瓦继承皇位（公元96年）。在涅尔瓦短暂而无为的统治之中，多瑙河下游地区的边境安全问题并没有得到解决，于是这些问题全都留给了勇猛的将领图拉真来处理。公元98年，图拉真继涅尔瓦之后坐上皇位。他很快意识到，如果不穿越多瑙河彻底征服达西亚王国，罗马帝国在多瑙河边界将永无宁日。于是，图拉真率领军队强渡多瑙河，跋山涉水，穿越原始森林，攻克了罗马军团从未突破过的障碍（公元101

图260 图拉真在新建的多瑙河大桥边献祭

巨大的石桥墩支撑的木结构桥梁和栏杆构成浮雕背景。前方有一座祭坛，皇帝从右侧来到祭坛，其右手端着盘子，准备向祭坛献酒。祭坛左侧有一位上身赤裸的牧师，其手牵一头用于献祭的牛。左侧走过来一群举着旗帜的军官。这是罗马图拉真功德柱上雕刻的许多场景之一，是公元2世纪最优秀的罗马浮雕作品之一。

年至公元106年）。他率军连续攻城拔寨，只经过两次战役，达西亚首都即被彻底摧毁，达西亚国王及大臣们也全部自尽身亡。图拉真在多瑙河上建起一座大石桥（图260），达西亚成为罗马的行省，多瑙河北岸也因此兴起了众多罗马人居住区。这一居住区居民的后代在现代仍被称作Roumanians（罗马尼亚人），他们的国家则被称作Rowmania（罗马尼亚）。这两个词都是由Roman（罗马人）一词衍生而成。图拉真的铁腕政策使得多瑙河下游地区保持了较长时间的安定。

自恺撒之后，罗马在军事方面的发展一直停滞不前，但到了军人图拉真皇帝统治时期，帝国开始重振了军事辉煌。随后，图拉真着手解决东部边疆问题——北起黑海东端，南至西奈半岛。在东部边疆北部，大部分是以幼发拉底河上游河段为界。罗马只占领了肥沃新月的西半部，却从未征服过东半部亚述和巴比伦尼亚等地区。从塞琉古时代早期开始，波斯的近亲、强大的安息在那一地区延续了350年，曾两次击退罗马远征军。图拉真希望自己能够像亚历山大一样建立一个东方大帝国，于是他率军侵入安息并最终征服了它（公元115年至公元117年）。于是，帝国又增加了亚美尼亚、美索不达米亚、亚述等行省。图拉真在参观完440年前亚历山大在巴比伦死去之地后，无限感慨地说："名声显赫有什么用，到头来不也只是一大堆垃圾、石头和废墟而已。"后来，由于后方发生了叛乱，他不得不率军撤退。想到自己这场声势浩大的远征就要前功尽弃，图拉真抑郁至极，还因此身患疾病。公元117年，在返回罗马途中，图拉真死于小亚细亚。

图拉真的继承人哈德里安（Hadrian，公元117年至公元138年）有两个身份，一是杰出的军事将领，二是英明果断的政治家。他并没有在东部继续图拉真未完成的征服，相反，他较为明智地放弃了除西奈半岛以外的东部边界，把本国边界缩至幼发拉底河。同时，哈德里安加固了北方边界的防御等级。他在莱茵河与多瑙河之间修建了一道长长的界墙（图261）。除此之外，他在不列颠北部筑起的界墙横跨全岛。直到今天，这些残垣断壁依然存在。

图261　日耳曼边界地的罗马要塞和界端

石墙长约300英里，是罗马帝国在最易受日耳曼人侵袭的多瑙河上游和莱茵河上游地区建立的北方边界的防御设施。每隔一定距离都建有地堡，在某些重要的地段会设有据点和营房，戍守边疆的士兵就住在里面。

图262　罗马军队的一位年轻士兵亚庇奥恩给他在埃及的父亲庇穆乔斯的信

埃及青年亚庇奥恩与村里的其他青年一起应征加入了罗马军队。他们在告别家人之后，在亚历山大里亚登上政府的大船，被运往了意大利。在经历了一场海上风暴之后，他们到达了距离那不勒斯不远的米塞努姆罗马军港。在那里，他们换上军装，请人画了肖像，随信寄给自己的父亲。这封书信是亚庇奥恩请人代写的，代写者在羊皮纸上用漂亮的希腊文书写体来书写。信中写道：“亚庇奥恩希望敬爱的父亲能够好运连连。希望您身体健康，同时祝福您、姐姐、外甥女以及弟弟万事如意。感谢塞拉皮斯神，因为他的保佑，我才能够在海上遭遇风暴时躲过一劫。来到米塞努姆之后，皇帝赐予我三块金币作为路费。我在这里的一切都很顺利。我希望您，我尊敬的父亲，能够回一封信给我，讲讲您的近况，同时也分享一下姐姐、弟弟的近况。这样，我就能够通过您的来信感受到来自您手心的温暖，是您将我养育成人。如果神保佑的话，我很快就会被提职了。最后，替我问候加庇东（一个朋友）、我的姐弟、塞伦尼娜和其他朋友。随信带去我的小画像。我的（罗马）名字叫安敦利乌斯·马克西姆。再次祝您万事如意。”在信的左边还有两行竖写的文字，是亚庇奥恩一起参军的朋友写给家人的问候，就好像现代人写信时加上的附言一样。信被卷好密封，然后交给罗马军事邮政系统投递。这样的信随后被完好无损地送达目的地，一直期盼着儿子消息的父亲和其他家人就在1700年前的尼罗河畔的小村庄中收到了这封信。斗转星移，老父亲去世了，这封信便被收在家中杂物中，直到今天，考古工作者在房屋倒塌的墙角下发现了它。这封古信已经有了些许的破损，而与这封信放在一起的还有一封这位士兵后来写给姐姐的信，信中说他已经在罗马边疆驻守多年，并结婚生子了。

从此之后，罗马帝国的边疆地区维持了较长时期的安宁，甚至都没有发生较大的骚乱。直到马可·奥勒留统治帝国，北方蛮族在这期间大举迁徙，结束了这个百年和平时期。

图拉真和哈德里安统治时期，帝国驻守边疆的军队在古代世界是极为罕见的，他们的规模巨大，组织纪律严之有序。帝国的这支军队由全国各地的人组成，是一支由多民族共同组成的军队。这就像第一次世界大战时期的英国军队一般，驻守在幼发拉底河的军队可能来自西班牙，而戍守北部边界、抵御日耳曼人侵略的可能是一群来自尼罗河畔的士兵。虽然离家乡很远，这些青年士兵却可以通过覆盖全帝国的军事邮政系统与家人保持联系。我们手中就有一封来自当年一位守卫边疆的埃及新兵写给远在家乡的父亲和姐弟的家信（图262）。士兵平日除了在边界岗位上执勤之外，就和战友们一起生活在边防军营中漂亮的营房里（图263）。这种时刻准备着抵御入侵蛮人的边防

图263　罗马边防要塞一瞥（复原图）

左上图为边防要塞的大门，另外三幅图为营房内景。

军队都有非常严格的纪律。除了常规操练，军队还负有筑路、架桥、建造水渠和公共建筑以及维修界墙等职责。

这一时期，罗马帝国发生了翻天覆地的变化。皇帝们发展了早在克罗狄乌斯时代就初步形成的那套政府机构体系。为了便于管理，皇帝还任命了一批罗马骑士。至此，一个具有丰富经验的管理层才算真正形成。为了保证帝国政府正常运转，他们管理着政府各部门或协助皇帝处理各种事务。在完善政府管理方面，伟大英明的哈德里安取得的成就最大。终于，罗马在统治地中海三个多世纪之后建立起了完善而有效的政府组织。然而这种组织，东方早在金字塔时代就已经出现了。

包税商包征税收制度的废除可以说是罗马在众多变化中最重要的一个变化。这种制度曾给希腊人和罗马人带来了许多麻烦。但如今，广大地中海世界的税收工作都由政府的征税员负责。当想到罗马人直到这时才建立起尼罗河畔早在三千多年前就建立发展完善的制度时，我们会不由自主地发出某种感慨。

皇帝把持着所有的政府部门，毫无疑问，皇帝的权力因此被大大地放大和增强。最初，皇帝就如奥古斯都，只是作为第一公民与元老院共同管理国家。而现在的皇帝则变为专制君主，元老院已经很难再对其权力进行干涉和制约了。而且，在第二个百年和平时期，皇帝还通过了相关的法律和法规让这种专制统治合法化。令人诧异的是，皇帝们却并没有同样通过法律手段来解决继承人问题，导致每位皇帝死后都因继承人无法合法解决而有发生动乱的可能。

与此同时，意大利的变化也让人措手不及。当地农民的处境十分凄凉，意大利乡村几乎没有自由民了。涅尔瓦和图拉真动用大量资金，发放低息贷款给那些生活窘迫的农民。然后他们用贷款利息救助意大利城镇里穷困的自由民之子，希望以此培养出新的乡村自由民群体。这是政府有史以来的第一次慈善事业，但结果并不尽如人意。另外，由于没有发达的制造业，意大利公民的地位骤降。帝国没有实现奥古斯都的理想——罗马帝国变成以意大利为首的帝国。各行省，尤其是西方行省的公民被皇帝赋予公民权或变相公民权，各行省之中有威望的公民可以在罗马担任高级官职。这样，帝国就发展成了一个地中海国家。这种情况早在奥古斯都时代就显露了出来。意大利最终成了一个普通的罗马行省。

在这个庞大帝国中，各行省的人民向同一个国库纳税，接受同一套法律的约束。因此，那些由罗马皇帝委任的律师都是闻所未闻的天才。他们将以前只适用于罗马城的城市法进行大刀阔斧地修改，使之适用于整个地中海地区。不得不说这部罗马帝国的大法典处处闪耀着他们的天才与智慧的光芒。帝国的法律精神是公平、公正和人道主义。在哈德里安之后即位的以仁慈出名的安东尼·皮乌斯皇帝规定，一个被告在没有证据证明其有罪之前，都必须视这一被告为无辜者。今天的法律就是继承和遵循了这一法律原则。还值得强调的是，这时的法律体系有效地保护了妇女儿童的权益，使得他们免受家长的虐待。因为在早期的罗马，家主被赋予了允许对待家人像对待奴隶一样的法定特权，而现在，奴隶也同样受到了法律保护，主人不再可以随便处死奴隶了。当然，我们也应该认识到，在重大事务方面，罗马法律是根据官阶的不同来区别对待相关事务的，它更多的是维护了贵族的利益，而非平民百姓的利益。但总体而言，罗马法律在统一地中海世界、建立统一国家方面发挥了重大的作用，它不是针对某一个民族制定的法律，而是适用于整个大帝国的一部通法。对于帝国内的各民族，这部罗马大法典都予以同样公正、合理及有效的保护。同时，以前的那些由城邦制定并一直沿用的古老法律，只要不危及帝国的利益，仍然可以继续使用。

行省数量不断增多，但帝国对行省的管理仍然从每个行省单位出发，这些行省中的大多数人都生活在城市里。城市与周边社区共同组成了类似于早期希腊城邦的各单位。每个城市都被赋予了选举自己城市执政官员和管理城市事务的权利。人们仍然热衷于地方事务，比如在进行公职竞选的时候，候选人之间的竞争十分激烈。在庞贝城的墙壁上可以清晰地看到候选者为了拉票而作的宣传。当然，各城市的主权都归罗马帝国所有，由罗马总督管理。

如今，主管帝国各行省的事务的总督们都既有实力也各司其职。我们可以从小亚细亚俾提尼亚行省总督小普林尼写给图拉真皇帝的信中看出他是十分忠诚地在完成自己职责范围内的工作。而同时，我们还可以从中看出皇帝对于行省事务的密切关注。哈德里安曾到各行省巡视过几年，因此非常了解各行省的情况。图拉真和哈德里安等皇帝对地方事务的关注在一定程度上减轻了地方的压力。同时，地方社区也因此越来越依赖皇帝而逐渐对公共事务不感兴趣了。人们的公共责任意识随着帝国对行省控制的增强而越来越薄弱。我们在后面会看到，这正是罗马帝国衰落的主要原因。

八十八、罗马的行省制度

因为一场大灾难,罗马帝国的一个行省城市被完整地保存下来了，那就是被火山灰掩埋的庞贝城。走进这座保存完好的城市，我们仿佛看到了早期罗马帝国的真实生活。

地中海地区大约有6500万到一亿人口。假如人的视野足够开阔，站在直布罗陀海峡环视非洲、亚洲和欧洲，就可以将地中海沿岸的所有居民尽收眼底。摩尔人、北非人和埃及人生活在地中海右侧的非洲；其东方，是阿拉伯人、犹太人、腓尼基人、叙利亚人、亚美尼亚人和赫梯人的故乡；而欧洲，居住着希腊人、意大利人、高卢人和伊比利亚人；在他们的后侧，则是不列颠人和罗马边疆地区的一部分日耳曼人住居的地方。尽管这些民族都有自己的生活方式、服装和习俗等，但他们都在罗马的保护之下，都接受了由罗马帝国建立的如此意义非凡的和平时代。我们看到，绝大多数人生活在城

图264　庞贝城的街道

这就是被火山灰掩埋前的城市模样，街道和人行道都维护得很好。街道左侧有一个公共取水口，前方是一个十字路口。两旁的建筑大都只剩下半截。但庆幸的是，街道左侧仍然有两家商铺大门保存完好，它们二楼的前墙也没有倒塌。

市里，尽管那些城市的规模都比较小，但城市生活就是当时人们日常生活的主体。

如果能够看到被保存完好的罗马帝国的一个行省城市，对于现代人来说可谓幸事。如今，我们的确有幸可以看到这个名叫庞贝的城市2000年前的样子。这座小城，在梯特统治时期（公元79年）因火山喷发而被火山灰完全淹没。如今，这座城市被发掘了出来，因此我们能够看到在灾难来临之前存在于城市中的街道和房屋、广场和公共建筑、商铺和集市等大部分建筑（图264）。我们可以看到马车经过这条笔直街道时留下的印痕，也可以看到悬挂在餐厅墙上的精美油画；我们可以看到烤炉中烤焦的面包和旁边的磨面机械（图265），还可以看到厨房里的炊具以及旁边整齐排放在那里准备组装的炉

图265　庞贝城带石磨的面包房

在面包房旁边的院子里，我们看到了磨面的石磨。磨片中央被凿成了沙漏的样子。磨片的上部好像一个漏斗，谷物由此滑落至磨中；下部则像是一个倒放的漏斗，为的是使其较为容易地放在固定在底座上的另一片圆锥形磨片上。推动装在石磨侧面的木把手后，两扇磨片就可以将谷物碾碎。

条。走进这座保存完好的略带凄凉的城市，我们仿佛看到了早期罗马帝国的真实生活。

庞贝这座位于意大利南部的城市与希腊离得很近。因此我们发现，庞贝城的生活和艺术受到希腊的影响很深，大多都是典型的希腊式风格。在罗马统治的世界里，意大利以东地区的文明只是希腊文明的延续和发展。而在某些方面，尤其是道路交通和邮政两方面，罗马有了突出的发展。宽阔的罗马公路通向四面八方，石子平铺在路上，让公路像城镇街道那样平整。罗马的公路遇山翻山，遇河架桥，有些大桥直到今天仍在使用。

用车水马龙来形容城市附近的公路最恰当不过了。人们有时会见到某位罗马总督坐在笨重的大马车里，他可能从行省方向来，朝罗马方向去。车厢的帘子垂着，坐在马车里的总督或是在悠闲地读书，或是在向书记员口述着什么。而在总督的马车后面，有一个骑着毛驴赶路的小贩。突然，小贩避到路边，让出大道给一支正在行进的罗马军队。这些士兵耀武扬威，飞扬的尘土也遮不住它们手中武器的寒光。而在他们的身后，是一位骑着马的军官，旁边跟着一个戴着镣铐的犯人。这个犯人就是基督教传教士保罗，他被押赴罗马受审。这时，道路迎面来了一位花花公子，他本来在向坐在轿子中的两位女子炫耀他那漂亮坐骑的美妙步态，因此他很不乐意地为迎面飞驰而来的帝国邮车让了路。邮车直向一座山那边奔驰去。公路上时常会出现满载商品和货物的长长的驴车队，它们吱吱呀呀地缓慢前行，这就是帝国的货车。人们如果想要外出旅行，只能选择乘坐马车或者自行骑马。即使这样，旅行和通信的速度并不比一个世纪前尚未使用蒸汽机车时的欧洲和美洲差，而且这里的道路要好很多。可见，同希腊化时期相比，罗马在交通方面的确有了很大的进步。在航海方面，罗马最大的变化在于这里没有了往日横行无忌的海盗。克罗狄乌斯在台伯河河口建了一个大码头，旅行者坐上停靠在此的豪华舒适大船，一个星期内就能够顺利到达西班牙。同样地，当远在雅典学习的孩子需要缴纳学费时，在罗马的家长就可以寄去一张银行汇票，一周后，孩子就能够收到这笔汇款了。罗马的商人若想要与身处亚历山大里亚的代理人联系，相关信件在十天之内就能够送到收信人手中。当时，来往于罗马港口与亚历山大里亚之间的用于政府运输大米的大船每次只能载几吨货物，但一艘埃及尖塔船竟能载300吨至400吨货物，这样一般容量的船不仅可以用于运输货物，还能够容下几百位旅客。这让当时在位的罗马皇帝极度渴望，希望自己也能建造出这样的大船。渐渐地，各港口开始效仿亚历山大里亚建起码头和灯塔，以便有效地调度和引导进出港船只。每当冬季来临，海上运输也相应停止了。

罗马帝国的商业因为上述种种的积极因素而发展到了前无古人的繁荣兴旺之境。便利的交通让罗马商人得以找到新的市场，然后顺理成章地将贸易发展到罗马以外的许多地方。意大利的商品甚至远销欧洲和不列颠北部沿海地区。而同时，那里的马口铁又经塞纳河、罗讷河被商人运往马赛。这时，

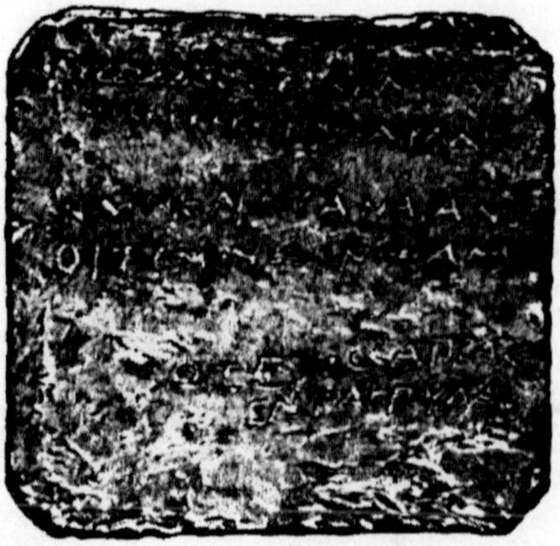

图266　帝国时期西西里学生在砖坯上书写的文字

学生们经过砖厂，喜欢把自己在学校学到的希腊文写在砖坯上。有一个小孩，在这块砖的上半部很认真地写下10遍大写的"S"（希腊文的"2"），然后又写了10遍字母"K"。紧接着，他用大写字母写了单词"龟"（XEAΩNA）、"石磨"（MγAA）和"木桶"（KAΔOΣ）。随后，一个年龄稍大的孩子走过来，推开这个小孩子，为骄傲地展示自己在文字方面的优势，写下了两句绕口令（类似于Peter Piper picked a peck of prickled peppers），翻译成现代文字即为："Nai neai nea naia neoi temon, hos neoi ha naus."大意为"男孩伐木造大船，大船下海游四方"。后来另一个小孩又接着在下面写了两句话。这块砖充分说明了希腊文的广泛传播和罗马帝国时期的教育普及程度。

在帝国的另一边，印度洋季风成为印度贸易发展突飞猛进的关键。一支由20艘商船组成的船队常常借季风横穿印度洋，来往于红海与印度各港口之间。他们运到红海的商品又会被骆驼商队驮出沙漠运到尼罗河，最后从亚历山大里亚码头运往西方。亚历山大里亚依然是地中海地区最大的商业城市，可以被称作"罗马帝国的利物浦"。亚历山大里亚堆满了东印度的珠宝、埃及的莎草纸、亚麻布、华丽的刺绣、精致的玻璃制品、向罗马进贡的大量谷物等。当时有这样一句谚语：除了纷飞的雪花，亚历山大里亚什么都不缺。北方大道使得商队顺利进入东方的中国，而中国的丝绸也源源不断地运往地中海地区。显然，当时已经形成了庞大的商业网，这个商业网东起中国海岸和印度港口、西至不列颠和大西洋沿岸港口等广大地区。

长途旅行因为商贸和休闲旅游而变得十分普遍，当时的人们也因此对世界有了更完整的认识。追求精神满足同时资金有余的罗马公民常选择到地中海旅行，就像今天外出旅游的人们一样。那时的旅行者却很难在偏僻的城镇

图267　北非的一个泥屋村庄旁的罗马圆形剧场

这座如今看来已经破落的村庄曾一度是拥有如圆形剧场般娱乐场所的城市，但最后迦太基以西的广大地区都变成了如这般的荒凉之地。

找到歇脚的旅店。如果马车没有足够宽大的车厢，抑或是旅行者忘了带帐篷，那么他们就只能够借宿在商铺的阁楼，并且请求店主提供食物。在大多数情况下，那些富有的旅行家们一般会随身携带介绍信，以便自己能够投宿于富家宅邸。

旅行者碰巧遇上一些成功的商人和官员也不是不可能，即使是行走在各行省城镇之中。他们不仅拥有大量财富，大部分还被封为罗马骑士。在这些人之中，有时会有地位显赫的大人物，他就是直接由皇帝封授的元老。而在元老和骑士阶层之下，是由商人、店主、工匠和手工业者共同组成的自由民阶层。自由民成立了各种各样的行会、社团和俱乐部，而这一习俗的由来可以上溯到雅典帝国灭亡时代。在某些方面，行会和现在的工会相似，他们联合起来的主要目的是为了同行业个体之间的相互帮助。此外，有些团体是专为社会活动或节日庆典成立的。如果团队中有人去世了，大家就会集资安葬他。自由民大都是没有太大影响力的商人，但不得不说，各个城镇都有很多自由民，他们是保持帝国繁荣和帝国商贸活动正常运行的主体。

充满元气的城市生活会让漫步的旅行者流连忘返，印象深刻。城市中的自来水、剧场、音乐厅、浴池、体操房、学校等公共设施和场所都是富人出资建造以供社区使用的。在这些热心公益事业的人之中，当数希罗德斯·阿提卡斯的名声最大，他为雅典人捐筑了一座宏伟壮观的音乐厅。希罗德斯就是当时的“安德鲁·卡耐基”。因而，市场上立着一座功德碑，上面刻着一些人对他的感激。政府大力兴办学校并为教师发放薪水，学校接收了所有儿童，开设了希腊化时期学校教授的所有学科。有志经商的男孩可以请求速记员教自己速记方法；期望接受高等教育的少年除了去亚历山大里亚和雅典拜师求学之外，还可以到东西方各地新兴的大学里学习，尤其是他们可以前往哈德里安在罗马创建的雅典娜大学。因此，这些旅行者无论走到帝国何处，都能见到有教养有文化的人。

600年前的伯里克利时代或者希波战争时期的希腊对于在此游览的古罗马人来说，都是十分古老和遥远的，人们对于希腊的了解全来自修昔底德和希罗多德的历史著作。那时，罗马还只是台伯河岸的一个商业小镇。当旅行者走到卫城山脚下时，他可能会遥望一眼那已经消失不见的塞米斯托克利斯和

图268　英国巴斯镇的古罗马浴池废墟

英国巴斯镇有很多温泉，罗马殖民者在这里建起了豪华的温泉疗养院。近几年，这座罗马建筑被发掘出来，因此我们得以了解它的基本布局。这是它部分废墟的模型图。图中右侧是一个长方形的大水池，长83英尺，宽40英尺。在其左侧有一个圆形的浴池。这幅图的上部曾建有华丽的大厅，休息室则建在大浴池的两边，主要是为了洗温泉浴的人可以较为方便地坐在这里休息或者与朋友聊天。

图269 法国尼姆的古罗马大桥和水渠

罗马人在公元20年修建的大桥和水渠。它主要是为了将25英里外的两股泉水引到驻扎在南部法国尼莫洛（今天的尼姆）的罗马军队驻地里。大桥长990英尺，高160英尺，横跨加尔河谷。水渠架在大桥的上方。这座桥现在仍可供人通过，但桥两端数英里长的沟渠已经完全消失了。

伯里克利时代的伟大的希腊。他还可能走进斯多噶学院，回忆自己在这里十分美好的学生时代，因为在其年轻时，父亲曾把他送到这里求学。他抑或漫步在阿加德米学院，因为这里曾是他聆听柏拉图传人教诲的地方。

在德尔斐神庙的大理石板和还愿碑上，撰写着有关海拉斯功德的动人故事。这些都是希腊人献给阿波罗神的礼物。当罗马游客穿行于林立的还愿碑之间时，他们也许会发现有些碑只剩下了底座。这时，他应该就会想起，自己曾在罗马朋友的别墅中见到过：他的朋友将原本放在底座上的雕像搬去当作自己家别墅的装饰品。创造了辉煌艺术的希腊城市将自己丰富的文化遗产毫无保留地赠送给了罗马人，但它自己的商业发展却十分衰败，政治方面也同样软弱无能。

旅行者继续东行，到达小亚细亚和叙利亚中繁华的城市。在这里，他完全应该为罗马统治在这里表现的成功而感到自豪。在这一地区肥沃的西半部，尤其是约旦东部地区，虽然过去是荒凉的游牧区，但现在已遍布繁荣城镇。城镇中有长长的引水渠，除此之外，还有浴池、剧场、巴西利卡等宏伟的公共建筑。这些建筑的废墟依然可以让现代人联想到它们曾经的巨大规模。所有的城镇都由平整的公路连接起来，而且很可能有一条穿过小亚细亚和巴尔干半岛的公路将这些城镇与罗马连接在一起。

在这些城镇后面，好斗的安息帝国坐落在沙漠的另一边。受过教育的罗马人一定知道五百多年前的色诺芬以及后来的亚历山大大帝曾拜访过一片废墟，而这片废墟就是曾攻到底格里斯河对岸的尼尼微的坟墓。那位罗马旅行者可能在希腊历史和图拉真的报告中得知，幼发拉底河畔离海很近的地方就是巴比伦城的废墟。因为图拉真的帝国扩张理想没能实现，所以这位罗马旅行者也不会跨越国家边界线而进入异国他乡。

为了到达亚历山大里亚，他可以走到安条克乘坐罗马大帆船。在那里，迎接他的是一个更为古老的世界。在那座已有400年历史、在那距离目的地很远的地方就能清晰看见的巨大灯塔下，罗马旅行者看到了罗马灯塔的原型。在这里，这位罗马旅行者会看到许多希腊富翁和罗马的游客。在参观完亚历山大里亚宏伟壮观的希腊式建筑之后，他溯尼罗河而上，进入了一个他们所了解到的最为古老的帝国。在那里，它们看到了比罗马建筑早几千年的建筑。去那里的游客，也像今天去那里的观光客一样，大多是来自繁华大城市的猎奇者，他们资金有余，时间充足。他们无精打采地参观着吉萨金字塔；或划着小船在神庙湖上给神圣的鳄鱼扔食物；或无聊地消磨着下午的光阴；抑或是在那广阔的底比斯平原上投下长长影子的雕塑上，刻下自己的名字。他们相互抱怨着对于船速太慢的不满，谈论着来自罗马的新闻。那些游客们留下的笔记至今仍依稀可见。那位有思想的罗马人，来到这里参观并不只是简单地为了获得些许快乐，更多地，他会在笔记中这样写道：这块创造过古代奇迹的土地上，有成群结队的牛羊，有无边无际的良田，它们都是罗马的粮仓，是皇帝取之不尽、用之不竭的财源。

从罗马人的角度看，代表他们的世界就在东地中海，那里有悠久的古代文明，也就是在希腊的东方式的文明。那位罗马旅行者也发现，这个世界中的人们普遍使用希腊语。但当他从东方回到西地中海世界的时候，他看到的则是另一个繁荣昌盛的世界。这里就像今天的美国一样，文明刚刚兴起。但是，在整个北非、迦太基西部、西班牙全境、高卢和不列颠，他所见到的几乎全都是简陋的村舍，既见不到城市，也见不到真正的建筑。实际上，除了很少的几个地方曾与希腊人和迦太基人有过一些接触之外，从几千年前的石器时代晚期开始，直到罗马征服时期，西部地区几乎没有什么实质性发展。

塞内加曾说过：“凡是罗马征服的地方，就居住着罗马人。”当然这句话主要是针对西方。因为在西方各地随处可见罗马商人和官员，很多城市都有罗马的驻防军，通用的交际语言也是罗马语言——拉丁语。而在西西里以东地区，希腊语则是通用语言。直到这时，西欧才开始出现了城市，而且都建有由罗马建筑师设计的具有罗马风格的建筑。在迦太基以西的沙漠和海洋之间的北非地区，我们至今仍可见到壮观的公共建筑和城市遗址。罗马的征服使得这片蛮荒之地逐步变成了文明城市。西欧，尤其是法国南部地区也有了很多气势宏伟的建筑遗迹。我们可以通过参观和考察雄伟的大桥、大型剧场、精美的公共纪念碑、豪华的别墅和富丽堂皇的公共浴室——从不列颠到法国南部和德国以及巴尔干北部，来找寻这种风格的遗迹。

图270　法国奥朗日的古罗马凯旋门复原图

在这种纪念性建筑形式被接受认可之后，罗马人为纪念重大战役胜利而修建了许多精美大气的凯旋门。罗马帝国在很多重要城市修建的纪念性建筑至今仍有部分被完整地保存了下来。图中这座凯旋门建在罗讷河边地雅洛西（今天的奥朗日）罗马军驻防地，主要是为了庆祝公元21年其对高卢人战争的胜利而建的。

罗马臣民的社区点缀着地中海沿岸的风景。在那里，罗马式纪念碑和其他建筑信手拈来——西起不列颠，东至耶路撒冷，再到摩洛哥。它使我们渐渐意识到一个不争的事实——东方和西方都在长期发展过程中拥有了高度发达的文明。那位罗马旅行者，在其同胞治理下的世界漫游时，同样得出了这样的结论。广阔的地中海为圆心，周围环绕着一个个文明国家，而罗马军团又成为这些文明国家紧密结合在一起的纽带。军队驻守在西起不列颠，东到耶路撒冷，再到摩洛哥的边疆，一道坚固的城墙抵挡着蛮族的入侵。如果失去了它们，蛮族侵入地中海文明世界就会像没有防洪堤的汹涌洪水涌入城市一般。现在，让我们再次回到地中海世界的政治中心罗马城，去了解奥古斯都时代之后的罗马文明发展历程——两个百年和平的后75年。

八十九、罗马——世界的中心

罗马在哈德里安统治后期成了当时世界上最繁华的城市，无论是城市规模、人口数量还是在公共建筑方面都将亚历山大里亚远远甩在身后。人们在享受繁华生活的同时，思想变得迟钝了，文学和科学陷入了停滞期。

罗马在哈德里安统治末期成了当时世界上最繁华的城市。与亚历山大里亚相比，无论是比较城市面积、人口规模还是公共建筑，这时的罗马城都远优胜于它。在尼禄金宫所处之地的广场东部，韦斯帕西安修建了一座大型圆形角斗场（图271），最终由其子竣工，这就是著名的哥罗塞姆大剧院。这个剧院，在梯特时期，曾共容纳4.5万观众观看了为期一百天的血腥角斗。而现在，虽然这座大剧场的大部分建筑已经被毁，但其仍然称得上是世界上最伟大的建筑之一。也在这一时期，韦斯帕西安最终完成了因尼禄统治时期发生的大火灾而被破坏的罗马城重建工作。

老广场或者广场的扩展部分矗立着帝国时期大部分气势恢宏的公共建筑。随着罗马这座伟大的世界之都商业的进一步发展，韦斯帕西安和涅尔瓦

图271　古罗马弗拉维（哥罗塞姆）圆形大剧场

世界上最伟大的建筑之一。椭圆形，内部四周都有阶梯形的观众席，可同时容纳5000人在里面观看表演。图中剧院的外墙，是皇帝韦斯帕西安和梯特于公元80年修建完工的。大剧院左侧是尼禄铜像，高约100英尺。铜像本不在这里，它最初是被放在广场东侧著名的“金宫”入口处。

又修建了两个规模更大的广场。这两个广场和恺撒广场、奥古斯都广场在老广场北面组成了一个新的广场群。在这一广场群的西北角，是图拉真修建的新广场。它的规模之大，超过了此前地中海世界的所有建筑。这个广场的一边矗立着新建的巴西利卡商业会堂，而在会堂旁边的空地上耸立着高高的功德柱。功德柱上有螺旋式的浮雕带，其内容表现的是图拉真指挥的每一次伟大战役（图272）。功德柱两侧有两座图书馆，一座是希腊文图书馆，另一座是拉丁文图书馆。直到今天，这座功德柱仍然屹立在现代罗马的街道上，而同一时期建成的其他建筑却早已不复存在了。

图拉真和哈德里安时期的建筑达到了罗马建筑的最高水平，这一事实无论是从气势恢宏、造型精美方面还是从工艺方面进行比较都是如此。尽管我们现在尚不清楚水泥的凝固特性在当时是何人在何地发现的，但我们已知道早在希腊化时期，水泥就已经被用在了建筑上。自哈德里安时代起，罗马工匠逐渐熟练掌握了制作大型水泥制品的技术。哈德里安万神殿的圆屋顶就是由整块混凝土搭构而成的，其直径140英尺。可见，1800年前的罗马人就已经开始使用我们

图272　图拉真功德柱

它坐落在图拉真广场一侧，高耸于两座图书馆之间。它是用大理石砌成的，高100英尺。其上环绕着一条由154幅浮雕组成的螺旋浮雕带，绕柱22圈，共刻有2500个人像。如果将这条浮雕带展开，可以延伸650英尺长。通过仔细观察这些浮雕，我们能够发现它们都是很精美很有趣的艺术品。浮雕表现了图拉真指挥的所有伟大战役。而图中那些断柱则属于与图拉真广场相邻的乌皮亚巴西利卡会堂。

今天使用的水泥结构了。直到今天，万神殿依然坚固如初，它就如同哈德里安的建筑师刚刚撤掉支架时的样子。而在这之中，哈德里安的陵墓也是罗马最大的。与此同时，几代罗马皇帝也都选择这里作为自己的最后归宿地。这座陵墓是罗马最伟大的建筑之一，直至今日依然保存完好。

这些纪念建筑上的浮雕散发着罗马最优秀艺术品的光芒。图拉真功德柱上的浮雕就是一本表现他征服人生的精美画册，它比罗马其他的艺术品更能表现罗马人的创造力。但同时，在人物雕刻方面，这一时期的大部分作品都是在单纯地模仿伟大的希腊雕刻家的著名作品。当然，现代人也正是通过这些罗马作品了解到了早已失传的优秀希腊作品。因为罗马的人物雕刻承载着希腊风格，因此在罗马的所有雕刻作品中，人物雕像是其中的精品。

这一时期的油画作品中，只有墙壁装饰画被完好地保存了下来。希腊家庭中所悬挂的绘画大师创作的作品被大量仿制。这一时期，肖像画事业非常兴盛。在街头为人画像的画家像今天的照相师一样随处可见，他们能用最快的速度在一块木板上为人画出肖像。这之中，罗马军队的年轻士兵为自己能

图273　阿格里帕和哈德里安所建的罗马万神殿殿顶内侧

此地最早的建筑是由奥古斯都的一位大臣阿格里帕修建的。而我们现在所见到的万神殿则是由哈德里安重建的。建筑顶部有一个圆孔，直径约长30英尺。圆孔到地面的距离有142英尺，大殿圆顶的直径也是142英尺。这是唯一保存完好至今的罗马古代建筑，屋顶和墙壁仍然保存完好。古罗马人使用的水泥技术在这一建筑之中得到了充分体现。殿顶内侧的设计因为极其精致，所以会给每一个参观者留下深刻印象。如果有兴趣，可将万神殿同圣索菲亚大教堂作一番对比。

穿上军人制服而无比骄傲自豪，因此他们往往会花一点钱请人为自己画张戎装像，然后随信寄给远在家乡的父母看。我们曾在尼罗河流域见过这种画像。

越来越多的罗马人选择接受教育，这类人的总量超过了以前任何一个时代。国家图书馆向所有人开放，皇帝通过资助鼓励作家和文学家创作。但是，即使在如此开放和优越的条件下，罗马也没能诞生一位极具想象力和创造力的天才作家。罗马文学也像它的雕塑和绘画一样，只是对旧时文学名著的模仿而没有自己的创造，因此文学陷入了停滞状态。在奥古斯都时代，这里曾经有过短暂的文学黄金时期，但后来，文化的中心又很快地回到了雅典。雅典的四所学园合成了一所政府大学，并且得到了皇帝的关注和资助。但尽管如此，罗马的文学还是对社会产生了很大的影响。帝国的作家一直在努力推动其文学的发展和繁荣。哲人或修辞学老师在将自己的演讲稿编辑成册时，都会在书名下注明“成书于罗马”。

帝国中诗歌变得不再流行，相反，散文作家却开始崛起。尼禄大臣塞内加有关个人行为和品德的论文和信札都非常吸引人。这些作品表现了其对于高贵人性的推崇，很多读者都通过这些文章认为他皈依了基督教。他的散文风格对社会也产生了很大的影响，在很长一个时期内甚至超过了西塞罗。皇帝图密善之后的几代皇帝都奉行宽松的统治政策，这使得言论自由有了很大的发展。塔西佗也因而能够毫无顾忌地在他所著的历史著作中表达自己对于奥古斯都至图密善时期的见解（公元14年至公元96年）。虽然他只是表达了他的一己之见，揭露了尤利乌斯皇族的阴暗面，但他的著作仍以其独特的文学表现风格而成为一部伟大的历史著作。他还在其他作品中概括介绍了日耳曼，这成为我们所掌握的有关北欧人生活最早的史料。小普林尼与皇帝图拉真之间来往的书信也是古代最优秀的作品之一。这些书信会让我们想起早于他们2200年的古巴比伦国王汉穆拉比的书信。

虽然有的作家生活在罗马之外，但他们的作品仍然应该与同时期的其他几位希腊作家的作品联系在一起来欣赏。普鲁塔克，出生于海罗尼亚，一个马其顿的菲利普王镇压过的希腊维奥迪亚的小村庄。他通过把希腊、罗马伟人放到一起，将每位希腊伟人同一位罗马伟人做对比，写下了一部著名的伟人传记。虽然这部传记中有过多的想象成分，但仍可称得上是一座展示希腊、罗马英雄的博物馆。在一千八百多年间，这部作品一直深受读者喜爱。在这一时期，有一位曾出任过罗马小亚细亚行省总督的希腊作家，名叫阿里安，他搜集并整理了流传到当时的所有关于亚历山大大帝的故事，模仿色诺芬的《长征记》写出了《亚历山大远征记》。他依色诺芬著作模仿而成之作是那个时代里大量的模仿作品之一。阿里安并不是伟大的散文作家，也无法称之为伟大的历史学家，但如果没有他的搜集和整理，现代人就不会对亚历山大大帝有这么多了解了。而波萨略则编写了一本内容最为丰富的希腊手册，这本书详细描述了当时的雅典、德尔斐和奥林匹亚等希腊主要城市的所有建筑和纪念碑。他用文字描绘出了古代希腊世界的不朽画卷——从造工精美的雕像和神庙到气势宏伟的剧场和公共建筑。

同时，罗马人一直在扮演着希腊科学成就的信息搜集与整理的角色。仕途一帆风顺的普林尼一直致力于科学研究和整理，他搜集整理了大量分散在希腊著作各处中的科学事实，编辑成了一本他称之为《自然史》的著作（其实是一本百科全书）。他一生痴迷于科学研究，维苏威火山爆发之际，他为了观察研究火山活动，勇敢地前往灾区，努力营救庞贝人（他身为舰队司令），最后在当地英勇殉职。然而，在《自然史》中，由于没有作者本人的重大科学发现，而且书中还存在很多科学误解，使得这本著作的科学价值大大降低。但是，在现代科学兴起之前的几百年间，普林尼的著作一直被欧洲所有接受过教育的人视为权威的参考资料，在当时人的眼中，其权威性仅次于亚里士多德的著作。由此可知，这一时期罗马人的思想变得迟钝了，人们仅仅满足于早期的科学发现及成果。

在哈德里安和安东尼时代，托勒密，这位来自亚历山大里亚的天文学家和地理学家是古代世界最后一位伟大的科学家。他有很多著述，尤其是《天文学大成》，虽然其中大部分内容都是介绍以前天文学家的发现，但它后来也成了一部权威性著作。其中，他对于太阳系的错误解释广为流传。直到距今400年前，真正的科学事实（萨摩斯的希腊天文学家亚里斯塔克早就发现了）才再次被波兰天文学家哥白尼发现。托勒密还撰写了一本介绍巴比伦天文学的著作，这再次证明了当时科学发展的停滞和衰落。此外，托勒密和早期希腊天文学家的观点——地球是一个球体——被后来的欧洲旅行家和航海家接受，并最终推动哥伦布向西航行，探索印度和东方。正是这次航行，哥伦布发现了美洲。

在罗马，有文化、有教养的人的社会地位已完全不可和共和时期同日而语了。共和时期时，知识丰富的人只能担当家庭教师。但现在，同样知识丰富的人或在政府中担任要职，或成为由政府支付薪水的教师或教授。罗马已不再仅仅是罗马或者意大利的罗马，它成为整个地中海的罗马。周围各行省都有地位显赫的家庭居住在罗马，给日渐衰颓的罗马社会注入了新鲜血液。因此，少年时期曾在西班牙家乡的山丘上眺望大西洋的重要人物，以及在幼发拉底河畔长大的达官贵人，都汇集到了罗马街头。来自世界各地的生意人，有的汇聚在银行和新广场的宽敞会堂里，有的进出于政府各办公处和行政部门，有的手拿国家发行的手抄报纸讨论新闻，有的坐在图书馆和大学演

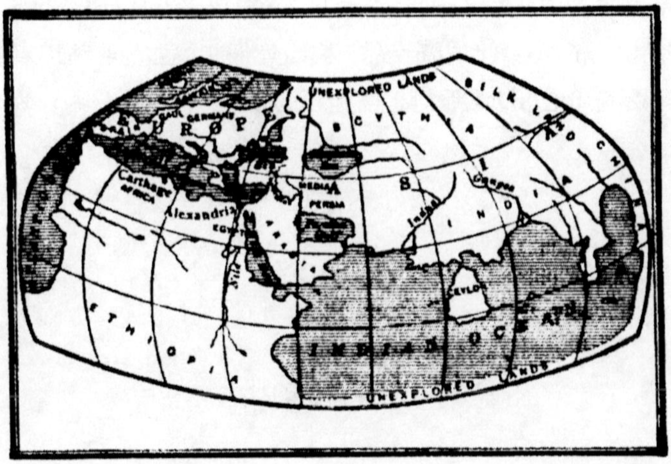

图274　公元2世纪天文学家、地理学家托勒密所绘的世界地图

讲厅中学习，还有的挤在公共浴室和圆形剧场中休闲娱乐。罗马的富豪中，有热衷于举办各种宴会和舞会的人，也有爱好在雕像林立的花园中散步的人，当然也有住在豪华乡村别墅中俯瞰那不勒斯海湾随意打发时间的人。这些都是繁华的罗马生活，它遍布罗马的大街小巷，我们称之为万花筒式的生活。如果要用一个更为常用的词表示便是Cosmopolitan（大都市的），这个词的希腊词源之意为World-cityish（世界性城市的）。

整个世界都在为罗马服务，这处处表现在富贵人家的奢侈生活里。普通罗马人在住房和服饰等方面与共和制末期没有太大的区别，但富贵人家则拥有更多的奢侈品、装饰品，而且这些物品大多来自东方。罗马的贵妇人喜欢身着由中国丝绸制成的衣服，再用印度的钻石、珍珠和红宝石点缀自己。过去的罗马人很难想象的新鲜桃子、李子，摆满放在如今富贵家庭的餐桌上。罗马的厨师还学会了做昔日只有重病患者才有可能吃到的米饭。贺拉斯曾讲过一个有趣的故事：一个罗马吝啬鬼看到医生开的处方里有一盘米饭时，面露苦色。罗马家庭也已经不再像以前那样用蜂蜜来做甜食了，取而代之的是市场上卖的一种名叫sakari（糖浆）的新产品。据说，这种糖浆是在公元1世纪的时候由东方水手首次从印度带到地中海世界来的，这使罗马人第一次认识了糖。除此之外，罗马生活中还出现了许多其他的新产品，比如美洲的土豆、西红柿和印第安玉米等，这些都是在哥伦布发现新大陆之后传到欧洲的。

九十、基督教的壮大

帝国的思想越来越失去生机与活力，哲学中充斥着准宗教式的做人道理以及斯多噶和伊壁鸠鲁的道德教条。人们在神秘的东方宗教中寻求灵魂的救赎，以期获得来世的幸福。因此，以“世人皆兄弟”为核心教义的基督教广泛传播开来。

与此同时，来自东方的影响渗透着地中海世界生活的另一方面。它虽不像米和糖那样是具体的物品，但对当地的生活产生了更为深远的影响。帝国人们的思想越发停滞不前，发展新思想和探索真理也不再是哲学发展的主题了，相反，当时的哲学充斥着准宗教式的关于做人道理以及斯多噶和伊壁鸠鲁的道德教条。勤于思考的罗马人只能在西塞罗的论文和塞内加的对话中找到自己的归属，了解希腊的哲学。他们不再信奉古罗马神，却信仰人生哲理。但遗憾的是，并不是所有的人都能够准确地把握和运用好这些人生哲理，只有受过良好教育的智慧阶层才能达到这样的水平。

从众心理让越来越多的罗马人沉沦在这来自东方的神秘宗教之中。早在奥古斯都时代，因病不得不离开战场的罗马诗人狄布罗就在给未婚妻的信中写道：“狄丽娅，你的伊西斯能够赐予我什么帮助吗？怎样才能够用你的纤纤玉手让西斯特拉黄铜琴[1]颤动？现在，女神啊，救救我吧！你神庙里的许多画像都显示你有祛除人类病痛的能力。”狄布罗及其未婚妻应该是当时思想较为开化的人，但他们却在埃及女神伊西斯的信仰中寻求慰藉。哈德里安的希腊朋友狄安努斯淹死在尼罗河后，哈德里安在罗马竖起一座尖塔碑纪念他，碑上刻着象形文字，宣告这位青年的灵魂已经与地狱之神奥西里斯达成了和解。在罗马的豪华别墅区，哈德里安甚至修建了一座埃及式的花园，主要就是为了供奉伊西斯神和奥西里斯神。普鲁塔克还写了一篇关于伊西斯和奥西里斯的文章，献给德尔斐的伊西斯神女祭司。早在帝国初期，很多人就已经开始信奉埃及神。后来，各大城市陆续建起了伊西斯神庙（图275）。在塞纳河、莱茵河、多瑙河畔也发现了许多这位女神的小雕像和象征物。

小亚细亚的大母神及其丈夫阿蒂斯神是很多人的崇拜对象和精神寄托。罗马军队喜欢波斯的光明之神密特拉。许多军团都有自己的教堂，每逢取得战争的胜利，人们就会聚集在这种教堂里举行庆祝活动。这些信仰都是十分神秘的，教义包括不惧死亡、可以战胜死亡和永生不灭等内容。信徒们认为，在神的启示下，在接受了相应的仪式之后，他们就能够祛除罪恶，接受神赐予的永恒生命，并永远与神同在。

早期罗马的信仰不关乎人的品德，追随者也不能够从这些信仰中得到更多的祝福。到了帝国时期，人们开始期望得到或者想要确保自己来世的幸福，这之中尤其是饱受现实生活磨难的人们，无不期盼着自己能够从某位神灵那里得到支持和力量。于是，人们纷纷从东方信仰中寻求慰藉，他们相信东方神灵的神秘力量能够赐予并保证他们来世的幸福。同时，罗马人还相信，巴比伦的占星术可以为人预测未来。天文学家托勒密还写过一本论述占星术的著作。那些以占星为职业的东方人被称作卡尔狄安或magi（玛吉）。Magic（魔术）、Magician（魔术师）等词就是从magi演变而来的。

耶路撒冷的犹太神庙被罗马人摧毁后，犹太人被迫分散到了各城市之

① 埃及乐器，用手使之震颤而发出音响声。

中。地理学家斯特拉波说："每一个城市都有犹太人，他们散居到世界各地，然后慢慢发展壮大，最终成为所居住地区的主宰。"最初，罗马政府是承认犹太教的，但犹太人却拒不承认其他一切宗教。这种排他性使得他们最终失去了政府的信任，并因此与政府产生了摩擦。

东方宗教十分丰富，大部分罗马民众在后来选择皈依了其中的一种。它的传教者说他们的基督是一位希伯来人，生于奥古斯都时代的巴勒斯坦。他带着最早的几位信徒在各地宣传他们的以世人皆兄弟为核心的教义，后来不得不说这种宣传甚至比希伯来预言家的预言更具有影响力。最初几年，基督是用他的母语阿拉米语来传教，后来却引起了犹太教敌视。于是，在提比利乌斯统治时期，人们将他告上了法庭，指控他犯有政治阴谋罪。他被带到罗马总督潘狄乌斯·彼拉多面前，总督最后下令处死了他。

在塔尔苏斯城，有一个名叫保罗的帐篷制作者成为基督的忠实信徒。他是一位优秀的演讲者，演讲极富感染力，为宣传基督的教义，他跑遍了小亚细亚和希腊的所有城市，甚至连遥远的罗马也留下了他的脚印。他的传教范围东起巴勒斯坦，西至罗马。最后在他的不懈努力下，各地开始出现了许多虔诚信仰基督的社区。他写给追随者的希腊文信件开始流传四方，这些全都被信徒们视为珍宝。在这期间，人们用他在布道时所用的语言——阿拉米语——记录了他的生活经历。现在，虽然阿拉米语版本早已失传，但希腊文版本却保存了下来并在民间广为流传。于是，社会中出现了四种希腊文的耶稣传，这就是我们现在所说的"四福音书"。后来，"四福音书"和保罗的信札及其他文章被编辑成一本希腊文书，其英文版就是《新约》。

尽管其他东方宗教以各自的独特之处来吸引众人，但却只有基督教这一种东方宗教使人开始向往崇高、美好的生活，让人体验到人与人之间如兄弟般的情谊以及对全人类的爱。他朴实的布道在罗马帝国的劳苦大众心中引起了强烈共鸣。"到我这里来吧，一切劳苦大众和做牛做马者"——事实证明这句话的力量远远超过了罗马皇帝的命令。当时，在罗马贫民区之中，无论是奴隶、自由人，还是工匠、艺人等一切地位低下者，都努力前来聆听这句来

图275　庞贝城的伊西斯神庙

如庞贝这样的小城也建有伊西斯神庙，希腊化时期小普林恩城也曾建过这样的神庙。

自东方的“神谕”——对他们而言，这就是神谕。于是，随着时间的推移，皈依基督教的人不断增加，人们都从它的教义中看到了希望。在第二个和平百年期间，它的影响力很快超过了罗马帝国里的所有其他宗教。

罗马的政府官员逐渐发现，人们不但改变了信仰，还因此不再将皇帝看作神明。也正因如此，早期的基督徒多次遭到罗马政府的残酷迫害。他们所信仰的宗教使得他们不再是一个好公民，因为这一宗教禁止信徒崇拜皇帝。

然而，尽管政府严厉打压，基督徒数量依然有增无减，各个新基督群体或者社区组成了名为Ecclesia的教民大会，这也就是今天教堂的来源。Ecclesia本为古希腊文，意为公民大会。有能力的人在这种教民大会或教堂之中找到了机会，一个成为领导人的机会。这样他们就找回了因公民权利范围不断缩小而逐渐丧失了的领导权力。随着教堂领导人的势力和感召力越来越大，他们在宗教和政治上都发挥了很大作用。

九十一、第二个百年和平结束

帝国表面繁荣昌盛，但其本质已在逐渐走向衰落。在第二个百年和平时期，帝国宏伟辉煌的建筑也难掩地中海文明的衰退。北方的日耳曼野蛮族部落最终冲破了帝国边界，侵入了意大利，二百年和平到此结束。

在第二个百年和平时期，罗马帝国表面上发展十分兴盛，尤其是在那些宏伟建筑渲染下，帝国的发展显得无比繁荣，但即使这样也难掩地中海文明逐渐衰退的事实。这种衰退在哈德里安时代最为突出。公元138年，仁爱而公正的安敦尼继承了哈德里安的皇位，罗马人称其为Pious（虔诚者）。然而，帝国在周边地区的威慑力却丝毫不因它在北方边疆增强的防御等级而有所提高。这种状况随着时间的流逝在进一步恶化，等到了其继承者马可·奥勒留执政时，边界局势已非常严峻（公元161年）。安息人早在安敦尼·庇乌斯的宽松统治下增强了自信，然后不断在东部边界滋生事端。为此，马可·奥勒留进行了四年战争才竭力保住了东部边界。

然而，从战场返回的罗马军队给本就岌岌可危的帝国带来了一场瘟疫，很多人因此不幸丧命。更可悲的是，因为北方的日耳曼野蛮部落在此时冲破了北部边界，帝国急需保卫边疆的战士。这是日耳曼蛮族两百年以来第一次入侵意大利（公元167年），随即便获得了成功，终结了罗马帝国两百年的和平。与此同时，帝国陷入了财政困境，为了武装和维持军队力量，皇帝不得不将皇冠上的珠宝卖掉。在后来被叫作波希米亚的地方，马可·奥勒留一直在坚持同日耳曼人作战，直到公元180年，他战死沙场。尽管他生前屡次击败蛮人，但一己之力也无法将所有的野蛮人赶出帝国。最后他只好做出了一次危险的让步，让一些野蛮人作为垦殖者，留在指定的边疆地区，而这一让步最终使帝国走上了悲惨的末路。

马可·奥勒留可谓是一位杰出的政治家，他具有高尚和纯洁的品格，这不仅表现在统治国家上，还表现在他的私生活中。他坚信自己站在神圣的、

图276 证明罗马公民奉皇帝为神并加以崇拜的证书

在古埃及的乡村废墟中发掘出几十张莎草纸证书。图中这份证书证明了一位家在埃及村庄狄亚德勒菲亚的士兵奥利略·哈里昂的身份。他来到相关的政府委员会那里，证明了他对神的信仰，在委员会和证人面前献上了祭品（一头牲口），向神敬献了祭酒，也许他还喝了一口酒。在证书中部是有关官员的黑体签名。下面的四行字是发证日期，可以看出此证签发于公元250年。这一时期的罗马公民无论信仰什么宗教都必须持有它，以便在需要查询时能够充分证明自己的信仰。证书被称作Libellus，持有者则被称作Libellaticus。那些为了免受政府迫害而使用这种证书的基督教徒们深为那些不承认证书的基督教徒所鄙视。请与我们现在所使用的单词Libel（侮辱）比较一下。

至高无上的地位上忠于自己、忠于国家。他酷爱阅读和研究前人的哲学著作，时常思考一些哲学问题。即使在他后来陷入越来越深的国事烦恼之时，即使在他深入蛮人心脏地区——波希米亚的森林里在帐篷中指挥千军万马之时，他也会挤时间记录下自己阅读和研究哲学等的心得。最终，他留下了一卷希腊文心得集给后人。这卷心得集让人们了解了他的理想与追求——那对绅士、骑士品质的遵从和对纯洁高尚生活的追求。他是最后一位品格高尚的罗马贵族，他那崇高的精神世界在所有的罗马皇帝中也是别具一格的。但即使这样，帝国劫数已到，无论多么高尚，伟大的皇帝都无法阻止早已在帝国中期就已开始的帝国衰落的步伐。从此以后，罗马进入了革命、内战和无政府状态。这是恐怖的一百年，导致帝国进一步走向了衰败。

第二十七章　百年革命——罗马帝国分裂

九十二、帝国内部的衰败

罗马帝国农村地区勤劳、勇敢、坚强的自耕农阶层已不复当年，即使是在最贤明的皇帝统治时期，他们也没能得到很好的恢复。意大利繁荣发展的根基是自耕农阶层，罗马权力的基石也是以自耕农阶层为主体的罗马军团。罗马走向衰落并最终灭亡，最主要的原因就是自耕农阶层的逐渐消亡。

在第二个百年和平时期，罗马帝国进一步发展，政府体系更加完善，城市建筑更加宏伟精致，教育事业也更上一步台阶，社会广泛传播着各种形式的文明。然而这些发展只停留在表面，罗马帝国真正的现实是越来越严重的腐败，这种腐败由暗到明，越来越猖獗。这种腐败带来的最为明显的负面影响就是，在共和时期结束时本就衰退明显的农业愈显颓势。

即使政府向土地所有者收取重税，但富人和权贵仍然牢牢掌握着帝国大部分的土地。由国家和少数人集中管理土地的制度从东方引进罗马帝国，并对当地的土地政策产生了极大的影响。通过小亚细亚传到希腊，罗马人将这种由波斯人确立的土地管理制度放在迦太基以南的非洲行省推行。到了尼禄时代，六大庄园共占有了非洲行省一半的土地，这些土地分别掌握在六个大地主手中。这种庞大的庄园被称作Villa（封地）。摧毁意大利自耕农阶层的正是这种大庄园制度，随后这种制度在各行省蔓延开来，意大利最终被分成了一个个封地，高卢、不列颠、西班牙等所有的罗马行省相继出现了封地，最终，自耕农阶层彻底消亡。除此之外，土地的贫瘠也是帝国农业衰败的一个原因。

许多自耕农都难以与大地主抗衡，同时他们也无力承担沉重的税赋，他们别无选择，不得不放弃土地，被迫走上一条对他们而言唯一的出路——成为富有的封地领主的隶农。罗马帝国法律规定，隶农及其子孙后代都附属于他们所耕种的土地。这意味着，如果封地的领主改变了，他们的主人就变成了新的领主。虽然隶农不等于奴隶，但他们享受的自由并不多。因为被附着在封地上，他们已然失去了改善生活的希望，不再像早期的自耕农那样勤劳耕种了。当然，除了原来的自耕农，很多蛮人也成为帝国边疆的隶农。

如今，隶农取代奴隶受到各大封地的剥削。而且，随着战争的结束，奴隶的主要来源方式没有了，于是奴隶的数量在封地上逐渐减少。同时，因为法律加强了对他们的保护，奴隶的处境也有了很大的改善和提高，他们不再担心受到种种残酷的虐待和折磨。我们据此了解到，帝国中的自由人数量随着奴隶自由政策的实施而越来越多，他们在制造业和商业方面的发展发挥了积极的作用。

而同时，有这样一部分农民，他们虽然无力与封地地主对抗，但也不愿成为隶农，于是他们之中越来越多的人离开了土地，踏上城市道路以寻求新的出路。由于土地长期不施肥，加之连续耕种耗尽了地力，土地越发贫瘠，到最后几乎长不出庄稼了。耕地面积逐渐减少，到处都是荒芜的田地。帝国产出的粮食总量越来越少，逐渐在各地供不应求，尤其是罗马等人口密集的城市，粮食短缺现象更为严重，粮价飞速上涨。

为了缓解粮食的供不应求，罗马皇帝下令，只要有人愿意耕种，国家就会分配给他土地，但这并没有成功鼓励农民回到田地，使耕地有所增加。即使是在最贤明仁爱的皇帝统治时期，帝国也没能使农村地区勤劳、勇敢、坚强的自耕农阶层恢复到昔日的水平。意大利繁荣的根基是自耕农阶层，罗马权力的基石也是以他们为主体的罗马军团。自耕农阶层的消亡是罗马走向衰败并且最终灭亡的众多原因中最为关键的一个原因。

农村中的大家庭因为上述的种种原因而不能再继续维持下去了，结婚成家的人不多了，帝国人口因此不断减少。城市生活的堕落之风也彻底摧毁了昔日独立自主、勤劳勇敢的自耕农，他们不再要求自己自力更生，反而希望自己成为城市贫民大军中的一员，等着政府发放免费的粮食、酒和肉。他们将本应在乡间辛勤劳作的宝贵时间浪费在了观看战车比赛之中，在拥挤的人群中为血腥的角斗和野蛮的竞技表演欢呼喝彩。尽管在第二个百年和平的宽松统治时期，很多富贵家庭迁居罗马，但罗马城里最多的仍然是一事无成的人，他们不从事生产，完全依靠政府的救济度日。而政府的钱，却是从为生活辛苦挣扎的耕地农民那征收而来的。当时，所有主要城市都存在类似的情况。

因此在表面上，帝国各大城市正繁荣兴旺，但深入到城市之中却明了它们的辉煌已在走向陨落。人们明白他们现在能依靠的只有罗马，城市公民已经完全丧失了公共责任意识。帝国政府除了处理分内之事，甚至还需要帮助行省解决地方事务。以前那种相邻城邦间的良性竞争已随风而去，各城市的统治者不再关心公共生活，他们想到的只有自己的利益。更可悲的是，罗马政府开始将财政负担转嫁到各城市的统治者身上，以致后来很难找到一个领导人愿意承担统治者的责任与义务了。公民身份，这个曾被视为一份荣耀，曾为社区培养优秀公民发挥重要作用，虽然在希腊化时期就已经开始败落的这一身份，如今正慢慢消失，并永远地退出了古代世界这一舞台。

与城市和人口一起衰败的还有城市的财政收入和商业发展。乡村人口的不断减少导致了消费能力的大大降低。因此，销售城市商品的乡村市场不断减少，城市的工业阶层再也卖不出自己的产品了。城市工业迅速萧条，工商业阶层中的失业人口不断增加，他们也随之加入到了城市贫民行列之中。因为铸币用的贵金属严重短缺，城市商业也产生了连锁反应。

贵金属供不应求的原因很多，比如：地中海周围的金矿银矿等似乎已被开采完了；流通过程中贵金属的损耗、运输过程中的丢失、私人收藏、大量的钱币用来购买来自印度和中国的商品以及把贵金属当作礼物送给日耳曼蛮人等。政府没有足够的贵金属来铸造钱币，但为了满足交易的需求，皇帝们不得已只能将别的金属混在贵金属中来铸造较为便宜的合金钱币。我们从欧洲各博物馆收藏的罗马钱币上可以看出区别：奥古斯都时期的钱币是纯银的，但马可·奥勒留时期钱币就是用含银25%的合金铸成的。罗马政府的钱币在马可·奥勒留之后即位的两代皇帝后，价值继续降低，最后成为含银量仅5%的合金钱币。帝国有一种常用的小银币，名叫登纳利乌斯。它在奥古斯都时代价值20分，但到了100年后的马可·奥勒留时代结束时仅价值半分。

随着帝国财政危机的日益严重，政府近乎瘫痪，马可·奥勒留也难以筹资维持军队的正常运转，帝国军队因而迅速衰落。在没有资金的情况下，维持一支军队几乎是不可能的事情。由于很难在征税过程中收到钱币，政府不得不允许纳税人用谷物和农产品代替税款。于是，帝国建立起像古埃及时期的巨大粮仓和仓库取代了金库。相应地，军队的费用也由粮食来支付。而在边疆地区，士兵则只能分到土地而得不到其他的东西。但是，没有耕种的土地是体现不出其价值的。于是，政府允许驻扎边疆的战士结婚成家，并同家人一起生活在边疆。由于边疆士兵不再集中住宿并进行常规训练，仅偶尔被召集在一起进行军事训练或驱赶入侵蛮人，很快，他们不再束缚在军队的严明纪律中，成为一支并没有太强战斗力的民兵队伍。这些人被政府称作Limitanei（边疆居民）。

在马可·奥勒留统治时期，因为一位行省总督发动的一次叛乱，皇帝意识到军队在意大利的重要性并在此地维持了一支常规军队。但这支常规军队的规模越来越小，而且这支罗马军队中的罗马公民越来越少，取而代之的是蛮人部落的人，主要是日耳曼人和巴尔干北部的土著，其中数伊利里亚人最多。因此到了后来，政府不得已只好同意军队按照蛮人熟悉的方式作战。这样一来，军队组织的严明纪律便消失了，因而以其为基础的军事力量也不复存在了。这些来自蒙昧地区的士兵拥有近乎兽性的残忍和鲁莽，罗马人见后十分害怕他们，因而这些士兵成为罗马皇帝的依靠。但罗马的国家组织一直没有真正得到完善，这是军队迅速堕落的重要原因。罗马统治者一直没有对继承人的问题做出相关的法律规定，也没有形成选择新皇帝的约定俗成的方式。因此军队很快认识到，当皇帝去世后，他们就手握拥立新皇帝的机会。但拥立皇帝上位之后，他们并不尊重新皇帝，一旦皇帝打算管理制约军队，军队就会废掉他拥立新皇帝。于是，野蛮、残忍的雇佣军最终把持了罗马帝国的最高权威。

随着时间的不断向前发展，拥有同罗马、意大利同等地位成为各行省的共识。早在共和时期，很多外族人就已经来到了半岛，比如贺拉斯，他就出身于被释放的奴隶家庭。随后，意大利的人口大部分都是外族人，连图拉真和哈德里安都是西班牙人，别的行省也出过罗马帝国皇帝。公元212年，帝国所有行省的全部自由人都被赋予了公民权。在消除了地位差别之后，各行省竞争领导权的机会更多了。

九十三、百年革命

一场持续百年的革命随着罗马帝国的衰败开始了，罗马在这个充满革命、内战和无政府状态的恐怖时期中遭到了十分沉重的打击。

一场百年革命随着罗马帝国的衰败拉开了序幕，它摧毁了帝国早期建立的文明。马可·奥勒留去世后，公元180年，灾难爆发。马克那品德败坏的儿子康茂德被人谋杀（这不禁使我们想起了尼禄），那些拥兵自重、窥伺皇位的人开始了新一轮的相互斗争。在这场厮杀中，粗鲁的塞普提米乌斯·塞维鲁斯和他的士兵最终取得了胜利（公元193年至公元211年）。他在军队堕落的过程中意识到边疆军队严守边疆的重要性。于是，出身低下的军事指挥官被他提拔担任政府要职。军队和政府的权力都因此落到了一群粗鲁无知的外族军人手中。但不可否认，塞维鲁斯的确拥有出色的才能，他甚至打败了东方的安息人，收复了美索不达米亚。为此，一座庆祝这场战争胜利的凯旋门在罗马广场上修建了起来。这座极其粗糙的凯旋门标志着意大利文化的落寞。这座凯旋门上浮雕的艺术创作者根本不能与他们的前辈相提并论，他们祖父辈在图拉真功德柱上雕刻的那些精致完美的作品是他们瞠乎其后的。

公元212年，塞维鲁斯的儿子卡拉古拉赋予帝国所有自由人以公民权。公元235年，随着塞维鲁斯王朝的结束，国家陷入了大混乱之中。为争夺地中海世界的皇位，各行省的蛮人军队纷纷拥立各自的皇帝并为此连年混战。一个皇帝被杀了，新的皇帝又登基了。不可想象的是，在康茂德遇刺后的90年内，蛮人军队领袖中竟有80人成为罗马皇帝。公元248年，还有一个皇帝仅在位一天就被推翻下台了。这位一日皇帝举办了纪念古罗马成立一千年的庆典，极具讽刺意义。

大多数上台的皇帝都好像那自封为总统的墨西哥土匪。在长达50年的时间里，罗马帝国的最高权威被军人皇帝夺来夺去，帝国内部毫无秩序可言。这一时期，动乱、劫掠和谋杀随处发生，无论何时何地，人们的生命财产安全都得不到保障。本已不景气的各行各业在大家对皇位的不断争夺和由此带来的社会动乱之中更加落寞了，再加上越来越糟糕的国家事务，帝国破产将至。古代文明在毫无秩序的公元3世纪几乎被完全破坏。公元前3世纪，希腊人达到了思想和科学知识的高峰，但在灾难般的公元3世纪中遭到了无情的践踏，科学知识和思想最终败给了愚昧和迷信。

北方蛮族看到作为帝国基石的罗马军队变得摇摇欲坠，知道罗马帝国已日暮途穷。东方一个强悍的日耳曼部落——高斯人的舰队从黑海驶进了地中海。然而，并不是只有高斯人在地中海沿岸城市进行大肆劫掠，另一伙强盗从巴尔干半岛向南推进，对地中海地区同样进行了打击。他们摧毁了希腊和伯罗奔尼撒等城市，雅典也没能逃过此劫。蛮人入侵了意大利，占领了高卢和西班牙，有的甚至还跨越海洋进攻非洲。高卢一座座城市被焚毁。伴随帝国城市被烈火吞没的，是蛮人首领发出的阵阵野兽般的狂笑声。他们站在一旁，观看着那些精美的建筑被吞噬。

帝国的人们已从一座座城市的覆灭中明白帝国已无力再保护他们了。于是，他们自发组织起来自救，高卢正是在这样的情况下走上独立道路的。在那个混乱的时期，高卢人一直统治着高卢地区，他们驱逐了蛮人，一步步重建被摧毁的家园。他们不再兴建大型建筑，取而代之的是布局紧凑、环环相扣的城市建筑，他们还在城市周围修筑了高大的护城墙。而搭建这些城墙的砖块，是人们从被焚烧的建筑废墟中扒拉下来的。因而在这之中，考古发掘者看到了罗马城市宏伟建筑的地基，这些建筑是曾经那些规模更大、被蛮人破坏的城市的组成部分。

此时，波斯人也在东方爆发了新的危机。他们的爱国情绪唤醒了他们渴望恢复民族辉煌的决心。领袖萨珊国王结束了安息的统治（公元226年），建立起了新王朝，它今后由贤明的波斯国王统治。成功夺取肥沃新月之后，他们在巴比伦北边不远的底格里斯河畔的泰西封建立了自己的国度。就这样，在这片几乎被人忘却的废墟上，一个新的东方帝国崛起了。一些独具希腊风格的精美而气派的波斯建筑开始在底格里斯河和幼发拉底河两岸竖起。波斯艺术和工艺品得到了世人的注意而名扬于世，琐罗亚斯德教也开始复兴。这一切都标志着古伊朗族——曾创立琐罗亚斯德教和波斯大帝国——的伟大复兴。萨珊王朝建立起了一个强大的国家，这个国家比之前的安息更为强大，以至于在波斯人眼中，这个世界除了他们国家，就只剩下罗马帝国了。东西方再次形成了对立——罗马在西方称霸，而新波斯在东方称雄。

塞维鲁斯王朝末期，新波斯帝国崛起了，成为罗马在东方的强劲对手。因此，帝国不但要面临北方的入侵，还有来自东方的威胁。但相对幸运的是，罗马帝国在东方的领土，出现了如高卢一样的领土割据者，它们让罗马在这一块地方免受了外敌入侵。一位在东方的总督以巴尔米拉为中心建立了一个独立王国，他完全凭借一己之力守卫了罗马帝国的东部边疆。在他去世后，他的遗孀——美丽的季诺碧亚——继承了他的工作，成为巴尔米拉的女王，统治着小亚细亚、叙利亚和埃及地区。这个王国的存在一定程度上成为新波斯与帝国之间的缓冲带，让罗马帝国在短期内避免了新波斯的入侵。

此时，季诺碧亚的巴尔米拉王国坐落在东地中海，而精明强干的元老德特里克利斯统治着西地中海地区的高卢、不列颠和西班牙地区。罗马帝国眼看就要四分五裂了，由此我们可知罗马帝国内部的混乱已然达到极致。就在这个关键的时候，士兵出身的帝国皇帝奥勒良（公元270年至公元275年）挺身而出，率军打败了季诺碧亚，还使其成为俘虏，重夺了巴尔米拉地区的领导权。他随即又对高卢征战，击败了德特里克利斯并取得了最终的胜利。他在罗马举行了盛大的庆祝活动，并让季诺碧亚、德特里克利斯和其他俘虏游街示众作为这个庆典活动的一部分，这些都让罗马人重拾了部分信心。奥勒良在一定程度上恢复了罗马的秩序和安全。为了有效抵御蛮人入侵、保卫罗马，他还在这座伟大的城市周围修建了高大的城墙。这座城墙保存至今，通过它我们能够感受到那个时期罗马局势的危急。直到马可·奥勒留去世100年后，公元284年，罗马才在皇帝戴克里先的统治下恢复了长期和平。

罗马称霸地中海长达400年，我们可以将这段长历史分成三个阶段：奥古斯都建国开始经历的两个百年和平时期，以及这两百年前后各自的一个百年革命时期。因此，这段历史的第一个阶段该是从格拉古兄弟开始算起，至奥古斯都建立帝国时结束之间的第一个百年革命时期（公元前133年至公元前30年）；随着奥古斯都统治的开始，罗马历史的第二个阶段——两个百年和平时期——直到马可·奥勒留时代才结束（公元前30年至公元170年）；最后一个阶段则是第二个百年革命时期（公元180年至公元284年），从马可·奥勒留的英明统治开始，直到戴克里先的专制统治结束。由此可见，在罗马帝国长达400年的统治过程中，专制成为核心词语，从苏拉和恺撒开始，经过不同程度的个人专制，最终以彻底的专制统治结束。现在，我们来了解一下蛮人是如何推翻罗马帝国的专制统治的。此后，复兴的东方强国征服了蛮族在此的统治。

九十四、东方式的专制统治

拥有无限权力的东方式专制君主成为罗马帝国的皇帝。在他们的统治下，欧洲完全丧失了自由，独立自主的生活在曾享有自由的罗马公民面前仅剩下回忆了。

戴克里先统治时期（公元284年至公元305年），也就是从第二个百年革命时期到公元3世纪，世界已经完全颠覆了，它不再是三个世纪前由奥古斯都和元老院共同统治时的那个世界了。在这个时期，元老院本身被降级成了城市议会（或元老会），它的权力仅剩对罗马城市的政治管理权而再无其他权力了，罗马元老院就此退出了历史舞台。罗马帝国的皇帝拥有无限权力，就像埃及君主式皇帝一样，成为一个绝对专制的君主，军事化和东方化充斥着帝国政府的方方面面。此时的罗马皇帝为自己的仪表做了精心的装饰，头戴王冠，佩以缀满珍珠宝石的绶带，足踏脚凳，端坐在皇座上。帝国还规定，觐见皇上的人无论何时都要行跪拜礼。

最近的考古发现证明，新波斯王朝的萨珊国王的装束给了罗马皇帝一定启发，罗马皇帝从那里学来了这种奢华的装束。两代罗马皇帝都对这个东方新帝国十分了解，他们从这个豪华的东方宫廷引进了皇袍、宫廷标志及宫廷习俗等。在东方宗教的影响下，就如我们在波斯的琐罗亚斯德教的流传中看到的一样，罗马人开始形成了皇帝是神圣的这一观念。这可以说明，自600年前的亚历山大大帝时期开始的东西方文化的融合进入了一个新的阶段。

皇帝成为人们崇拜的对象，在人们眼中是古老的东方太阳神，甚至被称作“万能的太阳”。每年的12月25日，这一天大概是太阳到达南回归线并开始往北走的日期，被指定为皇帝的诞辰日。但是，即使官方在崇拜皇帝，各行省的居民并没有受到太大的影响。他们继续信仰自己的神，只是作为忠诚的帝国公民，他们每个人都必须参加官方举行的崇奉皇帝的仪式。这标志着早期罗马人坚持几世纪的争取民主的斗争结束在了东方专制之中。

图277　巴尔米拉的罗马士兵在中幼发拉底河杜拉要塞祭拜他们的城市保护神

迄今为止，我们所知的罗马军队到达的东部最远的地方就是杜拉要塞。图中偏左的地方有一个举着一面罗马国旗或军旗的旗手。在军旗的右侧，是指挥官，同时也是护民官尤利乌斯·泰伦狄乌斯带领着一队罗马士兵。他带领着他的部队正在举行祭拜仪式，而此刻他正在香炉上焚香。军旗的左侧，是巴尔米拉的三大神（图左上部）和两位命运女神（图左底部），巴尔米拉女神居左，而杜拉城女神居右。这几位神的头上都有类似早期基督教艺术中的圣像一样的金色光环。这说明这些是由早期基督教画家参照叙利亚异教神庙中的艺术品制作的。罗马士兵是巴尔米拉人，他们的职责是在幼发拉底河畔的杜拉城堡这个沙漠地区的中心守卫罗马帝国的边界。随后，罗马建起了驻防地，具体位于巴尔米拉以东140英里、喀布尔河口以下35英里的地方。这是古代杜拉要塞神庙壁画中的一幅，是芝加哥大学考古队于公元1920年发现的。

戴克里先为了更有效地与东方的劲敌新波斯一较高下，他大部分时间都住在小亚细亚的尼科美底亚。因此，他对于西方城市信息的接收和管理总是不够及时。也许共和时期设立两位执政官给了戴克里先一定的启发，戴克里先按照惯例任命了一位新的皇帝，住在意大利的重要城市——波谷的米兰，专门处理西方事务，以弥补他本人因在东方而无暇管理西方城市的缺陷。设立两位执政官，无论是在共和时期还是如今，本意都不是为了分裂帝国。但是，戴克里先的这一举措带来的后果却与他的初衷背道而驰——罗马最终分裂成东西两部分。现在的罗马就好像过去西方的恺撒和东方的庞培以及西方的屋大维和东方的安东尼一样。

为避免皇帝去世后因没有最高首领而爆发内战，戴克里先规定了皇权交接的顺序。他和另一位在西方的皇帝都自称奥古斯都，他们分别任命两名名叫恺撒的助手。于是，罗马帝国就会同时有两个奥古斯都和两个恺撒，这两位助理皇帝类似于如今的副总统一职。根据戴克里先的规定，每当奥古斯都或皇帝去世或离开皇位，他的恺撒可以立即继承皇位弥补空缺，成为新的奥古斯都，然后他作为奥古斯都可以再任命一位恺撒。这样的规定表明了帝国政治的不成熟，显然不可能被长期执行下去。

在这期间，帝国形成了等级严明的官僚体系。整个帝国被划分成四个大区，每个大区有一位长官。每个大区由12个行省组成的主教管区组成，主要由主教管理，主教下属于大区长官。因此，大区长官管理主教，而主教主要管理各行省的总督。而在行省总督下面，众多的地方官员掌管着行省事务，他们也被分成不同的级别。因此，这一管理体系的组成部分包括最低级的官员、各级地方官员、行省总督、主教、大区长官以及皇帝。

这个庞大的官僚体系的建立，于戴克里先开始，最终由他的继承人完成。这个体系里有无数级别不同的官员，大大加重了帝国的财政负担。政府和庞大的帝国军队需要大量的金钱来维持正常的运作，同时，东方式的奢华皇宫以及宫内的奴仆也要大量的资金来维持，在这方面，因为皇帝由一个变成了四个，花在皇宫里的钱更多了。此外，为城市贫民提供“食物和竞技表演”也需要花费大量的财力物力。这样，自马可·奥勒留时代以来，帝国税收不断恶化，公民被越来越重的税赋压得喘不过气来，因为到了最后，就连他们用的每一件家具都要纳税了。

政府征收不到足够的钱币，只能从公民那征收谷物和其他农产品来代替钱币。这种原始的税收制度在几千年前的东方实行过，这也就表明罗马帝国的税收制度又退化回去了。各城市决定让富人承包本地区的征税，因为他们有能力用自己的钱来弥补税款征收不足的缺口。但他们为了从中捞到大量好处，想尽一切办法从普通公民家里搜刮财富，使得普通公民倾家荡产，这之中就包括大量破产的商人。

这些倾家荡产的人很多都选择了逃离故乡，他们有的沦为当街乞讨的流浪汉，有的成为谋人财、害人命的强盗。作为帝国发展基石的农民阶级本就已经被摧毁，而且还一直没有恢复他们的地位。如今雪上加霜的是，罗马又失去了富有进取心的成功商人等中产阶级。戴克里先不愿重蹈昔日罗马的覆辙，他拼尽全力维持这些阶级的存在。他颁布相关法令禁止人们荒废土地、放弃职业。社团、行会、工会等昔日自发在各行各业建立起来的组织逐渐成为强制性组织：如果人们要从事某种职业，必须加入相应的组织团体；而如果加入这一团体，则永不能离开这一行业。

就这样，欧洲人长期努力争取到的自由在东方式的专制统治下逐渐丧失了，曾经被赋予自由的罗马公民再也过不上独立自主的生活了。皇帝的意志等于法律，帝国的各个角落，甚至是公民从事各种职业的报酬和购买商品的价格都充斥着皇帝的命令和政府的种种规定。公民生活的方方面面都被皇帝手下的各级官员监督着。他们尤其会监督为公众提供服务的粮食交易商、屠夫和面包师，以保证他们能够坚守岗位。国家为了维持稳定，甚至强制要求家中儿子必须继承父亲的职业。罗马政府试图控制公民生活的每一个方面，如果他们不能够按照国家的意志行事，则会受到政府的强制性干涉。

在这个已走上毁灭道路的帝国之中，罗马政府似乎变成了一个庞大的机器，每个公民都是维持这个机器继续艰难运转的齿轮，他们的负担越来越大，自由越来越少。他们别无选择，只能站在政府规定的位置，在国家不停地驱使下为帝国服务，可是最终他们的劳动成果却依然不能为自己所有而要被国家全部夺走。在这样的情况下，一个公民若能勉强养活自己已算幸事了。就这样，罗马帝国的公民成为几千年前尼罗河畔的农民，皇帝是法老，帝国倒退变成了古埃及。

百年革命就在戴克里先的绝对专制中结束了，罗马人的艺术和文学成就，就像罗马的商业一样，被完全摧毁了，古代文明的发展就这样被戴克里先的统治截断了去路。尽管如此，罗马帝国还是保留了一部分文明遗产，它们一直流传了几百年。也就是在这片罗马帝国的废墟上，现代欧洲国家建立并发展起来了。从此，这些伟大的文明遗产被快要崩溃的罗马继续有意无意地维护着，并最终展现在了现在的人们面前。

九十五、帝国的分裂——基督教的胜利

古老的东地中海文明的胜利和东西方彻底分裂的标志，是罗马帝国的首都迁到了巴尔干半岛东端。从前仅代表羸弱和地位低下者的基督教，如今发展成为了一个强大而有影响力的宗教组织。基督教政治家成为这个时代最具感召力的人物。

在戴克里先统治时期，意大利已然失去了它曾经的优越地位，它不再高于其他行省，反而成为纳税行省中的一员。罗马皇帝被各路的威胁逼到了帝国的东北角，这些威胁包括多瑙河下游如潮水般涌来的日耳曼蛮人和日益崛起的新波斯。在刚过去的百年革命中，巴尔干半岛的伊利里亚士兵作为罗马军队中最为优秀的军团，曾服务过好几代皇帝。但如今，出身于巴尔干行省的普通士兵皇帝对罗马没有一丝感情，他不再认为罗马应该是身为皇帝理所应当的居住地，反而将权力的中心转向巴尔干半岛地区。这样做仅是因为人们对巴尔干半岛产生了兴趣，而并不意味着人们重拾了对东方的尊重。其实早在哈德里安时代，人们就表现出了对巴尔干半岛的兴趣，哈德里安就曾斥巨资兴建雅典。戴克里先去世后，他的几位继承人为争夺皇位相互竞争、大

打出手，最后的胜者名叫君士坦丁大帝。他迁到巴尔干半岛东部，建立了新的皇宫。

具备远见卓识是衡量一位杰出政治家的条件之一，而君士坦丁大帝，从他对都城的选择上就能够看出来他是具备如此条件的人。在古希腊的拜占庭（图278），这个坐落在可以远眺欧亚两大洲的博斯普鲁斯海峡欧洲一侧的城市，君士坦丁大帝建立了横跨两洲的帝国统治中心可谓是极其英明之举。为了让这座新都城看起来像曾经埃及的亚历山大里亚那样闪耀，皇帝搜集了很多其他城市的纪念品（图279），将它们装饰在他的豪华皇宫之中。到公元330年，这座新都城已处处充满气魄，让人们不再质疑它作为地中海帝国都城地位的不足。而这座都城也拥有了新的名字，为了表明都城的创建者，它被重新命名为君士坦丁堡。

图278　欧亚之间的博斯普鲁斯海峡

站在海峡的欧洲一侧能够看到这样的景象。如果就这样向东眺望，能够看到亚洲海岸。连接小亚细亚中部高地的是远处的一座座山丘。君士坦丁堡就位于南边（图片右侧）的海岸上。在北边（图片左侧）有一座大桥，似乎是大流士大帝首次入侵欧洲、征服西亚时修建的。图中的城塔和城墙在1453年的时候，是土耳其穿越亚洲、攻打君士坦丁堡时修建的要塞。这里长期作为亚欧之间的商业和军事纽带。

图279 君士坦丁堡的古代纪念碑

竖立在最前面的这座方尖碑（高约100英尺）本位于埃及底比斯，是图特摩斯立的，后来被罗马皇帝狄奥多西乌斯搬到了如今的地方。右侧的螺旋柱本是希腊德尔斐城青铜三脚祭鼎的底座，原来的青铜鼎本是他们为纪念对波斯人的普拉提亚战争胜利而打造的，底座上还刻着加入这场战争的31座希腊城市名称。在拜占庭这个希腊城市成为东罗马的都城时，这些在古代东方和希腊兴盛时期建造的纪念物被搬到了这里，放在了赛马跑道上进行装饰。方尖碑后方的大清真寺则表明在土耳其人的领导下，伊斯兰教于1453年攻占了这座城市，取得了胜利。

古老的东地中海文明赢得最终的胜利和东西方彻底分裂的标志是罗马帝国的国都迁到了巴尔干半岛东端。从此之后，罗马帝国分为两部分。当然，这次分裂不是突然爆发的，在君士坦丁堡修建完工后，又经过了一代人才最终分裂完成。而在这之前，罗马帝国都保持着名义上的统一。君士坦丁堡结束了罗马和帝国西地中海世界的命运。在一个时期内，君士坦丁巩固了戴克里先在罗马帝国东部的统治，但帝国依然在逐渐走向衰落。此时的罗马公民已经没有权利参与管理公共事务了，公民也无权选举行政管理者了。当然，凡事都有例外，罗马军队就曾拥立他们的指挥官坐上皇位。但是，在公民之中，像罗马和希腊共和时期那样有能力处理政府事务的人已经完全消失了。

基督教不断发展壮大，因此各地基督教教堂也不断扩大影响力，它们越来越需要有才能的领导人。只有拥有非凡才能和丰富管理经验的人才能够合理有效地管理好这些基督教区。通过在教堂集会上论辩，这些实力非凡的人才凸显了自己的优势，赢得了社会大众的声誉，从而提高了自己的地位。基督教教堂成为政治家表现自己真才实学的绝佳场所。这些教堂政治家，在古老的民主制度下的公民责任感彻底消失之后，成为最具感召力的人物。

随着教堂影响力的不断壮大，教堂官员有了越来越多的事务需要处理，他们再也无暇顾及教堂外的事情而成为专职的教堂管理者。这样的专职人员被称作牧师，而教堂里的其他非专职人员则叫世俗人。后来，人们用长老，presbyters，来称呼那些管理乡村小教堂的老人。“长老”一词的希腊语意就是“老人”，而如今的pries一词就是由这个词语衍生而来的。每一个城市都有一位牧师掌管着其所在城市的全部教堂，这位牧师就被称作“主教”。随着一些大城市主教的号召力越来越大，他们最终可能成为大主教或主教头领，这样，行省周围城市的主教也可能受到大主教的影响。从中可以看出，教堂组织体系与罗马帝国政府的组织体系在很大程度上是类似的，教堂组织模仿帝国政府搭建自己的组织体系，甚至还借用diocese（主教管区）等词语来使用。于是，这个曾经代表着羸弱和地位低下的基督教组织，如今变得强大到完全有实力与政府抗衡了。

罗马政府逐渐开始意识到，迫害基督教从如今的格局看来是不明智的举动，这只会加速罗马帝国的灭亡。而且，这时的皇帝已经被百年革命的长期动乱扰乱了心绪而无暇顾及其他。戴克里先之后，恺撒·迦勒略登上皇位，他拨清了帝国所面临的严重的外部危机，也了解到如今的政府已没有实力与基督教对抗。公元311年，迦勒略颁布法令，正式承认了基督教在帝国的合法地位，基督教徒就此获得了和其他信仰古老宗教的教徒相同的法律地位。直到君士坦丁时代，这项法令也一直沿用。在他的召集下，第一次罗马世界基督教大会在小亚细亚东北部的尼西亚召开了。

但法律对基督教身份的确认以及相关法律的延续并不意味着基督教就彻底赢得了胜利。后来，君士坦丁的儿子和侄子们为争夺皇位展开了激烈的斗争。在他的一个儿子登基为王后不久，君士坦丁的侄子朱立安便成功地推翻了这个皇上，并最终登上皇位（公元361年至公元363年）。自第二个百年和平时期以来，朱立安是最具领导力的皇帝。他既是皇帝，还是哲人，这与马可·奥勒留有些类似。在位期间，因为希望能够恢复古希腊的宗教和文明，他大力指责基督教，努力控制并阻止基督教继续发展壮大。同时，朱立安还是一位英勇的军队将领。他率军战胜了西方的日耳曼蛮人，但后来他却在东方对抗新波斯的过程中战死沙场。因为他对基督教的扼制，基督徒们称其为Apostate（背教者）。他是最后一位反对基督教的罗马皇帝。

第二十八章　野蛮人的胜利与古代的结束

九十六、野蛮人的入侵与西罗马帝国的灭亡

百年大迁徙就在西哥特人的大型西迁与亚德里安堡战役中正式拉开了帷幕。在这期间，罗马帝国被那些野蛮人分割成了多个由日耳曼军人统治的日耳曼王国。

说印欧语的野蛮人盘踞在地中海文明地区以北的北欧，那里的文明自石器时代以来就没有多大的发展。地中海沿岸的文明国家一直处在这些野蛮人的威胁之中，因为高卢就曾经横扫意大利，攻占罗马，将铁蹄伸向巴尔干半岛和小亚细亚。此外，日耳曼人的第一次南下就引起了罗马的大范围恐慌，虽然他们被能征善战的马利乌斯指挥的罗马军团打败了。

早期罗马人之所以能够制服野蛮人，是因为他们有非凡的组织才能，能够在特殊时期召集大量军队，并长期维持一支比野蛮人更加强大的军队。然而，在马可·奥勒留之后的百年革命中，罗马军队失去了组织，再也无法对在罗马帝国的土地上肆意妄为的野蛮人进行任何有效的抵抗。在这一时期，野蛮人还只是掠夺并带走帝国土地上的财富；而到了戴克里先时代，野蛮人开始在罗马的边疆开辟聚居地并打算永久地居住下来。于是，持续两百年的野蛮人大迁徙开始了，在这个过程中，野蛮人逐渐蚕食了整个地中海世界。

北欧的平原上和原始森林里分布着许多金发碧眼、身体强健的日耳曼人部落。每个部落都有一块小小的领地，每块领地大约都不足40英里，人口也只有两三万，这里的人们以村庄为单位聚居，一般而言，百十户人家为一

个村庄，每个村庄有一位首领。相比耕田，日耳曼人更喜欢游牧生活，他们不会在一个地方长期居住，因此，他们的房子很小，非常便于迁移。日耳曼人没有文字，也没有工业、制造业和商业，他们的领袖或国王大多是当地的贵族。

北方气候恶劣，而日耳曼人常年与这样的气候做斗争。因此，他们养成了无所畏惧、能征善战又有些横行霸道的个性。他们常常驾着马车，带着一家老小浪迹四方。每一个日耳曼部落由50个村庄组成，它的安全则由100名武士来保障。因此，几个部落联合起来就能够组成一支五六千人的军队。在军队中，各个分队的指挥官由村庄首领担任，他们和武士们生活在一起，彼此非常熟悉。战争一旦打响，武士们身边与自己一起战斗的都是自己的侄子、外甥、女婿等亲朋好友，尽管他们纪律散漫，但是建立在血缘与友情基础上的百人战斗队在战场上异常勇猛，他们就像古代的战士一样。当然，这些野蛮人也渴望在战争中寻找刺激，因此，他们的战斗力几乎是无法抵挡的。

曾为罗马夺得世界霸主地位的军团已经不存在了，取而代之的是一支组织松散、纪律不严的军队。戴克里先时代的军团是由和平市民组成的，他们根本无法与攻无不克的日耳曼野蛮人军队相抗衡。在日耳曼人的攻击下，罗马军团就像秋风中的落叶一样，一击即败。罗马皇帝在意识到不可能将日耳曼人赶出领地之后，只能做出让步，让他们在边疆定居。长期兵源不足的罗马不得不雇用日耳曼人为士兵，尤利乌斯·恺撒的大部分骑兵就是野蛮人。帝国允许居住在境内的日耳曼人保留自己的生活方式，他们组成的罗马军队也仍然由他们自己的指挥官统领，作战的单位也保留了古老的村级战斗队的方式。于是，罗马帝国传入了野蛮人的生活方式与风俗习惯，罗马的军队成了野蛮人的军队，而日耳曼的指挥官也成了罗马军官。

这时的罗马处于重重危险之中。在莱茵河下游，法兰克人国王统治着一群强悍的日耳曼人；在北方，汪达尔人最善于攻城拔寨与烧杀抢掠；在这两个野蛮民族的南边，帝国的边疆处于阿列曼尼亚人的威胁中；在多瑙河下游，哥特人也威胁着帝国的边界。在斯特拉斯堡，君士坦丁的侄子朱立安与日耳曼人进行了一场战争（公元357年），成功地阻挡了法兰克和阿列曼尼亚人对莱茵河流域的入侵。朱立安在巴黎设了指挥部，即使是在千钧一发的战争时刻，他也没有放弃阅读。

在与罗马文明社区逐渐增加接触过程中，日耳曼人开始发生变化；而随着对罗马文明了解的深入，这些北方的野蛮人逐渐对罗马文明产生了敬意。曾经在罗马担任过政府官员的日耳曼人开始与罗马贵族来往甚至通婚；还有一些日耳曼人开始信仰基督教。一个名叫乌尔弗勒的日耳曼哥特人还将基督教《新约》翻译成了哥特语——一种类似德语的地方语言。起初，日耳曼各民族没有自己的文字，后来，他们在希腊语和拉丁语字母的基础上创造了哥特文字，这就形成了最早的书面德语，极大地促进了基督教在北方蛮族之间的传播。

这时，帝国受到了一支非印欧血统的野蛮民族的攻击。这个蛮族是来自亚洲的匈奴。在所有对帝国发起过攻击的蛮族中，它是最强大也最有杀伤力的。当匈奴一路推进到多瑙河下游时，西哥特人陷入了恐慌。在西哥特人的请求下，朱立安的皇位继承者瓦伦斯让他们渡过了多瑙河，定居在帝国境内。后来，由于与罗马官员的矛盾激化，哥特人发动了一场叛乱。在亚德里安堡战役中（公元378年），罗马大军（帝国的日耳曼人军队）败给了只有1500人的哥特军队。瓦伦斯皇帝也死在了这场战役中。此后，罗马帝国以更快的速度走向了灭亡。百年大迁徙就在西哥特人的大型西迁和亚德里安堡战役中拉开了帷幕。在这个过程中，罗马帝国逐渐被野蛮人分裂，成为许多被日耳曼军事首领统治的日耳曼帝国。

在君士坦丁堡，统治整个罗马帝国的最后一个皇帝狄奥多西乌斯登上了皇位（公元379年至公元395年）。在他的准许下，西哥特人可以在帝国境内的任何地方定居，可以参军，他们的首领还可以进入政府担任要职。实际上，正是因为有这些精力旺盛又才能出众的日耳曼人大臣和军事将领，帝国的运转才得以维持。公元395年，狄奥多西乌斯同意了他的侄女与汪达尔军官斯蒂利科通婚；他还将自己两个年幼的孩子——霍勒里乌斯和阿迦狄——交付给了这个日耳曼人。

狄奥多西乌斯将帝国分给了他的两个幼子，阿迦狄统治东方，霍勒里乌斯则拥有西方。自此，帝国彻底分裂了。西部帝国在这两个年幼的帝国继承人出现之后又被进一步地分裂；仅仅在两代人之后，它就彻底消失了，皇帝自然也就不存在了。在阿拉里克的率领下，西哥特人洗劫了希腊，入侵了意大利。公元410年，他们终于攻下了罗马这座伟大的城市。在公元400年后的一代人的时间内，西部帝国的领土缩小到了意大利本土，而这时西部帝国的皇帝不仅只统治着意大利，而且还完全掌控在日耳曼官员和军事将领的手中。当阿提拉率领的匈奴人威胁到意大利时，他们也被打败了，匈奴帝国也陷入了分裂状态，无力再对欧洲造成威胁。当罗马刚刚解除匈奴人的威胁时，汪达尔人又从西班牙推进到非洲，然后穿过迦太基攻到了西西里和意大利。公元455年，汪达尔人攻占了罗马。他们在罗马掠夺了大量财富，但保留了那些雄伟壮观的城市建筑，就如同45年前的阿拉里克和西哥特人一样。

这时，整个西罗马帝国的领土只剩下意大利了，而那里的一切都被日耳曼军事首领掌控着。这些日耳曼首领完全凭自己的喜好废立皇帝。最后，西罗马帝国连这种傀儡式的皇帝也维持不下去了。罗慕路斯·奥古斯都是最后一代西罗马皇帝，也被称为小奥古斯都。他与传说中罗马城的创建者以及罗马帝国的开国皇帝同名，他被日耳曼人废除了帝位。一个名叫奥多埃斯的日耳曼人坐上了皇位。公元476年，狄奥多西乌斯之后又过了仅两代人，西罗马帝国皇帝就消失了。于是，奥古斯都建立的罗马帝国在经历了五百余年的风风雨雨后，就这样结束了。西罗马帝国灭亡后，野蛮人完全围困了西地中海世界，他们肆意掠夺，并瓜分了这片地区。自此，在政治意义上统一的地中海世界成为了历史，许多地区都在倒退，它们的处境甚至不比希腊、腓尼基人以及后来的罗马人到来之前的史前野蛮状态强多少。

东地中海因其偏远的地理位置还未受到野蛮人的攻击，这时还统治在君士坦丁堡罗马皇帝的手中，但是后来，野蛮人的触角还是伸到了这里。在狄奥多西乌斯去世的一个世纪内（公元395年），那些受到东方文化影响的皇帝一代不如一代，直到查士丁尼的出现（公元527年）。查士丁尼希望重建统一的罗马帝国，但当时的东罗马并不具备这样的能力，因此这只是他的一个不切实际的幻想而已。当他消灭了意大利的东哥特王国后，野蛮人像潮水一样涌入了意大利。他的继承人也和他一样，有征服的能力，却没有维持的本领。

虽然查士丁尼没能实现自己的统一理想，但他的伟大计划促成了罗马在司法和立法上的统一。他让才华出众的特里波良搜集整理自1000年前十二铜表法颁布以来的罗马的各类法律。在查士丁尼的授意下整理出来的大法典总结了古代世界所有成功统治者们的管理经验，他就像是罗马的汉穆拉比。于是，罗马法官可以解决任何社会生活与商业往来中的纠纷和难题。查士丁尼把各种法律裁决整理收录形成的文本被称为法律要览，他的法律要览为后世的立法奠定了基础，至今仍有着重大的影响。

君士坦丁堡因查士丁尼的统治而吸引了世人的注意力，于是，皇帝开始努力装扮这座城市，虽然投入的财力物力远远不如从前修建古老的神庙、巴西利卡会堂和圆形竞技场时的投入。最后一位崇尚希腊文明的罗马皇帝是200年前的朱立安；而最后一代罗马皇帝狄奥多西乌斯则禁止崇拜任何古代神祇并下令关闭了所有古代神庙。公元400年开始，在地中海沿岸和尼罗河谷地区，从前的信仰者逐渐遗弃了所有的古代神庙，有些神庙被改造成了基督教堂（图280）。查士丁尼几乎完全摧毁了古代信仰——被基督教视为异教——和古代学园——哲学学说的传播地。这位皇帝在基督教堂建筑上投入了大量的人力物力，他主持建造的圣索菲亚大教堂是古代东方最雄伟壮丽的教堂，至今仍矗立在君士坦丁堡。

这座教堂体现了大量的东方建筑艺术，连东罗马教堂中宣传的教义也同样出自东方。查士丁尼没能统一东西方的原因就在于东方教堂与西罗马教堂是不相容的。东方希腊式教堂与西方拉丁式教堂之间的区别日益明显。我们都知道，在西罗马帝国进一步分裂时，罗马皇帝的继承者们本就逐渐衰微的权力受到了另一个人的威胁，他就是新出现在罗马的教皇。东西方已经完全

图280　一座被改为基督教堂的埃及神庙

1500年前，在狄奥多西乌斯统治时期（公元379年至公元395年），也就是公元400年前，地中海沿岸所有的古代神庙都被这位皇帝下令关闭了。神庙里建起了泥屋或土坯屋，用来祭拜古代神的庙宇大厅被改为了基督教堂。在埃及底比斯城，卢克索神庙大厅里的拱形神龛被牧师的布道坛取代了，与之搭配的拱门也被希腊式的柱廊支撑着。墙壁上，绘有基督圣徒像的石膏覆盖了从前异教的浮雕和壁画。大多数圣徒像已经脱落了，只有左侧廊柱的右边墙面上的一块还保存完好。正因为这些石膏，那些异教壁画得以保存至今。在左侧，我们还能看到古老的埃及神像。

分裂，它们拥立各自的皇帝，建立各自的教堂。下面，我们开始了解西方的教堂。

九十七、教堂的胜利及其对西方的影响

早期的基督教思想家奥古斯丁认为，国家拥有控制人们身躯的权力，而教堂拥有抑制人们思想的权力。

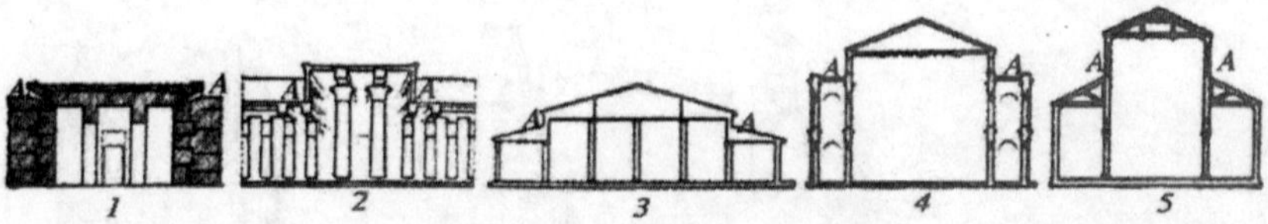

图281　巴西利卡教堂及其古代原型

在巴西利卡教堂中，“高侧窗”是由中央通道和侧墙上的屋顶窗共同构成的，它将中央通道上方的高屋顶（中殿）和侧道上的低屋顶连在一起，将整个建筑分为三个部分。这个结构是巴西利卡大教堂最主要的特征。最早，这种结构出现在吉萨的金字塔建筑上。公元前2900年，吉萨金字塔的高侧窗（1中的AA）建成，主要用于采光。此后的1500年中，埃及的建筑师们将这种采光的结构改造成为宏伟壮观的卡尔纳克高侧窗（2中的AA）。在希腊化时代，希腊人引进了这种建筑形式并将其与坡形屋顶相结合，法国人在提洛岛上发现了希腊人改造后的建筑形式（3中的AA），它被称为巴西利卡厅。公元前2世纪，这种建筑形式被运用在罗马广场的修建中，尤利乌斯·恺撒的巴西利卡会堂（4）就是在这时修建的。早期基督教的建筑师们又受到了希腊人和罗马人的巴西利卡商务大厅的影响，开始在教堂建筑中运用这种建筑形式（5）。

在数世纪的时间内，整个世界都在罗马城的主宰之中，这座伟大的城市赢得了世人的崇敬，包括野蛮人在内。当哥特人和汪达尔人仰望那些雄伟壮观的公共建筑时，他们的内心也一定充满了敬畏之情。因此，他们没有破坏那些建筑，让罗马保持了世界上最伟大辉煌的城市地位，只有君士坦丁堡和亚历山大里亚这两座帝国城市能够与之媲美。罗马主教地位崇高，也赢得了世人的尊敬。当罗马城受到西哥特人的攻击，同时其他城市也被蛮族入侵时，罗马主教一次又一次地展现了自己非凡的才能，这使得他成为意大利甚至是整个西方世界最具影响力的政治家。毋庸置疑，这位主教产生的影响也是罗马建筑免受西哥特人和汪达尔人破坏的主要原因。

这个时期西方世界的教堂培养了许多出色的人才，尤其是在迦太基以南的非洲行省。早期主要的基督教作家就出现在那里。很快，迦太基主教就成为罗马主教的劲敌。基督教时代的迦太基与罗马之争让我们回忆起了这两大

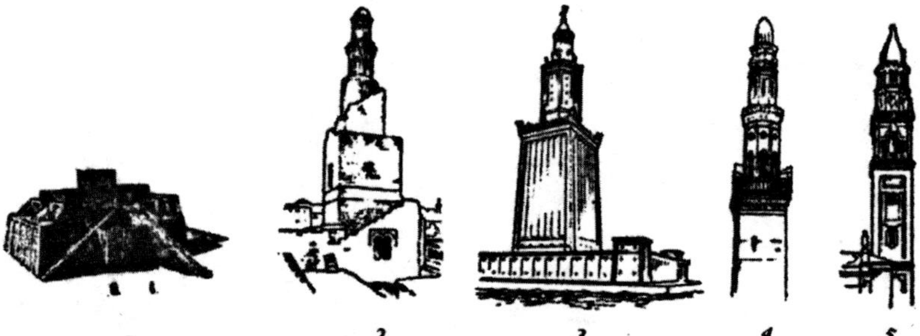

图282　基督教堂的尖顶及其古代原型

大约在公元前3000年，最早的塔式建筑出现在了早期的巴比伦神庙（1）中，而这类建筑中唯一的幸存者是伊本·图伦于公元9世纪在开罗建造的古清真寺上的尖塔。后来，清真寺的方塔上又出现了呈现圆形和六面体的尖塔，这是模仿的古代亚历山大里亚的灯塔。而埃及的灯塔上面有方塔，方塔上面是六面体柱，六面体柱之上还有圆顶（3）。这种底部方形，中间六面体，上端圆柱形的三体结构大量运用在穆斯林清真寺尖顶中，就像尼罗河三角洲的清真寺一样（4）。早期的东方建筑，尤其是叙利亚神庙，对清真寺尖顶的影响很大。这种东方建筑还被许多欧洲教堂的尖顶（底部方形，中间六面体，上端圆柱形）模仿，例如意大利帕尔玛的圣约翰教堂的尖顶（5）。

城市曾为争夺地中海世界的统治权而进行的长期斗争。奥古斯丁（公元354年至公元430年）是早期基督教最伟大的思想家，他诞生于狄奥多西乌斯时代的非洲。年轻时的奥古斯丁并不是基督徒，而是钟情于希腊的哲学和知识。那时的他品行恶劣，放纵不羁。他的母亲是一位虔诚的基督教徒，当他进行精神上的自我否定与重建的时候，他的母亲陪伴他经历了心灵上的巨大创痛与磨难。最后，他除去了身上所有的恶劣品性并将自己完全奉献给了基督教。他把自己的经历写进了《忏悔录》，成为指引那些迷途知返的人们的明灯。《忏悔录》与马可·奥勒留的《沉思录》一样，都展现了伟大人物的内心世界，是具有非凡价值的著作。

当罗马被阿拉里克扫荡过后，罗马政府摇摇欲坠之时，奥古斯丁写下了一篇著名的文章——《上帝之城》。在文章中，他描绘了一个神圣的王国，这个王国与所有的世俗政府都是对立的，它更加理想但却难以触及，所有的基督教徒都是这个王国的子民。这个看不见的王国与那些有组织、有主教并且有牧师的教堂几乎是一样的，所有的信徒必须无条件地服从于这个永恒的王国——教堂。在奥古斯丁的教义中，教堂完全掌控着人们的思想，所有的古老神庙就是在这时被狄奥多西乌斯下令关闭的。此后，宗教开始禁錮人们的身体和思想。也正是在这一时期，查士丁尼关闭了雅典的所有学园，以禁止古代哲学思想的传播。奥古斯丁把控制人们肉体的权力给了国家，把抑制人们思想的权力给了教堂。思想自由的古老传统至此结束了。

奥古斯丁认识到了罗马教堂领导权的重要性，他进一步强化了它对人们的影响。人们熟知保罗曾在罗马传教的事实，但是在早期的基督教传说中，在罗马建立教堂并成为主教的人变成了彼得。此外，传说中是彼得将权力传给了后来的罗马主教们。这些传说都是为了树立罗马主教的绝对权力与威严。越来越多的人抛下现实生活而进入修道院去过神圣的生活。他们还向野蛮人传教，那些关于罗马教堂的传说由此传播开来。那些“修道士”告诉野蛮人，教堂可以决定人们的来世，北方的蛮族们害怕死后遭到惩罚，于是很快就皈依了基督教。在他们之中，教堂有着不可冒犯的权威，而正是这种权威让罗马主教登上了教皇的宝座。

当罗马帝国面对野蛮人的攻击束手无策时，教堂发挥了重要的影响。教堂逐渐驯服了野蛮人的国王们的粗蛮本性。当教堂发现曾经征服过地中海文明的罗马政府和军团已经无力再维持统治时，它将罗马帝国的统治权力交给了西方的野蛮人，希腊和罗马的文明遗产因此而没有被完全毁灭。

最初的基督教面向的是没有地位也缺乏学识的人们，那时的教堂根本不可能传播和发展希腊文明、学术和艺术。当奥古斯丁等基督教思想家和学者们出现后，教堂开始逐渐拥有了这一切。通过修道院图书馆和修士们的手抄本，我们现在才能看到那么多流传下来的拉丁文学作品。像维吉尔的《伊尼阿斯》这样时代久远的重要著作的手抄本，都是在基督教修道院图书馆中的羊皮纸抄本中留存下来的。

早期的基督教艺术发展得极其缓慢。在前1000多年间，基督教没有出现能与古希腊相提并论的画家和雕刻家。现在人们所说的拜占庭艺术是叙利亚艺术被基督教发展而成的，因为主要流行在君士坦丁堡（拜占庭）而被称为拜占庭艺术。早期意大利教堂，如拉菲那城的圣维塔尔，也存在着对拜占庭艺术的模仿。同样，基督教时期的欧洲绘画艺术有了一定的发展，但仍然主要来源于东方艺术。此时，基督教圣徒像头上的金色光环与叙利亚古代神庙中的神像头上的装饰相同，这说明早期欧洲的基督教艺术源自东方。随着基督教的不断发展与壮大，早期的基督教徒开始修建大型集会场所——教堂。古老的巴西利卡商务会堂对他们的影响很大，因此这种形式的教堂被称为巴西利卡教堂。这种教堂展示了自吉萨金字塔时代以来长达3500年的建筑发展历程。这种巴西利卡式的教堂采用的是三层结构，中殿部分是一个较高的屋顶，便道上方还有一个较矮的屋顶。教堂前面的正门与模仿亚述宫殿大门而建的罗马凯旋门很相似；中央拱门很高大，开在巴西利卡中殿的前面；带有低屋顶的两侧便道上还开着两个较低的拱门。这样，欧洲的基督教堂就将亚述宫殿的正门和埃及的高侧窗式大厅（主要是在地中海地区的变式）有机地结合了起来。

最早的教堂建筑是没有塔顶的，后来的塔顶是在古巴比伦神庙塔顶的基础上改造而成的。于是，基督教拥有了自己的雄伟建筑，虽然这种建筑的装饰和结构都明显地源自东方建筑。因此，基督教堂和它所代表的信仰一样，都体现了早期东方文明对欧洲世界的征服，而在此之前，欧洲还处于石器时代。古代的东方文明成为欧洲文明的一部分并得以幸存。后来，东方文明将再次振兴，统治地中海。现在，我们来看一看东方的最后一次崛起。

九十八、东方的最后一次崛起与近代欧洲国家的雏形

阿拉伯人夺取了一大片土地，并建立了一个东方大帝国。他们掌握了管理国家的方式并成了具有丰富经验的统治者。东方再次展现了它的力量，东方文明也迎来了又一次的复兴。在罗马帝国的废墟上与北方新建国家的基础上，近代欧洲国家出现了。

公元6世纪中叶，东罗马皇帝查士丁尼是罗马的最后一位统治者。他曾试图重新统一帝国并装扮都城，但他的这些理想和行动都被证明是失败的，并且是灾难性的。在最需要保存实力对付新波斯时，他却在夺取西地中海世界上耗尽了整个帝国的元气。他修建的大量建筑，尤其是圣索菲亚大教堂，将国库储备消耗殆尽，加速了政府的破产。此后，东罗马帝国再也没有从他的错误决策所造成的后果中恢复过来。当查士丁尼逝世后，东罗马以更快的速度衰落了。

就在这时，野蛮人又发起了新一轮的攻击。印欧语族中的斯拉夫人如潮水一般涌入了巴尔干半岛，直逼君士坦丁堡，甚至一路向南推进到了希腊。很快，斯拉夫人就占据了这些地区的大部分，一直持续到现在。在这种情况下，君士坦丁堡的东罗马帝国虽然是直接从罗马帝国继承而来的，但已经不再是真正的罗马帝国了。从人口成分和文明上来看，希腊、斯拉夫和东方共同融合成了当时的帝国。

东罗马皇帝的大片东方领地被闪米特移民占领了，这些移民与我们在前面介绍的萨尔贡或汉穆拉比率领的阿拉伯沙漠游牧民很相似，同时也很像从沙漠中涌出并占领了巴勒斯坦的希伯来人。闪米特野蛮人迎来了最后一次大规模的迁徙。公元570年，在查士丁尼去世后不久，一位年轻的天才——穆罕默德出现在阿拉伯的麦加城。与其他闪米特牧师一样，穆罕默德也相信荒漠中的旅行可以让人们获得神的启示。后来，他好像真得到了神的启示，他认为这是神的谕旨，应当传达给人民。他称自己的神为安拉。最初，当地的

权贵不能容忍穆罕默德的传教，有几次甚至威胁到了他的人身安全。后来，在他不懈的努力下，他终于拥有了一批虔诚的信徒。公元632年，穆罕默德归真。当时，他已经为阿拉伯人创建了一种新的宗教，他将这种宗教起名为Islam，原意是“顺从与和解”，寓意着与唯一的神安拉和解并无条件地顺从安拉。他将信徒称为Muslims或Moslems，意思是“和解者”。穆罕默德归真后，他生前宣传的零散的教义被穆斯林领袖们搜集起来，并整理成为《古兰经》（图284）——穆斯林的圣经。

穆罕默德的继承人被称为哈里发，哈里发的本意就是继承人。最初的几位哈里发都在统治方面展现了过人的才能。他们将还未开化的野蛮的沙漠游民们组织起来，将强烈的宗教热情融入他们与生俱来的勇猛之中，于是，哈里发的阿拉伯军队成为一支无往不克的强大军队。穆罕默德归真后仅仅几年，这支军队就把埃及和叙利亚从查士丁尼无能的继承者手中夺了过来。至此，东罗马帝国只剩下了巴尔干半岛和小亚细亚。同时，新波斯帝国也被阿拉伯军队征服，结束了萨珊王朝的统治（公元640年）。延续了四百多年的波斯帝国灭亡了。最后，穆斯林建立了一个新的东方大帝国，这个新的帝国以肥沃的新月东端为中心。

此前，萨尔贡和汉穆拉比都曾征服过幼发拉底河下游的文明；现在，新波斯的城市文明被阿拉伯沙漠中的穆斯林征服了。在新波斯帝国的都城泰西封附近的巴格达，穆斯林建起了庞大的都城，距离古巴比伦城的废墟不远。这座穆斯林都城的建筑融合了古代埃及、巴比伦、波斯和亚述等多种建筑风格。清真寺的尖顶也体现了巴比伦的神庙塔和类似的基督教堂结构。在这里，曾经过着游牧生活的阿拉伯人也学会了阅读和书写，就像从前的萨尔贡人和波斯人一样。于是，他们拥有了大量《古兰经》的手抄本。他们掌握了管理政府的方式并成了经验丰富的统治者。在古都基什、阿卡德、巴比伦和泰西封的废墟之中，东方再现了它的力量，东方文明也再度获得了复兴。

后来，巴格达成为东方最美丽的城市，也成了世界最伟大的城市之一。向东，哈里发的领土扩展到了印度边界；而在西方，就像他们的腓尼基近族

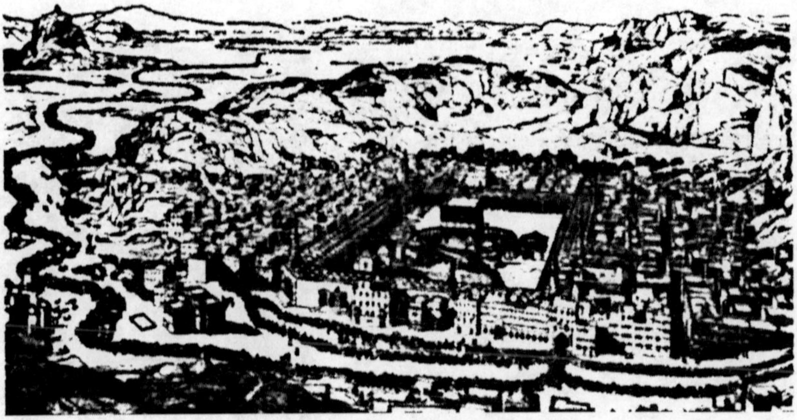

图283 麦加城和清真寺

在荒凉的阿拉伯半岛上，麦加是少数的几个城市之一。当时的阿拉伯人大多过着游牧生活，而不住在城市里。早在穆罕默德之前，阿拉伯人就将麦加视为圣地，大批朝圣者慕名前来，朝拜一块名为“克尔白”的圣黑石。这个习俗被穆罕默德保留了下来。穆罕默德归真后，穆斯林仿造希腊的广场廊柱为克尔白圣黑石建了一个宽敞的庭院，这就是最早的简朴的清真寺。清真寺的中央有一座方形建筑，每年都吸引了许多穆斯林来此朝拜。这幅图以夸张的手法展现了当时朝圣的盛况。晚年的穆罕默德居住在麦加以北200多英里的麦地那，直到归真。去麦加朝拜的人们还会去那里瞻仰他的墓地。

一样，他们沿着地中海的非洲海岸向西推进。穆斯林战胜了迦太基，还将那里的主教赶走了，这意味着罗马主教在西方唯一的劲敌被消灭了。穆罕默德归真后仅仅两代人的时间内，阿拉伯人就穿过非洲，入侵了西班牙（公元711年）。他们希望征服法国从而包围地中海，但在公元732年（穆罕默德归真后约100年）的图尔战役中，穆斯林没能够消灭查理·玛泰率领的法国军队，于是只能撤回西班牙。在西班牙，他们建立了一个西方穆斯林王国——摩尔。至今，西班牙最雄伟的建筑（图283）仍是摩尔王国时期留存下来的。

摩尔王国的文明远远领先于法兰克王国，在当时的欧洲是最先进的文明。就在欧洲逐步走向黑暗蒙昧的中世纪时，穆斯林却大量借鉴和吸收希腊的科学和文化遗产，成为那个时期在科学、天文、数学和语法研究方面的领头羊。很快，穆斯林在这方面的学识就远远地超过了欧洲的基督徒。我们现在仍在使用的Algebra等阿拉伯词语以及阿拉伯数字等都是阿拉伯人创造的非凡成果。

如果我们翻开相关的世界地图就会发现，君士坦丁堡统治的残存的罗马帝国本应是世界的中心，这时却只剩下巴尔干半岛和小亚细亚了。而与东罗马帝国相对的西罗马已经被毁灭了，那里被来自北方的野蛮人占领，建立了一系列日耳曼王国；而东方也已经成了巴格达哈里发统治下的东方大帝国的一部分。我们还会发现，穆斯林的东方王国（摩尔王国）位于当时世界的最西端，信仰基督教的东方国家（君士坦丁堡）则在最东端。它们之间存在许多日耳曼王国，这些王国后来统一起来成为查勒玛涯帝国，许多斯拉夫人盘踞在帝国的东边。还有一些日耳曼部落分散在遥远的不列颠岛上。近代的欧洲国家就建立在衰落的罗马帝国和北方新建国家的基础之上，在法兰西、西班牙和意大利半岛，拉丁语在继承的过程中逐渐分别在这些地方演变成为法语、西班牙语和意大利语。入侵不列颠的盎格鲁-撒克逊人使用的日耳曼语与拉丁语、法语相互融合，就演变成我们今天的英语。我们现在使用的所有字母都是由希腊、腓尼基和埃及字母演变

图284 穆斯林的圣经——《古兰经》手抄本中的一页

这本《古兰经》的书写方式来自古腓尼基，书写和阅读都是按照从右往左的顺序。阿拉伯作家非常喜欢用美观的花体书写，因此他们书中的每一页都是书法佳品。他们的书页装饰也充分展现了伊斯兰艺术。有学识的穆斯林就是以这种手抄本的形式将希腊哲学家和科学家——亚里士多德等人的翻译作品流传了下来。现在，希腊天文学家托勒密最有价值的著作之一就只留存了阿拉伯文的译本。穆斯林还在这样的手抄本中撰写了几何、天文、语法和科学等方面的论文，对后来的西方产生了重大的影响。

而来的罗马字母。

罗马文化对欧洲各个民族都产生了深远的影响，这种影响不仅仅体现在语言上，还体现在其他的方方面面，尤其是立法和行政方面。罗马法中凝聚了众多罗马天才的非凡创造，对近代各国政府都产生了深刻的影响。罗马的另一个伟大成就是将希腊文明和东方文明融合而成的国际文明传播开来。正是罗马人，而不是希腊人将这种文明发扬光大的。虽然这种文明最终带来了东方式的专制，但它一直绵延了整整五个世纪。正是因为这种文明，希腊世界才能在很长的一段时期内抵挡住北方蛮族的侵略，否则，当时已经一盘散沙的希腊世界可能早就成了北方蛮族的盘中餐。罗马帝国产生于地中海文明，也是阻止印欧语族野蛮人残害地中海文明的最后一道防线。虽然他们最后还是突破了这道防线，但这并不是因为他们的强大，而是因为帝国内部的腐化。

罗马帝国并没有完全崩溃，在东方，帝国的残余还存在着。继承了奥古斯都的君士坦丁堡的皇帝们仍然统治着残存的帝国。君士坦丁堡位于希腊东部，建立在一个古希腊城的基础

图285 西班牙摩尔人的清真寺尖塔

公元1200年前不久，在罗马和西哥特建筑的废墟上，摩尔人建起了这座清真寺。在那里的街道墙壁上，拉丁文字随处可见。在西班牙塞维利亚，这个尖顶是最大的清真寺上的装饰性建筑。后来，这座清真寺的顶部被基督教建筑师进行了改建，这座建筑成为基督教教堂的钟楼。虽然基督教堂的钟塔对东方清真寺的尖顶影响很大，但同样，西方的基督教堂尖顶中也有许多是由清真寺的尖顶改造而来的。

之上，因此，那里一直使用希腊语，并始终沉浸在希腊文明之中。后来，虽然东方形式的文明在那里占据了主导地位，但古希腊的文化传统也一直没有被遗弃。尽管古板而机械，但那里的学术没有彻底消亡，同时艺术也没有出现明显的倒退。当罗马城日渐式微之后，君士坦丁堡成为最大也是最宏伟的城市，受到了西方蒙昧世界所有游客的羡慕。这是帝国仅存的与罗马有直接继承关系的土地，它仍然沿用着罗马帝国的称号，直到千年后被西方的日耳曼人征服。日耳曼人还占领了君士坦丁堡。公元1453年，君士坦丁堡被土耳其人占领，从此，这个伟大的城市就一直是他们的领地。

九十九、回顾

文明人的出现是地球上的生命发展到了顶峰的标志。人类从历史的每一个阶段都在不断地进行自我完善。当我们回顾历史时，我们也会不由自主地展望将来更加高级的文明。

在罗马帝国的最后几百年里，除了内部的腐败和基督教的壮大之外，还有一个明显的特征——野蛮人的入侵。正是野蛮人的侵略加速了地中海文明的衰败。在基督教堂的影响下，文明逐渐传到北方，大大地改变了北方平原上野蛮人的生活。我们如果要了解这个问题，就要先回顾前面提到过的西欧和北欧。我们的先人在那里开始了他们的发展历程，现在，基督教堂取代了石器时代的纪念性建筑。欧洲北部引进了地中海沿岸的书籍与文明政府。于是，在石器时代古挪威人的遍布树木与野草的坟地上，出现了基督教的尖顶教堂。人类文明开始在整个世界范围内传播。

在这本书中，我们回顾了地球上人类的发展历程。五十多万年前，在第三纪的末期，冰川期即将到来之际，人类就已经能够制造工具并且取火用火了。而现在，我们处于哺乳动物时代的尾声，当我们认识到，我们的祖先是几百万年前的爬行动物时，恐怕再冷静的人也会感到震惊。在哺乳类动物时代即将过去的今天，我们系统地回顾了人类与人类文明的发展历程。

地球生命的进化过程以出现拥有高级智慧的人类为顶峰，但这无法在某一个确定的地点得到准确的证明。但是，人类崛起，发展出高度文明并最终征服了我们现在所继承的文明的地点是确定的，这就是我们前面介绍过的古代世界西北的大扇形区。这个结论不会被后来的中国和印度文明的出现所影响，也不会因为欧洲殖民者消灭了西半球非文字文明而改变。在那片西北大扇形区内，白人种族也与其他种族一样，与自然界的种种灾难和危境抗争，最终从持续了数十万年的石器时代中走了出来，摆脱了野蛮和愚昧。我们对整个人类历史的全部阶段进行了回顾，我们知道，白人种族经历了人类历史上最毁灭性的灾难——全球性的冰川灾难，这场灾难将人类从整个北部平原中赶了出来。当冰川正在欧洲肆虐时，西北大扇形区域的东南部没有受到冰川的侵袭，提供了相对适宜的条件，于是，人类最早的文明就在这里萌芽生长了起来。

然后，在东方的边疆地区，处于石器时代的爱琴人引进了尼罗河文明，并最终创造出了璀璨光辉的文明。后来，爱琴海世界又被一支印欧蛮族——希腊人——征服了，欧洲最早也最辉煌的爱琴文明就此结束，曾经在南欧出现的文字、艺术、建筑和造船等文明成果也随之消失了。如果东方世界的文明起源地没有将文明存留下来，那么人类文明可能已经完全泯灭了。南欧在希腊人的统治下开始了新的文明发展历程，希腊人再次吸收了东方的文字、艺术、建筑和造船术等其他一切有利于文明发展的条件。在欧洲文明经历了1000年的断层之后，希腊人终于从野蛮和愚昧之中走了出来，创造了一种独特而高雅的文化，将人类文明推向了最高峰。后来，北方平原的印欧语族野蛮人翻过高山，向南推进，直达地中海沿岸。这时，罗马人的出现让人类文明避免了再次毁灭的命运。大部分东方人和希腊人创造的文明都保存了下来。欧洲文明在经历了一个很长的衰退期后再度崛起，发展成为我们现在的文明。

在后来的时间长河中，文明不断发展，不断扩张，远远超出了西北大扇形区的范围。文明的传播让其他地区的野蛮民族不断开化，逐渐发展成为文明民族。这时，人类进入了一个新的时代，在这个时代里，人类能够完全地战胜除了微生物以外的其他任何生命形式。但是，从一开始，人类的斗争就包括了与自己和与同类的斗争。人类从造出石斧并开始挥舞石斧的那一刻起，人类的斗争就进入了社会斗争的阶段（这种转变最早出现在埃及）。人类与自身越来越激烈的斗争也带来了越来越严重的危害。早在远古时代，人类就已经开始控制和利用自然因素来避免灾难。人类相互斗争的极端就是世界大战，但是如果从整个人类历史的角度来看，世界大战给人类带来的危害不算最大。因为它带给人类的危害根本无法与冰川相比，冰川能够埋没整个三大洲的北部地区，被自然科学家称为危及人类生存的灾害。

虽然历史学家不是预言家，但是，在探讨了整个人类发展历程之后，我们会发现，到目前为止，文明人的出现是地球上生命的顶峰，文明人就是我们目前所知的最高级的生命形式。当我们回顾历史时，也会不由得想到未来。现在，我们面前是人类漫长的生命和文明发展历程的各个阶段：冰川时代，法国河床卵石下的石斧；瑞士湖村人沉入湖底的工具；尼罗河畔标志着璀璨文明的金字塔；底格里斯河与幼发拉底河畔的城市废墟与废墟中的黏土板和最早的账簿；还有曾经俯瞰大海，标志着欧洲最早的文明建筑的克里特和迈锡尼宫殿的残骸。从罗马出发，跨越千山万水，直达肥沃新月的罗马大道等成就都展现了《罗马法》的完备与罗马政府的权威；而各地基督教尖顶教堂向人们传颂着“世人皆兄弟”的新思想，见证着文明的进步。这一切都是人类生命不断进化与文明不断发展的过程，是历史长河中的里程碑。